Johannes Holey

Bis zum Jahr 2012

Der Aufstieg der Menschheit

...mit praktischen Anleitungen

Ama Deus Verlag

Vom Autor ist außerdem erschienen:

»Jesus 2000 – Das Friedensreich naht«,
1997, Ama Deus Verlag
»Alles ist Gott – Anleitung für das Spiel des Lebens«,
2002, Ama Deus Verlag

Unser aktuelles Verlagsprogramm
finden Sie im Internet unter:
http://www.amadeus-verlag.com

3. überarbeitete Auflage: Januar 2003
Erstausgabe 2000

Copyright © 2003
AMA DEUS - Verlag
Postfach 63
74576 Fichtenau
Tel.: 07962-1300
Fax: 07962-710263

Druck:
Ebner & Spiegel, Ulm
Satz und Layout:
Jan Udo Holey
Umschlaggestaltung:
Jan Udo Holey

ISBN 3-9805733-7-0

Danksagung

Auch in diesem Buche versuche ich wieder, alle Geschehnisse und deren Gesetzmäßigkeiten und Auswirkungen aus zweifacher Sicht zu betrachten und zu verstehen. Denn alles, was uns das irdische Leben präsentiert, ist zweipolig und läuft auf zwei Seins-Ebenen ab, der physischen oder materiellen und der metaphysischen oder geistigen Ebene. So möchte ich auch meine Danksagung sowohl an die Mitwirkenden in der geistigen wie auch in der materiellen Dimension getrennt richten.

Zutiefst an meinen Vater, der seinen irdischen Körper schon lange verlassen und seinen mentalen Beistand zum Gelingen dieses Buches zusammen mit anderen geistigen Lehrern zugesagt hat.

Und auf unserer irdischen Lebensebene an die Autoren von Büchern und Artikeln, die in der Bibliographie aufgeführt sind wie auch an ebenfalls erwähnte Medien, Forscher und Wissenschaftler, aus deren Werken ich mir erlaubte zu zitieren und deren profunde Sachkenntnisse mir oft halfen, meine Rückschlüsse zu belegen und zu überzeugenden ganzheitlichen Sichtweisen verschmelzen zu lassen.

Ebenso danken möchte ich all jenen, die dieses Buch weiterreichen oder empfehlen werden, damit immer mehr ‚Menschen guten Willens', Erwachte und ‚Lichtstrebende' ihren Anteil an positiven Veränderungen mitten in unserer gewaltigen Zeitenwende beitragen können.

Vergelt's Gott!

Inhaltsverzeichnis

Erster Teil

1. **Der Menschheit Horizonte** 23
   Zweitausend Jahre Geozentrik * Beginn einer Kosmologie

2. **Kanalisieren oder Channeling – ein spirituelles Modem?** 31
   Die ‚neuen Wahrheiten' sind die Offenbarungen unserer Zeit
   Der mediale Geist des New-Age * Channelings der Zeitenwende

3. **Geschwisterliche Geschöpfe** 45
   Das Prinzip der Brüderlichkeit * Unsere Tiergeschwister
   Die Familie der Erdengeschwister

4. **Die geistigen Welten** 61
   Jeder Mensch hat drei Körper * Sensationelle Erklärung des
   Papstes * Der erkennbare Teil der geistigen Welt * Die astrale
   Welt ist unvorstellbar vielfältig * Jede Seele ist multidimensional

5. **Das ‚Milliarden-Seelen-Projekt** 85
   Die göttliche Seelen-Rückrufaktion * Die schönste geistige
   Gemeinschaft ist die Seelenfamilie * Das Höhere Selbst
   Die Zeitenwende bringt neue Seelenformen

6. **Raumgeschwister** 103
   Woher kommen die Raumgeschwister? * Wie bewältigen sie
   die kosmischen Distanzen? * In welchen Erscheinungsformen
   stellen sie sich uns vor? * Was wollen diese fernen Geschwister
   von uns? * Warum gibt es keine offiziellen Kontakte zu uns?
   Außerirdische Entwicklungshilfe

7. **Wir sind programmierbar** 127
   Das Gesetz der Resonanz * In der Politik geschieht nichts
   zufällig * Keine Resonanz ohne Resonanzboden

8. **Gedankenkraft – die n-Dimension** 141

9. **Wider die Sinnkrisen** 147
   Start zu weltweiter menschlicher Bewußtseins-Evolution
   Das unpersönliche Ordnungsprinzip der göttlichen Liebe
   Das ausgleichende Kausal und Verursacher-Prinzip
   Die bequemste Religion der Welt und ihre Zufalls-Gläubigen
   Das Prinzip der Bewußtseins-Evolution, die Wiedergeburt

10. **Polaritäten und Dualitäten und die Harmonie** 167
    Polaritäten gibt es nur im Äußeren
    Die schreckliche Basis-Polarität: *Gott<>Ersatzgötter*
    Glücklichsein oder Rechthaben – der Drache unseres Egoismus'
    Das innere Gleichgewicht * Die Kraft der Symbole

Zweiter Teil

11. **Der ‚point of return' – von den Fischen zum Wassermann** 199
    Kosmische Zyklen am ‚point of return' * Antike Kalender und
    ihre Botschaft * Apokalypse – die Revolution der Seelen

12. **Wir müssen uns entscheiden – die Zeit drängt** 211
    Viele Neue-Welt-Ordnungen * Die hohe Zeit der Entscheidungen

13. **‚Jetzt' ist der Mensch das Maß aller Dinge** 219
    Das Titanic-Syndrom als *worst case* * Wende-Zeit statt End-Zeit

14. **Frohbotschaften im Krisenmanagement** 229
    Hilfe von ‚oben' * Hilfe von ‚innen' * Hilfe von ‚außen'
    Selbsthilfe durch Krisenmanagement * „Adiós Karma"-
    die frohe Botschaft * Die Energie der Gnade im Jetzt

Dritter Teil

15. **Das Licht und seine heutigen Veränderungen** 255
    Die Verehrung des ‚Geistes des Lichts' * Das gnostische Erwachen
    des Lichtes * Gnosis – der Weg des verbotenen Wissens
    Der zunehmende Sonnenhunger * Die ordnende Kraft der Photonen
    Photonen-Licht und Licht-Zeitalter

16. **Die Selbstfindung des Einzelnen** 293
    Der Weg in die innere Stille * Das Finden der geistigen
    Kraft in uns * Selbstfindung und Individualisierung

17. **Vom inneren Licht zum Lichtkörper** 309
    Der spirituelle Lichtkörper

18. **Licht – Ernährung der Zukunft?** 319
    Die sechsfache Stärkung des Lichtkörpers

19. **Hurra – wir gehen ins Licht!** 331
    Durch ‚Selbst-Erleuchtung' zum Lichtbewußtsein

20. **Die persönliche Transformation** 341
    Haben sich die Pläne verändert? * Die beiden Licht-Botschaften
    von 1997 * Die Transformation in die materielle Ebene

Vierter Teil

21. **Neue Erde und neuer Mensch** 359
    Das falsche Verständnis * Das Reich Gottes * Der Himmel auf
    Erden – eine höhere Erfahrungsebene * *„Es werde Friede"*

Fünfter Teil

22. **Möglichkeiten der praktischen Anwendung** 391

Anhang

Glossarium 419

Quellennachweis 424

Namenregister 438

Sachregister 441

Literaturhinweise.............................. 444

Über den Autor................................ 448

Einleitung

Licht und Liebe werden schon immer als *die* beiden schöpferischen Kräfte erkannt, die in nahezu allen erfaßbaren Religionen unseres Planeten als Ursprung aller Schöpfung formuliert wurden und werden. *Göttliche Trinität* oder *Dreifaltigkeit* finden wir in dem indischen Begriff *Sattwa*, der als göttliche Urnatur gleichzeitig das *lichte*, das *geistige* und das *gütig-liebevolle* Prinzip kennzeichnet. Die Erde ist zwar galaktisch gesehen nur als größenmäßiges Staubkorn zu bewerten in unserem gigantischen, sichtbaren Universum, das bis heute noch nicht annähernd erkannt, erfaßt und dargestellt ist. Doch auch hochentwickelte Zivilisationen aus den Tiefen des kosmischen Weltraumes erklären uns, daß die Ursubstanz allen universellen schöpferischen Geschehens, das zurückliegende wie das noch permanent anhaltende, **Licht und Liebe** sei.

Wenn wir ebenfalls voraussetzen, daß es ein in sich ruhendes Urlicht-Prinzip gibt und als ‚Gott' eine kosmisch-gigantische, zeit- und raumlose und alles Seiende in sich einschließende **Energetische Einheit**, die *schöpferisch* war und weiterhin ist, dann können wir auch folgende **extreme Wirkungs-Spektren in ihrer Schöpfung** annehmen:

- die gesamte Schöpfung hat einerseits hierarchisch aufgebaute ätherische und lichtvolle Dimensionen von höchster **göttlicher Energie,** anderseits hat sie aber tiefste, von göttlicher Kraft unterversorgte materielle und grobstoffliche Seinsebenen,

- die gesamte Schöpfung schwingt einerseits von einer (für uns unverträglichen) göttlich-hellen Lichtstrahlung – auch **Überlicht** genannt - bis andererseits zu völliger, dem göttlichen Licht abgewandter weltlicher Lichtlosigkeit und Finsternis,

- die gesamte Schöpfung schwingt einerseits von der reinen göttlichen Kraft, die wir **urteilsfreie Liebe** nennen, bis andererseits hin zu einer Lieblosigkeit, die wir zum Beispiel auf unserem Planeten immer intensiver und ernüchternder erkennen müssen,

- die gesamte Schöpfung existiert als väterlich-schöpferische und kosmische **Einheit** (organisiertes Prinzip)**,** zugleich existiert sie aber auch als feinste, multidimensionale Seelenzersplitterung (Gottesfunken oder Gott-in-uns) bei all ihren höherentwickelten Geschöpfen und

- der dabei allen Geschöpfen erlaubte **freie Wille** ermöglicht zusätzlich einen ebenfalls unvorstellbaren Variantenreichtum von Wesensformen und -zuständen mit ihren jeweiligen energetischen Schwingungen, die sich innerhalb der oben gezeigten Schöpfungsvielfalt permanent manifestieren und Form annehmen.

Alle Religionsgründer und Propheten des Altertums wie ebenso die der Neuzeit, die heute meistens spirituelle ‚Medien' genannt werden, empfingen und empfangen ihre Weisheit **stets und immer schon** aus den geistigen oder metaphysischen Dimensionen – als Mittler zwischen der sichtbaren und der unsichtbaren Seinsebene, dem Diesseits und dem Jenseits. Wobei wir aber nach Erkenntnissen der letzten Jahrzehnte als Quellen solcher Weisheitsbotschaften auch hohe Meister und Lehrer von kosmischen Geschwisterzivilisationen annehmen müssen, deren Bewußtseins-Ebenen schon erheblich weiterentwickelt sind als die unsrige. Und alle diese ‚Botschaften' - von einst bis heute - ob von uns als göttlich oder kosmisch ‚geglaubt' oder angesehen, haben ein einziges Ziel gemeinsam:

die Verkündigung der göttlichen Seelen-Rückrufaktion.
Alle Geschöpfe, die ihren freien Willen mehr oder weniger zu eigenwilligen und egozentrischen und gottesfernen Zuständen ausgenutzt haben, sollen und müssen wieder zurückkehren in die göttliche Einheit. Alle müssen aufsteigen ins Licht. Alle!

Alte und neue irdische Religionen, Weltanschauungen und Channelings (ein Begriff, auf den ich im zweiten Kapitel genauer eingehe), bieten dafür sowohl kultreiche <u>äußere</u> und daher meist mühseligere ‚konfessionelle Wege' oder auch immer mehr alternative <u>innere</u> und spirituelle Turbo-Wege an – wahlweise mit göttlicher Erlösung oder aber bewußtseinsbedingter Selbst-Erlösung. Die Meßlatte dafür ist einzig und allein die menschliche Entscheidung zu einem ‚Aufstieg ins Licht'. Auch die Bezeichnung ‚Religion' ist treffend gewählt von dem lateinischen Wort *religare* = sich-zurück-binden (Rückkehr ins Licht).
Dies ist der Menschheit zwar längst bekannt. Aber allzugern - aus Gründen, auf die wir später noch ausführlich kommen - vernachlässigte die irdische Menschheit diese anhaltenden Aufforderungen zur Rückkehr zur Einheit äonenlang, bis nun aber noch eine weitere, diesen Jahrtausendwechsel betreffende Situation hinzukommt. **Das Zusammentreffen einiger Zyklen-Enden**, kosmischer und bedeutender Evolutions-Zyklen - teilweise im Altertum bereits bekannt, aber vergessen oder zu wenig beachtet - bilden zusammen mit solchen Rhythmen und Perioden, die generell unser Leben und unsere Zeitrechnung be-

stimmen und solchen, die überhaupt erst in unserer Neuzeit erkannt wurden, eine **herausragende Schnittstelle**. Für das kommende Jahrzehnt – ich schließe mich dem Datum des Maya-Kalenders mit dem Endjahr 2012 an – bedeutet diese ‚Kosmische-Multi-Schnittstelle', auch Wendezeit oder **Zeitenwende** genannt, eine schier unvorstellbare Entwicklungsmöglichkeit für unsere irdische Menschheit. Und anscheinend nicht nur für diese.

Der Inhalt dieses Buches zeigt vor allem
- **die Dringlichkeit** einer grundlegenden Veränderung unserer planetaren und zivilisatorischen Situation durch einen Aufstieg (unser Planet samt seiner wirtschaftlichen, politischen und religiösen Systeme steht kurz vor dem Kollaps),
- sodann **die notwendigen Erkenntnisse**, die zu gezielter Bewußtseinserhöhung und Aufstieg führen – individuell und kollektiv,
- und schließlich **die energetischen ‚Hilfen'**, die uns gnädig (?) – und möglicherweise nur einmalig zur Verfügung stehend – angeboten werden (Wassermann- oder Christus-Geist und Photonen-Licht).

Zusätzliche **aufklärende Hilfen**, die sich uns heutzutage anbieten, entstehen
- erstens aus wieder richtig verstandenen Altreligionen (Licht),
- zweitens mit dem uns Geoffenbarten und Gechannelten aus verschiedenen geistig-metaphysischen Licht-Sphären der geistigen Welt und
- drittens von einer ‚Universalen Allianz' oder ‚galaktischen Föderation bereits höher entwickelter Außerirdischer.

Gnadenlose Voraussetzung wird allerdings sein, daß es sich bei solchermaßen ‚Erlösten oder Sich-Selbst-Erlösenden' um ‚**Menschen guten Willens**' handelt, wie sie nach biblischem Sprachgebrauch bezeichnet werden. Um Menschen also mit hohen ethischen und bewußtseinsmäßigen Qualitäten, die sich mit den Prädikaten ‚Licht und Liebe' auszeichnen lassen.

Das Ziel ist das seit alters her angekündigte **Lichtreich**, *Friedensreich* oder *Goldene Zeitalter*, wofür es sehr viele überkommene (Prophet *Jesaja* im A.T. und Offenbarung des *Johannes* im N.T.) und neue Zustandsbeschreibungen mit wahrlich phantastischen Inhalten gibt. Einfach paradiesisch, was man da liest! Logisch ist dabei, daß dies aber nicht ohne unseren menschlichen Beitrag auf uns zukommt. Und fast traumhaft ist dabei, daß dieser vielfach angekündigte Aufstieg oder Bewußtseinssprung in eine höhere Daseins-Dimension – die raum- und zeitlose sogenannte fünfte Dimension - nicht nur von einigen wenigen Auserwählten, Exoten oder Heiligen gemeistert wird, sondern von einem großen Teil der Menschheit - mitsamt der Mutter Erde oder gar dem gesamten

Sonnensystem oder gar unserer Galaxis oder gar dem ganzen Universum – je nach Aussagen der verschiedenen Quellen.

Und das größte wäre, wenn es zuträfe, daß dieser Aufstieg für diese Menschen-guten-Willens nicht nur geistig-seelisch, sondern zusammen mit dem materiellen Körper als verfeinerter Lichtkörper geschähe, was der in mehreren Religionen erwarteten (und bisher als utopisch angesehenen) **‚Auferstehung mit dem Leibe‘** entspräche oder den Anhängern moderner Science-Fiction-Erwartung bereits als ‚hoch-beamen‘ vertraut ist. Dabei ist eine vorausgegangene Trennung denkbar zwischen

- solchen Menschen, die durch angewandtes Licht-und-Liebe-Bewußtsein zu denen ‚Guten-Willens‘, zu den ‚Erwachten‘, zu den Lichtstrebenden und/oder zu denen zählen, die als *„verlorene Söhne (und Töchter) langerwartet ins Vaterhaus zurückkehren"* und
- jenen anderen Menschen, die mit ihrer Egozentrik weiter lustvoll in der niederen Materie verhaftet bleiben wollen.

Diese angekündigte ‚Trennung‘ dürfte wohl auch (wie anderes mehr) unter dem uralten konfessionellen Drohwort **„Jüngstes Gericht"** verstanden werden.

Somit stehen uns Erdenmenschen, die wir zur Zeit immer selbstkritischer und selbstbewußter werden, **traumhafte Chancen der Selbstveränderung** und damit der Veränderung im zivilisatorischen wie auch globalen Miteinander zur Verfügung. Energetisch höherschwingender oder höherfrequenter *Individualismus* könnte so zu einem spirituellen *Kollektivismus* führen.

Wir müssen allerdings zuvor möglichst *wertfrei versuchen*, solche Möglichkeiten ernsthaft kennenzulernen, verstandesmäßig zu akzeptieren, um dabei unseren geozentrisch und/oder konfessionell eingeschränkten Horizont zu erweitern. **Allgemeines Loslassen mit anschließendem Freiwerden ist dabei angesagt!**

Ich werde Ihnen in diesem Buche die neu erkannten oder neu definierten Menschheitsziele und Menschheitswege, die dorthin führen können, gerafft und konzentriert vorstellen. **Denn nur Wissen ist mächtiger als Ängste, Glauben, Hoffen und Zufallsdenken.** Gemeint ist auch das verlorengegangene Wissen über die eigentliche, die ursprüngliche Schöpfung (in, hinter und über allem), die unendlichen und unerschöpflichen Lichtsphären und die geistig-spirituelle Macht, die uns zur Verfügung stünde, wenn dieses Wissen in unserem Leben wieder den richtigen Stellenwert hätte.

Wir allesamt empfinden doch genau, daß wir schon tausendfach und immer wieder - weltweit und seit der Antike - auf solche ethische, meist religiöse Glaubenswege hingewiesen worden sind.

Aber wir allesamt haben auch die damit verbundene erlösende *Verheißung* nie richtig ernst genommen:
**Hurra – wir gehen ins Licht,
denn wir werden im Licht der Göttlichen Einheit erwartet.**

Wenn wir uns jetzt noch die Aufforderung *Jesu* in Erinnerung rufen ...*wir sollen vollkommen werden wie der Vater...*, dann können wir daraus schlußfolgern, daß wir eigentlich wieder ‚göttlich' werden könnten und sollten. Das von uns anzustrebende Ziel ‚Rückkehr ins Licht' ist aber nur mit einem höherschwingenden Bewußtsein zu erreichen – und es ist zu erreichen - und diese Entwicklung wäre somit zugleich die **Rückkehr zur eigenen Göttlichkeit.**

Eine Parabel

Um auf die *Vielfältigkeit* der menschlichen Bewußtwerdung gleich zu Anfang meines Buches massiv hinzuweisen, zitiere ich wörtlich ein Kapitel aus meinem frohbotschaftlichen Lieblingsbuch ‚Der Lichtkörper-Prozeß'[1], das unsere *irdische Problematik* so zusammenschmelzen läßt, wie sie angeblich aus den geistigen Licht-Sphären ohne Raum- und Zeitgefühl wirkt. Und zwar in einem ähnlich überblickbaren Verhältnis wirkt wie unser Miniplanet Erde in der Raumdimension Milchstraße.

Stell dir ein kugelrundes, versiegeltes Aquarium vor, das in einem anderen, viel größeren Aquarium steht. Die Fische im großen Aquarium können in die Kugel schauen, doch die Fische in der Kugel nicht nach außen. Die Glaskugel ist ihre einzige Realität. Das große Aquarium ist mit Salzwasser gefüllt, in dem viele wunderschöne Arten von Anemonen, Krabben und Fischen leben. Die versiegelte Kugel dagegen ist mit Süßwasser gefüllt, und Goldfische leben in ihr.
Plötzlich beginnt ein Prozeß, durch den das Glas der Kugel dünner und dünner wird. Kleine Mengen Salzwasser sickern durch, und die Goldfische müssen sich rasch weiterentwickeln, damit sie diese Veränderung verkraften können. Da das Glas dünner wird, beginnen die Goldfische kurze Blicke auf die Kreaturen im großen Aquarium zu erhaschen. Einige Goldfische halten die anderen für ihre Feinde und versuchen mutig, ihre Kugel vor der drohenden Invasion zu schützen. Sie halten die Anemonen für schlecht und beschuldigen andere Goldfische, von ihnen beeinflußt zu werden. Diese Goldfische verbergen ihre eigene Angst, projizieren jedoch ihre Angst in ihre Umgebung. Andere Goldfische vermuten, daß die Fische im Aquarium schon seit langer Zeit die Glaskugel und ihre Bewohner kontrollieren. Sie sehen sich und die anderen Goldfische als hilflose Opfer. Sie glauben, daß die Kreaturen auf der anderen Seite des Glases sie gefangen halten, um sie eines Tages aufzufressen. Und da sich nun die Glaskugel mehr und mehr auflöst, begegnen sie jedem neuen Tag mit großer Angst.

Einige Goldfische sehen die Fische auf der anderen Seite des Glases als heilige, allmächtige Götter. Damit geben sie ihre eigene innere Autorität völlig auf und pendeln zwischen Gefühlsextremen hin und her. Einmal empfinden sie sich als Auserwählte, ein anderes mal als unwürdig und wertlos. Sie versuchen, verborgene Botschaften ihrer ‚Meister' zu interpretieren, und richten ihre Handlungen und Glaubenssätze danach aus. Sie schwimmen in der Kugel hin und her und verursachen viele Luftblasen, aber keine dauerhaften Effekte.
Einige der Goldfische halten diese anderen Kreaturen für Brüder und staunen über die unglaublichen Variationen, die ‚der Große Fisch' verwendet, um sich selbst auszudrücken. Sie folgen dem Geist des Großen Fischs mit jeder Kieme und jeder Flosse und empfinden Ekstase, da sie sich langsam darauf vorbereiten, bald in größeren Gewässern zu schwimmen.

Aus der Sicht dieser Perspektive mit ihrem ungewöhnlichen Abstand zum allgemeinen irdischen Geschehen hätte ich ein anderes Buch schreiben müssen, als das, welches Sie in Ihrer Hand halten. Auch viel kürzer, wie eben auch das Büchlein[1] ‚Der Lichtkörper-Prozeß', das der Erzengel *Ariel* 1990 dem Medium *Tashira Tachi-ren* in den USA gechannelt und darin obige Perspektive formuliert hat.

Aber gerade dieser *Abstand* eines höheren Bewußtseins mit einer emotionslosen Bewußtwerdung allen Geschehens war und ist nur wenigen Menschen beschieden. Das Interesse der Menschheit mit ihren teils leidvollen, teils überaktiven Lebenswegen ist davon noch weit entfernt, so daß ich im ersten Abschnitt meines Buches noch weitgehend in der Goldfisch-Perspektive bleiben muß. So hoffe ich, dann über Aufklärung und Wissensvermittlung die Ängste der Goldfische minimiert und durch *Erwartungen* ersetzt zu haben. Erwartungen eines ungeahnten Freiwerdens aus einem beschränkten Raum und Erwartungen, dadurch in die lichtvollen und helleren Zonen der oberen Gewässer aufsteigen zu können.

Übersicht

Dieses Buch ist zur besseren Gliederung aufgebaut in fünf Themenkreise, die auf breiter (erklärender und aufklärender) Basis die Grundlage bilden sollen, **alternatives Verständnis einer Welt von morgen zu ermöglichen**. Die Zeit dazu ist überreif - sie schreit danach und bedarf eines menschlichen und planetarischen Aufstieges in das Licht des Wassermann-Zeitalters.

Teil I: Durch Wissen zu spiritueller ‚Macht des Bewußtseins' - vermittelt detailliertes, meist verlorengegangenes Wissen anstelle einer manipulierten und ablenkenden Informationsflut und führt Suchende in neue Betrachtungsweisen mit vielen neuen Erkenntnis- und Entscheidungsmöglichkeiten und damit auch in selbständiges Schöpfungswirken ein,

Teil II: Statt Welt-Ende eine Zeiten-Wende - führt weg von vielfältig manipulierten Angsterzeugungen mit dem Weltuntergang hin zu schöpferischen, selbstbewußten und Zukunft formenden Sichtweisen, und damit zu neuem Verständnis unserer sinnvollen Krisenzeit und den dringenden und überfälligen Bewußtseins-Veränderungen, um den planetaren Aufstieg zu beschleunigen,

Teil III: Die persönliche Transformation zum Licht zeigt die Möglichkeiten auf, als ursprüngliche göttliche Wesen mit einem neuen Verständnis für ‚Licht' - materiell wie spirituell – und neuem Bewußtsein des eigenen Selbstes und dem unseres Mutterplaneten Erde den gemeinsamen Aufstieg ins Licht zu erleben,

Teil IV: Neue Erde und neuer Mensch - versucht den immerwährenden Traum der Menschheit nach Frieden und Brüderlichkeit als Update neu darzustellen – die Evangelien sprechen von Vollkommenheit - und für die Zeit nach dem Jahre 2012 realisierbar zu definieren und

Teil V: Praxis statt Worte - zeigt dem, der nunmehr erwacht ist und zum Lichtstrebenden wird, die vielfältigen Entscheidungsmöglichkeiten, Erkenntniswege, praktikablen Umsetzungen, spirituellen Schutzformen und täglichen Übungen, um verlorengegangene Spiritualität mit ihren anwachsenden Lichtkräften wieder in das Leben eines jeden einzelnen von uns zu integrieren – zur persönlichen ‚Rettung' und der Rettung der Menschheit.

Erster Teil

1. Kapitel

Der Menschheit Horizonte

Geozentrik, die Annahme und Aussage, daß unsere Erde (grch. *ge* und *gaia*) im Zentrum allen Geschehens stehe, ist außerordentlich auslegungsfähig. Wir Menschen, die wir diese Geozentrik oft wider besseren Wissens pflegen, haben während des ganzen Fische-Zeitalters ein gestörtes und ein manipuliertes Verhältnis dazu gehabt. Fische-Zeitalter bedeutet, daß der Frühlingspunkt während 2160 Erdenjahren durch das Sternbild der Fische wandert.

Blicken wir zurück in den Zeitraum davor, in die **Antike**. Die Hindus haben in ihren Heiligen Schriften, den Veden, die zwischen 1500 und 500 v.Chr. gesammelt worden sind, bereits kosmische Zyklen klar ausformuliert – demnach leben wir jetzt im auslaufenden *Kali-Yuga*, dem *Kali*-Zeitalter (*Kali* heißt in unserem Kulturkreis *Satanael* oder *Luzifer*).

Von den *Sumerern* und *Chaldäern* sind astronomisch-astrologische Berechnungen überliefert – damals waren die Priester die Astronomen und Namensgeber der wichtigsten Sternbilder des nördlichen Himmels - die auf eine bis heute unerklärliche Präzision schließen lassen.

Die *Altägypter* besaßen bereits 4000 v.Chr. eine Zeitrechnung mit einem 365tägigen Sonnenjahr, das in zwölf Monate zu je dreißig Tagen und in fünf geheiligte Ergänzungstage eingeteilt war.

Die *Altgriechen* entwickelten atlantisch-altägyptisches-babylonisches astronomisches Wissen weiter und schufen die ersten allgemeinen Hypothesen, Denkmodelle und Überlegungen über die Gesetzmäßigkeiten am Himmel. Die *Pythagoräer* lehrten die Kugelgestalt der Erde und *Eratosthenes* bestimmte deren Umfang. Sie haben kosmische Unterteilungen mit 2160 Erdenjahren gekannt, die sie Zeitalter oder Äonen (grch. *aion*) nannten und mit mythischen Namen von Sternbildern belegten.

Wir leben demnach heute im ausgehenden Fische-Äon oder -Zeitalter an der Schnittstelle in den **Wassermann-Äon** oder -Zeitalter, wobei der Übergang über Jahrzehnte weich wie die Dämmerung eines neuen Tages abläuft und wohl im Jahre 2012 abgeschlossen sein dürfte. Der hier geschilderte Vorgang ist Teil des 150 v.Chr. entdeckten sogenannten **Platonischen Weltenjahres** mit 25920 Erdenjahren, dessen Berechnungen dem griechischen Astronomen *Hipparchos von Nikaia* zugeschrieben wird. Da dieser Zyklus des gesamten Sonnensystems für unsere heutige Zeitenwende eine ganz besondere Bedeutung hat, gehe ich an späterer Stelle ausführlich auf diesen ein.

Kurz erwähnt sei hier auch der unerklärlich hohe Wissensstand der Sternenkunde in anderen Regionen unseres Planeten in der fernen Vergangenheit wie zum Beispiel bei den *Altchinesen*, die bereits schon vor dreitausend Jahren um die Kugelgestalt der Erde wußten. In Nordafrika ist man auf den Stamm der *Dogon* gestoßen, die genaues astrophysikalisches Wissen über den hellsten ‚Stern' unseres Himmels, den *Sirius* haben – anscheinend seit vielen Jahrhunderten. *Robert Temple*[37] meint belegen zu können, daß ihre weit entfernten Vorfahren in Babylon, Sumer und Altägypten um 3500 v.Chr. Kontakt zu diesem Gestirn gehabt hätten.

Im antiken Südamerika fand man in diesem Jahrhundert sensationelle monumentale Tatsachen, deren Entstehen nur mit verschiedensten kosmischen Kenntnissen verbunden verstanden werden können. Über den berühmten ‚Kalender der Mayas' in Mittelamerika, der mit dem Jahr 2012 endet und der nach neuestem Wissensstand auch der genaueste Kalender der Menschheit ist, werde ich später ebenfalls ausführlich berichten.

Zweitausend Jahre Geozentrik

Warum war nun dieses Wissen des Altertums zwischenzeitlich für über ein Jahrtausend *völlig* verschwunden? Für unseren europäischen Raum kennen wir die Erklärung, die wir uns unbedingt näher ansehen sollten. Die Altgriechen waren während der Hochkultur des Hellenismus (zwischen *Alexander d.Gr.* und der römischen Kaiserzeit) in allen Disziplinen, die in dem Überbegriff ‚Wissen' zusammenzufassen waren, vorbildlich – Griechisch war Weltsprache - und so hatten sie in Alexandria, der griechischen Metropolis und Universitätsstadt in Altägypten, eine gigantische Bibliothek als Teil des *Museion* genannten Universitätskomplexes gesammelt und errichtet. Hier studierten schätzungsweise 14000 Studenten. Das herrschende **Königshaus der *Ptolemäer*** gewann die hervorragendsten Philosophen, Mathematiker (*Euklid, Archimedes*), Bibliothekare (*Eratostenes*), Geographen, Literaten und Astronomen für seine ‚internationale Lehr- und Forschungsanstalt'. Das Handbuch ‚Mathematices syntaxeos biblia XIII' enthielt das gesamte astronomische Wissen der antiken Welt, unter anderem das Sternenverzeichnis des *Hipparchos*. Der christliche Kirchenvater *Clemens von Alexandrien* gilt als der Gründer der berühmten Mysterienschule. Seit Menschengedenken lag auch der Nullmeridian unseres Planeten mit dem Nil als Scheide zwischen Ost und West im griechisch-ägyptischen Raum (erst seit 1911 in Greenwich/Großbritannien).

Diese hellenistische und kosmopolitische Mittelmeer-Hafenstadt Alexandria (gr. *Alexandreia*) war der mächtige Gegenspieler Roms und größer in der Einwohnerzahl (da damals angeblich eine Million Juden unter den Griechen und Ägyptern der Stadt lebten). Am Hafen stand der berühmte Leuchtturm von Pharos, eines der sieben Weltwunder der Antike. Im Laufe der ersten urchristlichen Jahrhunderte wurde dieses Zentrum auch eine Hochburg griechisch-christlichen Denkens und Überlieferns der Lehren *Jesu*, wobei die christlichen Gnostiker hier ihren Ursprung hatten. Dies stand im offensichtlichen Gegensatz zu den jüdisch-christlichen Denkströmungen des *Paulus*, überwiegend im Gebiet der heutigen Türkei und dem römisch-christlichen ‚Geist', der sich in und um die imperiale damalige Millionenstadt Roma herangebildet hatte.

Die klerikale Uneinigkeit unter den Bischöfen, die diese völkisch-geistige, frühchristliche Spaltung jahrzehntelang nährte, nützte der machthungrige, heidnische Imperator *Constantius Maximus* (bekannt als *Konstantin der Große*), **325 n.Chr. in Nicäa** (dem heutigen türkischen Iznik, damaliger Sommersitz des Kaisers) ein **christliches Konzil** einzuberufen. Die noch junge, urchristliche Lehre - teilweise als Untergrundbewegung, die wir heute ‚stark demokratisch orientiert' nennen würden - war langfristig gesehen eine Gefahr für das imperiale Kaisertum mit seinem elitären *Mithras*-Kult, der römischen Ein-Gott-Lehre. Es war ein gelungener Schachzug *Konstantins*, die klerikalen Unsicherheiten der Bischöfe zu nutzen und eine neue *römisch-christliche Reichskirche* durchzusetzen. Im Rahmen dieses zweieinhalb Monate währenden Konzils wurde mit der ‚Erhebung' der noch ein Jahrzehnt zuvor verfolgten neuen Religion entscheidende urchristliche Charakteristika der bisherigen Lehre *Jesu* geopfert und teilweise dem imperialen *Mithras*-Kult angepaßt.

Eingeführt wurden für die ‚neuen Romchristen' unter anderem der Militärdienst, die Staatsbesoldung der Priester, der Kirchenbau auf Staatskosten, und die Kirchengemeindestrukturen wurden hierarchisch aufgebaut, basierend auf römischem Recht. Die Bischöfe übernahmen den Kopfschmuck, die *Mithra* und der Papst durfte den höchsten heidnischen Titel *Pontifex Maximus* (höchster Priester) führen. Den jährlich groß gefeierten 25. Dezember, *Tag der unbesiegbaren Sonne* (*Sol invictus*), zugleich Geburtsdatum *Mithras*, Licht-Sohn des Sonnengottes *Helios*, wurde als das gleiche Geburtsfest für *Jesus, dem Christus* festgesetzt, obwohl die Christen *Mariä Empfängnis* am 8. Dezember feierten. Rom wurde das neue Zentrum der Christenheit. Bis zu diesem Konzil übliche urchristliche Verbote oder Bräuche wurden aufgehoben wie zum Beispiel die Fleischlosigkeit der Ernährung, das Alkoholverbot und das Verbot des Gelobens und Schwörens. Der Wehrdienst wurde eingeführt, zuerst nur gegen Heiden, später auch gegen abtrünnige Glaubensgeschwister. Der *Christus Jesus* wurde dem Vater ‚gleich'-gestellt, nicht ‚ähnlich', um andern Göttern der damaligen Zeit ebenbürtig zu sein. Bischöfe, die das nicht anerkannten, traf der (christliche) Bannfluch. Alle Beschlüsse des Konzils wurden vom Kaiser bestätigt und als Reichsgesetze verkündet.

Der Gipfel der damaligen Umstrukturierung vom Ur-christlichen zum Staatschristlichen stellt der Vorgang der **Entstehung der ‚Heiligen Schrift'** dar. Dies war zwar dringend nötig, da es viele Evangelientexte in Aramäisch, Griechisch und Latein gab, die schon damals eklatante Widersprüche in sich bargen. *Constantius* hat auch hierbei Nägel mit Köpfen gemacht. Man wählte zunächst aus zahlreichen Schriften und Aufzeichnungen willkürlich (?) siebenundzwanzig aus, deren Entstehungszeiten zwischen 60 und 150 n.Chr. lagen. Doch trotz Inhaltsangleichung durch Weglassen und Hinzufügen, machten es die unterschiedlichen Aussagen und Erklärungen unmöglich, sie in einem Evangelium zusammenzufassen. Man wählte eine spirituelle Lösung und die fromme Legende (?) sagt, jeder Bischof habe schließlich von seinem Wunsch-Evangelium eine Schriftrolle unter einen bezeichneten Altar gelegt und anderntags war dann aufgrund gemeinsamen nächtlichen Gebetes und Mitwirkung des Heiligen Geistes die Auswahl getroffen worden: Es lagen die Rollen von vier Evangelien auf dem Altar und diese wurden ab dann die bindenden *kanonischen*[3], die das Neue Testament noch heute darstellen. Der kluge Kirchenvater *Irenäus* begründete die festgelegte Zahl ‚vier' damit, *...daß ja die Welt vier Ecken habe*!! Die anderen Evangelien, als *apokryph*[3] bezeichnet, wurden grundsätzlich verworfen, darunter das *Philippus*-, das *Hebräer*- und das *Ägypter-Evangelium*. Das edelste und in seiner Form ursprünglichste davon ist das *Thomas-Evangelium*[4].

Und nun wieder zurück zu der griechisch-christlichen Metropole Alexandria im Süden des Reichs: im Jahre 391, gerade 66 Jahre nach dem Konzil, wurde die berühmte und **umfangreichste Bibliothek der Antike** per Brandstiftung im Auftrage eines christlichen Glaubensfanatikers, dem Patriarch *Theophilus,* vernichtet und deren urchristliche Anhänger, die Gott mehr gehorchten als dem Papst in Rom, reichsweit verfolgt.

Fast vier Jahrhunderte zuvor hatte beim Angriff *Caesars* im Jahre 47 v.Chr. schon einmal ein Teil der Anlage gebrannt und es sollen damals 500 000 Bücher, Codices und Papyri verlorengegangen sein (*Andreas/Davis*). Die dritte Welle einer noch gründlicheren Schrifttum-Vernichtung jeglicher nicht-muslimischer Literatur und somit auch aller Altertumsbestände besorgte die Islamisierung Alexandrias durch *Amru den Sarazenen* um 641. Die Stadt verlor so ihre letzten Archive und damit das Abendland auch sein antikes Wissen.

Die simplifizierten Weltbilder der alten Volksgötter *Jahwe* der Israeliten und *Allah* der Muslime benötigten keinen Kosmos. Dem anwachsenden Staats-Christentum paßte die Übernahme des alttestamentarischen, zugleich geozentrisch-vermenschlichten Gottesbildes ausgezeichnet in die eigenen Machtkonzepte. Im späteren, bis heute währenden Wettlauf mit der weltweiten konfessionellen Eroberung und Zwangsmissionierung durch die beiden Weltkirchen Christentum und Islam herrschte über ein Jahrtausend lang eine ‚gnadenlose' Geozentrik – bei vielen Gläubigen heute noch.

Die Autoren *Andreas/Davis* urteilen in ihrem Buch ‚Das verheimlichte Wissen'[2], in dem die ur-christlichen Entwicklungen detailliert untersucht werden:

Wäre der politisch berechnende Kaiser Konstantin mit der Ausrufung des Christentums zur Staatsreligion nicht den Ptolemäern zuvorgekommen, wer weiß – vielleicht stünde der Vatikan heute nicht in Rom, sondern in Alexandriens Hafen; dort etwa, wo der Leuchtturm von Pharos, der Tempel der Isis oder das Mausoleum der Cleopatra standen.

Dieser Rückblick auf den gewaltigen ‚Wechsel' einer gesamten Weltphilosophie und ihrem Menschheitsbild erlaubt die Feststellung, daß das Verlorengehen des gesamten antiken Wissens über Kosmos und Universum als Paradigmen-Wechsel anzusehen ist. Unter einem Paradigma (griech.-lat. *Beispiel*) versteht man die ‚in einem Zeitabschnitt herrschenden Grundauffassungen' – heute sagt man dazu ‚herrschende Meinung'.

Nach über einem Jahrtausend des Irrglaubens, der Mensch stehe im Mittelpunkt der Welt und der Mensch sei der Mittelpunkt und Sinn der Schöpfung, kam dann **der nächste Paradigmawechsel,** der vom geozentrischen Weltbild schrittweise zum heliozentrischen (die Sonne als Weltmittelpunkt betrachtend). Der geniale polnische *Nikolaus Kopernikus* (1473-1543) erkannte unter anderem, daß die Sonne das Zentrum der Planetenbewegung sei; der geniale neapolitanische Dominikanermönch *Giordano Bruno* (1548-1600) erkannte unter anderem, daß die Sonne nicht Mittelpunkt der Welt sei (Lehre von der Unendlichkeit der Welt und die Vielheit und Gleichwertigkeit der Weltsysteme) und landete dafür in Rom auf dem Scheiterhaufen; der Professor *Galileo Galilei* (1564-1642) aus Pisa wird unter anderem als Begründer der modernen Naturwissenschaften und Vorkämpfer der heliozentrischen Lehre des *Kopernikus* angesehen und der schwäbische Professor *Johannes Kepler* (1571-1630) formulierte unter anderem die ‚Drei Gesetze der Planetenbewegung'. Diese für viele andere beispielhaft genannten Wissenschaftler des sechzehnten Jahrhunderts rissen plötzlich den kleingewordenen *orthodoxen* Himmel wieder auf und zeigten der ungläubigen Menschheit eine neue kosmische und göttliche Ordnung – das theoretische Ende der eingeschränkten, geo-zentralen Vorstellungsfähigkeit. Ab nun bekamen die konfessionellen Gottesbilder die Chance, universell begriffen und multidimensional ausgeweitet werden zu können.

Und ist es das geworden? Über unser Universum lernen wir zwar heute in der Schule logisch klingende Hypothesen, verstehen aber die Zahlenfluten kaum und können uns noch viel weniger derartige kosmische Ausmaße vorstellen. Dadurch bleiben wir Geozentriker wie eh und jeh und stehen weiterhin, zwar gebildeter als unsere ‚naiven Vorfahren', geo-zentrisch und ego-zentrisch im heutigen modern-naiven und **weiterhin eingeschränkten Weltbild**.

Beginn einer Kosmologie

Die ehemaligen Astrologen und die späteren Astronomen heißen heute Astrophysiker. Gewaltiges High-tech steht ihnen zur Verfügung – vom edelsten irdischen bis hin zum Weltraum-Teleskop *Hubble*,[7] das mit seinen optischen und elektronischen Hochleistungssystemen farbige Aufnahmen aus mehr als fünfhundert Kilometer Höhe zur Erde funkt und bisher fast vier Milliarden DM kostete (1997). Entsprechend hyperdimensional fallen auch neueste Auswertungsergebnisse aus: Galaxien werden erkundet in der Entfernung von bis zu zwanzig Milliarden Lichtjahren (Licht bewegt sich in der Sekunde rund 300 000 Kilometer) und die Zahl der Galaxien selbst geht ebenso in die Milliarden. Neben unserem Sonnensystem schätzt man (nach der *Drake*-Gleichung) fast 67 Milliarden Sonnensysteme, die zu unserer Galaxis oder Milchstraße zählen, welche mit ihrem Durchmesser von vermutlich 100 000 Lichtjahren wie eine Stecknadel im kosmischen Heuhaufen wirkt. Ein **neues Bild des materiellen Universums** ist im Entstehen und reduziert mit seiner unvorstellbaren Dimensionslosigkeit unseren blauen Heimatplaneten mit seiner unruhigen Menschheit fast zur Bedeutungslosigkeit. ‚*Ein relativ unbedeutendes Staubkörnchen im Universum*' erklärt die Wissenschaft[25]. Und ein **erneuter Paradigmen-Wechsel** steht somit ins Haus.

Denn bei solchen Größenordnungen, die auch in der Tagespresse immer wieder einmal Schlagzeilen machen, kommt zwischendurch selbst Otto Normalverbraucher auf die Idee, daß wir Geozentriker nicht die einzige Zivilisation in einem derartig angewachsenen kosmischen Raum sein könnten. Ich gebe nochmals obige Zahl zu bedenken: 67 Milliarden planetenführende Sonnensysteme wie unseres - **allein in unserer Milchstraße**. Und prompt sorgt eine finanzstarke Medienindustrie für extraterrestrische Science-Fictions, deren phantastischen Expansionen keine Grenzen gesetzt scheinen. Die weltweiten Megaerfolge bestätigen nicht nur ein globales neues Verständnis (eben ein Paradigma) dafür, sondern zeigen zugleich und endlich ein Freiwerden aus unserem freiwilligen und/oder manipulierten Tellerrand-Denken. Es lebe der nun uneingeschränkte schöpferische Geist! Es lebe die neue uneingeschränkte Freiheitsmöglichkeit! Und es lebe die nun uneingeschränktere Entwicklungsfähigkeit menschlichen Bewußtseins!

Diese Bewußtseinserweiterung im Stellenwert eines veränderten Paradigmas sollten wir uns auch nochmals im biblischen Sinne betrachten. Wir kennen alle die Geschichte von *Adam* und *Eva*, die aus dem Paradies (was immer wir uns darunter auch vorstellen wollen?) ‚verstoßen' wurden, weil sie vom ‚Baum der Erkenntnis' genascht hatten. Die überwiegend betagten Kirchenmänner erklärten uns seit Jahrtausenden, daß das etwas ‚Sündiges' war und wir ‚Schuld' auf uns geladen und ab diesem Zeitpunkt zur Strafe in der Gesetzmäßigkeit der Polarität zu leben hätten. Als Strafe und Erb-Sünde bis in unsere Tage? War denn das Naschen am Selbsterkenntnisbaum nicht der freiwillige Schritt zum **Individualbewußtsein** der einzelnen Seele? Nach Aussagen anderer kosmischer Zivilisationen durften die Seelen, die auf dem blauen Planet Erde inkarnierten, einen Schulungs- und Experimentier-Lebensweg gehen, der auf keinem anderen Planeten in so enormer Grobstofflichkeit und Dichte der Materie vorhanden sei. Dieser göttliche oder kosmische ‚Versuch', auch freiwillig hierher inkarnierende Seelen ihren vom Schöpfer gegebenen freien Willen uneingeschränkt austoben zu lassen, um dabei lernen und reifen zu können, wird interessiert und neugierig von anderen Sternenzivilisationen beobachtet.

Eine recht aggressive Meinung zu dem Thema *Adam* und *Eva* vertritt die *Kosmosofische Weltunion* (CWO: Cosmosofic World Organization)[175]:

Die kosmosofische Neureligion mag Adam und Eva, weil sie es als mythische Menschen im Urzustand schon vorzogen, trotz aller Einschüchterungsversuche einer ungestümen Natur den guten, nahrhaften Apfel der Erkenntnis zu essen. Damit wählten sie bewußt nicht den Tyrannengott – Vorbild aller machtbesessenen Pharisäer, Oberrabbiner, Päpste, Bischöfe, Schriftgelehrten, Mullahs, Despoten, Diktatoren, Sektenführer und Gurus –, sondern den Erkenntnisgott, um sich ihre rationale und moralische Lernfähigkeit selbst zu beweisen.

Somit können wir in dem angeblichen spektakulären ‚Vertriebenwerden' in die polare Materie mit ihrer Zwie-spältig-keit und Dualität *das Gegenteil* dessen erkennen, was man als herrschende Meinung der Gläubigen vorfindet: **Das Adam-und-Eva-Modell war der erste Erkenntnis- und Bewußtseinssprung der Menschheit.** Vor 6000, vor 30 000, vor 300 000 oder 3 Millionen Erdenjahren?

Zu dem vorher schon erwähnten Paradigma-Wechsel (hin zu einem kosmisch erweiterten Weltverständnis) kommt nun auch das *Ende* dieses Entwicklungs-Zyklus' dazu - dem der Entwicklung des menschlichen Individualbewußtseins oder wie jüngere Zungen sagen: der *globale Selbstverwirklichungs-Trip*. Nachdem nun diese beiden Voraussetzungen erreicht zu sein scheinen, könnte unser Sonnensystem samt Erdplanet und samt Menschheit wieder aus der Bewußtseinsdimension der polar-trennenden Gesetzmäßigkeit aussteigen – und, gereift zu einem Kollektiv, **die Rückkehr zur Einheit im Licht** antreten. In meiner Einleitung nannte ich das die *göttliche Seelen-Rückrufaktion*. Das wäre dann demnach der **zweite große Erkenntnis- und Bewußtseinssprung** der

Menschheit und könnte in das lang angekündigte und ersehnte ‚Friedensreich' führen. Geistig und spirituell vorbereitet wurde diese göttliche Seelen-Rückrufaktion und der vorausgehende Aufstieg ins Licht von weltweit großen Avataren (siehe Glossarium) und Religionsstiftern in einem Umfang von sicherlich bis dahin noch nie dagewesenem Ausmaß. Vor und mit Eintritt in das (jetzt zu Ende gehende) Fische-Zeitalter - das heißt mit dem damaligen Eintritt unseres Sonnensystems in das Sternbild der Fische - flutete unser Schöpfer geradezu seinen göttlichen Geist mittels hoher Avatare und Gottessöhne – allesamt etwa im 7. und 6. Jahrhundert vor Chr.:

- der adelige persische Erlöser *Zarathustra*, geboren durch die unbefleckte Empfängnis einer jungfräulichen Mutter,
- der chinesische Philososph *Lao-tse*, ebenfalls von einer Jungfrau geboren,
- der indische Prinz *Siddhartha,* später *Buddha* genannt, vom heiligen Geist gezeugt und aus der Jungfrau *Maya* geboren,
- der chinesische adelige Philosoph *K'ung-fu-tse* (lat. *Konfuzius*),
- der griechische Philosoph *Pythagoras,* den seine Mutter durch eine Erscheinung des heiligen Geistes empfing und
- die zwölf *kleinen Propheten* der Israeliten.
- Höhepunkt dieses gewaltigen Auftritts edelster Weisheitslehrer war dann aber schließlich *Jesus, der Christos*, mit seiner genialen Frohbotschaft und Heilslehre. Er wurde außerdem durch sein gnadenlos erniedrigendes Gekreuzigtwerden zum Erlöser der Seelen aus dem ‚Rad der Wiedergeburten', wodurch endgültig die Voraussetzungen geschaffen wurden, daß die göttliche Seelen-Rückrufaktion anlaufen konnte.

Heute, nach über zweitausend Jahren, könnte dieser damalige gewaltige Input an vermenschlichten, göttlichen Energieformen, dieser weltweite Auftritt an verschiedenen Weisheitslehrern zu dem geführt haben, was dann im *Lukas*-Evangelium erwartungsvoll angekündigt worden ist, daß ...*man den Menschensohn mit großer Macht und Herrlichkeit auf einer Wolke kommen sehen wird...*(21,27).

Auch andere Hinweise auf ein zweites ‚Erscheinen' *Jesu* beziehungsweise *Christi* werden nun zum Wechsel in das neue **Wassermann-Zeitalter** als erfüllt angesehen. Dieses abermals verstärkte Einfließen des Christusgeistes in unsere Grobstofflichkeit soll uns Menschen dringendst mittels des oben erkannten **zweiten Erkenntnis- und Bewußtseinssprunges** dahin führen, was als uralter Menschheitstraum bisher unerfüllt geblieben ist – in ein *Zeitalter des Geistes* und ein *Licht-Zeitalter*, das in mehreren Religionen als ein *irdisches Friedensreich* erwartet wird.

2. Kapitel

Kanalisieren oder Channeling – ein spirituelles Modem?

In den meisten westlichen Religionen spricht Gott zu seinen Gläubigen offiziell durch Propheten – am ausgeprägtesten finden wir dies im Islam: nach ihm wird kein anderer Prophet anerkannt. Einen höchsten Stellenwert haben Propheten in den heiligen Schriften der Israeliten und teilweise schenkt auch der christliche Protestantismus den israelisch-morgenländischen, vor tausenden von Jahren von Gott beauftragten Propheten als Warner und Problemlöser weiterhin Gehör und versucht daraus Erkenntnisse für die heutige Zeit abzuleiten.

Aber entsprechend dem modernen, kosmisch-holistisch erweiterten Gottesverständnis müssen wir auch bei der **Prophetie** neu definieren. Die Prophetie des Altertums ist **stets personenbezogen** und **was der Prophet spricht, wird Gesetz** (Judaismus und Islam). In der christlichen Lehre des Neuen Testaments dagegen wird diese Prophetie **unpersönlich** zu **Prophetischem Geist** und zu ‚**Offenbarungen'**. Es sind nicht mehr *auserwählte biblische* Personen, wenn es heißt *...ich werde meinen Geist über <u>alles Fleisch</u> ausgießen...*(Apg 2,17-18) und es handelt sich wohl nicht mehr nur um Mahnung und Gerichtsandrohung, wenn es im Text weiter heißt *...und ihre Söhne und Töchter werden **frohlocken und sich neuen Wahrheiten öffnen...*** Seit *Jesus* seinem gefühlsorientierten Fische-Zeitalter den Christusgeist brachte, können wir von **Botschaften** und vor allem von **Frohbotschaften** sprechen. Der *Pneumatische* oder *Göttliche Geist* wird <u>allen Menschen</u> zugänglich, er offenbart sich uns allen, was auch gleich in den frühen christlichen Gemeinden *praktiziert* worden ist. Deren Propheten zogen nicht wie die Apostel predigend durch die Länder, sondern boten ihren Ortsgemeinden *...was der Geist den Gemeinden sagt* (Offb. 2,7) und *...Weisungen von Gott. (wer [...] prophetisch redet, spricht zu den Menschen Erbauung, Ermahnung und Trost)*. Gott sprach ab jetzt durch den Gott-in-uns (gemäß der neuen Lehre des Wahrheitslehrers *Jesus*).

LeserInnen, die sich ob der Meinungen und recht detaillierten Beschreibungen der als *Charismatische Gaben* bezeichneten Geisteskräfte näher interessieren, mögen die Texte *Pauli* in seinen Briefen an die Römer (12, 4-12), an die Epheser (4,11) und seinen ersten Brief an die Korinther (14,1-40) nachlesen.

Im Gegensatz zu dem hebräischen Wort *nabi* (Seher, Visionär, Rufer, Verkünder), das im Alten Testament mit dem griechischen Wort *prophetes* übersetzt wurde, waren im antiken Griechenland die *prophetes* Berater der Herrscher, einer ‚Berufung', die von verschiedenen ‚Spezialisten' erfüllt wurde. Der Buchautor *Dr. Elmar R.Gruber* klärt uns folgendermaßen darüber auf[86]:

Ihre Aufgaben waren Problemlösungen in einer komplizierter werdenden Gesellschaft. Der ‚prophetes' hatte nichts weiter zu tun, als die dunklen Rätselworte ekstatischer Medien wie die der Pythia in Delphi in verständliche Sprache zu übersetzen. Daneben gab es den ‚hiereus', der Omen aus Opfern deutete; der ‚oneiropolos' interpretierte die Träume, der ‚chresmologos' war Orakelexperte, und der ‚exegetes' erklärte die Riten. Doch die Aussage dieser Spezialisten wurden weder als unverrückbare Prophezeiungen aufgefaßt noch waren sie so gemeint. Sie galten als Vorschläge, die der Herrscher nach Belieben akzeptieren oder verwerfen konnte.

In diesem klassischen Sinne müssen wir auch unsere neuzeitlichen ‚Propheten' verstehen, die die ‚Eingaben' des göttlichen Geistes allen Menschen beratend interpretieren. *Ich präge deinem Geist meine Gedanken ein und du setzt sie in Worte um...* wird uns aus der geistigen Welt erklärt. Dabei sollten wir aber bedenken, daß ‚derartiger Geist' nicht immer oder selten ‚Gott' selbst ist. Zumeist ist ‚Sender' der *prophetischen Rede* der Christus-Geist (*Jesus* versprach *...ich werde bei euch sein alle Tage...*) oder hohe Lichtwesen wie Meister, Lehrer und Avatare, zu denen ich auch *Mutter Maria* zähle, Erzengel, Schutzengel und Außerirdische, aber auch unser *Höheres Selbst* und unser Unterbewußtsein. Was Wunder, daß schon die ur-christliche Gemeindeordnung mahnte, auf die *falschen* Propheten zu achten: *...an der Lebenshaltung wird der falsche Prophet erkannt werden* und an anderer Stelle: *...an ihren Früchten werdet ihr sie erkennen,* denn die christlichen Offenbarungen jener Frühzeit waren recht pragmatisch. *Jesu* New-Age-Geist zu Beginn des Fische-Zeitalters oder Äons - daß alle Menschen als Kinder Gottes gleich seien, auch die Frauen und die Sklaven, und daß Nächstenliebe nur dann eine ist, wenn wir über den Nächsten nicht *urteilen* und *richten* – alleine diese beiden Basisbereiche frühchristlichen Lebens waren so schwer auch in den damaligen Alltag umzusetzen, daß intensive ‚Beratung aus den geistigen Sphären' von nöten und ‚üblich' war. Wie wir heute feststellen können, war der Erfolg trotzdem sehr gering.

Können aus solchen geistigen Offenbarungen jener christlichen Gründerzeit nun heute Offenbarungen unserer angeblichen Endzeit werden?.

Denn wieder steht die Menschheit an einem Wendepunkt. Nicht nur, daß zwei Weltzeitalter um ihren ‚Bestand' ringen, vielmehr treffen, wie schon erwähnt, weitere kosmische Zyklen zu einer ‚Kosmischen-Multi-Schnittstelle' zusammen, die es in dieser Veränderungsgewalt noch nie gegeben haben soll. Und dazu kommt noch, daß sich unsere Menschheit zu diesem Zeitpunkt verfünffacht hat, informationstechnisch weltweit orientiert ist und daß immer mehr erwachte Menschen auf der Suche nach Antworten sind auf Fragen, die ihr menschliches Sein betreffen. Sie erhoffen sich Hilfe und Führung für bestimmte Lebenssituationen, in denen sie die traditionellen, jahrtausendelang gepflegten Orientierungen verloren haben.

Die ‚neuen Wahrheiten' sind die Offenbarungen unserer Zeit

Mit dem neuen Denken der *reinen Vernunft* von Rationalismus und Aufklärung im achtzehnten Jahrhundert entwickelte sich nämlich auch ein zweiter Anstoß zu einem neuen Verständnis des Christentums – nach dem ersten Anstoß der Reformationen im sechzehnten Jahrhundert. Als *Neu-Offenbarung* kam der prophetische Geist, der jahrhundertelang hinter Klostermauern und denen des Vatikans verschwunden war, **endlich in die Öffentlichkeit** und wurde (meiner Meinung nach) in der Apostelgeschichte als die ‚neuen Wahrheiten' angekündigt: Der Stockholmer *Emanuel Swedenborg* (1688-1772), Universalwissenschaftler und medialer Theosoph, bekam *geistig* das neue Verständnis zu einer universalen Religion, die als *Neue Kirche* (Swedenborgianer) zahlreiche Gründungen fand. *Goethe* nannte ihn den ‚gewürdigten Seher unserer Zeit' und *Honoré Balzac* titulierte ihn als ‚Buddha des Nordens'. *Swedenborg* sah *„...den Aufgang einer Epoche, in welcher der Mensch seine Wurzeln im Göttlichen neu entdeckt."*

Der aufdämmernde Wassermann-Äon nämlich – seine Symboldarstellung ist der Wassermann, der *neuen Geist* aus seinem geschulterten Krug ausschüttet (denken Sie auch hierbei an den Evangelientext *...ich werde meinen Geist über alles Fleisch ausgießen*) – bringt endgültig das *neue Weltbild* in ein immer falscher verstandenes Christentum und/oder eine seelenlos-materialistisch gewordene Wissenschaftsgläubigkeit. Diese immer intensiver werdende **globale Geistes-Ausgießung** teile ich in drei Zeitabschnitte auf:
- die großen Eingeweihten des 19. Jahrhunderts,
- medialer Geist des New-Age und
- Channeling der Zeitenwende.

Die großen Eingeweihten des 19. Jahrhunderts:

Gemeint sind damit *Jakob Lorber* (Österreich), *Roque Rojas* (Mexico), *Helena P. Blavatsky* (Rußland), *Levi Dowling* und *Joseph Smith jr.* (USA).

<u>Jakob Lorber</u> (1800-64) aus der Untersteiermark war Musiker und Komponist und wurde vierundzwanzig Jahre lang zum ‚Schreibknecht Gottes'. In seiner Medialität schuf er ein einzigartiges prophetisches Riesenwerk, das fünfundzwanzig fünfhundertseitige Bände füllt, wobei im *Großen Evangelium Gottes* das Leben und die Lehre *Jesu* eine ungeheure Ausweitung und Vergeistigung erfährt (seit 1924 auch *Neulichtfreunde* genannt).

Joseph Smith jr. (1805-44) bekam von dem Engel *Moroni* die Texte für sein Buch ‚Mormon' gezeigt, die auf Metallplatten graviert waren. Daraufhin gründete er als erster von mehreren Propheten 1830 die *Kirche Jesu Christi der Heiligen der letzten Tage* (KJC), die heute rund zehn Millionen Gläubige hat. Die Kirche der Mormonen lehrt, daß der Mensch durch Leben im Evangelium und Halten der Gebote Erhöhung und Erlösung erfahren könne und fordert den Dienstcharakter der urchristlichen Geistesgaben. In ihren Gemeindehäusern und Tempeln finden sich keine Kruzifixe. Sie verehren in der Hauptsache den auferstandenen und nicht den gekreuzigten *Christus,* also den erlösenden und liebenden.

Roque Rojas (1812-79) wurde in der Stadt Mexico in einfacher Familie geboren. Er empfing vom ‚Herrn' innerhalb von acht Jahren Kundgaben und Offenbarungen, die in zwölf Bänden von je rund vierhundertfünfzig Seiten gesammelt worden sind. Es handelt sich nicht nur um eine Fülle göttlicher Bezeugungen, daß die Zeit der Wiederkunft *Christi* da ist, sondern auch um die klare Belehrung, daß Gott diese nicht mehr in menschlicher Gestalt geschehen lassen wolle, sondern als *Heiliger Geist.*

Helena Petrovna Blavatsky (1831-91), geb. *Hahn von Rottenstern*, hat als russische Theosophin 1875 in New York die *Theosophische Gesellschaft* gegründet und herausragende mediumistische, von einigen Adepten diktierte Grundsatzwerke mit starker buddhistischer Anreicherung geschrieben. Unter anderem entwickelte sie die Lehre von der Existenz der *Großen Weißen Bruderschaft.* Die Theosophie (Gottesweisheit) war die geistig-spirituelle Basis der späteren Anthroposophie im deutschsprachigen Raum. In der ‚Zeitschrift für geistige Entfaltung - Der weiße Lotos', heißt es dazu: *Um die Menschheit nicht ohne Beistand in dieser krisenreichen Zeit zu lassen, wurde 1875 durch Gründung der Theosophischen Bewegung ein Teil der esoterischen Urwahrheiten, die vorher wegen der menschlichen Unreife verhüllt waren, der Öffentlichkeit zugänglich gemacht... Denn durch die esoterischen Lehren – die Synthese wahrer Religion, Wissenschaft und Philosophie – erhalten wir das Wissen von den universalen Zusammenhängen und damit das Mittel, die quälenden Probleme zu lösen.*

Levi H. Dowling (1844-1911) in Ohio als Sohn eines Pionierpredigers (Disciples of Christ) geboren, war schon mit achtzehn Jahren Pastor einer kleinen Kirche, studierte dann Medizin und wurde Arzt. Später verbrachte er vierzig Jahre mit Literaturstudium und stiller Meditation, bis er sich in jenem Stadium höheren geistigen Bewußtseins befand, das ihn befähigte, aus der Akasha-Chronik (siehe Glossarium) ‚*Das Wassermann-Evangelium von Jesus dem*

Christus' zu schreiben, ...einer philosophischen und praktischen Grundlage der Religion des Wassermann-Zeitalters.

Alle die hier aufgeführten ‚großen Eingeweihten' hatten den Auftrag aus der geistigen Welt, die Lehre *Jesu* zu ‚korrigieren' von den vielen Mißverständnissen und eingeschlichenen Irrlehren, die die „Pflege" des Neuen Testaments im Laufe des dazwischenliegenden Jahrtausends so mit sich gebracht hat.

Der mediale Geist des New-Age

Gegen Ende des neunzehnten und mit Anbruch des letzten Jahrhunderts kam nun aber nach den oben aufgeführten großen Vorläufern der *Heilige Geist* massiv über die Menschheit, denn die Morgendämmerung des *Neuen Zeitalters*, dem New-Age, hatte eingesetzt. Alles, was wir in den zurückliegenden Jahrhunderten, sicherlich auch Jahrtausenden, an Bewußtseins- und Persönlichkeitsentwicklungen in den einzelnen Religionen, in den einzelnen Völkern und den verschiedensten Machtverhältnissen kennen, ist ein Klacks gegen **die Anforderungen dieses Jahrhunderts**. Die Weltbevölkerung explodierte von 1,6 auf vermutlich 6 Milliarden Menschen.

Somit entstand auch weltweit eine Medialität in verschiedenen spirituellen Ausdrucksformen (Volltrance, Alpha-Zustand, u.a.) und Techniken (mediales Schreiben, Audition oder mediales Hören und inspiriertes Sprechen) und teilweise bildeten sich um die Prophetinnen und Propheten sogar größere Glaubensgemeinschaften oder individuell operierende Anhänger einer eigenen Weltanschauung.

Die nachfolgende Auflistung habe ich zusammengestellt nach dem für unser Abendland wichtigen Kriterium: In all diesen Neu-Offenbarungen und Botschaften meldet sich der **Christusgeist** oder auch **Christus universalis**. Dieser sollte in allen Botschaften stark im Vordergrund stehen, kann aber auch versteckt erscheinen und verschiedene ‚Namen' als Botschaftsquelle annehmen, muß aber als ‚entsprechende Schwingung' stets aus feinsten geistigen Dimensionen und höchsten Lichtsphären stammen, die wir Christen allgemein als *göttlich* bezeichnen. Der junge amerikanische Philosoph *David Spangler* schreibt schon 1977 in seinem Buch ‚New Age' zu den Merkmalen des *Neuen Zeitalters* (die Hervorhebungen stammen von mir):

Dies ist eine neue Offenbarung. Sie entfaltet Energien, Möglichkeiten und Merkmale des Bewußtseins, die auf Erden neu sind. Doch kommt dieses Ereignis nicht plötzlich und unvorhergesehen. Die Grundlage der Offenbarung ist tief in der Geschichte der Erde und der Evolution des menschlichen Bewußtseins verankert. Dieses Neue Zeitalter wurde seit Jahrhunderten von Menschen vorausgesehen, die ge-

lernt hatten, ein kosmisches Bewußtsein zu manifestieren, und, befreit von Raum und Zeit, die fortschreitende Evolution des Lebens auf diesem Planeten bezeugen konnten. **Sie erkannten, was dieses Neue Zeitalter als logische Fortsetzung der Entfaltung des kreativen Seins bringen würde, eine wichtige Phase im Lernplan des Bewußtseins.** *Sie erkannten außerdem, wie das sich entwickelnde Leben fortschreiten* **und sich vorbereiten müßte***, besonders die Menschheit, um die Energien und Möglichkeiten des Neuen Zeitalters* **richtig zu empfangen und zu nützen***. Mit diesem Wissen begannen diese Großen, das Bewußtsein der Menschheit und der ganzen Welt vorzubereiten.*

<u>Dr.Rudolf Steiner</u> (1861-1925), medialer österreichischer Anthroposoph, der sich 1913 von der nordamerikanischen Theosophie trennte und zugleich die *Anthroposophische Gesellschaft* und das *Goetheanum* in Dornach bei Basel gründete. Die Weltanschauung der Anthroposophie sieht die Welt in einer stufenweisen Entwicklung begriffen, die der Mensch einfühlend und erkennend nachzuvollziehen hat. Damit kann er höhere seelische Fähigkeiten entwickeln und übersinnliche Erkenntnisse erlangen. Immer stärker wirken unter anderem Waldorfschulen und Institute für heilpädagogische Therapieformen (Eurythmie, Weleda-Präparate, u.a.) in unsere Gegenwart.

<u>Edgar Cayce</u> (1877-1945), nordamerikanischer Therapeuth und Sensitiver, der als der ‚schlafende Prophet' bezeichnet wurde. Schon als Kind hatte er Visionen und mit sechzehn Jahren besaß er die Fähigkeit, medizinische Ratschläge zu geben. Er versetzte sich in einen leichten Trancezustand, in dem er Krankheiten diagnostizieren und heilen konnte. 1931 wurde die *Association for Research and Enlightment* gegründet, die 14879 Berichte über Heilerfolge sammelte. Später erteilte er im Trancezustand auch Ratschläge bei persönlichen Problemen und empfing Prophezeiungen und Botschaften zu Fragen der Vergangenheit, Gegenwart und Zukunft, die in 8968 Protokollen (Readings) aufgezeichnet wurden.[46]

<u>Bertha Dudde</u> (1893-1965), Tochter eines schlesischen Kunstmalers, erhielt seit 1937 die *innere Stimme,* die sie im Kopf hörte und stenografisch niederschrieb. Im Vergleich zu *Lorbers* Botschaften ist die Dringlichkeit des Offenbarten dramatisch gestiegen, die Reinigung der Erde und die Zeitenwende stehen im Mittelpunkt. Die *Zeit der Katastrophen* ist bei ihr eine letzte Gnadenfrist und wer die höhere Macht anruft, kann noch gerettet werden.

<u>Maria Valtorta (1897-1961)</u> war eine strengkatholische Italienerin, überaus begabt und Schriftstellerin von hohem Rang. Ihr Leben bot sie dem Herrn als Sühneopfer (leiden, sühnen, lieben) und war dann auch die restlichen siebenundzwanzig Jahre ihres Lebens bettlägerig. Von 1944 bis 1947 hielt sie ihre Vi-

sionen schriftlich fest, was zu dem in mehrere Sprachen übersetzte zwölfbändige Monumentalwerk ‚Der Gottmensch, Leben und Leiden unseres Herrn *Jesus Christus*' wurde. Dabei ‚enthüllt' *Jesus* auch seinen Plan: die Reinigung der Menschheit, die Erneuerung der Kirche, den Triumpf *Mariens* und das Reich *Jesu* in den Herzen der Menschen.

<u>K.O. Schmidt</u> (1904-77) wurde als medialer Erfolgsautor und Lebenslehrer Generalsekretär des ‚Neugeistbundes' und deutscher Distriktpräsident der ‚International New Thought Alliance' (INTA). Er stellte der kirchlichen Gläubigkeit eine *christliche Wissenschaft* gegenüber. Er und seine individuelle, kaum organisierte Leserschaft sehen sich und alles Lebendige als Teil eines universellen Gott-Selbst-Entfaltungsprozesses. Sie erkennen die Entwicklung mit dem Ziel fortschreitender Selbstverwirklichung und Gottes-Selbst-Offenbarung als das dynamische Gesetz des Lebens. Als Prophet des ‚Positiven Denkens' lehrt er *...keine Epoche in der Geschichte der Menschheit ist bedeutsamer, keine abenteuerlicher und fruchtbarer als diese, in der wir leben – wenn wir ihren Ruf verstehen und ihm folgen.*

<u>David Spangler</u>, ein amerikanischer medialer New-Age-Mystiker und Philosoph, der vehement für ein kosmisches Christusbewußtsein eintritt und der die Offenbarungen des Erden-Logos, der sich *Grenzenlose Liebe und Wahrheit* nennt, empfängt. Seine Schreib- und Vortragstätigkeit bringt sie weltweit in die Öffentlichkeit verstärkt einer jungen Generation (Findhorn-Community).

<u>Gabriele Wittek</u> *(von Würzburg)* ist die Prophetin der Glaubensgemeinschaft *Universelles Leben,* in der das ‚Prophetische Wort' im Stil der frühchristlichen Traditionen empfangen und in praktisches Zusammenleben auch im modernen Alltag - im Sinne der Bergpredigt - umgesetzt wird. Die ‚Urchristen' begegnen sich inzwischen weltweit frei ohne Zeremonien, Riten und Priester, da Gott im Innersten jedes Menschen lebe.

<u>Pfingstbewegung</u> ist die zusammenfassende Bezeichnung der geistigen Erneuerungsbewegung für eine größere Anzahl von weltweit verbreiteten religiösen Gruppierungen, die nach der Apostelgeschichte 2 die urchristlichen Gnadengaben, die Charismata, pflegen. Dazu zählt Prophetie und Geistempfang. Das klassische Pfingstlertum entwickelte sich Ende letzten Jahrhunderts. Unter Pastor *W.J.Seymour* ereignete sich am 9.4.1906 die erste ‚Geist-Ausgießung' in einem Gebetskreis in Los Angeles und die Flamme der pfingstlichen Erweckung lief mit einer ungeheueren Geschwindigkeit über den ganzen Erdball. Vermutet wird eine Anhängerschaft von vierzig Millionen Gläubigen.

Unabhängig von diesen als Beispiele aufgeführten *Medien* ‚erscheint' auch *Mutter Maria* in diesem Jahrhundert verstärkt weltweit und nicht nur in katholischen Zentren, sondern sie fand auch andersgläubige Medien, um durch sie ihre Botschaften in schriftlicher Form zu *kanalisieren* oder zu *channeln* (vom engl. *channel* ‚Kanal').

Literatur und teilweise Adressen zu einigen der oben aufgeführten Propheten finden Sie im Anhang unter ‚Adressenlisten': Zeitschriften zur Zeitenwende. Die genannten Beispiele der Erneuerung der christlichen Lehre durch gechannelte Neuoffenbarungen aus der geistigen Welt sind nicht annähernd vollständig und zeigen nur beispielhaft auf, was sich als **religiöse Zeitenwende** schon zu Beginn des letzten Jahrhunderts bewegte.

Channeling im Zeit-Finale:

Der Inhalt dieses ganzen Buches ist weitgehend auf Botschaften, Erkenntnissen und Wissen durch eben solche sogenannten Channelings aufgebaut.

Die zu Anfang dieses Kapitels aufgeführten Hinweise auf die Prophetie des Frühchristlichen besitzen eine auffällige Parallelität zu heute: Die Lehre des Neuen Testamentes teilt unmißverständlich die *Propheten* und das *prophetische Sprechen* dem Einfluß der **Eschatologie** (siehe Glossarium) zu und drückt damit die damaligen *Weltuntergangs- und Friedensreich-Erwartungen* aus. Klar zeigt dies eine Verheißung des *Propheten Joel* (3;1-4), die *Petrus* in seiner Pfingstpredigt erneuert, da er am seinerzeitigen Eintritt ins Fische-Zeitalter bereits das erwartet, was wohl offensichtlich erst bei unserem Übergang ins Wassermann-Zeitalter zur Vollendung zu kommen scheint:

Und nach diesem will ich meinen Geist ausgießen über alles Fleisch, und eure Söhne und Töchter sollen weissagen. Eure Ältesten sollen Träume haben, eure Jünglinge werden Gesichte schauen. ***Auch** **will ich zur selben Zeit über Knechte und Mägde meinen Geist ausgießen.** Und ich will Wunderzeichen geben am Himmel und auf Erden; Blut und Feuer und Rauchsäulen. Die Sonne soll verwandelt werden in Finsternis und der Mond in Blut, ehe denn der große und schreckliche Tag des Herrn kommt.*

Wenn wir also davon ausgehen, daß **jetzt in unserem Zeitabschnitt** die große Reinigung der Mutter Erde und die Bereinigung unserer menschlichen Ellbogen-Gesellschaften ansteht, die bereits die biblischen und später auch andere Propheten als Weltuntergang **angedroht** haben und den wir inzwischen als Endzeit unserer derzeitigen Zivilisation verstehen, müßten hellsichtige und mediale Erlebnisse immer häufiger auftreten. In einem solchen ‚Zieleinlauf der Zeit' (*Kössner*) oder in dem aktuellen **Finale unserer Zeitenwende** müßte sich die Medialität von Botschaftsempfängern und -trägern buchstäblich über die Menschheit ergießen und *„auch die Knechte und Mägde weissagen und die Jünglinge Gesichte schauen"* lassen.

Und genau das findet seit den Siebzigerjahren statt und ist fast schon zu einer epidemieartigen Moderichtung in der Esoterik und den Geisteswissenschaften ausgeartet. Die Bewußtseinshöherentwicklung unerwartet vieler Erdengeschwister hat durch die erhöhten Energie- und Lichteinströmungen auf unserem Planeten Erde schon so zugenommen, daß immer mehr, vor allem der jüngeren und jüngsten Generation, entdecken, daß sie phantastische Botschaften und Offenbarungen mit spirituellem Inhalt kanalisieren können. Einen weiteren Grund für diesen Trend sehe ich in der Tatsache, daß in diese Menschengenerationen hohe und höchstentwickelte Seelen inkarnieren – wohlweislich als freiwillige und dienende Helfer der Zeitenwende. Der Erzengel *Ariel* channelte 1990, daß zur Zeit sieben bis acht Millionen ‚Lichtarbeiter' auf der Erde seien.

Eine weitere Erklärung für die Zunahme ‚übersinnlicher' Wahrnehmungen fanden die beiden US-amerikanischen Forscher *Alan Vaughan* und *Peter Gutilla*. Sie stellten in Studien der letzten zehn Jahre fest, daß solche ‚Phänomene' mit einer Wahrscheinlichkeit von 3000:1 bei niedriger geo-magnetischer Aktivität häufiger auftreten und die Zeitschrift *esotera* (11/98) zitiert
...Die Wissenschaftler vermuten, daß eine hohe erdmagnetische Aktivität den Zugang zu anderen Dimensionen blockiere. Da das Erdmagnetfeld aber ständig schwächer werde – was eines Tages zu einem Polsprung führen könne – schreiben die Forscher: ‚Die Gegenwart eines fremdartigen Einflusses auf uns nimmt zu'.

Möglicherweise nimmt aber nicht nur der Einfluß aus höheren Dimensionen zu, sondern – wie wir später noch sehen werden – hat sich eben doch schon das Bewußtsein sehr vieler Menschen positiv verändert. Dazu heißt es (‚Das Weiße Pferd' 2/99) *...Der Mensch ist einer Antenne vergleichbar: Wohin er sich ausrichtet, von dort empfängt er.*

Dieser nun kräftig über die Menschheit ausgeschüttete Wassermann-Geist, die heutigen **Zeitenwende-Offenbarungen**, haben ihre biblischen Vorläufer – die **Endzeit-Offenbarungen** - in der **Apokalyptik**. Dieses dramatisch klingende Wort kommt vom griechischen *apokalyptein* ‚enthüllen' und ist der Sammelbegriff all jener Offenbarungen aus der zarathustrischen und später israelitischen wie damit auch frühchristlichen Erwartung eines *Weltunterganges* - also eine scheinbare Parallele zum heutigen Übergang der Äone. Damals war es der vom Widder- ins Fische-Zeitalter. Die Israeliten bezogen sich auf ihren warnenden Moralisten und visionären Propheten *Jesaja*, der bereits zitiert wurde und die Frühchristen bezogen sich gleich auf mehrere ‚Verfasser', wovon die **Apokalypse** des *Johannes von Patmos* die bekannteste ist. Sie wurde ihm im Jahre 96 n.Chr. von einem Engel in Form von Visionen offenbart, die er bildreich verschlüsselt hat. Jetzt schließt sie als *Geheime Offenbarung* die christliche Frohbotschaft der Evangelien. Müssen wir eine Taktik vermuten von Institutionen, deren jahrhundertelange Machterhaltung sich weitgehend aus den Energien von Weltuntergangsängsten, Schuld, Strafen und Sühne stabilisiert?

Doch die Zeiten haben sich bereits geändert. Die moderne und aktuelle ‚Zeitenwende-Prophetie' würde ich gerne mit fünf Eckpunkten darstellen: Weltkatastrophen-Prophezeiungen, Entwarnungen, Aufklärung/Wissen, Frohbotschaften und falsche Propheten.

- <u>Weltkatastrophen-Prophezeiungen</u>: Heimsuchungen weitgehend im Stil der kirchlichen Apokalypse, wobei sich das Gros der Voraussagen auf einen auf dem Balkan oder in Armageddon (in Israel) beginnenden dritten Weltkrieg und auf drei Tage und Nächte der totalen Finsternis konzentrieren. Ein Polsprung mit entsprechenden kontinentalen und klimatischen Veränderungen rundet die Kataklysmen (grch. *kataklyzein* ‚überschwemmen') ab. Der Höhepunkt sei mit den Jahren 1999/2000 zu erwarten. Dieses ganze Szenarium läuft unter dem Oberbegriff ‚Reinigungsphase der Mutter Erde' und ‚gegenseitiger Ausgleich der negativen Kräftepotentiale'. Rund einhundert derartiger, weitgehend gleichlautender Voraussagen hat *Jan van Helsing* in seinem ‚Buch 3' gesammelt und vergleichend zusammengestellt[47].

- <u>Entwarnungen</u> der besonderen Art gab es in den Botschaften der letzten Jahre, die die obigen Kataklysmen abschwächten und/oder auf später verschoben. Für derartige Änderungen hört man mehrere Begründungen:

    <u>Erstens</u>: die zwischenzeitlich eingetretenen positiven Bewußtseinsveränderungen der Menschheit erlauben eine letzte Gnadenfrist, eine harmonische Wandlung und eine Nachbesserung der Entwicklungsmöglichkeiten des menschlichen Bewußtseins. Einen aktuellen Bericht dazu zitiere ich im nächsten Kapitel. *Bob Frissell* schrieb 1994 dazu in seinem Buch ‚Zurück in unsere Zukunft'[48]:
    Drunvalo hält alle bisherigen Voraussagen, welche die Zukunft der Erde betreffen, in der Zwischenzeit für überholt und irrelevant, denn das sirianische Experiment des Jahres 1972 hat völlig neue Voraussetzungen geschaffen. Nostradamus' Prognosen waren bis 1972 sehr präzise, danach jedoch nur noch selten zutreffend.

    <u>Zweitens</u> stehen der Mutter Erde, lebendig und wie wir mit einem eigenen Bewußtsein ausgestattet, kosmische und göttliche Lichtenergien zu ihrer Regeneration zur Verfügung, an denen auch alle *aufnahmebereiten* und *veränderungswilligen* Lebewesen unseres Planeten partizipieren

können. Zu diesen Energien, die unsere Evolution beschleunigen, schreibt bereits 1977 *David Spangler* in seinem Buch ‚New Age':
Sie entfalten sich mitten im Tun der Menschen als bahnbrechende Individuen, die sich auf die Wirklichkeit dieser neuen Wesenheit ausrichten und ihre Manifestation unterstützen. Der Antrieb wurde geschaffen für die Verschmelzung mit dem Bewußtsein des Wassermann-Christus und seinen neuen Energien. Im Jahre 1970 war die Zeit reif, und diese Energien des Neuen Zeitalters konnten herabkommen. Die Offenbarung war im Gang!

Drittens läuft möglicherweise ein Großteil der schmerzlichen Polaritätsausgleiche und karmischen Aufarbeitungen, welche die ‚Seher' seit langem geschildert haben, im *astralen* (Erklärung folgt im vierten Kapitel) Bereich ab und nicht in unserer Grobstofflichkeit. Die ‚Ernte' des jahrzehntelang von unserer manipulierten Profitgesellschaft ‚gesäten' Unkrautes kann auch im Feinstofflichen eingebracht und muß nicht unbedingt in der irdischen Materie gedroschen werden. Und solches - in der Geheimen Offenbarung *Armageddon-Schlacht* genannt – sei in der *Astralwelt* beziehungsweise in vielen von uns Menschen selbst bereits voll im Gange und

viertens ist der Zeitbegriff und die Angabe von Jahreszahlen das heikelste Thema aller Voraussagen. Unsere grobstoffliche, materielle Ebene mit ihrer Vergänglichkeit durch Raum und Zeit ist schwer zu vergleichen mit der feinstofflicheren Astralebene, in der es nur noch Raum- und keine Zeitbegriffe mehr gibt oder der noch feinstofflicheren ‚himmlischen' und lichtvollen Ebene, für die es weder Raum noch Zeit gibt. Zeitliche Unstimmigkeiten sind somit vorprogrammiert und davon werden jetzt viele (voreilige) Angaben wieder korrigiert. (Aus der *Astralebene,* der untersten Seelenebene, sollten grundsätzlich keine Channelings akzeptiert werden, soweit dies allerdings für uns feststellbar ist).

- Aufklärung, Wissen und Belehrung sind der wichtigste Teil der aktuellen Channelings, denn alle Zukunfts-Veränderungen und Abweichungen vom Vorher-gesehenen und Voraus-gesagten **können nur von uns Menschen selbst eingeleitet werden** – individuell und kollektiv. Der Geistheiler *Janos Prucsi* empfing unter anderem zu unserem zukünftigen Licht-Weg folgende Botschaft:
Finster ist diese Welt geworden. **Aber wegen dieser Finsternis sind immer mehr Seelen bereit, das Licht zu empfangen.** *Und so wird jeder aufgerufen, der sein Seelenlicht entzündet hat: Tragt das Licht zu den bereiten Seelen, gebt die Flam-*

men weiter. **Nicht Missionare, sondern Wegweiser werden gebraucht.** *Wegweiser, die **mit ihren Taten** die ‚Suchenden' auf den Weg nach Innen lenken, damit diese ihre eigenen Seelenlampen finden, sie mit dem Feuer des Geistes anzünden und sich im Licht dieser ‚Wunderlampen' selbst finden... **So verändert sich die Erde und freut sich der Himmel über jede Seele, die im Geiste Christi neu geboren ist, für eine oder für alle Ewigkeit.***

- Frohbotschaften können solchermaßen verstanden werden, daß <u>allen</u>, die sich den neuen erhöhten Energien des bereits wirksamen Wassermann-Zeitalters anpassen und den angekündigten Bewußtseinssprung mitmachen wollen, **Rettung beziehungsweise ‚Erlösung' angeboten ist**. Selbst-Erlösung dann, wenn wir, wie in diesem Buche später genau beschrieben, unseren grobstofflichen Körper in einen Lichtkörper umwandeln und damit zu allem Langsam- und Niedrigschwingenden einen geradezu himmlischen Abstand aufbauen können. Und Erlösung und Rettung dann, wenn wir auf dem Wege zum Lichtkörper wenigstens soweit fortgeschritten sind, daß uns die helfenden Raumgeschwister an unserer dann lichter strahlenden Aura orten und angeblich in ihre riesigen landschaftsähnlichen Mutterschiffe levitieren (Hollywood nennt es *beamen*) können. Und natürlich, wie in vielen Religionen zum Ende aller Trübsal geoffenbart, kommt dann das (wohlverdiente) *Friedensreich* oder das *Goldene Zeitalter* ...*mit einem neuen Himmel und einer neuen Erde*.

- Falsche Propheten: Davor warnt das Neue Testament mehrfach. ...*denn mancher falsche Christus und falsche Propheten werden aufstehen und große Zeichen und Wunder tun, so daß, wenn es möglich wäre, auch die Auserwählten verführt würden* (Matth 24,24). Falsch können der ‚Sender' und genauso der ‚Empfänger' sein, in beiden Fällen wohl aus Geltungssucht. Oder wie mir ein anderes Beispiel erklärt wurde, daß ein verstorbener katholischer Bischof sich als ‚Gottvater' ausgab in seinen Botschaften an ein anfänglich unkritisches Medium, mit der Zeit jedoch seine einseitigen katholischen Appelle auffielen. Es stellte sich heraus, daß er noch in der astralen Ebene ‚steckte', mitten in seiner konfessionellen Schwingungsebene und fernab göttlich-weiser und neutraler Vaterliebe zu ‚lehren' versuchte. *Dr. Hartmut Normann* weist außerdem darauf hin[123]:
Wenn manche christlichen Fundamentalisten meinen, die Bibel sei Wort für Wort eine Inspiration Gottes, so ist das genauso naiv, wie wenn manche Channelmedien glauben, daß stets die höchste Quelle durch sie spreche. Zwar stammt die Energie letztlich von ihr, doch durchläuft sie viele Ebenen und Filter, bis sie das innere Ohr des Mediums erreicht. Daneben ist es einer Gegenmacht gestattet, ihrerseits den

Menschen vielgestaltig zu beeinflussen. Dazu gehört die Existenz von Truggeistern, auf die schon der Apostel Paulus hingewiesen hat.

Falsche Propheten sind auch all jene, die uns weiter an die Materie binden wollen, also auch ohne Bezug auf geistige Quellen. Und falsche Propheten sind grundsätzlich solche, die mit ihrer Prophetie Ängste erzeugen wollen, denn damit möchten sie vermutlich eine abhängige Anhängerschaft anbinden. Durch das Medium *Maria Ravahi* läßt uns die hohe Wesenheit *Hilarion* außerdem wissen[50]:

Die Esoterikwelle hat euch viele Götter gebracht, die scheinbaren Naturreligionen. Sie sind oft nur die Essenz, der Glaube dessen, was die Menschen wiederbeleben und doch nicht Gott, sondern Kräfte, die in dieser Natur wirken. Doch in dieser Zeit werden diese Kräfte belebt und das Unvollkommene wird über euch herfallen und ihr werdet feststellen müssen, es waren nicht wirkliche Kräfte. Es waren manifestierte Kräfte, geschaffen aus Menschengeist und ins Leben gerufen. Sie werden wiederbelebt und ihr werdet irre geführt und viele, viele fallen darauf herein.

Dabei kommt natürlich die Frage auf: wie schlimm ist es, wenn wir zwischendurch oder überhaupt falschen Propheten auf den Leim gehen? Abgesehen von verbindlichen Mitgliedschaften in Gemeinschaften, in denen man finanziellen Beteiligungen oder anderen Zwängen psychischer Art (speziellen Einweihungen, Gelübden, u.ä.) ausgeliefert ist, sind solche Lebenserfahrungen kaum als ‚schädlich' zu bezeichnen. Wir sollten das nicht zu fanatisch sehen, denn manipuliert werden wir heute überall, worauf ich in einem gesonderten Kapitel hinweisen werde. Allerdings bleibt uns wenig Zeit für langfristige Lern-Experimente.

Entscheidend ist bei den meisten der heutigen Menschen zuerst einmal die psychische **Erweckung** aus unserem materialistisch-egozentrischen Schlafwandel. Alle *geistigen Gaben*, auch das moderne Channeling, haben ‚Dienstcharakter'. Sie dürfen nicht zur Verherrlichung des einzelnen dienen, sondern dem Dienste aller Erdengeschwister. *Helfen statt Verurteilen* ist einerseits ein klares Prüfkriterium (*prüfet die Geister*) und andererseits ein wichtiger Erkenntnisweg, wenn wir selbst in unserem Leben *geistiges Licht* erwecken und uns auf das Ziel ‚zurück zur Einheit' ausrichten wollen.

Wir brauchen uns nicht einzubilden, die Art der ‚Wege des Vaters' zu kennen, auf denen er seine Schlafmützen erst einmal aufwecken will. Auch wenn wir dabei – aus Unkenntnis oder geweckter Neugierde – zuerst einen falschen Wecker rasseln lassen, werden wir, früher oder später, ganz sicher von der ‚geistigen Welt' auf den für uns richtigen Entwicklungsweg umgeleitet werden. Dabei sollten wir folgendes bedenken, was uns mit der Botschaft ‚Erwachet im Licht'[67], empfangen im August 1998 von *Jutta Fielenbach*, erklärt wird:

Die falschen Propheten sind all jene, die ihren Weg im Dunkel gehen, denn sie kennen das Licht noch nicht. Ihr Weg ist kalt und leer. Ihr aber sollt die Herrlichkeit Gottes erfahren und die Fülle und das Paradies auf Erden. Darum fürchtet euch nicht und liebt die Ungläubigen gleichermaßen. Auch ihr Herz kennt die Sehnsucht, doch ihr Weg ist noch weit. Habt Geduld mit ihnen, denn sie sind schwach in ihrem Herzen. Sie kennen die Liebe noch nicht.

Mit diesem kurzgefaßten, aber aktuellen Überblick über die metaphysischen Kommunikationsmöglichkeiten mit den geistigen Sphären und denen der Außerirdischen oder die on-line-connections zwischen Gott und Mensch oder Vater und Kind durch ein channelndes Medium – damals wie heute – muß ich es belassen. Die auffallende Vielfalt, die wir kennengelernt haben und die schwer vorstellbare Multidimensionalität all der subtilen, transzendenten und spirituellen Aspekte mitten in unserer rationalen, materiellen Welt werden uns im Buche weiterhin begleiten.

Charismatische Geistesgaben, Spiritualität und kosmisch-holistische Bewußtseinserweiterungen sind, vor allem schon heute, energetische Lichtbereiche **mit für uns unvorstellbarer Individualität** geworden. Und dazu mit einem neuen intellektuellen Anreiz für den einzelnen Sucher und all die Singles mit dem Prädikat ‚Menschen-guten-Willens'. Dabei kann uns allerdings der Verstand und rationelles Denken, besonders in seinem heutigen einseitigen und eingeengten Sinne, nur bedingt helfen.

Auf diesen *individuellen Geisteswegen* sind primär Herz, Gefühl und Mitgefühl, Erahnen und Intuition angesagt – und zwar alles in seiner meist metaphysischen und feinstofflichen, aber stets hellsten, lichtesten und damit göttlichsten Form.

3. Kapitel

Geschwisterliche Geschöpfe

Kehren wir zurück zu unserem ‚neuen Begreifen des Makrokosmos'. Mit dem veränderten überwältigenden Einblick in unermeßliche Dimensionen, die unser irdisches Leben umgeben, kommt zwangsläufig die Frage nach Ordnung, Systemen, einem Schöpfer oder Gott. Auch in der griechischen Hochkultur kamen diese Fragen auf und deren Wortschatz beantwortete bereits einen Teil solcher Fragen: das griechische Wort *Kosmos* bedeutet Ordnung, das Wort *Chaos* Unordnung. Damals war allerdings auch das klassische Gesamt-Weltbild ‚in Ordnung' - irdisch-kosmisch-ethisch - was aber heute nicht mehr der Fall ist, denn nur für die wenigsten unserer Astrophysiker wird es wohl ein schöpferisches System im theologischen Sinne geben. Ersatzweise ist dafür längst die Hypothese eines *kosmischen Urknalls* mit dem griffigen ‚Big Bang' eingeführt worden, mit dessen Hypothese man jegliche Verbindlichkeiten einer höheren, intelligenteren und mächtigeren Wesenheit gegenüber entgehen kann. Im Bezug auf die irdische Natur schreibt *Edgar Dacqué* in der ‚Deutschen Stimme':

Die Natur ist nicht eine zufällige und mechanische Zusammenstellung von allerhand Massen und Material, die sinn- und ziellos in totem mechanischem Lauf sich gestalten und ewig umgestalten, sondern sie ist die Darstellung, die Manifestation eines in uns unbewußt wirkenden lebendigen Wesens und Geistes. In ihm ist alles Vergangene ebenso lebendig, wie alles Gegenwärtige, und weil er schöpferisch ist, schafft er auch alle Zukunft. Wo wir wahrhaft in die Natur hineinblicken, hineinfühlen können, begegnen wir diesem, unserem Verstand unerforschlichen Geist, auch im schlechtesten Staub. Und diesen Geist finden wir auch in uns selbst. Erkenne dich selbst – das ist ein altes Weisheitswort, das uns zur Wahrheit führen soll. In sich selbst aber findet der Geist des Menschen, sozusagen von innen her, Zutritt zum Wesen der Natur, der Schöpfung. Der Mensch begegnet in sich selbst dem schaffenden Geist der Natur, und dieser Geist offenbart ihm soviel, als der Menschengeist selbst aufzunehmen fähig ist. Ist der Menschengeist rein und guten Willens, ist er seinem eigenen urbildhaften Wesen treu, so wird ihm diese Erkenntnis zum Segen, ist er abtrünnig, wird sie ihm zum Fluch.

Eine schöpferische Ordnung in *allem* Lebendigen erkennen eben immer mehr Wissenschaftler anderer Disziplinen an, vor allem Naturwissenschaftler. Aber auch Mathematiker, Physiker, Chemiker, Neuro- und Soziobiologen, die mit immer verläßlicheren Techniken immer tiefer in ihre Materie vorstoßen können, wagen meist mit mutigen Konsequenzen preiszugeben, daß sie allerorten Perfektion und System vorfinden, eine Weltsicht, die auf nichts anderes als ein **vorhandenes schöpferisches Prinzip** schließen läßt. *No big bang!* Sogar

Albert Einstein brachte es schon längst auf die unmathematische Formel: *Der liebe Gott würfelt nicht!* Man könnte „von einer sich anbahnenden Konvergenz zwischen moderner Physik, Bewußtseinsforschung und Mystik" sprechen (*Fritjof Capra*).

Somit sind wir nun doch bei dem Thema ‚Gott' gelandet. Der mediale Schweizer *Bruno Würtenberger* schreibt dazu in der Wissenschaftlichen Zeitung ‚Die andere Realität' 5/6/98:

‚Gott' ist das wohl am meisten mißverstandene Wort, das es gibt. Jeder, aber auch jeder, benutzt Gott verbunden mit seinen eigenen Vorstellungen. Eine Vorstellung erzeugt ein Bild. War da nicht jener Jesus, an den zu glauben Ihr vorgebt und der zu Euch sagte: „Macht Euch kein Bildnis von Gott"? Weshalb hat er Euch diesen Rat wohl gegeben? Weil er wußte, daß sich der Mensch nichts Vollkommenes vorstellen kann; weil er wußte, daß die Menschen noch nicht fähig sind, mit dem Herzen zu denken und weil er wußte, daß die Menschen sich Gott wie einen Menschen, nur etwas größer, nur etwas gescheiter, nur etwas mächtiger, nur etwas bewußter, nur etwas liebevoller, nur etwas demütiger, aber immer noch als einen Menschen, sozusagen als einen Übermenschen vorstellen...

Ich bin wahrhaftig durchdrungen von dem Wissen, daß wenn die Menschen die Wahrheit leben würden, sie sich selbst niemals so fremd geworden wären, untereinander und mit sich selbst und wir eine Familie sein könnten, nicht nur auf Erden, nicht nur in diesem Sonnensystem, nicht nur in diesem Universum, nicht nur in dieser Galaxis, sondern überall. Ja, selbst über das All hinaus besteht eine Familie, sie nennt sich die ‚Gottesfamilie' und besteht aus Menschen verschiedenster Entwicklungsstufen, aus inkarnierten wie aus nicht mehr inkarnierten wie aus noch nie im Fleisch inkarniert gewesenen Geschöpfen. Eines jedoch haben sie alle gemeinsam, sie krallen sich nicht an den Gott ihrer Konfession, sie klammern sich nicht mehr an die Götter verschiedener Kulturen und Vordenker, Weisen und Propheten. Sie alle haben auf der Suche nach ‚ihrem' Gott den Gott des anderen gefunden. Und dann, erst dann, wenn Ihr fähig seid, den Gott der anderen zu lieben, Gott in jedem Menschen, jedem Tier und in jeder Pflanze zu lieben und zu ehren, dann werdet Ihr feststellen, daß alle Götter zusammen erst den wahren Gott ergeben! Nicht indem Ihr ununterbrochen nach den Unterschieden zwischen Euch und anderen Teilen der Schöpfung Ausschau haltet, sondern indem Ihr überall das Verbindende, das Einende sucht, findet Ihr den verbindenden, den einenden Gott.

Wir Menschen stehen also heute mit unserem nunmehr kosmisch-weit aufgerissenen Weltbild vor völlig neuen Verständnis- und Erkenntnismöglichkeiten. Ein neues Begreifen, ein neuer Welt-Blick, aber auch eine neue Einsichtsmöglichkeit bieten sich uns dar.

Zum Beispiel die, daß unser blaufarbiges Edelplanetchen ganz alleine gegen den Rest des Universums wirbeln soll? Das ist natürlich auch wieder geozentrisch gefragt, aber aus gegenteiliger Sicht. Mehr demütig als aufgebläht, mehr beherrscht als herrschsüchtig. Aus dieser Sicht sollte für uns Planetenbewohner endlich das Verbindende und das Einende im Vordergrund stehen, nicht Roms alte, aber allzeit funktionierende Machtstrategie *divide et impera* (teile und herrsche). **Das Gefühl, eine große Familie zu sein,** kann sich aus dieser neuen Sicht leichter entwickeln. Das zum Beispiel, was 1971 der hartgetestete Apollo-14-Astronaut *Edgar Mitchell* bei seinem Weltraumflug empfand[20]:

Der Höhepunkt unserer Reise war die Erkenntnis, daß dies ein harmonisches, schöpferisches Universum ist. Der Tiefpunkt bestand darin, zu erkennen, daß die Menschheit sich nicht gemäß dieser Erkenntnis verhält.

Diese Erkenntnis selbst ist natürlich auch nicht neu und solche Appelle kann man weltweit und aus allen Epochen hören. Im Rütli-Schwur der Eidgenossen formulierte *Friedrich von Schiller*:

*Wir wollen sein ein einig Volk von **Brüdern**, in keiner Not uns trennen und Gefahr. Wir wollen frei sein, wie die Väter waren, lieber den Tod, als in der Knechtschaft leben. Wir wollen trauen auf den höchsten Gott und uns nicht fürchten vor der Macht der Menschen.*

Und in den USA schwärmte der Baptistenprediger *Martin Luther King*, Friedens-Nobelpreisträger 1964 und wegen seines charismatischen Bürgerrechtskampfes ermordet:

*Ich hatte einen Traum letzte Nacht: Daß die **Bruderschaft** der Menschen Wirklichkeit wird. In diesen Tagen, in dieser Zeit.*

Eindringlich fordert der englische Indienforscher *Baird Spalding:*

*Die Zeit ist gekommen, da wir wählen müssen zwischen Glaubensbekenntnissen und der **Bruderschaft** aller Menschen. Der Allerhöchste hat nicht nur eine Nation vom selben Blute geschaffen, sondern alle Nationen der Erde.*

Im Orient rief der Avatar *Sathya Sai Baba* auf:

*Die Welt braucht kein neues Glaubensbekenntnis, keine neue Religion, keine neuen Rituale, sondern Menschen, die bereit sind, sich für das Wohl ihrer **Brüder** einzusetzen.*

Das Prinzip der Brüderlichkeit

Unser größter Lehrmeister, der Wahrheitslehrer *Jesus*, hat in seinem - damals absolut neuen Weltbild - den Menschen das *Prinzip der Brüderlichkeit* gelehrt. Er hat es im Neuen Testament erstmalig dem neuen Fische Zeitalter auf seinen weltweiten Menschheits-Entwicklungsweg mitgegeben. Er hat den alttestamentarischen Begriff *Ebenbildlichkeit Gottes* auch **horizontal**, also zu den

Menschen ‚neben' uns, ausgedehnt. Eine geniale ethische Basis für die allmähliche Veränderung einer Welt voll von wenigen egozentrischen Kriegsführern und voll von unzähligem menschlichem Schlachtvieh. Dieses Prinzip der Brüderlichkeit wurde bereits praktiziert von der **Bruderschaft der Essäer,** auch Essener (siehe Glossarium), deren Ansiedlungen man zwischen 250 v.Chr. und 100 n.Chr. nicht nur am Toten Meer findet, wo die Siedlung (nicht nur Kloster) Qumran lag, sondern an wichtigen Seen und Flüssen bis Ägypten und Gallien, aber stets entfernt von Städten und Dörfern. Die Lehren der elitären Essäer, die sich schon lange vor *Jesu* Zeit vom Tempel zu Jerusalem mit seinen rituellen und blutreichen Tieropfern losgesagt hatten, waren eine Verbindung von altjüdischem Mystizismus und zoroastrischen Lehren aus Altpersien. Der Historiker *Arnold Toynbee* sah in den Essener-Bruderschaften die einzigen praktizierenden Mystiker der Geschichte und schrieb:

Ihre Vorstellungen waren nicht nur Theorie, sie wußten auch ganz genau, wie sie die Kräfte der Natur und des Geistes, die sie als Engel bezeichneten, in sich aufnehmen und ihrer bewußt bleiben konnten. Sie verstanden es, diese Kräfte in ihre täglichen Handlungen einzubinden.[26]

Nach Meinung vieler unabhängiger Forscher kam *Jesus* nicht aus einer jüdischen, sondern einer galiläischen Familie, die zur Essenergemeinschaft zählte und wo er aufwuchs und zu einem essenischen Meister (Zadok) ausgebildet wurde. So gilt auch für ihn die obige Erkenntnis, *daß er praktizierte, was er lehrte.* Und die absolut pazifistische und **vorurteilsfreie Regel der Essener** *Gott läßt die Sonne scheinen über Gerechte und Ungerechte* weitete *Jesus* aus in sein **Gleichheitsprinzip** ...*vor Gott sind alle Menschen gleich* und das universelle **Prinzip der Brüderlichkeit** ...*wir sind alle Kinder des gleichen Vaters.*

Alle drei Lehrsätze waren Dynamit für jene Zeit, sowohl bezüglich der mächtigen Theokratie Jerusalems wie auch des despotischen und sklavenreichen römischen Imperiums. *Jesus* sprach auch fließend Griechisch und hatte in Delphi einen Freundeskreis und war somit auch mit dem hellenistisch-demokratischen Gedankengut vertraut. Was Wunder, daß er schließlich am Kreuz der Römer landete.

Nicht nur die obigen Lehrsätze, sondern auch die zehn Seligsprechungen der Bergpredigt waren Teil der essenischen Esoterik (zur damaligen Zeit betraf das griechische Wort *esoteros* ‚Der Innere' Geheimlehren, die sich nur Eingeweihten einer Gemeinschaft erschließen, heute verstehen wir die Gegensätze esoterisch/exoterisch als innerlich/äußerlich). Und *Jesus* brachte dieses in der Bruderschaft praktizierte Wissen der Essener zu Beginn des neuen Fische-Zeitalters in alle Welt, **er brach diesen Tresor spiritueller Regeln und Weisheiten auf und verteilte die geistigen Schätze an alle Menschen dieser Welt**.

In *Matth.23,8* heißt es: *...ihr aber seid alle Brüder.* Überall, wo *Jesus* über andere Menschen sprach, sagte er: *...dein Bruder.* Und die urchristlichen Gemeinden hatten anfänglich auch praktisch umgesetzt und gelebt, was in der Bergpredigt gefordert wird: *...nicht erst wer tötet, werde dem Gericht verfallen sein, sondern bereits jeder, der seinem Bruder nur zürnte.* Können wir alle ebenbildlicher mit einem Vater (im Himmel oder in-uns) sein, als Brüder und Schwestern der gleichen Geistesfamilie? Oder wie *Bruno Würtenberger* anfangs schrieb: *...als Gottesfamilie?* Das wäre endlich der Aufstieg in das benötigte **Bewußtsein der Brüderlichkeit**, das uns heute wirk-sam und wirk-lich reif werden läßt für eine neue Erde, wenn sie mit uns in eine höhere Dimension aufgestiegen ist und uns in die paradiesische *Bruderschaft mit allem höheren und niederen Leben* führen wird.

Die ‚Brüderlichkeit aller Menschen' hätte globale Bedeutung bekommen können, spätestens durch die **Französische Revolution** vor genau zweihundert Jahren, 1789-99, die sie zu einem ihrer großen Ideale erhoben hatte: Freiheit, Gleichheit, Brüderlichkeit. Aber auch hier mißlang dieser menschliche Versuch und es wurde die primitive Praxis daraus: *...und willst du nicht mein Bruder sein, dann schlag ich dir den Schädel ein!* Erst am 10.12.1948 konnte eine *Allgemeine Erklärung der Menschenrechte* von der ersten **UN-Vollversammlung** in Paris als internationales Recht feierlich verabschiedet werden. „*Doch heute sei kein Grund zum Feiern*", sagte zum fünfzigjährigen Bestehen der Organisation die UN-Menschenrechtskommissarin *Mary Robinson*. Seit 1948 seien fast alle Menschenrechte weiterhin verletzt worden.

Wollen wir es auch noch mal versuchen in diesem Buch? Jetzt allerdings als Update mit einer trendigen Zeitgeist-Korrektur und dann auch gleich *kosmologisch* und *holistisch* beziehungsweise *neugeistig-ganzheitlich*.

Das Zeitalter dieser unserer Zivilisation leidet unter dem seit sechs Jahrtausenden praktizierten **patriarchalischen Prinzip**. Das globale *Patriarchat* entstand mit dem Stier-Zeitalter, also rund zweitausend Jahre vor dem des Widders, dem nach abermals rund zweitausend Jahren das Zeitalter der Fische folgte (*Gisela Meussling*).

Darin ist alles primär männlich ausgerichtet (lat.: *pater* heißt Vater) und auch unsere mächtigen Weltreligionen – besser gesagt: deren Kirchen-Männer - basieren alle auf dieser kontrollierenden und hartherzigen, eben patriarchalischen Bewegung – heute als **Machismo** bezeichnet. Wir beten fleißig seit Jahrtausenden ‚unseren Vater' an, obwohl dieser oberste Chef garantiert ohne polare Geschlechtlichkeit existiert und garantiert ein sogenannter Vater/Mutter-Gott ist. Aber wir vermenschlichen ja zu gerne alles, was wir nicht begreifen und die meisten beten es dann anschließend unkritisch nach. Diese vordergründige

‚Männerherrschaft' hat alle unsere Macho-Probleme sich frei entwickeln lassen: Kämpfe, Kriege und Egozentrik. (Ich muß gestehen, daß ich trotz dieses Wissens bei meinen Gebeten auch immer wieder Zuflucht beim ‚himmlischen Vater' nehme.)

Jedoch ist das nun erstaunlich schnelle Erwachen und Anwachsen einer **neuen und selbstbewußteren Weiblichkeit** und Femininität eines der Merkmale unserer Zeitenwende und ich möchte in diesem Buch auch diesen deutlichen Trend beziehungsweise Zeitgeist aufnehmen und ab hier das symbolisch gemeinte Männerwort ‚Brüder' als **Geschwister** weiterverwenden.

Und nun noch zur oben erwähnten Kosmologie und Ganzheitlichkeit: die gewaltige Verständnis- und Bewußtseinserweiterung, die uns seit dem erneuten Paradigmenwechsel (dem des kosmologischen Verständnisses) möglich ist oder sein kann, müssen wir versuchen, immer stärker in unser Alltagsdenken einzubeziehen. Und so möchte ich das bis hierher erarbeitete ‚Geschwisterliche' möglichst *kosmisch-weit* oder *makrokosmisch* expandieren und zusätzlich in seinem *ganzheitlichen* Umfang darstellen. Dazu ist folgende Ausdehnung in weitere, hierarchisch gestufte Dimensionen von Lebensformen nötig:

Tiergeschwister,
Erdengeschwister,
Geistgeschwister und
Raumgeschwister.

Unsere Tiergeschwister

Der Begriff **Tiergeschwister** ist sicherlich jedem Vegetarier klar, doch für unsere sich anders ernährenden Erdengeschwister gibt es dafür wohl noch etwas Erklärungsbedarf. Es gilt so einen pauschalen Vegetarierspruch, der lautet: *Was Augen hat, das ißt man nicht.* Und ich will das noch etwas erweitern: Daß wir nämlich alle tierischen Lebewesen am oberen Teil des Darwinschen Entwicklungsbaumes, die fähig sind **Freude, Angst und Liebe empfinden** zu können, als Tiergeschwister ansehen sollten.

Beispiele: Hunde und Katzen leben und erleben die drei erwähnten Empfindungsbereiche so ausgeprägt, daß sie in Einzelfällen sogar zu Kinderersatz aufgewertet werden können. Oder Menschenleben schützen oder retten. Vor allem auch ‚Nutztiere' wie Pferde, Elefanten, Kamele. Wer kennt nicht entsprechende Geschichten von Delphinen. Und vieles ähnliches mehr. Dies sind zwar alles keine Fleischspender, die gut gewürzt verzehrt werden können (außer in China die Hunde), doch leichter verständlich als Schweine, Kälber und Puten.

Unter der Überschrift ‚Zum Glück gibt es Tiere' gab es am 24.11.98 eine dpa/AP-Meldung, als Ergebnis einer längeren Untersuchung:
Besitzer von Hund und Katz' sind nach Erkenntnissen von Experten glücklicher, aktiver und fröhlicher als Menschen, die keine Tiere ihr eigen nennen. Selbst ein Goldfisch verfehle seine Wirkung nicht.

Auch gibt es fast keine Religion, die nicht in ihren Urtexten Aussagen zum ethisch-menschlichen Verhalten den Tieren gegenüber beinhaltet hat. Durch den meist langen Weg der mündlichen Überlieferungen bis zu den ‚schriftlichen Sammlungen' der heiligen Schriften ist dabei viel ‚vermenschlicht' worden, wie es auch mit der Lehre *Jesu* in diesem Falle geschah. In *Markus* 16,15 findet man noch einen Hinweis darauf, indem *Jesus* vor seiner (sogenannten) Himmelfahrt den Auftrag erteilte: *Gehet hin in alle Welt und predigt das Evangelium **aller Kreatur**.* Das Wort Evangelium kommt vom griechischen *euaggelion* und heißt ‚gute Botschaft'. Und wie sieht nun die christliche, gute Botschaft aus, die wir den Kreaturen (lat. *creatura* ‚Geschöpf') des gemeinsamen Schöpfers entgegenbringen? Im Latein finden wir noch einen zweiten klaren Hinweis in die Höherwertigkeit des ‚Tierischen': *anima* ist die Seele und *animal* somit etwas ‚be-seeltes'.

Der Wahrheitslehrer *Jesus* trat vor allem gegen den rituellen, blutigen Tempelkult der Tieropfer seiner Zeit an, was allerdings nur noch in Texten der apokryphen Evangelien zu finden ist. Zum Beispiel im ‚Evangelium der Zwölf': *...Wahrlich, ich sage euch, darum bin ich in die Welt gekommen, daß ich alle Blutopfer und das Essen von Fleisch der Tiere und Vögel abschaffe!* Laut 1.*Mose* 9,12 sind Tiere im ‚ewigen Bund' der Israeliten mit eingeschlossen. Der Prophet *Muhammed* lehrte: *Das unnötige Schlachten, Töten, Schlagen und grausame Behandeln der Tiere ist eine große Sünde. Nur wer gegenüber einem Tier Mitleid empfindet, dem wird auch Gott Mitleid schenken.* Die Hindus haben ihre Ahimsa-Gebote, bei denen es unter anderem heißt, daß *...kein Lebewesen, kein Geschöpf, kein beseeltes Ding und kein Wesen mißhandelt, getötet, beschimpft, gequält und verfolgt werden darf.* Und der Buddhismus fordert auf zu *liebender Güte und Mitleid für alle lebenden, atmenden Wesen – Menschen wie Tiere*. Nach der Lehre *Zarathustras*, dem historisch ältesten der erwähnten Religionsschöpfer, **wirkt das Glück der Tiere auf den Menschen zurück.**

Noch älter allerdings wird das ägyptische Totenbuch datiert, aus dessen 125. Kapitel *Joachim Berger*[27] aufzählt, welche Fragen an den Verstorbenen den göttlichen Gerichtshof bezüglich des Verhaltens zu Tieren interessiert und der Verstorbene dabei seine Unschuld beteuern muß: - *Ich habe kein Tier mißhandelt – Ich habe kein Futter noch Kraut aus dem Maule des Viehs genommen – Ich habe dem saugenden Jungvieh nicht die Milch vom Munde geraubt – Ich habe die Gazelle nicht aufgeschreckt aus ihrem Lager - Ich habe nicht Fallen gestellt den Vögeln der Götter – Ich habe nicht gefangen ihren Fisch Kami und ihren Oxynhynchus – Ich habe nicht weggetrieben die heiligen Herden.* Per ‚Waage' wird die Wahrheit der Beantwortung festgestellt, bevor der Verstorbene künftig als ‚Gerechtfertigter' in der Gunst des Osiris ‚weiterleben' konnte.

Kehren wir zurück zur Gegenwart. **Schamanismus** ist ein Modewort geworden, nicht nur in der Esoterikszene und bei den New-Age-Akteuren, sondern verstärkt auch in der Naturheilkunde. Richtig verstandener Schamanismus (aus Kulturen ohne schriftliche Überlieferung) bedeutet Liebe und Achtung für die Gesetze und Gefühle unserer Mutter Erde, der *Gaia*, samt aller Lebewesen unserer komplexen Natur. *Raum ist immer heiliger Raum. Jeder Millimeter auf Mutter Erde hat eine ganz bestimmte Energieform, durch die er sich auf irgend ein Lebewesen bezieht und deshalb auch mit Ehrfurcht behandelt werden muß.* Schamanen zeigen uns ‚Zivilisierten' wieder die Anbindung und Erdung, die uns sträflich verlorengegangen ist und übernehmen mit ihren Anhängern und ihren traditionellen Kulten die Mitverantwortung für uns, die sie als ihre ‚verirrten' Geschwister der Mutter Erde ansehen.

Lassen Sie mich dazu als Beleg aus dem Buche ‚Karten der Kraft'[28] zitieren. Das Buch sei entstanden aus dem Wissen, das von vielen Ältesten überliefert worden ist aus den Traditionen mehrerer nord- und mittelamerikanischer Völker. Zu dem wichtigen und heiligen Zeremoniell des Medizin-Rades heißt es:

Das Medizin-Rad wird gebraucht, um die Energien von allen Tieren und Geschöpfen zusammenzubringen: vom Steinvolk, von Mutter Erde, Vater Himmel, Großvater Sonne, Großmutter Mond, der Himmelswelt oder dem Sternvolk, denen unter der Erde, den Stehenden Wesen (Bäumen), den Zweifüßlern oder Menschen, den Himmelsbrüdern und –schwestern und den Donner-Wesen. Nach der indianischen Lehre sind sie alle unsere Verwandten.

Das anfangs aufgeführte Drohen der Religionen mit ‚Sünde' hat aber leider bis heute wenig gefruchtet, wie wir in unserem Alltag sehen können. Alarmierend sind Schlagzeilen wie diese (Südwestpresse 25.5.98), ...*daß 25 Prozent aller Säugetiere und Amphibien, 11 Prozent der Vögel, 20 Prozent der Reptilien und 34 Prozent der Fische vom Aussterben bedroht seien.* Noch nie war der Mensch so profund unterrichtet über die Tiergeschwister wie heute durch Biologieunterricht, Fernsehen und aufwendige Filme, Sachbücher und Fachzeitschriften wie auch die vielen Tierschutzvereine. Aber subventioniertes bigbusiness macht gnadenlos und läßt Züchten, Mästen, Schlachten und Verwerten zum Horror werden. Sind die Labors der Tierversuche die moderne Form der blutigen Opferaltäre des konfessionellen Altertums?

Das alles zeigt generell unseren heutigen, un-natürlich gewordenen Abstand zu Natur und Tiergeschwistern und damit – in beschämendem Maße – viel zu viel menschliche Interesselosigkeit, Bequemlichkeit und Verantwortungslosigkeit – mit der traurigen Überschrift ‚gottlose Egozentrik' und nacktes Eigeninteresse. Allein in den vergangenen fünfundzwanzig Jahren hat der Mensch ein Drittel der Natur zerstört (zu diesem Schluß kommt der *World Wide Fund for Nature* in einer Untersuchung der Ökosysteme der Erde).

Lassen Sie mich zum Abschluß dieses Themas noch zwei Zitate anführen: *Prof.Dr.theol.Erich Grässer*, Ordinarius für Neues Testament an der Universität Bonn, erklärt folgendes in einem Aufruf mit dem Titel ‚Kirche und Tierschutz':
Diese unsere christliche Gesellschaft in diesem unseren christlichen Abendland lebt in einer beispiellosen Ehrfurchtlosigkeit vor der Schöpfung. Vom Robbenschlachten im hohen Norden bis zum Vogelmord im Süden, von der Vernichtung der Regenwälder im Westen bis zur Ausrottung der Wale in den fernöstlichen Meeren, auf der ganzen Linie liefert der Mensch den Beweis, daß es nie eine heuchlerischere Anmaßung gab als die, sich selbst ‚Krone der Schöpfung' zu nennen. In Wahrheit ist der Mensch ihr gefährlichster Ausbeuter und ihr größter Zerstörer. Und die Würde des Menschen, diesem hohen Verfassungsgut, dessen Unantastbarkeit unsere Politiker so gerne betonen, schlägt die gigantische industrialisierte Massentierquälerei brutal ins Gesicht. Es ist kein Zeichen von Menschenwürde, schwächere Lebewesen auszubeuten und zu quälen. Tiere sind schwach. Wenn wir ihre Schwäche ausnutzen, wenn wir mit ihrem unnötigen Leiden und mit ihrem unnötigen Sterben unseren Wohlstand und unseren Luxus mehren, wenn wir für jeden beliebigen Nutzen jedes beliebige Tieropfer fordern, dann haben wir unsere Menschenwürde verspielt und verdienen es nicht, eine sittliche Rechtsgemeinschaft genannt zu werden.

Zwei weitere Punkte beleuchtet *Johann Kössner* in seinem Buch ‚Die Schleier lichten sich'(33) :
Das Meiden von Lebensmitteln aus Produkten von getöteten, tierischen Lebensformen kann nicht oft genug empfohlen werden... Moralische Normen sind dabei nicht der springende Punkt; die Sache ist viel zu bedeutsam als sie in die Ecke moralischen Wertens zurück zu reihen. Hier geht es

- *um Auswirkungen auf die individuelle körperliche Befindlichkeit und Gesundheit, aber besonders*
- *um die Erkenntnis: Friede mit den Reichen der Bio-Sphäre herzustellen. Ohne diesen Friedensschluß des einzelnen gibt es für das Einzelindividuum keinen Schritt in höhere Kosmische Mitschöpfer-Ebenen.*

Die Familie der Erdengeschwister

Sowohl die Naturvölker wie auch einstige Hochkulturen lehren uns, *daß Materie belebt ist*, bei den Hellenen zeigte es zum Beispiel ihr erweitertes Verständnis des (einst holistischen) Begriffs *cosmos,* den wir lange lediglich eingeschränkt übernommen haben. Bei unserer inzwischen alternativen Betrachtungsweise handelt es sich dabei, genau besehen, um **unsere Empfindungs-Welten**, der äußeren und der inneren. Auch diese beiden Gegensätze der polaren Gesetzmäßigkeit *müssen* - wie letztendlich jede Polarisierung in unserer Stofflichkeit - im Gleichgewicht oder in *Harmonie* sein, wie die asiatischen Religionsphilosophien lehren. Wenn wir nämlich dabei sind, aufgrund des neuen Paradigmas unser Bewußtsein und damit unsere *innere Empfindungswelt* – rasend schnell und dimensionslos weit – erhöhen zu können, dann muß das zwangsläufig auch zu einer Eskalierung und Zuspitzung unserer *äußeren Umstände* führen. Und das erleben wir tagtäglich immer massiver – geradezu schon wie Endzeitstimmung.

Denn dem *inneren Frieden* von uns Menschen stehen gemäß dem Prinzip der polaren Gesetzmäßigkeit gewaltige *äußere Ängste* gegenüber:

- Globale Mächte und Manipulanten reizen die verfahrenen Wirtschaftstrukturen aus,
- die sich immer unverschämter organisierenden Industrie-Imperien ersetzen frühere politische Diktaturen,
- weltweite Bankensysteme stärken die monetären Spekulanten und zerstören die Wirtschaftskraft ganzer Völker und
- das alttestamentarische ‚goldene Kalb' erwächst uns zu einem monströsen, vergoldeten Trojanischen Pferd – mitten in unserer ‚heilen' Welt.
- Genauso unheil ist aber auch unsere ausgebeutete *Mutter Erde*, eine mit Bewußtsein ‚beseelte' lebendige Wesenheit (lat. *mater* ist der gleiche Wortstamm für *Mutter* und *Materie*) und
- genauso unheil sind unsere manipulierten, globalisierten, genußorientierten und auch daher ‚ungesunden' Lebensweisen.

Durch diesen zunehmenden Druck von außen lassen wir uns von unserem eigentlichen Lebenssinn ablenken und einen Teil unserer geistig-seelischen Energien rauben. Unsere ‚innere Welt' mit dem *Gott-in-uns*, unsere ethische Charakterentwicklung und unsere dringend benötigte Mitmenschlichkeit werden geschwächt und die gewaltigen Kräfte der *selbstlosen Liebe* werden weder erkannt noch genutzt. Den not-wendigen Wunsch, zu kollektiven **Erdengeschwistern** zusammenzuwachsen, lassen wir dahindämmern statt endlich zu vergessen, was uns *trennt* – Sprache, Hautfarbe, Glaubenssysteme, geographische Lage, Reichtum und Armut – und uns dafür die höher schwingenden inneren Werte zu *stärken* im Sinne der schon beschriebenen menschlichen Brüderlichkeit. Und **im Sinne des Gefühls, eine große Familie zu sein.**

Im ersten Kapitel dieses Buches sprachen wir über die Geozentrik des Fische-Zeitalters mit dem *Paradigmenwechsel* zu einem heliozentrischen Weltbild. Seit den Pioniertagen des New-Age wird unsere Zeitenwende ebenfalls als ein globaler **erneuter Paradigmenwechsel** angesehen. Die Wissenschaftsjournalistin *Marilyn Ferguson* wurde durch ihr New-Age-Standardwerk, dem Bestseller ‚Die sanfte Verschwörung', bekannt, in dem sie ein umfassendes Bild von einer Neuorientierung in allen Lebensbereichen fordert. Eine solche Umwälzung im menschlichen Denken und Bewußtsein sieht sie als eben diesen neuen Paradigmenwechsel an, der uns immerhin schon seit zwei Jahrzehnten veränderte Verständnismodelle ermöglichte und uns auch die Bereiche vieler religiöser Aussagen *vertiefen* ließ.

Die oft noch unterschwellige Suche nach neuen Inhalten und Wertigkeiten ist gewaltig, genauso wie die inzwischen neu entstandene Bereitschaft, selbst dabei wirksam zu werden und sich zu informieren, zu diskutieren, zu experimentieren und Erfahrung zu sammeln. Es wird behauptet, wir leben in einem *Informationszeitalter* (das Für und Wider beschreibe ich später) und tatsächlich kommen selbst ethische Fortschritte mehr denn je durch überzeugende und global gewordene Publicity und Aufklärung. Analog der perfekten Darstellung von Brutalität und Gewaltverherrlichung im weltweiten Fernsehen bietet das gleiche Medium eine Sensibilisierung unserer ethischen Empfindungswelt, die zugleich das **Begreifen einer riesigen Erdenfamilie** forciert. Ein herausragendes Beispiel dafür war die weltweite Reaktion der Erdengeschwister auf die Ermordung der englischen Prinzessin *Diana,* die die ungeahnte Gewalt eines solchen Resonanzfeldes des Mitgefühls weltweit beeindruckend vorführte.

Seit nach *René Descartes* (1596-1650) das gesamte wissenschaftliche Weltbild nur noch auf weitgehend gottlosen, materialistisch-mechanistischen Grundannahmen aufbaut, ging unserem Weltbild das wirkliche Verständnis von Bewußtsein und einer lebendigen und beseelten Biosphäre unseres Planeten verloren. Dieser Status des ‚Old-Age' erlebt nun einen gewaltigen Umbruch – den erwähnten Paradigmenwechsel – der den kalifornischen Wissenschaftler *Willis Harman* zu folgenden Erkenntnissen kommen ließ:

Der ‚globale Bewußtseinswandel', der mit einer Wissenschaft zusammenhängt, die Seele und Geist des Menschen angemessen behandelt, bedeutet, daß das 21. Jahrhundert von unserem so verschieden sein wird wie die moderne Welt von der des Mittelalters. Es gibt keinen Bereich der Gesellschaft und keine Institution, die nicht betroffen sein wird. Wir haben, vorsichtig ausgedrückt, eine interessante Zeit vor uns.

Die Monatszeitschrift *esotera* – ‚das Magazin für neues Denken und Handeln'(1/99) berichtet unter der Überschrift ‚Wende in Sicht' ausführlich über einen abrufbaren Internetbericht des amerikanischen Soziologen und Zukunftsforschers *Duane Elgin*, in dem obiger globaler Bewußtseinswandel untersucht wurde. Seit die Menschheit - theoretisch - zu dem bereits erklärten **heliozentrischen Denken** fähig geworden ist, scheint sie solches nun auch endlich ‚pragmatisch' und praktisch in ihr Weltbild eingebracht zu haben, denn der Bericht erkennt, daß Menschen fähig geworden seien ...*einen Schritt aus der Hektik des Lebens zurückzutreten und die Welt aus größerer Distanz und ohne Wertung zu beobachten* und außerdem ...*werden aus dieser größeren Perspektive die Erde und der Kosmos als miteinander verflochtene, lebendige Systeme gesehen.*

Der esotera-Bericht stellt folgende zwölf wissenschaftliche Fakten und Formulierungen als **die entscheidenden Teile des neuen Paradigmas**, das *Duane Elgin* ‚reflektives/Lebendige-Systeme-Paradigma' nennt, tabellarisch in vergleichender Form nebeneinander – Old-Age und New-Age oder altes und neues Paradigma. Der Bedeutung wegen möchte ich die neuen, wissenschaftlich ausformulierten Erkenntnisse (in Ergänzung zum esotera-Bericht) **Thesen** nennen:

- alt*: **Der Kosmos** besteht aus zumeist toter Materie und leerem Raum und ist nicht lebendig.*
  These: *Unser Kosmos ist ein einzigartiger ‚lebendiger Organismus' und, als ein ganzheitliches System, von Grund auf lebendig.*
- alt*: Wir schweben im weiten leeren Raum, und der Großteil des Lebens hat keinen übergreifenden Sinn und Zweck.*
  These: *Der ganze Kosmos ist ein zusammenhängendes System. Jede Handlung ist in die tiefere Ökologie des Universums verwoben. Alles, was wir tun, spielt eine Rolle.*
- alt*: **Das Bewußtsein** ist ein Nebenprodukt der Biochemie und Sitz im Gehirn.*
  These: *Bewußtsein ist eine grundlegende Fähigkeit, die das Universum durchdringt, und verleiht jeder Einheit im Universum eine entsprechende reflexive Fähigkeit.*
- alt*: **Das Ziel des Lebens** besteht in materiellem Erfolg und sozialem Status. Dadurch ist auch die persönliche Identität definiert.*
  These: *Das Ziel des Lebens ist, eine ausgewogene Beziehung zwischen äußerem und innerem Leben herzustellen – auf eine umweltverträgliche und mitfühlende Weise zu leben. Unsere Identität wächst durch bewußte, liebevolle und kreative Teilnahme am Leben.*
- alt: *Prestigeträchtiger **Konsum** ist das Wichtigste. Ein ‚gutes Leben' hängt davon ab, ob man genug Geld hat, um Unbequemlichkeiten vermeiden und sich Annehmlichkeiten leisten zu können.*
  These: *Bewußter Konsum ist das Wichtigste. Das ‚gute Leben' ist ein stetig wechselndes Gleichgewicht zwischen Außen und Innen, zwischen dem Materiellen und dem Spirituellen, dem Persönlichen und dem Sozialen.*

- alt: **Persönliche** *Unabhängigkeit und Mobilität sind wichtig.*
  These: *Persönliches Wachstum und Gemeinschaft sind wichtig.*
- alt*: Der einzelne ist durch seinen Körper bestimmt und letztendlich isoliert und alleine.*
  These: *Das Individuum ist zugleich einzigartig und ein untrennbarer Teil eines größeren Universums. Unser Dasein beschränkt sich nicht auf die körperliche Existenz.*
- alt: **Es ist natürlich,** *daß die Lebenden lebloses Material für ihren Fortschritt benutzen.*
  These: *Es ist natürlich, alles Existierende als unverzichtbaren Teil im Gewebe des Lebens zu sehen.*
- alt: **Mörderische Konkurrenz** *ist die Regel. Man kämpft gegen andere um Beute.*
  These: *Fairer Wettbewerb ist die Regel. Man kooperiert mit anderen, um seinen Lebensunterhalt zu verdienen.*
- alt: **Die Massenmedien** *werden von kommerziellen Interessen dominiert und benutzt, um eine Konsum-Mentalität zu fördern.*
  These: *Die Massenmedien greifen das Modell der nachhaltigen Wirtschaftsweise auf und denken über sinnvollere und verträglichere Lebensformen nach.*
- alt: **Die Nationen** *der Welt haben eine ‚Das-Boot-ist-voll'-Philosophie.*
  These: *Die Nationen der Welt haben eine ‚Raumschiff-Erde'-Philosophie.*
- alt: **Das Wohlergehen des Ganzen** *wird dem ‚freien' Markt und der Regierungsbürokratie überlassen.*
  These: *Jeder Mensch übernimmt Verantwortung für das Wohlergehen der Welt, was auf der lokalen Ebene ein hohes Maß an Dezentralisierung und Freiheit sowie auf der globalen Ebene nachhaltige Harmonie ermöglicht.*

Was damit Duane Elgin bereits als Fakten unter weiteren anderen *anhaltenden Bewußtseinsveränderungen* formuliert, bezeichne ich als *Thesen*. Seine Studie hat zwar andere Untersuchungen der vergangenen zehn Jahre ausgewertet, aber doch nur, genaue Zahlen betreffend, zehn Prozent der erwachsenen US-Amerikaner erfaßt (immerhin zwanzig Millionen). Mit der Bezeichnung ‚Thesen' möchte ich sie aber unbedingt aufwerten, denn nur kristallklar, in unserer Zeit notwendigerweise auch wissenschaftlich formulierte Leitsätze besitzen die Macht, die menschliche Zukunft zielorientiert zu verändern – wie früher nur die Gebete und die Glaubenssätze.

Faszinierend finde ich, was sich in den vergangenen Jahrzehnten bereits zum Positiven hin verändert hat und was wir damit auch kollektiv als Bewußtseinserhöhung zu spüren bekommen. Durch diese Studie wird faktisch bestätigt, was machbar ist und daß, unsichtbar vernetzt, auch auf der ganzen Welt und vor allem - breit gefächert - in den verschiedensten Tätigkeitsbereichen das neue Paradigma greift und in die richtige Richtung geht. **Auch eine echte Frohbotschaft eigentlich**, das was bislang, und einsam auf weiter Flur, nur die Evangelien (im Sinne des griechischen Wortes) hätten sein können. Damit aber muß – gemeinsam als Doppelkraft des Aufstieges –

- durch ein neues (amtskirchen-befreites) Verständnis der Frohbotschaft im *Neuen Testament* und
- durch ein richtiges Verständnis der Frohbotschaft des *New-Age*-Paradigmas

der angekündigte Bewußtseins-Sprung als Aufstieg ins Licht bis zum Jahre 2012 machbar sein.

Und zu einer weiteren Erkenntnis erlaubt das Ergebnis dieser Studie Verständnis zu finden: Bei meiner Darstellung von *Channeling im Zeit-Finale* im zweiten Kapitel und bei *Wende-Zeit statt End-Zeit* im dreizehnten Kapitel habe ich die grassierende Flut an spirituellen Botschaften in Fallgruppierungen aufgeteilt und nach der Gruppe mit den angekündigten Weltkatastrophen-Visionen auf solche hingewiesen, die ich ‚Entwarnungen' betitelt habe. Denn in diesen wird uns erklärt, daß viele Altprophezeiungen wohl nicht mehr in den damals ‚gesehenen' Ausmaßen und auch erst zu einem möglicherweise späteren Zeitpunkt einträfen. Grund: zwischenzeitlich kollektiv eingetretene positive Bewußtseinsveränderungen. Nun, mit diesen erstaunlich positiven Erkenntnissen des von *Duane Elgin* vorgelegten Berichtes wird dies erklärbar und glaubhaft.

Lassen Sie mich, verehrte LeserInnen, dieses wichtige und wunderschöne Thema der **menschlichen Erdenfamilie in ihrer milliardengroßen Vielfalt** abschließen mit Zitaten von fünf grundverschiedenen ‚Experten':

Der russische Schriftsteller *Alexander Solschenizyn*, Nobelpreisträger für Literatur 1970, erkannte das Vernetztsein der menschlichen Rasse, wenn er schreibt:

Die Rettung der Menschheit besteht gerade darin, daß alle alles angeht.

Der Schweizer Pädagoge, Sozialreformer und pragmatische Idealist *Johann Heinrich Pestalozzi* (1746-1827) lehrte:

Es ist das Los der Menschen, daß die Wahrheit keiner hat.
Sie haben sie alle, aber verteilt.

Der indische Philosoph *Sri Aurobindo* (1872-1950) bemühte sich sein Leben lang um eine Höherentwicklung (Evolution) und Vergeistigung (Spiritualisierung) des Menschengeschlechtes und erkannte:

Verwandle die Einzelpersönlichkeit in die Welt-Persönlichkeit.
Sei ganz das Göttliche, das sei dein Ziel.

Der italienische Religionshistoriker und Philosoph *Professor Umberto Eco* erkennt in einem Interview des Buches ‚Das Ende der Zeiten' (DuMont 1999):

Andrerseits möchte ich ... behaupten,
daß unser Jahrhundert moralischer als viele andere gewesen ist.
Ein Gefühl für sittliches Verhalten zu haben,
bedeutet nicht, daß man vermeidet, Böses zu tun,
sondern vielmehr, daß man weiß, daß eine bestimmt Tat schlecht ist
und besser nicht begangen werden sollte.
In diesem Sinne ist Heuchelei eine Konstante des Moralbewußtseins,
denn sie besteht darin, das Gute zu erkennen und zu schätzen,
und zwar selbst dann, wenn man im Begriff ist, etwas Böses zu tun.

Nun gut, unser Jahrhundert ist vielleicht heuchlerisch gewesen,
aber auch moralisch.
In diesem Jahrhundert hat sich zum ersten mal eine Solidarität
in weltweitem Maßstab entwickelt.
Selbst wenn sie nicht praktiziert wird, empfindet man sie als Pflicht.
Die großen Inszenierungen zur Vergangenheitsbewältigung
sind zum Beispiel ein Beleg für diese allgemeine Bewußtwerdung.
Früher hat man gemordet und keine Reue gezeigt.

Und das Medium *Maria Ravahi* empfing folgende Zusicherung[50]:

Doch jene, die sich jetzt öffnen, sie werden in die Herrlichkeit Gottes aufsteigen.
Macht euer Bewußtsein auf, öffnet euch, eine große Zeit steht vor euch.
Die Zeit beginnt.
Die Endzeit, wie ihr sie nennt, ist eingeleitet worden,
das Ende dieses alten Zeitalters.
Doch das neue Reich, es ist schon mitten unter euch.
Ich als euer Christus, ich als das Licht der Welt,
will das Licht in jedem Einzelnen entzünden.
Ich werde in jeden Einzelnen von euch eintreten
und ich werde mitten unter euch sein.

4. Kapitel

Die geistigen Welten

Wir kommen hier zu einem der Kapitel meines Buches, welches mit am schwierigsten darzustellen ist. Ich habe Ihnen auf dreiundzwanzig Seiten eine sehr kurze Einführung in diese energetisch feinstofflichen oder himmlischen oder transzendenten oder metaphysischen Welten zusammengestellt und ich hoffe, unserem modernen Verständnis damit eher gerecht zu werden als es mit den zurückhaltenden Angaben der Kirchenlehren möglich ist.

Denn man erzählt uns viel Widersprüchliches über das, was *Gott* sei; auch sehr wenig und widersprüchlich über dasjenige, was *unsterblich* an uns sei; was uns nach dem Tode bevorstehe; daß es eine Hölle, aber auch ein Paradies gäbe und gar einen ‚Jüngsten Tag'. Es gibt neuerdings immer mehr Bücher über die Engelwelten; befreiende Bücher über Einblicke in himmlische Sphären; Bücher, in denen Reanimierte über Eindrücke in diese Welt glaubhaft berichten (nachdem ‚sie' auf einer Intensivstation als Klinischtote ‚zurückgeholt' wurden) und natürlich eine Flut spirituell-geisteswissenschaftlich ausgerichteter Literatur mit vielfältigsten Begriffen aus anderen Religionen, zurückliegenden Epochen, geistigen Sphären und kosmischen Räumen.

Warum gibt es hierbei so gravierende Verständnisschwierigkeiten? Nach der herrschenden Meinung unserer Zeit gibt es überhaupt keine anderen inmateriellen Bereiche außer die sicht- und meßbare Stofflichkeit unserer Welt. Dies zu behandeln ist nicht Sinn dieses Buches, doch müssen wir dabei feststellen, daß dadurch auch keine allgemein anerkannte und feststehende Begriffe und Namen vorhanden sind. Schon an unserem ‚Gottesbild' scheitern wir Menschen gewaltig, denn seit Jahrtausenden nehmen sich immer wieder Glaubensgemeinschaften oder Religionssysteme heraus, einen ‚gerechten' Krieg gegen Andersgläubige führen zu können oder völlige Ausrottung von Gemeinschaften oder Völkern durchführen zu müssen, die man zu Heiden oder Ungläubigen erklärt hatte. Welche Blasphemie oder schamlose Gotteslästerung!!

Voraussetzen müssen wir, daß in, unter, über und hinter unserer physikalischen Stofflichkeit eine gewaltige, für uns **unvorstellbare Metapysik** herrscht. Unter Metaphysik versteht man die ‚Lehre von den letzten, nicht erfahr- und erkennbaren Gründen und Zusammenhängen des Seins', in dem Sinne, daß damit alles das gemeint ist, was hinter (griech. *meta*) den physikalischen Gesetzmäßigkeiten existiert. Eine andere Bezeichnung ist die *Epipsychologie*, die Wissenschaft vom nachtodlichen Bewußtsein und das einfachste Verständnismodell von Grob- und Feinstofflichkeit.

Alle bekannten Informationen darüber kommen aus jenen *energetischen* Ebenen oder Sphären oder Dimensionen oder Seelen-Welten selbst, eben der Feinstofflichkeit - auch die der Antike. Alle jene metaphysischen Sphären bestehen aus (göttlichen) **Energien mit Bewußtseinsstrukturen**. Dies ist ganz entscheidend und typisch metaphysisch. Man erklärt uns, daß es sich dabei um *selbstorganisierende Prinzipien* handele und das ist eigentlich verständlich, wenn wir allein schon an die rund sechs Milliarden in unserer Grobstofflichkeit verkörperten *unsterblichen* Seelen der irdischen Menschheit denken. Unsere mächtigen Computer scheitern schon an simplen Volkszählungen. Und wie wir noch sehen werden, steht hinter jeder dieser Seelen nach ihrer kurzen Zeit eines Erdenlebens in der Grobstofflichkeit ein viel längerer feinstofflicher Aufenthalt in den zeitlosen Sphären des Himmels oder des Kosmos' an, der ebenfalls ‚verwaltet' werden müßte, hätte der geniale Schöpfer nicht auch dafür geniale kypernetische oder selbstorganisierende Systeme geschaffen.

Man ‚warnt' uns, daß die Wahrheit über jene metapysischen und energetischen Bewußtseinsstrukturen (Räume dürfen wir uns nicht vorstellen, weil es diese nur in unserer irdischen Dreidimensionalität gibt) einfach unendlich ‚groß' und unfaßbar ist, daß es ein Fehler wäre zu denken, daß wir sie von unserem gegenwärtigen Standpunkt aus begreifen könnten (*Serapis*). Daher wird auch mein Versuch, in diesen Hierarchien und Strukturen der *feinstofflichen Welt* ein irdisches Verständnis zu bringen oder unsere Vorstellungen darüber in Systeme zu zwingen, lücken- und krückenhaft bleiben. Doch ohne *Vereinfachungen* und *Raffungen* und reichlich Imaginationsbedarf geht es eben in unserer raum-zeit-beschränkten Grobstofflichkeit nicht, wenn wir einen Teil dieser Welt veranschaulichen wollen.

Lassen Sie mich vorab noch zwei Begriffsbereiche anführen, in denen ich trotz obiger Schwierigkeit versuche, in diesem Buch eine Klärung zu erzielen. Erstens: zum menschlichen *Gottesbild* gibt es drei grundsätzliche, vereinfachte Formeln:

- **Gott ist in allem**: diese Vorstellung gibt es in den meisten Naturreligionen und allen mystischen und vielen östlichen Glaubenssystemen. Diese Formel ist absolut richtig und optimal und wäre auch top-aktuell für unser heutiges neues Verständnis. Aber sie bleibt zu anonym, zu wenig herausfordernd und einfach zu allgemein. Doch für Sucher und Individualisten ist diese Formel ausgezeichnet anwendbar, vor allem im Meditationsbereich.

- **Gott ist im Himmel**: diese Formel der meisten großen Priestersysteme ist ideal für ein einfaches menschliches Verständnis, aber genauso ideal für konfessionelle Bevormundung der Anhängerschaft. Elitäre Mittler zwischen den irdischen Geschöpfen und dem ‚fernen' Schöpfer be-lehren ihre Gläubigen über Schuld und Karma (wir *sind* schuldig und müssen erlöst werden). Die ‚Oberhirten' kümmern sich natürlich auch um Opferbereitschaft und Erlösung ihrer ‚Schäfchen'.

- **Gott ist in uns**: diese Formel als Frohbotschaft des *Jesus* der Evangelien und der Frühchristen wie auch vieler essenisch-gnostischer Glaubensgemeinschaften, ist auch die Botschaft fast aller Neuoffenbarungen der letzten zwei Jahrhunderte (wir *fühlen* uns schuldig und erlösen uns selbst).

Meinungsunterschiede gibt es noch darüber, ob *Gott-im-Himmel* als ‚äußeres Christentum' und *Gott-in-uns* als ‚inneres Christentum' angesehen wird, außerdem darüber, ob der *Gott-in-uns* bereits vorhanden ist (Erleuchtungslehren) oder erst von uns im Laufe eines Erdenlebens entwickelt werden muß (Evolutionslehren).

Der zweite Begriffsbereich, der vorab geklärt werden sollte, bevor wir uns in die komplexe Welt der Metaphysik vertiefen, ist eine grobe Schematisierung der **energetischen Ebenen der Schöpfung**, die ich zum leichteren Einstieg in diese *jenseitige* Welt folgendermaßen aufzuteilen versuche:

- **Höchste energetische Einheit**, ein in sich ruhendes Urlicht-Prinzip, auch *göttliche Einheit*, *Großer Geist* oder *Quelle* bezeichnet, ist für uns Irdische nicht in angemessene Worte zu fassen. Diese *Einheit* scheint die Sehnsucht aller freiwillig getrennten Seelen zu sein. Da diese göttliche, allgegenwärtige Energie keine Form hat, ist sie für uns auch kaum vorstellbar (etwa wie in dem simplen Beispiel eines Regentropfens, der einem dahineilenden Tropfen eines kleinen Baches von der bewußten Einheit des Wassers im heimatlichen Weltmeer vorschwärmt). Der spanische Neutestamentler *Professor Piñero* spricht von einem *supratranszendenten Wesen*.

- **Form angenommene Energie,** als bewußt organisierte Energie, können wir uns in den Begriffen *Schöpfer, Gott-im-Himmel* oder *Gott-in-uns* vorstellen, der es aber gewohnt ist, von allen möglichen Zivilisationen aller Zeiten und Räume mit Namen bedacht zu werden (*Brahman, Allah* und viele ähnliche mehr). Das Christentum hebt sich mit den namenlosen Anrufungen *Gott* (gut, good), *Herr* und *Vater* fast vorbildlich davon ab und anerkennt ‚das Liebevolle einer allerhöchsten Instanz', ohne Anspruch auf ein allerletztes Wissen zu erheben (*Egon Friedell*).

- **Das Höhere Selbst** ist bereits eine eindeutig personifizierte Energieform mit göttlichem Bewußtsein. Sie hat einst freiwillig und selbstschöpferisch eigene Bewußtseinsformen mit immer niedrigeren Schwingungsfrequenzen geschaffen und angenommen und sich dabei ‚zersplittert'. Inzwischen zusammengeführt als *Seelenfamilien* sind diese unsterblichen Wesenheiten aber seit Jahrtausenden auf dem Weg, *wieder vollkommen* zu werden und sind dabei auf dem Weg *zurück ins Licht*.

- **Das Ich-Selbst,** das sich in der *Dreieinheit* des inkarnierten Erdenkörpers (Geist-Seele-Körper) in die Grobstofflichkeit fern der Lichtebenen und in die irdischen Zone des freien Willens manifestiert hat. Es lernt ungern und meist nur schmerzvoll, der ersehnten *Vollkommenheit* wieder etwas näher zu kommen.

- **Das Niedere Selbst**, das Unterbewußtsein oder das Unbewußte ist eigentlich ein phantastischer Erinnerungsspeicher, teilweise auch mit kollektivem Gedächtnis und der Eigenschaft, auch Resonanzen unterschwellig und unbewußt aufnehmen zu können – gute wie schlechte.

Die vielen neuen Begriffe dieser Kurzfassung meines gerafften Überblickes werden wir in den nächsten Kapiteln versuchen zu klären.

Jeder Mensch hat drei Körper

Alle Religionen versichern, wir Menschen hätten eine **unsterbliche Seele** und das stimmt tatsächlich. Daß diese Seelen bei uns *Menschen-guten-Willens* sogar einmal im Himmel landen werden, nehmen wir gerne und selbstverständlich an – bestätigt in *Lukas* 16,20 im Gleichnis über den armen *Lazarus* mit dem Reichen. Im *Johannes*-Evangelium heißt es außerdem noch, daß *...der Vater im Himmel viele Wohnungen habe*, aber dann verließen sie ihn – nämlich die Infos in den kanonischen Evangelien, wie es da ‚oben' beziehungsweise im ‚Jenseits' wohl weitergeht. Ich befasse mich nun seit Jahrzehnten mit eben diesen offenen Fragen (woher? wohin? warum?) und habe fast alle glaubhaften und logischen Informationen, Erkenntnisse und Erfahrungen zusammengetragen[5]. Hunderte von Autoren, allein im deutschsprachigen Raum, haben das Wissen der Antike wie das des asiatischen Raumes wie das der alten und der neuen Geisteswissenschaften und wie das der ‚Neu-Offenbarungen' seit Mitte des letzten Jahrhunderts erfaßt und darüber berichtet. Wie schon erwähnt, erlaubt der Rahmen dieses Buches *an dieser Stelle* nur einen generellen ‚Einblick' in die metaphysische

Welt, die aber in Teilbereichen in späteren Kapiteln immer wieder angeschnitten wird.

Pauschal gesprochen, besteht der Mensch zwar aus der energetischen Dreieinheit **Geist, Seele und Körper,** aber genau genommen ist nur der Geist oder das Bewußtsein *unsterblich.*

Der materielle Körper ist physisch und sichtbar, die beiden anderen Feinstoff-Körper - die landläufige Bezeichnung ist *Seele* - sind meta-physisch oder feinstofflich und bis auf wenige Ausnahmen von sogenannten Aura-Sichtigen für alle Menschen unsichtbar (siehe im Glossarium *Aura*). Die Feinstoff-Körper sind aber energetisch und daher auch fühlbar oder meßbar vorhanden. Beachten wir zur Verdeutlichung solcher physikalischer Schwerverständlichkeiten eine Formulierung von *Prof. Max Planck*:

Es gibt keine Materie an sich. Alle Materie besteht und entsteht nur durch <u>eine Kraft</u>, welche die Atomteilchen in Schwingung bringt und sie zu dem winzigen Sonnensystem des Atoms zusammenhält.

Jetzt verstehen wir es viel leichter! Nicht Materie ist also die eigentliche ‚Realität', sondern Schwingung und Energie, was schon die alten Griechen wußten, denn *energeia* heißt ‚wirkende Kraft'. So weit waren die Hellenen in ihrer Hochkultur auch hierbei schon. Folgendes Gedankenspiel habe ich für uns Nichtphysiker einmal gelesen: Wenn man rein theoretisch ein Atom, um dessen Kern in bestimmten Bahnen Elektronen kreisen, in Richtung Kern zusammendrücken könnte, würde sich das Atom um das tausendfache verkleinern. Würde nun aus allen Atomen des menschlichen Körpers alle Energie herausgepreßt werden, hätte dies zur Folge, daß sich der Mensch auf Nadelspitzengröße reduziert. Resümee: Menschliche (und andere) Körper sind eine Manifestation von winzig kleiner Materie und gewaltig großen Energien. Alles klar?

Ähnliches gilt auch für unser immaterielles, feinstoffliches Geist-Energiefeld, das unseren unsterblichen Geistkörper darstellt, auch nachdem dieser sich von dem dichteren Körper-Energiefeld durch den sogenannten Tod endgültig getrennt hat. Er bleibt noch weiterhin ‚materiell', jedoch erheblich feinstofflicher und mit wesentlich höheren Schwingungsfrequenzen. Auch im Tiefschlaf tritt das Geist-Energiefeld regelmäßig aus dem Körper-Energiefeld aus, um mit den *lichten Energien höherer Erfahrungsebenen* in Kontakt zu kommen und sich während des Schlafes informieren und sanieren zu lassen.

Weitere Physiker haben die entsprechende Formel des transpersonalen Psychologen *Stanislav Grof:* **Geist ist informierte Energie** auch außerhalb des metaphysischen Raumes belegt. Es sind dies Licht, Ton und Wärme, und das im gesamten organisierten Prinzip des Universums. Und da auch dort alles aus *Energie mit Bewußtsein* besteht – was in unserem materiellen Umfeld einfach

schwer zu begreifen ist – sei nichts wirklich voneinander getrennt. Zu dem Thema ‚Energieeinheit eines Atoms' erklärt uns *Serapis*[121]:
> *...ein Atom ist das komplexeste Ding auf der physischen Ebene. Die Geometrie und Algebra, die in der Gestaltung eines Atoms auf der physischen Ebene eingeflossen sind, würden eure größten Computer für Jahrhunderte beschäftigen.*

Somit können wir erkennen, daß in der genialen Schöpfung eine kaum vorstellbare **energetische Vernetzung von universeller Energie mit biologischem Leben** in einer unvergänglichen wie auch vergänglichen Form mit unhörbaren und hörbaren Tönen, Gefühlen und Schwingungen vorhanden ist. Wenn wir die oben angeführten vernetzten Energie-Ausdrucksformen erweitern in *Geist-Ton-Wort-Leben,* landen wir wieder einmal bei der Kirchenlehre, in der es heißt: *...das Wort ist Fleisch geworden.* Die Energie *Ton/Wort* hat *Form* angenommen – Lebensform, Person und Persönlichkeit. Im Lateinischen heißt *personare* ‚hindurchtönen' und läßt uns erkennen, daß obige energetische Vernetzung, zumindest als Geheimwissen, schon lange erkannt war.

Im Physikunterricht haben wir gelernt, daß Energie grundsätzlich nicht verloren gehen, sondern nur *umgewandelt* werden kann (Energieerhaltungssatz) und wenn wir das locker in religiöse Terminologie umformulieren, kann man dazu auch ‚unsterblich' sagen. Der weise *Albert Schweitzer* meinte auch *beide* Qualitäten, die physikalische und die metaphysische, wenn er uns damit auf deren Einheit hinwies und tröstete: *Kein Sonnenstrahl geht verloren.*

In manchen Texten wird von *geistigen* oder *Energiedichte-Dimension* gesprochen. Das, was unsere Religionen ‚Himmel' nennen, ist rein mechanisch nirgends zu finden, es ist ‚jenseits' der Erfaßbarkeit durch unsere fünf Sinne. Erst mit ihrem sogenannten **sechsten Sinn** werden damit veranlagte Menschen fähig, Eindrücke und Informationen jener Sphären zu empfangen. Ähnlich dem bereits Beschriebenen im zweiten Kapitel über Channeling. Die Methoden sind auch hierbei recht vielfältig und wir werden im Buche immer wieder auf die eine und andere Methode als Erklärung stoßen. Auch darauf, daß es höhere und niedere Himmel gibt, die genauer ausgedrückt höher oder niedriger schwingende energetische Ebenen darstellen und in unserer Nähe oder auf anderen Planeten sein können. Da man dabei richtigerweise von verschiedenen Energiedichten sprechen sollte, ist die Bezeichnung **Energiedichte-Dimension** sinnvoll, die andere Autoren als *himmlische Sphären* oder *Ebenen* verstehen oder allgemein *Dimensionen* nennen. Als besten Ausdruck dafür verwende ich aber lieber **Erfahrungsebenen**, denn so finden wir leichter einen Bezug dazu.

Wenn wir uns an **die Informationen der christlichen ‚Heiligen Schrift'** halten, also das Neue und das Alte Testament zusammengenommen, dann sind uns als mögliche Geistgeschwister, die sich in den himmlischen Regionen tummeln, folgende Bereiche und Hierarchien geläufig:

- die *Seelen* der Verstorbenen (im Fegefeuer, in Himmel oder Hölle)
- eine riesige Schar von verschiedensten *Engelwesen*,
- die hierarchisch höher entwickelten, unvorstellbar mächtigen und göttlich strahlenden *Erzengel* und *Elohim*,
- die Seligen und Heiligen und die *Mutter Maria* (Gottesmutter),
- der als *Sohn Gottes* postulierte *Jesus, der Christus* sowie des zur gleichen Familie zählenden *Heiligen Geistes* und schließlich
- der *Vater/Mutter-Gott* selbst, der leider von vielzuvielen Gläubigen immer noch als ‚Herr mit weißem Bart' (Sixtinische Kapelle) und im Sinne von Zuckerbrot und Peitsche (Gnade und Strafe) angesehen wird.

Sensationelle Erklärung des Papstes

Wie eingangs dieses Kapitels schon festgestellt, halten sich die beiden großen christlichen Amtskirchen sehr bedeckt bezüglich einer Aufklärung, was denn nun mit unserer Seele alles passiert – „*...in der Sekunde des Todes*". So lautete auch die Schlagzeile der Bild-Zeitung vom 31.10.98, in der über eine Aussage des Papstes *Johannes Paul II.* berichtet wurde, die er zu diesem großen Geheimnis der katholischen Lehrmeinung – sicher auch für viele Kleriker überraschend – in Rom vor Pilgern erklärte. Er sagte:

Man sollte nicht meinen, daß das Leben nach dem Tod erst mit dem Jüngsten Gericht beginnt. Es herrschen ganz besondere Bedingungen nach dem natürlichen Tod. Es handelt sich um eine Übergangsphase, in welcher der Körper sich auflöst und das **Weiterleben eines spirituellen Elements beginnt.**
Dieses Element ist ausgestattet mit einem eigenen Bewußtsein und einem eigenen Willen, und zwar so, daß der Mensch existiert, obwohl er keinen Körper mehr besitzt.

Diese Aussage ist für die katholische Kirche sensationell (die Heraushebungen stammen von mir). Hier wird endlich die logische Erklärung nachgereicht, die den Glauben an eine ‚Auferstehung im Fleische von milliarden Verstorbenen an einem Jüngsten Tag' ad absurdum führt. Das, was die Kirche bislang als ‚Seele' bezeichnet, nennt der Papst nun präzise und korrekt *spirituelles Element* und wir werden im Verlauf diese Kapitels sehen, daß genau diese Formulierung das aussagt, was ich noch detaillierter erklären will. Was auch wiederum bestätigt, daß die Kirche sehr viel mehr weiß, als sie ihren Gläubigen normalerweise durch ihre Priesterschaft erklären läßt.

Genau das zeigen auch **Vergleiche mit anderen Weltreligionen und Weltanschauungen**, die von dem ‚jenseitigen' Bereich immer schon deutlicher berichten: ein erheblich erweitertes Jenseitsbild, das sich teilweise völlig unklerikal und teilweise kosmologisch dimensionslos erweitert darstellt. So finden wir Ergänzungen wie auch Korrekturen der Bibeltexte, die wir schon im Mittelalter **von vielen Heiligen und Klerikern** (die Äbtissinnen *Hildegard von Bingen* und *Teresia von Avila*, der Dominikanerprovinzial und *Professor Meister Eckhart*) und seit Mitte letzten Jahrhunderts durch **moderne Schreib- oder Volltrance-Medien** erhielten. Über das Thema Neu-Offenbarungen habe ich ausführlich im zweiten Kapitel berichtet – sowohl den konfessionellen wie auch den profanen. Allein die veröffentlichten Botschaften[6] der *Mutter Maria*, die bei ihren über neunhundert erfaßten ‚Erscheinungen' Bücherregale füllen, strotzen voll informierender Energie oder energetischer Information. Das vielfältige Wissen **einstiger Geheimlehren** wie die christliche Gnostik samt Rosenkreuzern und die wissenschaftlichen Mysteriensammlungen und Aufarbeitungen der Anthroposophie und der Neugeistbewegungen zeigen ganzheitliche, *holistische* Geistesgesetze und universelle Prinzipien, die durchgängig vom Göttlichen zum Irdisch-Materiellen (endlich) *begreifbar* werden.

Verblüffend bestätigen Berichte und Bücher, die von und über **Reanimierte** (meist auf Intensivstationen ‚zurückgeholte' Klinischtote) verfaßt werden, völlig unkonfessionell die Erlebnisse im Nahtod- und im Jenseits-Schwellenbereich. Die internationale metaphysische Bezeichnung für diesen Zustand heißt OOBE (*Out of the body experiences* oder *außerkörperlich*, die deutsche Bezeichnung NTE *Nahtoderlebnis*). Die neuerdings gechannelten Botschaften hochentwickelter (dies meine ich ethisch und bewußtseinsmäßig, nicht nur technisch wie in den Hollywood-Produktionen), **kosmischer Zivilisationen** - die zum Teil auch nur in feinstofflichen Energieformen existieren, analog unseren Jenseitigen - tragen dazu bei, daß wir darüber immer mehr ‚Wissen' bekommen. Teilweise wird unsere Vorstellungskraft dabei auch überfordert.

Der erkennbare Teil der geistigen Welt

Zu meiner ersten Aufzählung der biblischen ‚Welt unserer Geistgeschwister', zwei Seiten zurück, will ich Ihnen nun ein ‚up-dating' vorstellen, das ich trotzdem forsch auf wesentliche Grundinformationen gekürzt habe:
- Die **Seelen der Verstorbenen** leben zuerst in der vierten und *zeitlosen* Erfahrungsebene, der Astralwelt, weiter (Details folgen). *Für unser inneres Wesen sind Diesseits und Jenseits derselbe Lebensbereich, wie Eis und Dampf ein und dasselbe Wasser sind..* meint *K.O.Schmidt*, denn wir verschwinden bei unserer Heimkehr nur *optisch*, nicht faktisch.

- Die **Lichtwelt** (*Dr. Kübler-Ross*) oder die Welt **der Engel-Bewußtseine** existiert ab der fünften Erfahrungsebene und wird als *raum- und zeitlos* angesehen wie alle darüberliegenden und noch höher schwingenden Lichtdimensionen. (‚Engel - eine bedrohte Art' und ‚Engel - Liebe ist der Weg' heißen zwei der informativsten Bücher darüber[24]). In den letzten Jahrzehnten gab es viele Buchneuerscheinungen zu diesem Thema mit detaillierten Beschreibungen, auch der dort vorhandenen himmlischen Hierarchien, so daß ich mich auf zwei Prädikate des Engelseins beschränken darf: *geistige Wesen mit herrlichen, schönen Gestalten* und, vielleicht etwas überraschend, *Engel aller Stufen dienen einzig und allein der Heimführung der Menschheit* oder wie ich es nenne: der Rückkehr ins Licht. Technisch ausgedrückt, sind Engel auch *die Elektroingenieure und Baumeister der Schöpfung*. Engel sind ‚Elementale' oder Gedankenprojektionen der Erzengel. Das Engelreich entspricht auch in den meisten anderen Religionen überwiegend dem christlichen Bild – es soll dreihundertelf Bibelstellen darüber geben - doch sind Teile davon sicher Überschneidungen mit Raumgeschwistern außerirdischer Zivilisationen, die sich genauso ‚materialisieren' (siehe Glossarium) und damit sichtbar machen können wie Engel oder entsprechend aus jener Erfahrungsebene mittels *Hologrammen* (siehe Glossarium) wirken und arbeiten,

- bei den ‚Seligen und Heiligen' dagegen müssen wir viel weitläufiger als in den christlichen Kirchenlehren ausgelegt umdenken. Unter die Millionen, inzwischen Milliarden von Erdengeschwistern lassen sich immer wieder *Avatare*, Lichtwesen mit hoher und höchster Bewußtseinsreife aus der **Planetarischen Geistigen Hierarchie**, inkarnieren. Sie ‚leben' in ihren Kausal- oder Lichtkörpern längst in einem Nirwana-Zustand und müssen sich nie mehr in die Grobstofflichkeit verkörpern. Sie kommen trotzdem in unsere materielle Ebene, um den Erdengeschwistern **zu dienen** oder Wegweiser zu sein - als Meister, Gurus, spirituelle Lehrer, Propheten, Märtyrer, Staatsmänner, Erfinder, qualifizierte Seelen aus dem Unterhaltungsgeschäft oder mit anderen Gottesgaben Ausgestattete. Die ‚spirituelle Vereinigung' dieser ‚**Aufgestiegenen Meister**' wird vielfach auch ‚**Weiße Bruderschaft**'[21] genannt und solange eine Lichtwesenheit aus diesen Geist-Kollektiven ihren freiwilligen Auftrag in der Materie durchführt, heißt sie *Avatar* (weiblich *Avatara*, beide Bezeichnungen aus dem *Sanskrit*). Namen wie *Saint-Germain*, *Pythagoras, Platon, El Morya, Serapis, Hercules*, aber auch *Daskalos, Babaji, Tesla* und viele andere finden wir in der speziellen, meist esoterischen Literatur über diese alten Traditionen, die nach den hebräischen Überlieferungen alle auf den (Erzengel?) *Melchisedek* zurückgehen sollen. Sehr viele von ihnen inkarnieren angeblich zur Zeit in unsere materielle Ebene, um aktiver an unserer Bewußtseinserhöhung und dem Aufstieg mitwirken zu können. Namentlich bekannt sind mir in Indien der Avatar *Sai Baba*, in Deutschland die Avatara *Mutter Meera*[22] und in Salzburg die Avatara *Devi*.

Nun gibt es diesbezüglich noch einen weiteren Begriff: Die **Bruderschaft der goldenen Sonne** (oder auch Priesterschaft der Goldenen Sonne). Hiermit wollen die allerhöchsten Erleuchteten gemeint sein, Wesenheiten mit riesigen kosmisch-energetischen ‚Körpern‘, völlig ohne Abgrenzung (universum-weit) und alle verbunden in der göttlichen Einheit. Sie ‚leben‘ mit ihrer Supra-Kausalität (im *Maha Para Nirwana*) im Reich der höchsten erleuchteten und erlösten Seelen, unbegrenzt in absoluter Offenheit im höchsten Himmel.

Für unsere Zeitenwende bilden sie jetzt ein unvorstellbar gewaltiges Schwingungs-Kollektiv mit dem (für uns egozentrische Zivilisationsmenschen unverständlichen) Kennzeichen: **Absolutes Dienen**. Es heißt, sie seien zu noch größerem Dienst fähig als die Weiße Bruderschaft – gemäß dem kosmischen Evolutionsgesetz ...*je höher die Entwicklung, um so größer die Dienstleistungsfähigkeit der Geistwesen [da sie dann immer weniger Abgrenzung kennen]* (an dieser Stelle bitte ich die hohen, göttlichen Wesenheiten, die davon ebenso betroffen sind, für meine profane Ausdrucksweise um Verzeihung).

Bedeutend ist auch die Annahme, daß dort wohl alle Religionsgründer wiederzufinden seien, die damit ihre energetischen Verbindungen zu den Erdengeschwistern in ihrer Grobstofflichkeit freiwillig und permanent aufrechterhalten. Unser Meister *Jesus*, angeblich höchstes göttliches Lichtwesen und **Christus-Avatar**, wäre ebenfalls hier zuzuordnen. Er hat uns ja auch im letzten Satz des *Matthäus*-Evangeliums als Vermächtnis hinterlassen ...*seid gewiß, ICH BIN bei euch alle Tage bis zum Ende der Zeiten*. Hier ‚oben‘ finden wir auch unseren Wahrheitslehrer *Jesus, Mutter Maria, Orpheus, Mose, Ankh-en-Aton, Krishna, Vishnu, Buddha, Zarathustra, Hilarion* und und und.

- Die mächtigen Erzengel werden im biblischen Sinne richtig dargestellt, wobei zu ergänzen ist, daß es derer viel mehr gibt, als uns das Alte Testament namentlich aufzählt. Alle Erzengel sind ausschließlich Diener der Schöpfung. **Erzengel** *Michael* erklärt sich als mit göttlicher Macht und Vollmacht ausgestattet und zuständig für unseren aktuellen Paradigmenwechsel. Damit möglichst viele der Erdengeschwister den gemeinsamen Bewußtseinssprung in die fünfte Erfahrungsebene bewältigen und dadurch auch den Eintritt in das ‚Friedensreich' möglich wird, steht *Michael* der Menschheit mit seinem Überlicht und seinen Legionen - auf Wunsch - zur Seite.

- Die allerhöchsten göttlichen Dimensionen, Lichtreiche und Himmel, die der **göttlichen Einheit**, kennen keine Körperlichkeiten und damit Begrenzungen mehr. Alles das, was wir als ewig, endlos, zeitlos und grenzenlos bezeichnen, geht über unsere menschliche Vorstellungskraft hinaus. Also ein Mysterium – und hierfür steht uns anstelle des Verstandes nur noch *mystisches Empfinden* bei. Dieses Göttliche ist in seiner Vollkommenheit reines Licht und reine Liebe, soviel können wir begreifen. Trotzdem: *göttliche Energien* - in der *profanen* Literatur wird auch von Schwingungen und Strahlung gesprochen, in *theologischen* Quellen vom *Heiligen Geist* - wirken zu uns in der tiefsten Materie in drei verschiedenen energetischen Qualitäten (nach meiner persönlichen Beurteilung):

- Erstens: Göttliche Energie als **Christusenergie** (Christuskraft, Christusgeist). Die Christusenergie ist reine göttliche Liebe und steht allen uns Erden- und Sternengeschwistern zur Verfügung, jedoch nur in dem Maße, wie unser Seelenbewußtsein *fähig ist*, diese Kraft aufzunehmen und umzusetzen. Unter Aufnahmefähigkeit verstehe ich die entsprechende Qualität und Ethik des Bewußtseins – wie weit wir also schon sind mit unserer Bereitschaft, zu dienen und die Christusliebe weiterzugeben. Christusenergie können wir nicht hamstern oder konservieren, sie muß immer fließen. Sie muß in uns umgesetzt werden wie von einem Chipsystem, damit sie dann erst in der Grobstofflichkeit – im Bereich unserer Persönlichkeit - wirksam werden kann. Somit können wir sagen: *Gott braucht uns*. Oder besser: **Das Göttliche braucht Menschen, um seine Liebesenergie der Welt zur Verfügung stellen zu können.** Es hatte ja auch des höchstentwickelten Bewußtseins des Menschensohnes und Wahrheitslehrers *Jesus* bedurft, um damals diese Christuskraft *exemplarisch* für alle Erdengeschwister in die Materie zu bringen. Christusenergie dürfen wir aber nicht nur *geo-zentrisch* verstehen, sondern auch als **Christus-Universalis**. Diesen Begriff hat der französische Jesuite und Theologieprofessor *Pierre Teilhard de Chardin* 1920 in Paris geprägt als moderner Mystiker und konfessioneller New-age-Vordenker. Viele andere Persönlichkeiten beziehen sich auf die Christusenergie als eine irdische Erscheinung, **doch *Christus* ist eine universelle Energie**. Ein ausführliches Kapitel über diesen Komplex habe ich in meinem Buch ‚JESUS 2000 – das Friedensreich naht' geschrieben.

- Zweitens: Göttliche Energie als **göttlicher Geist**: Er benötigt dieses Durchfließen und Umsetzen durch uns in unser Umfeld nicht, der göttliche Geist ist und wirkt statisch. Dieser urgeschaffene Geist ist in allen Erden- und Raumgeschwistern als göttlicher Funke grundsätzlich verankert und zwar in unserem Herzen. Dort kann er - je nach unserem Lebens-Qualitätsmanagement – lediglich glimmen, kann sicherlich immer mal kräftig aufblitzen oder könnte natürlich auch strahlen und **uns von innen erleuchten** und dann (zeitweise) zum *Gott-in-uns* werden und als solcher wirken.

Die materielle Heimat des *göttlichen Geistes* ist unser Körper, der im Neuen Testament als ‚Tempel' bezeichnet wird: *Wisset ihr nicht, daß euer Leib ein Tempel des hl. Geistes ist, der in euch wohnt und den ihr von Gott habt* (1.Kor. 6,19). Bei dem Begriff ‚Tempel' haben wir heute möglicherweise ein falsches Verständnis. Zum Beispiel war der mächtige *Tempel* zu Jerusalem für die Israeliten das, was der Vatikan für die Katholiken ist und im übrigen Land gab es nur Synagogen. Und die Tempel der Griechen und der Römer waren mit das Schönste und Kunstvollste der jeweiligen Epoche. Damit will ich ausdrücken, daß der Vergleich ‚Körper gleich Tempel' einen sehr hohen Qualitätsanspruch in sich birgt.

Über die Möglichkeiten, unseren – teilweise schon ziemlich verpfuschten - Körper zu einem ‚Lichtkörper' zu entwickeln, also diesen Gottes-Funken-in-uns oder Gott-in-uns zu einem wirksamen Lichtschutz und einen strahlenden Lichtkanal werden zu lassen, gibt es in diesem Buch noch viel Information und viel Arbeit.

- Drittens: Göttliche Energie als **energetische schöpferische Gedanken**: Wir Erdengeschwister leben in der dritten Erfahrungsebene von Raum und Zeit und sind gewohnt, immer schön rund in der Uhr und im Kalender zu denken, deswegen kommen wir auch mit unserer Zeit nicht mehr zurecht. Als ein Beispiel dafür können wir das Weihnachtsfest wählen, da wird *Jesus, der Christus,* jedes Jahr aufs neue geboren, etwas gefeiert und dann hat sich's für den Rest des Jahres. Ich glaube, so ähnlich stellen wir uns auch den göttlichen Schöpfungsakt von anno dazumal vor. Der Schöpfer erschuf, und danach ‚genießt' er bis heute jene seltsamen ‚Kostbarkeiten', die wir so geworden sind in den Jahrmillio-

nen. An einem ewig langen siebenten Tag? Nach all den Texten, die ich gefunden habe, war es so ganz bestimmt nicht!
Schöpfung geschieht permanent und immanent und immerzu und läßt sich nicht abstellen. Die gesamte ewige und endlose Schöpfung – dort ‚oben' gibt es weder Raum noch Zeit - sind göttliche Gedanken-Spiele und Gedanken-Projektionen, die einfach ohne Zeitbegrenzung sind und *den freien Willen haben*, sich selbst weiter zu entwickeln.
Die Crux oder die Gnade zugleich ist, daß wir Geschöpfe **direkt mit unserem Schöpfer ‚online'** verbunden bleiben und ‚unbewußt' kommunizieren. Wir sind energetisch und informativ vernetzt und *morphogenetisch* verbunden (mit letzterem Begriff hat der britische Biochemiker *Rupert Sheldrake* dem Bereich ‚Schöpfung' neue Einblicke und neues Verständnis gebracht).
Der Prophet der ‚Kirche Jesu Christi der Heiligen der letzten Tage' (Mormonen), *Josef Smith jr.,* verwies schon Mitte letzten Jahrhunderts auf diesen modernen Schöpfungsaspekt, indem er klarstellte, *...daß die Schöpfung nichts als Gestaltung sei... Der Stoff, aus dem diese Erde besteht, existierte immer schon und was da passierte [...] war lediglich ein Gestaltungsvorgang.*
Ein weiterer Wissenschaftler, *Raimon Panikkar,* ehemaliger Professor für vergleichende Religionsphilosophie an der Universität von Kalifornien und Gastprofessor an über einhundert anderen Universitäten auf allen fünf Kontinenten, erkannte ebenso eine **creatio continua**, einen kontinuierlichen Schöpfungsprozeß. Gott und der Mensch sind daran gleichermaßen beteiligt: *Gott existiert nicht ohne den Menschen und der Mensch nicht ohne Gott.*[(32)]
Das Gemeinsame dabei ist die *Gedankenkraft,* **mit der wir gleichfalls schöpferisch sind** – mit der vollen Verantwortung für das Vor-Gedachte und dann in der Materie von uns Erschaffene: Worte und Werke, Kunst und Zerstörung, Krieg und Frieden, Zeugung und Tötung. Darin sind wir tatsächlich ‚ebenbildlich', wie es im Alten Testament steht. Zudem ist nach dem Gesetz von ‚Saat und Ernte' jeder von uns das Ergebnis seiner Gedanken und seine persönliche Zukunft ist es logischerweise auch. *‚Die einzige Zeit, die wir wirklich beherrschen, ist die Zukunft. Sie können wir nach unseren Wünschen formen'* erkennt der spanische Jesuit *Baltasar Garcián y Morales*.
Wehe, wenn wir mit dieser unserer Gedankenkraft laufend Mist bauen, sie mißbrauchen und danach hilflos und laut verkünden: *Warum straft Gott ausgerechnet mich?* Das wäre dann schlichtweg Blasphemie oder Gotteslästerung.

Wo bleibt nun der **Heilige Geist** in seiner klassischen Bedeutung als Führer, als Tröster, Offenbarer oder als *Geist der Wahrheit* wie *Johannes* (14,17-26) ihn versteht? ...*aber der Tröster, der heilige Geist,* **den mein Vater senden wird** in *meinem Namen, der wird euch alles lehren...* Wir können getrost als Überbegriff und geläufiger Terminus den ‚Heiligen Geist' weiterverwenden. Aber diese gewaltige Energie, die uns aus den dimensionslosen göttlichen Lichtebenen zugeführt wird, ist für unser irdisches Verständnis viel zu komplex und unvorstellbar vernetzt – vor allem, wenn wir an die Verständnis- und Übersetzungsmöglichkeiten des Altertums denken, als bereits darüber berichtet wurde. Denn in dem spirituellen Eintopf ‚Heiliger Geist' finden wir auch die verschiedenen geistigen Kräfte des *Höheren Selbstes*, die emotional-geistigen Kräfte unserer eigenen *Gedanken-Resonanzen* und die der *geistigen Gaben* wie sie die Evangelien beschreiben (Geistheilen, Prophetengabe, Wunder wirken, u.a.m.) und wie ich sie im Kapitel über Channelings dargestellt habe. Und sicher gibt es noch weitere geistige Energien, die wirksam sein können.

Damit wir aber das Analyse-Virus unserer Zeit nicht auch hierbei ausbrechen lassen – die Herren Theologen, Exegeten und Schriftgelehrten haben sich auch jahrhundertelang christlich gestritten und versuchen heute weiter, zeitgemäßere Deutungen zu finden - schwenke ich lieber wieder in die EDV-Sprache unserer Zeit und versuche es mit folgendem ‚Gleichnis':

Der geniale Computer *Homo sapiens* hat eine On-line-verbindung mit der göttlichen Lichtebene, die nicht abschaltbar ist. Die Giga-Chips des göttlichen Erbes sind Teil unseres unsterblichen Lebens – auf den grobstofflichen und in den feinstofflichen Ebenen. Wir tragen außerdem in uns geniale Chips, die unser individuelles Lern- und Lebensprogramm auf unserem Erdenweg kennen und uns daher zielgenau steuern können – wenn wir es zulassen und laufende Errors vermeiden. Aber zusätzlich steht uns noch eine unermeßliche, spirituelle Datenautobahn zum göttlichen Internet zur Verfügung, die wir jedoch <u>stets bewußt zuschalten müssen</u>, um dann selbstbewußt und gebührenfrei surfen zu können - mit einem dadurch geistig-göttlichen Komfort und einer unvorstellbaren Datenfülle, die technisch wohl kaum terminiert werden kann und weiterhin als *heilig*-mäßig anzusehen ist.

Die astrale Welt ist unvorstellbar vielfältig

Jetzt müssen wir uns noch den angekündigten ‚himmlischen' **Astralbereich** ansehen, der als Gegensatz zum Diesseits auch ‚Jenseits' genannt wird. Der Wortstamm *astral* kommt vom lateinischen *astrum*, Gestirn. Er wird in der Metaphysik als **Vierte Energiedichte-Dimension** oder Erfahrungsebene gezählt und auch als *Transzendenz* bezeichnet. Eine Inschrift an einer Wiener Brücke, einem Übergang über die Donau, lautet tiefsinnig:

Alles ist nur Übergang,
merke wohl die ernsten Worte:
Tod ist Leben, Sterben Pforte.
Alles ist nur Übergang.

Zum Einstimmen in diese riesige transzendente Welt zitiere ich einen Ausschnitt aus der Broschüre ‚Die Geschichte meines Todes und wie ich überlebte'[59]. Die reanimierte *Ursula Kreft* beschreibt ihren Kurzbesuch am Eingang des Astralreiches:

...Es war unbeschreiblich schön und unvorstellbar hell. Etwas dermaßen helles habe ich in dieser Welt noch nicht gesehen. Ich glaube, man könnte dieses helle Licht auch nicht aushalten. Es durchströmte mich ein solch intensives Gefühl von Frieden und Liebe, wie ich es noch nie zuvor erlebt hatte. So stellt man sich wohl die ewige Glückseligkeit vor! Hier wollte ich einfach bleiben. Nicht mehr Denken, nicht mehr Handeln, nur noch SEIN! Die Schönheit, die Farben und Töne, die ich dort wahrnahm, lassen sich nicht beschreiben, weil all unsere noch so schönen Worte nicht ausreichen dafür. Sämtliche irdische Superlative sind ein Abklatsch dagegen.

Um uns ein logisches Verständnis der vielfältigen astralen Geisterwelt (nämlich der vierten Erfahrungsebene) zu erleichtern, müssen wir sie wieder kräftig und grob untergliedern:

- Je nach Verständnismodell, wie man uns Irdischen den Himmel erklären will, sind es sieben oder zwölf übereinander gestufte, qualitativ sehr unterschiedliche, energetische Schwingungsebenen (nach islamischer Vorstellung wollen alle Gläubigen in den Siebten Himmel) und mit einem fließenden und weichen Übergang derselben, den man **multidimensional** nennen kann,

- mit göttlich strahlender **Lichtdurchflutung** in der höchsten dieser Sphären, die aber nach unten stetig abnimmt und in grausam lichtloser und somit gottloser Finsternis der untersten Seinszustände endet und

- mit dem gnadenlosen kosmischen Prinzip, daß unsere Seele mit ihrer mitgebrachten energetischen Eigenschwingung (nach einiger Zeit) automatisch dorthin angezogen wird, wo *alle gleichermaßen ‚frequent schwingen'*. Man kann auch sagen, wo alle den gleichen Bewußtseinszustand haben, denn das **Affinitätsgesetz** lautet: *Gleiches zieht Gleiches an.*

- Es existiert noch das **Raum-Bewußtsein** weiter wie in unserer grobstofflichen, materiellen Seins-Ebene, dagegen ist die Seele vom Zwang der Zeit, zumindest in den obersten astralen Sphären, befreit (zeit-los glücklich oder unglücklich). Die hier Lebenden können sich anfassen und erleben ihre Daseinsebene durchaus als materiellen Zustand.

- Die Seelen sind weiterhin *lernfähig*. Was wir in den Lern- und Übungsprogrammen unseres irdischen Lebens nicht erlernt haben, müssen wir im Himmel nachsitzen. Dabei bleiben wir stets solange in der gleichen Bewußtseinssphäre gefangen, solange wir nicht höhere ethische oder religiöse Lebensvorstellungen *verinnerlicht* haben. Ohne **Weiterbildung** geht auch hier nichts und wir selbst bestimmen somit - genau wie im irdischen Leben - unsere seelisch-geistig-spirituelle Fortentwicklung. Somit gibt es aber auch in der Transzendenz eine Art ‚Selbsterlösung'. Verstorbene Kinder werden dort weiter aufgezogen.

- Der dabei zwangsläufig entstehende, allmähliche Aufwärtstrend der Seele in die höheren, immer lichtvoller und heller werdenden Bewußtseins-Sphären der astralen Welt bringt im Miteinander den Wesenheiten mehr und mehr Erleichterungen. Oben herrscht nämlich **Bewußtseins-Nacktheit**, das bedeutet, daß die Wesenheiten untereinander und voreinander keine Gedanken und Gefühle mehr verstecken können. Jeder kennt und erkennt jeden total und es ist ‚paradiesisch beglückend', daß keiner mehr jemand anderem etwas vortäuschen muß. Damit üben wir das auf Erden ersehnte geschwisterlich-liebevolle Beieinandersein, die Gottesfamilie. Und wir dürfen dabei wieder kindlich-rein sein, wie wir waren, als wir in der Materie des zurückliegenden Erdenlebens gestartet sind. Diese Bewußtseins-Reinheit reduziert sich aber, wie das göttliche Licht, abfallend in den Sphären nach unten. In den unteren astralen Seinszuständen bleiben noch eine ‚zeitlang'(?) die aus dem grobstofflichen Leben mitgebrachten Emotionen erhalten. Diese blockieren meist die befreiende höher dimensionierte Bewußtseinsreinheit, so daß der Bewußtseinszustand dieser Sphären einer seelischen Einkerkerung gleichkommt. Nehmen wir zum Beispiel einen ‚notorischen Lügner': Seine Seele kommt durch die mitgebrachte Bewußtseinsschwingung nach kurzer Zeit zwangsläufig in die (von mir so benannte) ‚Sphäre der Lügner'. Weil diese Seele, wenn sie etwas über die befreiende Bewußtseins-Reinheit der lichtvollen Sphären hören könnte, dieses als Lüge abtun würde, wie auch andere Berichte über die angebotenen Hilfen von

Gebeten und Engeln undsoweiter, bleibt sie im ‚Teufelskreis' von Lügen und Sich-belogen-fühlen. Man lügt weiter, daß sich die feinstofflichen Balken biegen, Tag für Tag, möglicherweise unter abertausenden von gleich phantasievollen Lügnern– **höllisch!**

Generell benötigen wir über die Astralwelt noch einige weitere Erklärungen. Die pythagoräische und später frühchristliche Unterteilung von **Körper-Seele-Geist** ist richtig (1.Thess.5,23). Die heutige Metaphysik bezeichnet den *corpus* (lat.) als ‚grobstofflichen oder materiellen Körper', die Seele (lat. *anima*) als ‚feinstofflichen Astral- oder Gefühls-Körper' und den Geist (lat. *mens*) als ‚feinstofflichen Mental-Körper'. Da alle drei Körperformen, - physikalisch gesehen - ganz verschieden verdichtete Energiefelder sind, können alle drei Energiekörper, eben mit unterschiedlichen Frequenzen, ineinander ‚stecken'. Sie bilden somit eine energetische **Dreieinheit des Körpers**, und wenn man sie trennt, sind sie für die jeweilige Ebene immer noch feinstofflich-materiell.

Der Doppelcharakter der beiden höheren feinstofflichen Körper, von den Theologen ‚Seele' bezeichnet, kommt in ihrem altgriechischen Namen zum Ausdruck: *Psyche* heißt nicht nur ‚Lebens-Odem', ‚Lebensträger', sondern auch ‚Schmetterling': das aus der Körperlichkeit der Raupe befreite, sich lichtwärts schwingende, beflügelte Wesen. Das entspricht auch unserem heutigen spirituellen Blickwinkel: das Doppel Astral/Mental-Körper, von dem sich der noch feinstofflichere Mentalkörper später befreit, um in die göttlichen Lichtebenen aufzuschweben.

Wie bereits erwähnt, trennen sich die beiden feinstofflichen Körper, also die Psyche oder Seele, auch im Tiefschlaf vom grobstofflichen, bleiben dabei aber mit einem hochelastischen, schillernden Energieband – von Kopf zu Kopf – mobil verbunden. Seit der Erwähnung im Alten Testament wird dieses Energieband **Silberschnur** genannt. Im Volksmund heißt es treffend: *Mein Leben hängt an einem seidenen Faden.* Besonders veranlagte oder bewußtseinshochentwickelte Erdengeschwister können mit ihren feinstofflichen Körpern nicht nur vollbewußt und selbstagierend Astralreisen in die nächste feinstoffliche Dimension, den untersten ‚Himmel' machen, sondern auch in unsere Galaxis, zu anderen kosmischen Zielen oder in die Vergangenheit oder Zukunft reisen. Solche außerkörperliche Reisen nennt *Karin Schnittger* ‚Schweben in anderen Dimensionen' oder AKE: Außerkörperliche Erfahrungen[23], man findet dafür aber auch die Bezeichnungen ‚Astral-Projektionen' oder ‚Ätherreisen'. Beim sogenannten Tod, dem endgültigen Verlassen oder Zurücklassen des grobstofflichen Körpers, löst sich die energetische Silberschnur auf, die Trennung ist vollzogen und wir sind für diese Welt ‚gestorben'.

Wenn dabei die beiden feinstofflichen Körper (ich nenne beide einfachheitshalber weiter ‚Seele') miteinander zuerst in die erdnahe, astrale Dimension eintreten, geschieht dies meistens mit einem Tunneleffekt oder durch einen symbolischen Geburtskanal, um dort fast **durchweg ‚angenehmst' empfangen** zu werden. Strahlendes Licht mit herrlicher Sphärenmusik und Freude über das Kommen und Befreitsein von irdischer Schwere und Leid überwältigen die Seele und sie wird herzlich begrüßt von vorausgegangenen Verwandten und Freunden. Teilweise erlebt die Seele gleich anschließend ihren **‚Lebensfilm'**, teilweise erst nach einer mehr oder weniger langen Ruhe- oder Reha-Phase, je nachdem, in welch desolatem Zustand der grobstoffliche Körper sich zuletzt befand. Der Lebensfilm wird so genannt, weil er gespeicherte Lebensdaten entscheidender Szenen und Lebensabschnitte filmmäßig visualisiert, in denen wir in irgendeiner Form versagt und unser Lebensziel verfehlt haben. Mit einem Textabschnitt aus dem Buch ‚Dem Licht entgegen'[18] möchte ich eine Aussage dazu aus der geistigen Welt zitieren:

Denn wisset: keine Glaubensrichtung hat Vorteile oder Rechte vor den anderen. Keine Lehre ist die alleinseligmachende Lehre; denn unser Vater fragt euch nicht, welchem Glauben ihr angehört, sondern ob ihr dem Licht entgegenzuwandern getrachtet habt, ob ihr über das Böse und die vielen Versuchungen gesiegt habt; Er fragt euch, ob ihr die Schwachen gestützt, die Traurigen getröstet, die Hungrigen gesättigt, die Nackten gekleidet, den Armen, den Kranken und den Leidenden geholfen habt; und Er fragt euch, ob ihr eure guten Taten aus Liebe und Barmherzigkeit oder ob ihr sie zu eurem eigenen Vorteil vollbracht habt.

Vielfach sind nicht die Handlungen selbst oder das Nicht-gehandelt-haben gespeichert, sondern *nur* unsere Emotionen, die wir bei eben diesen Aktionen hatten – was noch frustrierender sein kann. Dieses ‚Abrechnungssystem' ist damit sehr weise und logisch einge-‚richtet', denn jeder kann sich nun selbst richten im Rückblick auf sein meistens nicht ganz befriedigendes Erdenleben. Falls die Seele dann doch noch mit der Lebens-Schlußnote ‚fast befriedigend' davongekommen ist, erhält sie von strengen Engeln Aufklärung, wie der Wiedergutmachungs- und Weiterbildungsprozeß ablaufen wird. Der auch hierbei vorhandene freie Wille der Seele läßt dadurch verschiedene Leidens-, Lern- oder Büßer-Möglichkeiten offen und je nach ihrer Entscheidung landet die liebe Seele dann in eben ihrer speziellen energetischen und astralen Bewußtseinssphäre unter Gleichschwingenden: Edle, vergeistigte Seelen bei ihresgleichen genauso wie Betrüger und Geizkrägen unter ihresgleichen – um noch mal zwei Beispiele zu nennen. Das kann für die Betroffenen jeweils Himmel, Fegefeuer oder Hölle sein.

Der US-amerikanische Essayist *Elbert Hubbard* erkannte, daß *der Mensch nicht <u>für</u> seine Sünden bestraft wird, sondern <u>durch</u> sie*. Und *Ahastar*[29] erklärt uns, daß die Seelen dort nicht einem Zustand des Dahinvegetierens ausgesetzt seien,

> ...sondern in den Strudel eines Erkenntnisprozesses gerissen werden, der, bestürzende Emotionen der Reue und Scham auslösend, durchaus als ein unentrinnbares ‚Höllenfeuer' mit allen erdenklichen Höllenqualen erlebt werden kann.

Die Lehre der Theosophie erklärt zu dem Zustand einer Seele, die mit allerhand Lüsten und Leidenschaften im Astralreich ankommt[(56)]:

> ...dann leidet sie stark, weil diese Gelüste ohne den physischen Körper nicht mehr befriedigt werden können. Sie leidet so lange, bis die Begierden ausgebrannt sind. Dies ist das sogenannte Fegefeuer oder die Hölle.

Dieses perfekte, uralte **‚Bilanzierungs-System'** funktioniert weitgehend aus Eigendynamik, millionenfach in den metaphysischen Sphären in, auf und über unserem Planeten mit unendlich ‚vielen Wohnungen' (Schwingungssphären) und jedem nur denkbar individuellen Spiel-Raum. *Jesus* brachte es auf die Formel: *...jedem geschieht nach seinem Glauben.*

Daraus können wir *schließen*, daß beispielsweise die tiefgläubigen Pietisten tatsächlich erst einmal ihren Himmel finden wie auch die tiefgläubigen Katholiken und die *Zeugen Jehovas* und die Muslime und die Indianerstämme und und und. Natürlich gehen auch alle Un-Gläubigen ihren entsprechenden Jenseitsweg: Der leidenschaftliche Rock-Musiker landet genauso in seinem Seelen-Energiefeld wie der leidenschaftliche Pianist, der leidenschaftliche Arzt oder der leidenschaftliche Briefmarkensammler - ebenso wie der leidenschaftliche Falschspieler, Alkoholiker oder Taschendieb. Wir können hierbei unserer irdischen Phantasie freien Lauf lassen. Der große deutsche Neugeistlehrer *K.O.Schmidt* schreibt dazu:

> Wer meint, mit seinem Körper auch seine Unzulänglichkeiten abgelegt zu haben und in ein leidfreies Engelwesen verwandelt zu werden, irrt. Wie durch den Schlaf wird er auch durch den Tod weder besser noch schlechter, weder klüger noch weiser. Der Verlust des Körpers, sagt Mulford treffend, macht den Schurken nicht zum Heiligen, sowenig wie der Dieb, der seinen Überrock verliert, dadurch zum ehrlichen Manne wird. Jeder findet sich im ‚Jenseits' in der gleichen moralischen, mentalen und geistigen Verfassung wieder, in der er das Diesseits verließ.

Zur **Aufenthaltsdauer** in dieser astralen Dimension gibt es sehr viele verschiedene Aussagen, denn es handelt sich um eine Sphäre, die bereits ohne Zeitempfinden ist und somit Zeitangaben stets bezogen sind auf unsere grobstoffliche Raum-Zeit-Dimension. Außerdem ist jede der sieben oder zwölf energetischen Haupt-Erfahrungsebenen, von denen die astrale die sogenannte vierte ist, in weitere sieben Zwischenebenen unterteilt – nahtlos versteht sich, denn es handelt sich ja dabei nur um Schwingungsunterschiede. Wie bereits beschrieben, ist die unterste davon die am niedrigsten schwingende und daher die lichtärmste Sphäre und vergleichsweise die oberste die strahlendste am nahtlosen Übergang in die unterste Sphäre der fünften Erfahrungsebene, dem sogenannten Himmel.

Aus dem Erdenleben bringen unsere Seelenkörper ihre Eigenstrahlung mit in diese geistige Welt und werden automatisch in die dazu passende Schwingungsebene angezogen – je nach dem, ob man dabei noch keine große Leuchte ist oder schon einen Lichtkörper mitbringt. Entsprechend kurz oder lang fällt dann auch die Verweildauer im Astralen aus. Zu dieser Dauer zitiere ich einen sehr kompetenten spirituellen Lehrer (nach meiner Meinung ‚aufgestiegener Meister'), den Zyprioten *Daskalos*[88], der für die Terminologie dieser Astralebene jedoch die Bezeichnung *Purgatorium* aus der katholischen Kirchenlehre und zugleich den Sanskrit-Begriff *Kamaloka* aus dem Hinduismus verwendet:

Die Zeit in diesem Purgatorium wechselt von Individuum zu Individuum. Um die Lektionen einer abgelaufenen Inkarnation zu erkennen, zu studieren und aufzunehmen, braucht der eine hundert oder zweihundert Jahre, der andere nur wenige Monate. Das ist individuell unterschiedlich. Wenn jemand beispielsweise ein sehr tragisches und intensives Leben geführt hat, das Chaos und heftige Schwingungen in seinem physischen Körper verursacht hat, mag ein längerer Aufenthalt im Kamaloka notwendig sein, damit jene heftigen Schwingungen sich beruhigen können. Ihr seht also, es ist eine individuelle Angelegenheit, wie lange man in den psychischen Dimensionen bleibt, und nicht mit einer festen mathematischen Formel zu bestimmen, die für jedermann zum gleichen Ergebnis führt.

Lesen wir zum Abschluß des Themenbereichs Astralebene noch einen Abschnitt von *Dr. Adalbert Schönhammer*[8]:

Durch den Tod werden die körperlichen Daseinsbedingungen abgelegt, der innere Mensch beginnt sich unverhüllt darzustellen. Es wird das ‚Buch des Lebens' aufgeschlagen, alle Tünche, alle Verstellungen, Lug und Trug fällt ab. Es braucht kein Richter ein Urteil zu fällen, in seinem wirklichen Wesen enthüllt, weist sich der Mensch den ihm zustehenden Platz im Jenseits selber zu. Die jenseitige Welt erscheint nicht als Lohn oder Strafe für die Taten dieser Welt, sondern als Stätte der Weiterbildung. Sie ist nicht ein Ort gesichtsloser, leibloser, geschlechtsloser, unpersönlicher Geistwesen, sondern der Schauplatz einer immer höheren Entfaltung tätiger Geistpersönlichkeiten.

Jede Seele ist multidimensional

Hat die bis hierher geschilderte ‚Bewußtseins-Entfaltung' durch Dienen, Leiden und/oder ‚Weiterbildung' das erforderliche Maß erreicht, trennt sich der **Mentalkörper** vom Astralkörper. Er steigt zur weiteren Erhöhung seiner Energiefrequenzen und damit zu höherer Bewußtwerdung in die nächsten höheren Erfahrungsebenen, dem eigentlichen gottesnahen und raum- und zeitlosen Himmel, der dadurch wohl schon den Anschein von Ewigkeit hat. Er hat in allen Glaubenssystemen seinen speziellen Namen und mir fallen dazu *Paradiesgarten* des Altpersischen, *Dschannah* des Islam, buddhistisches *Nirwana*, *Abrahams Schoß*, *Garten Eden*, *Elysium* der Hellenen, *Walhall* der Germanen und *Gwenwed* der Kelten oder schlichtweg *der siebte Himmel* (Vorstellung auch aus dem *Mithras*-Kult und dem Islam) ein.

Dort ‚oben' gleitet das Mental in Schwingungen vom Edelsten und Höchsten, was es zu Zeiten seines Erdenlebens erträumt und erstrebt hatte. Es ist sicherlich auch **der höchste Lichtzustand**, den wir mit unserem irdischen Verstand noch zu erfassen vermögen. Das Loslassen und Zurücklassen des Astralkörpers und das Übergehen des unsterblichen Geist- oder Mentalkörpers (Bewußtsein) in diese höhere, fünfte bis siebente Dimension erfolgt irgendwann schwingungsmäßig und wird in mancher Literatur als der ‚zweite Tod' bezeichnet.

In dem bereits 1919 erschienen Buch ‚Dem Licht entgegen'[17] versucht das Geistwesen *Ardor* die ‚himmlischen Wohnungen' zu beschreiben:
Aber nichts kann ich euch sagen über dieses Reich und diese Wohnungen, nichts, was von Menschen erfaßt werden kann; denn die schönste Gegend der Erde ist neblig und kalt, verglichen mit dem Herrlichkeitsreiche Gottes.

Und *Ahastar*, eine andere geistige Wesenheit, deren jetzige Heimat auf einem anderen Planeten liegen soll[29], berichtet uns über diese hohe Gottesnähe:
Alle ‚Entwicklungsmühen' sind erst in der siebenten Dimension überwunden, einer hohen Seligkeitsstufe, wo alles Schaffen reine Beglückung wird. Es gibt noch weitere Stufen darüber hinaus, die sich allem menschlichen Begreifen doch völlig entziehen; wie auch die Stufen der fünften und sechsten Dimension nur noch unvollkommen und in Metaphern darstellbar sind.

Nun wieder zurück zum Procedere unserer **Seelen-Laufbahn**. Der vom Mentalkörper beim weiteren **Aufstieg ins Licht** zurückgelassene Astral- oder Gefühlskörper löst sich auf, nachdem die Daten der verbliebenen Rest-Emotionen (zweiter Tod) in einem großen Datenspeicher erfaßt worden sind. Die Würzburger Urchristen nennen diesen Kausalcomputer und aus dem Sanskrit kommt der Begriff Akasha-Chronik. Sollte das *unsterbliche Bewußtsein* des höher gestiegenen Mentals nicht die möglicherweise äonenlange ‚Rückkehr in die göttliche Einheit' in den obersten energetischen Welten fortführen wollen, hat es die freiwillige Wahl einer erneuten Verkörperung in die Grobstofflichkeit.

Beim dadurch beginnenden **rückläufigen Durchgang** durch die träger schwingende Astralebene mit ihrer niedrigeren Energiedichte übernimmt das Mental wieder die als Abspeicherung zurückgelassenen, noch aufzuarbeitenden Gefühls-Daten des Vorlebens als sogenanntes *Karma* (siehe Glossarium). Damit es keine Lücke in der Seelenentwicklung gibt, geht man in seinem neuen Leben genau da weiter, wo man das vorherige verließ. Dazu erklärt uns ein hoher Lehrer aus der geistigen Welt[125]:

*Ja, es gibt keine Lücken in der Entwicklung – abgesehen vom Zeitraum, der jedesmal als die Kindheit verstreichen muß – ehe also die neue Person das Alter erreicht hat, die früher erworbenen Fähigkeiten auszuwirken. Wäre dies besser bekannt, würden die alten Leute eine ganz andere Haltung annehmen und nicht so viel Zeit mit dem Rückblicken auf vorige Lebensepochen verschwenden. Alte Leute sollten vielmehr aus **ihren Erfahrungen** ein sinnvolles Fazit ziehen und so ausgestattet, sich hoffnungsfroh ihrer Zukunft zuwenden.*

Zuletzt nimmt das inkarnationswillige Mental einen Schluck Wasser, im übertragenen Sinne, aus *Lethe*, dem griechischen Fluß des Vergessens (von dem Augenblick an verliert es die Erinnerung an die früheren Daseine) und komprimiert seine beiden feinstofflichen Seelenkörper zu der dafür benötigten Babygröße, um mit dem ersten Schrei des sorgfältig ausgewählten Neugeborenen einen erneuten Probelauf zu starten. Einen Neubeginn in der grobstofflichen Materie mit ihren polaren Abgrenzungen und dem erneuten Duell mit dem eigenen Ego, aber auch ausgestattet mit dem göttlichen Geschenk des freien Willens und der abermaligen Chance, unser Erbe als Gottestochter oder Gottessohn (Gott-in-uns) umsetzen zu können. Gott steh' ihm bei!

Lesen wir dazu noch eine Passage aus dem gechannelten Buch ‚Lunaris – In das Licht'[91]:

Ein Mensch, der nach seinem Muster in ein neues physisches Leben eintreten will, also inkarniert werden will, wird sich für die Geburt genau den richtigen Ort und die richtige Zeit auf einem Planeten aussuchen, die bis auf das i-Tüpfelchen genau seinem Energiemuster aus dem letzten Leben entsprechen wird, Die Seele eines Menschen wird sich obendrein die richtigen Eltern und das richtige Umfeld suchen wollen, um sein Karma, also seine weitere Ausführung des Energiemusters im dritten Chakra, das sich auf alle anderen Energiezentren auswirkt, fortzuführen und möglichst aufzulösen.

Mit dem *dritten Chakra* ist das des *Solarplexus* gemeint, und der zitierte Text schließt mit dem Hinweis darüber: *...Es löst euer Karma aus, daher harmonisiert es und gebt ihm viel Liebe, die es kraftvoll erwidern wird. Denkt immer daran!...*

Lassen Sie mich hier noch einen etwas boshaft-kritischen Nachschlag präsentieren. In unserer Republik gibt es keine Todesstrafe mehr für Erwachsene –

aber jährlich werden einhundertdreißigtausend Embryos ‚zum Tode verurteilt' und abgetrieben (1997). Angeblich weltweit jährlich rund fünfzig Millionen werdende Menschen. Pro Minute wären das neunzig Seelen, die sich auf ihre Inkarnation vorbereitet haben, aber wieder ‚von der Erde' weggetrieben werden oder irgendeinen (astrologisch und genetisch) ungeplanten und vermutlich ‚unverhüteten' Startplatz ersatzweise für ihren wohlgeplanten Lebensweg wählen müssen.

Der theologische Begriff ‚Seele' wurde nun in meinen bisherigen Ausführungen aus verschiedenen Blickwinkeln dargestellt und ich habe es mir durch extreme Vereinfachung ziemlich leicht gemacht – für einige LeserInnen vielleicht zu locker. In diesem gigantischen und multidimensionalen, feinstofflichen System die ‚Wirklichkeit' wirklich zu kennen, soll bitte niemand glaubhaft behaupten. Dieser Seelenwandel rund um den Planeten Erde ist alleine an einem einzigen Erdentag ein spirituelles oder göttliches Milliardenprojekt. Und das soll ja nun schon ein paar Miliönchen von Jahren so gegangen sein.

Eine kurze, wiederholende Zusammenfassung:

Gestatten Sie mir zum Abschluß dieses Kapitels über die unbekannt gehaltenen geistigen Welt noch einen gerafften Rückblick:
Die geistige Welt existiert in, neben und über uns und ist energetisch höher schwingend als unsere Grobstofflichkeit. Es ist die Welt unserer unsterblichen Bewußtseine oder Geistkörper oder allgemein ‚Seelen'.

Alles, was wir mit unseren fünf Sinnen erfassen können, wird Grobstofflichkeit oder dritte Erfahrungsebene oder Dimension genannt. Nur mit dem sogenannten sechsten Sinn können derartig Begabte die geistigen Welten erkennen und/oder mit ihnen kommunizieren.

Die geistigen Welten schwingen jeweils höherfrequenter bereits ab der vierten Erfahrungsebene, die allgemein Astralwelt genannt wird. Es stellt das energetische Zwischenreich dar, das zwischen dem Erdenleben (Grobstofflichkeit) und dem Weiterleben im Himmel (ab der fünften Erfahrungsebene) vorherrscht.

Die noch höher schwingenden geistigen Ebenen werden als göttliche oder als Licht-Sphären bezeichnet und können mit menschlichen Worten nur unzulänglich beschrieben werden.

Es existieren dort die energetischen Wesenheiten nach zwei verschiedenen geistigen Strukturen:
die getreue Engelschar, auch die Erzengel und all die höheren Hierarchien in Richtung eines göttlichen Zentrums und

die einstmals gefallenen Engel, die ihren freien Willen voll ausnutzten und selbstschöpferisch immer tiefer in die Grobstofflichkeit hinabstiegen und in den Zeiträumen ohne Erdenkörper ihren heimatlichen Aufenthalt in den geistigen Welten verbringen. Hier finden wir die ‚Planetarische Geistige Hierarchie', vor allem bei den Bewußtseinen, die dank ihrer erzielten Teil-Vollkommenheit nicht mehr in die Grobstofflichkeit inkarnieren müssen: eben die ‚Aufgestiegenen Meister' und die gewaltigen ‚Meister der Goldenen Sonne' mit all den auf Erden wirksam gewesenen Gottessöhnen.

Die ‚Laufbahn' eines unsterblichen Bewußtseins oder einer unsterblichen Seele durch diese Himmelswelten finden wir heute gut dargestellt in der Literatur über die Seelenwiederverkörperungs-Lehre (Reinkarnationslehre) und der Literatur über Sterbe-Erlebnisse (Berichte über Reanimierte). Widersprüchlichkeiten kommen dabei logischerweise daher, daß die Berichterstattenden durch ihre verschieden hohe Bewußtseinsreifen ihre entsprechenden feinstofflichen Resonanzen finden und die Eindrücke dann so – man könnte auch sagen: bewußtseinsentsprechend - festgehalten oder wiedergegeben werden.

5. Kapitel

Das ‚Milliarden-Seelen-Projekt'

Wir haben bisher gesehen, daß die Seele auf verschiedenen energetischen Schwingungsebenen transzendente oder feinstoffliche Körperformen annimmt, um weiter zu lernen, neue Erfahrungen zu sammeln und dadurch immer ‚vollkommener' zu werden – alles Voraussetzungen für die Rückkehr ins Licht und in die Einheit. (Und ich möchte hier noch einmal daran erinnern, daß ich mit dem Terminus *Seele* am alten Sprachgebrauch einfachheitshalber festhalte, obwohl es zeitgemäßer wäre, lieber vom *unsterblichen Bewußtsein* oder vom *ewigen Bewußtsein* zu sprechen).

Das **Schöpfungssystem** zeichnet sich da, wo die Wissenschaften bereits genügend Einblick bekommen haben, stets durch verblüffende Einfachheit aus und diese sollten wir auch bei dem irdischen ‚Milliardenprojekt Seele' annehmen. Wir setzen voraus, daß es so gewesen sein könnte – vor Millionen von Erdenjahren – , daß die für uns unvorstellbare energetische Schöpferintelligenz *Gott* (oder andere Namen) ihr Gedankenspiel ‚biologische Belebung des Universums' zusätzlich krönen wollte und den glorreichen Gedanken eines *kosmisch-menschlichen Bewußtseins,* das ebenfalls schöpferisch wirken könne, nachschob.

Zwei besondere Prinzipien durfte diese Schöpfungsform in verschieden verdichteten Körpern beibehalten: die **sich weitervererbende Göttlichkeit** (Kinder Gottes oder Gott-in-uns) und den schöpferischen **Spielraum des freien Willens**. Dieser sei auch in der göttlichen Welt selbst höchstes Gesetz.

Das bedeutet, daß das Bewußtsein, das in der *spirituellen* oder feinstofflichen Welt leben will, dies tun kann wie jenes, das in der *materiellen* oder grobstofflichen Welt leben will. Alle Wesen, die in der **spirituellen Welt** der Liebe und des Lichtes leben, sind aus eigenem freiem Willen mit Gottes Liebe verbunden und erwidern diese Liebe selbstlos und bedingungslos.

Es besteht aber auch die Möglichkeit, Gott *nicht* zu lieben und das sei der Urgrund für die Existenz der **materiellen Welt**. Wenn die Wesen dabei den *Gott-im-Himmel* oder den *Gott-in-sich* vergessen, kommt der *Ersatzgott* Ego zur Macht und das Bewußtsein ist dann voll auf die Grobstofflichkeit ausgerichtet.

Und so nahm wohl das seinen Anfang, was die christlichen Kirchen, auf unseren Planeten bezogen, *Engelsturz* nennen:

- der *freie Wille* wurde zu menschlicher, schöpferischer Maßlosigkeit,
- die *göttliche Liebe* wurde zu menschlicher *Selbstliebe,* Selbstbezogenheit und Egoismus,

- das einst *strahlende Licht* wurde zum im Menschen verankerten kümmerlichen Gottesfunken und
- das multidimensionale Spektrum unseres *ewigen Bewußtseins* wurde allmählich eingekerkert in tiefste, gottesferne Materie, die nach der hier herrschenden polaren Gesetzmäßigkeit äonenlang bipolar durchlebt werden muß, auch wenn dieses Bewußtsein in immer bescheidenerem Maße *schöpferisch* bleibt.

Leider kann ich nicht verhindern, daß auch bei meinem Versuch einer Vorstellung dieses Schöpfungsvorganges etwas Schuldhaftes und Bedauerliches mitschwingt, das wohl in unser ganzes abendländisches religiöses Denken und Empfinden unterschwellig eingedrungen ist. Auch in vielen geisteswissenschaftlichen Abhandlungen findet man noch diese Gefühlsbezogenheit. Dagegen zeigen uns Querdenker der New-Age- und der Neugeist-Szene Denkansätze, die frei von jeglicher Gesamtschuld sind, auf keinen von Gott gesandten und von einer Priesterschaft ‚verwalteten' Welterlöser warten, sondern **Wege zur Selbsterlösung** aufzeigen. Weitere Gedanken zu diesem äußerst hoch angesetzten Ziel der Menschheitsentwicklung im Sinne eines baldigen Aufstiegs bringe ich im Kapitel über die ‚Frohbotschaften'.

Im Gegensatz zu den christlichen Kirchenlehren erklärt uns *Ahastar* den **Schöpfungsvorgang** in seinem Kapitel ‚Geistiger Kosmos und Schöpfungsprinzipien'[(30)] viel individueller, positiver und liebevoller (die Unterstreichungen stammen von mir):

Alle haben wir unseren Ursprung im ‚Geist': in einem kosmischen Allbewußtsein, das <u>ohne</u> ein Wissen von Trennung ist, auch <u>ohne</u> ein klareres Wissen ‚unserer selbst'.

Einmal, beim ‚Sprung' in die dichten Materiewelten, folgte unsere Seele einer tiefen, sie nun über lange kosmische Zeitalter hin bestimmenden Intension: in das ‚Schauspiel der Weltschöpfung' einzutreten, <u>es selbst mitzugestalten</u>. Alle Seelen gehen einen unterschiedlichen Grad der Verschmelzung mit der Materie ein, manchmal bis zum scheinbar völligen Vergessen ihres geistigen Ursprungs.

Immer wird ihnen diese Materie als Herausforderung zum inneren Wachstum dienen, als vielgestalteter Lernstoff: eben in den Widerständen, den ‚Sperrigkeiten', die sie den lernenden Seelen bei ihrer Inkarnationsarbeit, den zahlreichen Anläufen der mühevollen Bändigung und Umwandlung abnötigt.

Wie sehr im konkreten Tätigkeitsfeld der Inkarnation die Seele ja unwissend gegenüber ihrer Herkunft und ihrem Ziel ist, ist jede einzelne davon doch, in einem tiefen Grund ihrer Schöpfer- und Lebenskraft, <u>wachsend erfüllt vom Bewußtsein der eigenen Wesenheit</u>. Es ist ein Bewußtsein, das sie, unabhängig vom begreifenden Verstehen, durch alle Inkarnationen trägt und ‚weiterträgt'. Wenn wir uns einer poetischen Metapher bedienen dürfen: Sie ist das eine ‚schauende Auge Gottes', durch das er seine Schöpfung aufs Neue erfahren, selber begreifen will. Kein anderes wird jemals schauen wie dieses eine.

Um dieser Einmaligkeit willen wurde die Seele in den Kosmos entlassen: Diesen in ihrer eigenen Art mit Leben zu füllen und in eigenen Schöpfungen weiterzuführen, ist ihre ‚Mission'.

Die göttliche Seelen-Rückrufaktion

Irgendwann während dieses Experiments der *creatio continua* und den dabei immer stärker ausufernden seelischen Defekten und Defiziten des Homo sapiens kam dann das, was einmal kommen mußte: die göttliche Seelen-Rückrufaktion:

- erstens bekamen alle Gotteskinder den Impuls *...alles zurück in das ehemalige Lichtreich,* den aber nicht alle wahrnahmen oder bis heute wahrnehmen wollen. In all den bekannten patriarchalischen Religionen verlief das sicherlich mit göttlichem Grollen, Drohen und Tadeln, so wie eben die jeweiligen Propheten die ‚Worte' ihres Gottes ‚empfunden' und in aktuelles Zeitgeistverständnis ausgedrückt haben. Ebenso, wie die jeweilige Priesterschaft dies dann als kultreichen Zeitgeistausdruck durchzusetzen versuchte. Alles möglicherweise auch schon äonenlang. Und

- zweitens kam dann durch *Christus Jesus* die neue Variante, das neue Angebot eines liebenden Vaters - rechtzeitig zu Beginn des Fische-Zeitalters, um nun endlich im nächsten Millennium wirksam zu werden: *das Angebot vom ‚verlorenen Sohn'.* Unterbrechen Sie hier ruhig einmal Ihr Lesen, holen sich das Neue Testament aus dem Regal, schlagen bei *Lukas* das Kapitel 15 auf und lesen von 11 bis 32, was uns *Jesus* in einem Gleichnis anbietet. Es ist wunderschön formuliert und hat eine so globale und zeitlose Botschaft und Aussagekraft, in dem Maße wie wir dafür – auch je nach unserer momentanen Verfassung - ein Verständnis aufbringen. Wenn wir darüber meditieren, brauchen wir uns unserer Freudentränen nicht zu schämen.

In dem neu erschienenen Buch von *Susanne Oswald* und *Karl Schnelting* mit dem Titel ‚Dein Wille geschehe jetzt! Die Menschheit vor der globalen Transformation. Neueste Botschaften aus der geistigen Welt'[11] wird uns dazu erklärt:

So erreichtet ihr den Stand dessen, was in euch und um euch ist. Etliche fielen noch tiefer und waren aus ihren dunklen Aspekten heraus weiter schöpferisch tätig. Sie entfernten sich so weit von der Quelle, daß ihnen ihr Bewußtsein über ihr schöpferisches Tätigsein abhanden kam. So sind die Menschen auf der Erde fortwährend schöpferisch tätig, ohne es zu wissen. Sie sind sich nicht bewußt, daß die Qualität ih-

rer Gedanken und Gefühle der Boden ihrer Schöpfung ist, der in ihnen selbst und in ihrem Leben zum Ausdruck kommt.
So gelangte ein jeglicher an den Punkt, wo er die Ernte seines Seins erkannte. Die Kinder des Lichts hielten auf ihrem Weg inne und kehrten in ihrer Not und Verzweiflung nach Hause zurück. So gibt es auf eurer Erde nun etliche, die schon einige Wegstrecken hinter sich gebracht haben und dem Vaterhaus nähergerückt sind – aus der Erinnerung heraus, aus dem Heimweh und aus Liebe. Aber etliche, und diese sind in der Mehrzahl, befinden sich immer noch im weiteren tiefen Fall in die Dunkelheit. So gehen die einen zurück zum Vaterhaus, und die anderen in eine immer noch größere Entfernung.

Erzengel *Ariel* sieht es wieder aus einem noch höheren und zeitlosen Blickwinkel, wenn er auf die Besonderheit dieser Rückkehr hinweist:
Die Schönheit eures göttlichen Ausdrucks bei dieser Rückkehr zu beobachten ist für uns ganz erstaunlich. Obwohl ihr euch aus eurer Sichtweise nur für eine kurze Zeit aus der Quelle entfernt habt, ist eure Wiedervereinigung doch eine der feinsten Energien des Universums. Und wir erwarten gespannt den Moment, in dem ihr dies ganz bewußt selbst erfahren könnt. Da wir simultan existieren, haben wir eure Wiedervereinigung bereits gesehen, und wir freuen uns darauf, eure Freude zu teilen, wenn ihr euch selbst einholt.

Die lichtvolle göttliche Einheit ist etwas Vollkommenes und die verdunkelten materiegebundenen Seelen das reine Gegenteil davon, und so entstand das Bedürfnis, durch Lernprozesse die *verlorengegangene Qualität* angewandter und selbstloser Liebe wieder zu erlernen. Bald erkannten die in extreme Grobstofflichkeit ‚gefallenen' Seelen – oder formulieren wir positiver: die den ihnen vom Schöpfer zugestandenen Spielraum des Materie-Experiments voll ausschöpfenden Seelen - daß sie sich in ihrer eigenständigen Schöpfungs-Euphorie viel zu sehr zersplittert hatten. So konzentrierten sich allmählich die eigentlich immer engstvernetzten Seelenbewußtseine zu *Überseelen* oder *Überbewußtseinen*, die dann gemeinsam in *Seelengruppen* und *Seelenfamilien* den äonenlangen, beschwerlichen Rückweg antraten. Der gängige Begriff für eine solche steuernde und führende Chef-Seele ist **das Höhere Selbst**.

Zur weiteren Erklärung möchte ich Sie mit einer Botschaft der *Mutter Maria* vertraut machen, die viele ihrer Anhänger aus dem katholischen Glauben erstaunen läßt, denn *Mutter Maria* erscheint oder meldet sich sonst nur überwiegend im Bereich ihrer konfessionellen Anhängerschaft. Meinen Text habe ich dem 1991 in den USA erschienenen Buch ‚Marias Botschaft an die Welt'[10] entnommen:
Du bist ein geistiges Wesen, das dabei ist, viele Dinge zu lernen, um Vollkommenheit zu erlernen. Diese Vervollkommnung erfordert viel Lernen und Übung. Nun laß mich erklären, daß ihr viele Leben lebt, immer eins nach dem anderen und manchmal auch

*zwei und mehrere gleichzeitig. Dein Geist ist viel größer, als es dir bewußt ist. Tief in deinem Inneren bist du mit deinem wahren Ich, das Geist ist, verbunden. Wie könnt ihr mehr als nur ein Leben auf einmal leben? Ihr könnt auch mehr als nur eine Sache auf einmal lernen, oder nicht? Ein fortgeschrittener Geist kann mehr als nur ein Leben auf einmal leben. Dein geistiges Selbst kann sich in verschiedenen Kulturen, verschiedenen Geschlechtern und verschiedenen Teilen der Welt inkarnieren. Dadurch praktiziert dein wahres Selbst viele Lektionen, die du bereits gelernt hast. Lernen ist das Schlüsselwort. Das ganze Leben ist zum Lernen da. Indem ihr euch durch jede Erfahrung durcharbeitet, lernt ihr sehr viel. Das geistige Selbst hat viele Namen: Höheres Selbst, Überbewußtsein und auch, in vielen Religionen, Seele. Die Seele ist das Gefäß, das den Geist enthält. Der Geist ist die Essenz, der göttliche Teil in euch. Er ist im Innern der Seele enthalten. Die Seele ist dein geistiger Körper. Der physische Körper enthält die Seele, die wiederum dein geistiges Selbst enthält. Durch die Seele kommst du immer wieder in den physischen Körper hinein. Diese Idee ist vielen Menschen in diesem Teil der Welt vielleicht sehr fremd, aber es ist die Wahrheit. Es gibt nichts, was ihr auf der Erde tun könnt, um euch das **ewige Leben** zu sichern, das alle leben. **Denn Gott schenkt uns das ewige Leben völlig umsonst**, völlig frei, genau wie die Luft, die Freiheit der Entscheidung und viele andere Dinge...*

Dem habe ich an dieser Stelle wenig hinzuzufügen. Damit sind wir eigentlich schon beim nächsten Thema gelandet, der *Wiederverkörperungslehre*. Darauf gehe ich aber ausführlicher erst an späterer Stelle ein. Dagegen möchte ich hier noch erklären, wie in vereinfachter Darstellung eine *Seelenfamilie* aussieht und wie das *Höhere Selbst* mit einem gesplitteten Lernsystem bei den vielfältigen Polaritäten der Grobstofflichkeit rationell weiterkommen will.

Die schönste geistige Gemeinschaft ist die Seelenfamilie

Der Begriff *Seelenverwandtschaft* bezieht sich auf eng vernetzte Bewußtseine, die sich untereinander helfend bei der Bewältigung des ‚Lernstoffes' durch Dienen, Liebe und Geduld beistehen. Die *Seelenfamilie*, deren Geschwisterseelen in der Feinstofflichkeit, also in der astralen oder einer höheren lichtvollen Erfahrungsebene leben, helfen den ‚Familienangehörigen', die zur gleichen Zeit in der Grobstofflichkeit existieren. Unser geistig-energetisches Vernetztsein läßt uns auf der grobstofflichen ‚Spielwiese' mal die Rolle von Geschwistern, Ehepartnern, Onkel, Eltern/Kinder, Urenkel, Liebhaber und echten Freundschaften annehmen – Weltweite, Hautfarbe oder Behindertsein sind logischerweise mit eingeschlossen. Auf einen besonderen Aspekt weist *Dieter Wiergowski* hin, Herausgeber der ‚Wissenschaftlichen Zeitung für Parapsychologie' mit dem Titel ‚Die Andere Realität':

Über Jahrhunderte inkarniert man in unterschiedlichen Positionen innerhalb der Familie, um verschiedene Arten von Liebe zu lernen: die partnerschaftliche Liebe, elterliche Liebe in beiden Richtungen, die geschwisterliche Liebe, aber auch andere Versionen wie die von Oma zu Enkel und von Onkel zu Neffe.

Das ist an den unzähligen Schnittstellen der Diesseits/Jenseits-Ebenen eine gesetzmäßige und tiefgreifende Zustandsveränderung der Dreieinheit Körper-Seele-Geist und damit eine laufende ‚Heimkehr' und ‚Abreise' mit viel Freude oder Herzeleid, mit viel Mut und guten Vorsätzen. Natürlich auch Frust darüber, daß man wieder einmal mit einer schlechten Lebens-Gesamtnote heimkommt oder möglicherweise sogar sitzengeblieben ist.

Bei diesen getrennten Ebenen in Diesseits und Jenseits fallen wir zu leicht in die Vorstellung von ‚oben und unten'. In den meisten Fällen ist dem nicht so – es ist ein echtes *Nebeneinander* und *Miteinander* der zusammengehörigen Familienseelen. Durch die verschieden frequenten Energiebereiche feinstofflich und grobstofflich sind die Feinstofflichen ja nicht sichtbar für die Grobstofflichen, obwohl sie sich räumlich neben uns befinden können – nicht nur nachts. Stellen Sie sich vor, liebe LeserInnen, welche Liebe, Freude, Trauer und vor allem Geduld, Geduld und noch einmal Geduld die liebe Geschwisterseele aufbringen muß, um uns etwas mitteilen zu können - über einen Gedankenblitz, einen Impuls, ein Ahnen oder ein scheues Gefühl in uns (irgendwo im Körper). Etwas, das in einer momentanen Alltags-Situation oder beim Einsatz unseres freien Willens im Bereich langfristiger Entscheidungen für uns richtig wäre - und die Geschwisterseele muß dabei immer wieder erleben, daß unser Ego alles andere als das universelle Liebesgebot be-achtet und/oder überhaupt achtet und wir uns damit neue ‚Erntelast' aufbauen. Vor allem davor wollte uns ja die Geschwisterseele, die die Planung unserer derzeitigen Erdenkarriere bestens kennt, bewahren.

Nochmals *Dieter Wiergowski,* der nach dem Zweck des Gesamten fragt und folgende Antwort findet:

...gemeinsam eine spirituelle Ebene zu erreichen, in der man richtiges Glück in sich trägt. Bis schließlich alle Seelenfamilien eine Einheit bilden und ein ‚Plop', eine Vereinigung erreicht wird – die Einheit mit Gott. Solange die letzte Seelenfamilie oder die Einzelperson diese Einheit-mit-sich-selbst nicht erreicht hat, wird es diese Verquickung mit Gott nicht geben. Dies zeigt mir, daß es keinen Alleingang zur Vollkommenheit gibt. Jeder ist gefordert, dem ‚schwächsten Glied der Kette' soviel Hilfestellung zu geben, bis dieses das wahre Glück in sich erreicht hat.

Diese wundervolle Seelengemeinschaft, zugleich im Diesseits wie im Jenseits und über diese ‚Grenze' hindurch zusammenarbeitend, wurde in unserem abendländischen Bereich in dieser theoretisch klaren Form bislang nur in der

Weltanschauung der Anthroposophen definiert und ‚praktisch' umgesetzt wurde die Arbeit mit der Seelenfamilie bislang nur im gehobenen englischen Spiritismus.

Neuerdings erfährt dieses spirituelle System mehrdimensionaler Seelenfamilien eine therapeutische Bestätigung: die psychotherapeutische **Familienaufstellung** (Familienstellen, innere Familienkonferenz). Dazu schreibt *Christina E. Jung*[72]:

*Großeltern, Eltern und Kinder haben im Familiensystem ihren festen Platz; geschieht Unrecht oder ein Unglück <u>innerhalb dieser Gruppe</u> und wird das Unrecht nicht wiedergutgemacht, ausgeglichen, dann übernimmt eine nachgeborene Seele **aus Liebe** (aber vollkommen unbewußt) das Schicksal dessen, dem Unrecht getan wurde, um zu sühnen. Das heißt, Schicksale wiederholen sich, das Kind geht nicht in ein Leben des Glücks, es entscheidet sich (unbewußt) für den ‚Ausgleich' durch Leiden. Und diese Verknüpfung (Verstrickung nennt Bernd Hellinger dies) läßt sich durch das Aufstellen des ganzen Systems lösen; ohne viele Gespräche geschieht an einem Tag mehr als lange Therapien normalerweise ermöglichen...*

*Ich will versuchen, das **Unerklärliche** zu erklären: das morphogenetische Feld läßt einen ein wenig verstehen; noch besser das Wissen, daß wir alle Eins sind, in **einen** großen göttlichen Seelenkörper eingebunden und damit verbunden mit allen Teilen dieses Körpers, oder, (eine andere Erklärung) wenn man eintaucht in die Gruppenseele (Seelenfamilie), die auf einer höheren Ebene schwingt als die Einzelseele, hat man Zugang zu allen Gefühlen dieser Gruppenseele.*

Erinnert uns das nicht an den alttestamentarischen Text über Bestrafung *...bis ins dritte und vierte Glied?* Die Resonanz der Seelenfamilie führt uns also offensichtlich durch viele Leben, so wie die Resonanz unserer Problembewältigung und Lernaufträge für dieses Leben uns auch in berufliche Gemeinschaften oder Beziehungen zusammenführen kann. Auch hier ‚funktioniert' eine Modifizierung der Familien-Aufstellung, die *Strukturaufstellung*, verblüffend und offenbart dabei unentdeckte Beziehungsmuster[146]. Zugleich erkennen wir auch den Aufbruch zu neuen Erkenntniswegen und deren Akzeptanz – ein typisches Zeichen des ‚Neuen Geistes'.

Begegnen sich einmal auf der irdischen Spielwiese **zwei Seelen der gleichen Familie**, wird oft oder bewußt fälschlicherweise von der Annäherung zweier Dualseelen gesprochen und weniger von zwei freien, gottähnlichen und selbst-reifenden Seelenkindern. Die Psychotherapeutin und Autorin *Eva Katharina Hoffmann* schreibt darüber:

Gleich den Sternen, die ihre Bahnen am Firmament ziehen, sind die Lebenswege der Seelen; sie glänzen in unterschiedlichen Stärken, sie leuchten oder verfinstern sich. Ihre Bahnen führen sie aneinander vorbei, Glanz und Strahlen treffen aufeinander und lassen ihr Lichtkleid sich erhellen. Einige berühren sich, sind sich nah und lassen durch ihre Lichtimpulse neue Energien entstehen.

Magische, schicksalshafte Anziehungen und Abstoßungen sorgen für Impulse und jede Begegnung wirkt wie ein Schleifstein auf einem Diamanten. Um geschliffen zu werden, sind Dunkelheit, Kratzer und Spuren, die bleiben, notwendig. Kurzzeitig verfinstert sich sein Schimmer, um dann geschliffen und strahlend sich zu erheben – unendliche Stärke und Schönheit erstrahlt!

Wenn wir andererseits unsere Modernität kritisch weiter beobachten, erkennen wir sicherlich, daß mit dem langfristigen Verlustiggehen so vieler abendländischer Werte immer einseitigere neue Leitbilder entstehen. Zum Beispiel gingen traditioneller Ahnenkult und gehen zwängebildende irdische Großfamilien an irdischer Bedeutung immer weiter zurück, um dem neuen spirituellen Lernbereich **Persönlichkeits-Entwicklung als Single** Platz zu machen. (Bei der weißen Rasse war allerdings der Ahnenkult nie so ausgeprägt religiös wie bei den Asiaten). Im Sinne der oben beschriebenen *Mitverantwortung der Geistgeschwister* auch für *seelische Einzelgänger* entstand in den letzten Jahrzehnten erhöhter Einsatzbedarf. Zu dieser zeitgemäßeren Form der Ich-Werdung einer Seele, als Single auf ihrer irdischen Wegstrecke, erklärt uns *Ahastar*[29]:

Lange wird der Bewußtseinszustand fester Seelenverbundenheit zu halten versucht: im engen Zugehörigkeitsempfinden zum Volk, zur Sippe oder zur großen Familie mit der Reihe all ihrer Ahnen. Schritt für Schritt... muß die Loslösung von diesen Formen der Identifizierung gelernt werden.

Es ist ein Selbstwerdungsweg, der oft durch Phasen schmerzlicher Vereinzelung führt, an dessen Ziel jedoch die schließlich zu vollem Selbstbewußtsein und eigenem Selbstwertgefühl erwachte Seele steht. Nur darin folgt die Seele ihrer Bestimmung und ihrem evolutionsgemäßen ‚Auftrag', sich in ihrer eigenen, ganz individuellen Prägung ‚selbst zu erschaffen'.

Ist dieser Erfahrungswert erst einmal millionenfach bis zur Neige ausgekostet – selten mit einem wünschenswerten irdischen Ergebnis – sind damit Voraussetzungen geschaffen worden für ein neues Kollektiv <u>größerer freiwilliger Zusammengehörigkeiten</u> im Sinne von Erdengeschwistern (als Nachfolge der fehlenden Großfamilien). Als Ersatz für einstmals einengenden religiösen oder nationalen Ahnenkult kann sich nun eine **neue Liebe zu unseren Seelenverwandten** als ‚lebendige Ahnen' entwickeln, die helfend aus ihren Lichtsphären mitwirken können.

Über dieses gewaltige Thema (Milliardenprojekt Seele) mit seinen unvorstellbaren Möglichkeiten an Variationsvielfalt, die den Seelenpartnern durch ihren uneingeschränkten *freien Willen* möglich sind, gibt es heute wieder vielfältige deutschsprachige Literatur. Es gibt den *spirituell-emotionalen Themenkreis* in fast allen neuen Bucherscheinungen, die das Wort **Licht** im Titel tragen und es gibt den *verstandesmäßigen Bereich* bei anthroposophischen und *neugeistig* orientierten Verlagen.

Das Höhere Selbst

Das *Höhere Selbst*, unser *Wahres Selbst*, unser *Wahres Wesen* oder *Überbewußtsein*, **unser Gott-in-uns**, ist das einst geschaffene göttliche Erbe oder das, was davon übrig geblieben ist. Als Bezeichnungen finden wir auch *Gottesfunken*, *Lichtfunken*, *Samenkorn Jesu*, *Rosenknospe*, *Juwel in der Lotusblüte* und *Göttlicher Mikrochip*. Es ist ein vollkommener, individualisierter Aspekt des ‚einen Bewußtseins' (*Roy E. Davis*). Das Höhere Selbst ist somit der Platz oder der Zustand, in dem wir eins sind mit Gott beziehungsweise der göttlichen Einheit. Es ist die Verbindung der göttlichen Vorsehung mit dem einzelnen Menschen.

In der spirituellen Esoterik findet sich dafür auch die klassische Bezeichnung *Kausalkörper*. Praktizierende Christen können es korrekterweise auch das *Herzheiligtum*, *Allerheiligstes* oder **Höheres Christ**-**Selbst** nennen, denn über dieses Höhere Selbst haben wir den direkten Zugriff zur göttlichen Einheit – in gewisser Weise unsere Zentrale-On-Line-Verbindung zu einem göttlich-geistiger Quanten-Computer.

Dieses, unser Höheres Selbst stellt die konzentrierte Summe und die Mega Datei mit unseren *ethischen und positiven Erfahrungen und Erkenntnissen* dar - **aus allen erfolgreich absolvierten Leben** in der materiellen Grobstofflichkeit und der astralen und ‚himmlischen' Feinstofflichkeit. *Menschliches Holon* nennt es daher der aktive Aufklärer des Maya-Lichtweges, *Johann Kössner*. Und *Roy E. Davis* schreibt[71]:

Dr. Taniguchi definierte das göttliche Selbst einer jeden Person als ihr ‚wahres Bild'. Er schrieb: „Erst wenn Du verstehst, was Dein ‚wahres Bild' ist, wirst Du auch wissen, ob Deine gegenwärtige Lebensweise die richtige ist". Im Buddhismus wird das ‚wahre Bild' als die Buddha-Natur im Menschen beschrieben. Das Sanskritwort ‚budh' bedeutet ‚wissen'. Wenn wir in unserem ‚wahren Bild' gegründet sind, dann verfügen wir über direktes Wissen über uns selbst als spirituelles Wesen und wir sind fähig, frei zu leben.

Das Höhere Selbst ist das Update unseres unsterblichen Bewußtseins.

In der Literatur fand ich für das Höhere Selbst noch dreiundzwanzig weitere Bezeichnungen und Namen. Für *Siegfried Pracher* in seiner ‚School of Metaphysical Sciences' in London[162] ist es außerdem

der Platz, wo Gott in mir wohnt – der Ort, in dem Gott mit mir spricht – der Ort, mit dem ich mit ihm und dem Kosmos spreche – Gottes ursprüngliche Natur in mir – mein geistiger Instinkt – mein ursprüngliches Gewissen – [...] – in sich selbst in jeder Weise vollkommen – gemacht aus allen Eigenschaften und Qualitäten Gottes – gemacht aus dem absolut Guten wie: Wahrheit, Glaube, Liebe, Frieden, Freude und Weisheit.

Dieses dabei benötigte Gottvertrauen bedarf einer allmählichen Entwicklung und für uns ungeduldige, mit Zeit- und Zielplanungen beschäftigte Irdische wurde daher folgendes empfohlen:

Du mußt das Vertrauen haben, daß der Gott in Dir alles manifestiert – exakt so, wie Du es brauchst. Ohne dieses vollkommene Vertrauen in den Gott in Dir wirst Du Deine Meisterschaft nicht erfahren. Deshalb ist, einen Plan haben zu wollen, wie Du alles tun kannst, eine Ablehnung Deiner Meisterschaft. **Du bist der Plan und der Plan, der Du bist, enthüllt sich selbst,** *in jedem Augenblick Deiner Lebenserfahrung.*
Wenn Du Dich auf Techniken fokussierst, was Du tun sollst, wann, wie, dann verlierst Du die Wahrnehmung Deiner eigenen Meisterschaft. Deine Meisterschaft geschieht in jedem Augenblick, selbst im Jetzt, Du mußt nur in jeden Augenblick tief hineinschauen. Und in dem Augenblick, in dem Du das tust, wirst Du dieser Meister schon sein.
Glaube, daß Du jedes Verstehen, jedes Wissen, selbst manifestieren kannst. Glaube an den Gott in Dir, selbst wenn Du ihn jetzt noch nicht voll erfahren magst. Das ist der erste magische Schritt, den Du tun mußt, an diesen Gott in Dir zu glauben, ohne jeden Beweis zu haben, daß er da ist. Es ist der letztendliche Sprung des Vertrauens. Tue dies und Du wirst sehen, was der Gott in Dir erschafft (Saint-Germain).

Der Wahrheitslehrer *Jesus* empfahl daher damals bereits als einen New-Age-Lehrsatz, welcher endlich Befreiung von dem herrschenden ‚Zeitgeist' bringen sollte, die ‚Einkehr' und klärte seinen Zuhörern in *Mätth.6,6-8* auf:

Du aber geh in deine Kammer, wenn du betest und schließ die Türe zu; dann bete zu deinem Vater, der im Verborgenen ist. Dein Vater, der auch das Verborgene sieht, wird es dir vergelten. Wenn ihr betet, sollt ihr nicht plappern wie die Heiden, die meinen, sie werden nur erhört, wenn sie viele Worte machen. Macht es nicht wie sie, denn euer Vater weiß, was ihr braucht, noch ehe ihr ihn bittet.

Dieses neue Verständnis von Mensch-zu-Gott und Gott-zum-Menschen verbreitete der Wahrheitslehrer *Jesus* im Sinne einer Selbsterlösung, wie sie damals schon in der griechischen Götterwelt und dem in den vorderen Orient einsickernden Buddhismus gelehrt wurde. *Prof.Dr.Gerhard J.Bellinger* erklärt:

Zu wissen, daß ‚brahman' und ‚atman' eins sind, ist das ‚höhere Wissen' der Upanishaden im Unterschied zum ‚niederen Wissen' der Veden. Wer dies weiß, daß der ‚atman', die (individuelle) Seele mit dem ‚brahman', der Weltseele, identisch ist, der hat die ‚moksha' (sanskr. Erlösung) gefunden.(Knaurs Großer Religionsführer)

Die vor zweitausend Jahren vorherrschenden Mittelmeerreligionen lehrten noch das Erlöstwerden durch einen *Messias* (des auserwählten Volkes) oder durch einen *Mithras* (der Weltmacht Roms). Die befreiende Gotteslehre des **Gott-in-uns** und des Höheren Selbst bedeutete dagegen, daß jedermann unabhängig von Religionen, Philosophien, Rassen und Kulturen, Geschlecht und Sklaventum auch **einen inneren und eigenen Weg gehen** könne. Das bedeutete damals schon wie heute noch, daß jeder ‚Sünder' jederzeit mit Gott und seinem

Höheren Selbst selbst-bewußt und selbst-verantwortlich (darin steckt das Stammwort *Antwort*) kommunizieren könne. *Siegfried Pracher* weist außerdem auf folgendes hin:

Das Höhere Selbst wird niemals meinen freien Willen beeinflussen; aber es wird immer den Weg des Guten, der Harmonie und Freude anregen. Falls ich hinterfrage, wird es mir deutlich den Weg zeigen und erklären.

Das Höhere Selbst kann nicht beeinflußt werden, das heißt, es kann in keiner Weise ge- oder verändert, gebrochen, beschädigt oder ausgelöscht werden. Weil es vollkommen geschaffen wurde, ist es absolut und vollständig in seinem gesamten Inhalt und Mechanismus. Wie sehr man es auch versuchen mag, es ist nicht möglich, das Göttliche zu eliminieren.

Eigentliches Ziel des Höheren Selbstes ist es, aus den einstmals in die Materie entlaufenen Seelen wieder vollkommene und rückkehrfähige Bewußtseine zu machen. Daher vergibt dieses Höhere Selbst inkarnationswilligen Seelen aus der großen Seelenfamilie **solche Seelen-Aspekte** mit in die Grobstofflichkeit, die als noch unerfüllte Erkenntnislücken oder -schwächen vorhanden und weiterhin in der polaren Materie zu trainieren sind. *Jesus* kannte das sehr wohl und bestimmte als Zielvorgabe für den Endspurt der heimkehrenden Erdengeschwister: *...darum sollt ihr vollkommen sein, wie euer Vater im Himmel vollkommen ist* (*Matth*. 5,48). Wie *Mutter Maria* erklärte, delegiert das Höhere Selbst vorhandenen Schulungsbedarf gleich an mehrere (oft sieben) Daseins-Dreieinheiten zugleich und dabei möglicherweise als Mann und Frau und in verschiedenen Rassen – wegen der damit verbundenen Erlebnis- und Erkenntnis-Vielfalt. Einfach genial!

Noch eine weitere spirituelle Struktur scheint das Höhere Selbst für uns auf der Ebene der Grobstofflichkeit inkarnierten Seelenaspekte darzustellen: die wichtige **Mittlerrolle** zwischen dem Körper mit seinem Ego-Verstand und dem Göttlichen mit seinen unermeßlich hohen Energien. Der Grundsatz lautet: der Körper braucht die Seele und die Seele braucht den Körper (um alle Lernfaktoren zu bewältigen). Das können wir gedanklich fortführen und dann heißt die gleiche Erkenntnis: **Gott braucht den verkörperten Menschen und der verkörperte Mensch braucht Gott.** Das ist ein absolutes Grundgesetz, aus dem es für beide kein Entrinnen gibt und diese Erkenntnis müßte uns eigentlich glücklich machen von früh bis spät.

Das *Höhere Selbst* ist auch in den meisten Fällen und sogenannten *Zufällen* unser **intuitiver Führer,** unser *unbekannter Helfer*, unser *Innerer Ratgeber* und zugleich unser *bester Lebens-Führer*, auch wenn dazu notfalls sogenannte Schicksals-Schläge zählen. Also wiederum auch der *Gott-in-uns*. Das Höhere Selbst ermahnt, beschützt, berät und leitet uns richtig, wenn wir darauf hören. Es ist unsere Ahnung und Vorahnung, unsere Intuition. Es hilft uns mittels seiner Mega-Erinnerung. Wie schon erwähnt, mit der Summe der Erinnerung an alles bereits Gelernte in allen bisherigen Vorleben in der Grob- und Feinstofflichkeit. Und vor allem kennt es unser aktuelles Lebensprogramm, das wir uns für diese Inkarnation vorgenommen haben, das aber mit der Geburt in die Materie aus unserem Gedächtnis gelöscht worden ist. An diese gewaltige Datei der Erinnerungen können wir aber nur über einen entsprechenden ‚inneren Lauschangriff' kommen – allgemein über die Alpha-Technik, Gebete und vor allem Meditationen, im speziellen über spirituelle Techniken, auf die ich später noch eingehen werde. Hier möchte ich aber einen Abschnitt dazu aus *Kössners* ‚Die Schleier lichten sich'[33] vorwegnehmen:

Das Höhere Selbst kann von sich aus nur bis in die Frequenzzonen der Vierten Dimension vordringen, wartet also in unserer subtilen, energetischen Innenwelt ab (Astral- oder Emotionalkörper, A.d.A.). Dort steht die Fülle des Seins immer bereit, ihre direkten Informationen in die Außenwelt zu leiten. Das heißt, nur derjenige, der beginnt, auf seine Innere Stimme zu hören, bekommt unmittelbaren Zugriff auf seine Heile Höhere Seelenwelt.

Ist aber der Zeitgenosse zu sehr auf die Wirkfelder der Welt der Illusionen fixiert, überhört er die Innere Stimme! Er ist taub nach Innen. Erst wenn er beginnt ‚inne' zu halten, spürt er allmählich die zarten Impulse...

Ebenfalls Führung oder Beratung via Gefühlswelt, vor allem der intuitiven, erhalten wir aus unserem **Unterbewußtsein** oder dem **Niederen Selbst**, das seinerseits ein reichhaltiges Potential von guten *und* schlechten Erfahrungen seit unserem embryonalen Zustand abgespeichert hat – ebenfalls eine gewaltige Datenbank, ein Erinnerungsspeicher. Da uns dessen Informationen aber oft zum falschen Moment oder gar als ‚Blockade' oder als Abwehrmechanismus (Scheu, Schüchternheit, Hemmungen, Vorsicht u.ä.) zur Verfügung steht, kann diese Hilfe kaum ohne Beteiligung unseres Verstandes ablaufen. Das ‚Irdische' dieses Erlebnisspeichers ist die Eigenschaft, *alle* Erfahrungen, auch die negativen zu speichern - im Gegensatz zu dem des Höheren Selbstes, der nur unsere positiven Lernergebnisse speichert. Dieses Charakteristikum macht es so unheimlich schwer, mit dem Unbewußten oder Unterbewußten leichthin zu arbeiten.

Der ‚Mechanismus der Kommunikation mit dem Niederen Selbst' soll auf der Basis der Resonanz vor sich gehen. Bei Formen, die wir erblicken, bei bestimmten Lauten, Gerüchen und anderen Gefühlsmeldungen unserer Sinne, kommt spontan die Rückmeldung aus unserem unbewußten Erinnerungsspeicher in unser Tagesbewußtsein oder in eine automatische unbewußte Reaktion, *was wir schon einmal* bei eben jener Form und so weiter erlebt haben – positiv wie negativ. Diese Resonanzfähigkeit des Niederen Selbstes ist besonders sensibel auch auf ‚unterschwellige' Emotionen wie auch emotionale Informationen und beteiligt sich sehr gerne an resonanten Großfeldern (vom Fußballstadion bis zu einer Meßfeier in einem Dom), an aufrührenden, real wirkenden Berichterstattungen und spannungsgeladenen, auch dramatisch aufgemachten Illusionserlebnissen (Romane, Kino und Fernsehen).

Unser Niederes Selbst ist somit auch bedingt fremd-manipulierbar, andrerseits aber auch von uns bewußt ver-änderbar. Dazu stehen uns seit alters her Glaubens- und Verhaltens-Systeme der verschiedenen Religionen zur Verfügung und neuerdings sind es Psychotechniken wie *Mindcontrolling, Alpha-Techniken* und *Kahuna-Lehren* zu eigenen Programmveränderungen und Löschungen von Gefühlsabspeicherungen in unserem Erinnerungsspeicher. Solche Techniken werden heute im Gegensatz zu den früheren Glaubenssystemen äußerst individuell, personen- und problembezogen angeboten und bieten einen ganz offensichtlichen Selbstbefreiungsweg an, der zum Selbsterlösungsweg werden kann. Aus der geistigen Welt heißt es dazu: *...deshalb muß das getrennte Selbst jetzt erkennen, daß es göttlich ist. Rede zu Deinem getrennten Selbst, erzähle ihm, daß es göttlich ist. Sage dem getrennten Selbst, daß es jetzt eine vollständige Brücke zwischen den Reichen sein kann.*

Geistige Führung erhalten wir auch von unserem *Schutzengel*, von *Geistgeschwistern* oder einem hohen *spirituellen* oder auch *kosmischen Lehrer oder Meister* oder dem *Christusgeist* direkt.

Die Unterscheidung unter diesen Möglichkeiten, die unser Verstand dabei zu gerne sucht, ist sehr schwer und oft nicht überzeugend, denn *Intuition* kommt immer aus unserer Gefühlswelt, die vielfach mit allen möglichen emotionalen Programmen überlagert sein kann. Wer es gewohnt ist, zu beten, kann sich mit folgender Affirmation (aus ‚Magazin 2000plus Nr. 136) des jungen Avatars *Babaji* (1970-1984) dem Gott-in-uns öffnen:

Herr,
dein Wille geschehe, zu dir nehme ich Zuflucht.
Ich verneige mich vor meinem eigenen,
höheren, ewigen, unzerstörbaren Selbst,
welches identisch ist mit dir,
geliebter Herr.

Bedanken sollten wir uns dann aber jedesmal für jegliches Geführtwerden, unabhängig davon, aus welcher Richtung kommend wir es auch vermuten oder ansprechen wollen und ob wir zu Beten bereit sind oder es locker und laut aussprechen: ‚*super! Vielen Dank!*'.

Die Zeitenwende bringt neue Seelenformen

Auf drei weitere Seelenformen, die in unserer aktuellen Zeitenwende fast unbemerkt in den Vordergrund gerückt sind, möchte ich der Vollständigkeit halber hinweisen. Eine davon ist die *spirituelle Seelenebene*, auf die ich erst näher eingehe, wenn wir uns mit dem Thema *Lichtkörper* befassen.

Die Schweizer Journalistin *Reindjen Anselmi* weist in ihrer Broschüre ‚Der Lichtkörper'(9) noch auf eine *kosmische* Ausweitung unseres ‚Milliardenprojektes Seelen' hin, die sie **galaktische Seelenebene** nennt und schreibt:

*Um der Präzision willen muß hier noch etwas geklärt werden: Unsere <u>eigentliche Seele</u> oder Überseele hat gleichsam ihr Hauptquartier im Galaktischen Zentrum. Noch genauer: Im Galaktischen Zentrum ist jene Hauptseele, die von sich mindestens zwölf Aspekte auf eine nächstuntere Seelenebene schickt. Diese **solare Seelenstufe** leitet dann die Inkarnationszyklen auf der Persönlichkeitsebene in den dichteren Dimensionen, beziehungsweise das Lernen in der Grundstufe, bis das Lernen dort zusammengefaßt und abgeschlossen werden kann... .*

Wir vereinigen uns also nicht nur mit all unseren irdischen Parallel-Selbsten oder Co-Inkarnationen, sondern auch mit solchen, die bisher noch nie auf der Erde waren und solchen, die bisher auf die vierte, fünfte oder sechste Energiedichte-Dimension konzentriert waren. Der vollentwickelte irdische Mensch mit der Zwölfstrang-DNS-Struktur ist hierfür der physische Fokus.

Darauf, was mit dem *Galaktischen Zentrum* gemeint ist, komme ich im nächsten Kapitel. Zuvor möchte ich Sie noch mit einer dritten neueren Seelenform vertraut machen: mit sogenannten **Walk-In-Seelen**. Das eigentliche Hauptthema dieses Buches ist der *momentane zeitliche Abschnitt* des Zusammentreffens mehrerer zyklischer Endphasen, den ich Kosmische-Multi-Schnittstelle nenne und der in der historischen wie auch brandneuen Literatur unter vielfältigen Bezeichnungen zu finden ist: *Wendezeit* oder *Endzeit* oder *Zeitenwende*. Den letzten Terminus möchte ich auch weiterhin in meinem Buch verwenden.

Die herausragende Bedeutung dieser **aktuellen Zeitenwende** (mit dem dazu benötigten Aufstieg ins Licht und damit ins Licht-Zeitalter, Goldene Zeitalter, Friedensreich, Wassermann-Zeitalter, Zeitalter des Geistes, Neues Zeitalter und New Age) ist ein weiterer wichtiger Teil dieses Buches. Dank unseres inzwischen geozentrikfreien Denkens sind wir auch für die Botschaft offen, daß diese Zeitenwende nicht nur für unseren Planeten mit seiner riesig gewordenen Menschheit auf dem gemeinsamen Weg ins Licht zutrifft. Denn den Bewußtseinssprung machen angeblich auch dreihundertdreiundachtzig weitere erdähnliche Schulungsplaneten innerhalb fünf benachbarter Universen mit (*Ariel*), außerdem unser kleines Sonnensystem, unsere riesige Galaxis mit ihren Milliarden Sonnensystemen und viele andere mehr – jeweils natürlich nur die mit Leben erfüllten Sternensysteme.

Reindjen Anselmi hat sich mit der Tatsache befaßt, daß seit einigen Jahrzehnten viel mehr Seelen in unsere Grobstofflichkeit inkarnieren wollen, als die natürlichen Geburtenraten hergeben. Vor allem die hochzivilisierten Völker glänzen durch geringer werdende Geburtenzahlen und steigende Abtreibungen. Doch **die Zeitenwende lockt durch die Chance** gewaltiger Energieschübe, Lichtausgießungen, kosmoschweite Hilfeleistungen, Beendigung unseres Karma-Empfindens und neue Gnaden-Erkenntnisse, um einen Bewußtseins-Entwicklungssprung (eine Bewußtseinsmutation) mitnehmen zu können, dessen Seelen-Entwicklungs-Ablauf im bisherigen Tempo sonst weitere Äonen bedurft hätte. *Hans Hubert Küppers* nennt dies daher den Quantensprung des Universums.

Unsere Seelenentwicklungs-Restzeit (des derzeitigen materiellen Zyklus') endet möglicherweise im Jahre 2012 und jene Seelen, die bis dahin den Erdengeschwistern noch effektvolle Dienste leisten und Aufklärung bringen wollen, bekommen auf unserer raum-zeit-begrenzten irdischen Ebene ‚Zeitprobleme'. Aus dieser Sicht schreibt *Anselmi* über die phantastische Möglichkeit der sogenannten ‚Walk-In-Seelen':

Das sind Seelen, die von einer anderen Seele den physischen Körper übernommen haben, etwa wie ein Second-hand-Kleid, das noch gut ausgetragen werden kann.
Die bisherige Besitzerin des Körpers hatte ihre Gründe, die Inkarnation abzuschließen, aber anstatt daß sie dies mit einem Todesvorgang machte, übergab sie ihren Körper einer anderen Seele, damit dieser der langjährige Kindheitsprozeß erspart bleibt.
In der Regel ist die neue Seele eine sehr viel reifere Seele als die bisherige, und sie kommt in erster Linie hierher, um dem Planeten zu dienen. Diese Seele übernimmt das ganze magnetische Programm der früheren Besitzerin und bearbeitet es fertig. Sie übernimmt damit natürlich auch alle bisherigen Strukturen, also Partnerschaft, Eltern, Kinder, Beruf und so weiter.
Solche Walk-In-Ereignisse fallen natürlich auf, werden aber in der Regel nicht als solche erkannt. Die Umwelt merkt einfach, daß sich ein bestimmter Mensch ziemlich stark verändert hat. Oft geschieht das im Verlauf einer schweren Erkrankung oder eines Unfalls. Niemand im Umfeld dieses Menschen weiß in der Regel, worauf die charakterliche Veränderung zurückzuführen ist. Selbst die neue Seele, beziehungsweise der Persönlichkeitsaspekt, den sie schickt, kann sich meist während einer gewissen Zeit nicht daran erinnern, daß sie eine Walk-In-Seele ist.
Solche Walk-Ins gibt es immer mehr, denn vielen Seelen, die jetzt gehen wollen, weil sie keine Chance haben, den Übergang zu schaffen, steht eine große Zahl von reiferen Seelen gegenüber, die jetzt aktiv im Umwandlungsprozeß des Planeten mitwirken und helfen wollen, Energien zu transformieren.

Die weggehenden Seelen können auf einer anderen Ebene oder an einem anderen Ort unter neuen Startbedingungen weiterlernen.

Über etwas elementar Wichtiges wurden wir aus der geistigen Welt noch unterrichtet. **Es gäbe jetzt eine Revolution der Seelen in der Materie, die sich** *Apokalypse* **nenne.** Es ist inzwischen ein gewaltiges globales Erwachen an Spiritualität im Gange, wie dies noch von keiner Zeit davor zu berichten war. Es ist ein Zeichen für die explosionsartige Zunahme der Inkarnationen in die Menschheit, die diese einmalige Aufstiegs-Chance der Wendezeit als Bewußtseinssprung wahrnehmen wollen und sich dabei endgültig aus dem jahrtausendelangen karmischen Rad der Wiedergeburten und der Einknebelung in die Materie befreien könnten. Mehr darüber später.

Neben diesem meinem Jenseits-Erklärungsmodell gibt es eine weitere Vielzahl von anderen oder auch tiefergehenden Erklärungen dieser gewaltigen metaphysischen und transzendenten Welt. Dabei wird aber die Gefahr von Widersprüchen, Mißverständnissen und Irreführungen immer größer – bewußt oder unbewußt. Somit sehe ich das Thema der ‚Geistgeschwister' und des ‚Milliardenprojektes Seele' - abgesehen von der eingehenden Behandlung des Universellen Prinzips der seelischen Evolution, der Wiederverkörperung und der Revolution der Seelen in der Materie - als einigermaßen übersichtlich abgeschlossen. Vieles wird den verehrten LeserInnen bereits vertraut gewesen sein, ich hoffe aber, durch die Aktualisierung und die kosmische Ausweitung neues ergänzt zu haben.

Insider auf diesem Gebiet werden allerdings vier mächtige Segmente vermissen: das der **Dualseelen** (siehe Glossarium), das der **dämonischen und lichtlosen Energiefelder,** das der **Büßerseelen** und das der **feinstofflichen Naturwesen.**

Das dämonische Thema vermeide ich aber in diesem Buch grundsätzlich zu bearbeiten, weil es uns in unserer rein positiv orientierten Ausrichtung auf unseren Aufstieg ins Licht und unsere ‚Rückkehr ins Licht' nicht weiterhilft, und weil jeglicher thematischer Kontakt und alle gedanklichen Energievernetzungen für uns zugleich auch *Energieverluste* bedeuten würden. Da die lichtlosen energetischen Wesenheiten bei einem unserer theoretischen Laser-Schüsse aus *Licht und Liebe* - dem Überlicht - in sich zusammenfallen würden wie *Graf Dracula* beim Morgensonnenschein, lebt dieser **Energie-Vampirismus** ausschließlich von all den Energien unserer negativen Emotionen - und dabei insbesondere der Ängste - die sie großzügig von unserer außer Rand und Band geratenen Ellbogengesellschaft spendiert bekommen. Zu solchem will ich mit meinem Buche nicht auch noch anregen. Beim Lesen und Durcharbeiten dieses Buches sollten wir keinesfalls mit beteiligt sein. Bei größerem Interesse an diesbezügliche Vertiefungen verweise ich auf mein bereits erschienenes Buch ‚JESUS 2000'[5] oder das aufklärende und erschütternde Buch einer ehemaligen Satanistin ‚Er kam, um die Gefangenen zu befreien'[173].

Von der hohen geistigen Wesenheit *Hilarion* gibt es eine sehr schöne Beschreibung der sogenannten **Büßerseelen**, daß ich diese wörtlich zitieren möchte:
Ihr habt vielleicht gehört von Büßerseelen, die nur zu diesem Zweck auf diese Erde kommen. Es sind Seelen aus dem höchsten Licht der Himmel, die vielleicht mit einem behinderten Körper, leidbeladen, schmerzbeladen durch ihr Leben gehen, aber nicht weil sie dieses Leid in sich selbst noch anziehen würden. Sie sind heil in sich, aber sie ziehen die Krankheiten der Menschen an, damit jene den Weg zu Gott innerlich freier gehen können. Denn diese innere, geistige Krankheit ist ja die innere Not der Menschen und ist auch die Krankheit der Körper (Die Quelle 4/1999).

Auch zu dem **riesigen feinstofflichen Naturreich** mit seinen vielfältigen Geistwesen kann ich der Fülle wegen im Rahmen dieses Buches keine Einzelheiten bringen. Ich muß aber darauf hinweisen, daß durch die Hochtechnisierung, den Lärm und die generelle Verstrahlung der Erdoberfläche sich diese zarten Wesenheiten vielerorts schon weitgehendst in die Tiefe zurückgezogen haben – Zwerge, Gnome, Elfen, Devas und die vielen kleinen Helfer und Diener der Mutter Erde. In ihrem Buch ‚Vom Himmelreich auf Erden'[90] bringt *Dr. Dorit I. Becker* eine Durchgabe zu diesem Thema, woraus ich gekürzt zitiere:
Das Leben ist wie ein großes Wunder. Es pulsiert, erschafft und verwandelt. Ihr seid bereit, euch zu öffnen dem kosmischen Reigen. Geht ohne Schau aufeinander zu und seht in den anderen Reichen das, was euch spiegelt. Sie haben sich zurückgezogen und kommen nun wieder hervor, um euch ihre Hilfe anzubieten – die Hilfe, den gemeinsamen Wandel zu vollziehen, um gestärkt und in Liebe neu daraus hervorzugehen. Seid umarmt in Liebe und freut euch auf die Zusammenarbeit.

Eine konzentrierte Zusammenfassung:

Der Schöpfer hat Geistfunken geschaffen mit freiem Willen,
damit sie sich in ihrer eigenen Schöpfung entwickeln, wachsen
und zunehmen an Bewußtsein.
Sie dürfen sich immer wieder neu verkörpern in andere Formen.
Die Form kann materiell (grobstofflich) oder nichtmateriell (feinstofflich) sein.
**Wichtig ist die Entwicklung des Bewußtseins zum Individual-Bewußtsein.
Und dann zum kosmischen Bewußtsein, um Gott ähnlicher zu werden.
Das heißt: vollkommener zu werden.**

Es ist ein ewiges Spiel des Lebens und des Lernens.
Immer weiter geht dann die Entwicklung nach oben
in einer sich weitenden riesigen Spirale.
Mit der spirituellen Höhe nimmt die feinstoffliche Über-Sicht zu.
Analog dem Grobstofflichen hat das unsterbliche Bewußtsein dann einen
erweiterten Horizont mit grenzenloser Ein- und ‚Weit'-Sicht.

Das ist der Weg der Bewußtseins-Entwicklung und der seelischen Evolution.
Es ist ein Anfang, aber kein Ende.

6. Kapitel

Die Raumgeschwister

Biologisches Leben auf anderen Planeten ist inzwischen eine Gewißheit.
Die Annahme, daß der Planet Erde die einzigen hominiden Lebensformen (unter anderem das Monster *Homo sapiens*) in unserem unermeßlichen, sichtbaren Universum beherberge, ist höchst unlogisch und statistisch höchst unwahrscheinlich. Für meine Wenigkeit eine reine Lachnummer. Der bereits geschilderte Paradigmenwechsel unserer Zeitenwende hat uns Erdengeschwister erkennen lassen, daß Schöpfung und Entwicklung von Lebensformen keine Exklusivität nur für unseren Mini-Planeten sein kann, auch wenn die Spezies Homo sapiens inzwischen auf vermutlich sechs Milliarden angestiegen ist.

‚*Das UFO-Phänomen existiert und es muß ernsthaft damit umgegangen werden*' gestand *Michail Gorbatschow* als einer der wenigen ‚Wissenden', die ihr Wissen öffentlich eingestehen[85]. *Dr. Max Wahl* berichtet am 1.1.1999 aus der Schweiz:

Der zweite Preis der Hedi-Stiftung, ebenfalls in Höhe von Fr. 9'000.- für Leistungen auf dem Gebiet der Exopsychologie (Erforschung außerirdischer Planetenbewohner) ging an die ‚Société d'études des phénomènes spatiaux' in Brüssel. Gewürdigt wurden die zahllosen Berichte über UFO-Erscheinungen in Zusammenarbeit mit mehreren Universitäten, der Polizei, dem Verteidigungsministerium und der belgischen Luftwaffe. Interessanter als das offizielle Gerede von ‚außerirdischen Planetenbewohnern' ist das offizielle Eingeständnis der Sichtung von UFO's und die offizielle Beschäftigung mit den Erscheinungen durch die ganze Bevölkerung und durch viele Institutionen von Universitäten bis zur Luftwaffe.

Versuchen wir daher zuerst eine Ist-Aufnahme des heutigen Informationsstandes zu diesem Thema. Von UFO's, die wir auch heute immer noch **U**nbekannte **F**liegende **O**bjekte nennen, las man in der Tagespresse Sensationelles etwa zu Beginn der Fünfzigerjahre (es war die Zeit des Beginns der großen UFO-Wellen über USA mit Stromausfällen ganzer Städte) und es ist das besondere Verdienst des Schweizer Forschers *Erich von Däniken*, durch seine hart erkämpfte Pionierarbeit ein erstes *außerirdisches Bewußtsein* in unserer Gesellschaft reifen zu lassen. Mit weltweiten Bestsellern wie ‚Erinnerungen an die Zukunft', ‚Zurück zu den Sternen' oder ‚Aussaat und Kosmos' eröffnete er der Menschheit neue Horizonte nicht nur in Richtung eines hominid belebten Alls, sondern auch in die Vorstellung an zurückliegende irdische Zivilisationen und deren außerirdische Kontakte. Zuerst *Erich von Däniken, Robert Charroux* und *Johannes von Buttlar* und inzwischen *Zecharia Sitchin, Robert Temple* und auch *William Bramley* sind die bekanntesten Publizisten und Aufklärer, die über international erfolgreiche Sachbuch-Hitlisten ‚präantike' Visionen ermöglichten – Visionen als Rückblick in verschollen gegangene prähistorische Raumfahrt und ebenso verschollen gegangene Entwicklungsabschnitte unserer Menschheit.

Dazu gibt es ein paar wichtige Fragen:
- von welchen Sternen kommen diese Geschwister?
- welche Technik benutzen sie dabei?
- was wollen sie von uns?
- warum erfährt man nichts von Kontakten mit ihnen oder uns?

Doch bevor wir zu diesen Fragen kommen, müssen wir noch etwas Vergangenheit aufarbeiten. Denn da muß wohl Gewaltiges abgelaufen sein zwischen unseren Vorfahren und diesen ‚Göttern'. Logisch ist: Jedesmal, wenn die Außerirdischen mit ihren Raumgleitern oder Feueröfen am Himmel aufgetaucht sind, erhielten sie spontan den Status von Göttern - auch wenn sie es mit unseren hübschesten Töchtern getrieben haben, was wir heute als alles andere als ‚göttlich' erkennen, es früher aber sicher als eine außerordentliche Ehre empfunden worden war. So übernahm auch der Genesis-Text im sechsten Kapitel des 1.Buch *Mose* Formulierungen (angeblich sumerischer Texte), die – unlogisch für die hebräische Ein-Gott-Lehre - von ‚Gottes-Söhnen' berichten: *...da sahen die Gottessöhne, wie schön die Töchter der Menschen waren, und nahmen sie zu Frauen, welche sie wollten.* Auch Texthinweise im 2.Buch *Mose* lassen ebenfalls auf außerirdischen Kontakt, diesmal mit *Jahwe*, schließen:

Der Berg Sinai aber rauchte, darum daß der HERR auf den Berg herabfuhr mit Feuer; und sein Rauch ging auf wie ein Rauch vom Ofen, daß der ganze Berg bebte.

So überliefert uns ebenso der staunende Prophet *Ezechiel* (*Hesekiel*) in seinem Bericht aus dem sechsten Jahrhundert vor Chr. eine detaillierte Beschreibung eines UFOs und seiner Kosmonauten. Ich zitiere seine Beobachtungen, die trotz jahrhundertelanger mündlicher Weitergabe, sogenannter Überlieferung, und die später, wegen mangelnder technischer Begriffe, auch noch schwierig zu formulieren und zu übersetzen waren:

„Und ich sah, und siehe, es kam ein ungestümer Wind von Norden her, eine mächtige Wolke und loderndes Feuer, und Glanz war rings um sie her, und mitten im Feuer war ein blinkendes Kupfer. Und mitten darin war etwas wie vier Gestalten; die <u>waren anzusehen wie Menschen</u>. [...]

Als ich die Gestalten sah, siehe, da stand je ein Rad auf der Erde bei den vier Gestalten, bei ihren vier Angesichtern. Die Räder waren anzuschauen wie ein Türkis und waren alle vier gleich, und sie waren so gemacht, daß ein Rad im anderen war. Nach allen vier Seiten konnten sie gehen; sie brauchten sich im Gehen nicht umzuwenden. [...]

Und über der Feste, die über ihrem Haupt war, sah es aus wie ein Saphir, einem Thron gleich, und auf dem Thron saß einer, <u>der aussah wie ein Mensch</u>. Und ich sah, und es war wie blinkendes Kupfer aufwärts von dem, was wie seine Hüften aussah, erblickte ich etwas wie Feuer und Glanz ringsumher".

Ja, so steht es geschrieben (*Hes.* 1,4-28, die Unterstreichungen stammen von mir. Siehe auch unter *Hes.* 2,12+13). *Gisela Ermel* zählt in ihrer Abhandlung ‚Wo sind sie geblieben?'[118] verschiedenste irdisch-außerirdische Kontakte auf, die in fast allen Weltreligionen in den Mythen und Überlieferungen von Schöpfungs- und Entstehungsgeschehen recht eindeutig formuliert sind. Bekannt ist das Beispiel des Propheten *Elias*, der per ‚Feuerwagen' gen Himmel verschwand: *...siehe da, ein Wagen von Feuer und Rosse von Feuer, welche die beiden voneinander trennten; und Elia fuhr im Sturmwind auf gen Himmel* (2.Könige 2,11+12).

Die Autorin fand noch weitere ‚Umsiedler', die in mythologischen Überlieferungen erwähnt werden und befaßte sich auch mit deren ‚Flugobjekten':
Mag man auch lächeln über ‚feurige Wagen' und ‚feurige Pferde', aber offensichtlich wußten unsere Altvordern dieses „Sieht aus wie" nicht anders zu beschreiben. ‚Pferde' als Fortbewegungsmittel im Himmelsraum sind dabei nicht nur den Autoren der Bibel eingefallen. In der Mythologie bekannte fliegende Pferde sind z.B.:
ALBORAK: das Silberpferd des Erzengels Gabriel, auf dem der Prophet Mohammed eine Himmelsreise machen durfte;
BALACHO: ein Pferd der indischen Mythologie, das sogar fünfhundert Reisenden Platz zum Mitfliegen bot;
SLEIPNIR: ein ‚ehernes Roß' in der germanischen Mythologie, das imstande war, durch den Weltraum zu reisen. Es soll in neuen Tagen von Asgard zur Erde geflogen sein und umgekehrt. Es war das ‚Reittier' des Gottes Odin.
HOFWARPNIR: Ein ebenfalls den Germanen bekanntes, die Lüfte durcheilendes ‚Pferd'. Gna, die Botin der Göttin Freyja, benutzte es, wenn sie von ihr „in Geschäften nach allen Weltteilen geschickt wurde".
PEGASUS: Der ursprüngliche Name dieses der griechischen Mythologie bekannten fliegenden Pferdes soll ‚Blitz und Donner des Zeus' gelautet haben.

Der Forscher *Thomas Ritter*[118] befaßt sich ausführlich mit dem Propheten *Henoch*, dem Urgroßvater des bekannten Sintflutüberlebenden *Noah*:
Henoch alias Saurid alias Idris alias Hermes gilt in der Bibel als siebter der zehn Urväter, als ein vorsintflutlicher Patriarch... Im Alten Testament ist beschrieben, daß Henoch 365 Jahre alt wurde, ein „göttliches Leben" führte und deshalb „nahm ihn Gott hinweg und er wart nicht mehr gesehen".

Dazu zitiert *Thomas Ritter* als Quellen die abbessinischen und altslawischen *Henoch*-Bücher, in denen ausführliche Beschreibungen über *Henochs* Reisen zu verschiedenen Welten und fernen Himmelsgewölben dargestellt sind. Der uns nur als biblischer Prophet geläufige *Henoch/Hermes-Trismegistos* wird im arabischen Raum (zurecht) als Erbauer der Großen Pyramide angesehen[119] und damit auch als atlantische Wesenheit zeitlich vor den rund 13000 Jahre zurückliegenden Wendepunkt des Platonischen Weltenjahres plaziert.

Im ‚Wörterbuch der Religionen' findet man unter *Götterwege* und *Himmelsreisen* weitere Hinweise auf die Himmelfahrt *Jesajas*, auf die kosmischen Reisen *Muhammeds*, den ‚Feuergott' *Agni* der vedischen Religion, den ‚Hochgescheiten' *Utnapischtim* des Gilgamesch-Epos und dem göttlichen Jüngling *Ganymeds*, der in den Olymp entrückte. Dies ist alles leichter zu verstehen, wenn wir dabei bedenken, daß altes Wissen über die Götterboten zumeist zum Mythos wurde, wenn es über Jahrhunderte oder Jahrtausende mündlich ‚überliefert' wurde.

In den Werken der schon zitierten Forscher *von Däniken* und *von Buttlar*, aber auch in dem 1976 erschienenen ‚Der zwölfte Planet – Wann, wo, wie die Astronauten eines anderen Planeten zur Erde kamen und den Homo sapiens schufen' des russisch-israelischen Altertumsforschers *Zecharia Sitchin* finden interessierte LeserInnen phantastisch anmutenden, doch logisch interpretierten Stoff, vor allem über die sumerischen und damit historisch ältesten Berichte. *William Bramley* und *Robert Temple*[37] zeigen noch mehr Beispiele von Beschreibungen im Stile *Hesekiels* auf, die den Menschen Zivilisationsprinzipien beibrachten wie zum Beispiel Gebote und Gesetze wie auch die Getreidekultivierung. Ausführlich befaßt sich damit auch *Professor Horn* in seinem Buch ‚Götter gaben uns die Gene'[12].

Unter anderem wird in den älteren Texten, die diese Forscher anführen, viel detaillierter als im Alten Testament über den ‚Schöpfungsvorgang' berichtet. *Markus Schlottig* bestätigt in seinem Buch ‚Der Schlüssel zum Garten Eden'[68], daß die *Genesis* lückenlos aus dem ‚Enuma-Elisch', dem babylonischen Schöpfungsmythos übernommen sei.

Zweifel am Alten Testament meldet auch *Kamal Salibi* an. In seinem Buch ‚Die Bibel kam aus dem Land Asir'[120] widerlegt er, daß sich jene beschriebenen Ereignisse im Raum Palästina abgespielt hätten. Er schreibt:

Die Urheimat der Juden ist vielmehr jenes in Westarabien gelegene Land Asir, in unmittelbarer Nachbarschaft zum altjemenitischen Königreich Saba, dessen Thron Salomon durch seine Heirat mit der Königin von Saba nach arabischer Überlieferung gleichfalls besetzt gehalten haben soll.

Sitchin stellt fest, daß die **Schöpfungsgeschichte der Menschen** (wie erwähnt, schon von sumerischen Originalen herrührend), selbst in der biblischen Version keinesfalls auf <u>einen</u> Schöpfer, also ‚einen' Gott hinweist, sondern auch dort in der Mehrzahl gesprochen wird: *„Und Elohim sprach: Lasset uns Men-*

schen machen nach unserem Bilde und uns ähnlich". Das hebräische Wort *Elohim* wird in der Mehrzahl benutzt, denn wörtlich übersetzt heißt es ‚Gottheiten' und wird auch als ‚Erbauer der Form' verstanden. Die männliche Einzahl lautet *Eloah*, die weibliche *Eloi*. Das Wort *Elohi* wird nach einer anderen Quelle als ‚Erzengel-Energie' gedeutet und somit können wir aus diesen Texten kaum überzeugend trennen zwischen körperlich-außerirdischen ‚Schöpfern' und metaphysich-göttlichen Schöpfungs-Vorgängen. Die sumerischen Texte sprechen im ‚Epos der Schöpfung' von einer *Versammlung der Götter* und meinen eindeutig außerirdische ‚Götter'.

Selbst jüdische Mystiker des Altertums hatten schon um diesen Widerspruch gerungen und schließlich einen Gott im *Sein* und einen Gott im *Ausdruck* erkannt. *Professor Piñero* trennt zwischen dem *Vater* und einem *Vorvater*. Auch andere Quellen gehen von zwei Schöpfungsberichten aus, die sich bereits in der *Bezeichnung* des Gottes unterscheiden. Der erste Schöpfungsbericht spreche von *Elohim* (in Mehrzahl oder als ‚Vater-Mutter-Gott' angesehen) und der zweite von *JHWH* (Gott der Herr). *Jahwe*[157] könnte somit der Gott des Sündenfalls sein – doch heute gibt es, wie wir wissen, Forscher, die einen außerirdischen Kosmonauten in ihm sehen, der Opfergaben, Fasten, Beschneidung, Tempelgesetze und eifersüchtige Verehrung forderte und sich um Einbringung von Kriegsbeute wie *...alles Silber und Gold samt dem kupfernen und eisernen Gerät... (Josua 6:19)* kümmerte. Auch der Islam drückt sich hierbei ganz klar aus[60]:

Der Gott der Juden ist der extraterrestrische Hominide Jahwéh, der einst im Alter von 762 Jahren gestorben war.

Der Buddhismus kennt ebenfalls zwei Schöpferformen: *Brahman* als energetische und *Sri Krishna* als personifizierte Form. *Jesus* trennt vehement zwischen seinem *liebenden Vater-Gott* und dem Gott *Jahwe*, dessen Anhängern er vorwirft *...den Teufel zum Vater zu haben... Der ist ein Mörder von Anfang an und steht nicht in der Wahrheit (Joh.8,44)*. Auch wir können feststellen, daß die Greueltaten im Alten Testament nicht einer Vorstellung von einem liebenden Vater entsprechen.

Die chinesische Mythologie schildert uns einen Gott, dessen Kopf sich teilte und zu Sonne und Mond wurde. Sein Blut wurde zu den Flüssen und Seen, sein Haar die Pflanzen, seine Knochen die Berge, seine Stimme der Donner, sein Schweiß der Regen, sein Atem der Wind – und seine Flöhe die Vorläufer der Menschen.

Heute, in der Zeit der fortgeschrittenen Gentechnik und den in vielen Berichten bekannt gewordenen ‚Menschenentführungen' durch UFOs, faßt der Autor *Udo Brückmann* in seinem Buch ‚Das Ende der Endzeit'[19] zusammen, was im *1. Mose*, 2,21 berichtet wird: *Da ließ Gott der Herr einen tiefen Schlaf fallen auf den Menschen, und er schlief ein. Und er nahm eine seiner Rippen und schloß die Stelle mit Fleisch.* Dazu kommentiert er:

Abgesehen davon, daß das erste Buch Mose die unsinnige (machtpolitisch nachvollziehbare) Geschichte folgen läßt, daß die Frau als solches aus der Rippe des Mannes ‚gebaut' worden sei, ist in dieser Passage vielleicht eine erstaunliche biologische Leistung ansatzweise beschrieben: **Der Versuch einer Gen-Manipulation!**
Die Beschaffenheit der sich spiralförmig windenden Erbsubstanz DNS muß bekannt gewesen sein, was nicht weiter verwundert, wenn man von gar weit her angereist kommt... In Äquivalenz dazu ***fehlt*** *bis heute das archäologische ‚Bindeglied' zwischen dem ‚Neandertaler' und dem plötzlich auftauchenden, jetztzeitlichen Menschen ‚Homo sapiens'. Die Evolutionstheorie nach Charles Darwin (1809-1882),* **alle** *Lebewesen hätten sich aus einer oder wenigen gemeinsamen Urformen durch eine naturgegebene Auslese im ‚Kampf um das Dasein' (‚Nur der Stärkere gewinnt') entwickelt, bleibt* **im Falle der Menschheitsentwicklung** *eine recht zweifelhafte Theorie. Meiner Ansicht nach ist sie unter diesem Aspekt* ***falsch****.*

Aus den sumerischen Texten des berühmten ‚Gilgamesch-Epos' geht klar hervor, daß die damals schon in jeder Hinsicht überlegenen High-Tech-Götter unsere Vorfahren ...*zu primitiven Arbeitern umprogrammiert hatten*. Zu dieser überlieferten Aussage gibt es zwischenzeitlich eine Reihe verschiedener - in diesem Punkt aber stets gleichlautende – neuzeitliche Channelings. Es wird eingestanden, im Laufe der Jahrhunderttausende erkannt zu haben, daß mit solchen ‚Eingriffen' damals gegen die ‚Ordnung' verstoßen worden war.

Als Ordnung taucht ein Begriff wie **Galaktisches Programm** auf und jeweils der Hinweis, daß jetzt an der Kosmischen-Multi-Schnittstelle mehrerer auslaufender kosmischer Zyklen eine Wiedergutmachung gefordert sei, welche die heutigen Nachfahren jener gegen die Ordnung handelnden außerirdischen Vorfahren zu erbringen hätten. Denn, so erfahren wir unisono, ohne derartige ‚Nachbesserungen'

- an unserer von ihnen einst kastrierten DNS,
- an der daher zurückgebliebenen ethischen Bewußtseinsentwicklung und
- dem manipulierten Informations- und Wissensmangel,

würden wir Erdengeschwister den Bewußtseinssprung auch der anderen außerirdischen Zivilisationen ‚aufhalten'.

Den erwähnten Informationsmangel müssen wir auf unser Nicht-Wissen ob solcher **gleichzeitigen Geistigkeit aller biologischen Schöpfung** beziehen. Und nicht nur geozentrisch, sondern im Sinne der gesamtkosmischen Geschwisterlichkeit und ihres Urschöpfers im Makrokosmos.

Dummerweise ‚funktioniert' unser ethischer Wandel, der inzwischen dringend geworden ist, nicht allein durch einen nachträglichen *Input* der **Raumgeschwister-mit-schlechtem-Gewissen**, sondern er benötigt genauso dringlich die bewußtseinserhöhende Mitwirkung der **Erdengeschwister**.
Nicht erst heute natürlich. ‚Das Wort' dafür wurde uns global erteilt und Fragmente unserer Vorgeschichte finden wir dabei in den Büchern der Hebräer, im Baals-Mythos, in der Tabula smaragdina, in den indischen Veden, im Popol Vuh der Mayas, der germanischen Edda, dem ägyptischen Totenbuch, der afrikanischen NTU-Philosophie und den mythologischen Berichten der hellenischen Hochkultur (*Gisela Meussling*).

Mit der gründlichen Aufarbeitung dieser außerirdischen Ursprünge der Menschheit und dem neu erhaltenen Wissen darüber befaßt sich der ehemalige Darwinist *Professor Dr. Arthur David Horn* in seinem 1997 erschienenen, sehr empfehlenswerten Werk ‚Götter gaben uns die Gene - Die außerirdischen Ursprünge der Menschheit' [12]. Er faßte darin die Kernpunkte des augenblicklichen Status der menschlichen Existenz folgendermaßen zusammen (wobei die Hervorhebungen von mir vorgenommen wurden):

*1.) Die heutige wissenschaftliche (darwinistisch-anthropologische) Darstellung der Entwicklungsgeschichte des Menschen, deren zentrale Elemente Zufall und Materie bilden, ist **mit zahlreichen Mängeln behaftet**.*

*2.) Uns überliefertes Schrifttum, vor allem aus Mesopotamien, sowie das, was uns über das heutige ‚UFO-Phänomen' bekannt ist, deuten darauf hin, daß der ‚blaue Planet' seit Jahrmillionen von Wesen besucht wird, die wir als Außerirdische bezeichnen und die jedes Stadium der biologischen, kulturellen und spirituellen **Entwicklung der Menschheit beeinflußt** haben.*

*3.) Außerirdische, die uns nicht wohlgesinnt sind, **kontrollieren mit Hilfe einiger menschlicher Verbündeter** seit mindestens 300 000 Jahren offen und verdeckt die Frequenz und die Informationsbildung auf unserem Planeten.*

*4.) Die wichtigste Information, die uns die regressiven Außerirdischen und ihre menschlichen Verbündeten vorzuenthalten suchen, ist die, **daß wir geistiger Natur sind** und ein ungeheures Entwicklungspotential besitzen – und zwar in Richtung auf ein Dasein, das von Liebe und Glückseligkeit geprägt ist.*

*5.) Es ist möglich, daß die Welt und ihre Bewohner auf irgend eine Weise durch positiv gesinnte Wesen **auf einen raschen bewußtseinsmäßigen und spirituellen Bewußtseinssprung programmiert** wurden, der etwa in den nächsten zwanzig Jahren stattfinden soll*

*6.) Trotz der Anzeichen einer beträchtlichen extraterrestrischen Einflußnahme auf unserem Planeten ist letztlich, vor allem auch in dieser Zeit rascher Reinigung und Wandlung, jede(r) für seine Realität, sein Leben und vor allem seine spirituelle Entwicklung **selbst verantwortlich**.*

Die hier erwähnten Manipulationen und deren irdische Helfershelfer habe ich im nächsten Kapitel zusammengefaßt.

Woher kommen die Raumgeschwister?

Man sollte es nicht glauben, aber schon das zählt mit zu den schwierigsten Antworten überhaupt. Das entsteht dadurch, daß wir die uns gebotenen Informationen nur sehr schwer trennen können in ‚verläßliche' und solche, die perfekt manipuliert worden sind. Denn die rezessiven Außerirdischen, die seit Jahrtausenden auf unserem Globus etabliert sind und in den wichtigsten Bereichen von Wissenschaften, Regierungen und Religionen ihre Helfershelfer eingebunden haben, sind darüber längst und besser unterrichtet als wir und treten ‚mit allen Mitteln' gegen die inzwischen massiven Aufklärungstätigkeiten der progressiven und uns helfenden Raumgeschwister an.

Sowohl Botschaften und Wissens-‚In-Put' (das Einfließen von neuem Wissen) aus den Sphären dieser Außerirdischen (Raumgeschwister) und der irdischen Bruderschaften der Goldenen Sonne und der Aufgestiegenen Meister und der gewaltigen Engelwelten (Geistgeschwister) einerseits, aber auch andererseits das Interesse und Bewußtseinserwachen von seiten der erwachenden Erdengeschwister, **traten in Resonanz** zum passenden Zeitpunkt, nämlich zu unserer Kosmischen-Multi-Schnittstelle.

Wenn wir davon absehen, daß der in der geistigen/kosmischen Welt schon lange vorbereitete ‚Start' bereits durch den Wahrheitslehrer *Jesus* vollzogen wurde, setzte diese Entwicklung in der Mitte des vergangenen Jahrhunderts ein – Beispiele habe ich schon im Kapitel *Channeling* angeführt – und soll irgendwann in der höherschwingenden fünften Erfahrungsebene enden, in die wir am astronomischen Zeitpunkt der Wintersonnenwende 2012 eintreten würden und wonach dann die Seelenqualität für das neue Lichtreich erreicht sein soll.

Wie schon erwähnt, ist dies auch den ‚dunklen Kräften' bekannt und daher sind alle Informationen und Channelings aus den astralen wie auch extraterrestrischen Sphären mit größter Vorsicht zu behandeln. Aus der astralen Sphäre deshalb mit Vorsicht, weil dort niemals ‚gereifte' Seelen mit entsprechend hohem Bewußtsein und Wissen verweilen und dadurch zu falschen Propheten werden können. Wie schon dargestellt, <u>müssen</u> gechannelte Botschaften immer aus den höherschwingenden, himmlischen Lichtsphären kommen.

Und bezüglich der Vorsicht bei extraterrestrischen Channelings erklärt uns das *Professor Horn* so, detailliert und umfassend:

In einer Beziehung scheinen die regressiven Außerirdischen und die Geheimregierungen der primitiven Menschenspezies weit voraus zu sein – sowohl Reptoide wie auch Graue besitzen (unabhängig davon, wie ihre Beziehungen im einzelnen aussehen mögen) zum gegenwärtigen Zeitpunkt einen gewaltigen technischen Vorsprung vor jeder menschlichen Zivilisation. Auch zu anderen Dimensionen, Zeitreisen, Mind Control und weiteren Aspekten unserer selbst, die wir plump als ‚metaphysische Phänomene' bezeichnen, steht ihnen ein umfangreiches Wissen zu Gebote. Des weiteren verfügen sie über ausgedehnte Kenntnisse über unser multidimensionales Selbst und konnten uns sogar dahingehend programmieren, daß wir noch nicht einmal die verfügbaren Erkenntnisse über die Realität der Multidimensionalität anerkennen. Auch ihre Intelligenz übertrifft die menschliche, wenigstens im logischen Sinne, bei weitem (und dies gilt auch für unsere Genies). Wie wir gesehen haben, vermögen sie darüber hinaus unterschiedliche körperliche Formen anzunehmen, die ihre wahre Identität und Ziele kaschieren. Sie besitzen auch eine Technologie, mit deren Hilfe sie die meisten Menschen vergessen machen, woran sie sich nicht erinnern sollen, wie z.B. eine Entführung für experimentelle Zwecke. Sie können Hologramme und Dramen kreieren, die den meisten Menschen völlig real und ‚echt' erscheinen.

Bei dem ohnehin beschränkten Umfang dokumentarisch belegten Informationsmaterials über die regressiven und bei der dadurch schwierigen Trennung von progressiven und regressiven Raumgeschwistern schließe ich mich nur ungern konkreten Definitionen an, mußte aber auch für mich ein Arbeitsschema bilden und übernehme aus mehreren Quellen folgende Gruppierungen:

- **Übertechnisiertes und regressives ‚ORION-Imperium':**
  <u>Heimatsterne</u>: Sirius B (Hundsstern), Rigel (Teil des Orion), Pegasus und Plejaden
  <u>Rassen</u>: Draco-Wesen, Reptilien-Wesen, kleine Graue und negative Plejadier
  <u>Irdische Helfershelfer</u>: Illuminaten mit ihren Geheimgesellschaften, CIA, NSA, KGB, MOSSAD, u.a.m.

- **Geistig ausgerichtete und helfende ‚Universale Allianz', ‚Interplanetarische Konföderation', ‚kosmische Bruderschaft des Lichts' u.a.m.:**
  <u>Heimatsterne</u>: Andromeda, Plejaden, Sirius A, Alpha Centauri, Aldebaran, Lyra, Wega, Hydes, Zeta Reticuli, Prokyon und Casiopeia. Aus unserem Sonnensystem sind es Außerirdische von der Venus, dem Mars, dem Saturn und angeblich auch des Jupiters wie auch dem Erdinneren.

Rassen: meist gleichlautend mit dem Namen ihres bei uns bekannten Gestirns, besitzen edles menschliches Aussehen und Auftreten und meistens die Größe unserer größten Menschen (es gibt aber auch kleine, kindliche Graue). Andere berichten, daß ein Teil dieser oder ähnlicher Raumgeschwister mit Suprabewußtsein – also ausschließlich als energetische Bewußtseine - existieren sollen und überhaupt nicht als ‚Planetarier' in Erscheinung treten. *Ashtar Sheran* beziffert die zum Dienst zusammengefaßte ‚Interplanetare Konföderation': zwanzig verschiedene Sonnensysteme mit 143 Planeten[55]. *Prof. James Hurtak* will in seinem nächsten Buch alle ihm bekannten außerirdischen Rassen behandeln, es sollen über siebzig verschiedene sein.

Eine kurze Zusammenfassung zitiere ich aus dem Buch *Ahastar*[41]:
Sehr viele planetarische Gruppen pflegen Kontakte zur Erde und auch zu anderen Planeten unseres Sonnensystems. Die Zahl dieser ständig präsenten Raumschiffe, Mutterschiffe und kleineren UFOs beträgt viele tausend. Soweit sie im Kreis der Erde stationiert sind, werden sie gewöhnlich in einem Zustand der ‚Materiedichte' gehalten, die sie uns unsichtbar macht. Mit ihren teilweise gewaltigen Ausmaßen, die etwa den Umfang einer ganzen Stadt haben können, würden sie sonst naheliegenderweise panikhafte Reaktionen bei irdischen Beobachtern auslösen.
Es handelt sich dabei um Planetarier aus den unterschiedlichsten Bereichen unserer Galaxis (und anderer Galaxien) und Wesen der unterschiedlichsten Entwicklungsstufen: solche, die über eine ‚interstellare' und solche, die über eine ‚interdimensionale' Raumfahrt verfügen,... Letztere haben mit ihrem Schritt in die Feinstofflichkeit die Fähigkeit erlangt, mühelos jeden Dimensionswechsel zu vollziehen, ihren Körper und ihr Raumschiff durch Gedankenkraft materiell in Erscheinung zu bringen und wieder zu dematerialisieren.

Karin Feistle[16] berichtet beispielsweise über eine diesbezügliche Botschaft:
...Ich erscheine vielen Menschen schon seit ewigen Zeiten, sie sahen mich als Engel oder Gott. Niemals wollten sie die Wahrheit sehen. Sie träumten, die Menschen, sie träumten einen gefährlichen Traum. Unsere Rassen sind keine Engel oder gottähnliche Wesen. **Wir sind fast nur noch Energie.** *Wir können uns auch als Körper manifestieren, doch nur eine gewisse Zeit. Diese Manifestation ist mit Schmerzen verbunden, und es bereitet uns große Schwierigkeiten, da wir sonst keinen Körper benutzen. Früher, sehr viel früher, da hatten wir auch einen materiellen Körper, er ähnelte stark diesem jetzigen Ebenbild. Doch wir haben uns weiter entwickelt. In den letzten Jahrtausenden sind wir der Schöpferenergie nähergekommen. Doch erreichen werden wir sie erst in vielen, vielen tausenden von Jahren....*

Ebenso hält *Reindjen Anselmi* fest, daß die helfenden Außerirdischen aus verschiedenen Dimensionen kommen und sie in zwei spirituell verschieden hoch schwingende Arten getrennt werden könnten. Die spirituell weiter entwikkelten würden in der fünften und sechsten Erfahrungsebene operieren – in interdimensionalen Lichtsatelliten, die unserem Auge nur sichtbar werden, wenn sie sich unseren Frequenzen angleichen. Die anderen Außerirdischen operieren vor allem in der unteren fünften und in der vierten, astralen Erfahrungsebene.

Ergänzen möchte ich an dieser Stelle, daß in unserer grobstofflichen Biosphäre, der dritten Dimension, zusätzlich noch die UFOs irdischer Herkunft auftreten, also solche geheimer Militärprojekte. Gehen wir in der Annahme soweit, daß außerdem im Inneren unseres Planeten eine friedvolle, aber technisch höchstentwickelte Menschenrasse lebt, könnten auch deren Flugkörper zu den registrierten UFO-Erscheinungen zählen. Aber auch von Weltraumstützpunkten wird berichtet, die sowohl im Erdinneren (Hohlerde) wie auch in der Erdkruste (bis in 14.000 Metern Tiefe) und am Meeresboden eingerichtet worden sind.

Insgesamt möchte ich nochmals betonen, daß der aufgeführte Überblick in Form dieser Zusammenfassung meinen derzeitigen persönlichen Arbeitsrahmen darstellt, der noch mit etlichen Zweifeln behaftet ist. Auch kann ich Ihnen, verehrte LeserInnen, nur empfehlen, bei Ihren zukünftigen Reaktionen mehr auf die Intuition und Ihr Gefühl zu achten, als was Ihr Verstand versucht durchzusetzen. Damit sollten wir diesen Punkt erst einmal so stehen lassen, wir werden später immer wieder darauf zurückkommen.

Wie bewältigen sie die kosmischen Distanzen?

Eine wichtige Frage ist, wie kommen die Raumgeschwister durch den kosmischen Raum und bewältigen diese für unsere Wissenschaftler unvorstellbaren Distanzen? In keinem Fall mit unseren irdischen, derzeitig noch vorsintflutlichen Technologien - soweit sie veröffentlicht und allgemein bekannt sind. Entsprechende UFO-High-Tech-Geheimprogramme irdischer Militärs sind nur bedingt in die Öffentlichkeit durchgesickert, doch deren Vorhandensein wird von seiten der helfenden Raumgeschwister bestätigt.

Unser Sohn *Jan Udo Holey* ist bekannt geworden mit seinen beiden Bestsellern ‚Geheimgesellschaften und ihre Macht im 20. Jahrhundert' Band I und II unter seinem Pseudonym *Jan van Helsing*, die aber zwischenzeitlich in der Schweiz und in der Bundesrepublik wegen angeblicher Volksverhetzung verboten worden sind. Sie waren ein umfassender Wegweiser durch die Verstrikkungen von Logentum und Okkultismus in Politik und Hochfinanz.

Ein weiteres unter *van Helsing* veröffentlichtes Buch trägt den Titel ‚Unternehmen Aldebaran, Kontakte mit Menschen aus einem anderen Sonnensystem'[13] und in diesem befaßt sich *Jan* auch mit der reichsdeutschen UFO-Technologie der Vierzigerjahre, die die damalige Luftwaffe als Geheimwaffen entwickeln wollte. In *Jan's* neuem Roman unter seinem Familiennamen mit dem Titel ‚Die Innere Welt, das Geheimnis der Schwarzen Sonne', der 1998 erschienen ist[14], dehnt er – nach neuesten Unterlagen - die Kenntnis dieser Raumflugtechnologie auch auf geheime US-Militär-Versuche aus, die ebenfalls bereits in den Vierzigerjahren erfolgreich eingesetzt haben sollen. Es heißt, daß auch dieses UFO-Flugsystem der US-Militärs inzwischen perfekt beherrscht werde. Außerdem besteht berechtigter Verdacht, daß die Bundeswehr ebenfalls in unterirdischen Basen reichsdeutsche Flugtechnik erfolgreich weiterentwickelt.

Über die Raumgeschwister und ihrer noch perfekteren, gedankenschnellen ‚Bewegung im Raum' gibt es verschiedene Theorien (Auszug aus einem Vortrag von *Prof.Dr.W.O.Schumann* unter[43]), die bislang von der etablierten Wissenschaft weitgehend lächerlich gemacht werden. Klar ist natürlich, daß die Lichtgeschwindigkeit für die Bewältigung solcher kosmischer Distanzen nicht ausreicht und wir uns zu einem besseren Verständnis aus den allgemein gelehrten Gesetzmäßigkeiten des materiellen Universums ausklinken müßten. Haben nicht schon 1935 *Albert Einstein* und *Nathan Rosen* auf das Vorhandensein zeitloser Passagen im mehrdimensional gekrümmten Hyperraum geschlossen? Entsprechend postuliert die moderne Physik ein von sogenannten Wurmlöchern durchzogenes Universum (*Dr. Hartmut Normann*).

Wie schon erwähnt, vollziehen sich alle diese gigantischen Bewegungen der ebenfalls gigantischen ‚Mutterschiffe' ausschließlich in den transzendenten Räumen der fünften und sechsten Erfahrungsebenen und dem Bereich der Gedankenübertragungen. **Dematerialisierung und danach Rematerialisierung an einer anderen Stelle des kosmischen Raumes** sei das Geheimnis, wird uns Erdengeschwistern erklärt.

Österreichischen Forschern der Quantenphysik ist es zwischenzeitlich gelungen, Photonen tatsächlich von einem Ort zum anderen zu teleportieren und sie holen damit das ‚beamen' der Science-Fiction-Filme in unsere Realität. Diese Forscher erklären, daß es in wenigen Jahren auch uns möglich sein werde, ‚feste' Materie zu teleportieren.

Der weiter vorn zitierte *Professor Horn* erwähnt bereits die Kunst der regressiven Außerirdischen, auch verschiedene sichtbare körperliche Formen annehmen zu können. Ergänzend dazu erhielt ich eine Mitteilung, daß die geheimen irdischen Militärs neben eigenen UFOs zwischenzeitlich auch die Technologie der ‚Unsichtbarmachung' beherrschen und einsetzen, unter anderem mit ‚schwarzen Hubschraubern'. Außerdem würden ‚Beamte' kleine Kästchen bei sich tragen, mit deren Hilfe die Molekularstruktur von Lebewesen eingestellt und verändert werden könne. Die Abstände der Strukturen dürfen nicht zu weit sein, sonst erfolgt eine Auflösung im Universum. Wenn die unsichtbare Person jemanden anfasse und festhalte, werde auch diese unsichtbar. Hollywood läßt grüßen!

Es ist keinesfalls der Sinn dieses Buches, wie viele andere der sogenannten Endzeitliteratur, noch mehr Ängste und damit Energieabflüsse zu erzeugen. Im Gegenteil! Ich muß aber trotzdem versuchen, den Grad unserer gezielten Nicht-Informiertheit aufzuzeigen und auf solche Extrem-Herausforderungen hinzuweisen. Daß wir dem aber keinesfalls hilflos ausgeliefert sind, <u>wenn wir es nicht zulassen</u>, das zeige ich im letzten Teil des Buches auf.

In welchen Erscheinungsformen stellen sie sich uns vor?

Diese interessante Frage zum Thema Raumgeschwister gilt den Wesenheiten und ihren Lebens- beziehungsweise *Erscheinungsformen* selbst. Die *Aldebaraner* zum Beispiel sind <u>eine der Gruppen von ‚Vorfahren'</u> – in diesem Fall vermutlich des Abendlandes - die unsere Erde einst besiedelten und damit eine Erklärung für unsere unterschiedlichen Rassen mit ihren Merkmalen bieten. In *Jan's* Buch ‚Unternehmen Aldebaran' werden diese Raumgeschwister als sehr große, schöne und schlanke hominide Wesen beschrieben mit großen, blauen Augen und langen, blonden Haaren. Mit ihrer universalen, inzwischen friedenstiftenden und harmonischen Lebensweise auf ihrem Heimatplaneten sind sie der Entwicklung unserer irdischen, manipulierten Zivilisation weit voraus und scharen sich jetzt mit unter die helfenden Raumgeschwister. Das Szenarium der ‚Grauen' entpuppt sich hierbei als ein bewußtes Tarnmanöver der Besucher aus dem Sonnensystem Aldebaran (Selbstbezeichnung *Sumer*), einem roten Riesen namens *Sumeran*, der sechsunddreißig mal größer ist als unsere Sonne. Er strahlt am nächtlichen Himmel als heller Stern zwischen dem Orion-‚Gürtel' und dem als kleines Häufchen erscheinenden Riesenreich der Plejaden.

Reindjen Anselmi faßt außerdem weitere vorliegende Beschreibungen[9] zusammen und behauptet, daß **Adam Kadmon**[89] die Bezeichnung für den Prototyp- oder Idealkörper des *Neuen Kosmischen Menschen* oder **Galaktischen Menschen** ist, der in vielen Varianten in der gesamten Galaxis verbreitet sei. Da heißt es:

Es gibt aber auch Wesen, die diesem Typus nur entfernt oder gar nicht ähneln. Solche etwa, die aufrechtgehenden Aligatoren ähneln, mehr als zwei Arme, eine ganz andere

Kopfform oder einen Schwanz haben. Alle diese Körperformen haben eine Art Herz, das sie mit der spirituellen Ebene in unterschiedlichem Maße verbindet.
Wenn wir dereinst mit solchen Wesen aus dem außerirdischen Raum in Kontakt treten, werden wir an ihren Herzqualitäten erkennen können, wie weit sie spirituell schon entwickelt sind und welche Absichten sie haben.

Aus der geistigen Welt wird gechannelt, daß der *Adam Kadmon* die göttliche Form sei, aus der alle fühlenden Wesen hervortreten, und schließe daher Myriaden von Formen mit ein. Genauer wird uns von anderer Seite aus der geistigen Welt erklärt, daß aus der menschlichen Ursprache die Silben *ad (Vater) am (Mutter) ka (Geist) ad (Gott der Herr) mon (Herrscher)* diesem kosmischen Urmenschen der Name gegeben worden war. Diese Urschöpfung ist mit zehn Chakren ausgestattet, drei mehr als der menschliche Körper in der Grobstofflichkeit besitzt. Diese drei zusätzlichen Energiewirbel sind über dem Haupt des Menschen plaziert und stellen, vereinfacht ausgedrückt, unser Höheres Selbst dar. Diese drei Chakren werden, energetisch aufsteigend, *Christus-Kraft, Christus-Bewußt-seinsebene* und als oberstes das *Einheitsfeld* bezeichnet. So wie unser grobstofflicher Körper mit dem Höheren Selbst durch ein unsichtbares Energieband (Silberschnur) verbunden ist, so ist der *Adam Kadmon* mittels einer ‚kosmischen Nabelschnur' mit noch höheren Lichtebenen verbunden, was als *Teil des universellen Verstandes* bezeichnet wird. Wenn sich jetzt allmählich und im Neuen Zeitalter allgemein diese drei spirituellen Über-Chakren des heutigen Menschen entwickeln, wird sich auch der ‚Neue Mensch' grenzenlos öffnen können.

Unsere Urahnen hinterließen oft nur in Mythen die Erinnerung an diese und ähnliche ‚Gottmenschen' aus dem Lichtreich oder aus dem Kosmos, die im Grunde genommen die göttliche Idealschöpfung oder die Blaupause für den (im Vergleich dazu) verkümmerten Menschen in der Grobstofflichkeit darstellt. Im Rückblick sind uns nur noch Namen erhalten geblieben. *Gisela Meussling* faßt diese zusammen[80] und berichtet:

So heißt der kosmische Kulturbringer (oder die Gruppe/Delegation) in Altägypten Osiris, im übrigen Afrika Nommo, im pazifischen Raum Tane, in Kolumbien Pachacamac, in Peru Illa Tikki, die Azteken nannten ihn Quetzalcoatl und die Tolteken Tlaloc. Bei den Mayas hieß er Kukulca und bei den Hebräern Adam Kadmon.

Die kosmische Heimat unseres Sonnensystems ist **unsere Galaxis** (grch. *galaxías* Milchstraße). Es gibt auch in dieser materiellen Sternenmasse – Astrophysiker sprechen von rund siebenundsechzig Milliarden Sonnen mit einem eigenen Planetensystem – *eine zentrale Bewußtheit* mit ordnender und steuernder Befugnis – im Rahmen des freien Willens – und diese nennt *Anselmi* **Galaktisches Zentrum**. Die ‚galaktische Seelenebene' und den ‚galaktischen Menschen' haben wir bereits kennengelernt. Lesen wir einmal, was die Schweizer Journalistin dazu ausführlich und manches noch mal zusammenfassend berichtet. Vorab möchte ich darauf hinweisen, daß auch in ihrem Buch[9] die konfessionelle Bezeichnung ‚Gott', den ich hier in meinem Buch ‚Göttliche Einheit' nenne, als *die Quelle* bezeichnet wird. Unter ‚Quadranten' versteht man ein ‚räumliches Viertel' oder galaktischer Raumsektor in unserer Milchstraße.

Man kann das Galaktische Zentrum im esoterischen Sinn aus zwei unterschiedlichen Blickwinkeln betrachten. Zum einen ist es das <u>Zentrum unseres Quadranten</u> der Galaxis, in der sich unser Sonnensystem befindet. **Dieses Zentrum verwaltet und leitet die Entwicklung unseres Quadranten auf der Grundlage des göttlichen Plans.** *Direktor dieses Quadranten ist eine Wesenheit mit dem Schwingungsnamen Melchior.*

Zum anderen ist es ein <u>spirituelles Zentrum</u>, von wo aus jener Teil der Quelle ausstrahlt, der in diesem Teil der Galaxis lernt und entwickelt wird. **Die Galaxis hat sieben spirituelle Ebenen,** *und wir sind nun dabei, unser Seelenpotential von der ersten und zweiten galaktischen Ebene in die physische Ebene zu integrieren.* [...]

Im Galaktischen Zentrum stehen dafür Wesenheiten helfend zur Verfügung, die schon sehr klar sind und viele Widerstände beseitigt haben. Sie dienen in der oberen fünften und sechsten Energiedichte-Dimension. Sie helfen uns unter Anwendung von höchstentwickelter Technologie beim physischen Klärungs- und Entwicklungsprozeß, bei der Entwicklung des Lichtkörpers und **mit Hilfe telepathischer Kommunikation.**

Sie stammen ursprünglich vor allem aus den Sternbildern des Orion, des Sirius, der Plejaden, von Proxima Centauri, von Arkturus und anderen mehr oder weniger bekannten Konstellationen. Sie arbeiten in **Biolichtsatelliten,** *die in den höheren Dimensionen rund um unseren Planeten stationiert sind.*

Diese Lehrer sind wie Entwicklungshelfer für die geistige Hierarchie der Erde. Das heißt, sie arbeiten mit ihr zusammen und sind gleichsam wie **Gastprofessoren,** *die über Themen reden, mit denen sich unsere lokalen Professoren noch nicht befaßt haben. Hinter ihnen stehen die großen kosmischen Lehrer, die jetzt ihr Augenmerk auf unseren Planeten gerichtet haben und durch sie arbeiten. Einige der galaktischen Lehrer werden in den kommenden Jahren auch physisch bei uns auftreten und uns beim Aufbau neuer spiritueller Tempel-Zentren helfen.*

An dieser Stelle muß ergänzt werden, daß der von katholischer Seite bereits formulierte *Christus-Universalis* in der hier anzusetzenden kosmischen Dimension oder gar Dimensionslosigkeit als **kollektives Christusbewußtsein** zu definieren ist. Auch hierbei sollten wir gedanklich wieder bei der anzustrebenden ‚Gottesfamilie' ansetzen und somit das ‚kosmosweite Kollektive' auch in unser irdisches Vorstellungsvermögen übernehmen. Das ‚Christus-Bewußtsein' steht allen Lebensformen im gesamten sichtbaren Universum ‚zur Verfügung', möglicherweise auch noch weiteren feinstofflicheren Universen. *Ashtar Sheran* bezeichnet auch das auf unseren Planeten immer stärker einströmende Photonen-Licht ‚aus geistiger Sicht' als Christusbewußtsein.

Wir Abendländer verbinden mit der Christuskraft zunächst sofort den Menschensohn *Jesus*, der auf äußerst spektakuläre Weise das Christusbewußtsein zu Beginn des Fische-Zeitalters in der irdischen Materie manifestiert hat, versehen uns aber damit möglicherweise wieder mit konfessionellen und geozentrischen Scheuklappen. Neben dem uns überlieferten Namen *Jesus* (die aramäische Form lautete *Jeshua ben Joseph*) hört man neuerdings auch den außerirdischen Schwingungsnamen *Sananda* wie auch den buddhistischen Schwingungsnamen der Christuskraft, *Maitreya* als zukünftiger (fünfter) Buddha.

Auf diesen Sanskrit-Namen *Maitreya* (der Gütige) stoßen wir zur Zeit in zwei Erscheinungsformen: einerseits feinstofflich channelnd als höchstgeistige Wesenheit, vorwiegend im Bereich der ‚Großen Weißen Bruderschaft' und andererseits seit einigen Jahrzehnten auch als ein verkörpertes Wesen. Letzteres wird allerdings nach meiner Meinung bereits endzeitlich manipuliert, nachdem sich unter diesem Namen eine Wesenheit präsentiert, die angeblich das (für eben diese ‚Endzeit' angekündigte) Wiederkommen Christi verkörpern will. Große Vorsicht bitte!

Was wollen diese fernen Geschwister von uns?

<u>Erstens</u> sind wir in der bisherigen Darstellung schon auf die Bereiche der Äonen zurückliegenden Menschenzüchtungen und Genmanipulationen gestoßen, deren Wiedergutmachung inzwischen anzustehen scheint,

<u>zweitens</u> haben wir außerdem bereits kennengelernt, daß ein Bewußtseinssprung kosmischen Ausmaßes erwartet wird. Einige Autoren sprechen gar von einer Bewußtseins-Mutation, ähnlich einer sprunghaft auftretenden erblichen Veränderung. Ob Sprung oder Mutation, gemeint ist auf jeden Fall ein **kollektives Geschehen,** von dem man uns Menschen aus verschiedenen geistigen Sphären berichtet. Je nach Schilderung schwankt das Ausmaß dieses kollektiven Geschehens: auch das ganze Sonnensystem, auch die ganze Galaxis oder auch das ganze Universum (Quantensprung nach *Hans Hubert Küppers*).

In jeder dieser Botschaften aber wird betont, daß die Raumgeschwister mit ihren Erdengeschwistern Probleme hätten. Zum Beispiel heißt es eindringlich, **der Planet Erde sei der extreme Außenseiter** in der Umsetzung der Christusschwingung *Liebe*, unsere Erde halte von den angeblich insgesamt 383 Schulungsplaneten den Dichterekord (den höchsten Grad der materiellen Dichte oder Grobstofflichkeit), die menschheitliche Bewußtseinshöherentwicklung stagniere (aufgrund der uns beschnittenen DNS-Stränge), die ‚Menschen-guten-Willens' ließen den Manipulanten und Helfershelfern der regressiven Außerirdischen zu leichtes Spiel, und ähnliches mehr. Bestimmung sei allerdings, daß auch der Planet Erde – er wird uns als eine lebendige mütterliche Wesenheit mit Bewußtsein geschildert – samt eines Großteils der darauf lebenden Menschen-guten-Willens diesen spirituellen **Aufstieg ins Licht** in körperlicher Form mitmachen kann und sollte. Daher also der einmalige dienende Einsatz kosmischer Helfer, Lehrer und Meister, auch der außerirdischen Zivilisationen – *Ahastar* spricht von einem ‚Helfer-Syndrom'. Ein kurzes Beispiel dazu aus dem gleichen Buch:

*Kein Planet, kein planetarisches System kann dauerhaft Anspruch auf einen Freiraum der ‚destruktiven Eigenbewirtschaftung' erheben. In der Sichtweise der fortgeschrittenen Außerirdischen **ist der Kosmos ein Ganzes, ein ‚Organismus' gemeinschaftlich pulsierenden Lebens**, in dem der ‚Krankheitsbefall' des einen Teils auch alle anderen Teile notwendig in Mitleidenschaft zieht.*

<u>Drittens</u> wurde auch schon kurz erwähnt, daß viele (?) außerirdische Wesenheiten unsere Kosmische-Mega-Schnittstelle als Chance für ihren **persönlichen Bewußtseinswandel** nützen können und wollen. Man belehrt uns, daß der ‚kosmische Moment' dieser Zyklen-Enden **ungeheure Energiemengen** mobilisiere, die zu einem Gnaden-Verständnis oder zu karmischer Umwandlungs-Möglichkeit für viele Wesenheiten gereichen solle – <u>auch unter uns Menschen</u>. *Ashtar Sheran* erklärt, „*...daß vermehrte Einstrahlung der Urzentralsonne, die Einstrahlung des sich nähernden Photonen-Lichtringes sowie die Toröffnungen und die damit zusammenhängenden Lichtausschüttungen'* sich konzentrieren und zusammenwirken.

Einzelwesen unter den Regressiven, denen bei ihrer extremen Verstandesentwicklung ihr Emotionalbereich verlorengegangen ist, sind bereit, uns Irdischen auf dem Pfad des Lichtes und der Liebe zu folgen. *Professor Horn* behauptet[35], daß verschiedene esoterische Quellen „*...davon sprechen, daß Reptoide und Graue sich vereinzelt dem Licht zugewandt haben – wir müssen also darum beten, daß ihnen dies möglich ist.*"

Bezüglich des hohen Stellenwertes **menschlicher Emotionen** für einige der regressiven Rassen - unsere Ängste müssen wohl besondere Leckerbissen sein - wird uns in dem Buch ‚Dein Wille geschehe jetzt!'[11] mitgeteilt:

*Etliche Wesenheiten von außerhalb haben ihr Augenmerk auf den Erdball gerichtet und sich über Generationen und Jahrtausende hinweg **von den Energien des Ungemachs, die auf eurer Erde entstanden, ernährt**. Sie sind von einem hohen Wissensgrad, einer großen Intelligenz und Kraft. Jedoch sind sie keiner Emotion fähig. So ist **die Emotion ein Lebenselexier für sie**. Deshalb heften sie sich an die Unwissenden und Verführten und benutzen sie, um die Qualitäten der **Emotionen zu erzeugen**, die für ihre Wünsche und Pläne nutzbar waren.*

Wenn ihr also seht, daß der Bruder neben euch Ungemach, Zorn, Haß und all dies, was im Unlicht ist, erschafft, so wißt, in seiner wahren Identität ist auch er ein Lichtkern, der Liebe in sich trägt und vom Vater kommt wie ihr. **Er ist ein Verführter, der noch nicht erkannt hat, daß er benutzt und manipuliert wird.**

Viertens verweise ich noch auf Überlegungen, die ich in ‚Mutter Erde wehrt sich'[40] gefunden habe: **Das universale Gleichgewicht.** Die außerirdischen Geschöpfe, unsere Raumgeschwister, haben vom göttlichen Schöpfer den gleichen *freien Willen* mit in ihren Seelenentwicklungsprozeß bekommen wie wir Erdengeschwister – somit gibt es die polare Gesetzmäßigkeit, das Positive und das Negative, einfach überall, wo es den freien Willen gibt. Die *Negativen* sind deshalb ‚negativ', weil sie den spirituellen Fortschritt der Menschen nicht fördern und in ihrem Egoismus die Menschen manipulieren wollen. Jedoch sind sie nicht *absolut böse*, weil auch sie in Gottes Schöpfungsplan eine Rolle spielen – obwohl sie diesen Schöpfungsplan nicht anerkennen. Aus ihrer eigenen, subjektiven Sicht tun sie das, was sie für richtig und gut halten. Und diesen Usus kennen wir Irdischen doch auch irgendwoher?

Warum gibt es keine offiziellen Kontakte zu uns?

Damit wären wir bei der letzten, ebenfalls schwierigen Frage zum Thema Raumgeschwister. Es hat schon solche Kontakte gegeben. Sehr oft schon. Der Philosoph, Schriftsteller und Fernsehmoderator *Dr. Hans Christian Meiser* schreibt in dem Buch ‚UFO – Das Jahrhundertphänomen'[172]:
Wichtiger als die Frage, ob es UFOs gibt oder nicht, scheint mir die Überlegung, warum es sie eigentlich nicht geben soll. Wer hat etwas davon? Das Wissen um kosmologische Zusammenhänge ist immer eng an die Frage der Macht und Machtinhaltes gekoppelt. Alle Mächtigen dieser Erde haben beispielsweise etwas davon, sollte es keine UFOs geben, was immer diese auch sein mögen. Da es bei der gesamten Diskussion aber immer auch um Fragen des Technologie-Vorsprungs geht, hat sich bis heute die Verschwörungstheorie gehalten, möglicherweise sogar zu Recht.

Zusätzlich zu dieser rein theoretischen Frage muß dabei auch wieder die Problematik berücksichtigt werden, daß es unter den Außerirdischen eben zwei Gruppierungen gibt, die Helfenden und die Regressiven.
In dem Buch ‚Mutter Erde wehrt sich'[138] wird uns erklärt:
Die positiven Botschaften und Aufrufe, die wir seit den fünfziger Jahren an euch richten, die Botschaften, die alle Astronauten von uns empfangen haben, die wir in unseren Mutterschiffen begrüßten und die wir liebevoll begleitet haben – sie alle waren an euch und eure Regierungen gerichtet. Doch sie wurden systematisch totgeschwiegen.

Alle eure Regierungen, die NASA, die UNO und viele internationale Gremien haben im Laufe der Jahre sehr ernsthafte Hinweise über die Situation des Planeten Erde und seiner Menschheit erhalten. Wir haben bereits in den fünfziger Jahren offiziellen Regierungsmitgliedern und dem Präsidenten der Vereinigten Staaten angeboten, daß wir der Erdenmenschheit bei ihrer spirituellen Entwicklung weiterhelfen. Voraussetzung dafür war der sofortige Stopp aller Atomversuche. Wir verweigerten den Wunsch nach einer technischen Unterstützung, da diese bei der geringen geistigen und spirituellen Entwicklung der Menschen sofort mißbraucht worden wäre. Unsere Angebote aber wurden abgelehnt. Augenzeugen konnten unsere tatsächliche Erscheinungsform wahrnehmen, denn wir kamen damals in unserer physischen Form. Hat man euch je davon erzählt?

Tatsache ist, daß eure Regierungen statt dessen mit Schwestern und Brüdern verschiedener anderer Sonnensysteme, von denen einzelne Planeten sich von Gott abgewandt haben, Bündnisse eingegangen sind. In diesen Bündnissen wurde ihnen Hilfe zugesichert, speziell im Bereich der Raumfahrt-Technologie, und zwar zum Preis von Menschen, die im Austausch dafür entführt werden durften und dürfen und an denen bis heute noch medizinische und genetische Experimente durchgeführt werden.

*Da diese Wahrheiten nun allmählich durchsickern, will man euch glauben machen, daß **alle** Außerirdischen nur die Macht und Kontrolle über euch anstreben. Auf diese Weise soll Angst und Verwirrung erzeugt werden, und ihr sollt davon abgehalten werden, euch mit den gottzugewandten Schwestern und Brüdern aus dem All zu verbinden. Vor allem sollt ihr davon abgehalten werden, ihnen und ihren Botschaften Glauben zu schenken.*

Bleiben wir zuerst bei letzteren. Auf das, was in der langen menschlichen Evolution alles geschehen sein kann, habe ich im bisherigen Teil des Kapitels hingewiesen, auch auf vorhandene Literatur, um mehr darüber zu erfahren. Erwähnt habe ich auch die geheimen Kontakte der sogenannten *Greys* mit den luziferischen *Illuminati* der USA (Geheimregierung) und der *Aldebaraner* mit den Wissenschaftlern und der Luftwaffe des Deutschen Reiches – beides in der ersten Hälfte dieses Jahrhunderts.

Nun interessiert uns vor allem, was heute beziehungsweise noch vor einigen Jahrzehnten zwischen den Außerirdischen und den Menschen geschah, nachdem wir eine (sogenannte) Pressefreiheit haben und das Thema UFO weltweit und regelmäßig in den Schlagzeilen auftauchte. *Bob Frissell* schreibt darüber ausführlich in seinem Buch ‚Zurück in unsere Zukunft'[48] und ich zitiere daraus nur einige Abschnitte, um damit auf die ungeahnte Dimension hinzuweisen, die sich im Untergrund unseres Zeitgeschehens und abgeschirmt vor der Öffentlichkeit abspielte:

Ob man sie nun Bilderberger, Geheimregierung, die Trilaterale Kommission, den Council on Foreign Relations oder Illuminaten nennt – der Name spielt keine Rolle. Die geheime Regierung besteht einfach aus den reichsten Leuten der Welt, und diese zirka 2000 Magnaten haben unsere sogenannten Regierungen seit langer Zeit fest im

Griff. Sie entscheiden wer, wann und wo gewählt wird; sie bestimmen, wann ein Krieg stattfindet und wann nicht. Sie kontrollieren die Nahrungsmittel-Verknappungen auf der Erde und setzen die Inflationsraten der einzelnen Währungen fest. All diese Bereiche sind in der Hand dieser Illuminaten...
In der Zeit zwischen 1900 und 1930 nahmen die ‚Greys' zu diesen Leuten Kontakt auf. Die erste Zusammenkunft fand also definitiv vor 1943 statt, denn für den Unsichtbarkeitstest im Rahmen des ‚Philadelphia-Experiments' nutzten die Wissenschaftler bereits ‚graue' Technologie. Der Physiker Nicola Tesla, der zeitweilig Projektleiter des Philadelphia-Experiments war, gab zu Protokoll, die forschungsrelevanten Informationen von Außerirdischen erhalten zu haben, was ihm natürlich niemand abkaufte. Zu Beginn glaubte die Geheimregierung noch, in den Greys persönliche Wohltäter gefunden zu haben und schloß daher einen Vertrag mit ihnen. Die Illuminaten hielten die Greys für das beste, was ihnen hätte passieren können, denn diese Außerirdischen schienen eine neue Quelle unbegrenzter Macht zu sein. Mit dem Vertrag erhielten die Greys das verbriefte Recht, Experimente auf der Erde durchzuführen, und die Geheimregierung bekam im Gegensatz die ‚graue' Technologie zur Verfügung gestellt, der wir nicht zuletzt unseren enormen Fortschritt im 20. Jahrhundert verdanken...
Zunächst stationierte man eine Basis auf dem Mond, die als Zwischenstation für fernere Ziele im Weltraum gedacht war... Ihr Weg führte sie direkt zum Mars, dem Planeten der Vorfahren der Greys... ‚Wir haben Marskolonien schon seit den späten sechziger und den frühen siebziger Jahren'... Bis zum Jahr 1984 hatte die Geheimregierung die Marsstädte fertiggestellt...

An anderer Stelle seines Buches zitiert *Bob Frissell* solche Forscher, die berichten, daß die erste Mondlandung der Amerikaner nicht 1969, sondern zusammen mit den Russen bereits am 22. Mai 1962 stattgefunden hat und daß die Reichsdeutschen bereits lange vorher – im Jahre 1947 – dort waren.

Bei diesen fast haarsträubenden Erkenntnissen, wie hier außerirdische und irdische Boshaftigkeit und nackte Machtinteressen in bewährter Resonanz stehen, müssen wir uns doch noch etwas genauer damit befassen. In allen Channelings, in denen wir Aufklärung zu unserer Zeitenwende erhalten und die fast alle auch Bezug auf das ‚Zusammenwirken' Irdischer und Außerirdischer nehmen, wird stets **das Verhalten der *gesamten* Menschheit** mit einbezogen - bezüglich der regressiven wie auch der helfenden Außerirdischen. Die Raumgeschwister der höheren Sphären wissen sehr wohl, daß die Ursachen unserer irdischen Zivilisationsmisere eben nicht nur ein paar machtbesessene Familienimperien wie *Rothschild, Rockefeller, Windsor, Warburg* und andere sind und ein paar verdeckte Organisationen und Logen, welche die *Eine-Welt-Regierung* mit der totalen Machtergreifung anstreben (siehe oben und Kapitel zwölf). Als Beispiele für die vielen, diesbezüglichen Botschaften will ich zwei Zitate aus den aktuellen Buchererscheinungen anführen. In ‚Dein Wille geschehe jetzt!'[11] heißt es:

...So gelangte die fremde Macht von außerhalb eures Sonnensystems zu euch, die die Spaltung unter den Menschen beobachtet hatte. Und sie wandte ihre Intelligenz, ihre Möglichkeiten und Waffen an und klinkte sich in den Schöpfungsprozeß derer ein, die sich weiter in die Dunkelheit hinein entwickelten... Die Energien, die in diesem Prozeß auf der Erde erschaffen wurden, bilden die Atmosphäre, in der ihr lebt.

Karin Feistle erhielt in ihrem Buch ‚Die Sternenloge'[16] folgende Belehrung:
Ihr Menschen habt oft vergessen, zu lernen und zu lieben. Dieses müßt ihr nun wieder ausgleichen. Durch diese Kriege, die die Menschen aus Eigennutz verursacht haben und durch die Machtgier. Aus diesem Grunde greifen die Außerirdischen, die euch nicht gut gesinnt sind, in das Weltgeschehen ein. Die Menschen haben sie mit ihren negativen Gedanken angezogen. Die negativen Gedanken sind schon seit tausenden von Jahren in euerem Magnetfeld gespeichert. Dieses Magnetfeld erscheint ihnen dunkel und bedrohlich. Wäre es hell und durchsichtig, so würden sie euch nicht einmal sehen. Sie hätten kein Interesse an der menschlichen Rasse.

Außerirdische Entwicklungshilfe

Darüber habe ich schon in den vorangegangenen Abschnitten die wichtigsten Informationen weitergegeben. Kurz zusammenfassend, zitiere ich abermals *Professor Horn:*
Die Pleiadian-Plus-Group behauptet, aus unserer Zukunft zu stammen – die jedoch nicht festgelegt sei, sondern mehrere Möglichkeiten und Wahrscheinlichkeiten in sich berge. Wie uns scheint, drückt sich in dieser Aussage die Multidimensionalität unserer selbst und unseres Lebens aus. Wie wir den Sachverhalt verstehen, gibt es dabei möglicherweise eine tatsächliche Spaltung von Welten zwischen jenen, die regressive Kontrolle, und jenen, die Liebe und Mitgefühl betonen. Dies ist jedoch sicher mehr, als die meisten von uns zum gegenwärtigen Zeitpunkt verstandesmäßig erfassen können. In jedem Fall entscheiden alleine wir darüber, ob wir in einer Welt der Dunkelheit und der Täuschung oder in einer solchen des Lichtes und der Wahrheit leben wollen. Jeder einzelne von uns muß wählen, ob er sich einem Leben von Liebe und Licht verpflichten oder die Gelegenheit dazu ungenutzt verstreichen lassen möchte.

Die ‚außerirdische Hilfe zur Entwicklung des menschlichen Bewußtseins' funktioniert auch nicht anders als gleichartige irdische Entwicklungshilfe: sie erfolgt nur mit intensiver Selbstbeteiligung dessen, der Hilfe bekommt. Nach dem Studium der verschiedensten glaubhaften Channelings konzentriert sich die Thematik der **dringend benötigten Bewußtseinserhöhung der Spezies Homo Sapiens** auf drei Schwerpunkte auf folgenden Ebenen:

- *Gaia, das lebendige Wesen Mutter Erde*, wird eine globale Reinigung und Bereinigung ihrer Materie-Formen Luft, Wasser und Erde zulassen, um danach in der erhöhten Schwingung des neuen kosmischen Lichtes, des Überlichts, ihren eigenen Bewußtseinssprung mitzunehmen und als ‚heile Welt' zu ehemals paradiesischer Schönheit zurückzukehren. Menschliche Maßlosigkeit und Profitsysteme haben Mutter Erde derart verschmutzt, vergiftet, ausgebeutet und durch die weit über eintausend Atomversuche verletzt und verstrahlt, daß die Schmerzgrenze erreicht ist. Höchstspannungen, auch tektonische, werden sich lösen und ausgleichen, wenn die Raumgeschwister ihre jahrelangen, recht vielfältig schützenden und erhaltenden ‚Kräfte' oder Energien einstellen.

- Der Homo sapiens erwacht, wenn er endlich über seine geistigen Qualitäten oder göttliche Herkunft informiert wird und seine riesigen, brachliegenden spirituellen Kräfte zur Entwicklung unseres Bewußtseins entdeckt. Der Geschichtsforscher *Robert Temple* schreibt dazu[38]:
  Es gibt etwa fünf Milliarden Menschen auf diesem Planeten, alle mit einem Gehirn, aber nur so wenig setzen es auch ein! Es ist ungefähr so, als ob man Pentium Computer-Chips im Kopf hat, aber vergißt, sie anzuschalten. Natürlich haben wir die Fähigkeit, unser Bewußtsein zu erweitern, aber so viele von uns schlafwandeln lieber durchs Leben.
  Die spirituelle Komponente dieser benötigten Bewußtseinsentwicklung stellt *Professor Horn* in den Vordergrund:
  Wir haben gesehen, daß die Mächte des Großen Geistes zum gegenwärtigen Zeitpunkt Liebe oder ähnlich geartete Informationen über unseren Planeten verströmen. In jenen, die sich dieser göttlichen Liebe öffnen und sie kultivieren, erhöht sich die Frequenz der Liebe, der Hingabe und des Mitgefühls und trägt dazu bei, das Be- und Verurteilen von anderen zu minimieren, unterstützt also den Prozeß der Heilung und der Reinigung. Und während wir dabei sind, unsere Beziehungen zu unserer Mutter Erde und uns selbst zu heilen, scheint es sogar denkbar, daß uns in unserem Ringen, Licht zu unserem Planeten zu bringen, direkte Hilfe von seiten der positiven Außerirdischen zuteil werden wird.

- Raumgeschwister dürfen bei ihrer Entwicklungshilfe den freien Willen der Menschen nicht einschränken. Als einzige Ausnahme wird uns genannt: Sollten wir nochmals durch einen Atomkrieg - eine Technologie, die wir angeblich in keinster Form beherrschen - unseren Planeten in Gefahr bringen, wie angeblich unsere Vorfahren schon einmal den einst besiedelten und herrlichen Planeten *Mallona* oder *Maldek* oder *Phaéton* durch den Mißbrauch der Kraft des Urans zerstört haben, dann dürften sie ‚verhindernd' eingreifen. Die Reste dieses Planeten ziehen als Asteroidenschwär-

me zwischen Mars und Jupiter ihren Orbit⁽⁴⁵⁾.
Ansonsten ist Entwicklungshilfe lediglich erlaubt und erwünscht durch intensives Lehren, geduldiges Beraten und aufklärendes Channeln.
Jan beschreibt in seinem Buch⁽¹³⁾ auch die Möglichkeit, mit irdischen Frauen, die sich vor ihrer Inkarnation dazu bereiterklärt haben, irdisch-aldebaranische Kinder in deren Raum-Städten heranwachsen zu lassen. *Udo Brückmann* schreibt dazu⁽¹⁹⁾, daß *...die Integration dieser ‚Kinder' eines der schönsten und aufregendsten Erlebnisse in der Geschichte dieses Planeten sein wird. Und das Schönste daran sei, daß es unsere eigenen Kinder sind.*

Eine weitere Form der unmittelbaren Mitwirkung der Raumgeschwister ist das Inkarnieren in menschliche Körper oder das Annehmen irdischer Wesensformen. Ein Beispiel aus dem Buch *Ahastar*⁽⁴⁴⁾ soll einen Hinweis erlauben, daß es sich dabei selten um erwartete ‚Erlöser-Typen' handelt – etwa in dem Sinne, wie es uns anderweitig in einer Beschreibung einer zukünftigen gelungenen Rettungsaktion durch UFOs erklärt worden ist: *Ihr werdet euch wundern, wer neben euch sitzt!*
Viele ‚Planetarier' leben unter der heutigen Menschheit, auf dieser Erde geboren und in irdischen Körpern. Sie arbeiten als ‚Postboten, Büroangestellte, Unternehmensleiter, Handwerker und Müllreiniger' – wie uns tröstend in den diesbezüglichen Aussagen mitgeteilt wird, womit unseren möglichen Rangvorstellungen mit Entschiedenheit widersprochen wird. *Ihre oft freiwillig gewählte Aufgabe ist einzig die, ein lebendiges Vorbild zu sein...*

Tröstend bietet *Ashtar Sheran* in dem Buch ‚Mutter Erde wehrt sich'⁽³⁹⁾ an: *Wenn ihr euch vor diesen sogenannten negativen Außerirdischen schützen möchtet, dann braucht ihr euch nur an unsere wohlwollenden Brüder zu wenden und ihr werdet diesen Schutz bekommen. Aber jeder muß explizit darum bitten.*

7. Kapitel

Wir sind programmierbar

Manipulieren bedeutet Programmieren und das versuche ich einmal in der heutigen EDV-Sprache darzustellen. Der geniale Computer *Homo sapiens* funktioniert nur, wie jedes andere EDV-System auch, mit entsprechender Software, und eine solche ist programmierbar.

Unser lochkartenähnlicher **göttlicher Source-Code** war ursprünglich ein kosmisches *Harmonie-Ablauf-Programm* mit kompatiblen Programm-Ebenen der geistigen und der irdischen, vormals noch paradiesischen Lebens-Ebenen unseres Schulungsplaneten Erde.
1. Ebene: das lebendige Bewußtsein der Mutter Erde
2. Ebene: die (für die meisten der heutigen Menschen unsichtbaren) Elementar- und Naturgeister und -götter
3. Ebene: unsere sichtbare Biosphäre oder Lebensebene
4. Ebene: die astrale Geisterwelt
5. und höhere Ebenen: die der Lichtwesen (Engel und Götter).

Diese aufgeführten Programmier-Ebenen sind gleichzusetzen mit der weiter vorne verwendeten Bezeichnung ‚Erfahrungsebene' und existieren somit heute noch. Der Kontakt mit den höheren und göttlichen Ebenen war für die erste Menschheit so natürlich, daß er zu ihrem alltäglichen Leben gehörte[54].

Durch die Manipulationen im Rahmen eigensüchtigen, außerplanetarischen Kolonialismus' kam es vor hunderttausenden von Jahren zur Reduzierung der DNS jener Menschen und anderer Lebensformen auf der Erde. Seitdem waren wir geöffnet für die Polaritäten der unteren vier Erfahrungsebenen (Vertreibung aus dem Paradies). Wir brauchten und erhielten, ersatzweise für das gelöschte göttliche Harmonie-Programm, **neue Verhaltens-Programme**, die wir Religionen nennen – verschieden nach Zeitalter, Erdteilen und Kulturen. Diesen Programmen waren gewisse Konzepte beigefügt, die zum Ziel hatten, die Menschheit dazu zu bringen, ihr Selbstwertgefühl zu vermindern. Denn die Menschen sind und waren ewig spirituelle Wesen, genau wie alle anderen Geschöpfe innerhalb des Universums, also innerhalb der großen Gottesfamilie auch. Und genau dieses Bewußtsein sollten wir systematisch verlieren und haben es auch weitgehend verloren. Das Wissen, daß Gott (in uns) *für jeden von uns allzeit präsent ist*, wurde überdeckt von gottesfernen Demut-, Opfer-, Sühne- und analogen Schuld- und Ängste-Programmen.

Da wir leider das Endergebnis dieses Prozesses hautnah erleben dürfen, gehört nicht so viel Vorstellungsgabe dazu, sich all die Programmierungen der dazwischenliegenden Äonen ausmalen zu können. Immer mehr rein-irdische Programme kamen auf den Lebens-Markt und immer öfter kam es zu *Crashs*, weil die menschliche Evolution immer wieder durch die Selbst-Zerstörung der Zivilisationen zurückfiel. Es war ein Zurück in die Errors der Barbarei und dann in den Neubeginn der nächsten Zivilisation mit neuen Programm-Testierungen.

Durch den Einfluß kosmischer Zyklen waren es auch periodische Programm-Defragmentierungen mit entsprechenden Verlusten wie zum Beispiel diejenige, die vor rund 13000 Erdenjahren abgelaufen ist. Unser Sonnensystem kam auf dem halben Orbit des Platonischen Weltenjahres zyklisch an den damaligen Wendepunkt und die Mutter Erde mußte sich von einem Teil der außer Rand und Band geratenen vierten Wurzelrasse der Atlanter trennen – mittels Magnetfeldveränderung samt Polsprung, kontinentalem Untergang und der uns überlieferten Sintflut. Außer den hochentwickelten Bewußtseinsträgern, die ins Lichtreich aufsteigen konnten, überlebten symbolisch gerade eine Arche voll Lebewesen und danach begann eine Evolutionsstrecke wieder aufs neue.

Menschheits- und Bewußtseins-Entwicklungs-Software wurde uns aber immer wieder von den Geistgeschwistern und auch von den Raumgeschwistern geliefert. Götter, Erlöser, Avatare, Propheten, Erleuchtete, Mystiker, Heilige und andere mehr waren **die göttlichen Informatiker**, die uns Menschen für die alten Programme *Updates* brachten oder anwenderfreundliche Anleitungen zu **individuellen Selbstprogrammierungen**.

Phantasiebegabte LeserInnen können nun den Faden weiterspinnen und sich ausdenken, welche Bewußtseinsprogramme die menschliche Persönlichkeit im Laufe des Lebens – natürlich permanent untereinander im Zugriff - steuern: restliches Harmonie-Kurzprogramm in unserem Inneren, archetypische Programme in unserem Unterbewußtsein sowie astrologische (Geburtsstunde), genetische (Erbanlagen), gesellschaftliche (Erziehung und Umfeld), konfessionelle (Glauben) und karmische (Lebenssinn).

Ihnen fällt sicher noch weitere Software ein und ich hoffe, mit diesen Gedanken sehr viel Anregung zu eigenen Weltbild-Veränderungen und akuten Updates präsentiert zu haben. Und löschen Sie zwischendurch bremsende Daten mittels einer Setup-CD-ROM mit dem Titel ‚Liebe, die frei von jedem Urteil ist'. Viel Erfolg und allgemein: Vorsicht bei Sonderangeboten!

Das Gesetz der Resonanz

Das ‚Universelle Prinzip der Anziehung der Gleichart' oder auch *mächtiges Gesetz der Resonanz* genannt, erklärt die bewußte wie auch unbewußte Übertragung von Energie: *Jede Schwingung überträgt die in ihr wirkende Energie auf jeden gleichschwingenden Körper* (von lat. *resonare* zurückklingen). Das Gesetz wirkt nur im Geistigen, dem Feinstofflichen oder Subtilen. Oder auch anders ausgedrückt:

- **Was in der physischen Grobstofflichkeit als Polarität verstanden wird und sich durch Anziehung ausgleicht** (Gegensätze ziehen sich an),
- **erleben wir in der metaphysischen Feinstofflichkeit als die sich anziehende Resonanz** (Gleiches zieht Gleiches an), **welche die materiellen Polaritäten somit durch Umwandlung oder Transformation ausgleicht.**

Wenn wir uns immer wieder und aufs neue versuchen vorzustellen, daß wir und alles um uns herum aus schwingender Energie besteht, wird es schon viel verständlicher. **Nichts ist wirklich voneinander getrennt.** *Prof.Dr.Ernst Senkowski* versichert: *...alles ist mit Allem überlicht-schnell ganzheitlich verbunden.* Die Spezies der verschiedenen Lebensformen haben ihre spezifischen Energiefelder, auch morphogenetische Felder oder *informierte Energie* genannt. Diese informierte Energie auch als **energetische Information** zu sehen und zu ‚handhaben', bietet *Programmier-Möglichkeiten.*

Das *Gesetz der Resonanz* wird auch **Gesetz der Energie-Übertragung** genannt, denn *jede Schwingung überträgt die in ihr wirkende Energie auf jeden gleichschwingenden Körper.* Zwei Aspekte davon sind für uns betrachtenswert:

Erstens verstärken damit gleich-gestimmte Menschen gegenseitig ihre eigenen Schwingungen und genießen ‚vielfach' die dadurch erzielte Erlebnis-Intensität – vom Opernchor bis zum Rockspektakel, vom Protestmarsch bis zum Fußballtor. Oder trauern gemeinsam wie bei Prinzessin *Diana*.

Zweitens besitzen wir mit diesem Instrument die benötigte Programmiertechnik für die meisten der oben aufgeführten steuernden Lebensprogramme. **Der** *energetischen Information* **selbst ist es logischerweise gleichgültig, was sie informiert und wie das Programm aussieht, nur die Anwendung und der Anwender sind entscheidend.**

Informatiker aus dem Bereich der irdischen wie auch der diese unterstützenden außerirdischen Machtstrukturen beherrschen diese Klaviatur perfekt und schon seit sehr langem. In der Zeitschrift ‚Visionen' 2/99 schreibt unter dem Titel ‚Vernetzte Gesellschaft, der Tanz ums digitale Kalb' *Prof.Dr.Claus Erich*: *Die Netzwerke der Informatisierung sind, wie der Prozeß der Informatisierung selbst, global entgrenzt. Bei einer Übertragung mit Lichtgeschwindigkeit in Glasfasernetzen erscheint die Welt, wenn man sie nur aus dem Blickwinkel des Datentransfers betrachtet, leicht als ‚global village', als globales Dorf. [...] Die Erreichbarkeitslücken, die die Vernetzung als stationäres Übertragungssystem läßt, werden durch Mobilfunk, Handys, Autotelefon und tragbare Mini-PCs überwunden.*

Trotzdem verweise ich wieder auf die Tatsache, daß alle Kräfte in unserer polaren Lebensebene von beiden Polaritäts-Seiten - *Gut* und *Schlecht* - angewendet werden können. Somit auch beim Spiel mit Machtstrukturen via Informationen:

- Autosuggestive Macht, die unseren potenziellen *freien Willen* wieder freilegt, wobei wir selbst mit solchen Kenntnissen umzugehen lernen müssen, um damit im positiven und konstruktiven Sinne für unsere Gedankenenergie, unsere Zukunftsplanung, unsere Gesundheit und unsere Erfolge aktiv zu operieren.
- Manipulative Macht, wenn damit – nach Bedarf – ‚Informationen' abgelesen oder eingegeben werden können, die unseren angeborenen *freien Willen* damit einbetonieren, fokussieren oder umlenken. So entstehen Massenglaubensstrukturen, allgemeine Grundsätze, Erziehungssysteme und auch kulturell gültige Traditionen. Und brave, schlafmützige Massenkonsumenten oder Konsum-Sklaven.

Noch mal zurück zum fünften Kapitel der ‚Raumgeschwister' in Verbindung mit dem Thema **Manipulation**, die wohl im Bereich von UFOs, außerirdischen Zivilisationen und Raumgeschwistern jahrzehntelang außerordentlich gut zu funktionieren scheint. Denn Manipulation durch irdische Helfershelfer, die wir als für uns unbewußt registrieren, funktioniert dabei in zwei offensichtlichen Kanälen:

- Informations-Rückhaltung in Form von Kontrolle und Geheimhaltung und/oder Einsatz massiver Repressalien gegen Verleger und ihre Presseorgane, mutige Journalisten und Analytiker, eben olche Politiker, Beamte des Flugwesens und notfalls auch gegen private Augenzeugen und
- gesteuerte Fehlinformation in die Szenen der UFO-Forschung mit seinen Kongressen und des UFO-Kultes mit seinen verschiedenen Pressemedien durch gezielten In-put von falschen Informationen, unterwandernden Akteuren und millionenschwerem Hollywood-science-fiction-horror.

In der Bild-Zeitung vom 9.2.99 heißt es:
__Haben viele Piloten ein gemeinsames Geheimnis?__ Graham Sheppard (56), Ex-Flugkapitän von ‚British Airways', behauptet: „Jeder zehnte Pilot hat schon einmal ein UFO gesehen." Auch ihm selbst ist es schon mehrfach passiert. Sheppard: „Doch niemand spricht darüber, weil er Angst vor Publicity und Konsequenzen am Arbeitsplatz hat." Sheppard ließ sich frühpensionieren, nachdem er mit ‚British Airways' Ärger wegen eines TV-Auftrittes bekommen hatte.

Wenn man mit dem geringen Einblick, den dieses kleine, aber internationale Sachgebiet erlaubt, weiterdenkt, stellt sich doch ganz allgemein die wichtige Frage: **Wissen wir wirklich, was auf unserem Planeten geschieht?** Wir müssen diese Frage ganz klar verneinen. Auch wenn es jetzt in der namhaften UFO-Fachzeitschrift ‚Magazin 2000 plus' hoffnungsvoll heißt: *Wird das UFO-Cover-up gelüftet?* Es soll der US-Konreß offiziell eingeschaltet werden, generell auch über andere geheime Programme der Regierung zu berichten.

„In der Politik geschieht nichts zufällig !

Wenn etwas geschieht, kann man sicher sein, daß es auf diese Weise geplant war!" Dies erklärte kein geringerer als der karriere-erfahrene Jurist und US-Präsident *F.D.Roosevelt*, der aber auch 1943 erklärt haben soll: *Deutschland dürfe nicht mehr als Nation existieren* (FAZ vom 17.3.1998)[87].

Betrachten wir bei den aufzudeckenden Manipulationen vor allem solche, welchen wir Menschen-guten-Willens auch sonst noch ausgesetzt sein können. Das wirkliche Ausmaß wird wohl nie zu eruieren sein. Nämlich inwieweit es Vereinigungen gibt, die den wahren Kurs der globalen Ereignisse steuern und die alle Arten von verschlagenen, hinterhältigen Taktiken anwenden, um die Menschheit zu täuschen und ihre eigenen Absichten zu verdecken. In der Kürze, die in diesem Buche möglich ist, sind mir nur entsprechende Hinweise möglich, von denen ich vor allem zeitlich differenzierte Schwerpunkte sehe:

- Langzeit-Manipulationen aus dem Altertum, die wir in den Bereichen von außerirdischen Zivilisatoren und irdischen religiösen Priestersystemen vorfinden,
- Mittelfristige Manipulations-Konzepte, wie sie in unserem Jahrhundert überwiegend von Machtsystemen der Großindustrie, von Bankensystemen und globalen Geheimorganisationen ausgehen. Diese haben unvorstellbare Potentiale festigen können, da sie die explosionsartige Vermehrung der Menschheit im zwanzigsten Jahrhundert von 1,6 auf vermutlich 6 Milliarden am schnellsten ‚in den Griff' bekamen,
- Tages-Manipulationen, womit permanent zeitnah korrigiert, kontrolliert und reguliert wird, was nicht im Sinne des mittelfristigen Konzeptes beherrscht wird oder was aufgrund von ‚undichten Stellen' oder mutigen Forschern oder Journalisten ‚aus dem Griff' geraten könnte und
- Selbst-Manipulationen, unter denen wir den größten Manipulanten überhaupt sehen müssen, unseren eigenen Verstand. Oft ist dieser sogar gepaart mit unseren ebenso leicht zu manipulierenden Emotionen.

Wie schon aufgezeigt, könnten wir anstelle des Wortes Manipulation auch Programmieren verwenden. Sehen wir uns einige typische globale Programmiermöglichkeiten an.

Langfristige Manipulationen durch **regressive Planetarier** haben wir (mit Literaturhinweisen) bereits behandelt. Auf langfristige Steuerungsprogramme durch Priestersysteme und religiöse Konfessionen habe ich schon hingewiesen. **Vergangenheits-orientierte Glaubensorganisationen** haben stets Machtstrukturen aufbauen können, die es zu erhalten galt und wozu sich programmierbare ‚Heilige Schriften' bestens eignen. Die Update-Botschaft *Jesu* (*...ich werde bei euch sein...*) für ein gelebtes christliches Leben (wie sie teilweise noch in den später ‚nachgebesserten' und daher ebenfalls manipulierten Evangelien zu finden ist) wurde einerseits durch Dogmen, andererseits durch den Glauben an den Gott des Alten Testaments eingekerkert. Die beiden anderen Abrahamsreligionen, der Zionismus (des auserwählten Volkes) und der Islamismus (mit dem einzig wahren *Allah*) streben **heute weiterhin** noch gnadenlos, jeder für sich, die absolute theokratische Weltherrschaft an – jeder seinen archaischen ‚Gottesstaat', in dem die Religion Recht und Politik bestimmt.

Mittelfristige Manipulations-Konzepte sind durchweg gesellschaftliche Manipulationssysteme und inzwischen so vielfältig und feinst verzweigt, daß die Bücher und Berichte darüber nun doch gewaltig zunehmen. Trotz Mund-totmachens können diese Systeme den zu erwartenden Kollaps oder totalen *Crash* noch eine zeitlang aufhalten – aber auch der sei sogar schon ‚geplant', heißt es. Einige Stichworte dazu:

Turbo-Kapitalismus: Banken- und Wirtschafts-Imperien nehmen unvorstellbar mächtige, weltweite Größenordnungen an, so daß sich durch Entmachtung nationalstaatlicher Politiker und durch Ausbeutung menschlicher Arbeitskraft (durch Verlagerung nach dem Billiglohnprinzip) höchste kapitalistische Prinzipien erfüllen lassen. Altbundeskanzler *Helmut Schmidt* spricht dabei vom amerikanischen Raubtier-Kapitalismus.
Jürgen Schrempp, Chef des weltgrößten Automobilkonzerns, bekennt dagegen offen: ‚*...wir werden zu einer transatlantischen Union kommen. Und dann sollten wir es weiterführen und schließlich eine Weltunion bilden, ohne Grenzen zwischen den Ländern*'.[57] Außerdem lassen billionenschwere Buchgeld-Spekulationen das Geldverdienen mittels Internet boomen (global players) – ebenso die weltweite Arbeitslosigkeit.

Globalisierung ist das elegante Modewort für Monopolisierung, Entmachtung nationaler Regierungen und die Ziele der angestrebten luziferischen *Eine-Welt-Ordnung*. Politik, Wissenschaft, Wirtschaft, Rüstung, Handel, Kultur, Medien wie auch Medizin und Ernährung (durch Gentechnik) - dies und vieles mehr wird gnadenlos manipuliert. Achten Sie auf die neuen Schlagworte dieses Jahrhunderts, Worte wie Weltgericht, Weltkrieg, Weltklerus, Weltliteratur, Weltmacht, Weltmarktpreis, Weltmeisterschaft, Worldcup, Weltpolitik, Weltpolizei, Weltpresse, Weltreligion, Weltsprache, Weltwährungssystem, Weltwirtschaft und ähnliches mehr. (Per Gesetz wurde die Deutsche Bundesbank am 1.1.1999 entmachtet und aufgelöst. Die Goldreserven der Nationen gehen in den Besitz der Weltbank über, die von einer einzigen Organisation als Werkzeug kontrolliert wird. Kritische Autoren, die über diese Themen berichten, werden mundtot gemacht, ihre Schriften als volksverhetzend verboten[94]. Nach einem geheimen Staatsvertrag vom 21.5.1949 soll Westdeutschland seine Goldreserven sowieso bereits an die Alliierten verpfändet gehabt haben.)

Weltweite Überwachung durch die US-Militärmacht mit geheimen Techniken wie UFOs, Satelliten und elektromagnetischen (Waffen)-Systemen. Über die Einführung von Chips in den Alltag, Metallstreifen in Geldscheinen, Mastensysteme der Mobil-Telekommunikation, usw. wird die Menschheit ‚transparent' gehalten. Lokale Kriege werden zur Ablenkung der Menschheitsinteressen inszeniert, um möglichst nicht zum Nach-denken, zu Gedankenaustausch und Selbstprogrammieren zu kommen. In der Fernsehsendung ‚Plus-Minus' des ARD am 14.4.98 wurde berichtet,

*...daß bei uns angeblich seit vielen Jahren **alle** E-Mails, Faxe und Telefonate vom Geheimdienst der USA abgehört werden. Interessantes wird an die eigene Zentrale weitergeleitet. All dieses geschehe mit Wissen und Duldung der Bundesregierung, obwohl der deutschen Wirtschaft allein durch die so verübte Wirtschaftsspionage jährliche Milliardenverluste entstehen. Der deutsche Verfassungsschutz darf mit ‚Rücksicht auf Verbündete' nicht aktiv werden. Freunde sind eben Freunde.*

Absprache-Gesellschaften kann man die verschiedenen Machtsysteme zusammenfassend bezeichnen: Illuminaten, Geheimbünde und getarnte Weltorganisationen, UNO, familiäre Kapital- und Bankensysteme, Preise-und-Titelverleihende wie auch Forschung-und-Patente-steuernde Organisationen[145], planmäßige Unterwanderung generell aller nicht beteiligten Gesellschaften und vieles mehr.

Informations-Monopole wurden zu perfekten Steuerungsinstrumenten, seit in den fünfziger Jahren die Revolutionierung der Informationstechnik einsetzte (‚dritte industrielle Revolution' nach *Robert Kurz*). Man nennt die modernen Massenmedien auch ‚Vierte Macht' im Staate (*Johannes Rothkranz*[61]). Tatsächlich kann der politisch-gesellschaftliche Einfluß von Fernsehen und Rundfunk, Film und Presse kaum unterschätzt werden, wo über die Inhalte bestimmt wird, die wir ‚öffentliche Meinung' nennen. Dazu schreibt der Privatdozent und Sachbuchautor *Dr. Claus Nordbruch* in seinem neuen Buch 'Sind Gedanken noch frei? Zensur in Deutschland'[92]: *Die öffentliche Meinung ist nichts anderes mehr als eine veröffentlichte Meinung.* Das aktuellste Beispiel ist in dem Buch ‚Die Akte Jan van Helsing'[87] offengelegt.

Das lateinische Wort *informare* bedeutet ja genau diese angewandte Technik: *formen, Form geben* und *in Form bringen*. Das und nichts anderes wird getan, auch wenn es um ‚Uniform' und ‚Konformität' geht. Wer über die eingeführten Agenturen von Presse und Fernsehen *sich-in-Form-bringen-läßt* und mit kanalisierten und programmierten Meinungen lebt und daher laufend vor-urteilt, ist selbst schuld, wenn nicht gar unterbewußt daran mitschuldig.

Die Zeitschrift ‚raum&zeit' berichtet dazu in ihrer Ausgabe 102/99:

Paul Sethe, Mitherausgeber der FAZ, aus Protest zurückgetreten: „Pressefreiheit ist die Freiheit von zweihundert reichen Leuten, ihre Meinung zu verbreiten."

John Swainton, der Herausgeber der weltweit bekannten Zeitung ‚New York Times', legte ein erschütterndes Bekenntnis ab: „Die freie Presse gibt es nicht. Sie, liebe Freunde, wissen das, und ich weiß es gleichfalls. Nicht ein einziger unter Ihnen würde es wagen, seine Meinung ehrlich und offen zu sagen. Das Gewerbe eines Publizisten ist es vielmehr, die Wahrheit zu zerstören, geradezu zu lügen, zu verdrehen, zu verleumden, zu Füßen des Mammons zu kuschen und sich selbst und sein Land und seine Rasse um des täglichen Brotes willen wieder und wieder zu verkaufen. Wir sind Werkzeuge und Hörige der Finanzgewaltigen hinter den Kulissen. Wir sind die Marionetten, die hüpfen und tanzen, wenn sie am Draht ziehen. Unser Können, unsere Fähigkeiten und selbst unser Leben gehören diesen Männern. Wir sind nichts als intellektuelle Prostituierte."

‚Herr über das Denken der Massen' wird der anglo-amerikanische Medienmagnat *Rupert Murdoch* bezeichnet, der mit seinem Imperium zwei Drittel der Menschheit erreicht. Von dem Hollywood-Regisseur *Mike Nichols* stammt folgende sarkastische Feststellung[93], die wir am besten mehrfach lesen oder auswendig lernen:

Eine Handvoll Menschen kontrolliert die Medien der Welt. Derzeit sind es etwa noch sechs solcher Menschen, bald werden es nur noch vier sein – und sie werden dann alles umfassen: alle Zeitungen, alle Magazine, alle Filme, alles Fernsehen. Es gab einmal eine Zeit, da gab es verschiedene Meinungen, Haltungen in den Medien. Heute gibt es nur noch eine Meinung, die zu formen vier, fünf Tage dauert – dann ist es jedermanns Meinung.

Speziell für die BRD soll es außerdem den schon erwähnten geheimen Staatsvertrag vom 21.5.1949 geben, in dem vereinbart worden ist, daß die Medienhoheit der alliierten Mächte über deutsche Zeitungs- und Rundfunkmedien bis zum Jahre 2099 gelte.

Bewußtseins-Manipulation mittels fluoridierten Trinkwassers, um den Widerstand der Massen gegen die Beherrschung und Kontrolle und den Verlust der Freiheit zu verringern. „*Jeder, der künstlich fluoriertes Wasser für ein Jahr und länger zu sich nimmt, wird niemals mehr der gleiche sein, nicht geistig, nicht körperlich*"[101]. Außer auf diese weist der Begründer der ‚Schule für multidimensionales Bewußtsein‘, *Martin Strübin,* auf eine weitere Bewußtseinsmanipulation hin und befaßt sich mit dem künstlichen Zeitsystem des Vatikans und des Gregorianischen Kalenders[99].

Psycho-Steuerung beziehungsweise Programmierung findet rund um die Uhr statt: ganz offen über das Fernsehen wie auch über aggressiven Disco- und Rock-Lärm, verbunden mit niederen, orgastischen Rhythmen (Rap, Techno, House u.ä.), aber auch über Subliminals (lat. *unterschwellig*) mit gesteuerten ‚Botschaften‘ und bei Bedarf über Satelliten. Durch Ablenkung, zunehmende Informationsflut und maßlose Unterhaltung wird kritisches Mitdenken behindert (tittytainment[147]). Auf die damit bedingte Reizüberflutung reagiert das menschliche Gehirn, indem es eine Art Schutzwall aufbaut und die Reizschwelle heraufsetzt. Der Mensch wird abgestumpft, weniger sensibel für Sinnesreize und somit auch gefühlsärmer. Wir können manchmal an uns selbst schon beobachten, daß wir manche Tagesereignisse immer weniger *gefühlsmäßig* verarbeiten können oder wollen. Ein Regimekritiker schrieb: *...einen Bildschirm für alle und ihr sitzt in der Falle.*

Drei weitere Zitate zur **Macht und schwarzen Magie des Fernsehens**, mit der wir ja auch täglich spielen dürfen, möchte ich beispielhaft anführen. Die *esotera* 1/99 schreibt:

> *Es gibt vielleicht keine größere Gefahr als die Hypnose des kommerziellen Fernsehens, die die Menschheit von ihrem größten Potential ablenkt. Indem wir das Fernsehen auf kommerziellen Erfolg programmieren, programmieren wir die Geisteshaltung von ganzen Zivilisationen auf evolutionären Stillstand und ökologischen Mißerfolg. Und dabei ist noch gar nicht die Rede von den Denk- und emotionalen Mustern der Gewalt und Gier, mit denen die Zuschauer bestimmter Programme manipuliert werden.*

Unter der Überschrift ‚Homo connectus – quo vadis?‘ schreibt *Frank Sunn*[104] zu den Visionen *George Orwell's* und der Macht des Bildschirmes:

> *Der reale Kontakt mit der Welt soll zunehmend mit dem virtuellen Kontakt über den Bildschirm ersetzt werden. Das eigene Denken wird gelähmt, denn nur durch echte Aktivität würde es wirkungsvoll belebt werden können. Das intellektuelle Denken wird immer passiver und unsere Seele wird zum Zuschauer der Welt. Es entwickelt sich eine zunehmende Beziehungslosigkeit zur realen Welt. Bei ständigem Bildschirmkontakt*

„wird das Herz träge, das Mitleid erstirbt, das Gewissen schläft ein, der Realitätsbezug des Denkens geht verloren."

Und in der Zeitschrift ‚raum&zeit, die neue Dimension der Wissenschaft' Nr. 79 erklärt uns *Klaus G. Walter* in seinem Artikel ‚So werden wir manipuliert':

Das Logo der Internationalen Funkausstellung in Berlin *symbolisiert die Manipulation des Menschen: Ein Kopf, der von der Mitwelt durch die Mattscheibe des Fernsehers getrennt wird, mit Pfeilen auf das Auge und das Ohr, jedoch ohne Mund, mit dem er sich artikulieren könnte. Der Mensch ist nur noch als Empfänger geplant ohne eigene Persönlichkeit, ohne Individualität, ohne eigenständiges Bewußtsein. Die geballte Macht der Medien lullt uns ein, nimmt uns fühlbar Lebensenergie und Eigendynamik, ohne die schöpferisches Handeln nicht möglich ist. Es wird höchste Zeit, sich dagegen zur Wehr zu setzen. Abschalten heißt die Devise!*

Die Stellungnahme des Autoren *Udo Brückmann* in seinem Buch ‚Das Ende der Endzeit'[19] zum Thema Fernsehen lautet:

Die Schlechtigkeit unserer ‚verteufelten' Realität wird uns durch die Medien wie in einer Art ‚Gehirnwäsche' geradezu aufgedrängt. Reicht die Dosis der Ablenkung nicht aus, wirft man noch ein paar verwirrende ‚Angstmacher' in die Menge – und Angst erzeugt bekanntlich Blockierung. Auf eine betont bequeme Weise läßt man uns flüchten in eine bunte, zweidimensionale Welt der belanglosen Unterhaltung per Fernbedienung. Überlegen Sie einmal, ob **Sie** *zum Beispiel das Fernsehprogramm kontrollieren – **oder** ob das Fernsehgerät Sie kontrolliert? Es ist doch fast beängstigend (und ich schließe mich natürlich selbst mit ein), welche Präsenz und Selbstverständlichkeit dem Medium ‚Fernsehen' heute eingeräumt wird. Es gleicht schon einer menschlichen Selbstverspottung, den Fernseher im heimischen Wohnzimmer wie einen Altar mit kleinen Deckchen, Blumensträußen, Kerzen undsoweiter zu verehren. Opfergaben für den Götzendienst?*

Es geht nicht darum, die Medien abzuschaffen; es geht darum, sie zu durchschauen: wenn man um den Hintergrund eines Zaubertricks weiß, verliert dieser seine Faszination und zieht einen nicht mehr in seinen Bann.

Bezüglich Fernsehen geht auch *Satya von Alcyone* mit uns Irdischen hart um, eine Weisheitsgestalt, die das hochinteressante ‚Plejadisches Kursbuch'[53] gechannelt hat. Darin spricht sie von einem **Zombieland**, das sich global auszuweiten scheint. Hier starren die Menschen in Trance auf ihre Bildschirme. Das ‚Welt-Management-Team', mächtige Leute im Bankwesen, in den Medien, in den Regierungen und der Wirtschaftsmultis, regiert das Zombieland. Die Welt der Zombies sei über das Fernsehen völlig kontrolliert. Was die Plejadier am meisten an dem Zombieland amüsiert sei die Tatsache, daß die Menschen **nur den Stecker des Fernsehgerätes ziehen** müßten, und sie kämen wieder in ihre normale Welt zurück.

Lassen Sie mich Ihnen abschließend ein ausgefallenes Beispiel von Manipulation vorstellen, das die **mittelfristigen Konzepte** und Programme ausreichend beleuchtet, um sich überhaupt erst einmal auf eine solche Art zu Denken einstellen zu können. Die FAZ vom 11.2.1998 veröffentlichte eine unscheinbar aufgemachte Besprechung einer US-Studie unter der Überschrift ‚Die Heilung der Verwirrten'[51]:

*Der Gegenstand dieser Studie ist die 1944 einberufene Konferenz an der Columbia University unter der Schirmherrschaft des Außen- und Kriegsministeriums, auf der ein Expertenteam von Soziologen und Psychologen einen Dreistufenplan zur Demokratisierung Deutschlands erarbeitete. Die Konferenz leitete Talcott Parsons, ein berühmter US-Soziologe, dessen Expertise ‚Langfristiges Vorgehen beim Umgang mit Deutschland' eine ‚**vollständige Wandlung des deutschen Nationalcharakters**' beabsichtigte.*

Er sah die ideale Ausgangsbasis dafür in der kapitalistischen Wirtschaftsform. Machen wir sie zu waschechten Kapitalisten! [...] Der Parsons-Plan zur ‚vollständigen Wandlung' ging dann in den Marshall-Plan ein. Zum Auftakt dieser Umerziehung hatte Winston Churchill gesagt: ‚Macht die Deutschen fett und impotent'.

Als das gelungen war, schrieb der Oxforder Historiker A.J.P.Taylor: ‚In Kriegszeiten schien es, als sei die Deutsche Frage nur dadurch zu lösen, daß die Deutschen aufhörten zu existieren, und das haben sie nun auch wirklich getan. Zwar sind sie immer noch da, aber atomisiert, jeder für sich dahinlebend, gut verdienend, fleißig und wohlgenährt. Aber sie bereiten niemandem mehr Kopfzerbrechen, sich nicht und anderen nicht. Im Grunde wollen ja auch die Deutschen selbst nichts anderes als bei ihrem jetzigen Zustand zu bleiben, denn das Wirtschaftswunder behagt ihnen sehr. Man muß nur aufpassen, daß niemand kommt, der sie aus ihrem Schlaf aufrüttelt.'

Das modernste weltweite Steuersystem, das übergreifend alle oben beschriebenen Strukturen betrifft, systematisch aufgebaut wird und bereits zu einem Siegeszug sondergleichen angetreten ist, ist das **Internet mit dem www** (world-wide-web oder weltweites Netz, numerologisch 666). Der Grundstein für dieses perfekte System wurde in den USA durch das militärische Projekt ARPANET begründet. Inzwischen wird weltweit daran gearbeitet, durch kostengünstige Geräte und Nutzergebühren die Einbindung umfassend und ‚faszinierend' zu ermöglichen – privat, wirtschaftlich, wissenschaftlich und kulturell.

Keine Resonanz ohne Resonanzboden

Wir müssen, wie in den meisten anderen kritisierbaren beziehungsweise änderungsbedürftigen Lebensbereichen zuerst bei uns selbst beginnen, positiven Einfluß gegen derartige Programmierungen zu nehmen. Und dazu gibt es in der *Gesetzmäßigkeit der Resonanz* das **Prinzip der Resonanz-Fähigkeit.** Denn das einzelne Bewußtsein oder die einzelne Persönlichkeit besitzt mittels ihrer ***aktiv selbstbestimmenden Verantwortlichkeit*** oder aber ihrer ***passiv mitbestimmenden Massenbequemlichkeit*** <u>mächtige, schlummernde Steuerungsinstrumente</u>.

Alle Massenbewegungen basieren auf der Wirkung des Resonanzgesetzes und mit diesem Wissen muß es uns möglich sein, uns <u>individuell gezielt daraus auszuklinken</u>. **Nichts kommt zu uns, was nicht vorher von unserem Bewußten oder Unbewußten als Resonanzboden vorbereitet oder möglicherweise sogar angezogen wurde. Keinem Menschen widerfährt irgend etwas, wofür er im Unterbewußtsein nicht ein Resonanzprogramm hat.** Darüber gibt es heute weitläufig und vielfältig Literatur, aus der ich in Bezug auf Gegenreaktionen gegen Massenprogrammierungen drei Erkenntnisse der *Resonanzfähigkeit* darstellen und empfehlen möchte:

- **Gedanken-Selbstkontrolle und Positives Denken** sind geradezu ein Filter, in dem jedwede ungewollte Beeinflussung hängen bleibt. Solange wir uns **Sorgen und Ängste** in unser Denken pressen lassen, bleiben wir abhängig (manipulierte Schlagzeilen, Film und Fernsehen, Konfessionen und Gurus, Endzeitliteratur u.v.m.). Sobald wir uns frei und stark fühlen wie Gotteskinder und unseren gottgegebenen freien Willen selbstbewußt einsetzen, erzeugen wir eine *individuelle Eigenschwingung,* die für keinerlei Breitenbeeinflussung mehr offen steht.

- **Konkretes Wissen, Kenntnis und somit Erkenntnis** erzeugen in uns die Erhabenheit ob aller Manipulationsmöglichkeit. Jemand sagte einmal: *Es gibt keine dummen Menschen. Es sind nur viel zu viele unwissend.* Oberflächliche Ablenkung und satte Bäuche sind ein altes Rezept, unkritische Massen erzeugen und steuern zu können. Passende Ergänzung bietet eine stürmisch anwachsende Freizeitindustrie. Das imperiale Rom konnte seine korrupte Herrschaft auch lange mit der Doktrin *panem et circenses* (Brot und Spiele) erhalten. Auch das aktuelle Herrscher-Opfer-System hält sich mit gezielten Fehlinformationen und Informationslücken an der Macht. Beides zu korrigieren – Aufklärung tut dringend Not! - bedeutet **Kritik**, **Wissen** und **Erkenntnis**, allerdings verbunden mit dem persönlichen Einsatz, sich diese drei unbequemen Lebensqualitäten anzueignen. *Ruedi Hangartner* erklärte in einem seiner Seminare den ‚Rumpelstilzchen-Effekt': wenn ich weiß, woher etwas kommt (und gar den Namen kenne), lösen sich die Terror- und Beeinflussungsmöglichkeiten auf.

- **Licht und Liebe, das Überlicht,** ist mit seinen hohen Frequenzen der perfekte spirituelle Schutz vor den trägeren Schwingungen der manipulativen Energien. *Eine solche Entscheidung für ein Leben der Göttlichen Liebe, das heißt für den Weg des Lichtes, liegt ganz bei uns. Es ist im Grund eine völlig logische Entscheidung – erheblich logischer, als sich weiter mit einem Leben abzufinden, das von den Herrscher-Opfer-Regeln der dunklen Welt diktiert wird, die von den regressiven Außerirdischen und ihren menschlichen Verbündeten aufgestellt wurden.(Professor Horn)*[36]

Licht und Liebe bedeutet zugleich eine konkrete Verbindung zum Göttlichen (Licht) und zum Christusbewußtsein (Liebe, die frei von allem Urteil ist), welche mit dem althergebrachten Begriff **Gottvertrauen** uns
<u>einerseits angstlos werden läßt</u> – denn wer seinem Gott-in-sich zu vertrauen gelernt hat, braucht vor dem Rest der Welt keine Angst mehr zu haben, und
<u>andererseits loslassen läßt</u> – wie durch einen Löschbefehl – von all den bewußten und unbewußten Programmierungen unserer selbstsüchtigen Ellbogengesellschaft.

Und *Lumena Brigitta* schließt ihr Buch ‚Geboren im Licht - Höre den Ruf der Sterne'[42] mit der Zusicherung:
Das Universum wurde aus der Kraft der Liebe erschaffen, die Liebe ist die Schöpferkraft. Jedes Wesen, jeder Mensch, zieht wie ein Magnet das an, was es/er selbst ausstrahlt. **Wir sollen die Dunkelheit nicht bekämpfen, sondern die Liebe erwecken**, *das Herz öffnen und das Licht aussenden... Darum gibt es nichts, das gegen den eigenen Willen, unbewußt oder bewußt, geschehen würde.*

Im Buch ‚Mutter Erde wehrt sich'[39] wird folgendes Channel der Raumgeschwister zitiert, das unsere diesbezüglichen Entscheidungen unterstützen soll (die Herausstellungen stammen von mir):
Legt euer Augenmerk auf die positiven Botschaften von uns, das heißt von Raumschwestern und Raumbrüdern der Interplanetarischen Konföderation. Registriert auch die Berichte über Entführungen, gebt ihnen aber bitte nicht so viel Energie, wie viele von euch dies bereits tun. Laßt eure ganze Aufmerksamkeit in eure geistig-seelische Entwicklung fließen, in die Verankerung von Licht und Liebe in euch und auf eurem Planeten. **Dies ist euer bester Schutz,** *denn mit der Schwingung von Angst zieht ihr genau das an, was ihr fürchtet, und nährt darüber hinaus die Mächte der Finsternis, die dies als Nahrung zur Aufrechterhaltung ihrer Macht auf eurem Planeten brauchen.* **Umgebt euch mit freudvollen und friedfertigen Menschen und labt eure Seelen durch erhebende Dinge.** *Erkennt die Absicht, die dahintersteht, wenn man versucht, euch zu ängstigen und zu verunsichern. Eure Machthaber setzen alles daran, um diesen Zustand der Angst auf Massenebene zu erreichen, denn dann kann man euch leicht beherrschen und alles verhindern, was euch in eure Freiheit führen könnte.*

Im ‚Plejadischen Kursbuch – Fahrplan für das Zeitalter des Lichts'[53] werden wir ebenfalls gewarnt, allerdings auch auf das einfachste Steuerungsinstrument hingewiesen, nämlich die Mitfinanzierung, durch die wir dieses System unterstützen:

Woher wißt ihr, wann ihr wirklich von diesen Kräften manipuliert werdet? Ganz einfach. Jedesmal, wenn ihr ein wirklich ungutes Gefühl über irgend etwas aus den Medien habt, schaltet den Fernseher aus oder verlaßt das Theater. **Solange ihr bereit seid, für eure Manipulation zu bezahlen, wird es viele sogenannte Künstler geben, die euch gerne zu Diensten sind.** *Wir warnen euch, Menschen: Entzieht euren Körper und euer Bewußtsein allen Gewaltsituationen, mit Ausnahme derer, in denen ihr etwas tun könnt, um besänftigend einzuwirken. Seht euch keine Unfälle, Erschießungen oder verhungernde Menschen an, wenn ihr nicht Erste Hilfe leisten oder Nahrungsmittel besorgen könnt.* **Eure Aufmerksamkeit wird dabei abgelenkt, und ihr werdet in einer Situation fehlen, in der eure Aktivitäten mehr gefragt sind.**

Bis wir jedoch wirklich ‚verinnerlicht' haben, daß wir selbst sämtliche Ereignisse unseres Lebens in die Hand nehmen können, sind wir dem unterworfen, was andere für uns entscheiden. Erste Änderungen müssen wir somit bei uns selbst beginnen.

8. Kapitel

Gedankenkraft – die n-Dimension

Obwohl zu dem Themenkreis über **Gedanken** (= das Ergebnis eines Aktes des Denkens), Gedankenkraft und positives Denken eine Flut an Literatur samt Seminarangeboten vorhanden ist, möchte ich Sie mit einer speziellen Perspektive davon vertraut machen. Wie schon dargestellt, ist die menschliche Gedanken-Kraft mit ihren mächtigen Potentialen das schöpferische Erbe, das wir auf unseren irdischen Schulungsweg vom kosmisch-göttlichen Vater mitbekommen haben. Quasi als Erbmasse oder als Dharma oder als Pfunde, mit denen wir wuchern dürfen und sollen. **Gedanken sind immer Energie.** Wir alle unterschätzen dieses gigantische Potential (kommt vom lat. *potens* ‚mächtig') viel zu sehr, das uns ein Leben lang zur Verfügung steht.

Es gibt Physiker, wie einst der geniale *Nicola Tesla*, die halten die Gedankenenergie für die stärkste Energie überhaupt und andere bezweifeln, daß *Energie* überhaupt das richtige Wort dafür sei und wir dieses geistige Potential sicherlich noch nicht in vollem Umfange erkannt hätten. *Tesla* entdeckte schon vor fast einhundert Jahren, daß sich die *Gedankenschwingungen* in einer anderen Wellenform als Licht- und andere Energie-Wellen fortbewegen und nannte diese *longitudinalen* oder stehenden Wellen *Radiation*, die auch unter der physikalischen Bezeichnung **Skalarwellen** oder neuerdings *Vortex-Energie* bekannt sind. Er hatte schon festgestellt, daß diese massefreie Welle ungehindert durch die Erde laufen kann, ähnlich der später bewiesenen Neutrino-Strahlung.

Im ‚Magazin 2000 plus' 1/1999 schreibt *Barbara Thielmann* zum Thema ‚Gedanken sind Baumeister unserer Realität':

Durch Kenntnis des Prinzips der Schwingung, angewandt auf geistige Erscheinungen, kann der Mensch seinen Geist auf jeder beliebigen Stufe polarisieren und so vollkommene Kontrolle über seine geistigen Zustände, Stimmungen, Gesundheit usw. gewinnen. Das ist die wohl wünschenswerteste Erscheinungsform dieses Prinzips, wenn sie bewußt zum Wohle des Menschen praktiziert wird. Aber auf dieselbe Art kann man logischerweise auch den Geist anderer beeinflussen, indem man in ihnen geistige Zustände hervorruft. Kurz, man kann auf der geistigen Ebene dasselbe hervorrufen, wie es die Wissenschaft auf der physikalischen Ebene tut, nämlich Schwingungen nach Belieben und damit kann geschöpft, kreiert, manifestiert und verändert werden.

In der praktischen Anwendung gilt dieses ‚verheimlichte' Wissen vor allem für uns Menschen-guten-Willens, die brav und darüber ziemlich unaufgeklärt unsere täglichen Hausaufgaben machen. Leider allzuoft als kleingeistige Diener des Großkapitals und anderer irdischer Machtsysteme. Denn diese beherrschen es längst, mit dem gigantischen Potential von Gedankenenergien und den Techniken der Gedankensammlung und der Gedankenkonzentrationen in verschiedenen Formen gezielt destruktiv beziehungsweise erfolgsorientiert und machiavellistisch (machterhaltend) umzugehen. Dazu schreibt *Barbara Thielmann* weiter:

Daß es sich hierbei nicht um ein New Age Hirngespinst handelt, wo sich die Ausführenden hineinsteigern, zeigt die Herkunft dieser Techniken an. Sie wurden - und werden in ausgefeilter Form - von den Militärs und den Geheimdiensten auf der ganzen Welt praktiziert. Entweder wurden sie bereits im Dienste dieser Einrichtungen entwickelt (siehe Ron Hubbard; er arbeitete seine Dianetik während seiner Zeit bei der NSA = National Security Agency aus), oder sie wurden kurzerhand von den besagten Institutionen beschlagnahmt.

Um die positive und konstruktive Macht unserer schöpferischen und inter-dimensionalen Gedanken-Energie besser zu erkennen und neu zu definieren, behauptet der ungarische mediale Christusfreund *Janos Prucsi* folgendes: *unsere* **Gedanken sind eine eigene n-Dimension** *und als solche trotzdem noch weitgehend unerforscht*, denn

- Gedankenenergie ist **schneller als Lichtenergie**, genauer: sie ist ohne jede Zeitverzögerung allüberall. Telepathische Experimente haben bestätigt, daß der gedankliche Kontakt zur amerikanischen Mondkapsel auch hinter dem Erdtrabanten ohne Zeitverzögerung funktioniert, während es beim Bordfunk nur Funkstille gab[52].

- Gedankenenergie ist die **Ur-Energie** der Vollkommenheit, zu der *Meng-tse* (372-289), der große konfuzianische Philosoph, lehrte: *Alle Dinge sind Gedanken. Alles Leben ist Gedankenkraft in Tätigkeit, und alle Wesen sind verschiedenartigste Erscheinungsformen des ursprünglichen Gedankens. Gott ist Allgedanken.*

- Gedankenenergie **als göttliche Kraft** dringt durch alle Erfahrungsebenen und Dimensionen – von unserer materiellen dritten bis in die der göttlichen Einheit. Daher ist sie *inter-dimensional* oder wird selbst zur **n-Dimension**. Kommunikation als Channeling-Technik geht durch Raum und Zeit – die *Illusion* der beiden Bereiche löst sich damit auf. Erfahrungen damit kennt man sowohl aus der Mystik wie aus der Schwarz-Magie. Moderne erfolgreiche Forschungsergebnisse darüber landen stets in militärischen Schutzbereichen.

- Gedankenenergie wirkt **direkt-schöpferisch**, wenn sie von uns Irdischen bewußt eingesetzt wird, indem wir mittels Gedankenkonzentration wunschgemäß Gegenstände *materialisieren* (siehe Glossarium) und entstehen lassen können. Im Montauk-Stuhl sitzend, wurde durch Mechanik die Gedankenenergie so sehr verstärkt, daß nachweislich Gegenstände[62], später sogar lebende Formen ‚erschaffen' wurden. Das zeigt uns, daß auch wir irgendwann einmal wie *Jesus* Wasser in Wein verwandeln könnten.

- Gedankenenergie wirkt aber auch **prinzipiell schöpferisch,** denn sie ist Basis jeglicher menschlicher Formgebung, Gestaltung und Kreativität: von der Höhlenmalerei bis zum Kölner Dom, vom Lagerfeuer bis zum Atommeiler, vom Volkstanz bis zum Musical, vom Wecker bis zum Herzschrittmacher, vom Ochsenkarren bis zum Rennwagen undsoweiter - alles menschliche Schöpfungen, mit denen wir unsere Außenwelt ‚eigenwillig' und gedanklich gestalten durften und dürfen.

- Gedankenenergie **erschafft Elementale,** das heißt, daß jeder Gedanke innerhalb von neun Sekunden zuerst ein ‚Energie-Nest' bildet, das auf elementales Wachstum ausgerichtet ist. Elementale werden auch als die niederste Form des Geistes bezeichnet. Mit jedem weiteren ‚Drandenken' kommt das Elemental zu seinem Schöpfer zurück, tankt weitere Energie auf und wird dabei immer mächtiger und schließlich realisierungsfähig. Im Bereich von Gedankenresonanz kann sich dieses Elemental auch bei anderen gleichdenkenden Menschen Energie holen. Andererseits wird das Elemental immer schwächer, wenn es nach seiner ‚Erschaffung' nicht mehr weiter genährt wird, ohne weitere Aufmerksamkeit oder Resonanz bleibt und schließlich verhungert. Wie sein Schöpfer kann auch das Elemental gut oder schlecht sein. Es hat Macht, Energie und ein eigenes Leben. Hellsichtige und fortgeschrittene Mystiker können Elementale wahrnehmen.

- Gedankenenergie ist der **Schlüssel zu unserer Innenwelt,** wenn wir Gedanken-Selbstkontrolle lernen, denn die Qualität dieser Gedankenenergie bedarf ethischer Reinheit und muß frei sein von jeglicher Form des Urteilens und Verurteilens. Dann können wir damit uns, den anderen und der ganzen Welt Licht, Liebe und Harmonie schenken.

- Gedankenenergie als **ASW** (außersinnliche Wahrnehmung oder Paragnosie) wird in vielen Instituten getestet. Sie ist schrankenlos und durchdringt nachweislich Beton- und Bleiplatten. Piloten testen zum Beispiel, ob Flugzeuge mit Gedankenkraft zu steuern seien, *Dr. Andrew Junker* entwickelt ein *Cyberlink Interface,* womit durch ein Stirnband Gedankenkommandos übermittelt werden können und *Dr. Ray Bakay* hat ein einwachsendes Gehirnimplantat entwickelt, mit dem Behinderte ihre Gedanken direkt an einen Computer kommunizieren können (zwei beliebige Beispiele, alles Stand 1998).

- Gedankenenergie ist unsere **Zukunftsgestalterin** und damit sind wir auch unsere eigenen Schicksalsmacher und mitbeteiligt als Gestalter aller Seinsabläufe. Immer erfahren wir eine direkte Entsprechung unserer Gedanken. Denn all die bereits geschilderten Aspekte dieser mächtigen Gedankenenergie betreffen auch uns selbst. Es gibt Autoren, die sprechen von einem *Gedankenverwirklichungs-Gesetz*, für das der Wahrheitslehrer *Jesus* in seiner Lehre das Gleichnis von *Aussaat und Ernte* formuliert hat. Wenn wir Kartoffeln stecken, können wir uns davon ernähren, wenn wir Unkraut säen, sind wir dann mit dessen Ernte voll beschäftigt. Die Wahrheit dieses selbsttätigen Gesetzes wurde den Menschen leider von den großen Kirchen vorenthalten.

- Gedankenenergie ist das **Transportmittel** unserer Emotionen und Empfindungen. Denn unseren Gedanken liegen stets Empfindungen zugrunde. Es sind möglicherweise nicht einmal unsere Gedanken, die als Kraft von uns ausgehen, sondern die Empfindungen, die hinter den Gedanken liegen. Es heißt, sie seien die eigentlich wirksame geistige Kraft, die sich in die Gedankenformen kleidet und darin manifestiert.

- Gedankenenergie ist **dual** und kann wie alle uns Menschen zur Verfügung stehenden Kräfte sowohl positiv und konstruktiv wie auch negativ und destruktiv eingesetzt werden. Es kann damit geliebt, geheilt und erschaffen werden und es kann damit manipuliert, gehaßt und getötet werden. Beide Anwendungsformen können von uns aktiv oder passiv eingesetzt werden – verantwortlich sind immer und in jedem Fall als Anwender wir selbst.

- Gedankenenergie als **resonanzfähige Energie** wurde im vorausgegangenen Kapitel behandelt. Erinnern wir uns: unsere Gedanken und Glaubenssätze wirken wie Magneten, indem sie diejenigen äußeren Umstände anziehen, die der Qualität *unserer* Gedanken entsprechen.

- Gedankenenergie erhält **Stärke durch unsere Überzeugungskraft**, denn ‚...*uns geschieht nach unserem Glauben*' daran. Unsere Ängste, Verneinungen, Zweifel und Einschränkungen wie zum Beispiel ‚...*das funktioniert sowieso nicht*' schwächen die mächtigsten Gedankenkräfte wieder ab. Wenn uns *Jesus* zusicherte, ‚...*Glauben kann Berge versetzen*', dann ist

Glaube als eine solche Emotion gemeint, die unseren Gedanken das Rüstzeug zum Erfolg verleiht.

Das ist ein möglicherweise noch nicht erschöpfender Überblick über Gedankentechnologien und deren Anwendungsmöglichkeiten. Es liegt ganz alleine an uns, was wir in unserem Leben damit anstellen. Literatur darüber gibt es zuhauf und noch viel mehr bietet uns der Alltag Situationen, immer wieder und immer wieder, um dabei immer konsequenteres Gedanken-Training betreiben zu können. **Beginnen müssen wir damit jedoch schnellstens.**

Der französische, philosophische Schriftsteller *Albert Camus* (1913-60), Nobelpreisträger für Literatur 1957, erkannte tiefsinnig:

Viele Menschen sind unfähig, in einer Welt zu leben,
in der der ausgefallenste Gedanke
in Sekundenschnelle Wirklichkeit werden kann.

Den für jeden von uns *ganz persönlichen Aspekt eines verantwortungsvollen Umgangs* mit diesen sowohl technisch wie spirituell einsetzbaren Gedankenkräften hat der libanesische Dichter und Weisheitslehrer *Khalil Gibran* (1883-1931), der es verstand, arabische Mystik mit dem christlichen Geist der Bergpredigt zu vereinen, poetisch bekleidet wie:

Jeden Gedanken, den ich in Sprache eingekerkert habe,
muß ich durch meine Taten befreien.

Die noch schwierigeren Bereiche der **Gedankensäuberung** werden später an passender Stelle erwähnt. Gedankensäuberung benötigen wir für Visualisierungen, Meditationen und Gebete und natürlich auch für Potenzierungen, wie wir sie für die Höherentwicklung unseres grobstofflichen Körpers hin zu einem Lichtkörper benötigen werden.

9. Kapitel

Wider die Sinnkrisen

Millionen von Menschen fragen sich, welchen Sinn ihr Leben eigentlich habe. Die herrschende Meinung sagt inzwischen, das Leben auf unserem Planeten habe nichts mit Gott zu tun, sondern sei lediglich das Produkt eines glücklichen Zufalls. Doch ohne zu wissen, **woher** der Mensch kommt, **wozu** er da ist und **wohin** seine Persönlichkeit einmal gehen wird, kann er auf Dauer nicht leben und kommt früher oder später in eine Lebenskrise (*C.G.Jung*). Unser Umfeld zeigt uns, daß fast die ganze Menschheit Probleme damit hat.

Wir haben bisher viele verschiedene Lebensformen auf unserer Erde wie auch im Makrokosmos kennengelernt. Antikem Wissen und den alten Lehren nach sind diese Lebensformen **alle geistig belebte Gedankensplitter der göttlichen Einheit und Vollkommenheit** – die materiellen grobstofflichen wie auch die unsichtbaren feinstofflichen Lebensformen und Geschöpfe unseres Planeten.

Im Laufe der letzten zweitausend Jahre (des Fische-Zeitalters) hat sich aber diesbezüglich Grundlegendes verändert. Verallgemeinernd können wir erkennen, daß aufgrund der damaligen Lebensverhältnisse weitgehend kritikunfähige **Konfessions-Gläubige** fast aller Religionssysteme sehr leicht zu zufriedenstellenden An-Hängern ‚äußerlicher' Kulte eingebunden werden konnten. Die dahinter stehenden *religiösen* Machtsysteme wandelten sich dann mit der Zeit in *kirchlich-weltliche*. Erst im achtzehnten Jahrhundert kam es zur ‚Aufklärung' und danach fanden die ebenfalls veränderten Machthaber eben **Wissenschafts-Gläubige**. Deren Heil fand nun in neuen ‚äußeren Formen' der Zufriedenheit ihre Erfüllung. Aus machtlosen Arbeits-Sklaven des Altertums wurden danach dirigierbare Konsum-Sklaven. Aus unkritisch-naiven Kult-An-Hängern des vergangenen Jahrtausends wurden unkritisch-intelligente Workoholiker und krankhafte Egozentriker unserer Moderne. Und statt des jahrhundertelangen, abendländischen Lateins, der Sprache einer herrschenden Elite (Priester, Juristen und Ärzte), beherrschen uns heute die global vernetzten Computersysteme. Grund genug zu massiven Sinnkrisen.

Alle diese Beherrschungssysteme fürchten eines so wie *Graf Dracula* das Morgenlicht: **die Bewußtwerdung der bislang beherrschbaren Erdengeschwister**. Möglichst ohne Bewußtsein - ganz sicher aber ohne Selbst-Bewußtsein - ließe sich die Menschheit auch weiterhin recht gut managen. Auch wenn sie in diesem Jahrhundert von 1,6 auf vermutlich 6 Milliarden explodierte. Die vom Großkapital abhängige Forschung erfand für diese jedoch stets rechtzeitig die nötigen Technologien, um seinen Herrschaftsvorsprung zu erhalten.

Und mittels ausgeklügelter Desinformationen, Verwirrspiele und Ablenkungen, neuen Ablenkungen und nochmals Ablenkungen, weicht die Menschheit - auch trotz ihrer heutigen Intelligenz - noch immer jenen Fragen aus, deren Antworten und Erkenntnisse zwangsläufig zu einer allgemeinen Bewußtseinsentfaltung und damit zur **menschlichen Evolution** führen würden.

Denn dazu ist zuerst Selbst-Bewußtsein nötig und dazu wiederum Wissen über unseren göttlichen Ursprung und über unsere geistige Individualität und über Sinn und Zweck unseres menschlichen Daseins.

Wissen ist Macht hieß es schon im alten Rom. Doch der Wissensstand über unsere ehemalige Göttlichkeit und der entsprechenden Anforderungen an diese Göttlichkeit ist bei uns heutigen Menschen-guten-Willens zwischenzeitlich miserabler als in der Antike, die ich eingangs des ersten Buchteils erwähnt habe. Die Gottesvorstellung der Menschen wurde absichtlich verwirrt, um ihre spirituelle Entwicklung zu verhindern.

Start zu weltweiter menschlicher Bewußtseins-Evolution

Dazu benötigt der moderne, in naturwissenschaftlichen Kategorien denkende Mensch unserer Zeit **konkretes Wissen**. In unserem Fall: *Wissen über den eigentlichen Sinn unseres Lebens*. Fähig zu solchem neuen ‚religiösen Wissen' ist heute jedes der Erdengeschwister, wenn es aufgeweckt, aufgeschreckt und aufgeklärt wird. Im New-Age stehen **Wissen und Erkenntnis** der **Gläubigkeit** des Old-Age gegenüber. Solches Wissen über spirituelle Gesetzmäßigkeiten, die zu Erkenntnis (Gnosis) und menschlicher Bewußtseinsentfaltung und zuletzt allgemeiner Evolution führen, ist uralt, mußte aber während fast des ganzen Fische-Zeitalters mit seinen über zweitausend Jahren im Geheimen gehalten werden und stand nur wenigen Eingeweihten zur Verfügung. Esoterik nannte man das von alters her; das griechische Wort *esoteros* heißt ‚der Innere' und bedeutete früher ‚nur Eingeweihten zugänglich'. Heute ist dieses gehütete Wissen auf breiter Basis allgemein publik geworden – für den, der dafür interessiert ist[61].

Vier wichtige Grundsatzfragen müssen wir uns beantworten, um den erwähnten Ansprüchen näher zu kommen:
- Warum leben - offensichtlich sich selten nach dem Sinn des Lebens fragend - Milliarden von Erdengeschwistern auf unserem Planeten, beschäftigen sich hektisch mit viel Sinnlosem und wenig Sinnvollem, um zu irgendwelchen unlogischen Zeitpunkten ‚ausgelutscht' (oder auf neudeutsch *outburned*) wieder aus dem ‚Leben' zu scheiden ?

- Warum wird ein Teil der Menschen arm oder behindert und ein anderer Teil begütert oder olympiade-verdächtig geboren (um nur zwei bescheidene Aspekte unserer pluralistischen Gesellschaft zu erwähnen)?

- Warum läßt ‚Gott' jahrtausendelang Kriege, verschiedenste Formen von Katastrophen und generell furchtbares Leid und Elend zu, das ‚zufällig' und ‚sinnlos' einzelne Erdengeschwister oder ganze Regionen trifft?

- Wer bin ich? Bin ich ein vergängliches Wesen zwischen Leben und Tod? Bin ich gefangen im Rad der Wiedergeburt oder bin ich bereit, im Lichte des Heiligen Geistes zu unsterblichem Leben neugeboren zu werden (*Brückmann*)?

Diese vier Fragen haben eigentlich einen gemeinsamen Ursprung:

Erstens: Keine oder nur segmentierte oder gar falsche **Kenntnisse**, die den Menschen zur Verfügung stehen **über universelle Gesetzmäßigkeiten**, die bei obigen Fragen wirksam sind und/oder nicht erkannt werden sollen,

zweitens: **mangelndes Interesse** der ‚Zufalls-Gesellschaft' und der durch Genußsucht jeglicher Art abgelenkten oder mit dem Überleben beschäftigten Menschheit an aufklärenden Wahrheiten und deren Erkenntnissen, um damit die eigene Lebens-Verantwortung niedrig halten zu können,

drittens: **falsche Erwartungen** bezüglich einer ‚christlichen' Lebensführung. Die Annahme, ein Welterlöser werde uns von unseren inneren und äußeren Problemen befreien (passive Hoffnungs-Theologie), ist falsch. Nur der Weg der Selbst-Erlösung, also aktives Christentum, ist der Weg der ursprünglich genialen Lehre des Wahrheitslehrers *Jesu* und

viertens: ist der **Glaube an einen Gott** heutzutage besonders schwer geworden. Der ‚Gott der Bibel' ist bei kritischer Betrachtung sehr widersprüchlich und für rationale Denker unglaubwürdig geworden und die Wissenschaftler erklären unsere Welt sowieso längst *ohne einen Gott*. Eine Repräsentativerhebung des Data Concept-Instituts in Herford im Auftrag des Nachrichtenmagazins ‚Focus' ergab, daß sich zwar immer noch fünfundsechzig Prozent der Befragten an einen wie auch immer gearteten Glauben an Gott bekennen, doch nur noch achtzehn Prozent einen konfessionellen und personalen Gott definieren (esotera 9/99).

Es ist nicht möglich, in nur einem Kapitel meines Buches darstellen zu können, was genügend andere Autoren in größeren Spezialwerken darlegen, in Seminaren einüben und auf Kongressen demonstrieren. Daher mache ich auch die an mehr Wissen interessierten LeserInnen wieder nur mit dem entsprechenden Überblick, mit Denkanstößen und Entscheidungshilfen vertraut, die dann durch Fachliteratur selbst vertieft werden können.

In den oben aufgeführten Vier-Fragenkomplex greifen seit Menschengedenken drei fundamentale **Universelle Prinzipien** ein, auch *Große Geistesgesetze* genannt, die zugleich Basis vieler Religionen sind oder waren:

- Das unpersönliche Ordnungs-Prinzip der göttlichen Liebe,
- das ausgleichende Kausalitäts- oder Verursachungs-Prinzip und
- das Bewußtseins-Evolutions-Prinzip der Wiederverkörperung der Seelen.

Was versteht man unter Universellen Prinzipien? Die bekanntesten und für unseren Kulturraum ältesten Formulierungen sind die *Sieben Hermetischen Prinzipien,* die als **Hermetik** bezeichneten Weisheitslehren des atlantisch-altägyptisch-altgriechischen *Hermes Trismegistos*. Dieser Hermetik sind das Kausalitäts- und das Evolutions-Prinzip entnommen. Beide Prinzipien sind aber auch ähnlich definiert im indischen und fernöstlichen philosphisch-religiösen Raum zu finden. Durch die modernen Channelings wissen wir, daß alle drei Geistesgesetze auch im Kosmos Gültigkeit haben. Später gehe ich einzeln auf sie ein.

Schwieriger zu definieren ist dagegen der daraus zu folgernde und nur noch schwer erkennbare **Sinn des Lebens**. Aus philosophischer Sicht kennen wir den bescheidenen, aber zentralen Wunsch *...daß es etwas bedeuten möge, gelebt zu haben.* Ich konzentriere mich aber nur auf das Thema dieses Buches, den **heutigen spirituellen Sinn des Lebens** herauszuarbeiten, der uns endlich zu einem Aufstieg unseres Bewußtseins, zur Rückkehr desselben ins Licht und schließlich zu unserer seelischen Erlösung führen soll.

Den geistig-spirituellen Zweck einer Verkörperung in der Grobstofflichkeit können wir als das Vehikel eines zwar gefallenen, aber göttlich unsterblichen Bewußtseins sehen. Dann wäre der Sinn des ganzen:

- uns selbst kennenzulernen und die Möglichkeiten eines **individuellen Selbstbewußtseins**, unsere Persönlichkeit zu entwickeln, auszuloten und den Bewußtseins-Entfaltungs- und -Befreiungsweg einzuschlagen,

- unsere vom Schöpfer geerbten **schöpferischen Gedankenkräfte** und deren Spiel-Raum in verantwortlicher Weise zu trainieren und beherrschen zu lernen,

- dabei die Erkenntnis reifen und uns endlich ein-leuchten zu lassen, daß die **Liebe** (die aber frei von jedem Urteil sein muß) das größte und heiligste Gesetz des ganzen Universums darstellt,

- unsere Persönlichkeit mit ihrem unsterblichen Bewußtsein fortwährend (auf der gottfernsten Außenstation der Schöpfung) auf **Veredelung, Selbstvervollkommnung und innere Erleuchtung** trimmen zu dürfen,

- um schließlich von Leben zu Leben der inneren göttlichen Licht-Qualität, **der Vollkommenheit in uns,** näher zu kommen

- und endlich **Erlösung zu finden**, das heißt, der ‚väterlichen Einladung' zur Rückkehr Folge zu leisten und ins Lichtreich aufzusteigen.

Nicht wahr, dieses Sechs-Semester-Studium auf der irdischen Bewußtseins-Hochschule hat es in sich. Eigentlich hatten wir dazu jahrtausendelang Zeit und wir werden sie letztendlich auch noch weiterhin haben können. Aber unsere aktuelle Zeitenwende mit der ‚Kosmischen-Multi-Schnittstelle' ist Chance und Herausforderung zugleich, dieses Ziel sofort in den wenigen verbleibenden Jahren bis 2012 konsequent anzugehen und damit die Veränderungen zu überleben.

Das wäre dann zwar die steilste *Jakobsleiter*, die es je gab oder der schmalste Turbo-Weg hoch zum göttlichen Gipfel. Doch jedem von uns ist die Kraft dazu in dieses Leben mitgegeben worden und/oder sie wartet noch auf unseren dringenden Abruf. Der Wahrheitslehrer *Jesus* erklärte uns den Bewußtseins-Befreiungsweg schon zu Beginn des alten Äons, des Fische-Zeitalters, in Verbindung mit seiner Frohbotschaft und der Aufforderung „...ich bin der Weg!' In heutigen Worten können wir auch „...ich bin das Erlösungs-Programm' sagen.

Das ist die eindeutige Aufforderung zu unserer Selbsterlösung. Sagte er nicht auch, „...*das Gesetz ist im Leben?*' und legte sich mit den Schriftgelehrten an, weil sie den Buchstaben zum Gesetz erklärten, dabei aber völlig am Leben vorbei lehrten? Später haben auch wir ihn, den Helfer und Heiland, lieber millionenfach künstlerisch-wertvoll an Holzkreuze in unseren Zimmern und Kirchen angenagelt. Auf diese Weise wurde er uns eher zur Hürde als zu einer Sicherungsleiter auf dem Gipfelstieg zum Licht, den er uns zum Erreichen des Erlösungs-Zieles abfordert.

Und noch etwas sehr ‚menschliches' stellt ein modernes Handikap dar, das ich **Sein durch *Haben*** statt **Sein durch *Werden*** nennen möchte. Sein durch Haben ist statisch und haßt die Veränderung, Sein durch Werden bedeutet Wachstum und Reife. Wir können aber auch sagen: durch Sein und Haben gibt es kein Werden und daraus schließen: wir müssen uns mit Sein und Haben beschäftigen, um Werden zu können.

Was heißt das im einzelnen? Es geht hier wiederum um Dualitäten, denn das Sein durch Haben stellt überwiegend äußerliche Werte dar, während das Sein durch Werden mehr inneren Reichtum entstehen läßt. Werbe-Milliarden werden in unseren Wohlstandsländern jährlich ausgegeben, um uns Konsumenten vorzuführen, daß das Glücklich-sein sich erst erfüllt, wenn wir ‚Das oder Jenes' haben und damit den gewünschten Prestige-Konsum pflegen. Und es letztendlich Haben-orientiert zu be-sitzen. *Udo Brückmann*[19] nennt es beim Namen: *Individualität wird uns genommen, indem sie uns als Abziehbild vorgegaukelt wird.*

Das kann ja nicht der Sinn des Lebens sein. Auch wenn man uns von klein auf beibringt, in einer Leistungsgesellschaft zu leben: nur Leistung zählt und dadurch Erfolg und schließlich Geld und Haben. Doch dieses System hat uns im einzelnen wie im Kollektiv eben nicht weitergebracht. Wir werden viel zu viel damit beschäftigt, den äußeren, gesellschaftlichen Status zu bewahren, der oft nur Schein statt Sein ist.

Das hat alles System und lenkt uns von dem eigentlichen Teil des Sinnes unseres irdischen Lebens ab. Wir wissen alle, daß wir am Tage der Trennung nichts von unserem *Haben* mitnehmen können. Vom *Sein* jedoch nehmen wir alle Schwingungen des ethischen und spirituellen Lebens mit; vor allem aber all das, was wir durch Entfaltung, Wachstum und Reife unseres Selbst-Bewußtseins einbringen und was wir geworden sind. Wir müssen unser Leben als Schulungsweg ansehen, der uns von Klasse zu Klasse – von Leben zu Leben – der geforderten Vollkommenheit der Evangelien näherbringt oder dem Angebot der Zeitenwende, am Aufstieg ins Licht beteiligt zu sein.

‚Reich ist, wer weiß, daß er genug hat' lehrte vor über zwei Jahrtausenden der wohl bekannteste Philosoph der östlichen Menschheit, *Li* (ca. 604-517 v.Chr.), bekannt unter seinem Ehrennamen *Lao-tse*, Begründer der religiös-philosophischen Schule des Taoismus. Und auch er kannte diese Spielregeln des Lebens.

Sehen wir uns nun daraufhin die drei aufgeführten Universellen Prinzipien genauer an.

Das unpersönliche Ordnungs-Prinzip der göttlichen Liebe

Gemeint ist damit die Formel: **vor Gott sind alle Menschen gleich.** *Jesus* lehrte: Gott *...läßt seine Sonne aufgehen über Böse und Gute und läßt regnen über Gerechte und Ungerechte (Matth.5,45).* Dadurch, daß damals der Menschensohn *Jesus* den Christusgeist (alle Menschen sollen gleich sein) in unseren niederen und materiellen Bewußtseinsebenen manifestiert hatte und dies in seinem eigentlichen Sinn nicht erkannt wurde, entstand auch bei den Frühchristen schon bald ein **Erlösungsglauben**, der zu jener Zeit höchst opportun war und dreierlei Gründe hatte:

- der paulinisch-jüdische **Messias-Wunsch**, der mehr aus politischer denn religiöser Sicht nach einem Erlöser schrie,

- die römische Erlösergläubigkeit aus dem **Mithras-Kult**, der damals die Staatsreligion des Imperiums bildete und Jahr für Jahr in der Nacht des 24. Dezembers den Erlöser *Mithras* zur Welt kommen ließ und

- natürlich der **damalige Zeitgeist** generell, für den die demokratischen Gedanken menschlicher Gleichberechtigung - man denke an die Abhängigkeit von Sklaven und Frauen - die ‚Erlösung' aus einer Knechtschaft gebracht hätten, die für uns heutige Europäer unvorstellbar ist.

Dieses Universelle Prinzip trägt deshalb die Aussage ‚unpersönlich', weil es aus obiger Sicht vor Gott **absolute Chancengleichheit** und **keine Extras** für irgendwelche Geschöpfe gibt, keinen Spenden-Bonus, keine Bevorzugung irgendwelcher vermeintlicher Eliten wie ‚auserwähltes Volk', ‚alleinseligmachende Konfessionen', Nobel- und ähnliche Preise oder andere hochgelobte geozentrische Prädikate. Gott braucht keine Promis in der ersten Reihe, auch wenn sich edle und mutige Persönlichkeiten im Leben anstelle einer goldenen Nase einen Heiligenschein ver-*dient* haben. Denn einen solchen gibt es nur für *wirkliches Dienen* – das Maß allen menschlichen ego-minimierten Handelns, das Gott sicherlich beeindrucken könnte. Dabei ist Dienen keinesfalls kleingläubig und konfessionell eng zu definieren, sondern in geradezu schöpferischer Dimension ausgeweitet zu sehen: **allgemein dem Leben auf allen irdischen Ebenen zu dienen.**

Auf eine Ausnahme bin ich gestoßen, die das ‚menschliche Gleichheitsprinzip vor Gott' nicht zu betreffen scheint, wenn es heißt, daß geklonte, zombiähnliche Wesenheiten wie auch inkarnierte dämonische Entitäten, Werwölfe und Vampire (ein Geheimnis, das von Satan streng gehütet wird[173]) menschliche Körper annehmen und sich als Verführer unter uns Erdengeschwistern tummeln können (gemein, aber so steht es geschrieben).

Eine weitere denkbare Ausnahme des *unpersönlichen Ordnungsprinzips göttlicher Liebe* könnte noch die **Gnade Gottes** sein. Wir finden Beispiele (für kirchlich definierte Gnade) in den Schriften der Hebräer, unserem heutigen Alten Testament, aber auch in den Evangelien, aus denen uns mehrere klare Aussagen zur **Vergebung** erhalten sind und dessen bekanntestes und treffendes Beispiel im Vaterunser formuliert ist. Der kritische Erfolgsautor *Jo Conrad* schreibt in seinem neuen Buch ‚Zusammenhänge'[62]:

Jesus lehrte auch, daß Gott vergeben, Gnade walten lassen kann und dies auch tut, wenn wir bereit sind, ihm einen Schritt entgegenzukommen. Sonst könnten wir vieles, was wir in die Welt gesetzt haben und noch ‚abarbeiten' müssen, gar nicht aushalten.

Gnade, wie sie heute auch anders verstanden werden kann, werde ich in meinem Kapitel ‚Frohbotschaften' darstellen.

Gott ist Liebe! Ich behaupte das nun schon von Anfang an in diesem Buche, doch werde ich wohl auch LeserInnen haben, die hierbei immer noch zweifeln oder gar anderer Überzeugung sind – vor allem, wenn wir wieder einmal in den Nachrichten mit realistisch übermitteltem Leid von irgendwelchen Katastrophen überschüttet werden, die uns besonders nahe gehen. Das hängt mit dem unrealistischen ‚Gottesbild' zusammen, das wir uns aus unserer beschränkten irdischen Sicht immer noch von unserem Schöpfer machen. Oder etwas realistischer nachgehakt, das zu machen wir meistens möglichst vermeiden. Man ist ja mit wichtigerem beschäftigt.

Lassen Sie mich einige Stichworte zum heutigen, veränderten und angeblich diffus gewordenen Gottesbild darstellen:

- **das alte Gottesbild der Konfessionen**, in dem sich ausgeprägte Machtstrukturen durch überwiegend männliche Priestersysteme an einem (heute nicht mehr) bewährten Gottvater ‚mit Zuckerbrot und Peitsche' festhalten,

- **das ur-christliche Gottesbild**, das wir ‚versteckt' in den Evangelien finden können und über dessen ‚liebenden Vater' als Schöpfer ich eigentlich im ganzen Buche schreibe,

- **das mystische Gottesbild**, das als uraltes Thema nicht nur im Christentum lautet: ‚Gott-in-uns'. Dies ist das zeitgemäßeste Gottesbild, mit dessen Erkenntnis wir in das hochschwingende, lichtvolle Wassermann-Zeitalter aufsteigen und damit das ‚Lichtreich' erreichen können,

- **das liberale Gottesbild**, das FOCUS (14/99) speziell bei den Deutschen gefunden haben will. *Michael N. Ebertz* von der katholischen Fachhochschule Freiburg konstatierte für unsere Republik, *...daß schon immer das persönliche Gottesbild dominiert.* Er spricht von Individualisierung des Glaubens, Zuschnitt nach persönlichen Bedürfnissen im Rahmen der Lebenserfahrung und der Erkenntnisfähigkeiten. Trotzdem wirke diese Gläubigkeit oft ‚christentümlich',

- **das phantastische Gottesbild**, das die Suche nach einem neuen Begreifen manchmal überschwappen läßt, vor allem im Jugendbereich, aber auch in ethnischen oder schamanischen Glaubenswelten. Als Beispiel erwähne ich die Antwort einer dunkelhäutigen Amerikanerin auf die Frage, wie sie sich Gott vorstelle: *„First of all, I think she is black"* (*vor allem glaube ich, daß sie schwarz ist*). Diese Geistesschwingung spürte wohl auch der knallharte Glaubenswächter in Rom, *Kardinal Josef Ratzinger*, wenn er auf eine Interviewfrage neuerdings völlig unkatholisch zugestand, daß es *...so viele Wege zu Gott gibt, wie es Menschen gibt* und

- **das androgyne Gottesbild**, in dem von der männlichen Trinität Gottes (*der* Gottvater, *der* Sohn Gottes, *der* Heilige Geist) als antikes Bild der Staatskirche Roms allmählich abgegangen wird. *Papst Johannes Paul I.* erklärte schon 1978 in einer öffentlichen Audienz: *Gott ist Vater, und mehr noch, er ist uns Mutter.* Und sein Namensnachfolger *Johannes Paul II.* verkündete am 20.1.99: *Gott sei auch weiblich. Er vereinige in sich auch Eigenschaften, die üblicherweise der mütterlichen Liebe zugeordnet werden.* So klingt auch eine Botschaft der *Mutter Maria*, die von *Maria Ravahl* am Karfreitag 1998 empfangen wurde[97]:
Auch ich bin herabgestiegen aus den Sphären des Lichts, um euch das Licht zu bringen, um euch die Kraft der Mütterlichkeit zu bringen, den weiblichen Aspekt Gottes. Eins sind wir alle in diesem großen Werk.

Wenn wir in den Evangelien, einem Teil des Neuen Testaments, gezielt und ohne Vorprogrammierung **das Gottesbild zu begreifen versuchen**, das *Jesus* vermitteln wollte, erkennen wir, daß es im Vergleich mit dem nahenden Wassermann-Zeitalter bereits als ‚top-aktuell' anzusehen ist. Denn hierbei lehrten *Jesus* und seine ausschwärmenden Apostel das Gottesbild des *liebenden Vaters*. Das gleiche lehrten fast alle urchristlichen Kirchenväter, später die christlichen Mystiker des Mittelalters und alle, ausnahmslos alle Neuen Offenbarungen seit rund einhundertfünfzig Jahren. Denken Sie bitte zurück, was wir im Kapitel ‚Channelings' darüber gelesen haben. **Der Schöpfer unseres Universums ist nichts als reine Liebe –** in seiner unvorstellbaren Lichtfülle.

Warum haben wir dann aber trotzdem noch so ein anderes und antiquiertes **biblisches Gottesverständnis**: Gott würde uns strafen, verurteilen und verdammen, er schicke uns Seuchen und Leiden, er *verlasse* uns möglicherweise und andere ähnliche Drohmittel? Das hängt weitestgehend mit der Verbindung des Neuen mit dem Alten Testament zusammen, das heißt, als Bibel gibt es stets beide im Doppelpack. Das AT besitzt 1184 und das NT ganze 353 Seiten (meine eigene alte Hausbibel). Und das Dilemma ist, daß der rührige und begnadete *Prof. Dr. Martin Luther* alle in den hebräischen Schriften erwähnten Götternamen *Elohim, Baal, Zebaoth, El Schaddei, JHWH (Jahwe), Jehova (Metatron)* und *Adonai* als ‚HERR unser Gott' ins Deutsche übersetzt und damit der Christenheit die Chance, eine *Weltreligion der Liebe* zu werden, weitgehend vertan hat. Zwangsläufig kamen nun die unbegreiflichen Horrorbilder dieser völkermordenden und ‚eifernden' israelitischen, judäischen und hebräischen Volksgötter in die christliche Lehre und tragen bis heute dazu bei, Ängste unter uns Gläubigen aufzubauen und zu erhalten. Die Greueltaten im Alten Testament entsprechen nicht einer christlichen Vorstellung von einem *liebenden* Gott – wir lesen von siebzig Völkern und Stämmen, die dieser HERR in seinem Zorn zerstört hat (*Jo Conrad*).

Dadurch wurde die neue **Froh-Botschaft** des Wahrheitslehrers *Jesus* im damaligen New-Age des Fische-Zeitalters von einer altbewährten **Droh-Botschaft** überlagert und die Prinzipien der *Brüderlichkeit* (Erdengeschwister) und der demokratischen *Gleichheit-vor-Gott* wurden menschlichen Machtstrukturen geopfert. Denn diese hatten sich des anwachsenden Christentums seit dem vierten Jahrhundert bereits ‚angenommen'.

Jetzt, im New-Age-Abschnitt des Wassermann-Zeitalters, werden nun endlich die immer noch konfessionell weitergepflegten Ängste ausgeräumt, damit zugleich aber auch die Kirchen. Auch der Herrschaft des Papsttums ist seit Jahrhunderten das Ende prophezeit. **Christen, kirchliche und freikirchliche, abtrünnige und weltliche, erwachen jetzt und suchen den weitgehend unabhängigen Befreiungsweg** unserer sich entfaltenden Bewußtseine, im geistigen Verbund mit der noch viel größeren Anzahl von inzwischen **frustrierten Aussteigern unserer profitorientierten Ellbogengesellschaft**. Diesen allen stehen nun endlich viele Bewußtseinswege kosmos-weit offen – unter der immer gewaltiger werdenden und zunehmenden Einstrahlung kosmisch-reinen *Photonen-Lichtes* und göttlich-reinen *spirituellen Lichtes*, das immer noch dual gepaart ist mit der *Liebe*.

Das ausgleichende Kausal- oder Verursacher-Prinzip

Wie bringen wir nun die Fakten zusammen, die sich anscheinend wie Polaritäten oder Gegensätze gegenüberstehen: einerseits den wie reines Wunschdenken erscheinenden Gott-der-Liebe und andererseits die Realität einer Welt voller Geschöpfe, die genau das Gegenteil praktizieren, nämlich eine weitgehend lieb-lose Ellbogengesellschaftlichkeit?

Das Problem dabei ist meiner Meinung nach hauptsächlich und immer wieder die **Unaufgeklärtheit der Erdengeschwister**. Fakt ist (auch wenn ich mich wiederhole): Der Schöpfer ist nichts als reine, väterliche (besser ist *elterliche*) Liebe, aber er hat seinen Geschöpfen den *freien Willen* mit auf deren eigenen schöpfungsfähigen Entwicklungsweg mitgegeben, den diese absolut und zurecht kreativ ausnützen, allerdings weitgegehend nur zum eigenen Wohle.

Fast keine Religion und fast keine Philosophie klärt uns endlich darüber auf, daß für unser Schicksal nicht ‚Gottes Wille' verantwortlich ist, sondern ausschließlich **das universelle Prinzip von Ursache und Wirkung** gilt. Es wird auch **Kausalitäts-Prinzip genannt**. *Alles, was wir säen, müssen wir auch ernten.* Dieser Leitsatz stammt angeblich von dem römischen Staatsmann, Redner und Philosophen *Cicero* (106-43 v.Chr.).

Doch auch die Evangelien berichten uns, daß *Jesus* ebenso eindeutig diese Dualität vertreten hat und uns lehrte:
    oben *Abba, der liebende Gott-Vater* und
    unten *das selbstverantwortliche Gottes-Kind, das ernten muß,*
    was es gedanklich, in Worten und in Taten ausgesät hat.

Dies ist logisch, konsequent und schlichtweg genial. Es stellt präzise das **Verursachungs-Prinzip** dar, durch welches das Gottesgeschöpf *Homo sapiens* in völliger Freiheit wieder Vollkommenheit zu lernen und was es dabei vollverantwortlich zu tun und zu lassen hat - mit seinen geerbten schöpferischen Kräften.

Das Kausalitätsgesetz wird auch als das älteste Gesetz dieser Welt bezeichnet und taucht zusätzlich unter den Termini *Gesetz der Wechselwirkung* und *Gesetz des Ausgleichs* auf. Der Wortstamm *causa* kommt aus dem Latein und heißt *Ursache*. Die Beziehung zwischen Ursache und Wirkung kennt auch der Volksmund, wenn es heißt *...von nichts kommt nichts* oder *...wie man in den Wald ruft, so hallt es zurück*. Wer diese Gesetzmäßigkeiten erst einmal begriffen hat, kann sie wie einen Leitfaden sehen, der uns sofort darauf hinweist, wie weit wir selbst vernetzt sind mit dem Geschehen um uns herum.

Die Frage nach dem Sinn des Lebens bekommt allerdings durch diesen Inhalt den entscheidenden Ausdruck von Verantwortlichkeit, die logischerweise unbequem ist. *Dr. Walter Frank* schreibt dazu[95]:

Die menschliche Gesellschaft ist gespalten. Nicht nur in Knechte und Freie, sondern auch in solche mit und ohne Verantwortungsgefühl für diese Welt und unsere Nachkommenschaft. Während die einen nur ihren eigenen vermeintlichen Vorteilen nachjagen, machen sich andere nun zunehmend Gedanken auch um die Folgen ihres Tuns und Lassens. Dabei wußten und wissen die Weisen aller Zeitalter und Kulturen um die Verwobenheit alles Seienden, dessen eingebundener Teil auch ein jeglicher von uns ist. Wer das erkannt hat, der erkennt auch, daß kein Tun ohne Folgen ist nach dem Gesetz von Ursache und Wirkung. Schadenbewirkende Handlungen fallen also letztendlich auf ihre Verursacher zurück, die dann zu Sklaven ihres eigenen Un-Glücks werden. Einsichtige wissen aber auch um die Kehrseite dieser Regel: Wahres Glück ist nur in einem rechtschaffenen Leben zu finden, das die Bedürfnisse und Interessen der Mitwelt berücksichtigt. Auch das Gute kehrt eben zu seinen Veranlassern heim...

Kommen wir nun zu unserer aktuellen, brisanten Zeitenwende zurück. Jetzt muß analog obiger Gesetzmäßigkeiten endlich mehr Klarheit, Logik und System in unser Denken und Handeln einkehren und dazu biete ich (nach meiner Überzeugung) fünf hilfreiche, aber konsequente Denkansätze an:

- **Gott ist Liebe** (der „*Jesus*-Weg'): Christliches Leben, allerdings im Sinne des geschilderten und veränderten Gottesverständnisses, möglicherweise mit einem personifizierten Gottvater unseres sichtbaren Universums, aber verbessert definiert und damit effizienter im Sinne des Wahrheitslehrers *Jesus*,

- **das Göttliche ist Licht** (der ‚Weg der Zeitenwende'): für all diejenigen Erdengeschwister, die mit den konfessionellen Begriffen *Gott* und *Jesus* nicht überzeugend genug klarkommen. *Kosmisches Licht* oder *Photonen-Licht* wäre für Konfessionslose, was für die aktiven Christen das *Christus-Licht* darstellt. Es steht allen Erwachten zur Verfügung, die es zu ihrer geplanten Bewußtseinsentfaltung beziehungsweise zu einem von ihnen erkannten Veränderungsbedarf in unserer Zeitenwende ‚anfordern'. <u>Diesem schon lange vorbereiteten Aufstieg ins Licht</u> werden auch die dazu benötigten Energien zur Verfügung gestellt. Erinnern wir uns dabei an die Themen ‚Geistgeschwister' und ‚Raumgeschwister'.

- **Menschen-des-<u>sehr</u>-guten-Willens** möchte ich all jene Erdengeschwister nennen, die bereits erwacht im Sinne von New-age und Holismus bewußte Veränderung betreiben – an sich selbst oder oft schon im kleinen Umfeld oder gar schon global in der Öffentlichkeit. Und vermutlich ohne bewußten Auftrag, nur aus ihrer Berufung heraus. Hierbei wirkt sehr vielseitig und für uns unbewußt der *Mutter-Erde-Geist,* aber ebenso Impulse aus den Sphären der ‚Geistgeschwister' und ‚Raumgeschwister'. Um ausdrücken zu können, wie schwer solches Geschehen von uns schon zu erfassen ist, zitiere ich den Satz einer außerirdischen Botschaft, der mir nie mehr aus dem Sinn gehen wird und sich auf Personen bezog, die sich am Tage X in einer der riesigen Raumstädte als gerettet wiederfinden werden und der lautete: *Ihr werdet euch wundern, wer neben euch sitzt!* Die Stichworte dazu heißen *Dienst* und *Dienen* und betreffen alle Berufe und Berufungen, alle Religionen und Visionen. Darunter viele, viele ‚starke' Frauen. Der *Mutter-Erde-Geist* wie auch der *Mutter-Maria-Geist* treiben massiv erwachte und befreite New-Age-Femininität an als Ausgleich zum eingefahrenen ‚Old-Age-Machismo'.

- **Diese alle leben bereits in der bewußten Kausalität.** Wir Erdengeschwister (dieser drei aufgeführten Gruppierungen) haben schon längst gespürt und begriffen oder sind auf dem Wege dazu, daß wir Menschen selbstbewußt und selbst-verantwortlich *aktiv werden müssen*. Mit diesem bewußten Erfüllenwollen des Kausalitäts-Prinzipes wird dessen Einfluß auf das Geschehen in unserem Leben minimiert. Es erweitert sich die Bandbreite unseres Resonanzfeldes und entsprechend können wir uns den vermehrten Energiezuflüssen der Zeitenwende öffnen.

- **Alle anderen aber, die den Ego-Trip** in ihrem egozentrischen Leben weiter gehen und sich daran noch länger lustvoll festhalten wollen, werden mit diesen vermehrten Energiezuflüssen der Zeitenwende allergrößte Probleme bekommen. Durch ihr egobezogenes Fühlen und Denken können sie nicht in Resonanz kommen mit den oben beschriebenen Prämissen und ihren stärkenden und befreienden Kräften. Und somit geht die nötige Aufklärung, neues Wissen und bewußte Veränderung mit den unwahrscheinlichsten Begründungen und Entschuldigungen an ihnen vorbei.

Zum Verständnis dieses *Prinzips der Kausalität* und des nächsten, dem *Prinzip der geistig-seelischen Evolution,* bedarf es also **Erkenntnisfähigkeit**.
Folgende Überschrift zeigt aber noch eine weitere Gemeinsamkeit, die durch ihr globales Ausmaß leider als erschütternd zu bezeichnen, kaum beachtet und weitgehend als selbstverständlich zu bezeichnen ist:

Die bequemste Religion der Welt und ihre Zufalls-Gläubigen.

Ich behaupte, **jeder Mensch hat ein Glaubens-Bedürfnis.** Dies ist weder von Intelligenz, Bildung oder Erziehung, noch von Besitzverhältnissen (arm oder reich) oder Geschlecht (Frau oder Mann) abhängig. Und jeder Mensch wird dieses Glaubensbedürfnis befriedigen, bewußt oder unbewußt. Von der explosiv angewachsenen Menschheit von 1,6 auf 6 Milliarden innerhalb eines Jahrhunderts besitzt nur der kleinere Menschheitsteil (ob der bisher beschriebenen Gesetzmäßigkeiten) Wissen und Kenntnisse. Der weit größere Menschheitsteil hat daran sogar überwiegend Desinteresse. Ersatz-Ideologien sind im Trend. Und diese übernehmen natürlich die Befriedigung des erkannten Glaubensbedürfnisses. Somit können wir unterscheiden zwischen ‚überzeugtem Glauben' durch *Wissen* und ‚Pseudoglauben' durch *Unwissen*:

Überzeugten Glauben durch Wissen finden wir bei folgenden Glaubensrichtungen:
- bei vielen ernsthaften *Gläubigen* religiöser Konfessionen,
- bei den Anhängern der *Wiederverkörperungslehre* der Seelen und
- bei den Anhängern *okkulter Glaubenssysteme*, sowohl bei den weißmagisch dienenden, vor allem aber bei den schwarz-magischen satanischen Kulten. In beiden Bereichen gibt es Sekten, Orden und Logen, die mittels metaphysischer Techniken ihr Geheimwissen einsetzen. In der schwarzmagischen Szene sind es alle geheimen und getarnten Machtsysteme, die die Eine-Welt-Regierung anstreben. Und

Pseudo-Glauben durch Nicht-Wissen, Desinteresse und Ignoranz an religiösen Gesetzmäßigkeiten finden wir bei oberflächlichen Materialisten wie auch bei laschen Kirchengläubigen. Die Erdengeschwister beider Denkweisen lehnen jegliche Verquickung ihrer Lebensumstände mit göttlichen oder kosmischen Gesetzmäßigkeiten ab und flüchten sich einfach in die bequemste aller dummen Ausreden: **in den sogenannten Zufall.**
Somit ist der verbreitetste Glauben dieser Welt die ‚Religion' des Zufalls-Glaubens. *O sancta simplicitas!*

Denn es gibt keinen einzigen Zufall!

Zufall ist das, was angeblich ohne erkennbaren Grund und ohne Absicht geschieht – und so etwas gibt es eben nicht. Der niederländische Philosoph *Baruch de Spinoza* (1632-77) erklärte damals schon, daß *...das, was wir Zufall nennen, der Zufluchtsort der Unwissenheit ist.*

Außer wir sehen in dieser meist hilflosen Ausrede ‚Zufall' den eigentlichen Sinn des Wortes, was die Zufalls-Gläubigen natürlich keinesfalls so verstehen wollen. Wörtlich ist nämlich gemeint, es *fällt* etwas auf uns *zu*. Es fällt mir *zu*, was *zu* mir gehört und weil es *zu* mir will. Für den Wissenden unter uns ist dies somit eine Re-aktion auf eine vorausgegangene Aktion oder ist schlichtweg *Resonanz*. Diese Sichtweise gilt natürlich im positiven wie auch negativen Sinne. **Zufall ist das, was uns aufgrund unseres So-seins zu-fällt.** Auch Glück und Unglück sind nur Bezeichnungen für einen nicht erkennbaren Zusammenhang. In diesem Sinne ist Zufall weiter nichts als nicht erkannte Kausalität. *Prof. Dr. Franz Moser* erklärte dazu[65]:

Meine eigene Konsequenz aus den Ergebnissen der Quantentheorie war eben, daß es den Zufall nicht gibt. Das ist der große Scheideweg. Bei Jacques Monot und in der Wissenschaft finden wir, daß alles auf dem Zufall basiert, das Leben sei ein Zufall, wir seien zufällig in die Welt getreten, zufällig gingen wir aus der Unermeßlichkeit des Universums hervor und daher ist es an uns zu entscheiden, was zu tun ist.

Das Prinzip der Bewußtseins-Evolution, die Wiederverkörperung.

Diese Lehre der *Wiederverkörperung unseres unsterblichen Bewußtseins* habe ich auf der vorangegangenen Seite dem kleineren Teil der *Gläubigen dieser Welt* zugeordnet, die durch logisches Wissen zu dieser weltanschaulichen oder religiösen Überzeugung gefunden haben. Es müssen trotzdem fast zwei Milliarden Menschen sein, denn Buddhismus und Hinduismus haben ihre Lehren darauf aufgebaut. Dazu kommen die Weltanschauungen der Theosophen, Anthroposophen und fast aller Neugeist-Bewegungen, die der gnostischen Glaubensgemeinschaften wie auch vieler spirituell und mystisch ausgerichteter Gemeinschaften innerhalb aller anderen Weltreligionen. Die Liste der berühmten Dichter und Denker, die seit *Lessing* dieser Logik des Daseins wieder anhingen, ist seitenlang. Die moralbegründende Kraft der Lehre kommt immer stärker in den Vordergrund und *Friedrich Nietzsche* sah voraus: *Die Lehre der Wiedergeburt ist die Wende in der Geschichte der Menschheit.*

Für die dringende Bewußtseinsentfaltung der Menschen, wie sie unsere Zeitenwende benötigt, ist diese zufallsfreie Lebenssicht nicht notwendig, aber doch sehr hilfreich. Da es inzwischen auch darüber genügend seriöse Literatur zu kaufen gibt, streife ich dieses Thema in diesem Buch nur kurz (ausführlich habe ich es in meinem Buch JESUS 2000 behandelt).

Die Kurzbezeichnung **Wiedergeburt** heißt genauer *Re-inkarnation,* was aus dem Latein übertragen *zurück ins Fleisch* bedeutet. Die Hindus nennen sie *Samsara* (Geburtenkreislauf) und die Altgriechen nannten sie *Palingenesis,* die Lehre von der Wiederkehr der Seele in die Materie und dem wiederholten Er-

denleben als Mensch. *Pythagoras* (570-496 v.Chr.) wird als Vater der abendländischen Wiederverkörperungs-Philosophie angesehen. Im ‚Bellum Gallicum' berichtet Caesar von der Überzeugung der Germanen, daß *‚die Seelen nicht sterben, sondern nach dem Tode auf einen anderen Menschen übergehen, worin sie einen Hauptantrieb zur Tugend sehen, während die Todesfurcht in den Hintergrund tritt'*. Dies gilt generell für alle Keltenvölker:
Die Botschaft der Druiden besagt: Die Materie dient nur als äußere Hülle, als Stütze für die Seele, die von Inkarnation zu Inkarnation ihr wahres Selbst zu befreien sucht, um in Gwenwed, die Weiße Welt, einzutreten. Die Individualseele, Teil der kosmischen oder unerschaffenen Seele, muß alle Bereiche der Schöpfung zuvor kennenlernen (Bernard Vaillant in Buch 176).

Lehraussagen wie die *Seelenwanderung* oder die erneute Annahme von Tier- oder Pflanzen-Körpern sind Irrwege, wie sie leider in den Auslegungen fast aller Glaubenssysteme zu finden sind. Unter *Reinkarnation* verstehen wir heute die wiederholte Möglichkeit der Einverleibung, Verkörperung oder Inkarnation des unsterblichen Bewußtseins, um über erfahrungsbedingte Bewußtseinsentfaltung zu spiritueller Vollkommenheit zu gelangen. Der Wahrheitslehrer *Jesus* gab dieses Ziel vor ...*wenn ihr nicht vollkommen werdet wie euer Vater*....

Unser Christentum betreffend, möchte ich noch einige wichtige Hinweise geben. Die Lehren der *Essäer,* und damit auch deren Schüler *Jesus,* vertraten dazumal auch dieses Lebensgesetz und es war somit auch Glaubensgrundsatz der Frühchristen. Man hielt die *Präexistenz der Seele* damals noch für ein fundamentales Dogma, das im Konzil von 451 auch weiterhin als solches bekräftigt worden war.
Der Gedanke der Wiedergeburt ist im Judentum der Zeit Jesu offensichtlicher Volksglaube, schreibt der jüdische Gelehrte *Schalom ben Chorin* in seinem Buch ‚Bruder Jesus – Der Nazarener aus jüdischer Sicht'[70]. Später zeigte sich aber auch bei diesem wichtigen Grundsatzthema der entstandene Auslegungs-Zwist zwischen den frühchristlichen Kirchenvätern des griechischen Alexandrias und denen des zentralen Roms, obwohl auch hier die Präexistenz der menschlichen Seele Grundlage des *Mithras*-Kultes war (*Bellinger*).
Was dann noch später, nach der Thronbesteigung des Imperators *Justinian I.* geschah, ist historisch belegt und liest sich dabei wie ein Krimi. Ich kann hier nur kurz auf das Ergebnis selbst eingehen: Das *5. Heilige und Ökumenische Konzil* in Konstantinopel, das am 5.5.553 begann, entschied auf Druck des Imperators, daß von nun an die Lehre von der Präexistenz der Seele endgültig als Ketzerei zu gelten habe und jeder, der sie vertrete, mit fünfzehn Bannflüchen verdammt sei. Von den nahezu dreitausend Bischöfen des riesigen Imperiums waren ganze einhundertfünfundsechzig heilige Väter anwesend und die Wie-

derverkörperungslehre soll von diesem Gremium mit einer einzigen Stimme Mehrheit ‚verdammt' worden sein. Dazu lesen wir in der ‚Zeiten*Schrift*' 9/95: *Doch Dekrete und Gesetze allein können einen tief verwurzelten Glauben nicht so leicht ausradieren. Deshalb dauerte es einige Jahrhunderte, bis die Kirche endlich alle alten christlichen Schriften konfisziert, zerstört oder so stark verfälscht hatte, daß die Lehre der Wiederverkörperung nach und nach aus dem Bewußtsein der Gläubigen verschwand.*

Ein einziges Beispiel für eine derartige ‚Überarbeitung' der Evangelien möchte ich aber doch aufführen: die Stelle im Jakobusbrief 3,6. Die Texte des Neuen Testaments, die ich in diesem Buche zitiere, prüfe ich in meiner Ausgabe von *Nestle-Aland*, ‚Das Neue Testament, Griechisch und Deutsch', herausgegeben 1986 von der Deutschen Bibelgesellschaft Stuttgart (in dieser Ausgabe stehen Seite für Seite nebeneinander erstens der griechische Text, zweitens die revidierte Fassung der Lutherbibel von 1984 und drittens die Einheitsübersetzung der heiligen Schrift von 1979). Und im Falle der oben erwähnten *Jakobus*-Stelle findet sich im griechischen Text noch ein Überbleibsel des Reinkarnationsgedankens, denn es heißt da:

- Griechischer Text: ‚*trochos tes geneseos*' = *Rad der Geburt* beziehungsweise *Rad des Neuanfangs*.
- In der Einheitsübersetzung der Heiligen Schrift 1979 heißt es (was auch immer es bedeuten soll): ‚*das Rad des Lebens*',
- dagegen in der revidierten Fassung der Lutherbibel von 1984: *Luther* übersetzte diesen Begriff überhaupt nicht und fügte statt dessen drei ihm passende Wörter ein, nämlich ‚*die ganze Welt*'. Die lehrreiche Erkenntnis dieser Schriftstelle, daß das ‚Rad der Wiedergeburt' durch unsere unbeherrschte Zunge wieder in Brand gesetzt würde, geht damit verloren.

Dem Christentum hat diese Auszehrung merklich geschadet und ich möchte dabei nur auf drei grundsätzliche Defizite hinweisen:

- **Das Verurteilen anderer** hatte plötzlich keine erkennbaren Konsequenzen mehr und verschwand ganz aus der Wahrheitslehre *Jesu*, obwohl es klar heißt: *Richtet nicht, damit ihr nicht gerichtet werdet. Denn nach welchem Recht ihr richtet, werdet ihr gerichtet werden; und mit welchem Maß ihr meßt, wird euch gemessen werden.*
Dadurch wurde das, was wir Christen stolz für *christliche Nächstenliebe* halten, zu einer Geißel der Menschheit mit Inquisition, Völkermord und Zwangsmissionierung im Verbund mit weltweitem Kolonialismus.

- **Das Dienen** bedeutet in der Bewußtseins-Wiederverkörperungslehre, daß der ‚Höhere', da er ja durch viele absolvierte Erdenleben schon der Reifere ist, dem ‚Niederen' helfen müsse und der Weise dem Lernenden, dessen Bewußtseins-Entfaltung noch nicht so fortgeschritten ist – eben wie auf einem Schulungsplaneten üblich. Durch das Eliminieren dieses Lehrgrundsatzes wertete sich das Christentum selbst zu den gleichen primitiven Kirchensystemen ab wie die meisten Religionen, in denen *der Untere dem Oberen* zu dienen habe.

- **Der Selbsterlösungscharakter** der genialen Lehre *Jesu* verkam endgültig, denn individuelle Selbst-Verantwortung fand keinen logischen Sinn mehr in der Kirchenlehre. Mit einer ‚pauschalen' Auferstehung des Leibes in Gottes Neuer Welt (am Jüngsten Tag) entwickelte sich ersatzweise eine gleichfalls pauschale christliche Hoffnungs-Theologie. Individualisierende Evangelientexte wie *...mit welchem Maß ihr messet, wird euch gemessen werden* oder *...was der Mensch sät, das wird er ernten* oder *...daß alles getilgt werden muß, bis zum letzten Heller* wurden zu losen Worthülsen.

Auf zwei profane, nichtkirchliche Argumente, die für die Bewußtseins-Wiederverkörperungslehre sprechen, möchte ich noch hinweisen. Eine ist die philosophische Frage, **woher die verschiedenen Schicksale der Menschen** kommen – von der Genialität bis hin zum Behindertsein. Unserem liebenden Schöpfer können wir das nicht auch noch anhängen. <u>Die Erklärung dafür liefert einzig und allein die Reinkarnationslehre.</u> Schicksal oder *Fatum* ist zwar Geschick und geschickt, aber nicht vom Schöpfer. Der hätte viel zu tun (bitte kosmisch denken!) und überläßt es den Automatismen seiner universellen Gesetzmäßigkeiten und Prinzipien. Viele Geistgeschwister, die große Seelenfamilie und das Höhere Selbst des jeweiligen inkarnierten Bewußtseins sorgen mittels *Schick*-sal oder gar Schicksals-*Schlägen* dafür, daß die Bewußtseinspersönlichkeit wieder auf ihren vorgeplanten Lebensweg zurückgedrängelt wird.

Immer wieder müssen wir bedauern, wie sehr altgriechisches und urchristliches Wissen verlorengegangen ist, denn der griechische ‚lachende Philosph' *Demokritos* (460-370) lehrte völlig eindeutig:
Allerwärts klagt der Mensch Natur und Schicksal an und sein Schicksal ist doch in der Regel nur Nachklang seines Charakters, seiner Leidenschaften, Fehler und Schwächen.

Der zweite wichtige Punkt ist **die Gerechtigkeit auf Erden.** Schamlos nützen die Selbstgerechten aus, was konfessionelle Drohungen, behördliche Gesetzeslücken und Ängste der Manipulierten nicht zustande bringen: Respekt vor einem perfekten kosmischen Abrechnungssystem, dem keine Schlechtigkeit auf Erden entgeht und einem Lebens-Bilanzierungssystem, das programmiert ist *bis auf den letzten Heller* abzubuchen.

Auf einen weiteren, aber sehr kritischen Punkt, **das elitäre Empfinden,** muß ich warnend hinweisen. Vor einer Entwicklung, wie sie im Kasten-System der Hindus durch das menschliche Ego ausartete, warnt die geistige Welt alle, die auf ihrem Bewußtseins-Evolutionsweg sind. Gemeint sind vor allem auch die zu vehementen ‚Logiker' der Seelen-Wiederverkörperungslehre, wenn es unter der Überschrift ‚Alle seid ihr Perlen...' [69]:

*Urteilt und verurteilt nicht jene, die den einfließenden Christusgeist **noch nicht richtig fassen können!** Hütet euch vor geistigem Hochmut! **Alle** seid ihr Kinder eines Vaters. Fällt eine Perle in den Schmutz, ist sie doch für den Vater deshalb nicht weniger wert, sie muß doch nur etwas gesäubert und poliert werden. Alle sind sie gleich wertvoll, nur in verschiedenen Entwicklungsstufen. Deshalb sage Ich euch: Hütet euch vor geistigem Hochmut. **Wälzt euch nicht in der Einbildung, geistig reifer und weiter zu sein**, denn so werdet ihr wieder weit zurückfallen in eurer Entwicklungsstufe. Ja, ‚irdische Meister', Menschen, deren Glauben groß war, sind schon gestrandet beziehungsweise in ihrer Entwicklungsstufe steckengeblieben, nur wegen dieses kleinen Egos – der menschlich-irdische Teil der Seele, der eine große Zerstörungswaffe gegen sich selbst und seinen geistigen Aufstieg ist. Das Egobewußtsein hat keinen Platz, meine Kinder, im Friedensreich der Liebe. Außerdem hat jeder von euch dieselbe Stufe schon gehen müssen.*

Belassen wir es damit als mögliche Anregung für die mit dieser Weltanschauung noch nicht vertrauten LeserInnen. Dieses *Universelle Prinzip* wird uns nicht nur aus der geistigen Welt bestätigt, sondern es wird vor allem seine dringende Umsetzung in unser menschliches Verhalten empfohlen. Nach all meinen persönlichen Forschungen stellt dieses Prinzip die einzige sinnvolle Logik dar, mit der wir auch **den Sinn des menschlichen Daseins** uns selbst gegenüber überzeugend begreiflich machen können. Es ist auch die einzige sinnvolle Logik für die Vielfältigkeit der millionenfachen menschlichen Charakterformen mit ihrem unfaßlichen Spektrum zwischen den Extremen eines Gewaltverbrechers und einer ‚Heilig-Gesprochenen'.

Ist es diese Logik, die sich nun zwischenzeitlich immer mehr durchsetzt? Eine Pressenotiz von 1996 mit der Schlagzeile ‚*Reinkarnation: voll im Trend*' lautet:

Bereits 40% der Deutschen glauben an die Möglichkeit einer wiederholten Einverleibung. Diese Zahl nannte der „Beauftragte für Weltanschauungsfragen" der evangelischen Kirche in Hessen-Nassau, Fritz Huth. Er bringt diese erstaunliche Verbreitung des Reinkarnationsglaubens in Verbindung mit der Beliebtheit des Buddhismus unter Intellektuellen – aufgrund seiner „strengen Logik".

Wir werden ganz sicher keine zweiunddreißig Millionen ‚Intellektuelle' in unserer Republik finden, die dem Buddhismus nahestehen. Diese Erklärung obiger Entwicklung müssen wir wohl als Verlegenheitsausrede werten. Denn es könnten auch aufgewachte Feiertags-Christen dabei sein, die bei ihren religiösen Sinnfragen und immer dann, wenn die Kirchenlehren an die Grenzen der Logik stoßen, mit der fahlen Erklärung stehen gelassen werden ...*das sei wohl ein Geheimnis Gottes.*

Nach meiner Meinung aber ist *dieser Trend* das Zeichen eines allgemeinen Erwachens, ein Zeichen der immer intensiver einwirkenden Zeitenwende und ein Zeichen, daß immer mehr frustrierte und ausstiegswillige Erdengeschwister **nach einem wirklichen Sinn des Lebens und einer Lebensaufgabe suchen.** Und diesen finden sie endlich in der ‚strengen Logik' der individuellen und chancengleichen und verläßlich-gerechten Lehre der Wiederverkörperung unserer unsterblichen Seelen. Wie uns viele Stimmen aus der feinstofflichen Welt erklären, sei *dieser Trend* das sichtbare Zeichen des nahenden ‚Zeitalter des Geistes' oder dem des Wassermanns.

10. Kapitel

Polaritäten und Dualitäten und die Harmonie

Sehr verehrte LeserInnen, bis zu diesem Kapitel habe ich versucht, in Ihnen Veränderungsbedarf zu wecken. Ich habe versucht, durch Klarstellen, Zurechtrücken und Offenlegen von vielem nur Scheinbarem in unserer Welt einerseits und durch Vertraut- und Neugierigmachen mit mächtigen, uralten und kosmologischen Gesetzmäßigkeiten andererseits auch die Veränderungsmöglichkeit dafür vorzubereiten. Leider ist solche ‚Aufklärung' zugleich ein massiver Angriff auf eingefahrene Systeme, etablierte Weltbilder, bequeme Leitmotive, falsche Hoffnungen, bewährte Angsterzeuger und natürlich auch manchmal auf Namen von Persönlichkeiten, die damit verbunden sind. Leider – und das ist das schmerzliche dabei – ist solches Aufrütteln und Aufklären auch mit der unchristlichen Untugend des Urteilens und Verurteilens verbunden. Zumindest wirkt es auf den ersten Blick hin so, genauer analysiert und ‚bewußt' gehandhabt, erklärt uns dazu der Rosenkreuzer *Dr. Wolfram Frietsch*[73]:

Durch die Polarität allen Daseins bedingt, muß einer Gesamtschau zwangsläufig ein äußeres Negieren entgegenstehen. Dem ‚Ein-Sichtigen' stellt es sich als bewußtes Teil des Ganzen dar. Wenn wir uns dessen bewußt werden, **kann selbst aus dem Negativen etwas Positives entstehen.** *Der Nutzwert liegt aber auch in der* **Bejahung des Negativen und seiner Erfahrung.** *Jede Manifestation entsteht aus Plus und Minus, den beiden Polen einer Einheit. So fordert jede extrem formulierte These eine Gegenthese heraus, dabei müssen These und Antithese zur Synthese führen.*

Ich habe in den bisherigen Kapiteln stets versucht, Aufklärung nicht mit Bekämpfen zu verwechseln. Mir liegen zu den meisten behandelten Themen ausgezeichnete Recherchen anderer Forscher und Autoren vor, die aber teilweise vor Haß triefen und damit in kleingeistigen und fanatischen Details steckenbleiben oder durch selbstgeschaffene Fokussierungen keine Perspektiven finden. Der moderne, immer aufgeschlossenere Sucher ist sehr kritisch und analytisch geworden, aber auch sehr sensibilisiert – wenn er ein wahrer Sucher ist. Und ich erdreiste mich zu behaupten, daß viele Sucher unbewußte Sucher nach dem verloren gegangenen Gottesverhältnis sind. Ich kann dabei auf meinen persönlichen Bewußtseinsentfaltungsweg zurückblicken und weiß, wie lange ich mich davor gedrückt habe, mir einzugestehen, daß mir Gott in meinem Leben fehlte. Zu gestehen: *...Himmlischer Vater, ich komme! Bitte habe Geduld, aber ich komme!*

In vielen Diskussionen mit Kollegen, Verlegern und Seminarleitern weiß ich um die hohe Kunst, aufzurütteln ohne Angst zu machen. Vermutlich sind wir alle heute Informationsflutgeschädigte, die sich als Selbstschutz eine gewisse Abschirmung aufgebaut haben und somit durch zu sanfte Impulse kaum aufgerüttelt werden können. Und auch das Spekulieren auf die Stärke der geistig-spirituellen Resonanz scheint bei denen noch nicht zu funktionieren, die ihre Antenne dafür noch nicht ausgefahren haben.

Ohne Angst erzeugen zu wollen, kann ich dazu aber doch auf massive Offenbarungen und eindeutige Belehrungen hinweisen, daß die geschundene Mutter Erde durch zunehmende Naturkatastrophen das uns blendende und verführende Weltwirtschaftssystem so sehr bloßstellen wird, daß danach genügend Antennen ausgefahren werden, solche Resonanz gierig aufzunehmen, wie sie in diesem Buche konzentriert angeboten wird.

Es gibt heute manche Presseredaktion, die glaubt, mit Vergleichstabellen, was *in* sei und was *out* ist, Publikumsmeinungen manipulieren zu können – ich meine dazu, höchstens die ‚Meinungen' von Meinungslosen. Ich möchte es aber nicht verhehlen, daß ich mich dann freuen werde, wenn ich lesen kann: *in* ist ‚Gott suchen' und *out* ist ‚Börsenkurse lesen'.

Mein heiligster Vorsatz für den Rest des Buches ist der, daß ab nun keine negativen, abwertenden und aburteilenden Schwingungen mehr formuliert werden und aufkommen können. Der Ablauf des Buches soll das widerspiegeln, was der ideale Entwicklungs- und Entfaltungsweg auch unseres Bewußtseins und unserer Persönlichkeit sein sollte: zuerst Loslösen von ‚falschen' Prämissen, Loslösen von manipulierten Lebenszielen und Loslassen von den vielen Ersatzgöttern unseres Egos und dann dafür Schritt für Schritt in eine höhere Ethik, Schritt für Schritt in eine tiefere Verinnerlichung mit dem Höheren Selbst als intuitivem Führer und damit Schritt für Schritt zurück zur beglückenden göttlichen Einheit, den Aufstieg ins Licht. Auf geht's!!

Polaritäten gibt es nur im Äußeren

Alle Kräfte, die in der äußeren, sichtbaren Materie existieren, sind zweipolig, bipolar und gegensätzlich oder zumindest dual, das heißt, sie wirken ergänzlich in ihrer Trennung. Das alles ist nötig, um die menschlichen Seelen tausendfach und ein ganzes Leben lang die Möglichkeit des *freien Willens* auf unserem Schulungsplaneten Erde trainieren zu lassen. Ziemlich sicher sogar unzählige Erdenleben, denn wir wissen ja, welch bescheidene Fortschritte unsere Bewußtseinsentfaltung jeweils macht. Die phantastische Möglichkeit des freien Willens läßt uns in der Zone der polaren Erddimensionen üben, üben und immer wieder üben. Doch das göttliche Gesetz des freien Willens verlangt uns auch Entscheidungen ab und **unsere Entscheidungen** sind das Maß, an dem wir selbst erkennen können, wie weit es schon mit unserer Bewußtseinsentfaltung gediehen ist. **Wir können daher auch sagen, daß alles irdische Leben sich zwischen Gegensätzen und ihren Zwischenräumen und Übergängen und Wendepunkten abspielt.** Diese dürfen wir sowohl horizontal wie vertikal verstehen. Horizontal zwischen all uns Geschöpfen auf unserer dritten Erfahrungsebene, also den Tier- und Erdengeschwistern. Vertikal zwischen den Räumen der Erde und denen des himmlischen Lichtreiches und denen des Universums mit seinen Dimensionen, soweit sie dort oben überhaupt noch polar wirksam sind. Der Mensch ist jene göttliche Schöpfung, die Mittler sein darf zwischen Erde und Himmel, Diesseits und Jenseits, Vergänglichkeit und Unsterblichkeit. Die geistige Welt erklärt uns:

Die gegensätzlichen Polaritäten sind wirklich die gleiche Energie und die gleiche Weisheit. Sie werden einfach als getrennt und als sich ergänzlich erlebt, und sie interagieren miteinander. Und indem sie miteinander interagieren, manifestieren sie das gleiche Ergebnis.

Nehmen wir das griffige Beispiel *gut<>böse*. Es ist wohl die Basis-Polarität der irdischen Materie schlechthin, das elementare Gegensatzpaar für den menschlichen Reifeprozeß. Genial ist auf dieser Spielwiese menschlicher Bewußtseinsentwicklung dabei, daß die uns zum Lernen zur Verfügung stehenden geistigen Kräfte selbst *völlig neutral* sind. **Es kann jede Kraft als gut oder böse eingesetzt werden, der Kraft selbst ist dies gleichgültig, sie funktioniert so, wie sie der Anwender einsetzt.**

Es liegt also stets an uns selbst, was wir mit den Kräften und aus den Kräften, die uns zur Verfügung stehen, machen. Ausreden wie ‚Zufall' oder ‚das ist halt so' zeugen von Naivität und Bequemlichkeitsdenken. Die geistige Wesenheit *Bodhi Ramada* erklärt es uns so:

Wir möchten darauf hinweisen, daß die Aufteilung Eurer Polaritäten in der geistigen Welt keine Bewertung bedeutet. Das, welches Ihr Gut oder Böse nennt, hat aus kosmischer Sicht absolut denselben Stellenwert und Bedeutung. Wenn Ihr die kosmischen Gesetze begreift - und mit dem wissenschaftlichen Ansatz eines holistischen Universums seid Ihr gar nicht so weit davon entfernt - könnt Ihr einigen Erfahrungen aus dem Wege gehen, die einigen von Euch aus ihrer beschränkten Sichtweise sicherlich als schmerzhaft bezeichnen werden.

Die äußere sichtbare Materie dieser Zone des freien Willens ist aber auch durch ihre niedere Schwingung gekennzeichnet. Daß sämtliche Kräfte irgend eine Art von Schwingung sind, haben wir schon kennengelernt. Verschiedene Raumgeschwister haben uns erklärt, die Materie des Planeten Erde habe die Schwingung mit der niedrigsten Frequenz in unserem sichtbaren Universum. **Eine Schwingungserhöhung geschieht in dem Moment, wenn wir von äuße-**

ren Formen zu inneren hin Veränderungen vornehmen.** Wenn wir dies auch mit polaren Gegensatzpaaren machen, harmonisieren wir damit bereits einen Teil des Gegensatzes.

Nach solch einer Wertverbesserung sprechen wir dann von **Dualitäten**, von zwei eng zusammengehörigen Einheiten oder davon, daß jede Sache zwei Seiten hat wie *männlich<>weiblich* oder bei unserem obigen Beispiel: *gut<>schlecht*. ‚Böse' ist polarisierend zu ‚gut', wogegen bei der Wortwahl ‚schlecht' lediglich ausgesagt wird, daß es ‚nicht gut' ist und dieser Zustand somit nicht als ‚böse' abgeurteilt wird. Mit der Definition ‚schlecht' entsteht eine eindeutig höhere Schwingung unserer persönlichen Reaktion als auf das Gegensatzpaar *gut<>böse*.

Verinnerlichen wir diesen Gegensatz noch mehr, kommen wir automatisch zu einem völligen Ausgleich desselben. **Verinnerlichen** heißt, etwas in Richtung Herz gehend aufzuarbeiten und bedeutet zugleich, etwas vom ‚Verstand' weg in den Bereich ‚Gefühl' zu verändern. Damit kommen wir zu einem Gleichgewicht oder Ausgleich der Kräfte und die Bandbreite, in der eine Kraft schwingen kann – zwischen *gut und schlecht* oder gar *gut und böse* – könnte so zum Wert Null werden. Wenn wir nun die Begriffe *Licht* und *Liebe,* die beiden Erbteile unseres Schöpfers, in unser Beispiel einbringen, dann können wir tatsächlich damit als *höchste innere Schwingung* alle Polaritäten und Dualitäten ausgleichen und auflösen. **Denn die göttlichen Kräfte *Licht* und *Liebe* sind und bleiben *apolar*.**

Daß die Kraft der *Liebe* (sofern sie selbstlos und frei von jedem Urteil ist) entsprechend meiner Behauptung ‚wirksam' sei, ist jedem Christen wohl klar. Ich beziehe aber auch das *Licht* als neutrale Kraft, die apolar und göttlich ist, als interdimensionales Instrument einer möglichen Polaritäts-Veränderung mit ein. Interdimensional deshalb, weil dieser Lichtcharakter nicht nur alle himmlisch-kosmischen Dimensionen belebt (auch in der Materie mittels der Photonen), sondern er für unser Mensch-Sein auch das *innere Licht* auf dem schmalen Pfad zu einer möglichen *Erleuchtung* spendet.

Gleich zu Beginn des Neuen Testamentes finden wir in den Kapiteln 5 bis 7 des Evangelisten *Matthäus* die sogenannte Bergpredigt, in welcher der Wahrheitslehrer *Jesus* mit einem Großteil der Gesetze und Bräuche der Israeliten (was wir heute Altes Testament nennen) gewaltig aufräumt und in Absatz 43 bis 48 über *Licht* und *Liebe* und *die Vollkommenheit des himmlischen Vaters* spricht: *...denn er läßt seine Sonne aufgehen über Bösen und Guten...* Damit formuliert *Jesus* in seiner für die damaligen Analphabeten gleichnis-reichen Lehre das *Sonnenlicht-des-Vaters* eindeutig als ‚apolar'. Daß er es ebenfalls mit dem *Licht-des-Vaters-in-uns* gleichsetzt, findet sich in weiteren Texten der Evangelien.

Die schreckliche Basis-Polarisierung: *Gott<>Ersatzgötter*

Wir haben gesehen, daß Polaritäten um so stärker wirken, je mehr sie im Äußeren eines Menschen existieren und sich mildern und – theoretisch – gänzlich ausgeglichen werden können, je mehr sie von uns innerlich bewältigt werden. Dazu bringe ich später noch einzelne Vorgänge.

Dem *System der Einheit*, das wir Gott nennen, steht das *System der Vielheit* gegenüber und die sicherlich extremste Distanz *Innen<>Außen* ist die, die Gott mit uns Erdenmenschen erleben muß. Nach Aussagen vieler Geistgeschwister und aller Raumgeschwister sind wir, die Seelenbewußtseine, die sich auf der Erde verkörpern, die Weltmeister an Gottesferne und an Gottlosigkeit und des Anklammerns an unsere Ersatzgötter. Natürlich nicht nur wir Heutigen. Unsere Mutter Erde muß schon Jahrhunderttausende lang unter den extrem niedrigen Schwingungen ihrer Peiniger, den menschlichen Egos mit ihren Ersatzgöttern, leiden – möglicherweise einst verursacht von außerirdischen Ersatzgöttern. Sie hat sich schon mehrfach von solchen Zivilisationen befreit und genannt werden die des Reiches *Mu* (heute Antarktis?), die mächtige, auch noch sehr feinstoffliche Zivilisation des Reiches *Lemurien* im heutigen Pazifik und die über ein Jahrhunderttausend bestehende, zuletzt hochtechnisierte Zivilisation von *Atlantis* im heutigen Atlantik. Irgendwo dazwischen muß es noch eine Zivilisation geben, die sich seit über dreißigtausend Erdenjahren im Erdinneren ein Friedensreich erhält, das von den äußeren Kataklysmen der Mutter Erde verschont geblieben ist.

Für die mächtigen früheren Zivilisationen muß es sich wohl um keinen völligen Untergang gehandelt haben, denn für rechtzeitige Aussteiger wie im Falle Noahs wird die geistige Welt immer gesorgt haben. Aber eigentlich sieht die jeweilige Situation noch viel besser aus und ist für uns auch viel logischer, wie uns die geistige Welt erklärt. Die Annahme, daß alles was ‚Böse' sei und ‚Unwert', das muß auch untergehen, paßt natürlich ausgezeichnet in das Klischee, das die machtorientierten Priestersysteme an einem strafenden Gott lieben.

Da es aber keinen strafenden Schöpfer gibt und auch nie gegeben hat, paßt die Aufklärung aus der geistigen Welt viel besser in unser heutiges Verständnis, die aussagt, daß erstens eine Menschheit aufsteigen kann, auch ohne daß der Planet mit aufsteigt und zweitens, daß unsere derzeitige Menschheit nicht die erste wäre, die von diesem Planeten aufsteige. Es heißt auch, daß die feinstoffliche Welt diesen Evolutionsprozeß als ‚wundervoll' erachte, da er zusammen mit der lebendigen Wesenheit ‚Mutter Erde' gelingen könne. Letztendlich sind wir die aus ihrer Materie (lat. *mater* ‚Mutter') geschaffenen Kinder.

Unsere derzeitige Zivilisation (*Rudolf Steiner* nannte sie ‚fünfte menschliche Wurzelrasse') startete vor rund dreizehntausend Erdenjahren aufs Neue (über das *Platonische Weltenjahr* berichte ich später ausführlicher), scheint aber wieder und immer wieder justament solche Seelenbewußtseine universumweit anzulocken und karmisch festzuhalten, die sich schwerstbelastet und wohl extrabockig und leidenschaftlich-egozentrisch der väterlichen Seelen-Rückrufaktion widersetzen.

Durch den Kult, den wir unseren Ersatzgöttern, ob bewußt oder unbewußt, zuteil werden lassen, blockieren wir die in allen inkarnierten Seelen herrschende spirituelle **Sehnsucht zur Rückkehr in die göttliche Einheit**. Durch die geistig-emotionalen Energien unserer Vielheit, die diese falschen Götter täglich milliardenfach von uns Menschen erhalten - oft höchst leidenschaftlich - entsteht ein immer größer werdendes Defizit an geistig-spirituellen Kräften, die uns *in-unsere-Mitte* und in die *Stille-in-uns* führen sollten. Für die ‚eingekerkerten Seelen' entsteht dagegen ein immer stärkerer Befreiungsstau, den einige Lehrer aus der geistigen Welt ‚Revolution der Seelen in der Materie' oder auch Apokalypse nennen.

Im vorangegangenen Kapitel habe ich einige Ersatzgötter genannt: Machtstreben, Erfolgssucht, Selbstsucht und Raffgier, wobei wir als Überbegriff auch **Weltverblendung** sagen können. Jeder von uns schafft es, diese Reihe ‚ungöttlicher', aber sehr **menschlicher Ego-Trips** noch zu verlängern. Aus zurückliegenden Kapiteln dieses Buches wissen wir aber, daß daran rezessive Außerirdische mit ihren Helfershelfern genauso beteiligt sind wie die mächtigen irdischen, geheimen wie öffentlichen Machtorganisationen mit ihren verlockenden Manipulationen und natürlich wir alle mit unseren eigenen unbeherrschten Egos.

Einen Höhepunkt in der Aufarbeitung dieser Gott-Ersatzgötter-Polaritäten in unserer abendländischen Kultur finden wir in der griechischen Hochkultur. Deren große, berühmten Dramen mit den Göttern und Halbgöttern und ihren personifizierten Kräften und Leidenschaften stellen in klassischen Formen die Lebens- und Lernthemen fast aller vermenschlichter Polaritäten dar.

Die moderne menschliche Ego-Zentrik, mit uns selbst mitten drin, hat zwischenzeitlich, zusammen mit der Bevölkerungsexplosion dieses Jahrhunderts, einen in seinem Ausmaß unvorstellbaren **Materialismus ohne Gott** entstehen lassen und die Macht und die Wertigkeit der menschlichen Ersatzgötter hat zu einer gewaltigen und weiter zunehmenden **globalen Gottlosigkeit** geführt. Zumindest hat es den äußeren Anschein.

Wir Christen behaupten zwar, mit fast 1,9 Milliarden registrierten Taufscheinen die größte Religion der Erde zu sein (zersplittert in über einhundert Konfessionen). Aber im Vergleich zur Glaubenstiefe anderer Religionen, zum Beispiel dem Islam mit angeblich 1,1 Milliarden missionshungrigen Gläubigen, wurde das einst mächtige Christentum zu einem überwiegend laschen Wohlstandsverein und zu bequemen, egozentisch-erfolgreichen und konsequenzlosen Zufallsgläubigen. Gott scheinen die christlichen Gläubigen davonzulaufen, denn heute gibt es in der Bundesrepublik mehr Atheisten (,*ich glaube nicht an Gott*') und Agnostiker (,*ich weiß nicht, ob es Gott gibt*') als Gott-Gläubige. Zu diesem Schluß gelangte eine Ende 1996 durchgeführte Befragung des Bielefelder Emnid-Institutes. Die DWZ vom 5.3.99 berichtet unter der Überschrift ‚Unchristlicher Reichstag':

Im Andachtsraum des umgebauten Reichstagsgebäudes wird kein Kruzifix hängen. Traditionsgemäß werden im Andachtsraum christliche Morgenfeiern vor Beginn der Sitzungen abgehalten. In Berlin wird nun das christliche Symbol fehlen; dafür gibt es im neuen Andachtsraum des Reichstags eine stilisierte Klagemauer; ferner verweist eine Bodenleiste im Raum nach Mekka.

Der ersatzgott-orientierte moderne Mensch ist dafür in allen möglichen Bereichen ausreichend EDV-erfaßt und bei mächtigen Konzernen versichert und es reichen ein paar hypothetische Hochrechnungen hochdotierter Wissenschaftler, um eventuell aufkommende Zweifel an der ‚heilen Welt' des *Materialismus ohne Gott* verdrängen zu helfen. Und diesen Ist-Zustand müssen wir wohl im Moment noch hinnehmen.

Zur Unterstreichung solcher Kritik möchte ich zwei Kommentare aus der Schweiz zitieren, die sich in ihrem Bekenntnis zu Gott mit der Wirkung des Materialismus befassen. In der Broschüre ‚Der Weg zum Licht' schreibt die kleine Glaubensgemeinschaft *St. Michaelswerk*[74] neben Auszügen aus aktuellen Neuoffenbarungen:

*Die ganze Schöpfung hat unter den wissenschaftlichen Errungenschaften des Zauberlehrlings Mensch zu leiden. In seinem grenzenlosen Hochmut entscheidet der Mensch gar über Leben und Tod, über Werden und Vergehen seiner eigenen Art. Seit Menschengedenken wüten immer wieder Mord und Totschlag und verheerende Kriege. Weit mehr Tote als alle Kriege der letzten Jahrhunderte aber brachten die weltweit unzählbaren Kindsmorde im Mutterleibe, welche in wenigen Jahrzehnten unter dem Deckmantel der zu lindernden Not einzelner Mütter in sauberen Kliniken von hochgelehrten Herren Doktoren vorgenommen wurden... **Menschlicher Wille und Verstand haben sich selbst zum Maß aller Dinge erhoben** und damit die ewig gültigen Gesetze... gebrochen. Ängste, Minderwertigkeitsgefühle und Depressionen haben Hochkonjunktur und treiben viele in die Isolation... Der Egoismus verstärkt sich und gipfelt im Ausspruch: „Was mir nützt, ist gut". Durch den überbordenden Materialismus haben sich viele Werthaltungen verschoben.*

Ursula Seiler schreibt in ihrer Zeiten*Schrift* 21/99 über ‚Medien und Massenpsychologie', die sie als ‚Religion des Scheiterns' bezeichnet, folgendes:
Die meisten Menschen haben das einzige Prinzip, das jahrtausendelang die Vollkommenheit repräsentierte, aus ihrem Leben und Denken verbannt – Gott. Mochte einiges

am Glauben naiv und manipuliert gewesen sein, so war er doch ein immenser Magnet, der die Menschen höher zog. Und er verlieh die Gewißheit, daß jedes rechtschaffene Leben, mochte es noch so sehr voll der Niederlagen und der Leiden sein, am Ende seine Belohnung, seinen ‚Sieg' durch den Einzug in den Himmel erhalten würde. Auf jedes ehrlich geführte Leben folgte todsicher ein Happy End.
Wo immer Gott im Fühlen, Denken und Leben der Menschen die Ausrichtung bestimmt, gibt es eine gewaltige, konstruktive Kraft, die alles zum Guten und zur Einheit hinzieht.

Die Bipolarität aller Dinge müssen wir immer mehr vordergründig wahrnehmen, um zum Beispiel die schon heute sicht- und fühlbaren Negativauswirkungen einer angestrebten Eine-Welt-Regierung, deren Grundübel im gallopierenden, einseitigen Materialismus zu finden ist, erkennen zu können. Dieses Machtspiel mit dem **rationalen Materialismus** und der gewaltig anwachsenden Menschheit konnte unsere Generation ja eigentlich am eigenen Leibe miterleben. Dieser Materialismus, gottlos und antichristlich, der weder Geist noch Seele kennt, soll laut *Johannes* (Offb.13,16-18) das Zeichen 666 tragen und ist der polare Gegenpart zum Christusgeist mit der 999. Der Okkultist *Karl Spießberger* nennt unseren materialistischen Massenmenschen *homo faber*, entgotteten Technikmensch und der Theologe *Dr.Eugen Drewermann* spricht von *den gestanzten Denkrastern unserer vermarkteten Wissenschafts- und Autoritätsgesellschaft*, von *verbogenen Menschen*, von *Exemplaren statt Persönlichkeiten*, vom *modernen Krieg als einer Folge solcher totalen Vereinnahmung* und von der *Kirche als Verwalterin dieses Ungeistes*[81].

Ebenfalls am eigenen Leibe miterleben konnten und können wir jenes Prinzip und Machtspiel, das die antichristlichen Geheimlogen zur Machtergreifung der geplanten *Eine-Welt-Regierung* durchspielen: das emotionale Aufeinanderhetzen zweier ‚Gegner', um zuletzt lachender Dritter zu werden. Denn sowohl der **gott-lose Staatskapitalismus** (Kommunismus) wie auch dessen Gegenpol, der **gott-lose Privatkapitalismus** (westlicher Kapitalismus) sind auf diesem Wege entstanden, beides materialistische Marionetten an immer dreister auftretenden Drahtziehern, die die Welt unter Spannung halten – zum Wohle der mächtigsten Industrie unseres Planeten, der Waffenindustrie.

Gott selbst kennt keine Polarität. Diese hängt ausschließlich mit dem zusammen, was wir Menschen, regressive Außerirdische und niedere, geistige Schöpferwesen in der Ausübung ihres freien Willens alles ‚selbstgeschaffen' haben. Hier auf dem Planeten Erde nützten viel zu viele diese ‚operative Freiheit' aus (*Johann Kössner*). In den Evangelien heißt es, daß Gott auch *in uns* sei. Demnach dürfte es *in uns* auch keine Polarität geben, was ich bereits behauptet habe und anschließend auch noch genauer ausführen werde.

Wozu ist dann diese irdisch-kosmische Gesetzmäßigkeit so zentral in unserer menschlichen Biosphäre verankert? *Hermes Trismegistos*, der wohl älteste, atlantisch-altägyptische-altgriechische Weisheitslehrer, hat das Gesetz der Polarität als eines der **Sieben Hermetischen Prinzipien** gelehrt: *Alles ist zweifach, alles hat zwei Pole, alles hat sein Paar von Gegensätzlichkeiten.* Dieses Gesetz zwingt all uns Mini-Schöpfer, die wir unseren freien Willen schamlos bis in diese tiefste Form der Grobstofflichkeit ausgereizt haben, durch das Hin- und Her-Pendeln und Entscheiden zwischen den Polen zu ‚lernen'. Wenn eine Pol-Seite schön, genußvoll und unserer Eitelkeit streichelnd ist, ist die Pol-Gegenseite schmerzlich, leidvoll und erniedrigend. Wie ein Pendel, das zur Gegenseite genauso weit ausschlagen muß wie es vorher die eine Seite bevorzugt hat. Oder wie ein Sprichwort sagt: *Überall in der Welt ist das Schöne mit dem Häßlichen gemischt.* Poetischer drückt sich dazu *Robert Walser* aus, wenn er zu diesem Thema tröstend feststellt: *Ist das Menschenleben denn immer voll Sonnenschein? Geben ihm nicht erst Licht und Schatten seine Bedeutung?*

Der gesamte Planet und seine Bewohner machen momentan eine tiefe Phase der Neubewertung durch. Die Polarisation der Energien geschieht auf immer höheren Ebenen, als ob die Lautstärke höher gedreht worden wäre. Die planetarische Polarisation wird intensiver. Ihr werdet sehen, daß ihr, die ihr den Himmel auf Erden lebt, Seite an Seite mit jenen steht, die die Hölle auf Erden haben (Ariel).

Interessant ist dabei, daß man zwar aus der Polarität herauskommen kann, wenn wir unseren Lebenssinn, Gedanken und Handlungen immer stärker von der äußeren in unsere innere Welt verlagern. Aber wir kommen aus der uns immer mehr belastenden Polarität der materialistischen Denk- und Lebensweise nicht heraus, wenn wir uns nur so hintreiben lassen, uns der Masse der unkritischen Zufallsgläubigen anschließen oder gar bewußt Entscheidungen vermeiden. Für viele Karriere-Süchtige ist es heute oportun, sich ‚alle Optionen offen zu halten' und Verbindliches den anderen zu überlassen.

Nein, das göttliche *Gesetz des freien Willens* beinhaltet immer schon den **Zwang zu Entscheidungen**, die absolut nötig sind, wenn sich unser Bewußtsein im irdisch-polaren Lernprozeß entfalten soll. Entscheidungen führen zu Konsequenzen. Und Konsequenzen sind der *karmische Effekt* unseres freien Willens. Das göttliche *Gesetz des freien Willens* ist gnadenlos gekoppelt mit dem *Gesetz von Ursache und Wirkung*, womit sich der Kreis wieder schließt und wir das ganze als ein geniales System zur Bewußtseinsentfaltung erkennen können. Sehr hochschwingende geistige Wesenheiten des Lichtreiches sprechen dabei von einem ‚karmischen Spiel'.

Das Problem, aus dem Zwang von Entscheidungen und Konsequenzen aussteigen zu wollen, muß es wohl schon immer gegeben haben, es ‚menschelte' somit also auch schon im Altertum. Denn in den Evangelien wurden solchen

Entscheidungs-Drückebergern auch schon sehr deftige Anweisungen gegeben, denn wie hätte sonst eine neue, effektivere Religion mit einem Selbsterlösungs-Programm entstehen sollen? Dort heißt es bei *Matthäus* (5,37): *Eure Rede aber sei: Ja, ja; nein, nein. Was darüber ist, ist von Übel.* Und in der Offenbarung (3,16) heißt es gar: *...weil du aber lau bist, weder heiß noch kalt, will ich dich aus meinem Mund speien.*

Im Rahmen des *Zwanges zu Entscheidungen* hat ein weiser Weltenlenker entsprechende ‚dramaturgische Höhepunkte' in unser Leben eingebaut, die sogenannten **Krisen**. Es gibt Weltkrisen, Wirtschaftskrisen, Ehekrisen und innere Krisen und alle haben eines gemeinsam: an irgendeiner Stelle des Krisenverlaufs gibt es einen **kritischen Punkt**. Am leichtesten erkennen wir ihn in einer Gesundheitskrise, die wir dann Krankheit nennen. Nach einer schweren Operation zum Beispiel muß der Arzt den *kritischen Punkt* abwarten, um sagen zu können, sein Patient sei über den Berg. Der kritische Punkt ist auch in anderen Krisenabläufen meist *heilsam*, jeder Krisenmanager baut ihn in sein Konzept ein und arbeitet dann darauf zu. Der damit verbundene Zwang zu Entscheidungen und die zielorientierte Ausrichtung aller Betroffenen darauf bewirkt die meist heilsame Bewältigung der Krise.

Daher schließt auch der Evangelist *Matthäus* sein Evangelium mit dem elementaren Vermächtnis *Jesu:...ich werde bei euch sein, alle Tage...*, was leider die wenigsten von uns wörtlich nehmen. Das italienische Schreibmedium *Maria Valtorta* hatte von 1944 bis 1947 gewaltige *Jesus*-Visionen, die sie in ihrem zwölfbändigen Werk ‚Der Gottmensch' veröffentlichte[75] und in dem eine ähnlich klingende Aufforderung für Erdengeschwister enthalten ist, die sich auch in ihrem Glauben um Entscheidungen drücken:

...die große Masse derer, die nicht schwer sündigen, die aber statisch sind und keine Fortschritte machen, sei es aus Trägheit oder aus Lauheit oder weil sie einen falschen Begriff von Heiligkeit haben; jene, die peinlich darauf bedacht sind, sich nicht zu verdammen und alle Vorschriften zu befolgen, und sich dabei in einem Labyrinth von oberflächlichen Praktiken verlieren, die es aber nicht wagen, den Schritt auf den steilen, sehr steilen Weg des Heldenmuts zu tun. Für sie möge dieses Werk der Anstoß sein, ihre Unbeweglichkeit zu überwinden und **den heroischen Weg der Entscheidungen einzuschlagen**.

Mit meiner Darstellung der modernen Gottlosigkeit, die ihre Abwendung vom liebenden, schöpferischen Vater immer weniger bemerkt, bin ich selbst auch ein-seitig und ziemlich ‚polar' geworden. Denn wir lassen uns verführen durch bequemen Zufallsglauben und durch eigene Ersatzgötter und solche, die uns wohlverpackt zur Verfügung gestellt werden. Daher müssen wir mit unserem Standpunkt wieder zurück zur Mitte und ich gebe Ihnen, verehrte LeserInnen, vier Gedankenansätze mit auf einen **Weg des dualen Ausgleichs**:

Erstens könnte sehr wohl diese Gottlosigkeit aus dem Ungeist der modernen, rational-materialistischen Lebensweise die Vorausssetzung sein oder werden, ein **neues Gottesverständnis** zu ermöglichen, welches die christlichen Großkirchen ihrem Gros der Gläubigen verheimlicht haben: Gott-ist-in-uns. Auch ‚Himmel und Hölle' sind in-uns. Steht zwar alles in den Evangelien, aber nicht in der praktizierenden Kirchenlehre.

Zweitens müssen wohl die Wohlstandvölker erst den finanziellen Zusammenbruch und das **Platzen ihrer Scheinwelt der Ersatzgötter**, ihrer billigen Zufallsgläubigkeit und des Prinzips *Haben ist wichtiger als Sein* erleben. Panikmacher sprechen vom Titanic-Syndrom.

Drittens wird dabei zu wenig bedacht, daß bei der damit verbundenen Zeit- und Geisteswende diesmal ‚genügend Rettungsboote' (Titanic) zur Verfügung stehen – wenn wir uns retten lassen *wollen*. Der Schwarze Peter liegt also wieder bei uns selbst! In der Lehre *Jesu* heißt das **Selbsterlösung**. Unsere bereits weitgehend entgottete Menschheit braucht - das ist leider zu befürchten - erst Mutter-Erde-Bereinigungen, Schicksals-Schläge und Brachial-Krisen, um den eigenen kritischen Punkt eines sinnvollen Lebens zu finden und damit auch den liebenden, väterlichen Schöpfer wiederzufinden. Und

viertens gibt es da noch die göttliche **Seelen-Rückrufaktion**, die seit Äonen angelaufen ist und deren kostenlosen Service wir nur anzunehmen brauchen.

Glücklichsein oder Rechthaben – der Drache unseres Egoismus'

Wir Menschen sind die Geschöpfe eines Gottes, unseres Schöpfers, und die Ersatzgötter sind die Geschöpfe von uns - mit sechs Milliarden wurstelnden Mini-Schöpfern. Und das Tag für Tag. Unser ununterbrochen Schöpferisches ist das Göttliche in uns, aber auch **unser Ego und unser Verstand**, welche mit dem göttlichen Instrument der Gedankenkraft im Rahmen unseres freien Willens ‚erschaffen' können. Wie schon erwähnt, funktioniert dieses geistige System menschlichen Schöpfertums prinzipiell und es ist gleichgültig, wer es mit welchem Ziele anwendet.

Der in diesem Sinne ‚legitimierte' Mißbrauch war also vorprogrammiert. Doch die gesetzlich vorgeschriebene Eingrenzung solchen Mißbrauches erleben wir im
- Diesseits bereits als *die zu erntenden Früchte des von uns Gesäten*,
- im nachfolgenden Jenseits als (höllische?) Seelenqualen und wenn dieses

noch nicht ausreicht, die Ergebnisse unseres zurückliegenden Schöpfertums abzugleichen,
- erleben wir den ‚Rest' unseres Mißbrauchs als (karmische) Altlast im nächsten Leben.

Das göttliche *Gesetz des freien Willens* läßt somit einem selbstsüchtig orientierten Ego mit seinem übermütigen Verstand die freie Wahl, sein eigener Peiniger zu werden. So lernt schließlich das menschliche Ego durch Schmerz statt durch *freiwillige Liebe*. Dies ist äußerst logisch und ein ziemlich perfektes Seelen-Erziehungssystem.

Die moderne Psychologie weiß, daß **der Mensch ein ambivalentes Wesen mit zwei Naturen ist.** Aus der Sicht des benötigten ‚Aufstiegs der Menschheit' bedeuten die beiden Naturen *göttlich-geistig-spirituelle Seeleneinheit im Inneren* und die *egozentrisch-selbsterhaltende Körperlichkeit im Äußeren* – eine generöse Polarität, die uns der Schöpfer als Lern- und Übungsprogramm auf unserem schönen Planeten eingerichtet hat. *Hannes Stark* drückt sich dabei poetischer aus, wenn er ‚aufgeklärt' aufklärt ...*ein Regenbogen kann nur entstehen, wenn Sonne und Regen zusammentreffen.* Und ebenso könnte die menschliche Bewußtseinsentfaltung dieses Spektrum mit größtem Erfolg nützen und daran erwachsen, wenn sie **stets für ein Gleichgewicht dieser beiden polaren Herausforderungen sorgt.**

Daher ist der richtige Umgang mit unseren Ego-Trips ein Uralt-Thema aller Religionen, Philosophien und Weltanschauungen. Allerdings hatten und haben etliche Religionen schon mit der Definition Probleme. Pauschal wurde und wird von Sünde und Schuld, von Widergeist und Instinkthaft-Tierhaftem gesprochen, das auch in Symbolen wie Löwe, Adler und Stier dargestellt wurde. Aber durch solch pauschales Archaisch-Negatives gab es wenig Fortschritte und fast keine Aufstiege in der menschlichen Bewußtseinsentwicklung – der Einzelne tauchte im Heer der Gläubigen unter und fühlte sich dabei selbst am wenigsten betroffen. Denken wir an den ersten biblisch-historischen Vorgang von *Bewußtwerdung* und *Erlangung von Erkenntnisfähigkeit* von *Adam* und *Eva* – er wird uns von ewig-gestrigen Kirchenmännern noch heute nach tausenden von Jahren als ‚Erbsünde' um die Ohren gehauen und außer den Theologen weiß fast niemand etwas damit anzufangen.

Nur durch *Individualisierung*, die Entwicklung der *Persönlichkeit* und die eines *verantwortungsvollen Selbstbewußtseins* können wir die phantastischen Chancen nützen, die uns von unserem Schöpfer mit den geschilderten ambivalenten und dualen Seiten der menschlichen Naturen geboten werden. Dieser Bewußtseins- und Seelen-Reifeprozeß bringt allerdings das erträumte Ergebnis nur, wenn wir unsere ambivalenten Kräfte auch zu **meistern** versuchen.

Bevor wir uns aber damit befassen, möchte ich noch kurz die wichtigsten Schwachstellen zusammenfassen, mit denen ein unbeherrschtes Ego seinen Lebens-Entwicklungsweg erschweren und belasten kann:

- Unser Ego will stets recht haben. Es ist überschnell bereit, andere Menschen herabzusetzen, um selbst recht zu haben. Oft machen wir anderen Vorwürfe und greifen sie an, weil wir selbst Schwierigkeiten im Leben haben. Mit allen Mitteln kämpft unser Ego - mit Schuldzuweisung, Vorwürfen und ‚berechtigtem Ärger' - darum, daß der andere unrecht hat und wir im Recht sind. Wir sagen, ‚*das Recht ist auf meiner Seite*'. Damit erschaffen **wir** jedes Mal einen Gegenpol, der natürlich ebenso danach trachtet, *uns* unrecht zu geben und so entsteht ein Rechtsweg. Solange wir selbst unserem rechtsempfindlichen Ego recht geben, können wir weder Glück noch Liebe, noch inneren Frieden finden.

- Unser Ego ist ein Meister der Polarisierung. Denn jede *ein-seitige*, also polare Betrachtungsweise, die wir mit unserem egoistischen Verstand forcieren, reißt etwas aus dem gleichgewichtigen Zusammenhang und wird zu einer *von uns erschaffenen* Polarität. Diese wirkt natürlich jeder harmonischen Entwicklung entgegen und zieht uns geistig-seelische Kräfte zu ihrem eigenen Selbsterhalt ab.

- Unser Ego ist süchtig nach Erfolgen und äußerer Anerkennung. Es ist unser Ehr-Geiz, der uns immer und immer wieder antreibt, besser sein zu wollen als andere und damit Anerkennung zu suchen. Unser Ego kann dies bis zum Triumphieren und Herrschen steigern, zum ‚erbauenden' Bad in der Menge. Die Sucht nach äußerer Anerkennung erdrückt jedes Gefühl der Bescheidenheit, das der Einstieg in unser Inneres wäre.

- Unser Ego braucht und liebt Eitelkeiten. Sowohl das äußere Herausputzen wie auch äußerliche Ersatz-Moden, von der neuesten Strumpffarbe bis zum neuesten Auto-Modell, sind Ego-Illusionen. Ehrenämter und ähnliche Podestchen mit Erhöhtwerden und herzerwärmenden Wohlfahrtsmäntelchen sind nichts weiter als Eitelkeiten unseres Egos.

- Unser Ego ist süchtig nach einer Abwertung anderer. Eigene Vor-Urteile werden gerne für ‚Wissen' gehalten. Oder umgekehrt: Warum soll ich mir erst Wissen aneignen, wenn es so bequem ist, das Ego mit einem schnellen Vorurteilen hantieren zu lassen? Verallgemeinernde Vorurteile gar können leicht zu Haß gegen jegliches Anderssein mobilisiert werden.

- Unser Ego ist der eingefleischte Feind unseres Höheren Selbstes. Denn dieses will uns genauso führen wie unser Ego, ausschließlich zu unserem Wohle – genau wie unser Ego. Bloß die Richtungen und die Wege können dabei völlig polar und total konträr sein. Unser Ego benötigt stets Bindung und *Anbindung* an äußere, oft illusionäre und manipulierte Werte, unser Höheres Selbst dagegen macht uns *frei* und zwingt uns zum erlösenden Loslassen (falls uns das Ego losläßt).

- Unser Ego ist äußerst abhängig von anderen Egos durch den ängstlichen Glauben, Liebe sei für uns Mangelware. Wie auch die (egoistische) Sucht nach Ablenkung, um die innere Leere, die wir manchmal empfinden, mit Menschen, Dingen oder äußeren Ereignissen zu füllen. Damit kann unser Ego bestätigungssüchtig werden, ohne zu merken, daß es dafür niemals eine völlige Befriedigung geben kann. Auch wenn wir andere dadurch von uns abhängig machen.

- Unser Ego ist allerdings auch abhängig von unserer Art des Denkens, die wir ändern können. Denn ändern wir unseren inneren Standpunkt, so ändern sich auch die Dinge, mit denen sich unsere Ego-Trips in Resonanz bringen. Jedes Ego ist krankhaft sensibel auf Resonanz von außen. Da Milliarden von sehr ähnlich ausgerichteten Egos sich in sehr ähnlicher Resonanz wohlfühlen und sich gegenseitig Bestätigungen liefern, ist die vorhandene Bandbreite dieser Illusionen relativ gering. Entsprechend schnell können wir daraus ausbrechen, wie die Trauer um die Prinzessin *Diana* gezeigt hat. Wenn wir die sanfte Kunst lernen, Polaritäten auszugleichen oder einseitige Polaritäten loszulassen, üben wir zugleich die sanfte Kunst zur Meisterschaft in unserem Leben oder der Zielsetzung zur Vollkommenheit, wie es die Evangelien fordern oder der benötigte Aufstieg der Menschheit erfordert. Denn *unsere Egos* sind die einzigen Polaritäten gegen Gott. Und gegen seine Macht des Lichtes und der Liebe haben alle Egos der Welt ausschließlich schlechte Karten.

In allen neuen Offenbarungen wird darauf hingewiesen, daß die Menschheit auf einen neuen Krisen-Höhepunkt zugehe – was inzwischen natürlich auch anderen Persönlichkeiten und Organisationen dämmert – und viele davon verweisen auch auf eine **zunehmende Polarisierung** von menschlichen Denk- und Empfindungssystemen. Durch das gewaltige Anwachsen der Menschheit und ihrer modernen Kommunikationstechnologien mit den Möglichkeiten, ebenso gewaltige Resonanzfelder zu bilden, werde sich die Menschheit allmählich in zwei Resonanz-Lager polarisieren beziehungsweise aufspalten:

- **Das Lager der Dunkelheit** ist das vermutlich riesige Lager der rein körperlich, materialistisch Gesinnten, die nur auf ihren Ego-Trip mit ihren Forderungen nach Erfüllung ihrer persönlichen Wünsche und Begierden, bis hin zu den ethnischen, ausgerichtet sind und

- **das Lager der Licht-Wesen** ist das Lager entscheidungsbereiter Menschen, welche um wahre höhere Erkenntnisse ringen, einen spirituellen Sinn des Lebens suchen und sich bemühen, das jeweils Erkannte zu leben.

Dabei wird darauf hingewiesen, daß die Menschen der ersten Gruppe in der Apokalypse die *Tiermenschen* oder auch der *Widersacher* genannt werden, während die Menschen der zweiten Gruppe *in sich* das Höhere allmählich verstärken, indem sie die Kräfte des tierhaft Niederen und Polaren auszugleichen versuchen und *überwinden*. Das wäre ja der geforderte Weg zu Vollkommenheit beziehungsweise einem Aufstieg ins Licht, den unsere Zeitenwende mit ihren neuen Verständnisfähigkeiten bietet – die uns endlich näher zur göttlichen Einheit bringen würden. Dies bestätigt die fünf Jahrzehnte zurückliegende Aufforderung *Jesu* durch sein Medium *Maria Valtorta* auf der zurückliegenden Seite 176, ‚entscheidungsfreudiger' zu werden. Oder wie es ebenfalls schon die Evangelien angekündigt haben: die Trennung in weiße und schwarze Schafe.

Diese Trennung von vielen Milliarden Menschen in zwei solche Gruppierungen ist natürlich eine völlig unrealistische Schwarz-Weiß-Malerei. Doch die Abstufungen dazwischen in milliarden verschiedener Schattierungen und dabei in laufender mentaler Veränderung – mal in die eine, mal in die andere Richtung – stellen unser Leben und unsere Bewußtseinsschulung dar.

Als der hohe Meister *Daskalos* bei der Einweihung seiner zypriotischen Stiftung über deren Zielsetzung sprach[96], hob er folgende Aufgabenstellung hervor:

Als Wahrheitsforscher müssen wir erkennen, daß unsere primäre Aufgabe darin besteht, den Drachen unseres Egoismus' zu töten, und durch Aufnahme unserer derzeitigen Persönlichkeit in unser inneres Selbst dazu beizutragen, daß die strahlende Lichtkraft und Würde unserer Seelen an seine Stelle tritt.

Das innere Gleichgewicht

Ein **äußeres** Gleichgewicht von Kräften und Mächten sucht die Menschheit seit Menschengedenken und darf es auch weitersuchen, denn ein solches wird es durch die egozentrischen Polarisierungen niemals geben. Ein erzieltes Gleichgewicht äußerer Polaritäten wäre ja die gottferne Bestätigung unseres materiellen Abstiegs. Und auf dieser Ebene gibt es nunmal kein wahres Gleichgewicht.

Solches hat erst Chancen, entstehen zu können, auf den vielen, vielen **verschiedenen Wegen nach innen**, auf den Wegen der *Individualisierung*, der *Verpersönlichung*, der *Bewußtseinsentfaltung* und der *Selbstverantwortung* des inkarnierten Menschen. Was die asiatischen Religions-Philosophien schon seit Jahrtausenden lehren: **auf dem Weg der Mitte**.

Schon mehrfach habe ich bei diesem Thema der Polaritäten und Dualismen kurz anklingen lassen, daß eine Meisterung und Beherrschung dieser uns herausfordernden Kräfte nur durch eine *Verinnerlichung unseres Wesens* möglich ist. Ein Sich-Austoben mit diesen Kräften und das dabei zwangsläufige Kennenlernen derselben ist sicherlich das uns vorgegebene und verständliche und lehrreiche Entwicklungsspektrum unseres Bewußtseins auf dem irdischen Schulungsplaneten mit seiner *Zone des Freien Willens*. Aber natürlich kein Leben lang. Denn das ‚Erkennen', also *Erkenntnis* und *Reife*, brauchen wir nicht erst auf dem Sterbebett. Die laufenden Entscheidungen müssen schon viel, viel früher getroffen werden.

In meinem Buch JESUS-2000 verweise ich diesbezüglich auf den im Gnostischen bereits gekannten **Lebenskreis**, die sogenannte Ego- oder Lebensuhr, die den menschlichen Verinnerlichungsweg konzentriert veranschaulichen hilft. Der Mensch ist in einen geheimnisvollen Lebensrhythmus eingebunden, der auf sieben Jahre basiert. Entscheidende Lebensabschnitte werden Lernzyklen genannt und sind auf 3 x 7 gleich 21 Jahre ausgelegt. So gibt es als symbolische Darstellung dafür eine ‚Uhr', die an der Stelle der 6 bei unserer runden Zeitscheibe mit Null beginnt.

Im Uhrzeigersinn weiterlaufend sind bei der 7 der Uhr die ersten sieben Lebensjahre, bei der 8 die nächsten und bei der 9 der **erste Lernzyklus** mit 21 Lebensjahren abgeschlossen. Dieser Zyklus nennt sich *Basis-Lernen* und dient der ersten Ich-Entwicklung des Menschen mit den Siebenjahresstufen von körperlicher, intellektueller/schulischer und schließlich der Gefühls- und Gemüts-Entfaltung.

Weitgehend unkompliziert und logisch ist auch der **zweite Lernzyklus,** in dem weiterhin das Ich im Vordergrund steht und ‚Ego-Aufbau' genannt werden kann. Die drei Siebenerstufen dieser Persönlichkeitsentfaltung heißen nacheinander Erotische Entfaltung, Entfaltung der Vollreife und Entfaltung der Persönlichkeitsreife. Sie stellen das *Leistungsalter* dar. Danach sind wir mit rund zweiundvierzig Jahren in unserer Lebensmitte angelangt, da, wo natürlich nicht nur die Schwaben ‚g'scheid werdet'. Symbolisch zeigt der Zeiger auf unserer Tagesuhr die Tagesmitte an, Zwölf-Uhr, high-noon. Es ist damit der Höhepunkt der äußeren Persönlichkeits-Entwicklung und die Krönung unseres Egos erreicht.

Ab jetzt setzt eine entscheidende Trennung unserer Bewußtseinsentwicklung ein, welche die einen die *Ich-Du-Umstellung* nennen und andere den evolutiven Übergang *vom äußeren zum inneren Lebensweg*. Ab jetzt **begrenzt** uns unser mit viel Leistung, Willenskraft, Tränen und Krisen aufgebautes ICH in unserer weiteren Bewußtseinsentfaltung, denn für den Rest des Lebensweges muß nun immer stärker das DU in den Lebensvordergrund treten. In dieser *midlife time*, der Lebensmitte, beginnt die Suche nach neuen Persönlichkeits-Merkmalen und immer öfter heißen jetzt unsere Fragen: Wer bin ich? Was mache ich? Oder warum lebe ich? Ab hier schon kann unseren Ego-Trip die berühmte *Midlife-crisis* erwischen, die uns eigentlich aufrütteln und zu Entscheidungen zwingen will. Denn Lernen ist für eine inkarnierte Seele im irdischen Leben nie zuende, nur der Themenkreis ändert sich.

So heißt der **dritte Lernzyklus** im Leben *Dienen-Lernen*, was gleichbedeutend ist mit *Ego-abbauen-lernen*. Und das geht nur über den *Weg nach Innen*, der nun für den Rest des irdischen Lebens immer ausgeprägter zu gehen ist, wenn wir unser Bewußtsein – im freigeistigen wie im religiösen Sinne – entfalten und unserem Leben einen höheren Sinn geben wollen. Der spirituelle Lehrer *Sant Kirpal Singh* (1894-1974), der langjährig als Präsident der ‚Weltgemeinschaft der Religionen' wirkte, erklärt es an einem einfachen Beispiel[84]:

Wie das Feuer ist das Ego ein guter Diener, aber ein schlechter Herr. Wenn ihr es unter Kontrolle habt, kann das Feuer jede Menge Arbeit für euch tun, aber einmal außer Kontrolle geraten, kann es euch zerstören.

Diese **Kontrolle des Egos** ist nicht nur als uraltes, aber immer wieder vergessenes oder verdrängtes Wissen vorhanden und der Menschheit in Form der verschiedenen Religionsgemeinschaften geoffenbart worden. Die moderne rationale und religionsfreie Kontrolle unseres materialistisch orientierten Egos scheint sich zunehmend zu polarisieren und jetzt in der Phase des New Age und der Zeitenwende erstaunlicherweise verstärkt in den Vordergrund menschlicher Entscheidungen zu rücken. *Dr. Franz Alt* [76] verweist auf den großen Schweizer Psychoanalytiker *C.G.Jung* (1875-1961), der zu der überraschenden Erkenntnis kam, daß

...die religiöse Frage spätestens ab der Lebensmitte die entscheidende in jedem Leben sei. Jung hat 1932 geschrieben: ‚Unter allen meinen Patienten jenseits der Lebensmitte ist nicht ein einziger, dessen endgültiges Problem nicht das der religiösen Einstellung wäre..., **und keiner ist wirklich geheilt, der seine religiöse Einstellung nicht wieder erreicht.**

Dieser innere Entscheidungskampf der Trennung des ‚Du' vom ‚Ich' – ob bewußt oder unbewußt geführt – verläßt uns für den Rest des Lebens nicht mehr. Wer die Zweiundvierzig überschritten hat, wird immer stärker mit Entscheidungszwängen konfrontiert, die zu *inneren Konflikten* werden können. Wenn berechtigterweise in der ersten Lebenshälfte das Ego uns ‚beherrscht', dann müssen wir in der zweiten Lebenshälfte lernen, das Ego zu ‚beherrschen'. Auch die Lebens-Chemie ändert sich und führt zu Wechsel-Jahren, die das Innen über das Außen dominieren lassen möchten – hin zu einer neuen Selbstfindung. Beim Verdrängen solcher innerer Zwänge ‚wechseln' sich Langeweile und Unruhe ab und zunehmende Krankheiten verweisen auf den falschen, beibehaltenen ‚äußeren' Lebensweg.

Wenn dann noch das Ende der zuletzt eingefahrenen Berufstätigkeit naht, kann ein Festklammern am Äußeren entweder zu sinnlosen Routinen führen oder zu aufrüttelnden Krisen, denn der spirituelle Aspekt dieses Lebensabschnittes, durch Lebenserfahrung und Platz-frei-machen sich und anderen zu *dienen*, bringt erst äußere und dann innere Freiheiten.

Der nun nach 63 Jahren folgende **vierte Lernzyklus** in der DU-Hälfte des irdischen Lebens nennt sich *Demut-Lernen*. Die ‚fortgeschrittene' Persönlichkeit braucht den Beifall der Welt nicht mehr, was endlich Voraussetzungen sind für den Durchbruch von *Demut, Geduld, Weisheit, Inspiration* und *Intuition*. Die Selbstmeisterung kann somit vollendet werden oder erneute Herausforderungen fördern gar weitere Entfaltung unseres Bewußtseins. So wie das französische Sprichwort resümiert: *Man wird alt, wenn man spürt, daß die Neugierde nachläßt* (*André Siegfried*). Extrem schnell reifen jetzt die Früchte unseres Soseins: die sich nicht von ihrem ‚bewährten' Ich lösen können, altern zusehends vor sich hin, verbittern und vereinsamen. Diejenigen aber, die sich jetzt ‚demütig' führen lassen, gehen neuer Achtung und Beachtung und Wertschätzung entgegen. Demut meine ich nicht im Sinne von Erniedrigung vor irgendwelchen Instanzen oder Institutionen, sondern im Sinne von Sich-Führen-Lassen durch unser eigenes Höheres Selbst oder den Gott-in-uns. Die Demut betrifft ausschließlich unser übersteigertes Ego.

Aktuelle Bestätigung fanden diese Erkenntnisse durch diejenigen, die den vierten Lernzyklus unseres Lebenskreises, der mit 84 Jahren endet, überleben. 1998 waren rund viertausendsechshundert Deutsche über einhundert Jahre alt und das Zentrum für Altersforschung in Heidelberg konstatierte:
> *Entscheidend für das hohe Alter seien nicht allein genetische oder biologische Faktoren, sondern ein bescheidener, gesunder Lebensstil, sportliche und geistige Aktivität, eine tiefe Religiosität und eine glückliche Ehe.*

Wir müssen immer mehr in unser inneres Gleichgewicht kommen. Ein Teil dieses Erkennens ist die Akzeptanz der Lebensdualität wie oben aufgezeigt, nämlich die Entwicklung des ICH's in der ersten und die des DU in der zweiten

Lebenshälfte. Damit entwickelt sich automatisch eine Basis- und Grundschwingung zur Erlangung des **inneren Gleich-Gewichts**, das durch einen allmählichen Aus-Gleich der ICH/DU-Polarität zustande kommt. Es wurde schon diskutiert, ob die Darstellung einer solchen Bewußtseinsentwicklung in der althergebrachten Form einer runden Uhr richtig und nicht eine nach oben führende Linie logischer sei. Eine Art von Jakobsleiter oder einen spiralförmigen Auf-Stieg, um den es sich in jedem Falle ja handele. Das ist zweifellos richtig und paßt zu unserer heutigen Art, dynamisch und zielorientiert zu denken.

Trotzdem muß ich auf den tiefen Sinn hinweisen, den die Alten in diesem bildhaft-runden Entwicklungsweg darstellen wollten: die Entwicklung zum DU ist sicherlich kein ‚Abstieg' als Ausgleich des vorausgegangen Aufstieges unseres Egos. Es soll aber vor allem das ‚in-die-Tiefe-Gehen' und ‚in-die-innere-Stille-Einkehren' symbolisieren. Parallel mit der Entwicklung des DU schreitet nämlich auch die Entwicklung unserer *Intuitionen* und *Inspirationen* fort, die in der Tiefe unseres Wesens zu suchen sind und die erst durch ein immer harmonischeres ‚seelisches Gleichgewicht' in uns entdeckt und erweckt werden können. Denn diese spirituellen und göttlichen Kräfte der *Intuition* und *Inspiration* schlummern in der Tiefe eines jeden von uns. Alle haben wir für unseren Seelen-Evolutionsweg diese beiden spirituellen Führungskräfte mitbekommen, denn sie sind ein Teil unserer ‚Stärke' im Lernspiel in der irdischen Zone des freien Willens.

Erkennen müssen wir außerdem auf dem aktuellen Lebensweg, der über einen Aufstieg ins Licht zurück in die Einheit führen soll: **nur inneres Gleichgewicht führt zu Harmonie**. Und Harmonie ist eines der kosmischen und göttlichen Grundgesetze, die die Basis jeglicher ethischen Höherentwicklung oder seelischen Aufstieges darstellen. Mehr eigentlich im jenseitig-transzendenten und feinstofflichen Bereich, den wir Himmel nennen, als in unserer Grobstofflichkeit. Denn hier auf dieser Ebene ist echte Harmonie noch recht selten als *dauerhaft* zu erreichen.

Diesen Idealzustand *anhaltender* Harmonie finden wir sicherlich im Kosmos, wo innerhalb jedes Sonnensystems jahrtausendelange Harmonie zwischen den Flieh- und Anziehungskräften herrschen muß oder in einer unverfälschten Natur, in der noch **die ursprüngliche Ordnung der Mutter Erde** vorherrscht. Oder oben im ‚Himmel', jenen Zustand, den wir uns als paradiesisch vorstellen.

Auf unserer grobstofflichen Ebene können wir somit erkennen:

- **Harmonie ist göttlich:** weil die meisten Menschen schon zu veräußerlicht sind, spüren sie den Gott-in-uns nicht mehr. Die Veräußerlichung macht den Menschen hektisch, nervös, ängstlich, unruhig und ruhelos. Das Göttliche dagegen ist Harmonie, ein ewig harmonisches universales Gesetz, das in uns angelegt ist und der Ankopplung an die kosmischen Ordnung harrt.

- **Harmonie im Äußeren**, ob in einer Hausfassade, in der Linie einer zeitgeistigen Autokarosserie oder im Körperbau eines ideal gewachsenen Menschen, läßt jedesmal unser Herz höher schlagen, uns emotional höher schwingen oder ausflippen, wie sich der Zeitgeist ausdrückt. Harmonie, wie wir sie in einem sakralen Raum, während eines Konzerts oder eines Chorgesangs empfinden, sind oft nur Momenterlebnisse, die uns ahnen lassen, welch hohe Wertigkeit uns in dem *Glückszustand harmonischer Schwingungen* geboten werden.

- **Harmonie im Inneren** ist dagegen die flüchtigere Form, die sich einfach nicht manifestieren läßt. Sie ist Ausdruck unseres jeweilig momentanen Ist-Zustandes. Der natürlich möglichst oft und möglichst anhaltend zu einem Ideal-Zustand werden sollte. **Es gibt in unserer polaren Welt der Materie nichts schöneres und angenehmeres als mit sich und der Umgebung in Harmonie zu sein.** Das bedeutet in den meisten Fällen stabile Gesundheit, inneren Frieden und ein Resonanzfeld, das uns *über* hunderte von kleinen, eigentlich unbedeutenden Alltagsproblemen unbehelligt schweben läßt. Die Schwingung der inneren Harmonie ist nach außen wie ein Schutzschirm unserer Aura (siehe Glossarium), an dem hunderte kleiner, mieser Attacken unseres (meist neidischen) Umfeldes abblitzen.

- **Harmonie in der Familie** ist die bewährte Grundlage, mit deren Kraftreserven auch der heutige Mensch die Herausforderungen des Alltags leichter meistert. Selbst eine Gemeinschaft voller nationaler Einzelinteressenträger wie die der EU nennt ihre langwierigen und teuren Kompromisse ‚Harmonisierung'.

- **Harmonie in der Anwendung** mit dem Ziel der Verinnerlichung sind auch Körperübungen und Techniken wie die ‚Fünf Tibeter' und mehr noch Qi Gong (sprich *Tschi Gung*) und Taiji (Tai Chi), ein Training, in dem die hohen Künste wie Geduld, Gleichgewicht und Harmonie gelehrt und erlernt werden. Andere psychologische Techniken gibt es, um unsere drei unteren und drei oberen Hauptchakren oder unsere beiden Hirnhälften, die getrennten Hemisphären, zu harmonisieren. Und natürlich gibt es noch die religiös ausgerichteten Techniken der althergebrachten Kontemplation und der moderneren Meditation. Richtiges Beten tut es ebenso.

- **Harmonie ist nicht nur ein vergänglicher Ist-Zustand, sondern auch eine absolut individuelle Eigenschwingung.** Und das ist sehr schön so und auch sehr gut so – sonst gäbe es sicherlich schon ein *global-harmonicprogram*, das via Satellit einen maßgeschneiderten ‚Frieden' über die Welt ausgösse. Arme Waffenindustrie – doch sie würde es zu verhindern wissen.

- **Harmonie im Alltag** entsteht am einfachsten durch das **sowohl als auch.** Solange wir uns lustvoll in der Welt des disharmonischen und polarisierenden **Entweder/Oder** tummeln und in dessen Geschehen mitmischen wollen, solange erzeugen wir immer wieder neue Zwänge, die uns irgendwann einholen. In unserer Zeitenwende reifen die Früchte, die wir gesät haben, erheblich schneller. Das moderne, analytische Entweder-Oder-Denken hält uns fest in seiner Polarität gefangen, es beschäftigt uns mit seinen Spannungen. So hat eigentlich der jahrtausendealte Kampf gegen das ‚Böse', wie auch immer es die einzelne Religion erklärt hat, sehr wenig gefruchtet. Denn je mehr man sich kraftvoll *gegen* etwas stemmt, um so mehr erhöht sich auch der Gegendruck desselben.

Viel sinnvoller wäre das Loslassen und Ablassen von den entsprechenden Handlungen. Auch die christliche Kirchenlehre kennt das und spricht vom Bösen, das ‚überwunden' werden muß. Anstelle des Bösen können wir auch Sünde sagen oder anderes Negatives in unserem Leben. **Über-winden heißt ignorieren und darüberstehen.** Das katholische Brauchtum zeigt dafür symbolisch den *St.Georg*, wie er **mit der Lanze auf dem Drachen stehend**, am Überwinden ist. *Überwindung* und *Ausgleich* anstelle des üblichen gespaltenen Denkens gelingt immer öfter durch *Harmonie* und durch die dabei bewährte, aber viel zu oft vernachlässigte selbstlose *Liebe*, die frei von allem Urteilen sein muß.

Somit können wir aber auch erkennen, daß die unendlich vielen Polaritäten und Dualismen für den Einzelnen von uns **völlig verschiedene Wertigkeiten** haben können. Es kommt dabei stets auf unseren Standpunkt oder Blickwinkel an. Und das bedeutet eigentlich, daß es auf unseren Bewußtseinszustand ankommt. *Daniel Delaney*, ein Lehrer des Zen-Buddhismus, bestätigt bei der Betrachtung des Gegensatzpaarlings *gut<>böse*:

*...daß das Böse nicht das Gute werden könne. Doch kann man sein Bewußtsein überwachen, welches diese beiden Prinzipien voneinander trennt. In einem erweiterten Bewußtsein relativieren sich beide, verschmelzen zu einem **erleuchteten** Bewußtsein jenseits von gut und böse.*

Die Kraft der Symbole

Auf all den Ebenen der sichtbaren Materie, im Kosmos (griech. *Ordnung*) wie bei uns auf Erden, herrscht Polarität und/oder Dualismus und damit auch die Lebensaufgabe, diese im Gleichgewicht zu halten und für Harmonie zu sorgen. Nicht nur aus den Epochen menschlichen Analphapetentums, sondern auch aus den Zeiten der Dünnbesiedelung unseres Planeten mit ihrer erhöhten Naturverbundenheit stammen *Symbole* und *Zeichen*, mit denen Botschaften und Erkenntnisse erhalten und weitergegeben wurden. Oft besitzen solche Symbole schwer definierbare Kräfte, die als göttlich und magisch erkannt worden sind. Das betrifft natürlich auch die Suche nach Versöhnung und Harmonie.

Aus verschiedenen Kulturreichen, Epochen und Kontinenten sind uns heute einige Symbole erhalten geblieben, von denen ich solche vergleichend nebeneinanderreihe, welche die Aufgabe der *Harmonisierung* als Basis hatten und haben. Dabei fand ich vier Grundformen, die sich vielfältig in ihrer Darstellung damit befassen. Es sind dies die *Welle*, die *Spirale*, der *Kreis* und das *Dreieck*.

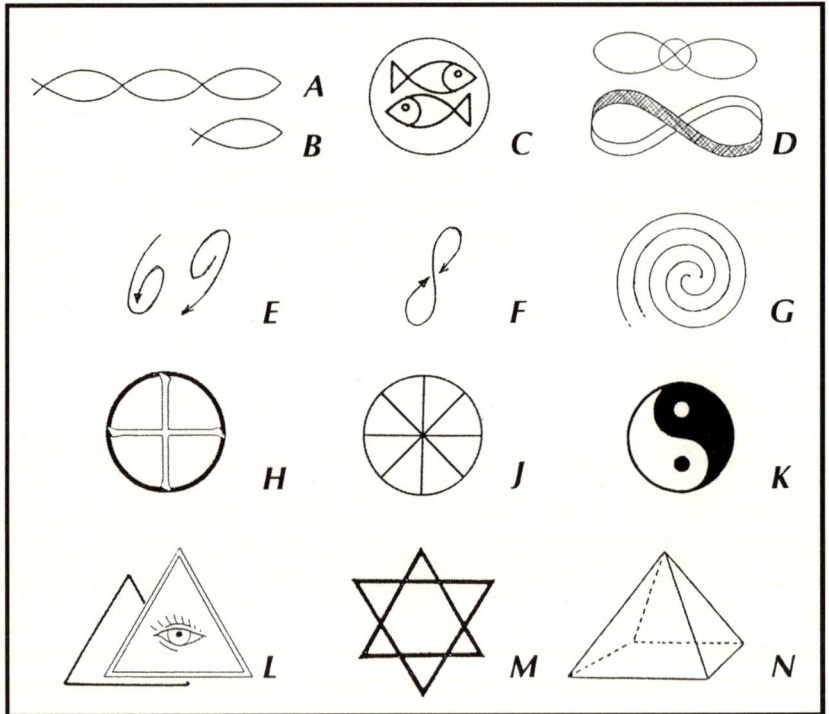

Tabelle 1: Harmonie-Symbole

Die Welle wird in ihrer Grundform ‚harmonische Welle' (A) genannt und es ist unklar, ob deren ursprüngliche Darstellung aus der geistigen Welt intuitiv empfangen oder von Raumgeschwistern als göttlich hinterlassen wurde. Ein Ausschnitt davon (B) wurde als Fisch von den Urchristen als Geheimzeichen verwendet, nachdem das Fische-Zeitalter (Eintritt des Frühlingspunktes in das Sternbild der Fische) mit dem Erscheinen des Wahrheitslehrers *Jesu* zum entscheidenden Entwicklungssprung der derzeitigen Menschheitsrasse im *Platonischen Weltenjahr* (25920 Erdenjahre) wurde, wodurch wohl der Fisch als Symbol auch in anderen Kulturen zu finden ist (*Dogon, Vishnu*).

Diese Ur-Welle taucht an verschiedenen Plätzen unseres Planeten auch in der Form *polaritäts-ausgleichender Symbole* auf.

- Sumerisch-ägyptischen Ursprungs dürfte das astrologische Harmonie-Symbol des Sternzeichens *Fische* sein (C), das die beiden sich gegenüber stehend als ‚Versöhnung der Gegensätze' (*Jesus!*) darstellt.

- Was wir heute als ‚*Unendlichkeits-Zeichen*' (D) bezeichnen oder ‚Möbius-Schleife' galt im Altertum als *heiliges Symbol Gottes* (Lemniskate), teilweise auch als Darstellung der ausgleichenden Geisteskräfte ‚Innen gleich Außen'. Interessant dabei ist, daß die moderne Physik darin den Bewegungsablauf des Ur-Plasmas in einem strukturierten Teilchen erkennt (*L.W.Göring*[49]).

Die Spirale oder der Wirbel wurden ebenfalls schon in Vorzeiten als göttliche Kräfte angesehen, da sie in der Natur beobachtet und in der heutigen Physik bestätigt werden konnten. Die Spirale taucht auf allen drei Seinsebenen auf: auf der irdischen vor allem in der Bewegung von Wasser- und Wolkenwirbeln, auf der kosmischen in den gewaltigen galaktischen Sternenwirbeln und auf der geistigen in den Wirbeln unserer Chakras (schon seit Urzeiten von Medialen und Aura-Sichtigen beschrieben). In zwei Symbolen wird diese Urkraft auch als harmonisierend dargestellt:

- in der *Acht* (F), die wiederum als *heiliges Symbol Gottes* zu sehen ist und welche die nach innen drehende *verzehrende Kraft* der Sechs, die die Materie verdichtet, mit der nach außen drehenden *auflösenden Kraft* der Neun (E), die die Materie erlösen kann, in eine übereinanderliegende Einheit bringt. Dies ist dann eine in sich verschlungene Achter-Einheit, die aber zugleich ausdrückt: *Wie oben – so unten, wie unten – so oben* (Hermetik).
Dies bekommt aktuelle Bedeutung auch als numerologische Polarität der schwarz-magischen 666 in der Kabbala mit der Christuszahl 999. *Jan van*

Helsing, der sich auch intensiv mit den Systemen der Numerologie befaßt, schrieb in seinen verbotenen Büchern dazu, daß die Neun das Lösen-aus-der-Materie und die Rückkehr-in-den-Geist symbolisiere. Wieder übereinandergelegt, ergeben die Zahlen 6 und 9 symbolisch die 8, die Ordnung, die Harmonie und Balance. Es ist kein Kampf, sondern ein Miteinander – also **bewußt** *mit* **Geist** *in* **der Materie** zu leben.

Die Acht ist auch das Symbol der Unendlichkeit. Durch unendliches Weitermalen der Acht landen wir wieder bei der *harmonischen Welle,* daher heißt es auch: Ewigkeit ist wie die *Lemniskate,* die liegende Acht, ein präantikes Symbol aus Atlantis. Auch die Taoisten haben der Acht seit fünftausend Jahren Harmonie und Wohlstand zugeschrieben. Sie sei auch das Symbol des kommenden Wassermann-Zeitalters und stehe für Einheit, Frieden und Lebensfreude. *Margarete Friebe* nennt in ihrem Buch ‚Das Sonnenbewußtsein' unsere Zeit ‚das Zeitalter der Acht'. Und

- in der *Doppelspirale* (G). Dieses auf allen Kontinenten auftauchende Ursymbol des Dualitätsausgleiches (antike Labyrinthschulen) stellt schon in seinem Zentrum die beiden gegenläufigen Kräfte harmonisierend dar. Bei den Kelten symbolisierte das Labyrinth mit seinem kreisförmig gewundenen Pfad, der von außen nach innen zum Zentralpunkt – dem Omphalos (Nabel) oder Mittelpunkt der Welt – und dann zurück nach außen führt, die Wandlung und Erneuerung des Lebens durch den Tod hindurch. Die Doppelspirale wird auch als ein mikro- und makrokosmisches *Prinzip des Lebens* angesehen, was heute von Seiten der Medizin-Wissenschaften (Inneres einer roten Blutzelle) bestätigt wird.

Der Kreis versteht sich grundsätzlich als *einende* und *vereinende* Symbolik der Harmonie der verschiedenen im Kreis eingeschlossenen Gegenkräfte. Dabei galten im weiteren Sinne auch der Kreis und die Kugel als ein irdisches Symbol für Gott. Drei Ursymbole fand ich dabei als besonders interessant:

- das *Kreuz im Kreis* (H), das im ‚Plejadisches Kursbuch'[53] als ein Symbol des Sirius gedeutet wird. *Silvia Wallimann* erklärt es in ihrem Buch[79], daß die vier gleichen, aber polaren Balken von einem Kreis, dem ‚Symbol der Vollkommenheit', umgeben sind. ‚*In diesem Kreis kommt die Ordnung der Schöpfung zum Ausdruck. Es stärkt nicht das Leidens-, sondern das Harmoniebewußtsein*'. Die Hopi-Indianer harmonisieren damit ihre ‚Vier-Ecken-Zonen', die Meisterung der vier Elemente.

- das *Medizin-Rad* (J) der amerikanischen Kontinente. Es symbolisiert ebenfalls den Weg zur Vollkommenheit und wird heute noch in schamanischen Kulten hoch geehrt. Der weiter vorne beschriebene *Lebenskreis* oder die *Lebensuhr* der christlichen Gnostiker im mediterranen Bereich deuten auf die ähnliche Symbolik. Im europäischen Norden finden wir die *Hag-al-Rune* als Symbol des keltisch-abendländischen Raumes, welche auch von den Atlantern stammen soll und die harmonisierende Zusammenführung aller Kräfte aus Norden-Süden-Westen-Osten-Himmel-Erde darstellt.

- Im asiatischen Raum (lemurischen Ursprungs?) ist das bedeutendste Harmoniesymbol das ‚YIN- und YANG-Zeichen' (K). *Yin* als das schwarze, passive, weibliche oder weiche, *Yang* als das rote, aktive, männliche oder harte Prinzip. Beide sind auch hier symbolisch verschlungen zu einer sich ergänzenden Einheit.

Das Dreieck gilt als Symbol der Trinitäten oder Dreieinheiten und ist somit die Darstellung der Zusammengehörigkeit von drei sich ergänzenden Kräften. Das Dreieck taucht immer wieder als *göttliches Symbol* auf, wird aber auch als *Symbol der Macht* angesehen und stammt aus dem Bereich der teils aufgestiegenen, teils untergegangenen atlantischen Rasse.

Daher finden wir schon im Altertum drei überlieferte Formen, die auch unterschiedliche Ausdruckselemente besitzen:

- das *Dreieck* mit dem Auge (L), wurde nicht nur göttlich-kontrollierend gedeutet, sondern auch als ein Wegweiser der Menschheit. Bei den Altägyptern war es das Gotteszeichen, teilweise auch ohne Auge. So auch bei den Pythagoräern, die das Dreieck als formbildendes und ausgleichendes Prinzip des Weltalls ansahen. Die gnostischen Manichäer führten es dann in die christliche Dreieinigkeit ein.

- das *Hexagramm* (M) mit seinen beiden ineinander verschlungenen Dreiecken bedeuten die Verbindung beziehungsweise den ersehnten Ausgleich von Geist und Materie. Das obere Dreieck, dessen Spitze nach unten gerichtet ist, symbolisiert den zur Materie hinabsteigenden (cherubische) Geist oder die *göttliche* Trinität. Das andere Dreieck mit der Spitze nach oben symbolisiert das Emporsteigen der materiellen (auch dämonischen) Formen, der *irdischen* Körper-Dreieinheit, um vereint zu Ausgleich und Harmonie zu kommen. Dieses Symbol, das auch als Davidstern bekannt ist, findet sich in seiner ältesten Form bereits im Sumerischen und wird auch im Shivaismus der Hindus als Bekenntniszeichen auf der Stirn getragen (Symbol der Vereinigung des männlichen und weiblichen Prinzips). Im Jahrtausend v.Chr. war es schon im chinesischen Yi-King oder I-Ging bekannt. Bei den alten Germanen war das Hexagramm auch ein Schutzsymbol und wurde ‚Deutscher Schild' genannt.

- die *Pyramide* (N) entsteht aus aneinandergesetzten Dreiecken. Es handelt sich eindeutig um eine kosmische Form, wie auch die Fotos der beiden Marssonden Mariner-9 und Viking-2 von den verschiedenen riesigen Pyramiden auf dem Mars zeigen. Demnach ist auch die Große Pyramide am Nil (ein Wunder an Zahl und Maß) ein kosmisches Bauwerk aus der Zeit vor dem Polsprung vor mehr als 13000 Jahren. Die große Pyramide war im Netz weiterer globaler ‚Geschwister' nicht nur eines der irdisch-kosmischen Energiezentren, sondern zugleich ein höchstenergetisches Einweihungszentrum (und niemals ein Grabmal). So wie wir heute inzwischen mit der physikalischen Energie innerhalb selbstgebastelter oder konfektionierter Mini-Pyramiden spielen, arbeiteten mit den geistigen Energien der Pyramidenform nicht nur die Mysterienschulen der altägyptischen Priesterschaften, sondern auch die der klassischen Freimaurer und die der Templer. Die Macht der Pyramiden-Symbole als *Schwarze Magie* setzen aber auch sehr erfolgreich die im siebzehnten Jahrhundert von dem *Orden der Illuminaten* übernommenen heutigen luziferischen Hochgrad-Freimaurer ein.

Die Kräfte der Symbole, soweit sie heute überhaupt noch solche besitzen, hängen stets von der Resonanzfähigkeit der Wesenheiten ab, die dazu im Bezug stehen. Werden solche Kräfte aktiviert und mobilisiert, dann wirken sie multidimensional durch alle denkbaren Seinsebenen. Einigen Symbolen kann man natürlich eine Doppelfunktion, die von gut oder die von schlecht, nachsagen, wobei dies eben wieder von ihrem Angewendetwerden abhängt.

Die reinen **Harmonie-Symbole** wirken, teilweise wie die apolaren göttlichen Kräfte, schon alleine durch ihre Präsenz und im Sinne wie ...*die Sonne scheint über Gute und Böse (Schlechte)*. Die Harmoniesymbole sind äußere Zeichen des *göttlichen Gesetzes der Harmonie*, das in der ganzen Schöpfung wirksam ist. Teilweise ist die Intensität dieser Kräfte allerdings abhängig von unserem Glauben daran, ebenfalls im Guten wie im Schlechten. In Resonanz zu diesen Kräften kommen wir somit am schnellsten mit unserer eigenen Gedankenkraft und am sichersten durch unsere stete Lebensweise.

Klarzustellen gilt aber generell, daß jene gewaltige Licht- und Schöpferenergie, die wir Gott (gut) nennen, keinerlei Symbole bedarf. Solche waren stets irdische Sinn-Bilder, allesamt in der Zeit des Analphabetentums geboren. Da sie aber seit Jahrtausenden mit emotionaler Energie geladen sind, können sie auch in unsere aufgeklärte Zeit hereinwirken – gut oder schlecht, je nach angebotenem Resonanzboden oder abermaliger beabsichtigter Erweckung.

Gedankensauberkeit potenziert die Harmoniesymbole gewaltig. Auch hierbei hilft uns ein bewußtes Qualitätsmanagement. Harmoniesymbole können für uns einen Langzeiteffekt bekommen, wenn wir unsere Resonanz zu ihnen entsprechend aufbauen und sie auch als Schutz-Symbole ansehen. Aber auch hier schwingt die Gesetzmäßigkeit mit, daß wir durch Zweifel und Ängste selbst das stärkste Symbol abschwächen können. Typisch Resonanz!

Symbole allein können unsere Schwingungen nicht harmonisieren, solange wir selbst weiter in extremen Polarisierungen wüten. Wir müssen uns bewußt dazu hinbewegen, was uns das Harmoniesymbol sagen will und müssen genauso bewußt **seine Ausgleichsfähigkeit annehmen und einsetzen.** Trotzdem: Symbole hin, Symbole her. Eine hilflose Flucht in solche Zeichen alleine führt uns niemals auf dem Weg nach innen weiter. Genausowenig ein leerer Glaube daran ohne die entsprechende Lebensführung. Denn die Gefahr des sich daran Festhaltens brächte höchstens ‚Symptombehandlung', denn unsere Probleme können Symbole nicht lösen.

Dagegen eröffnen uns *Gedankensauberkeit, Harmoniebedürfnis* und *verantwortungsvoller Umgang* damit die wunderbaren Geisteskräfte in uns selbst, die diese uralten irdischen und teilweise kosmischen Zeichen beinhalten.

Harmonie bedeutet stets auch *Einklang* und ein Klang kann zur wundervollen Schwingung werden, die uns ruft und anzieht in die Einheit und das Einssein mit unserem inneren Selbst und/oder die uns ‚erhebt' zu einem geistig-seelischen Aufstieg.

Resümee aus dem ersten Teil des Buches

Verehrte LeserInnen, nun haben wir den Basisteil dieses Buches zusammen erarbeitet und ich habe versucht, Sie entweder mit neuem beziehungsweise aktualisiertem Wissen unserer Zeitenwende vertraut zu machen – allerdings stets aus alternativer Sicht. Oder ich habe Sie mit uraltem, in Vergessenheit geratenem oder gebrachtem und ebenfalls aktualisiertem Wissen bekannt gemacht. Wir haben viele etablierte Strukturen aus geistiger Sicht hinterfragt. Wir haben versucht, einen **dringend benötigten Durchblick** zu bekommen, um aus der Sicht des gewaltigen Umbruchs unserer Zeitenwende Bewährtes zu erhalten und Unwertes und Illusionäres und Manipuliertes loszulassen.

Sehr vorsichtig haben wir versucht, das Selbst-Bewußte und Göttliche in uns wiederzuentdecken und zwar in einer kosmisch-erweiterten Dimension einer harmonisch zusammenwirkenden Seelenschöpfung. Ohne eine solche kann es keinen logischen Sinn in unserem Erdenleben zu finden geben. Durch Aufdeckung und Zusammenfassung einfacher kosmischer und spiritueller Mechanismen kann eine angstfreie Bewußtseinsentfaltung forciert werden, die uns für die kommenden, herausfordernden Jahre geistig überlegen und spirituell erfolgreich werden läßt.

Der **Aufstieg der Menschheit ins Licht** ist aber mehr, noch viel mehr. Der Aufstieg muß auf einer Basis derart aufgebaut werden, wie sie bis jetzt an dieser Stelle erkannt worden ist und dieses Aufbauen folgt nun in der zweiten Hälfte des Buches. Obwohl wir, die bereits Erwachten, unter einem angenommenen Zeitdruck stehen (über den ich als nächstes berichten werde), gilt es unter allen Umständen, bei unserem geplanten ‚seelischen Aufstieg' auf dem Boden der Realität zu bleiben. Wir Menschen, die wir uns hier in der Zone des freien Willens bewegen, sind und bleiben auch weiterhin polare Wesen und sind sicher noch nicht so weit in unserer Bewußtseinsentfaltung, um schnell abheben zu können. Das käme im Zweifelsfalle ganz von selbst auf uns zu, wenn wir oder die Zeit reif dafür sein werden.

Trotzdem geht eine **Weiterentwicklung unseres Bewußtseins** und unserer Persönlichkeit, wie ich sie für zukünftige Lichtwesen als erforderlich ansehe und als möglichen Weg aufzeigen werde, nur, wenn wir von einer **veränderten Lebensbasis** aus starten. Natürlich mit einer eigenen erhöhten Basis-Schwingung und einem eigenen höher schwingenden Resonanzfeld.

Prof.Dr.Diesterweg wird in den ‚Biotechnischen Nachrichten *Implosion*' Aug/98 von dem Erfinder *Erich Neumann* folgendermaßen zitiert:
Der Geist, der es wagt, das Alte als das Falsche zu bezeichnen, muß darauf gefaßt sein, daß die Menge seine neue Wahrheit für einen neuen Irrtum erklärt und den alten Irrtum als unumstößliche, durch Jahrhunderte geheiligte Wahrheit festhält...

*Groß ist auch die Zahl derer, die in der falschen Theorie alt geworden und mit ihr verwachsen sind, die die Arbeit scheuen, diese lieb gewordenen Vorstellungen aus ihrem Geiste herauszureißen und durch neue zu ersetzen. Diese große Schar verbindet sich mit jenen, die in der alten Theorie eine Stütze ihrer eigenen Macht und ihres Ansehens fanden, und so schließlich in Vorurteil, Phlegma und Egoismus einen Bund gegen den Neuen, den sie als Neuerer und Empörer mit allen Mittel bekämpfen. Aber die Geschichte lehrt, daß keine Gewalt auf Erden mächtig genug ist, die Wahrheit **für immer** zu unterdrücken ... und stellt seine Gegner für alle Zukunft an den Pranger ... Denn die Geschichte zeigt auch, daß Zweifel an Systemen, selbst wenn sie Jahrtausende gegolten haben, nicht nur gerechtfertigt, sondern sogar für die weitere Entwicklung **notwendig** sind.*

Ab dem nächsten Kapitel, verehrte LeserInnen, wollen wir von unserer neuen, erhöhten Lebensbasis aus hin zu einem erfolgreichen Start bei unserem ‚Aufstieg der Menschheit ins Licht' kommen. Dabei sollten wir uns nachhaltig bemühen, mindestens folgende Veränderungen zu erkennen, (wieder) in unser Leben aufzunehmen und nachhaltig

- zu akzeptieren, daß das Vorhandensein **eines allwissenden Schöpfers** eine perfekte Ordnung bedingt und bereithält und wir in dem ganzen, riesigen Spektrum zwischen unseren Tiergeschwistern, unseren unsterblichen Geistgeschwistern und unseren technisch wie spirituell hochentwickelten Raumgeschwistern eine vernetzte göttliche Seelenfamilie sind,

- zu akzeptieren, daß **das Gesetz von Ursache und Wirkung** ein lückenloses wie auch gnadenloses Langzeit-Abrechnungssystem darstellt, das jedes Fehlverhalten aller Menschen in Gedanken, Worten und Werken registriert und deren unsterblichen Seelen solange präsentiert, bis es ‚bis auf den letzten Heller' getilgt ist,

- zu akzeptieren, daß **unsere permanente Resonanzfähigkeit** uns den unterschiedlichsten äußeren Beeinflussungen zwischen gut und schlecht ausliefert und dadurch unser verführtes und verführendes Ego und unser programmiertes Verstandesdenken uns vom eigentlichen Sinn des Lebens und seinen Qualitäten ablenkt,

- zu akzeptieren, daß die Möglichkeit von uns und **nur von uns selbst genutzt** werden muß, die beiden oberen Punkte nachhaltig zu entschärfen. Dies funktioniert verläßlich durch den täglichen Einsatz der geistigen Kräfte der *Liebe*, des *Lichtes*, des *Harmoniebedürfnisses* und der *Gedankensauberkeit* (natürlich sicher nur von jedem ein bißchen) und

- zu akzeptieren, daß es **einen höheren Sinn und eine perfekte Logik** in unserem Erdenleben geben muß, welche konsequent zu suchen und zu finden sind. Über unser zunehmendes Verantwortungsgefühl gibt es dann den inneren Weg zur ‚Vollkommenheit', der unsere Seelenfamilie zum gemeinsamen Ziel des Eins-Seins, des Aufstiegs ins Licht und in die Einheit zurückführt.

In diesem Sinne gehen wir in den nächsten Kapiteln mit einer neuen Sicht, **mit neuen Erwartungen und neuen Zielsetzungen in eine tolle Zukunft**, die mit den erkannten, geistig-spirituellen Universalgesetzen der *Harmonie*, der selbstlosen *Liebe* und des inneren *Lichtes* von uns selbst heute schon bewußt gestaltet wird. Möglicherweise ist auch die *Freude* ein solches noch nicht erkanntes Gesetz, das mit seiner Magie unser Erdenleben erheben und veredeln wird.

Zweiter Teil

11. Kapitel

Der ‚point of return' – von den Fischen zum Wassermann

Wir erleben den Beginn beziehungsweise das Ende von zwei Epochen, Äonen und Zeitaltern. Die geistigen Energien des Fische-Zeitalters werden schwächer und schwächer und die spirituellen Energien des Wassermann-Zeitalters drängen zwischenzeitlich mit zunehmender Intensität in unsere grobstoffliche Welt. Gleichzeitig ist damit ein gewaltiger Wendepunkt in der Evolution des menschlichen Bewußtseins angezeigt.

Die explosionsartige Zunahme der inkarnierten Seelen auf unserem Planeten zwingt uns zu neuen Lösungen. Weg von der Egozentrik des Einzelnen, der Familien, der Konzerne, der Nationen, der Rassen. Denn der Wassermanngeist führt zur Abkehr des Einzelnen von seiner Konzentration auf die eigenen Bedürfnisse – hin zu den Nöten der ganzen Menschheit. Weg von der persönlichen Erlösung, weg vom Materialismus – hin zu Weltdienst und Spiritualität. Weg von globalem Durchschnittsmenschsein – hin zu einem globalen Bewußtseins-Kollektiv. Denn ein **bewußtes Kollektiv** kann sich nur dann bilden, wenn jeder einzelne Aspekt des Kollektives weiß, wer er ist und was er ist und über welche Fähigkeiten und Möglichkeiten er verfügen kann. Das ist Wandel vom Old-Age zum New-Age – zuerst zart wie der aufsteigende Morgen, aber dann **konstant zunehmend und unaufhaltsam fortschreitend**.

„Der Mensch ist ein über-kosmisches Wesen und die Wahrnehmung Gottes ist höchste Kultur, und diese brauchen wir heute, um die Probleme von Mensch und Gesellschaft zu lösen" schreibt *Swami Omkarananda* in seinem Buch *„Jesus Christus'*. Und *Johannes von Buttlar* konstatiert optimistisch, daß es zu einem **Homo superior** kommen könnte, wenn die Menschheit den Wendepunkt zu einer Weiterentwicklung in eine höhere Ordnung meistere. *Hans Hubert Küppers* erklärte dazu in einem Vortrag:

...daß wir an einer der wichtigsten Schwellen dieser Raum-Zeit stehen; dem Quantensprung eines ganzen Universums in eine höhere Bewußtseinsdimension. In alten Schriften und von vielen ‚Sehern' wurde dieser Dimensionswechsel für das ‚Ende dieser Zeit' vorausgesagt. Allen bewußt lebenden und wahrnehmenden Wesen zeigt sich an den Spiegelungen dieser Zeit, daß die alten Ordnungen zusammenbrechen, die alten Maßnahmen nicht mehr greifen und intensive Umwandlungen im Gange sind.

Nun stellt sich natürlich zu all dem Angekündigten die grundsätzliche Frage: *warum gerade jetzt?* Die Antwort darauf bekommen wir aus fünf verschiedenen Lagern:

- kosmische Zyklen und antike Kalender,
- Prophezeiungen der Bibel im Alten und Neuen Testament,
- Prophezeiungen seit Nostradamus im 16. Jahrhundert,
- Neuoffenbarungen seit Mitte letzten Jahrhunderts und
- Channelings von Außerirdischen seit Mitte dieses Jahrhunderts.

Kosmische Zyklen am ‚point of return'

Interessanterweise gibt es keinen der fünf aufgezählten Informationsbereiche, in dem *nicht* – teilweise sogar vorrangig - das Verhältnis *Mensch zu Gott* angesprochen wird. Und damit wird genau der kritische Punkt unseres Zivilisationsproblems schlechthin und unserer heutigen Gesellschaft im speziellen getroffen – die Mehrzahl der Milliarden in die materielle Zone des freien Willens inkarnierten Seelen haben sich von ihrem göttlichen Ursprung und Auftrag soweit entfernt, daß zum Anhalten oder zur Umkehr dieser offensichtlichen Fehlentwicklung ein **Bereinigungsakt** fällig werden muß.

Und dazu hat sogar unsere Galaxis Zyklen. Die Milchstraße benötigt, um sich einmal um sich selbst zu drehen, zirka 26 Millionen Erdenjahre, so wie unser Sonnensystem zirka 26000 Jahre dazu benötigt. Wissenschaftler haben für die letzten 250 Millionen Erdenjahre festgestellt, daß alle 26 Millionen Jahre ein großes Sterben irdischen Lebens auf unserem Planeten nachgewiesen werden kann.

Doch bleiben wir bei den für uns vorstellbaren Zyklen unseres Sonnensystems. Alle unsere Zeitrhythmen wie Tage und Jahre sind zeitlich auf unsere Sonne bezogen und das, seit sich die Sumerer und die Altägypter damit befaßt haben. Die Mayas dagegen hatten einen gleichfalls genauen Kalender auf Basis des Mondrhythmus'. Weniger geläufig ist uns aber der schon erwähnte Zyklus des gesamten Sonnensystems mit den rund 26000 Erdenjahren, **das Platonische Weltenjahr** (auch als Siderisches oder Sternenjahr bezeichnet). Zwischenzeitlich bekannt als altes babylonisches Wissen und überliefert von *Platon*, wurde dieser Sonnenzyklus um 130 v.Chr. von dem Hellenen *Hipparchos,* der als Begründer der wissenschaftlichen Astronomie gilt, tatsächlich berechnet. Ursache dafür ist die *Präzession,* die Kreiselbewegung unserer sogenannten Erdachse. Ich zitiere dazu *Udo Brückmann* aus seinem Buch ‚Ende der Endzeit'[19]:

Diese Achsenverlagerung beträgt alle 72 Jahre zirka 1 Grad. Die Einteilung für die Tierkreiszeichen beträgt 30 Grad. So ergeben rein rechnerisch 72 x 30 = 2160. Die Dauer eines ‚Erdzeitalters' (Platonischen Erdenmonats oder Äons), das in einem Tierkreiszeichen steht, beträgt demnach **2160 Jahre.** *Die Äquinoktialpunkte bewegen sich alle 2160 Jahre – ähnlich wie der Zeiger in den zwölf Einteilungen einer Uhr - in* ein anderes Sternbild. Und da wir zwölf Sternbilder haben, dauert eine komplette ‚Umwanderung' oder ‚Durchwanderung' **25920 Jahre** *(12 x 2160). Die zur Ekliptik schiefgestellte Erdachse umschreibt aufgrund der Präzession eine Kegelfläche um den Pol und ‚schraubt' sich – modellhaft gesehen - in 25920 Jahren ellipsenförmig bis in den imaginären ‚Scheitelpunkt der Galaxis' nach oben.*

Schon lange vor der Hochkultur der Hellenen war dieser sumerische Sonnen-Zyklus auch in den altindischen Veden beschrieben und wurde bei letzteren bildhaft das *Ein- und Ausatmen Brahmas* genannt. (*Brahma* heißt in den Veden die zentrale Intelligenz unseres sichtbaren Universums, von dem es noch vier weitere geben soll). Somit rund 13000 Jahre lang *ausatmen* und das gleiche als Rücklauf des halben Sonnen-Orbits wieder *einatmen*. Ein aktuelles Channeling erklärt uns noch ein anderes Verständnismodell, in dem das ‚Ausatmen' sehr viel länger und dafür das ‚Einatmen' extrem kurz ausfalle. Seine sehr anschauliche Erklärung ist der Hinweis auf ein theoretisches Gummiband, das sich im Laufe des Schöpfungsgeschehens immer länger vom Zentrum weg ausdehnte, aber am diesmaligen Wendepunkt im Orbit unseres Sonnensystems entsprechend kurzfristig zurückschnellt.

Winfried Harms bestätigte in seinem Bericht ‚Der Maya-Kalender'[149] bei der Beschreibung der Zyklen des Reinkarnationsglaubens der Mayas die gleichen, oben aufgeführten kosmischen Zyklen der Sumerer und Hellenen:
Der feinstoffliche Körper existiert nach den Maya nach Zyklen von Weltjahren (25.920 Jahre linear), Weltmonaten (2.160 Jahren) und Welttagen (144.000 Tage) = 400 Jahre = 1 Baktun sowie die darin enthaltenen heiligen 260 Tage (Tzolkin), nach dem die Maya ihren Kalender geschaffen haben. Die Zahl 144.000 ist noch bedeutsam als die heilige Zahl in der Johannes-Offenbarung.

Diese **Wendepunkte** des *In-Schlaf-Fallens* und der ‚*Erweckung*' (anstelle *Erwachens*), wie es in den Veden heißt, werden stets mit enormen Veränderungen in Verbindung gebracht. Und an genau diesem *kosmischen* Umkehr- oder Wendepunkt sind wir mit unserem Wechsel vom endenden Fische-Zeitalter und dem beginnenden des Wassermanns angelangt - am **‚point of return'**. Wir beginnen zu erwachen und **es geht wieder zurück** in Richtung galaktischem Zentrum oder zurück in die *Gottes-Nähe*.

Eine meiner geisteswissenschaftlichen Quellen spricht hierbei auch von *Expansions-Energie*, die vom Galaxiskern ausgehe und *Kontraktionsenergie*, die zum Kern zurückfließe. Der Schweizer Physik-Autodidakt *Oliver Crane*[98] spricht daher von einem sogenannten ‚zentralen Oszillator' in der Mitte einer jeden Groß-Galaxie.

Die zyklischen ‚Wendepunkte' der elliptisch-spiralförmigen Umlaufbahn unseres Sonnensystems alle rund 13000 Erdenjahre brachten dem Planeten und seiner Menschheit stets gewaltige Veränderungen. So auch der letzte Wendepunkt des ‚In-Schlaf-fallens', also jetzt vor rund 13000 Erdenjahren, an dem schlimmste Kataklysmen und Naturkatastrophen unsere Mutter Erde und die damalige Restzivilisation von Atlantis heimgesucht haben. Von Asteroiden-Einschlag, Polsprung und weltweiter Sintflut wird uns berichtet und das Ende der letzten Eiszeit fällt ebenfalls in diesen Zeitabschnitt.

Doch auch an jenem Wendepunkt, so wird uns aus der geistigen Welt mitgeteilt (*Ariel*), konnte schon ein Großteil der menschlichen Seelenbewußtseine die Grobstofflichkeit für immer verlassen und in das Lichtreich aufsteigen. Allem Anschein nach hatten die damaligen Lebensformen noch höherschwingende und feinstofflichere Strukturen. Dadurch war die Entwicklung eines Lichtkörpers, der für diesen Aufstieg in das Lichtreich Voraussetzung ist, möglicherweise leichter zu erreichen als heute.

Doch die anschließende lange Raumstrecke des ‚In-Schlaf-fallens' hat alle Lebensformen, an deren Schöpfung die sich wieder neu entwickelnde Menschheit mitbeteiligt war, noch tiefer in die Grobstofflichkeit hinabgezogen. Diese soll aber nun, an unserem erneuten Wendepunkt, am *‚point of return'*, zuende gehen.

Auf der Suche nach weltweiten Quellen ob solcher fundamentaler Rhythmen fand der Forscher *Thomas Ritter*[118] die folgenden entsprechend chronologischen Berechnungen:

*Der **altägyptische** Kalenderzyklus zählt 1460 Jahre, einer dieser Zyklen endet im Jahre 1322 v.Chr. und wenn man von diesem Jahr sieben Zyklen subtrahiert, ergibt sich das Jahr 11541 v.Chr.*

*Der **assyrische** Kalender beinhaltet Mondzyklen zu 1805 Jahren. Das Ende eines dieser Zyklen liegt im Jahre 712 v.Chr. und wenn man von diesem Jahr sechs Zyklen subtrahiert, erhält man wieder einen naheliegenden Wert, und zwar das Jahr 11542 v. Chr.*

*Der alte **indische** Mond-Sonnen-Kalenderzyklus hatte 2850 Jahre; das ‚eiserne Jahrhundert' der Inder (die Ära des Kaliyuga) begann im Jahr 3102 v.Chr., abrechnend von diesem Jahr erhalte man das Jahr 11652 v.Chr.*

Mehrere Quellen geben an, daß unser gesamtes Sonnensystem bei seiner elliptisch-spiralförmigen Raumbewegung um das System Alcyone im Sternbild der Plejaden kreise. In manchen geisteswissenschaftlichen Quellen wird hierbei auch von der ‚zentralen Sonne' oder der ‚schwarzen Sonne' gesprochen.

Auf dem 25920 Jahre langen Orbit passiert unser gesamtes Sonnensystem den Lichtgürtel des sogenannten **Photonenrings**, über den ich ausführlich im fünfzehnten Kapitel berichte. Ein Durchgang soll gut 2000 Jahre dauern, also fast einen Äon und genau ein solcher, nämlich der des Wassermanns, ist der diesmalige lichtvolle Transit. Das gesamte Sonnensystem durchläuft während dieser Phase eine spirituelle Transformation, die man geisteswissenschaftlich auch als Bewußtseinssprung bezeichnet, der die besonders grobstofflich orientierte Erde samt Menschheit diesmal sogar durch die vierte gleich in die fünfte Erfahrungsebene anheben wird. Danach folge dann das verheißene *Licht-Zeitalter*, andere nennen es das *Zeitalter des Geistes, Neues Zeitalter* oder *New Age* oder in religiöser Terminologie heißt es *Friedensreich, Goldenes Zeitalter* oder *Neues Jerusalem*. Ausführlich beleuchte ich auch dieses wichtige Thema im dritten Teil des Buches.

Auf einen solchen Zeitabschnitt (Wassermann-Zeitalter mit rund zweitausend Jahren) weist auch die christliche Bibel hin. Im Alten Testament ist es der Prophet *Daniel*, der rund 500 v.Chr. erklärte, daß ‚eine Zeit' aus zwei Zeiten und einer halben bestehe. Dies findet seine Bestätigung im Neuen Testament: bei *Jesus* verblieben nur noch zwei Zeiten = eine Zeit. Nach diesen Aussagen aus dem hebräischen/christlichen Altertum stellen rund zwei Jahrtausende ‚eine Zeit' oder ein Zeitalter dar, was dem sumerisch-hellenistischen Sonnenzyklus (2160 Jahre) entspricht.

Sehr unterschiedlich sind die Meinungen zum genauen Zeitpunkt des Wechsels dieser Äonen oder Zeitalter. Wann begann oder beginnt der Wassermann? Wann genau ist unser gesamtes Sonnensystem im Sternbild des Wassermanns? Der Altertumsforscher *Zecharia Sitchin* schreibt dazu in seinem Buch ‚Der zwölfte Planet':

...denn obwohl die heutigen Astronomen nicht mit Bestimmtheit sagen können, wo die Sumerer Anfang und Ende eines zodiakalen Hauses ansetzten, gilt die folgende Tabelle der Zeitalter doch als genau, wenn man die willkürlichen 2160 Jahre je Haus als gegeben nimmt:

60 v. Chr. bis A. D. 2100 – Zeitalter der Fische
2220 v. Chr. bis 60 v. Chr. – Zeitalter des Widders
4380 v. Chr. bis 2220 v. Chr. – Zeitalter des Stiers
6540 v. Chr. bis 4380 v. Chr. – Zeitalter der Zwillinge
8700 v. Chr. bis 6540 v. Chr. – Zeitalter des Krebses
10860 v. Chr. bis 8700 v. Chr. – Zeitalter des Löwen

Einige Astrologen sehen den **Wassermann-Beginn** dagegen schon im Jahre 1892, der ‚schlafende Prophet' *Edgar Cayce* im Jahr 1932, *Dr.Hartmut Normann* hält den 5.2.1962 für möglich (weil sich damals alle klassischen sieben Planeten im Wassermann zusammenfanden[123]), *Gisela Meussling* datierte den Beginn ins Jahr 1950. Der Komet des Jahres 1997, Hale Bopp, habe es angekündigt, daß das Wassermann-Zeitalter nun endgültig begonnen habe (*Bran O.Hodapp/Iris Rinkenbach*).

Photonenring-Spezialisten haben den Eintritt unseres Planeten Erde für das Jahr 2004 beziehungsweise den Eintritt des ganzen Sonnensystems in die Photonenzone auf das Jahr 2012 berechnet und setzen dieses Datum für den Beginn des neuen *Licht-Zeitalters* an, weil dann erst oder dann bereits die neuen Energien voll vorherrschen. Ein genaues Datum ist für den einzelnen von uns sicherlich unwichtig (außer daß es etwas zu Feiern gegeben hätte), wichtig aber ist es für das Kollektiv der Menschheit, wie wir noch sehen werden.

Bob Frissell zitiert[48] *Drunvalo Melchizedek's* Aussage von 1992:

Natürlich werden viele Menschen sterben müssen und erst durch ihren Tod und ihre Wiedergeburt ins Christus-Bewußtsein eingehen können. Wir werden als bewußter Planet diesem Wandel begegnen, als wären wir unserer Entwicklung eine Million Jahre voraus. Zahlreiche höhere Lebensformen gäben viel dafür, könnten sie jetzt auf der Erde wiedergeboren werden oder als sogenannte Einsteiger (Walk-ins) zu uns stoßen, um an dieser außergewöhnlichen Erfahrung teilzuhaben. Es scheint, als hätten wir das große Los gezogen, denn wir werden uns nicht nur sehr bald auf den höheren Obertönen [Sphären A.d.A.] der vierten Dimension wiederfinden, was eine erste Stufe darstellt, sondern sogar noch weit jenseits dieser Ebenen. Ab einem gewissen Punkt, wahrscheinlich im Jahre 2012, werden wir universale Oktaven überspringen können, was als ein weiteres, nie dagewesenes Phänomen in der Geschichte unseres Universums eingehen wird. Wohin uns das schließlich bringen wird, vermag noch niemand zu sagen.

Wie schon erwähnt, ist der kosmische **Übergang der Zeitalter** weich wie bei einer Morgendämmerung und daher chancenreich und gnädig – eben wie es für ein Milliarden-Seelen-Projekt vorgesehen und auch nötig ist. Die Kosmologie denkt dabei vermutlich in Begriffen von Übergangszeiten von einhundert bis zweihundert Jahren (*Peter Andreas*).

Antike Kalender und ihre Botschaft

Unsere moderne Menschheit rechnet weltweit nach der sogenannten christlichen Zeitrechnung in Wissenschaft, Wirtschaft und Handel. Im religiösen Bereich ist das anders. Der Islam zählt seine Jahre seit dem 16.7.622 n.Chr., der Hedschra, wie die Flucht *Muhammeds* von Mekka nach Medina genannt wird, das Judentums seit dem Jahre 3761 v.Chr. Der Julianische Kalender des Imperators *Julius Caesar* galt ab 46 v.Chr. für Europa bis 1582 und wurde von dem Gregorianischen Kalender abgelöst, der im Bezug auf seinen Start mit der Geburt *Jesu* einen Rechenfehler von vermutlich sieben Jahren hat und bis heute gültig ist und uns rätseln läßt, ob wir vielleicht schon seit Jahren im dritten Jahrtausend leben.

Eigene Zeitrechnungen gab es außerhalb unseres Kulturkreises in den Hochkulturen Indiens (hinduistische Zeitrechnung), Asiens (buddhistische Zeitrechnung) und Amerikas. Außer den präantiken Kalendern der Hindus und der Altägypter haben der Kalender Nippur der Sumerer, der der Hebräer und der Kalender Tzolkin der Mayas **alle** ein Alter von rund fünf Jahrtausenden, einem Zeitabschnitt, in dem auch das Kali-Yuga der Veden begann (*Krishnas* Tod am Kreuz am 17.2.3102 v.Chr.).

Nun gibt es überraschenderweise zwei der antiken Kalender, deren Tage ihren Interpreten nach ‚gezählt' sind und jetzt in unserer Zeitenwende zu Ende gehen. Einer davon ist in der **Großen Pyramide**, der Pyramide von Gizeh, eingraviert. Nach geisteswissenschaftlichen Quellen war dieses Monument niemals ein Grabmal, sondern ein altägyptisches Einweihungsheiligtum und stammt aus der Zeit der Atlanter, deren letzte Inseln des einst riesigen Reiches wohl im elften Jahrtausend vor unserer Zeitrechnung endgültig untergegangen sind. Justament, als der Umkehrpunkt des elliptischen Orbits unseres Sonnensystems in der *Halbzeit* seiner 25920 Erdenjahre mit Kataklysmen und globalen Naturkatastrophen einen neuen Evolutionsweg markiert hat. Das bedeutete zugleich den Untergang der Reste von Atlantis im Atlantik, nach *Rudolf Steiner* und *Edgar Cayce* die in ihrer Materie noch etwas ätherischere, trotzdem hoch-technisierte vierte Zivilisation oder Wurzelrasse unseres Planeten. Nach einem damit verbundenen Pol-‚Sprung' (plus Sintflut, plus Ende der Eiszeit), der auch für unsere Zeiten- und Orbitwende ‚prophezeit' und in der Entwicklungsgeschichte unseres Planeten immer wieder nachweisbar ist, dreht sich Mutter Erde wieder einmal so, daß die Sonne für die heutige Menschheit im Osten aufgeht (statt Polsprung heißt es in anderen Quellen auch Pol-Drift). Interessant ist hierbei noch, worauf der US-Bestsellerautor *Charles Berlitz* in seinem Buch ‚Weltuntergang 1999' hinweist: eines der darin übertragenen kosmischen Maße ist die Summe der gekreuzten Diagonalen der Großen Pyramide mit 25.826,6 Pyramiden-Zoll. Ist dies eine geniale Botschaft an unsere Zivilisation von den Weisen von Atlantis vor ihrem Untergang? **Der Kalender in dieser Pyramide endet mit dem Jahr 2001** unserer Zeitrechnung.

Es soll einen Planeten namens Maya geben, von dem sich eine menschliche Niederlassung auf unserem blauen Planeten gebildet hat, nachdem dieses Volk möglicherweise schon eine Zwischenstation auf dem zerstörten Planeten Mallona oder Phaéton unseres Sonnensystems hinter sich hatte. Somit brachte das **Volk der Mayas** einen eigenen, äußerst präzisen Kalender mit, Tzolkin ‚Heiliger Kalender' genannt, der mit dem Jahr 3113 v.Chr. zu zählen begann. Er war im Gegensatz zu dem unregelmäßigen Gregorianischen Kalender[99] völlig auf kosmische Rhythmen, vor allem dem des Mondes, ausgerichtet. Der für heutige Ansprüche unvorstellbar präzise Kalender wird von *Thomas Ritter*[118] als fünffach genauer als der vatikanische Kalender des Papstes Gregor bezeichnet (im Verlauf von einer Million Jahre zählt der Maya-Kalender 69 Tage zu wenig, der Gregorianische 302 Tage zuviel). Mayas Zeitrechnung basiert auf 13 *Monate* (unser deutsches Wort bezieht sich auch auf unseren Trabanten, nicht jedoch die zeitliche Abgrenzung) mit 28 Tagen und einem Schalttag, der am 26. Juli als Neujahrstag gefeiert wurde. Dieser Tag hat galaktisch-solaren Charakter für unser Sonnensystem, denn an diesem Tag sollen sich unsere Sonne mit Alcyone, der Zentralsonne der Plejaden, mit Sirius, unserem Geschwisterplanetensystem und dem galaktischen Zentrum in Konjunktion befinden (*Martin Strübin*, siehe auch im Glossarium *Maya-Kalender*). Die Mayas wußten, daß Ende 2012 die Rückkehr der kosmisch-göttlichen Energien nach einem ‚Reinigungsprozeß' des Planeten Erde abgeschlossen sein und in ein anderes Zeitalter führen würden (die Hellenen nannten diese gleiche Erwartung zu ihrer Zeit *Eschatologie*). **Zugleich endet damit der Maya-Kalender am 21.12.2012** nach unserer Zeitrechnung. Dazu stellt *Winfried Harms*[149] fest:

Viele sehr angesehene Wissenschaftler sind von der Bedeutung des Maya-Kalenders fasziniert. Der Maya-Kalender wird von dem Ethnologen Terence McKenna, dem Biochemiker Rupert Sheldrake und dem Chaosmathematiker Ralph Abraham beschrieben. Terence McKenna erwähnt den Endpunkt der Maya mit einer Fraktalwelle, die ihre Wurzel im ‚I Ging' hat und das Ende der Welle ist der 22. Dezember 2012, der Tag nach dem Ende des Maya-Kalenders. John Jenkins, ein anderer Maya-Forscher, hat definitiv nachgewiesen, daß das Ende des Kalenders die Wintersonnenwende 2012 ist, wenn die Sonne den Kreuzungspunkt der Erd-Ekliptik und des galaktischen Äquators verbindet.

Omron weist in seinem Beitrag in der Zeitschrift ‚Elraanis' auf die hohe Bedeutung des Tages 21.12.2012 hin, dem **Tag der Synchronisation** – dem Zeitpunkt der astronomischen und bewußtseinsmäßigen Synchronisation mit der Galaxis, insbesondere mit dem *Galaktischen Zentrum*. An diesem Tag steht unsere Sonne astronomisch in direkter Konjunktion damit. Das geschieht nur alle 25920 Jahre, logischerweise rhythmisch immer wieder.

Ordnungshalber muß noch auf weitere Zeitangaben hingewiesen werden, die ähnlich lautend in der geistigen Ausrichtung der New-Age-Anhänger und Geisteswissenschaftler als Zeitbarierre verankert sind. Unter Letzteren entdeckte man, daß es bei Zeitreise-Versuchen in die Zukunft...

...eine Barriere irgendwelcher Art zwischen 2011-2013 gebe. Hellseher haben gesagt, daß 2013 etwas ist, wo sie nicht hindurch können... Die Sicht ist nur blockiert. Sogar für Zeitmaschinen. Es gibt eine Menge Leute, die sich fragen, ob sie die Kontrolle über die Menschheit jenseits von 2013 behalten können (aus ‚Orion-basierte Technologie', siehe Adressenliste).

Die Hopi-Indianer erwarten eine große Reinigungsphase von 1987 bis 2012 und *Dr. Hartmut Normann* stellt in seinem Beitrag ‚Endzeit ab 11. August 1999?' im ‚Magazin 2000plus' im Bezug auf die Esoteriker fest:

Diese werden auf solche Veröffentlichungen verwiesen wie den Bibel-Code mit Weltkrieg- und Endzeitdaten zwischen 2000, 2006, 2010 und 2012 oder den Maya-Kalender, der die Endzeit wie der Zyklentheoretiker McKenna in das Jahr 2012 verlegt. Oder auf einige fernöstliche Quellen, welche ebenfalls das nächste Jahrzehnt betonen (angefangen mit dem vor tausend Jahren vorausgesagten Kommen des Kalki Avatar zwischen 1999 und 2003 oder dem Hinweis von Sai Baba auf das Jahr 2005).

Der ‚Schreibknecht' *Jakob Lorber* erwähnt mehrfach, daß die Ereignisse *...nicht volle zweitausend Jahre nach dem Auftreten von Jesus Christus* stattfinden sollen und läßt uns somit ebenfalls einen ‚Spielraum' offen.

Bei den verschiedenen und konkret genannten Jahreszahlen finden wir somit drei auffallende Konzentrationen:

2000-2005: In diesem Zeitraum wird sicherlich noch kein kollektiver Bewußtseinssprung erwartet, jedoch teilweise massive Veränderungen in den geologischen, politischen und wirtschaftlichen Old-Age-Verhältnissen auf unserem Planeten. Das Milliarden-Seelenprojekt bedarf leider noch eines großangelegten Seelen-Erweckens, wenn wir uns diesbezüglich die Milliarden von Tiefschläfern ansehen, die noch von falschen Träumen fasziniert sind.

2006-2008: *Mutter Maria* bekundete in ihrer Juli-Botschaft von 1996 eine zehnjährige Gnadenfrist[168] und astrologisch erfolgt der Eintritt Plutos in den Steinbock am 27.1.2008.

2012: a) Ende des Maya-Kalenders,
b) Tag der Synchronisation mit dem galaktischen Zentrum,
c) Zeitbarriere für die Parapsychologie zwischen 2011-13 und
d) durch den völligen Eintritt des Sonnensystems in den Photonenring.

Allerdings ist bei diesen Zeitangaben ein äußeres kollektives und ein inneres Merkmal zu bedenken: das *äußere* könnte der Rechenfehler der christlichen Zeitrechnung um sieben Jahre sein und das Erscheinungsdatum dieses Buches hieße dann nicht 2000 sondern 2007. Wenn wir nun bei der Zeitangabe *Sai Baba's* diesen Fehler im christlichen Kalender berücksichtigen würden, kämen wir auch auf das Jahr 2012.

Das *innere* Merkmal ist wieder ein individuelles und ich verweise darauf, daß das ‚Reich Gottes' laut *Jesus* ‚in uns' sei. Somit kann der Lichtkörperprozeß mit seiner *inneren* Bewußtwerdung - eines jeden Einzelnen von uns - jeden Tag oder bei vielen natürlich auch schon längst gewesen sein.

Apokalypse – die Revolution der Seelen

Mein Freund *Janos Prucsi,* heilend und lehrend mit der Christuskraft, empfing am 22.2.99 ein inneres Wort[100], aus dem ich einen herausragenden Hinweis zitiere: ***Für die Erde und die Menschen ist es Zeit geworden zur Revolution der Seelen, die auch oft als Apokalypse bezeichnet wird.***

Die Revolution des Göttlichen in uns - **ein ganz entscheidender Hinweis** für ein richtiges Verständnis unserer Zeit und unserer Zeitenwende. Wir werden massiv und schon lange und noch anhaltend eingedeckt mit ‚Informationen' des Horrors, der Zerstörung, der Vertreibung, des Getötetwerdens - alles Bilder, die **Ängste einflößen** (denn wie wir wissen, sollen wir laufend in eine bestimmte ‚Form' gebracht werden). Und zusätzlich noch **Ängste vor der Zukunft** - durch alte wie neue ‚Prophezeiungen', die nun in hunderten von Büchern und Filmen, phantasievoll detailliert, vermarktet werden.

Das alles ist **Ablenkung** von dem Wesentlichen unseres Lebens: von der Verwirklichung des Göttlichen in uns, während wir uns in der materiellen Zone des freien Willens tummeln. Ablenkung durch Angst, durch Wohlstand und Wohlergehen, durch Haben statt Sein, durch ehrgeizigen Leistungsdruck, durch Lustbefriedigung und äußerliche Selbstverwirklichungs-Trips. Wenn wir darüber nachdenken, glaubt man, die ganze Welt besteht nur noch aus Ablenkung. Und so ist es leider auch. Und in zunehmendem Maße - je stärker die Menschheit anwächst und um so umfassender die Menschheit satelliten- und internetgesteuert werden kann. Das ist Materialismus total und globale herrschende Meinung und wenn wir diese Welt des Äußeren personifizieren wollten, kämen wir zwangsläufig auf den Giga-Illuminaten *Luzifer*.

Aber wir müssen bei all unseren irdischen Problemen immer wieder versuchen, Äußeres und Inneres zu trennen. Auch all die Prophezeiungen, mit denen wir uns in den nächsten Kapiteln befassen werden, sind in der Meinung der Mehrzahl der Erdengeschwister ausschließlich äußere Bedrohungen. Vor der Angst haben sie Angst und flüchten sich in die Ablenkungen - obwohl alle Warnungen und versuchten Aufklärungen Bezug haben auf das Verhältnis *Mensch-zu-Gott*. Die Propheten erfüllten ihren Auftrag sicherlich ganz in diesem Sinne, aber wir alle haben Ohren, die nicht hören.

Seit Jahrtausenden lesen wir die ‚Offenbarungen', seit Jahrhunderten diskutieren wir Ankündigungen, seit Jahrzehnten machen wir daraus einen boomenden Markt – aber jetzt, am Start ins dritte Jahrtausend, muß uns die geistige Welt zum soundsovielten Male erklären, daß unsere *Suche im Äußeren* der falsche Weg ist und wir dabei das Wesentliche übersehen. Das Wesentliche ist in unserem Inneren. Daher: **die Apokalypse ist eine Revolution der Seelen.**

Der *‚point of return'* kann somit auch ausschließlich eine ‚innere Angelegenheit' sein, ist Herzenssache, ist seelische Kräftigung, ist Bewußtseinsentfaltung und ist Annahme des göttlichen Erbes.

Alle apokalyptischen Rettungsversuche im Äußeren sind daher bloß Symptombehandlungen, sind Selbsttäuschungsmanöver und leere Dekorationen. Alle Predigten, alle Talk-Shows und alle Benefiz-Aktionen mit ihren äußeren Freisetzungen von positiven Energien und Resonanzen bleiben sinn-los, wenn nicht der einzelne von uns dabei auch an die Befreiung seiner Seele denkt.

Der *‚point of return'* heißt also vor allem **Befreiung unserer Seelen.** Jede Revolution entsteht aus dem Drang nach Freiheit und Befreiung. Frei von materiellen Ängsten, von dem anbindenden Haben, von tausend Vorschriften, von äußeren Verpflichtungen und falschen Werten. Endlich frei von einst selbstgesuchten Zwängen, die inzwischen unsere Gefühlswelt und unsere Seele vergewaltigen.

Der *‚point of return'* ist eine **Rückkehr zu Wahrheit** und Wissen. Das griechische Wort Apokalypse heißt übersetzt: *Enthüllung einer Wahrheit*. Was unsere unsterblichen Seelen als Wahrheit wissen und mit auf ihren Lebensweg in die Grobstofflichkeit gebracht haben, will und muß jetzt ‚raus' und in die Realität umgesetzt oder transformiert werden.

Der *‚point of return'* sagt uns, es geht wieder zurück zu Gott. Wir müssen dabei **nicht mehr als einzelne** gegen den Strom der herrschenden Meinung schwimmen, sondern der Strom wird jetzt in seiner Gesamtheit umgeleitet. Die Voraussetzungen für eine kollektive Bewußtseinsentwicklung haben sich somit **grundlegend verbessert.** Wer jetzt - wie unser Sonnensystem – die Seelen-Kurve kriegt, schwimmt mit den neuen Lichtenergien, dem frischen Wasser des Wassermanns, zurück in das Lichter-Meer der göttlichen Einheit.

In dem oben zitierten ‚Inneren Wort' heißt es weiter:
Ihr seid so oft dazu aufgerufen worden, Euch er- und loszulösen aus dem Rad der Wiedergeburt und für so viele von Euch schien das unmöglich zu sein. Meine Geliebten, ich bin bei Euch, um Euch zu ermuntern, um Euch zu sagen, daß für jene, die in Gott leben, alles möglich ist.
Ihr habt die Möglichkeit, Euch jederzeit, wenn Ihr bereit seid, von Euren Bindungen und Fesseln zu lösen. **Die Erde und die Menschheit wurden so geschaffen, daß Ihr alle vollberechtigte Kinder der Weltengottheit seid.**

Kinder der Weltengottheit – diese Zielvorgabe paßt zu dem Optimismus des *Freiherrn von Buttlar* mit seinem *Homo superior* und zu dem *über-kosmischen Wesen* des *Omkarananda*. Das alles wird uns jetzt möglich in der Zeitenwende, in der wir stecken. Aber nicht erst seit gestern, sondern bestimmt schon seit über hundert Jahren und ganz massiv seit einem Jahrzehnt.

Lassen Sie mich dieses Kapitel schließen mit einem weiteren Absatz des ‚Inneren Wortes':

Es ist alles aus Gott entstanden, dessen große Schöpfung in jedem Moment etwas Wunderbares und Einzigartiges ist. Besonders jetzt, weil Ihr alle erleben dürft, hautnah spüren, all diese großen Veränderungen.

Da alles nur in und mit Gott ist, gibt es kein Leben außerhalb Gottes, und dessen großer Verstand belebt Euch alle. Er weiß von Eurem wahren Sein und daß Ihr die gleichen Eigenschaften und deshalb die Unendlichkeit des Seins habt.

Ja, in den passiven und aktiven Teilen der Schöpfung erfährt sich Gott selbst und durch die Wellen der Welt der Polarität erneuert er sich immer wieder. So wie auch die Natur sich jeden Frühling wieder erneuert und damit den göttlichen Gesetzen folgt, so könnt auch Ihr Euch erneuern in der kosmischen Osterzeit, die Zeit der Wiederbelebung Eurer Seele. So werdet Ihr wiedergeboren in einer lichten Welt für eine Ewigkeit und durch Euch eröffnen sich wiederum unzählige Möglichkeiten zur Erneuerung und Weiterentwicklung der Schöpfung. Freut Euch und seid dankbar für Euer Dasein, selbst wenn es Euch momentan als größte Qual erscheint; seid gewiß, daß es eine Gnade ist, in dieser beweglichen revolutionären Zeit da zu sein! – Die Renaissance der Seelen.

12. Kapitel

Wir müssen uns entscheiden – die Zeit wird knapp

‚Sind drei Monate bereits ein Jahr, wird die Zeit zur entscheidenden Größe' erklärte beim Multimedia-Kongreß der Chef des drittgrößten Medienkonzerns der Welt, zu dem sich Bertelsmann inzwischen zusammengerafft hat, und forderte: *...wir müssen schneller werden.* Überholen wir uns irgendwann selbst? Verlieren immer mehr Menschen ihr Zeitgefühl?

Den Faktor ‚Zeit' gibt es nur in unserer grobstofflichen dritten Erfahrungsebene. Und nichts beherrscht unser Leben stärker als die Zeit. Alle die höherschwingenden Dimensionen kennen den Zeitbegriff nicht. Das muß ‚himmlisch' sein! Das größte Problem für uns ist, daß Zeit nicht umkehrbar ist und nicht wiederholbar. Sie kann auf der stofflichen Ebene auch nicht angehalten werden. Von all den irdischen Werkzeugen im Leben jeder inkarnierten Seele ist der Faktor Zeit der ‚demokratischste', denn jeder von uns hat genau gleichviel tägliche Zeit zur Verfügung. Der schwierig gewordene Umgang damit ist bewußtseinsbedingt und hängt in zunehmendem Maße von den verschiedensten äußeren Faktoren unserer Welt ab. Das, was einer der mächtigsten ‚Zeitgestalter' in der oben zitierten Schlagzeile ausdrückt, nennen andere Erdengeschwister *galoppierende Schwindsucht*. Der Umgang mit der eigenen und der Zeit anderer und ihre artgerechte Verwendung verleiht dadurch der ‚Zeit' etwas Magisches.

Wenn wir im zurückliegenden Kapitel von der *Revolution der Seelen* gesprochen haben, dann ist die Zeitversklavung ein dazugehöriger Kerker. Mit dem Gefühl der Zeitbeschleunigung registrieren wir laufenden Zeitmangel und dadurch müssen wir uns zum Beispiel Zeit für ein Zeitmanagement nehmen. Dort lernen wir dann, daß wir Rationalisieren und Prioritäten setzen müssen (Zeit ist Geld) und das geht dann überwiegend auf Kosten der ‚seelischen' Qualitäten: Geduld, Gebet, Meditation und unsere Gespräche mit uns, mit anderen und mit Gott.

Und das ist jetzt der ‚kritische Punkt' in unserer Zeit-Krise: auf der horizontalen Ebene unserer Materie können wir diese Zeitprobleme kaum mehr lösen. **Man muß in den Bereich ‚höherer' Schwingungen ausweichen** und das wäre dann der *vertikale* Zugang zu sich selbst, der Weg nach innen oder nach konfessionellen Mustern: der Weg nach oben. Beides nennen andere Autoren *Wege zu Gott*. Zu solchen ‚höheren' Ebenen bietet unsere zyklische Zeiten-Wende mit dem immer stärker strömenden Wassermanngeist den aktuellen ‚*point of return*' – zurück zu Gott, zurück zur Einheit.

Johann Kössner schreibt dazu in seinem Buch ‚Die Schleier lichten sich'[33]: *Gerade für die in der Materie inkarnierten Wesenheiten sind somit NEUE Perspektiven eröffnet. Weil das kollektive Bewußtsein der Menschheit von dieser Ebene nichts weiß – nichts wissen will – kommt es zu chaotischen Auswirkungen. Der Wettlauf mit der Zeit (Zeitrahmen), der eingesetzt hat, ist daher nicht horizontal, sondern ausschließlich vertikal zu meistern. Das bedeutet, daß das Bewußtsein in Resonanz zu höheren Bereichen (Resonanz ist eine energetische, Informationen austauschende Kommunikation) treten muß.*

Die höherschwingenden Seelenebenen haben hellere, lichtvollere und damit vergeistigtere Energien und dadurch ist der einfachste Ausstieg aus der Zeitdiktatur (die eigene wie auch die fremdbedingte) auf unserer niederen materiellen Ebene der **Aufstieg ins Licht**. Schrittweise natürlich – aber die Zeit drängt. Wenn wir an den möglichen End-Zeitpunkt 2012 denken, dann sollten wir uns an eine der Techniken halten, die erfolgreiches Zeitmanagement ermöglichen und die da heißt: klare Entscheidungen treffen.

Aus zeitgemäßer, spiritueller Sicht sollten wir die Energien der Zeiten-Wende, die uns schon seit längerer Zeit kostenlos zur Verfügung stehen, optimal zu nützen versuchen und dazu müssen wir uns schnellstens entscheiden.

Wenn wir uns in den nächsten Kapiteln ansehen, was uns für die letzten Jahre schon Angstmachendes prophezeit wurde, was noch nicht eingetroffen ist und somit möglicherweise noch zu erwarten wäre, dann wäre das Gnadengeschenk ‚verbleibende Zeit' die **Zeit für (uns) Nachzügler**, die sich noch von den alten Programmen *verführen* und von alten/neuen Zielen *ablenken* lassen. Denn noch beherrschen die großen Angstmacher unseren modernen Alltag. Wenn wir uns kritisch die sich allmählich verändernde politische und die sich rapid verändernde wirtschaftliche Szene in Europa betrachten, wird der Faktor ‚Angst' noch viele persönliche Entscheidungen in unserer Zukunft bewirken.

Viele ‚Neue-Welt-Ordnungen'

Werfen wir noch ein letztes Mal einen Blick auf die totalitären Programme, mit der uns die äußere Welt, **die Weltverblendung**, ablenken oder gar manipulieren will. Kurz zur Erinnerung, was wir schon im siebten Kapitel erkannt haben: die geplanten *Eine-Welt-Regierungen* bedeuten die ‚totale Machtergreifung über alle Menschen' durch den ‚großen Big-Brother' und tauchen unter Bezeichnungen auf wie *New World Order, One World Government* (oder in Latein auf der US-Dollar-Note) *novus ordo seclorum*. Ich fand sechs Systeme, die sich auf das seit Jahrtausenden angekündigte ‚Neue Zeitalter' zielorientiert ausgerichtet haben. Fünf davon sind eindeutig machiavellistische und machtorientiert ausgerichtete Diktaturen, die sich ‚Neue Weltordnung' oder ‚Eine-Welt-Ordnung' nennen. Vier davon sind typische Elite-Machtstrukturen des Fische-Zeitalters mit perfekten Netzen von Geheimbünden und globalen Tarnorganisationen (siehe auch [163]).

Doch mit dem konstanten Schwächerwerden der Strukturen des Fische-Zeitalters werden selbst diese gewaltigen Machtsysteme zu **Auslauf-Modellen**. Dadurch hat zwischenzeitlich ein verdeckter, konkurrierender Endkampf um die Weltherrschaft unter den rivalisierenden Blöcken eingesetzt – je nachdem, welche der von uns freigesetzten Energien sich in ihnen manifestieren (*Walter Fürhoff*).

Die sechste der angestrebten Weltordnungen ist die des Wassermann-Zeitalters und des **Wassermann-Geistes**. Sie zählt zugleich zu den ältesten und ersehntesten Ordnungssystemen, einer Ordnung in göttlicher Vollkommenheit, ein Himmel auf Erden und wird auch die ‚wahre Neue Weltordnung' genannt, die dem angekündigten *Friedensreich* oder Licht-Zeitalter entsprechen werde. Im Vergleich zu den Eine-Welt-Ordnungen des Fische-Zeitalters nenne ich sie die ‚gnostische Eine Welt Ordnung', denn sie ist sicherlich die friedvollste und hat einen großen dualen Nachteil/Vorteil, ein typisch gnostisches, doppeltes Gesicht:

- der *Nachteil* für die sehnsüchtig darauf wartende Menschheit ist die Voraussetzung einer bestimmten **ethisch-hohen Basis-Schwingung**, die aufnahmefähig sein muß für einen wahren, vollkommenen und spirituellen Geist, der aber seit Jahrtausenden auf kollektiver Breite gefehlt hat (Ausatmen *Brahmas*) und
- der *Vorteil* dieser gnostischen Eine-Welt-Ordnung mit ihrem hohen spirituellen Anspruch ist die ethische und **lichtvolle Schwingungs-Erhöhung**, die uns gemeinsam mit Mutter Erde in die Lichtebenen aufsteigen läßt. Und das scheint ja nun mit dem Wechsel zum Wassermanngeist auf dem Weg zu sein – mittels unseres ‚*point of return*' und dem ‚Einatmen *Brahmas*'.

Sehen wir uns einmal die verschiedenen Machtsysteme an, die inzwischen weltweit und *global* zum Endkampf angetreten sind.

Die paulinisch/konstantinische Eine-Welt-Ordnung:
Es ist die größte der drei bekannten ‚Abrahamsreligionen', wobei die geniale Lehre *Jesu* von dem jüdisch-römischen *Saulus/Paulus* zu einer passiven Erlöser-Religion und von dem heidnisch-römischen Imperator *Constantius* zu einer römischen Staatsreligion umfunktioniert wurde. Der Vatikan hatte mit seiner Elitesprache Latein (Priester, Ärzte und Juristen) und einer gnadenlosen Welt-

Zwangsmissionierung einen katholischen Gottesstaat geplant, aber verfehlt. Das Papsttum bisherigen Stils wird nach den Voraussagen des *Hl. Malachias* nach dem jetzigen Papst zuende gehen.

Die muslimische Eine-Welt-Ordnung:
In der zweitgrößten der drei ‚Abrahamsreligionen' hat der Engel *Djibril* (*Gabriel*) dem Propheten *Muhammed* eine Lehre geoffenbart, die die alleinige Weltherrschaft *Allahs* fordert und alle Andersgläubigen vernichten muß (Weltunterwerfung). Seit zwanzig Jahren wird die Umma, die muslimische Weltgemeinschaft, als *Gottesstaat* (Theokratie) erneut ausgerufen und der Islamismus weitet sich systematisch und gnadenlos aus (Islam heißt *Unterwerfung*). In der ‚Islamischen Republik Iran' zum Beispiel ist der Ajatollah ‚Islamischer Führer', oberster Rechtsgelehrter, Befehlshaber der Streitkräfte und der paramilitärischen Einheiten.

Die israelitische Eine-Welt-Ordnung:
Der seit Jahrtausenden erwartete Messias der dritten ‚Abrahamsreligion' soll das ‚auserwählte Volk' gegen sämtliche Gojim der restlichen Welt befreien und die absolute Weltherrschaft eines zionistischen Gottesstaates (Theokratie) bringen[142]. Der historische wie auch der kabbalistische Zionismus haben ihren Messias (mit der schwarzmagischen Zahl 666) im Jahre 1998 (1998 geteilt durch 3 ergibt 666) vergeblich erwartet.

Die luziferische Eine-Welt-Ordnung:
Die einstmals esoterische Freimaurerei wurde im 17. Jahrhundert von den ‚Erleuchteten Luzifers', den *Illuminati*, übernommen und zu einem schwarzmagischen Logensystem mit verschiedenen Geheimgesellschaften ausgebaut. Die Welt-Freimaurerloge (frei von Gott und Konfessionen), bestehend aus wenigen Familien und deren globalen Bankensystemen, beherrscht über Internet und w.w.w. (numerologisch 666) annähernd alle Wirtschafts- und Militärsysteme und will die Weltherrschaft mittels eines weltweiten Banken-Crashs und nachfolgendem Dritten Weltkrieg[126] übernehmen (unverdeckte Hinweise auf der US-Dollarnote der Weltleitwährung: *E pluribus unum* = ‚aus vielen eines' und *novus ordo seclorum* = ‚Neue Weltordnung').

Die nordische Eine-Welt-Ordnung:
Die Achsenmächte der Dreißigerjahre wollten mit Reichsdeutschland[148], Italien, Spanien, Japan und Tibet und anderen eine vom Freimaurertum wieder freie Weltordnung aufbauen, wurden aber zwischen den zionistischen USA und dem russischen Bolschewismus zerrieben und verschwanden.

Die gnostische Eine-Welt-Ordnung:
Vom zarathustrischen über den essäischen bis zum christlichen Gnostizismus des Wahrheitslehrers *Jesus* mit seiner ursprünglichen Selbsterlösungslehre wird ein eschatologisches weltweites Friedensreich erwartet, das als ‚zweites Erscheinen Christi' angekündigt ist. Es wird mit dem neuen Wassermanngeist und nach dem Zerfall all der anderen Weltherrschaftssysteme beginnen. Das damit zuende gehende Fische-Zeitalter wird von dem derzeitigen *‚point of return'* als Auftakt zu einem globalen Bewußtseinssprung verabschiedet.

Dem Schreibknecht Gottes, *Jakob Lorber*, wurde vom Erzengel *Rafael* diktiert: ‚*Gott habe es schon immer so eingerichtet, daß alles Schlechte und Falsche sich allzeit selbst zerstört; und je mehr dieses nach einer Alleinherrschaft zu streben anfängt, desto eher wird es sich* **selbst zerstören**'. Unendliches Wachstum, unendliche Kontrolle, unendliche Technisierung – das ist von vornherein auf unserer ‚endlichen' Erde zum Scheitern verurteilt[103].

Über diese sechste Neue Weltordnung, die himmlische und friedvolle Wassermann-Zeit, und „*das Reich, das nicht von dieser Welt ist*", berichte ich Ihnen im vierten Teil dieses Buches unter: ‚Neue Erde und neuer Mensch'. Ein Rückblick auf die Darstellung dieser sechs Herrschaftssysteme zeigt, daß zwei von ihnen noch aus dem Widder-Zeitalter stammen (das israelitische und gnostische), zwei aus den Anfängen des Fische-Zeitalters (das paulinisch-konstantinische und muslimische) und zwei aus dem späten Fische-Äon (das freimaurerische und sein gegnerisches nordisches).

Natürlich haben alle Seelenwesen in unserer Zone des freien Willens das Recht auf Entwicklung und Erfüllung *ihrer* Visionen und wir wissen nicht, was in den Erdengeschwistern tatsächlich vorging oder vorgeht, die in den Denkmodellen der machiavellistischen Systeme verfangen sind.

Doch keines der Herrschaftssysteme, nicht ein einziges, konnte die zwar allen wohlbekannten Voraussagen derart deuten, daß das Sonnensystem und der Planet Erde plötzlich eigene kosmische Entwicklungswege gehen würde. Dazu zählt, daß der Planet samt seiner unerwartet riesig gewordenen Menschheit **gleich einen Bewußtseinssprung um zwei Etagen** machen wird und der ganze Planet damit für niedrig gebliebene Schwingungsfrequenzen lebensunfähig wird. Die neuen erhöhten Schwingungsfrequenzen des Licht-Reiches, welches jedes der Beherrschungssysteme nach eigenen Vorgaben deuten und gestalten wollte, macht dies den fünf machiavellistisch orientierten unerreichbar und auch dem gnostisch orientierten ordentlich schwer. Denn die spirituellen Hürden im Endlauf der kosmischen Normen sind für die meisten Inkarnierten von heute immer noch zu hoch.

Die hohe Zeit der Entscheidungen

Unsere ganze Welt steckt also in einer Krise. Unter Krise verstehen wir, wie schon mehrfach dargestellt, eine schwierige Situation. Und das griechische Wort *krisis* heißt ‚Entscheidung'. Jeder Krisenmanager weiß, daß man ohne wichtige Entscheidungen niemals aus einer Krise kommt. Und jeder Erfolg setzt somit klare Entscheidungen voraus.

Auch die Menschheit selbst steckt ganz offensichtlich in einer Krise. Sie spitzt sich immer mehr zu, je mehr Seelen in die Phase der irdischen Zeitenwende inkarnieren und je tiefer wir in den Zeitalter-Wechsel eintauchen. Dies bewirkt die nun intensiver werdende Kehrtwendung des ‚*point of return*' mit seiner positiven und erhöhenden Veränderung der geistigen und kosmischen Energien. Diese überlagern weich, aber systematisch alle Strukturen des zurückgelassenen Zeitalters und fordern zu einer bereinigenden und heilenden Krise heraus.

Unsere Menschheitskrise hat wie alles auf unserer polaren Ebene, zwei Seiten des *Krisenbildes* und ebenso zwei Seiten der *Krisenentstehung*. Es sind jeweils die äußeren und die inneren Seiten dieser beiden Schwerpunkte.

Die äußere Seite des Krisen-Bildes ist der Materialismus und ich unterteile dabei vier Fallgruppen dieser äußeren Krisen:

- das **Allgemeine**: Umweltbelastung (Luft und Meere), über eintausend Atomversuche, Telematik[104] und globaler Mikrowellen-Smog durch Satelliten, profit-orientierte Hochtechnisierung, ungedrosselte Eskalierung von Zivilisations-Krankheiten[105], begeisterte Selbstaufopferung dem ‚goldenen Kalb des Fortschritts' und vieles andere mehr.

- die **Mutter Erde**: 1999 wird als das Jahr der Mega-Natur-Katastophen bezeichnet – ‚*Wetterbericht als Kriegsreport*' betitelte die ‚Welt am Sonntag' den Konflikt ‚Erde gegen Mensch'. Denn Mutter Erde wehrt sich!

- den **Jahrhundert-Konflikt**: Die mächtigste Industrie auf unserem Planeten ist die Industrie der Waffensysteme (Massenproduktion und Höchsttechnisierung) und deren Drahtzieher, die Hochgrad-Freimaurer und Illuminati, sorgten für einen lukrativen Jahrhundert-Konflikt: Privat-Kapitalismus kontra Staats-Kapitalismus oder allgemein formuliert *Kapitalismus* kontra *Kommunismus*, der 1917 ausgerufen worden und noch absolut nicht beendet ist. Beide sind gleich gott-los und wider die göttlich-kosmische Ordnung und wurden benutzt, um unsere Welt völlig zu verändern. Die Saat der *Industrialisierung* der Waffentechnik erbrachte reiche Ernte: das blutigste

Jahrhundert der Weltgeschichte. Das ergaben Berechnungen des Worldwatch-Instituts. In diesem unseren Jahrhundert seien dreimal mehr Menschen in Kriegen umgekommen als in allen Jahrhunderten zwischen *Jesu* Geburt und 1899 zusammengenommen[122].

- die **Verselbständigung** eines ungezügelten Materialismus: Globalisierung (Entmachtung der Politik durch die Wirtschaft und die EDV), Life Science und Biotechnologie (das Aufgeben der Unantastbarkeit des Lebens zugunsten ungehemmter wirtschaftlicher Expansion) und Global Players (weltweite Spieler) mit dem skrupellosen Umgang eines entmenschlichten Geld- und EDV-Systems.

Die innere Seite unseres Krisen-Bildes ist eine pseudoreligiöse Gottlosigkeit. Eines der Probleme dieses Jahrhunderts ist die Bevölkerungsexplosion. Diese Explosion haben alle unsere bewährten, aber rückwärts-orientierten Glaubenssysteme nicht bewältigen können, außer dem Islam mit seinem neu erwachten Fundamentalismus – der aber zu einer Lehre des Schreckens wurde.

Gut bewältigt hat es jedoch bisher der **rationale Materialismus** mit seinen analytischen Wissenschaften, von denen die meisten Disziplinen **bewußt ohne Gott** auskommen. Denn Gott gibt es für die Mehrzahl der Christen und vieler anderer Weltreligionen nicht mehr. Vor allem nicht für die Persönlichkeiten, die durch ihre Position die Geschicke der Menschheit bestimmen können (erinnern Sie sich bitte an den neuen Andachtsraum im Berliner Reichstag). Der US-Physiker *Richard Seed* behauptet „*Klonen ist der erste ernsthafte Schritt, wie Gott zu werden*"[102]. Das Klonen von Menschen wurde bereits 1977 an der Universität von Utah in Salt Lake City entwickelt, heißt es im Bericht ‚Orion-basierte Technologie (Fotokopie erhältlich, siehe Adressenliste). Die fast zwei Milliarden Taufschein-Christen dieser Welt sind weitgehend Zufalls-Gläubige geworden und deren Ego-Trips haben sich dafür etliche Ersatz-Götter geschaffen, von denen ich schon einige aufgezählt habe.

Das ganze nennt sich auch Fortschritts-Gläubigkeit oder Welt-Verblendung und führt systematisch zur **Vereinzelung der Menschen ohne Gott** und seine Vereinsamung. Dabei verlernt die riesige Menschheit das *Du*, das *Kollektive* und die *Liebe zur Schöpfung* und gewöhnt sich systematisch an eine religiöse und spirituelle Verkümmerung.

Auch die Entstehung unserer Menschheitskrise zeigt in ihrem *äußeren* Bild wohl all die oben schon erwähnten Krisenpunkte, wogegen *im Inneren* der Krise, der nicht so leicht ersichtlichen Seite, es schlichtweg der Endzeit-Charakter eines ausgedienten Zeitalters ist. Und als Überbegriff dafür wäre die geläufige Bezeichnung *Apokalypse* nicht die schlechteste. Damit sehen wir aber auch, daß unsere technisierten und verwissenschaftlichten **Lösungsmöglichkeiten** in einer Krise hilflos ins Leere greifen würden. Wer das Spiel genauer kennt – und ich habe auf die verbliebenen irdischen Machtsysteme hingewiesen – der weiß, daß dabei jede brauchbare äußere Lösungsmöglichkeit unterdrückt werden würde.

Aber noch einmal zurück zu den bewährten Techniken eines Krisenmanagements. Aus der Medizin kennen wir den schon erwähnten *kritischen Punkt*, den entscheidenden **Wendepunkt** im Krankheitsgeschehen. Und wenn wir erkannt haben, daß eine ungewöhnliche Endzeit-Krise mit herkömmlichen Mitteln nicht zu lösen sein wird, können wir aus der Krisenmanagement-Erfahrung mit dem *Wendepunkt* erkennen, daß uns das Endzeit-Geschehen selbst das Instrument zur Heilung mitliefert: den ‚*point of return*'. Ein genialer kosmischer, schon lange geplanter Schachzug. Denn prompt wird dadurch aus der drohenden End-Zeit eine Wende-Zeit oder Zeiten-Wende. **Und genauso perfekt würde damit in der befürchteten Angst-Schwingung** *Endzeit* **und** *Apokalypse* **die katastrophale und angstmachende, pathogene Frequenz gemildert und mit einer optimistischen, bewußtseinserhöhenden und heilsamen höheren Frequenz überlagert werden.** (Das wäre im Hollywood-Stil dann der ‚weiße', lichtvolle Sieger über den ‚schwarz'-magischen Materialismus der finsteren Kräfte.)

Über diese Veränderungen, meine geschätzten Leserinnen und Leser, bedarf es Wissen, Aufklärungen und anschließend Entscheidungen. **Klare Entscheidungen, die nicht vertagt werden.**

Als Entscheidungshilfe gibt es noch einen weiteren modernen Managementbegriff, die **zielorientierte Ausrichtung**. Sie gilt nicht nur im Wirtschaftsleben oder im Leistungssport, sondern auch für jeden von uns, der verantwortungsvoll sein weiteres Leben während der Restzeit unserer Zeitenwende gestalten will. Und gestalten muß, um die nächsten Jahre des count down zu meistern. Auch um-gestalten muß, um die ‚Gunst der Stunde' nutzen zu können, **aus dem Trend des Niedergangs abzubiegen und elegant die Kurve des ‚***point of return***' zu packen**, um der lichtvollen geistigen Kräfte des Wassermanns habhaft zu bleiben oder zu werden.

Aber das geht nun mal nicht ohne möglichst *sofortige* und *konsequente* Entscheidungen: *Pro oder Contra* in unserem Verhältnis zu Gott/Schöpfer oder des Aufstiegs der Menschheit, in unserem Verhältnis zu unseren geliebten Ersatzgöttern, zur Mutter Erde, zu unseren Mitmenschen und so weiter. Aber auch: zu unserer verschlamperten *Göttlichkeit*, die wir ungenutzt weiterschlummern lassen, zu unserer individuellen und persönlichen *Einmaligkeit* und zu unserem verantwortungsvolleren *Selbst-Bewußtsein*. Merke:
Wer sich nicht *selbst* entscheidet, über den wird entschieden werden!

13. Kapitel

„Jetzt' sind wir das Maß aller Dinge

Steht der Mensch im Mittelpunkt der Schöpfung? So wie ich am Anfang meines Buches in Erinnerung rief, daß unsere Menschheit einige Paradigmenwechsel durchmachen mußte, um zu einem kosmischen Bewußtsein zu kommen, heißt die Antwort: nein. Wenn wir aber unseren Blickwinkel – ohne in die alte Geozentrik zurückzufallen – auf den Einflußbereich unseres Planeten beschränken, dann heißt die Antwort: ja. Das menschliche Wesen als ‚Krönung der Schöpfung' ist **ein Mikrokosmos im Makrokosmos** - eine uralte hermetische Gesetzmäßigkeit, die heute noch ihre Gültigkeit hat. Und ich werde versuchen zu belegen, daß der Mensch als das entwicklungsfähigste irdische Geschöpf diese wundervolle, aber gewaltige Verantwortung trägt, der ‚Mittler' zu sein zwischen Mutter Erde, dem All und dem feinstofflichen Himmel. *Mater* (lateinisch *Mutter*) ist die ‚Materie', die in der Dreieinheit des menschlichen Körpers (Geist-Seele-Körper) *vergeistigt* wird und der Mensch als *Geist in der Materie* zur ‚Brücke' zum Feinstofflichen wird. *Gabriele Wittek* schreibt in ihrem Buch ‚Sein Auge – die Buchhaltung Gottes'[144]:

Wissenschaftler wie James Lovelock sehen die Erde als einen großen Organismus an, als ‚Erd-Menschen'... Die Ordnungsprinzipien des Lebens, die Strukturen der Schöpfung, wiederholen sich so auf verschiedenen Ebenen.

Der Mensch trägt in seinem Innersten die Essenz aller Kräfte des Alls. Er könnte eine Sonne sein, die ihre Energie der Erde überträgt und sie so schrittweise verfeinert. Statt dessen ist er dabei, durch immer stärkere Verschattung der inneren Sonne den Planeten Erde und damit seine Lebensgrundlage zu zerstören.

Es wird nicht darum gehen, im Sinne des Old-Age-Zeitalters der Fische gegen den ‚Schatten' zu *kämpfen*, sondern im Sinne des New-Age-Zeitalters des Wassermannes ihn zu **durchlichten**. „*...würden sich 10 Prozent der Bevölkerung eine bewußt ethische Lebenseinstellung zu eigen machen, dann wäre die Veränderung bedeutender als irgendein Regierungswechsel*" schreibt *Peter Singer*[106]. Doch noch hat uns das Old-Age nicht losgelassen.

Das Titanic-Syndrom als *worst case*

Das englische Wort *worst case* bedeutet ‚schlimmster Fall' und drückt das treffend aus, was auf die Old-Age-Gesellschaft noch alles zukommen könnte, wenn wir den Prophezeiungen und Warnungen Glauben schenken sollen.

Auf die immer offensichtlicher werdende Analogie der Zustände auf unserem Raumschiff Erde und denen des High-Tech-Kreuzfahrtschiffes *Titanic* mit seinem unerwarteten Untergang 1912 weist *Dr.Christfried Preußler* in seiner Gesellschaftsanalyse[102] hin und fragt: *Drohen wir am Eisberg unserer eigenen Kälte zu zerschellen?* Dazu stellt er fest:

Die Katastrophe der Titanic zeigt ein völliges, blindes Vertrauen in eine künstliche, vom Menschen geschaffene technische Welt. Man glaubte, in dieser Welt unabhängig von der umgebenden Realität zu sein. Im Glauben an die Unsinkbarkeit des Schiffes zeigt sich der Wahn, jede nur denkbare Situation zu beherrschen und ihr den eigenen Stempel aufdrücken zu können. [...] Die Titanic erhielt in den Stunden vor der Katastrophe mehrere Funksprüche, in denen sie von anderen Schiffen in ihrer Nähe vor gesichteten Eisbergen gewarnt wurde. Diese Warnungen wurden jedoch ignoriert.

Das Nichtbeachten von **Warnungen**, die unsere Zeitenwende betreffen, ist natürlich ein gewaltiges Zeit-Thema, das seit einem Jahrzehnt in einer Flut von Bucherscheinungen angeboten wird. Da in unserem Kulturkreis die ‚apokalyptischen' Visionen die geläufigsten sind, teile ich meinen Überblick in biblische und nicht-biblische auf.

Warnungen für unsere Zeit in der Bibel:

Alle alten Propheten in den heiligen Büchern wie bei den Israeliten oder im Islam sind personenbezogen. Sie sind keine echten Zukunftsschauen. Achten Sie genau auf solches, wenn Sie sie wieder lesen. Deren Ziele: Göttliche Autoritätsbedürfnisse und Reinerhaltung der Religionen und im Alten Testament außerdem Reinerhaltung des ‚auserwählten Volkes' (siehe *Jes.* 30,26 und *Da.* 12,1, wo es ‚*sein/dein Volk*' heißt). Drohungen mit schrecklichen Strafgerichten sind besonders wirksam, aber nicht als global anzusehen. Der englische Theologe und Journalist *Damian Thompson* spricht von ‚kosmischen Strafphantasien'[109].

Zur Zeit Jesu war die *Eschatologie* richtiggehend in Mode. Eschatologie (siehe Glossarium) ist die ‚*Lehre vom Weltende und dem Aufbruch einer neuen Welt*'. Dabei wurde aber primär und mit lustvollen Ausmalungen von Schreckensbildern an den Untergang des römischen Imperiums gedacht und dazu eine baldige Wiederkunft des Herrn erwartet. Auch *Paulus* war offenbar der Meinung, dies werde sehr bald, noch zu seinen Lebzeiten geschehen. Im ersten Korintherbrief schreibt er: *Wir werden nicht alle entschlafen, aber alle werden verwandelt werden* (15,51). Daher ist die Dramatik der biblischen *Apokalypse* eher historisch anzusehen und nur mit einem vorsichtigen Wahrheitsgehalt für die heutige Zeit zu bewerten, wenn wir sie überhaupt wörtlich interpretieren wollen.

Die **große Offenbarung** des *Johannes von Patmos*, als visionäre Bilder etwa um 96 n.Chr. aufgeschrieben, ist die bekannteste der damaligen Apokalypsen. Er hat dabei seine Visionen bildreich verschlüsselt und man nennt sie daher auch die *Geheime Offenbarung*.
Diese seine apokalyptischen Voraussagen sind bisher noch nie eingetroffen:

- Nicht zur Zeit der Frühchristen, die, wie schon erwähnt, den Untergang des römischen Imperiums sehnlichst erwarteten, das ‚Tier mit der 666' in Kaiser *Nero* und das ‚Babylon' in der damaligen Millionenstadt Roma sahen,

- nicht zur Zeit des Jahres 999/1000: Die Aussage der *Johannes*-Apokalypse über die tausendjährige Herrschaft *Christi* (lat. *millennium*) wurde wörtlich genommen und zum Jahrtausendwechsel leidenschaftlich erwartet: *...die Menschen strömten in die Kirchen und zu Kreuzen aufs offene Feld, warfen sich zu Boden, geißelten sich und warteten auf das Ende (Inge Schneider)*,

- nicht im Jahre 1186, weil sich in jenem Jahr alle Planeten im Zeichen der Waage ‚versammelt' hatten,

- nicht im Jahre 1260, in dem nach der Lehre des *Joachim von Fiore* nach dem Zeitalter des Vaters (Altes Testament) das des Sohnes (Neues Testament) zuende gehe und 1260 das ‚Zeitalter des Geistes' anbrechen sollte,

- nicht zu *Luthers* Voraussagen: dreimal (1532, 1538 und 1541) kündigte er den Untergang der Welt an, wie auch der radikale Flügel der Reformatoren *T.Müntzer* und *Täufer*.

- Nicht in den Jahrhunderten danach: die Lehre des *Chiliasmus* (griech. ‚*tausend*') prägte im 17./18. Jahrhundert verschiedene europäische und nordamerikanische protestantische Erweckungsbewegungen, im 19. und 20. Jahrhundert unter anderem die Adventisten, Mormonen, Zeugen Jehovas sowie religiöse Bewegungen vor allem in der dritten Welt[107] und auch

- nicht zu den moderneren Zeitangaben von Glaubensgemeinschaften und sogenannten Sekten, die teilweise immer noch mit ‚akrobatischer Zahlenjonglierei aus der Bibel' (*Ergün Sinan*) die Vernichtung der Erde zu belegen versuchten.

Nun soll diese frühchristliche Apokalypse auf unserer Jahrtausendwende 1999/2000 passen. Dabei scheinen die modernen Exegeten vergessen zu haben, daß sich der *Abt Dionysius Exiguus* im Berechnen der Geburt *Jesu* satt um sieben Jahre verrechnet hatte und dieser Fehler dem Gregorianischen Kalender bis heute anhängt und wir folgerichtig heute bereits im Jahre 2006 leben (ich schreibe diese Zeilen im August 1999). Eine Zusammenfassung moderner Deutungen der *Johannes*-Offenbarung bringt der Historiker und Philologe *Dr.Eduard Josef Huber* in seinem Buch ‚Vom Tausendjährigen Reich'[153] und stellt fest, daß der Aufbau der *Johannes*-Apokalypse sich folgendermaßen gliedern läßt: 1. Kapitel: Prolog, 2. und 3. Kapitel: Ermahnungen an die sieben Gemeinden, 4. bis 18. Kapitel: ...*ein geradezu üppiges Gemälde vom Untergang Roms,* Kapitel 19: das Tausendjährige Reich, Kapitel 20: Endgericht und die beiden letzten Kapitel über die Verheißungen der künftigen Seligkeit.

Und alle ‚Schriftgelehrten' des gesamten Fische-Zeitalters, die die apokalyptischen Drohungen gerne als ihre Lehr- und Predigt-Meinung ausschlachteten, mußten bei der spirituellen Aussage *Jesu (Lukas* 17,20-22) wohl die Augen schließen und aufgrund der konfessionellen Lehrmeinung so tun, als würden sie den Text nicht begreifen[108]:

Als aber Jesus von den Pharisäern gefragt wurde, wann das Reich Gottes komme, antwortete er ihnen: >Das Reich Gottes kommt nicht so, daß man es berechnen könnte. Auch wird man nicht sagen: Siehe hier! Oder: Dort! Denn siehe, das Reich Gottes ist mitten unter euch.<

Warnungen für unsere Zeit aus den nicht-biblischen Bereichen:

In diesem Jahrhundert sind in den verschiedenen Sprachen unzählige Bücher zu diesem speziellen Thema veröffentlicht worden. Dabei sind solche wohlklingende Namen von Endzeit-Promis wie *Nostradamus, Edgar Cayce, Mutter Maria, Erzengel Michael und Ariel, Johannes der Täufer, Hilarion, Astar Sheran.* Daneben finden wir eine Flut von Schriften von Propheten, Sehern, Visionären und sensitiven, geistübergossenen ‚Knechten und Mägden', wie sie für die zyklische Zuspitzung unserer Zeitenwende zu erwarten und auch verheißen waren. Einen zusammenfassenden Rück- und Überblick stellt das ‚Buch 3' von *Jan van Helsing* dar[47], und es führte zu weit, wenn ich hier auf einzelne Fälle detailliert eingehen würde.

Wie schon erwähnt, haben sich die Frühchristen außerordentlich intensiv mit den damals noch sehr gepflegten ‚geistigen Gaben' befaßt und sie auch sehr intensiv, aber kritisch in ihrer Praxis gehandhabt – denn es war ja damals ebenfalls Endzeit angesagt. Und diese warnten (was uns in den Apostelbriefen erhalten blieb) vehement und sehr konkret vor den ‚falschen Propheten'.

Ich empfehle Ihnen im Zweifelsfall hierzu nochmals die Seiten 40 bis 45 im zweiten Kapitel nachzulesen, was ich dort ausführlicher dargestellt habe.

Wende-Zeit statt End-Zeit

Aus meiner und der Erfahrung vieler Forscher dieses brisanten Literatur-, Presse- und Medien-Themas kann ich hier mit Überzeugung erklären, daß alle prophetischen **Warnungen mit konkreten Zeitangaben** mit allergrößter Vorsicht zu behandeln sind. *Visionen* beinhalten sowieso nur ‚Bilder' und keine Jahreszahlen und bei *Channelings* gilt eben das, was ich schon ausgeführt habe: in den Sphären, aus denen uns Botschaften und Warnungen ‚durch'-gegeben werden, gibt es den Zeitbegriff nicht (er ist und bleibt ein Schulungsrahmen ausschließlich unserer grobstofflichen Ebene mit seinen Raum-Zeit-Polaritäten). Symbolisch spricht hier die Bibel davon, daß bei Gott ein Tag wie tausend Jahre sei, was wohl ausdrücken soll, daß die Feinstofflichkeit kein annäherndes Verhältnis zum Zeitbegriff unserer Grobstofflichkeit hat.

Zeitbestimmungen sind deshalb schwierig, weil die Zukunft laut *McMoneagle*[58] nicht festgelegt ist, sondern von unseren Entscheidungen in der Gegenwart abhängt, so daß sich ständig etwas ändern kann (*Bärbel Mohr*).

Entgegen der Flut von alten und neuen Warnungen gibt es auch sehr viele **‚Entwarnungen der besonderen Art'**. Die Menschheitsprobleme sind damit nicht aufgehoben, aber viele sind entschärft, sind nicht pauschal verurteilt, sondern eher spezifiziert und in dem neuen Verständnis, das immer ausgeprägter entsteht, wirkt das etwa so wie das Verhältnis Neues zum Alten Testament. Es häufen sich in den Neuoffenbarungen, Botschaften und Channelings des letzten Jahrzehnts die Aussagen, daß die Kataklysmen oder erdgeschichtlichen Katastrophen der Alt-Offenbarungen abgeschwächt und/oder auf später vertagt werden. Die Begründungen, die ich dafür gefunden habe, lauten:

- Eine zwischenzeitlich eingetretene allmähliche Bewußtseinserhöhung der Menschheit und dadurch auch eine Nachbesserungsmöglichkeit für uns Nachzügler mittels einer Fristverlängerung (siehe auch S. 56/57),

- 1972 gab es ein sirianisches Experiment mit unserem Planeten[83], danach gab es auch mehrere Akte aus der Geistigen Welt und inzwischen stimmt <u>fast keine</u> der Altoffenbarungen mehr. Beispiele aus Büchern über *Nostradamus* und *Edgar Cayce*: bis zu diesem Zeitpunkt stimmten deren Prognosen vielfach treffsicher, danach nur noch mit wenigen Ausnahmen,

- Mutter Erde, lebendig wie wir und mit eigenem Bewußtsein ausgestattet wie wir, erhält gewaltige Licht- und Energieschübe aus dem Kosmos und veränderungsbereite menschliche Bewußtseinsträger partizipieren bereits eifrig dabei,

- die Wassermann-Christus-Energie oder Photonen-Energie (bereits 1961 von Satelliten entdeckt) wirkt immer stärker auf uns ein (damit befasse ich mich in einem gesonderten Kapitel) und

- es läuft angeblich bereits ein Teil der *Ernte, was wir Menschen gesät haben,* als sogenannte Armageddon-Schlacht im Feinstofflichen ab. Das heißt: im Astralbereich und ein Teil in-uns-selbst - etwa im Sinne der Lehre *Jesu:* ...*Himmel und Hölle sind in uns.* Ins Körperliche oder Grobstoffliche manifestiert sich Geistiges stets zuletzt. Dazu erinnere ich an die mediale Durchgabe vom 22.2.99, in der es heißt: ‚*Für die Erde und die Menschen ist es Zeit geworden zur Revolution der Seelen in der Materie* – die auch oft als Apokalypse bezeichnet wird'.

Den fünften und letzten Punkt sollten wir uns näher ansehen. Denn die ‚kosmische Gesetzmäßigkeit', die wir von der Körper-Dreieinigkeit her kennen, gilt für den einzelnen *Menschen* (unsterblicher Geist-Seele-Körper) gleichermaßen wie für die gesamte *Menschheit* (geistiges Reich - Astralebene - stoffliche Ebene). Und auch der Ablaufmodus einer solchen *Materialisierung* aus dem *Geistig-Seelischen* ist immer der gleiche.

Zum Beispiel: bei der **Bewußtseinsentwicklung des einzelnen Menschen** herrscht irgend eine *geistige* Disharmonie vor, die sich irgendwann später zu einer *seelischen* Störung formt. Und diese geht, sofern sie bis dahin nicht als Signal erkannt worden ist, in die Grobstofflichkeit und wird zu *körperlichem* Schmerz. (Auch hier haben wir dann die ganzheitlich längst bekannte Erscheinungsfolge, daß es zuerst zu *Funktionsstörungen* kommt. Reagiert man nicht, kommt es zu einer *Krankheit*. Fängt man immer noch nicht an, sich zu ändern, wird es ein *Leiden* und zuletzt zieht der Körper die Notbremse und *zerstört sich selbst* durch Krebs oder ähnliches.)

Parallel dazu finden wir die gleiche Gesetzmäßigkeit mit ihrem Ablauf auch bei der **Bewußtseinsentwicklung der Menschheit** (die kollektive Bewußtseins-Entwicklung): jahrhundertelange Störungen der *geistigen* Gesetze, deren allmähliche Potenzierungen als gewaltige energetische Störfelder im *Seelisch-Astralen* und auch hier erst zuletzt der sichtbare Ausgleich dieser Störfelder in der *Realität* und unserer irdischen Ebene (Naturkatastrophen, Kriege, Komet, Magnetpolumkehrung).

Diese Gesetzmäßigkeit der Verstofflichung oder Materialisierung geistiger Energien erlaubt uns aber ganz offensichtlich, geistigen Einfluß darauf nehmen zu können.

Kommen wir noch mal zurück zum *worst case* der Menschheitsentwicklung. Von der aktuellen Katastrophen-Prophetie habe ich einiges negiert und als unwahrscheinlich dargestellt und einiges als zeitlich einfach noch nicht eingetroffen. **Ein Teil der Warnungen besteht somit weiter** und wir müssen tatsächlich davon ausgehen, daß sich über uns etwas Gewaltiges zusammenbraut. Lassen Sie mich dazu einige irdische/außerirdische Überlegungen schildern:

- der *Endkampf* der verbliebenen, finsteren Machtsysteme, die sich hochgerüstet gegenüberstehen, die immer mehr in Zeitdruck geraten werden, weil im Laufe des ‚*point of return*' die Lichtkräfte immer effektiver werden und die Strategen der Eine-Welt-Ordnung dadurch zu ungeplanten Kurzschlußhandlungen kommen könnten (allein schon daher, daß die EDV-Steuerung mancher Waffensysteme nach dem 1.1.2000 schrottreif geworden ist),

- die Potenzierung der *Elementale*, (Gedankenenergien, die Form angenommen haben), die als Summe im astralen Energiebereich inzwischen zu gewaltigen Dämonen angewachsen sind. Sie lauern darauf, sich endlich verstofflichen zu können. Wenn Sie an meine Aufzählung zurückdenken, wie oft sich alleine die christlichen Gläubigen während der 2160 Jahre des Fische-Zeitalters einen Weltuntergang ‚ausgemalt' haben, kann einem der blanke Horror hochkommen,

- das <u>äußere</u> *Reinigungsprogramm der Mutter Erde* mit ihren unter Hochspannung stehenden Erdschichten (Atomversuche), dem immer schwächer werdenden Magnetfeld (sogenannter Polsprung?), der atmosphärischen Mikrowellen-Verseuchung (Ursache des Ozonloches) und des durch globale Wetterexperimente gestörten Klimaschutzes (um nur einige zu nennen). Von Bereinigungsphasen sprechen außer den europäisch-judaischen Voraussagen auch die Hopi-Indianer und die Mayas (von 1987 bis 2012) und

- das <u>innere</u> *Reinigungsprogramm der Mutter Erde* wird von *Ariel* folgendermaßen beschrieben:
  Momentan wird eines der Hauptmuster auf der Erde gereinigt: das, was wir ‚Feind-Muster' nennen. Im September 1989 ließ die Erde ihr Feindbild von der Menschheit los. Dies bedeutet, daß sie gegenüber der Menschheit nicht mehr rachsüchtig oder nachtragend sein muß. Diese Tatsache entzieht natürlich auch vielen prophezeiten Katastrophen die Möglichkeit, stattzufinden. Selbst wenn es Naturkatastrophen, wie zum Beispiel Überschwemmungen, Erdbeben oder Vulkanausbrüche geben wird, wird der Verlust an Menschenleben nur minimal sein. Trotzdem kann die Zerstörung von Besitz massiv werden – ein klares Zeichen, sich davon zu lösen.

- die *Verweigerung des Loslassens*. *Johann Kössner* befürchtet [110]:
  Vor allem durch das Nicht-Wissen und das Nicht-Verstehen dessen, was im Moment auf dem Planeten läuft, wird die Dramatik erhöht, was regelrecht mit ‚tödlichen' Folgen enden kann. Durch die Frequenzanhebung der Materie kommt es zu mehreren folgenschweren Konsequenzen. Eine davon ist der Versuch des ‚Verjagens' solcher kräfteraubender Energien der Angst aus der Neuen Wirklichkeitsebene. Unsere Meisterschaft im Verdrängen und Kaschieren ist aber nicht mehr zielführend. Scheinbar längst durch Sicherheitsvorkehrungen ins Abseits gedrängte Ängste brechen aus uns hervor. Panik setzt ein, die Angstgesichter treten mannigfach an die Bewußtseinsoberfläche. Wohl bemühen sich viele letzte Repräsentanten der alten Illusionsgötter, die Masse zu beruhigen, indem sie täglich Sicherheitsgarantien vor sich her murmeln, aber ihre Illusionsblasen platzen schneller, als sie es selber glauben können.

Diese Eckpunkte zeigen doch eine Komplexität, die schon nach einem *Horror-Szenarium* aussieht. **Und was können wir dagegen tun?** Was kann der Einzelne dagegen tun und was das Kollektiv? Ich erinnere daran, daß erst jeder Einzelne wissen muß, wer er ist und was er ist und über welche Fähigkeiten und Möglichkeiten er verfügen kann, bevor sich ein erstarktes energetisches und menschliches Kollektiv bilden kann. Selbst wenn wir kaum unmittelbar auf die äußeren Situationen der Zeitenwende-Geschehnisse Einfluß nehmen können, können wir doch entscheiden, wie diese Situationen *uns* beeinflussen. **Wir können nicht die andern verändern, sondern nur uns selbst.**

Damit arbeiten wir aber – bewußt oder unbewußt – im Bereich der Resonanzen und das hilft nicht nur dem eigenen Status in dieser veränderungsbedürftigen Welt, sondern summiert sich auch in der Veränderung der Weltsituation.

Ich erinnere aber auch daran, daß wir wissen, daß uns jetzt zusätzlich – genau dafür – ungeheure geistig-kosmische Lichtenergien zur Verfügung stehen. Und zusätzlich zu diesen Lichtenergien strömt uns noch der neue Wassermann- oder Christus-Geist entgegen. Wenn wir auch dessen Energien nützen, indem wir den kosmischen *‚point of return'* zu unserem persönlichen machen, wären die resonanten Möglichkeiten tatsächlich für den Aufstieg der ganzen Menschheit angeboten.

Wie wir sehen, besteht also noch kein Grund zur Panik, außer man will damit Geschäfte machen. **Doch liegt es an jedem einzelnen von uns, schnell und richtig zu entscheiden und ein eigenes Krisen-Management zu entwickeln, damit die nächsten Jahre zu keinem** *worst case* **werden.**

Sehen wir uns zusätzlich noch einige Gedanken an, die in der Zeitenwende-Literatur beschrieben werden:

- **Alles ändert sich!** Wer nicht dazu bereit ist, die anstehenden Veränderungen anzunehmen und mitzumachen, sondert sich selbst aus. Wer bei seinem ‚business as usual' (übliche Geschäftigkeit) bleibt, geht an seiner eigenen Zukunft direkt vorbei. Die kosmischen und geistigen Kräfte warten nicht mehr länger auf unser Erwachen, seit einigen Jahrzehnten werden wir dazu herausgefordert. Mit all den neuen Lehren, Aufklärungen und dem neuen Wissen können wir die nötigen *Veränderungsprozesse bewußt gestalten*, anstatt uns von einer prophezeiten Zukunft überholen zu lassen. Je schneller wir damit beginnen, umso weiter können wir in unsere Zukunft sehen und deren vermutlich unangenehme Komplexität *meistern*.

- **Delegieren gilt nicht mehr!** Jetzt ist der Mensch als einzelner dran. Schuldzuweisungen helfen nicht weiter, wenn wir nicht unseren Anteil erkennen und verändern. Auf immer breiterer Basis lernen wir Menschen heute, selbst-bewußt und selb-ständig zu werden. Ärzte, Priester, Lehrer, Chefs und Politiker dürfen unsere Entscheidungen nicht für uns treffen dürfen. Autodidakte (die sich durch Selbstunterricht bilden) werden gesucht. Alles, was wir brauchen, haben wir in uns und die Techniken, *selbst* damit und daran arbeiten zu können, werden vielfältig angeboten. Der Lichtstrebende muß raus aus dem breiten Menschenstrom, der gebändigt und kanalisiert worden ist und von dem ein Großteil den veränderten ‚point of return' verpaßt. Wir müssen raus aus dem bequemen re-produktiven Denken in ein eigenständiges produktives und mutiges Denken.

- **Das magische Wort heißt „jetzt"!** Der Faktor ‚Zeit' wird in unserem Leben immer wichtiger, so daß wir zu neuen Einteilungen und Wertvorstellungen gezwungen werden - denn alles ändert sich. Der Blick zurück ist vorbei, denn es geht um die Zukunft des Menschen und diese wird im Jetzt gestaltet und gestartet. In all unseren Entscheidungen muß das Wörtchen *jetzt* Priorität bekommen. Um das zu ermöglichen, benötigen wir mehr Konzentration auf uns selbst und mehr Freiwerden von den angebotenen Ablenkungen.

- **Beeinflussen müssen *wir*!** Erzengel *Ariel* erklärt uns:
  Erinnere dich nur daran, daß sich das Universum aufgrund deiner Bilder von der Realität bildet. Wenn dein Bild ist, daß der Planet verschmutzt ist und bald zerstört sein wird, dann rate, was passieren wird: Du wirst auf einer zerstörten Erde leben. Wenn dein Bild ist, daß sich der Planet selbst heilen und reinigen kann und seine Bewohner am Leben erhält, dann wirst du dies erfahren. Deshalb bitten wir euch:

Konzentriert euch bitte nur auf schöne und positive Dinge. Wegen des Ozonlochs Angst zu haben, hilft überhaupt nicht. Diese Angst wird das Loch nur noch größer machen. Das Loch sollte sowieso entstehen, um die göttlichen Kräfte und Strahlen besser auf die Erde kommen zu lassen.

Die Redakteurin *Bärbel Mohr* zitiert in der Zeitschrift ‚Sonnen*wind*' aus einem Vortrag (Juli 1999) des Bio-Physikers *Dr.Dieter Broers,* in dem es unter anderem um die menschliche Beeinflußbarkeit des Zufallsgenerators geht:
Wissenschaftler des PEAR-Forschungslabors in New Jersey/USA stellten fest, daß viele Menschen, die ihre Aufmerksamkeit auf dasselbe Ereignis richten, **damit gemeinsam eine gedankliche Ordnung erzeugen,** *die auch auf labile, zufällige Systeme in der Natur wirkt. Diese Systeme, die sich aufgrund ihrer Labilität normalerweise rein zufällig verhalten (wie beispielsweise das Wetter, aber auch das Wachstum mancher biologischer Systeme), verhalten sich plötzlich weniger zufällig. Das heißt, sie fangen an sich zu ordnen, in dem Moment, in dem beispielsweise Millionen von Menschen die Beerdigung von Prinzessin Diana im TV sehen und alle ihre Aufmerksamkeit auf eine gemeinsame Sache gerichtet haben. Auch wenn bei einer Fußballweltmeisterschaft ein Tor fällt, fängt der Zufallsgenerator im wissenschaftlichen Labor an, eine größere Ordnung zu erzeugen. Weihnachten erzeugt Ordnung und große Gruppenmeditationen ebenfalls.*

Durch die großen Veränderungen im Kosmos, auf der Erde, unter den Menschen und in uns selbst bekommen wir tausend Möglichkeiten, in das Zukunftsgeschehen bei uns und um uns herum einzugreifen.

Solches Wissen macht angst-frei, ein selbstbewußter Zustand, der all jenen, die unser Geld, unsere Arbeitskraft, unsere Emotionen und unsere Zeit raffen wollen, allmählich Angst macht. Keine Zeit vor uns bot uns jemals soviel Wissen und so viele individuelle Möglichkeiten der Eigen-Veränderung wie unser aktueller Aufbruch in eine Neue Zeit. **Dieser fordert allerdings unseren ganzen persönlichen Einsatz – und zwar jetzt**!

14. Kapitel

Frohbotschaften im Krisenmanagement

Auf unserer materiellen, grobstofflichen Ebene herrscht die Gesetzmäßigkeit der Polaritäten, wie wir wissen. Allerdings verlangt diese Gesetzmäßigkeit gleichzeitig, daß sich die beiden gegensätzlichen Pole einigermaßen im Gleichgewicht halten. Wenn wir diese Erkenntnis auch auf das konzentrierte Potential von angsterfüllten Weltuntergangs-Erwartungen übertragen, dann muß auch der Gegenpol mit positiven Zukunfts-Erwartungen gleich groß beziehungsweise gleich stark sein. Ist das möglich?

Bevor wir uns auf den Weg der Suche danach machen, sollten wir uns an die Losung der Medienbranche erinnern: *good news are no news* (gute Nachrichten sind keine Nachrichten). Allein dadurch, daß bei der Auswahl von guten und schlechten Nachrichten die letzteren systematisch den Vorzug erhalten, ist unser Bild einer oberflächlichen Beurteilung bereits verfälscht. Eine kritischere Betrachtung dagegen läßt sehrwohl genügend positives ‚Material‘ an die Oberfläche kommen. Es geht ja immerhin um keine bereits manifestierten Geschehnisse, sondern es geht *nur* um deren **zukünftige Erwartungen**.

Noch eine zweite Erkenntnis muß ich vorwegnehmen, wenn ich von der Suche des ‚richtigen‘ Weges aus der Krise schreibe: einen solchen könne es gar nicht geben, heißt es, **denn der ‚Weg‘ sind wir selbst!** Das ist die vereinfachte, Jahrtausende alte Formel der fernöstlichen Religionsphilosophien, der uns nun heute generell und aufs neue bestätigt wird.

Doch das Weitersuchen im Äußeren lohnt sich doch und so beginnen wir mit unserer Suche gleich dort, woher wir auch die angstmachende Apokalypse überliefert bekommen, im Neuen Testament. Neben dieser eigentlichen ‚großen Apokalypse‘ kann ja im übertragenen Sinne auch noch von einer ‚kleinen Apokalypse‘ gesprochen werden, den überlieferten Worten, angeblich von *Jesus* selbst über das Weltenende. Der Endzeitforscher *Peter Andreas* schreibt dazu in seinem Buch ‚Was morgen wahr sein kann‘[(111)]:

In Wirklichkeit weiß niemand sicher, ob der Nazarener tatsächlich die Worte über das Weltenende so gebraucht hat, wie es in Matthäus 24 und Lukas 17 und 21 (nicht aber bei dem frühen Markus!) wiedergegeben ist. Einmal trat das von den Jüngern noch zu ihren Lebzeiten erwartete Ende der Welt nicht ein; zum anderen mögen die wirklich gesprochenen Worte – etwa, was die Bedrückung der Christen betrifft – gerade auf die (in Rom später grausam verfolgten) Urchristen gemünzt gewesen sein.

Dagegen steht auf der ‚positiven Seite‘ der Evangelien (griech. *euagglion* ‚gute Botschaft‘) die resonante Schwingung **Frohbotschaft** ganz offensichtlich im Vordergrund – das Wort *Freuet Euch!* soll die häufigste Aufforderung im Neuen Testament sein.

Wir sehen an diesem einen Beispiel schon, daß bei gründlichem Nachsuchen sehrwohl eine ausgeglichene Endzeit-Bilanz gezogen werden kann – Schritt für Schritt auf der positiven Polaritäts-*Gegenseite* einer endzeitlichen Angsterwartung zur Jahrtausendwende. Das Angebot für uns Erdengeschwister, diesem gewaltigen Berg vermeintlichen oder tatsächlichen Angst-Terrors noch gewaltigere **positive und geistig-spirituelle Energien und Kräfte** entgegenzubringen, ist reichhaltig vorhanden. Und zwar von mehreren verschiedenen ‚Seiten' und das Ergebnis meiner Suche habe ich in fünf Fallgruppen gegliedert: **A**: Hilfe von ‚oben', **B**: Hilfe von ‚innen', **C**: Hilfe von ‚außen', **D**: Selbsthilfe durch Krisenmanagement und **E**: Adiós Karma – die frohe Botschaft.

Lassen Sie mich zuerst noch einmal darauf hinweisen, daß ich diese nicht ganz korrekte Trennung zwischen *oben* und *innen* rein bildlich gewählt habe, wie dies als vereinfachtes Erklärungsmodell in fast allen Religionen der Welt gleichfalls gehandhabt wird. In der transzendenten Realität der Raumlosigkeit ist oben, neben oder in uns als gleichzeitig anzunehmen (*Jesus: Himmel und Hölle sind in euch!*).

A: Hilfe von ‚oben'

Seit gut einhundertfünfzig Jahren (mit *Jakob Lorber* beginnend) erhalten wir diesbezügliche Botschaften, Neuoffenbarungen und Channelings – das bereits vorne ausführlich Dargestellte möchte ich dazu in Ihre Erinnerung rufen. Außer Warnungen vor einer möglicherweise eskalierenden ‚Bereinigung' unseres globalen ‚Karmas' geht es hauptsächlich um ein **neues Verständnis** des Christusgeistes und damit des nahenden Wassermanns, dessen Lichtenergien nur genützt werden können, wenn auch ein *neues Wissen* und *besseres Verstehen* für die *Neue Zeit* herangebildet werden kann. Denn immer wieder wird uns tröstend versichert: **Solch eine Zeit wird nicht mehr wieder kommen.** Auch bei dieser Aussage liegt es wieder einmal ganz an uns, ob wir sie als positive Gnade oder als Bedrohung interpretieren. Denn der Grundsatz heißt: *wovor der Mensch sich fürchtet, das wird er bekommen.*

Solche Aufforderungen aus der geistigen Welt sind stets verbunden mit Zusagen, daß wir nicht alleingelassen werden, wenn wir uns auf den Weg machen, das Old-Age zu verlassen und in das New-Age auszuwandern. *Erzengel Ariel* zum Beispiel erklärt uns, daß im März 1988 und am 16.April 1989 die geistige Welt zwei gewaltige spirituelle Lichtschübe auf die Menschheit losließ. Wie es heißt, zur Aktivierung der Lichtkräfte in der Natur und zur Stärkung der ‚Revolution der Seelen in der Materie'. Waren diese Kräfte mit beteiligt am Mauerfall am 9.11.1989?

Am 30.Mai 1994 erhielt der Zeitplan für den Aufstieg des Planeten eine fühlbare Beschleunigung. *Ariel* wörtlich:
Anfang Juni 1994 erlebten viele von euch das Kommen von intensiver Überlebensangst, Feindmustern und alten Bildern der Realität. Diese Energien kamen aus eurer genetischen Kodierung. Es war, als hätte Gott in eure Körper gegriffen und die Angst und das Gefühl der Getrenntheit mit der Wurzel ausgerissen. Dadurch sind eventuell alte physische Traumata oder Krankheiten für kurze Zeit zurückgekehrt. Die Zeit wurde beschleunigt, und viele von euch fühlen sich frustriert, wenn sie an unvollendete Projekte denken.

Als weitere Beispiele führe ich außerdem einige Zitate aus Channelings der letzten Jahre auf, um für unsere aktuellen Entscheidungen nicht wieder zurückblicken zu müssen auf alte und uralte Überlieferungen und Ermunterungen.

‚Inneres Wort', empfangen von *Janos Prucsi* am 22.2.99:
Viele von Euch spüren die freigesetzten Energien des Neuen Zeitalters und ebensoviele nehmen die Besonderheit wahr das ‚Einmalige', Großartige, den Ruf der Zeit. Der Ruf Gottes hat die Erde und die Menschheit erreicht.
Nun gelangt die vorangekündigte Zeit, welche von vielen Propheten und Heiligen geträumt, visioniert und prophezeit wurde, zur Erfüllung. Der Himmel hat sich geöffnet, unzählige Geistwesen steigen hernieder, Euch zu unterrichten, zu ermutigen, zu ermuntern.
Selbst das Heer Michaels hat die Astralbereiche erreicht, um gegen die zerstörerischen Elemente anzutreten und diese zu erlösen oder aufzulösen und den vorbereiteten Menschenseelen bei ihrem Loslösungsprozeß zur Seite zu stehen.

Und *Hilarion*[50] am Karfreitag 1998:
Doch jene, die sich für das Reich des Lichtes entschieden haben, das in eurem eigenen Inneren entwickelt werden muß, hervorbrechen muß, sie werden große Kraft und Unterstützung bekommen. Ihr sollt wissen, selbst wenn die Töne und die Worte jetzt stärker und ernster werden, es die Liebe Gottes ist, die zu euch spricht, diese unendliche Liebe, die euch umfängt. [....] Das war mein Wort, eures Bruders Hilarion, der, wenn die Zeit gekommen ist, in sie eintreten wird und in der Verschmelzung mit ihr die Lehre und den Kampf wider die Finsternis führen wird in kommender Zeit.

Mutter Maria am 23.7.1996 (aus der Zeitschrift ‚Das Innere Licht' der Großen Weißen Bruderschaft 24/96):
Obwohl ich vielleicht in der Lage bin, soviele Engel-Assistenten ‚hervorzuzaubern', um für jedes Kind, für jeden Mann und für jede Frau, die meinen Namen rufen und zu mir beten, um die Welt gehen und die Energie eines besonderen andachtsvollen Ge-

betes oder eines Rosenkranzes annehmen, so mangelt es mir an physischen Assistenten – und dies ist es, was wirklich gebraucht wird. Nicht nur für mich! Oh nein, für den ganzen Himmel, damit der Himmel auf Erden manifestiert werden kann.

Mutter Maria am Karfreitag 1998 (aus ‚Die Quelle' 1/99):
Nahe bin ich euch in dieser Zeit, sehr nahe. Auch ich bin herabgestiegen aus den Sphären des Lichts, um euch das Licht zu bringen, um euch die Kraft der Mütterlichkeit zu bringen, den weiblichen Aspekt Gottes. Eins sind wir alle, in diesem großen Werk. Viele, viele Brüder und Schwestern des Lichtes sind herabgestiegen. Auch ich bin eine große Beauftragte im Geistplan Gottes. Ja, der Himmel hat sich aufgetan in dieser Zeit, das Licht ruft euch.

Erzengel Ariel gar eröffnet sein Buch ‚Der Lichtkörper-Prozeß' frohlockend in seiner *Widmung*:
Den Lichtarbeitern, die dem **Geist** *mit jedem Atemzug und jedem Schritt folgen; die Göttlichkeit verkörpern und den Himmel auf Erden leben wollen; die sich dem freudvollen Dienst, der grimmigen Ganzheit, der Tadellosigkeit und dem kosmischen Witz widmen und* **sich für eine Vision des planetarischen Aufstiegs engagieren,** *der sanft, elegant und ekstatisch ist und unglaublich viel Spaß macht. Hurra!*

Und kürzer kann man es nicht mehr sagen, als die geistige Wesenheit *Krayon*:
Ihr werdet unermeßlich geliebt!

B: Hilfe von ‚innen'

Damit meine ich all jene Geisteskräfte, die in unserem Inneren verankert sind und die uns erst *nach einer Mobilisierung* derselben zur Verfügung stehen können. In den früheren Kapiteln habe ich schon auf diese ‚Werte' im einzelnen hingewiesen, die aus unserem göttlichen Erbe, unserer Gotteskindschaft, in uns vorhanden sind.

Der Text dieses Buches beginnt mit den Worten *Licht und Liebe,* den schöpferischen Basiskräften unseres Universums. Das Christentum nennt man zwar eine ‚Liebeslehre', doch über die weltweite ‚Ernte' dieser Liebeslehre während des langen Fische-Zeitalters müssen wir uns schämen. Die mächtigen Kirchen hatten den Anspruch des Wahrheitslehrers *Jesu,* lieben *ohne* zu urteilen, liebevoll vernachlässigt.

Jetzt, in der Zeit des Niedergangs all der falschen und illusionären Ideale des alten Fische-Zeitalters, sollten wir nicht weiter vergebliche *Liebesmühe* in die Veränderung des menschlichen Kollektivs mit diesem unscharf gewordenen Instrument der Liebe anwenden. Dagegen sollten wir uns dafür entscheiden, den neuen, immer stärker wirkenden **Trend der Zeit** aufzunehmen: **das Licht** und

den Geist des Wassermanns. Seine Sprache ist sein Licht und sind seine Energien, die verbunden sind mit höherer Ethik, neuen spirituellen Zielen und neuen, helleren Schwingungsfrequenzen.

Das breite und elementare Thema dieses Buches, das Licht, behandle ich im nächsten Kapitel eingehend. Aber auf zwei Begriffe möchte ich vorab hinweisen, die wir als ‚Hilfe von innen' ansehen können. Um uns selbst helfen zu können, wenn es auf einen *worst case* zugehen sollte, müssen wir unseren sogenannten **Lichtkörper** aufbauen (Lichtkörperprozeß), ein spiritueller Zustand, der es erlauben soll, unseren Körper mitnehmen zu können in die angesagte fünfte Dimension mit ihren höheren Frequenzen. Um aber auch dem Kollektiv ‚behilflich' sein zu können und damit ein mächtigeres Resonanzfeld zu unterstützen, bedarf es der sogenannten **Erleuchtung**. Dies ist natürlich ein sehr hoher Anspruch, aber die Erleuchtung ist die Krönung jenes inneren Lichtes, das wir selbst aus unserem ererbten ‚Gottesfunken' zu entwickeln haben. Da diese ‚Entwicklung' jedoch von uns geleistet werden muß, spreche ich lieber von einer Selbst-Erleuchtung. Denn das ist unser *Input*, im Mittelalter hieß es *Synergismus* (Mitbeteiligung) und ist auch unser *Eigenanteil* an der Veränderung der kollektiven Entwicklung.

Weil die Überschrift dieses Kapitels *Frohbotschaft* heißt, möchte ich Sie noch mit einem ganz seltenen Gedanken vertraut machen, den der Astro-Analytiker *Albert Clayton Gaulden* aus Sedona in Arizona in seinem Buch ‚Geistwende'[112] lustvoll erklärt mit der Maxime *Alle Wege zu Gott sind richtige Wege*:

Intuitiv weiß ich, daß ich spontan in der Lage bin, mich mit dem makellosen Prinzip des ewigen Wandels – Gott – zu verbinden, **weil er in mir wohnt.** *Die meisten Menschen sind über ihre Beziehungen zu Gott peinlich berührt. Er taucht nur im Zusammenhang mit religiösen Feierlichkeiten auf und scheint in ihrem Leben sonst keine Rolle zu spielen. Eine funktionierende und dynamische Beziehung mit Gott ist die notwendige Voraussetzung für ein* **fröhliches, erfülltes Dasein.**

Die meisten Menschen halten Gott für eine strafende Instanz, die erst dann aktiv wird, wenn sie eines der zehn Gebote verletzen. Traditionell bedient sich die Kirche der Angst und der Einschüchterung als Mittel, um Abtrünnige zurück in ihr Dogma zu zwingen. Ich dagegen betrachte **Gott als einen Clown, der darüber lacht, wie ernst wir uns nehmen:** *Machtmenschen würfeln um die Weltherrschaft; Geschäftsleute und Manager wetteifern miteinander; Sportler kämpfen in den Arenen um ihren Sieg – und Gott lacht.*

Hilfe von ‚innen' kommt uns aber auch noch von einem anderen Körperorgan entgegen, das nicht das Gottes-Quartier Herz ist: **die rechte Hirnhälfte ist auf dem Vormarsch!** Erinnern wir uns der Polarität Ratio als logisch-orientierte linke Gehirnhälfte oder Hemisphäre und Emotio als die rechte, visionäre und intuitive Hirnhälfte. Die Vorherrschaft des Ratio geht mit dem Fische-Zeitalter zur Neige und damit die ausgeprägte Dominanz rationaler Erkenntnisse. Und damit auch die Vorstellung, Emotionen und Gefühle seien auf die Körperbereiche Herz und Solarplexus ‚beschränkt'. Mit dem Neuen Geist wird auch eine neue Macht **kreativen Denkens** ermöglicht. Und mit diesem veränderten menschlichen Gedanken-Potential können wir auch eine veränderte Zukunft kreieren, die eigene und die kollektive.

‚Der Vormarsch der rechten Hirnhälfte' bringt aber noch eine andere menschliche Qualitätsverbesserung, den **harmonischen Ausgleich** der getrennten Hälften. Durch immer effektivere Schulungs- und Trainingsangebote haben wir heute eine phantastische Möglichkeit, diesen Urtraum der Menschheit, **das harmonische Denken**, allmählich auf diesem Weg zu erreichen. Die persönliche Harmonie ist dann die zukünftige Harmonie der Menschheit. Denn mit dem Instrument des Denkens schaffen und verändern wir unsere Zukunft.

C: Hilfe von ‚außen'

Damit meine ich die Hilfe, die uns zum einen von seiten unserer *Raumgeschwister* angeboten und uns anderseits aus dem *Makrokosmos* zur Verfügung stehen wird. Wir befassen uns hierbei auch mit drei Fallgruppen:
    1. Kosmische Energie-Einflüsse,
    2. Kosmische Entwicklungshilfe und
    3. Kosmische Rettungsaktionen.

1. Kosmische Energie-Einflüsse für unsere Zeitenwende Fische/Wassermann werden schon sehr lange angekündigt und von vielen Sensitiven und spirituellen Gruppen als bereits immer stärker wahrnehmbar bestätigt. *Karin Nagel* empfing am 13.2.1996 von *Rametha* im Auftrag von Alpha Zentauri unter anderem:
...Denn es wirken Kräfte auf die Erde ein, die Liebe in Hülle und Fülle ausschütten und viel Bewegung in das energetische System des Menschen und der Erde bringen werden. Kräfte des Lichtes sind am Werke, alles zu offenbaren, was bevorsteht, um dann in einem Nu alles zu verwandeln. Die Energiemarke, die zur Transformation benötigt wird, ist bald erreicht. Dieses Anheben des Energielevels geschieht langsam und sacht, damit eure physischen Körper es aushalten können, ohne Schaden zu nehmen.

Im *Werner-Bläsius*-Informationsdienst[113] heißt es zu dem Thema ‚Die Plejadier unterrichten und helfen uns':
Auf der Erde sind zur Zeit Millionen von Mitgliedern der ‚Lichtfamilie' inkarniert. Zusammen mit den Plejadiern soll eine neue Frequenz auf die Erde gebracht werden, um

die DNS der ursprünglichen Menschheit wieder zurückzuverändern. Die ursprünglichen Planer (auch Schöpfergötter) baten die Lichtfamilie, das Projekt zu unterwandern, sich einzeln zu inkarnieren und das Licht (=Information) wieder neu zu bringen. Die Frequenzen von Angst, Sorgen, Chaos, Hunger und Verzweiflung sollen ersetzt werden durch die Frequenz der Liebe. Die Mitglieder der Lichtfamilie sind als Menschen getarnt. Sie werden die geänderte Frequenz halten und sie dann leben. Der gewaltige Evolutionssprung wird in den nächsten zwanzig Jahren (bis 2013) immer schneller werden. Das zukünftige Chaos und die Verwirrung müssen nur kommen, damit nachher mit Licht alles neu erbaut werden kann.

Die erfolgreiche Autorin *Brigitte Müller* berichtet in ihrem neuen Buch ‚Lichtkörper-Bewußtsein'[(139)] auch über den Kometen Hale-Bopp, der von manchen esoterischen Gruppen als der Komet des Jahrhunderts bezeichnet wurde. Er kam justament zur Frühlings-Tagundnachtgleiche und der Karwoche im März 1997 in nächster Nähe an der Erde vorbei. Sie schreibt:

Sein Einfluß war schon Anfang des Jahres durch immer höher werdende Schwingungen zu spüren. Die Erde und alles Leben auf ihr wurden in einem ‚Crash-Kurs' für den Übergang in die fünfte Dimension vorbereitet. Dies war ein einmaliges Experiment, denn niemals in der Geschichte des Universums gab es einen Planeten, der Gelegenheit erhielt, durch ZWEI dimensionale Übergänge in so kurzer Zeit zu gehen. Es war ein monumentaler Akt der göttlichen Gnade. [...] Da unsere menschlichen Egos sprunghaft schwankten zwischen dem Wunsch, ‚transformiert zu werden' und ‚Kontrolle behalten zu wollen', hatten wir hier und da einige Herausforderungen. Aber hinter diesem bedauernswerten Aspekt unserer Persönlichkeit stand keine Kraft mehr.

Für das Neue Zeitalter, das Licht-Zeitalter, wird der mächtigste Energiebringer aus dem Makrokosmos der riesige **Photonenring** sein, der um das ebenfalls mächtige Sternensystem der Plejaden lagert und in den unser Sonnensystem zur Zeit immer tiefer eintritt, ab 2002 fühlbar, ab 2013 total. Diesen Vorgang werde ich im nächsten Kapitel ausführlich erläutern.

In dem schon mehrfach zitierten Buch ‚Der Lichtkörper'[(9)] von *Reindjen Anselmi* wird darauf hingewiesen, daß es an den Tagen 16./17. August 1987 eine **Harmonische Konvergenz** gegeben hat, die auch *Weltharmonietage* genannt wird. Diese Aktion sei ein Teil des für uns unermeßlichen Vorganges, daß unsere lebendige Mutter Erde ein **neues planetares Magnetgitter** erhalten hat. Andere Quellen nennen es **Planetares Kristall-Gitter**. Unser sich permanent abschwächende Erdmagnetgitter habe damit eine neue Licht- und Energiestruktur bekommen, die bis zum Jahre 2002 durch Frequenzerhöhung immer neu angepaßt werde und für welche die Engelwesengruppe *Krayon* die Verantwortung übernommen habe. Die ‚Harmonische Konvergenz' sei vielleicht etwas vom Wichtigsten, das sich je auf unserem Planeten ereignet habe. *Reindjen Anselmi* erklärt:

Zwei Dinge kennzeichnen die Harmonische Konvergenz:
1. Das Zusammenfallen zahlreicher Zyklen-Enden, wodurch eine energetische Öffnung entstand, dank der nun eine noch nie dagewesene elektrische Strahlung aus dem kosmischen Raum auf die Erde trifft. Solche energetische Öffnungen entstehen, wenn sich Schwingungsmuster gegenseitig aufheben, was zu einem (energetischen) Vakuum führt. Das ist im Jahr 1987 bei etlichen der zusammenfallenden Zyklen der Fall gewesen. Wenn sich hingegen die Schwingungsmuster zusammenfallender Zyklen ähnlich sind, verstärken sie sich gegenseitig. Auch das traf auf einige Zyklen zu. Auf einer höheren Ebene stehen die Zyklen nun wieder an einem Neubeginn.
2. Wir haben ein neues planetares Magnetgitter erhalten. So fremd es in manchen Ohren klingen mag: Wir haben uns dieses neue Magnetgitter verdient.

Die geistige Welt weist darauf hin und ergänzt außerdem, daß zu diesem Zeitpunkt **die Gnaden-Energie auf unseren Planeten kam**, um Teil der Gitternetzstruktur zu werden. Jeden Monat würden sich mehr ‚Tore' öffnen und es gebe mehr und mehr Möglichkeiten, neue Energien, Technologien, Informationen und Aspekte unseres Geistes zu erfahren.

Dieser Vorgang paßt natürlich den herrschenden Machtsystemen garnicht und es scheinen im Geheimen konzertierte Manipulationen dagegen abzulaufen. So soll es Satelliten geben, die die Erhöhung des Schwingungsfeldes unseres Planeten verhindern, indem sie die Erde mit Niederfrequenz (sogenannte ELF-Frequenzen) bestrahlen, vor allem über Großstädten. Anderseits gestehen jetzt die ersten etablierten Wissenschaftler ein, daß das Erdmagnetfeld immer schwächer werde. Geplant oder wieder einmal das Spiel des Zauberlehrlings?

2. Kosmische Entwicklungshilfe: Darüber habe ich in meinem fünften Kapitel (Raumgeschwister) bereits ausführlich berichtet und darauf hingewiesen, daß die Helfer der spirituell höherentwickelten Raumgeschwister den freien Willen der Menschen respektieren müssen und uns nur durch mehr Aufklärung und Wissen sowie mehr kosmische Energien zur *eigenen* Bewußtseins-Höherentwicklung helfen können.

Auch hier stoßen wir, diesmal in kosmischem Ausmaß, wieder auf die geistige Gesetzmäßigkeit, an unserer seelisch-geistigen Weiterentwicklung unbedingt **selbst mit beteiligt** zu sein: das gilt für die Selbsterlösungslehre des Buddhismus, für die ursprüngliche Lehre *Jesu*, für den christlichen Gnostizismus, für den mittelalterlichen Synergismus und für die Neuoffenbarungen unserer Zeitenwende.

Abrunden möchte ich diesen Absatz innerhalb des Kapitels *Frohbotschaften* und der *Jesus*-Aufforderung *Freuet euch!* mit einer entsprechenden Aufforderung der Plejadier, die ich dem *Werner-Bläsius*-Informationsdienst entnommen habe:

Versprecht, in jeden Tag eures Lebens Spaß, Liebe und Lachen zu bringen. Ihr könnt die Frequenz der Freude energetisieren. Lachen ist der Schlüssel zur Freiheit. Genießt jeden Moment als einen Augenblick der Glückseligkeit. **Stellt euch eine sichere Welt vor und ihr werdet sie erleben.** *Laßt die Lichtsäule immer in euren Körper strömen. Die Lichtsäule ist die Eintrittskarte für höhere Bereiche.*

Auch hierbei scheint der große Satiriker *Ephraim Kishon* recht zu haben, wenn er feststellt *...vielleicht ist das Lachen eine der größten Erfindungen Gottes.*

3. Kosmische Rettungsaktionen: Diese konzertierte Hilfsbereitschaft aus dem Makrokosmos wurde auch schon als ein *Helfer-Syndrom* bezeichnet (dieser Ausdruck stammt von deren Seite). Die Begründung für diese Hilfsbereitschaft sei das schlechte Gewissen der spirituell höchstentwickelten Raumgeschwister ob der rücksichtslosen Manipulationen mit uns Menschen in der grauen Vorzeit unseres Planeten.

Das, was wir bei einem solchen Helferaufgebot unter *Frohbotschaft* noch verstehen können, mag natürlich sehr verschieden ausfallen. Danach gäbe es – vorerst noch unsichtbar – gewaltige UFO-Landschaften, die Millionenstädte aufnehmen könnten und bereitstünden, Rettungsdienste vor dem angekündigten ‚Tag X' zu übernehmen. *Ashtar Sheran* spricht von mehr als fünf Millionen *Schiffe aller Arten und Größen* (können bis sechzig Kilometer lang sein), die in unserem galaktischen Raumsektor stationiert seien. Dieses Thema wird seit Jahrzehnten vielfältig dargestellt im geisteswissenschaftlichen Literaturangebot, vor allem bei Botschaften und Channelings vom Sirius, den Plejaden, Aldebaran und sehr vielen kosmischen Adressaten, die ich bereits früher erwähnt habe.

Daß Außerirdische nicht nur in den planetarischen Urzeiten schon aufgetreten, sondern für kritische Leser auch in den Texten religiöser Überlieferungen zu entdecken sind, wenn man sie mit dem neuen Verständnis unserer Zeit liest und interpretiert, habe ich schon mehrfach erwähnt. So meine ich, noch auf zwei weitere interessante Stellen hinweisen zu können.

Joseph Smith jr., der Gründer-Prophet der ‚Kirche *Jesu Christi* der Heiligen der letzten Tage' (bekannt als die Mormonen), schilderte Mitte letzten Jahrhunderts im Buch ‚Mormon' den nächtlichen Besuch eines engelhaften Wesens folgendermaßen: *...sah ich gleichsam einen Schacht sich bis in den Himmel öffnen, und der Besucher fuhr in die Höhe auf, bis er ganz verschwand...* Kennen Sie das von woher? In der bildreichen Offenbarung des *Johannes* gibt es auch so eine Stelle: *...ich sah die heilige Stadt, das neue Jerusalem, von Gott <u>aus dem Himmel herabfahren</u>...* Diese früher unverständlichen Texte passen genau zu den neuen Offenbarungen, die wir heute von unseren Raumgeschwistern erhalten.

Ich erinnere an den wunderbaren Satz, den ich schon erwähnte, in dem uns

Erdengeschwistern - im Falle einer erfolgreichen Massenevakuierung – nach der ‚Rettung' mitgeteilt wurde: ....*Ihr werdet euch wundern, wer neben euch sitzt.* Das ist natürlich ein sehr genußvoller Satz, den wir generell in unser Alltagsdenken aufnehmen sollten. Ich schreibe hier kapitelweise über geistige Erkenntnisse und alle möglichen Gesetzmäßigkeiten, geistige Erkenntnisse zu erlangen, um schließlich durch erzielte höhere Lichtfrequenzen ganz sicher in den Genuß einer Errettung zu kommen. Ganz typisch Verstandesdenken. Und dann wird uns ganz locker erklärt ...*Ihr werdet euch wundern, wer neben euch sitzt.* Jemand zum Beispiel, der in seiner ‚Dienstleistung am Nächsten' gar keine Zeit hatte, sich Angst vor der Zukunft zu leisten. Eine alleinerziehende Mutter mit zwei Kindern? Ein Forscher, der sich um das Liebesleben der Regenwürmer kümmert? Eine Oma, die in ihre Rosenkränze all die bösen Generäle dieser Welt mit einschließt? Unserer Phantasie mögen bei solchen meditativen Gedanken keine Grenzen gesetzt sein. Bei diesen Gedankengängen ist es wahrscheinlich auch für uns vorstellbar, *daß wir Gott milde lächeln sehen,* wenn er sieht, wie wir uns mühevoll abstrampeln, um mit unserem Verstand nachzuvollziehen, was andere aus der Kraft ihres Herzens und/oder Glaubens heraus einfach ‚tun'.

Interessant ist dazu auch die Meinung eines Venusiers. *Sanat Kumara* diktierte der amerikanischen medialen Heilerin und Autorin *Rhea Powers* Texte, die sie unter dem Titel ‚Aufruf an die Lichtarbeiter'[114] veröffentlichte und aus dem ich folgendes zitiere:

Diejenigen von euch, die schon einmal gedacht haben oder denen gesagt wurde, sie seien höher oder geistig weiter, eine ‚alte Seele', wie manchmal gesagt wird, sind tatsächlich im hierarchischen Sinne des Wortes nicht höherstehend. Es bedeutet nur, daß ihr auf einer bestimmten Ebene bewußter seid und eure Verbundenheit mit dem höchsten Bewußtsein deutlicher wahrnehmt. Es bedeutet, daß ihr in dieser oder der vergangenen Lebenserfahrung eure Wahrnehmung in einem Maße geöffnet habt, das über die normalerweise mit der menschlichen Form assoziierten Ebene hinausgeht. Es heißt nicht, daß ihr besser oder erhabener seid. Es ist ein schwerer Fehler, eine Anerkennung eures Bewußtseinsgrades zur Fütterung des Egos zu benutzen. Das stünde in absolutem Gegensatz zur Wahrheit. Wenn ihr euch eurer wahren Intensität bewußter werdet, werdet ihr weniger getrennt. Irgend eine Information dazu zu benutzen, um euch abzutrennen, euch über eure Brüder und Schwestern zu stellen, ist eine Verzerrung der Wahrheit, eine Täuschung.

Also merken: **Ihr werdet euch wundern, wer neben euch sitzt!**

Die geistige Welt wie auch unsere Raumgeschwister erkären, daß ganze Dimensionssysteme diesmal den Aufstieg ins Licht mitmachen. Und es ist auch einmalig und phantastisch, was die vermutlich unendlich große und multidimensionale Seelenfamilie dafür arrangiert hat. Bei diesem Helferangebot wird erstaunlicherweise nicht mehr von körperlicher Errettung im Sinne von Evakuierungen gesprochen, sondern von dem gemeinsamen Aufstieg mittels unserer eigenen internen ‚Merkabah' (siehe Glossarium):

*Wir sprechen nun von drei verschiedenen Achsen mit unterschiedlicher Funktion: Die **Engelfunktion**, die **Raumbruderschaft-** oder **Außerirdischenfunktion** und die Funktion der **Aufgestiegenen Meister**. Sie passen alle zusammen. Wenn es Zeit ist aufzusteigen, wird die Raumbruderschaft alle Merkabahs, die sie in ihren eigenen Feldern baut, zusammenschließen, um den Planeten zusammenzuführen und dadurch den planetaren Lichtkörper zu bauen. Die Erde wird aus der dritten Dimension herausgeholt, und die Dimension wird zusammenbrechen.*

Die Achse der Aufgestiegenen Meister übernimmt die Leitung und Navigation. Ihre Aufgabe ist es, mit den Koordinaten zu arbeiten, damit dieses Solarsystem in ein Multi-Sternsystem transportiert werden kann.

Viele der Engel gehen in den Lichtkörper, doch andere kehren zur reinen Energieform zurück. Unsere Energie ist der Brennstoff für diesen Prozeß.

D: Selbsthilfe durch Krisenmanagement

Erinnern wir uns, was zu ändern ist, wenn man in einer Krise steckt: richtige und klare Entscheidungen zu treffen, wenn man über den sogenannten kritischen Punkt hinausgelangt ist. Der kritische Punkt in unserer Zeiten-Wende ist der *‚point of return'*, in dem *wir alle* stecken und der uns neue Möglichkeiten und neue Perspektiven unserer individuellen *und* kollektiven Zukunft aufzeigt. Um dabei gegen hergeredete und voreilige Weltuntergangserwartungen gestärkt zu sein, gibt es einige geistige Instrumente. Diese nenne ich

- **Wissen um unsere geistigen Potentiale:**
  Dazu gebe ich Ihnen nur einige Stichworte, denn eigentlich handelt das ganze Buch davon: unsere schlummernde Göttlichkeit, die wir behutsam, aber dringend erwecken müssen; den Umgang mit dem geistigen Gesetz von Ursache und Wirkung oder Saat und Ernte, mit dem wir bewußt unsere Zukunft steuern können; mit den raum- und zeitlosen Kräften unserer Gedanken und zuletzt das geistige Gesetz der Resonanz und Resonanzfähigkeit, mit dem wir uns ein- und ausklinken können aus den äußeren, weltlichen Schwingungsbereichen, die wir für unseren Bewußtseinszustand akzeptieren können.
  Der bewußte Umgang alleine mit diesen vier geistigen Gesetzmäßigkeiten kann uns zu Wissenden und Weisen machen und zu Meistern – je nach unserer Handhabung derselben. Nützen wir doch dabei den simplen sogenannten **Rumpelstilzchen-Effekt:** Durch die Macht des Wissens löst sich plötzlich die Macht des Terrors und der Angsterzeugung und wie uns das Märchen zeigt, ist der wahrhaft Wissende weder erpreßbar noch manipu-

lierbar. *Wissen macht frei* oder wie der Wahrheitslehrer *Jesus* es auch nannte:

- ***...die Wahrheit wird euch frei machen:***
  die schlichte, nackte Wahrheit wurde schon gegen manche endlos komplizierten Pläne hintergründigen Taktierens als **Geheimwaffe** bezeichnet (*Bob Bates*). Zum Bereich öffentlicher wie wissenschaftlicher Wortverdrehereien erklärt *Nick Begich*:
  Im Gegensatz dazu kann in der Einfachheit, das zu sagen, was man für richtig und falsch hält, die größte Kraft der Veränderung liegen. Die Wahrheit zu sagen, bedeutet eine Bereitschaft, zu sagen, was man denkt, dies mit Fakten zu verteidigen und gleichzeitig die Aufrichtigkeit zu besitzen, seine Meinung dahingehend zu ändern, wenn neue Informationen auftauchen. Flexibel und tolerant zu bleiben gegenüber den Sichtweisen anderer und manchmal auch unsere eigenen Fehler zuzugeben, das sind die schwersten, aber auch mächtigsten Seiten dieser ‚Geheimwaffe'. [...] Menschen aus allen Bereichen kennen aber den Fall, daß sie gegen etwas vorgehen und dann von den Widersachern bedroht und bekämpft werden, daß sie die Wahrheit für sich behalten sollen. Die meisten Menschen geben nach, bevor die Schlacht begonnen hat. Die meisten Menschen können auch beide Augen zudrükken, trotzdem sie die Wahrheit wissen. Folglich werden sie dann über Jahre hinweg von der Entscheidung verfolgt, es anders getan haben zu können. [...] Die Lösung ist einfach und fängt dort an, wo dieser Text begonnen hat – wenn jeder von uns selbst so handelt, wie er oder sie es in dem jeweiligen Moment als richtig empfindet. Eine ganze Menge ist allein schon dadurch geschafft, wenn wir es versuchen. Wir sind nie allein. Wir brauchen uns nur anzustrengen – wir müssen es nur versuchen!

- **die Kräfte des neuen Lichtes:**
  Gemeint sind die höheren *spirituellen* Lichtschwingungen des Wassermann- oder Christus-Geistes und die höheren *kosmischen* Lichtschwingungen des Photonenrings. Über beide berichte ich im nächsten Kapitel ausführlich. Vorab verweise ich aber schon auf die Macht, die uns diese Kraft des *neuen Lichtes* für die Gestaltung unserer Zukunft anbietet. Ich nenne dies den **Graf-Dracula-Effekt.** Erinnern Sie sich des eleganten, adeligen Unholds, der vom ‚Blut' anderer lebt und dessen ganze Macht samt Wesenheit mit einem einzigen morgendlichen Sonnenstrahl zerfällt?

- **klare Entscheidungen für die eigene Zukunft:**
  Die Zeit wird eng, wenn wir uns für die Zeitenwende einen Zeitrahmen zu setzen versuchen, denn die Schlüsselzahl, die dabei immer wieder auftaucht, lautet 2012. Wir sollten diese Jahreszahl ernst nehmen, auch wenn wir dabei berechtigte Zweifel haben dürfen – einmal grundsätzlich gegen

alle Zeitangaben aus den zeitlosen Dimensionen und zum anderen, weil diese Jahreszahl auch den schon gut fünftausend Jahre alten Maya-Kalender beschließt, sicherlich ohne zu wissen, daß sich der Vatikan mit seinem Kalender um sieben Jahre verrechnen wird. Daher abermals die Frage: wo stehen wir also zeitlich genau?

Auch ohne den hypnotischen Blick auf diesen ‚Tag X' wissen wir, daß jeder von uns **jetzt** konsequente und klare Entscheidungen treffen muß, um an seiner **eigenen Bewußtseinsentfaltung** zu arbeiten. Das ist der eigentliche Lebensweg in dieser speziellen Inkarnation, den unsere in die Materie geborene Seele zu gehen hat. Sie könnte ihn erfolgreich wie noch nie in der Menschheitsgeschichte **jetzt** mit den neuen Wassermann-Kräften gehen!!

- **die Selbstfindung des Einzelnen:**
Bewußtseinsentfaltung führt zu Selbst-Bewußtsein, das Finden des Göttlichen in uns zu einem eigenständigen Weg und beides zusammen zur Entwicklung einer verantwortungsvollen **Persönlichkeit**, die die Macht ihrer geistigen Kräfte *bereit ist* einzusetzen. Dies paßt dem herrschenden Zeitgeist natürlich gar nicht und daher heißt es zum Beispiel in den Anweisungen für einen alten, noch heute tätigen Geheimbund: „*...vor allem müsse die Macht der Persönlichkeit bekämpft werden, da es nichts Gefährlicheres als sie gebe. Wenn diese mit <u>schöpferischen Geisteskräften</u> ausgestattet ist, vermag sie mehr auszurichten, als Millionen von Menschen*"[115].

- **menschliche Emotionen sind kostbar:**
Gott ist *Licht* und *Liebe*, einen Gegenpol zu Gott gibt es nicht. Es gibt nur mächtige Wesen, die entsprechend *licht-los* sind, Wesen der *Finsternis*. Zur Zeit des römischen Weltreiches hat sich dieses vermutlich höchste Wesen-*gegen*-Mensch (nicht *gegen* Gott!) den lateinischen Namen *Luzifer* geben lassen (siehe im Glossarium) und sich damit ‚Lichtbringer' genannt (perfekt gemacht, Note 1!). Heute ist er zugleich der Gott der freimaurerischen *Illuminati* (lat: *Erleuchtete*). Und mangels göttlichen Lichtes leben diese irdischen wie auch andere astrale Wesenheiten ausschließlich von <u>unseren</u> irdischen und astralen *Emotionen*. Das habe ich schon ausführlich im Kapitel ‚Geistgeschwister' beschrieben. Und im darauf folgenden Kapitel ‚Raumgeschwister' habe ich erklärt, daß auch außerirdische Zivilisationen mit extremer Verstandes- und High-Tech-Entwicklung ihrer Emotionen verlustig geworden und ebenfalls hinter den Kräften unserer äußeren Gefühlswelt her sind. Da es sich dabei ja um unsere Energien handelt, spricht man auch von Energie-Vampirismus. Aus diesem Grunde sind unsere Emotionen äußerst wertvoll.

Ich rufe kurz in Erinnerung: unser seelischer Gefühls-Körper ist der Mittler zwischen dem unsterblichen Mental- und dem sterblichen Erdenkörper. Die körper-verbindenden Schwingungen sind unsere (inneren) Gefühle und (äußerlichen) Emotionen, die man auf der stofflichen Ebene immer wieder versucht zu unterdrücken. Wir sollen uns machtlos und schuldig fühlen. Plejadier klären uns dazu auf: ‚*Wenn ihr euch nicht erlaubt, zu fühlen, könnt ihr auch in eurem Erdenleben nichts lernen. Angst bremst euch. Die richtigen Emotionen lebt ihr nicht aus*'. Somit sehen wir, daß wir durch die Beherrschung und möglicherweise Steuerung unserer Gefühle und Emotionen geistig Einfluß auf unsere Zukunft nehmen können. Selbstbeeinflussung ist richtig, Fremdbeeinflussung ist falsch. Das ‚*Freuet euch!*' der Evangelien, das ‚positive Denken' des New-Age und das ‚lichtvolle Empfinden' der Rückkehr ins Licht sind lohnenswerte Ausrichtungen unserer wertvollen Gefühlswelt.

- **loslassen und kehrtwenden mit der Kraft des ‚*point of return*':**
  Veränderung ist ein Kennzeichen des Lebens in der Materie und ein Muster des fortgesetzten Wandels. Eine **kollektive Veränderung** ist zusätzlich jetzt angesagt in unserer Zeitenwende wie auch in der globalen Krisensituation. Diese kollektive Veränderung kann aber nur die Summe ungeheuer vieler kleiner Veränderungen einzelner sein in eine gleichorientierte Richtung (Resonanzfeld) und in einem einigermaßen gleichen Tempo. Dabei müssen wir die große **Kunst des Loslassens** lernen, die meistens ein schmerzvoller Prozeß ist, vor allem für den, der den Veränderungsbedarf in seinem individuellen Leben und seinem persönlichen Umfeld noch nicht geblickt hat und dadurch echt leidet. Denn zur *Kunst des Loslassens* sind persönliche Entscheidungen und diese bereits im Vorfeld zu treffen.

Genau diese Entscheidungs-Unlust, die satte *Bequemlichkeit* des einen Teils der Menschheit und die *Unfähigkeit* des geknechteten anderen Teils der Menschheit, die keine Zeit zum ‚Luftholen' haben, um nur den nötigsten Lebensunterhalt zu erwirtschaften, ist der Feind jeglicher Veränderung. **Alle Aufrufe und Appelle** dazu, aus den eigenen Reihen der Erdengeschwister, aus der geistigen Welt und aus dem riesigen Raum des Kosmos, **scheiterten stets an der überwiegend fehlenden menschlichen Bereitschaft zur Veränderung**. Daher kommt ein Wechsel der Strategien auf uns zu.

So ändert sich nun generell vieles durch die kosmischen und zyklischen Veränderungen, die im Rahmen des gesamten Sonnensystems auf unseren Planeten mit seiner Zivilisation zukommen, den ‚*point of return*'. Die zunehmenden neuen Kräfte der ‚Neuen Zeit' **zwingen** zu Entscheidungen und zu Veränderungen – zuerst den Einzelnen und später das Kollektiv. **Alles ändert sich!** Daher klingt aus allen den modernen Aufrufen zur Veränderung – neben den Warnungen vor einem schmerzvollen Kollaps der irdischen und menschlichen Strukturen – verstärkt die Frohbotschaft *neuer* Leitbilder, *neuer* Freiheit, *neuer* Orientierung und *neuen* Zeitgeistes. **Wenn wir jetzt schnurstracks die *neue* Richtung dieses Zeitgeistes annehmen, veränderungswillig alten Ballast abwerfen und befreit und erleichtert und höher be-schwingt Fortschritte machen und damit in den Endspurt unserer Zeitenwende gehen, dann können wir die gewaltigen Chancen nützen, die sich uns allen *jetzt* bieten.** Eigentlich schon seit Jahren, aber jetzt fühlbar intensiver und zunehmend. Auch Mutter Erde spielt da immer kräftiger mit.

Damit die Veränderungen auch tatsächlich in Fluß kommen, bedarf es zweier Voraussetzungen. Die eine ist die *Bereitschaft* zu Veränderungen und die andere ist die dafür nötige *höhere Schwingungsfrequenz*, derer es dazu bedarf. Diese höheren Frequenzen bilden ein neues Resonanzfeld, das der Betroffene daran erkennt, daß sich der Freundeskreis völlig verändert, sogar der gesamte Lebenssinn und man sich vor den Veränderungen nicht mehr fürchtet. *Ariel* versichert:

Neue Menschen treten in dein Leben, die weitaus besser auf die Aufgabe (die auch die deine ist) eingestimmt sind, als du es jemals selbst gewesen bist. Ihr [die Lichtarbeiter A.d.A.] seid in Arbeitsgruppen auf diesem Planeten, und diese Leute sind es, mit denen du arbeiten sollst. Das Verschwinden der Menschen, die aus Gründen von Karma und Verpflichtung in deinem Leben waren, kann etwas beängstigend sein. Doch wenn du einen tiefen Atemzug tust und sagst: „Ich wünsche dir alles Gute und ein wunderbares Leben. Wir werden uns wiedersehen", wirst du finden, daß die Menschen, mit denen du hier sein sollst, ganz schnell in dein Leben treten. Dies beschleunigt die ganze Sache und bringt auch viel Freude.

E: „Adiós Karma" – die frohe Botschaft

Aus vielen Botschaften des New-Age klingt die Froh-Botschaft, daß den Erdengeschwistern dabei ein **göttlicher Gnadenakt** ‚behilflich' sei (einer der Gründe, warum so viele Seelen, auch von anderen Planeten her, in unsere irdische Zeitenwende-Inkarnationen drängeln). Gemeint sind jene Lichtstrebenden, die mit dem neuen Geist des ‚*point of return*' bewußt ihren Kehrtweg zurück zur Einheit angetreten haben. Ein Gnadenakt in dem Sinne, daß wir das, was wir als ‚Karma' erzeugt haben und das unsere Zukunft belastet, schneller und leichter *entlasten* können (andere Quellen sprechen noch von einer *Umwandlung* in Resonanz Verbindungen und wieder andere Quellen von einer *Generalamnestie* der Altlasten).

Unsere gesetzesfreudige irdische Verwaltung würde von einem ‚Erlaß eines **Entlastungs-Gesetzes**' sprechen. In den Genuß käme natürlich nur derjenige, der bestimmte Voraussetzungen erfüllt, in unserem Falle eine bestimmte *Veränderungsbereitschaft* vorweisen könne. Ich erinnere daran, daß *Karma* (Sanskrit *Tat, Handlung*) nach dem Gesetz von Ursache und Wirkung oder Saat und Ernte durch unser Tätigsein in der Dreieinheit *Gedanken-Worte-Werke* permanent entstand und entsteht. Irgendwann danach muß es immer wieder aufgearbeitet werden - falls unsere Saat nicht im Sinne der geistigen Gesetzmäßigkeiten und damit im Sinne unserer Bewußtseinsentwicklung aufgehen sollte. Durch dieses Aufarbeiten des zurückliegenden Karmas, möglicherweise auch noch Altlasten aus dem Vorleben, sind wir vielfach nur mit unseren alten Handlungen befaßt, anstatt neue Erfahrungen sammeln zu können. Typisch Old-Age und Fische-Zeitalter.

Dagegen verstärkt sich die **frohe Botschaft des Wassermanns**, worüber ich Sie mit vier herausragenden Botschaften vertraut machen möchte:

Die erste vermittelt uns die hohe Wesenheit[121] *Serapis,* die 1989 in den USA innerhalb von drei Wochen ein Buch channelte, das den deutschen Titel ‚Handbuch für den Aufstieg' trägt und das ich mit zu dem besten zähle, was als Aufklärung und dadurch auch als Frohbotschaft für unsere Zeitenwende angeboten wird. *Serapis* unterstreicht die **Beendigung** eines jahrhunderttausende währenden Experimentes, was auch in einigen Botschaften anderer sehr hoher Wesenheiten bereits angekündigt wurde und versichert uns unter anderem:

....der Planet Erde ist in seiner Dichte und in der Abtrennung vom GEIST, die die Persönlichkeit wahrnimmt, einzigartig. Nirgendwo sonst, auf keinem anderen Planeten, hat die Verdichtung und die Trennung vom Geist so tiefgreifend stattgefunden wie auf der Erde. Ihr habt kollektiv ein sehr mutiges Experiment gestartet, um zu sehen, wie weit Ihr euch von der Quelle entfernen könnt. Die gute Neuigkeit aber ist, daß das Experiment ein voller Erfolg war und nun vorbei ist.

Die zweite, geradezu als gewaltig zu bezeichnende Frohbotschaft, betrifft unser **Karma**. Die beiden irdischen Lichtwesen *Antas* und *Antaria* stehen seit Jahren in einer speziellen Verbindung mit ihrem Höheren Selbst, und dieses hat den beiden Autoren in siebenundzwanzig Tagen den Text ihres Buches ‚An die Kinder des Lichts' diktiert[116]. Aus dem Kapitel ‚Karma ade!' zitiere ich:

*Mit dem Jahr 1997 erklären wir feierlich **für alle Kinder des Lichts**: Das karmische Gesetz der letzten Äonen wird abgelöst durch das Gesetz der Resonanz!*

Es ist nun eine genügend große Gruppe von erwachten Seelen zusammengekommen, um die Menschheit in diesem Punkt in eine höhere Existenzebene zu geleiten. Natürlich lassen wir jedem die Freiheit, sich nach wie vor für ‚schlechte Taten' selbst zu bestrafen und zu geißeln, wenn es ihm Spaß macht, doch all jenen Kindern des Lichts, die sich entschieden haben, die Rückreise ins Licht jetzt anzutreten, sei gesagt:

Lebt nicht mehr für die Sünden der Vergangenheit!

Richtet Euch auf, breitet Eure Flügel aus!
*Werft allen Ballast ab und fliegt unbeschwert in Eure Zukunft! In dieser Zukunft wird Euch nur noch das erwarten, was Ihr **momentan** anzieht. **Eure Erwartungen** werden sich manifestieren, genauso wie Eure Ängste.*
Deshalb löst Euch von allem, was Euch limitiert.
Trennt Euch von den falschen Freunden dieser Illusion: Der Angst, dem Stolz, der Eitelkeit und der Gier. Nehmt nur den einen, wahren Freund mit Euch: die Liebe. [...] Wenn Ihr Kinder des Lichts eine Blume der Liebe in Euch entfaltet, wird auch nur diese Resonanz Euch treffen.
***Aber gewarnt seien alle**, die ihr Herz mit Haß und Gier erfüllen, sie wird die volle Resonanz dieser Eigenschaften treffen. Ihr werdet ernten, was Ihr sät! Das was Ihr kultiviert, zu dem werdet Ihr werden – im guten wie im bösen.*

Die Heraushebungen in diesem wundervollen Text stammen von mir. Auch habe ich den Originaltitel ‚Karma ade!' ausgetauscht gegen ‚adiós Karma'. Erstens schreibe ich das Manuskript dieses Buches hier auf der kanarischen Trauminsel La Palma mit seinen starken, auch spirituellen Schwingungen und zweitens drückt der spanische Abschiedsgruß *adiós!* noch mehr aus als das deutsche *ade!* So wie der Süddeutsche sich heute noch mit *Grüß Gott!* begrüßt, ruft der Spanier *A Dios, Zu Gott!*, wenn er sich verabschiedet oder ganz genau *Zu den Göttern!* Und eben **dorthin** können wir ab jetzt unser Karma schicken, können diese Altlast abwerfen und loslassen, sie in die Hände des Vaters oder den Kräften des Lichts übergeben, und ‚unbeschwert' in die Zielgerade starten, die uns aufwärts ins Licht und zurück in die Einheit führt.

Über die dritte, speziell mit meinem Buchtitel verbundene Frohbotschaft, berichtet *Winfried Harms*[149], der sich intensiv mit den Forschungsergebnissen über den Kalender der Mayas befaßt. Er bezieht sich auf die gleichen sumerisch-altgriechischen Zeitzyklen, wie wir sie als Platonische Weltenjahre und Weltenmonate bereits kennen. Die Mayas gingen allerdings von 5 x 5200 Zeitabschnitten aus, die ebenso 26000 Erdenjahre ergeben. Der letzte dieser Zeitabschnitte begann am 13. August 3113 v.Chr. und endet am 21. Dezember 2012.

*Nach der Kosmologie der Maya befinden wir uns gegenwärtig in den letzten zwanzig Jahren unseres Zeitschiffes Erde, die im Juli 1992 angefangen haben. Der gegenwärtige 5200 Jahre umfassende Großzyklus ist bei den Maya auch als 4-Ahau-Zyklus bekannt. Ahau bedeutet soviel wie Sonne oder Herrscher und **gilt als die glückbringendste** der zwanzig ‚Tzolkin', Tageshüter- oder Maya-Glyphen des ‚Tzolkin'-Kalenders* (Heraustellung ist von mir).

Außerdem verweist der Autor darauf, daß *...ein zentraler Aspekt der uns verbleibenden zwölf Jahre bis 2012 **die Auflösung allen Karmas** ist, bis wir aus der Dreidimensionalität ganz herausgewachsen sind.*

Über die vierte Frohbotschaft berichtet *Brigitte Müller* in ihrem Buch ‚Lichtkörper-Bewußtsein'[139] über die großen Einweihungen der Erde mit ihrer Menschheit im letzten Quartal von 1996, manifestiert durch eine aktive, internationale Gruppe von Licht-Dienenden in den USA:

Am 22.9.1996 =Quersumme 11 (11 ist eine Meisterzahl, die physisches Leben in spirituelle Realität transformiert) um 11.11 Uhr, dem Augenblick der Herbst-Tagundnachtgleiche, wurde im ätherischen Tempel des Grand Tetons in Wyoming, die Kraft des ‚Kosmischen Bösen' in das Herz Gottes zurückgeführt und durch Liebe ewiglich befreit. Sie wird nie mehr irgend einen Teil des Lebens im Universum widersächlich beeinflussen.

*Um 12.12 Uhr strömte das Licht Gottes durch die kollektive Solare Christus-Gegenwart der ganzen Menschheit und alle Sünden der Welt wurden vergeben. Jedes noch vorhandene Elektron von Lebensenergie, das jemals von irgend jemandem (Mann, Frau oder Kind) auf der Erde mißbraucht worden war, erhielt durch das Gesetz der Göttlichen Gnade Vergebung und wurde in Licht umgewandelt. Diese Aktivität des Lichtes veränderte die Realität auf Erden in eine **karma-freie Realität**.*

Die weiteren spirituellen Aktivitäten des Jahres 1996, die alle auf der feinstofflichen Ebene wirkten, werden folgendermaßen beschrieben:

Am 26.September gab es eine totale Mondfinsternis als Höhepunkt der Einstrahlung göttlichen Lichts (seit der Mondfinsternis vom 3.April), wobei erstens die *karma-freie Realität* in allen Ebenen unseres Bewußtseins verankert und zweitens die *Heilige Neue Erde* und die *Heilige Neue Menschheit* (im feinstofflichen Bereich) geboren wurden.

Am 8.Dezember (*Mariä* Empfängnis) wurde die Solare DNS unserer Solaren Lichtkörper in den genetischen Code der Menschheit eingegeben und unsere Zellen in eine Schwingung aus Licht umgewandelt, so daß wir die Solare Christus-Gegenwart ertragen können.

Am 12.Dezember um 12.12 Uhr wurden die Herzen aller Menschen auf die Geburt der Solaren Christus-Gegenwart vorbereitet und am 21.Dezember, als das Licht der Wintersonnenwende die Erde segnete, wurde die Solare Christus-Gegenwart im Herzen eines jeden Menschen, der sich auf Erden entwickelt, geboren.

Bei diesen Durchgaben und Aussagen über die **gewaltige Veränderung des karmischen Systems** müssen wir uns schon fragen, ob dies überhaupt denkbar ist. Dieses bewährte, Zeiten und Erdenleben übergreifende Bilanzierungssystem unserer menschlich-schöpferischen Aktions-Dreieinheit ‚Gedanken-Worte-und-Werke' ist unter dem Begriff *Karma* doch wohl Jahrzehntausende alt und soll nun einfach zuende gehen? Das sicherlich nicht, das kosmische Gesetz von Saat und Ernte gilt für alle schöpferischen Wesenheiten im sichtbaren Universum. Wir müssen diesen Wechsel Karma/Resonanz als einen weiteren, ganz entscheidenden **Paradigmenwechsel** verstehen. Erinnern wir uns an die schon im ersten Kapitel des Buches (die Horizonte der Menschheit) geschilderten Paradigmenwechsel, wie diese Zivilisation zu ihrem immer ‚weiter' werdenden Welten-Verständnis kam – vom *geozentrischen* zum *heliozentrischen* und in diesem Jahrhundert zu einem *kosmisch-interdimensionalen* Verständnis.

Der neueste Paradigmenwechsel **Karma/Resonanz** ist ein Paradigmenwechsel Fische/Wassermann und ist ein Wechsel der Schwingungsfrequenzen. Und **nur wer aufnahmefähig ist oder sein wird** für die neue, höhere Wassermann/Christus-Schwingung, kommt auch in den ‚Genuß' des Paradigmenwechsels mit seiner *karmischen* Befreiung. So wie eben auch ein irdisches Schuldentlastungs-Gesetz Voraussetzungskriterien erfüllen müßte. Es ist ein Paradigmawechsel, der diesmal nicht allmählich innerhalb von Jahrhunderten aufgenommen wird, sondern ein Paradigmawechsel, den *alle* inkarnierten Seelen in diesem Erden-Trip erleben wollen (ausgenommen wohl die *Klone* und die angeblichen *Zombies*, die seelenlos sind oder es geworden sind).

Wir können außerdem zwei weitere Erkenntnisse aus diesem feinstofflichen Novum ziehen: einmal kann man darin den *Selbsterlösungsweg* für unsere revolutionierenden Seelen definieren und zum anderen eine *einmalige Entwicklungserleichterung* auf dem Weg der inkarnierten Seelen zur geforderten Vollkommenheit.

Lassen Sie mich noch einige andere Gedanken zu dem zitierten frohbotschaftlichen Text loswerden. Auch bei *Antas* und *Antaria* heißt die Forderung *...deshalb löst Euch von allem, was Euch begrenzt...* Dieses Freiwerden ist der **spirituelle Weg (von heute)** – von uns allen, die sich bereits neu orientiert haben. Ich betone aus Erfahrung der letzten Jahre: von uns allen! Alle meine neuen Bekannten und die neuen Freunde auf dem steilen ‚Weg zurück in die Einheit' oder ‚Weg ins Licht', gehen **alle** durch einen mehr oder weniger schmerzlichen Prozeß der *Wandlung*. Für diejenigen unter uns, die schon im neuen Lichte wandeln, ist der *Wandel* oder die *Umkehrung* (*point of return*) das, was immer schon als *Einweihung* bekannt und erlebt worden ist. Und Einweihungen sind oder müssen überwiegend durch ein **Tal der Tränen** gehen und wenn es auch nur symbolische wären. Auch das Tränen-fließen-lassen ist äußeres Zeichen des Loslassens. Dieses schmerzliche Tal der Tränen hat sehr viele Gesichter: Verlassen der finanzielle Sicherheit, Verlassen von bequemem ‚Luxus', Verlassen der familiären Einheit oder Verlassen dessen, was bisher die ‚Heimat' war – nicht nur die lokale, auch die geistige oder die kulturelle kann es sein. Und auch die Gesundheit. Es kann sehr beängstigend sein, wenn sich die alten Bindungen lösen, denn es ist eine Neustrukturierung des Bewußtseins und des Identitätsempfindens und meist eine tiefe Phase von Neubewertungen.

Per aspera ad astra, über rauhe Pfade zu den Sternen, lamentierte bereits der römische Zeitgenosse *Jesu,* der berühmte *Seneca.* Die germanischen Runen (das gotische *runa* ist die Übersetzung vom griechischen *misterion* ‚Geheimnis' und in der literarischen Überlieferung Islands gelten die Runen als *reginkunnar,* den Göttern entstammend) haben dafür die Zyklusrune *Hagalaz,* die Rune der Auflösung. Deren Schwingung deutet *Ralph Blum*[(124)] mit folgenden Worten: ‚*Je ernster die Zerstörung in Ihr Leben kommt, desto wichtiger und zeitgemäßer sind die Erfordernisse für Ihr weiteres Wachstum'.*

Der musisch oft dargestellte Einweihungsweg zum ‚Finden' des berühmten Grals ist die leidvolle Schilderung ‚durch das Tal' *per ce val* als königlicher Sucher namens *Parzival.* Auch der österreichisch-israelische Schriftsteller *Max Brod* (1884-1968) erkannte: *Gott begegnet dem Menschen dort, wo er nichts hat außer sich selbst.* Und *Hermann Hesse: Keiner ist weise, der nicht das Dunkel kennt.*

Es heißt aber auch *...fliegt unbeschwert in Eure Zukunft! Eure Erwartungen werden sich manifestieren...* Dann heißt dieses aus einem negativen Blickwinkel gesehene ‚Tal der Tränen' **positiv** umformuliert: **freiwerden** und **unbeschwert** sein. Wenn der Mensch mit der höheren Wassermann/Christus-Schwingung in Berührung kommt, kann er ein vollkommen neues Leben führen. Man ist endlich frei und fühlt sich mit sich selbst wohl, finanzielle Angelegenheiten sind keine finanziellen Zwänge mehr, man ist endlich frei von leeren Äußerlichkeiten, endlich frei von Milieu-Einbindungen, endlich frei von ungestillten Sehnsüchten und endlich frei **für** die eigene Persönlichkeits- und Selbstfindung. Das Thema läßt sich weiter ausbauen (daher gibt es auch seit längerem Seminare darüber).

Die Neugeist-Autorin *Margarete Friebe* schreibt zu dem seltenen Christus-Erleben in ihrem Buch ‚Das Sonnenbewußtsein':

Wenn Sie einmal den Ausdruck dieser grenzenlosen, sonnenhaften Liebe und Freude in SEINEM WILLEN zu dem Teil erleben, den Sie jeweils ertragen können, dann wissen Sie, daß nicht Leid SEIN WILLE ist, sondern Freude.

Leid wird durch die Egozentrik geboren, aber gleichzeitig kann es das segensvolle Mittel zur Wandlung zum Höheren sein.

Die Energie der Gnade im Jetzt

Das Thema Gnade (lat. *gratia* ‚guter Wille') taucht in den vielen Texten zu der prophezeiten ‚Endzeit' wie auch denen der Zeitenwende nur bescheiden auf. Es wird oft nur vage angedeutet, obwohl die Situation des Planeten mit seiner Menschheit geradezu danach schreien müßte. Zumindest bei all denen, die mit einem ‚gnädigen Gott' operieren. Aber dazu fehlen einfach klare Aussagen. Ich vermute, daß die geistige Welt, auch die der kosmischen Räume, solche Durchgaben vermeidet, weil unser Verständnis dafür immer noch grundlegend falsch zu sein scheint. Das Wort Gnade wurde zu oft mißbraucht. Viele Großkirchen, dabei auch die christliche, herrschen mit einem autoritären Gottesbild, das sich natürlich mit den jetzt aktuell werdenden Endzeitdrohungen gnadenlos und bestens ausschlachten ließe, wenn der Großteil der Menschen auf diesem Ohr noch hören würde. Aber auch neuerlich angebotene Gnade holt uns heute nicht mehr in die Kirchen, aus denen sich die Gläubigen enttäuscht zurückgezogen haben.

Doch einer der geistigen Weisheitslehrer hat sich dieses wundervollen Themas angenommen, die geistige Wesenheit *Erzengel Ariel*. Er sieht eine große Chance für die Menschheit, daß sie durch die Veränderung ihres Verständnisses des Begriffs *Gnade* diese frohbotschaftlich in ihren Bewußtseins-Aufstieg aufnehmen kann.

Ariel: **Gnade ist eine Energie, die wir in unser Leben rufen können.** Die göttliche Energie der Gnade sei die stärkste Kraft, die auf diesem Planeten existiert. Da sie die Erde umhülle, sei sie für uns immer verfügbar. Persönliche Wesen, die **Gnaden-Elohim,** seien dafür zuständig und immer ansprechbar. *Gnade* seien die Elohim des Silbernen Strahls, deren Energie wie funkelnder, durchscheinender Schnee oder wie Elfenstaub aussieht.

Gnade ist die göttliche Kraft, die es euch ermöglicht, in jedem JETZT-Moment völlig mit der Vergangenheit zu brechen. Wir möchten euch eindringlichst darum bitten, euren ‚Kram' nicht verarbeiten und euch reparieren zu wollen. Das Universum gestaltet sich absolut und unpersönlich im Einklang mit euren Realitätsbildern. Wenn ihr also das Bild der Realität in euch tragt, daß etwas mit euch nicht stimmt und daß ihr in Ordnung gebracht werden müßt, wird sich das Universum fortwährend, dem Bild entsprechend, umgestalten.

Dieses Wissen über die Gnaden-Energie gibt uns ein zusätzliches Instrument für unseren spirituellen Aufstieg ins Licht in die Hand. Aufsteigen können wir nur, wenn wir unten etwas loslassen, wenn wir Ballast abwerfen und das, was uns festhält, kappen. Auch mit dem Begriff *Reue* kann manipuliert werden, das soll es schon gegeben haben. Mit einer ehrlichen, bewußten Reue kann unbewußtes Karma in gestaltungsfähige Resonanz gebracht werden, das haben wir ganz oben gelesen. Gelingt uns das aber aus unserem Bewußtsein und Selbstbewußtsein heraus nicht alleine, dann steht uns dazu nun auch die *Energie der Gnade* zur Verfügung (salopp eingeblendet: es gibt also nichts, was uns nun noch an unserem Aufstieg hindern konnte!).

Dies stellt auch eine dieser derzeitigen **Beschleunigungen** dar, von denen die geistige Welt spricht, und durch welche alte Polarisierungen und eingefleischtes Festhalten ‚überrumpelt' werden sollen. Denn wenn wir weiterhin wie bisher aus der Großdatei der Akasha-Chronik (siehe Glossarium) mit unseren Altlasten alias Karma konfrontiert werden würden, verpaßten wir diesen derzeitigen Aufstieg ins Licht abermals und wären fleißig mit vermutlich leidvollem Aufarbeiten von Karma und anderen Beschränkungen voll beschäftigt.

Ein Muster, das wir immer wieder auf diesem Planeten finden, ist: „Wenn ich nur ... in Ordnung bringen könnte, könnte ich aufsteigen und ins Licht gehen". Da haben wir Neuigkeiten für euch. Solange ihr versucht, euch in Ordnung zu bringen, geht es nirgendwo hin. Du bist vollkommen, so wie du bist: ein ungeheuer, multidimensionaler Meister in den verschiedenen Stadien des Erwachens und Erwachtseins. Es gibt nichts mehr in Ordnung zu bringen. Es hat etwas mit Öffnen, Erwachen, Erinnern und Ausdrücken zu tun. So. Das war der Ariel-Vortrag.

Wir sind bekannt dafür, Leute anzuflehen, mit dem ‚Verarbeiten' aufzuhören. Wir sehen so viele von euch Lichtarbeitern in allen möglichen Situationen sich engagieren und furchtbar kämpfen. Doch das ist völlig unnötig. Außerdem habt ihr dazu keine Zeit mehr. Der Planet entwickelt sich so schnell, daß ihr euer Karma und euere Beschränkungen unmöglich aufarbeiten könnt. Karma ist nur die Illusion eines Karma-Spiels. Und das laßt ihr jetzt hinter euch.

Ja, die Zeit drängt. Etwas zu verarbeiten, hält uns immer in der Vergangenheit fest und wir müssen jetzt ausschließlich und wie noch nie zuvor *zukunftsorientiert* sein. *Bodhi Ramada* erklärt uns dazu:

Wie Du siehst, ist viel zu tun und ein erfolgreicher Geschäftsmann, Aristoteles Onassis, hat einmal gesagt, man darf dem Geld nicht hinterherlaufen, man muß ihm entgegengehen. Genauso verhält es sich mit [...] dem Lichtzeitalter: Ihr müßt ihm entgegen gehen und je leichter Euch der Weg fällt, um so eher könnt Ihr sicher sein, richtig zu liegen.

Und die geistige Energie der Gnade will uns dabei helfen oder besser gesagt, steht uns hilfreich zur Verfügung, wenn wir nach ihr rufen. Gnade ist immer im Jetzt. Sie erlaubt uns, unser Problem einfach loszulassen, *...drück es aus und geh weiter!* Das sollen wir, so heißt es, auf völlig unprofane Weise immer tun, rufen, wenn wir Hilfe bräuchten (*„selbst wenn einmal das Auto stehen bliebe"*). Eine würdigere Anrufung finden wir dann im praktischen Teil des Buches.

All diese völlig neuen, absolut frohbotschaftlichen, geistigen Veränderungen sind **Wege der individuellen Erkenntnisfähigkeit**. Sie stellen ein frohes und hoffnungsvolleres Erwachen dar, als die jahrhundertealten Prophezeiungen.

Das ist der persönliche Aufbruch in die Neue Zeit, das ist ein abermaliger Paradigmenwechsel und das ist New-Age im klassischen Sinn:

> entweder *kosmisch orientiert* im Geiste des Wassermanns
> oder *religiös orientiert* im Geiste Christi.

Für alle gibt es eine Chance.
Resümee aus dem zweiten Teil des Buches:

Auf vielfältige Weise haben sich Weltuntergangs-**Erwartungen** und prophetische Warnungen davor zu einem mächtigen energetischen Resonanzfeld aufgebaut, das allerdings zurecht zu einem Großteil der irdischen Krisenzustände unserer Jahrtausendwende paßt. Machtorientierte Manipulatoren aus verschiedensten Seinsebenen nehmen sich dieses Themas an und wollen unsere Ängste nützen, endlich zu ihrer Eine-Welt-Ordnung *ohne Gott* zu kommen.

Doch die Rechnung wird ohne den ‚Wirt' gemacht, der *Wassermann/Christus-Geist* heißt. Das hat wohl der väterliche Schöpfer auch vorausgewußt. Denn durch den gott-fernen Wendepunkt des elliptischen Orbits unseres Sonnensystems durchlaufen wir allmählich einen ‚*point of return*', der uns zugleich aus dem *Old-Age* des Fische-Zeitalters in das *New-Age* des Wassermann Zeitalters wechseln läßt. Und damit ermöglicht dieser ‚*point of return*' auch das Ausgießen eines Stromes **neuen Geistes** über uns zur Vorbereitung der irdischen Dimensionserhöhung.

Die am 11.10.1998 vom Vatikan heilig gesprochene *Dr. Edith Stein Sr.Teresia Benedicta a Cruce* (1891-1942) schreibt[117]:
Das fortschreitende Zusammenbrechen der Natur gibt dem übernatürlichen Licht und dem göttlichen Leben mehr und mehr Raum. Es bemächtigt sich der natürlichen Kräfte und verwandelt sie in göttliche und vergeistigte.

Mit Hilfe dieser neuen Geisteskräfte und der sich weiter erhöhenden Frequenzen des kosmischen Lichtes erhält der Einzelne vielfältige und immer schneller greifende Entwicklungswege seines Seelen-Bewußtseins. Dadurch gelingt auch dem menschlichen Kollektiv die einmalige Chance eines globalen **Bewußtseinssprunges**. Da dies zusammen mit unserer Mutter Erde abläuft, werden die Machtsysteme des Old-Age automatisch zu Auslauf-Modellen und die davon befreiten Menschen finden wieder leichter zurück in die göttliche Einheit des Lichtes, **wenn sie rechtzeitig die entsprechenden Entscheidungen treffen.**

Trotzdem ist der Zeitabschnitt des fließenden Übergangs der beiden Zeitalter mit ihren für sie typischen Geisteskräften problembeladen. Das **Old-Age** wird bis zur letzten Möglichkeit immer gnadenloser kämpfen und sich austoben, wobei sich die Reste der in zwei Jahrtausenden aufgestauten gott-losen, emotionalen Energien vermutlich gegenseitig energetisch ‚aufbrauchen' werden. Und wenn ein Teil der prophetischen Warnungen eintreffen sollte, dann wohl eher mit einem weltweiten Crash oder wirtschaftlichen Zusammenbruch.

Wenn dagegen ein Teil dieser Prophezeiungen durch unsere spirituelle Fortentwicklung gemildert werden kann, soll sich der Veränderungsbedarf nur in territorialen Bereinigungen auswirken.

Was sagt uns nun die Jahreszahl 2012? Zwei entscheidende Hinweise auf diese Jahreszahl finden wir erstens im genauesten Kalender der Menschheit, dem Kalender der Mayas, der nach fünftausendjähriger Präzision am 21.12.2012 endet. Und zweitens weisen Berechnungen darüber, wann der Eintritt unseres Sonnensystems in den Photonengürtel in seiner Gesamtheit abgeschlossen sein soll, ebenfalls auf diese Zeitangabe. Damit haben wir eine Schnittstelle in unserer Zeitenwende gefunden, die erheblich ‚realistischer' erscheint, als die oft zeitdiffusen alten Prophezeiungen, die von wohlwollend bis drohend, und aus verschiedenen Seinsebenen stammend, sich auf unsere Zeitenwende zu konzentrieren scheinen.

Für unsere derzeitigen Entscheidungen bleibt aber offen, ob dieses markante Datum 2012 **das Happyend** des planetaren Bewußtseinssprung (um zwei Erfahrungsebenen) darstellen wird **oder** ob es vielmehr **den Start des Neuen Zeitalters** bedeutet.

Als Happyend wäre dann der **äußere** Teil der Schwingungserhöhung und die Rückkehr der *Mutter Erde* in ihren paradiesischen Zustand abgeschlossen. Vollzogen wäre dann auch der vermutlich kollektive Bewußtseinssprung all der *Erdengeschwister*, die die Schwingungs-Einstiegsnorm für den seelischen Aufstieg bis 2012 erreicht haben.

In letzterem Falle, dem Start des Neuen Zeitalters, gilt für uns weiterhin das Ziel aller Ziele, der Vollkommenheit näher zu kommen. Und als **innere** geistig-seelische Schwingungserhöhung haben wir wohl weitere Jahrtausende ‚Zeit'. Die klaren Hinweise darauf finden wir im vierten Teil des Buches.

Diesen zweiten Buchteil schließe ich mit der Wiederholung des Botschaftsausschnittes des einst großen Heiligen *Hilarion* vom Karfreitag 1998:
Ihr müßt jetzt selbst erwachen aus dem Traum, aus der Illusion, daß die Welt so bleibt. Und solange euer Suchen nur für das Schöne dieser Welt und das Ich ist, werdet ihr euren eigenen Zusammenbruch und Tod erleben. Doch jene, die sich für das Reich des Lichtes entschieden haben, das in eurem eigenen Inneren entwickelt werden muß, hervorbrechen muß, sie werden große Kraft und Stütze bekommen.

Dritter Teil

15. Kapitel

Das Licht und seine heutigen Veränderungen

Die zentrale Rolle des Lichtes für alles irdische Leben wird einem erst wieder klar, wenn man sich damit intensiver zu befassen beginnt. Das *Licht der Sonne* zum Beispiel erhält das Leben, es spendet Wärme und es ruft Empfindungen hervor von Wohlgefühl und Freude und das *Licht in den heiligen Büchern* fast aller Religionen ‚erleuchtet' die inneren Lebenswege der Menschen. Der Begriff Licht hat also einen höchsten Stellenwert sowohl im irdisch-materiellen Leben wie auch im übertragenen Sinne im geistig-religiösen Leben. Oder wieder übersetzt in die Sprache dieses Buches: im Grobstofflichen wie im Feinstofflichen.

‚Lasset euer Licht leuchten!' heißt der christliche Auftrag und die Evangelien unterstreichen den göttlichen Charakter ‚*Ich bin das Licht der Welt*' und ‚*Das Licht leuchtet in der Finsternis*'. Im Alten Testament haben die Christen die Schöpfungsgeschichte der Israeliten übernommen, in der die Erschaffung des Lichtes das erste Schöpfungswerk ihres Gottes gewesen sei. So nennt auch der Koran in seiner 24. Sure seinen Gott *Allah* bezeichnenderweise ‚*Licht des Himmels und der Erde*' und nach der uralten Verkündigung *Zarathustras* ist der Lichtglanz eine Manifestation seines Gottes *Ahura Mazda*, was in den germanischen Religionen deren Gott *Baldur* ist. Die Antike verbindet stets das Licht mit Lichtgöttern des Feuers wie der indische Gott *Agni* oder mit der Sonne wie der altägyptische Sonnengott *Amun Re*, der altgriechische *Helios* und der römische Gott *Sol Invictus*.

Auch im *Johannes*-Evangelium 1,4-9 heißt es (neu-übersetzt aus dem Griechischen im Periodikum der ‚Kirche des Lichts im Neuen Äon', 49/1999):
Was entstanden ist, in diesem war Sein, und das Sein war das Licht der Menschen; und das Licht scheint in der Dunkelheit, und die Dunkelheit hat dieses nicht empfangen.
Es wurde ein Mensch gesandt von Gott, ihm der Name Johannes; dieser kam zur Bestätigung, damit er das über das Licht bestätige, damit alle vertrauten seinetwegen.
Nicht war jener das Licht, sondern, damit er das über das Licht bestätige.
Es war das wahrhafte Licht, das erleuchtet jeden Menschen, der in den Kosmos kommt.

Das Licht hat somit seinen festen Platz in den Religionen und Weltanschauungen wie auch der Kunst und man kann sagen, daß dessen Verständnis die Grundvoraussetzung allen ethischen Hoherstrebens ist. Auch im Volksmund lassen sich Licht-Begriffe wörtlich und im übertragenen Sinne deuten, wenn wir von ...*im Lichte stehen* sprechen und ...*das Licht der Welt erblicken*, ...*uns geht ein Licht auf* oder wenn wir ...*das Lebenslicht ausblasen*. Und die Schöpfungen der Natur zeigen beispielsweise in der mannshohen Sonnenblume eine majestätische Spezies, die, mit dem Boden fest verwurzelt, ihr ‚Haupt' täglich nach dem Sonnenlauf ausrichtet und ihren Blütenkorb entsprechend zu drehen befähigt ist.

So können wir mit Recht behaupten, daß das Licht der *sichtbaren* Welt seine Entsprechung in der *geistigen* Welt hat. Dabei kann man landläufig von einer *äußeren* und einer *inneren* Sonne sprechen. Der altindische Begriff *Sattwa* kennzeichnet seit Jahrtausenden dieses göttliche Prinzip: Licht, Liebe und Gott sind eins – Eigenschaften der göttlichen Urnatur, die gleichzeitig als lichtes, als geistiges und als gütig-liebevolles Prinzip auf unserer Ebene wirksam wird. Schließlich erreicht man so das hochgesteckte Ziel fast aller Religionen, irgendwann zur **Erleuchtung** zu finden. Es ist das ersehnte Ziel, das innere Licht der Weisheit zu besitzen und es zum eigenen Wohle und zum Nutzen der Erdengeschwister wie auch der gesamten Schöpfung anzuwenden.

Wenn wir versuchen, den spirituellen Licht-Begriff weiter zu analysieren und wir ihn dabei heliozentrisch ausdehnen (im Gegensatz zu unserem meist geozentrischen Denken), finden wir eine **Licht-Dreieinheit**, bei der wir von *geistigem*, *kosmischem* und *innerem* Licht sprechen können. Wir sollten erkennen, daß es sich auch hierbei wieder um eine holistische, körperlich-seelische Ganzheit handelt. Sie kommt uns in diesen drei Erscheinungsformen entgegen. Diese müssen von uns jedoch im Laufe eines oder mehrerer menschlicher Erdenleben zu einer *Vollkommenheit* zusammengeführt werden - wie dies auch der Wahrheitslehrer *Jesus* gefordert hat.

Dabei sind die altbekannten religiösen und konfessionellen Wege, durch *geistiges* Licht allmählich zu *innerem* Lichte und Erleuchtung zu kommen, lang, schwierig und dornig. Nur relativ wenige scheinen diese endgültige Selbsterlösung aus der Materie geschafft zu haben. Dabei fanden sie zu ihrer darin verschütteten Göttlichkeit wieder zurück, was dann im christlichen Kulturkreis *heilig* genannt wird. Ich erlaube mir, diesen heiligmäßigen Lebenswandel schlicht als ‚Aufstieg ins Licht' zu bezeichnen.

Dadurch, daß aber im Rahmen unserer diesmaligen Zeitenwende die dritte oben erwähnte Lichtform, die *kosmische*, verstärkt auf unser Sonnensystem mit seinen Lebewesen zukommt, wird dieser von alters her geforderte ‚Aufstieg' geradezu kollektiv erleichtert. Denn alle die erwähnten Lichtformen **veränderten** sich bereits in den vergangenen zwei Jahrzehnten und erhielten und erhalten eine **immer höhere Schwingungsfrequenz**. Und um diese allmähliche Erhöhung sowohl zu *akzeptieren* als auch zu ‚*verkraften*', bedarf es auch eines neuen Verständnisses des multidimensionalen Themas ‚Licht'.

Dazu sollten wir noch einmal die wichtigsten Begriffe der Zeitenwende, die wir uns bereits in diesem Buche näher angesehen und auch kennengelernt haben, in Erinnerung rufen und zusammenfassen:

die Zeitenwende:
    äußerlich: die Schwingungserhöhung des Fische-Wassermann-Überganges
    innerlich: eschatologische Erwartung des Friedensreiches oder des Licht-Zeitalters

der point of return:
    äußerlich: Ausklinken aus den Eskalationen unserer Zivilisation
    innerlich: Seelen-Rückrufaktion - zurück zur göttlichen Einheit

die kosmische Multi-Schnittstelle:
    äußerlich: Zusammentreffen mehrerer Zyklen-Enden in astronomischen und astrologischen Systemen
    innerlich: Ausschüttungen kosmischer Lichtkräfte oder des Christusgeistes

das Milliarden-Seelenprojekt:
    äußerlich: die Bewältigung des Jahrhundertproblems der Menschheitsexplosion
    innerlich: Apokalypse, die Revolution der in der Materie eingesperrten Seelen

die Selbstfindung des Einzelnen:
    äußerlich: gezielte Suche nach dem Sinn des Lebens
    innerlich: das Göttliche in uns wieder finden

Die Licht-Dreieinheit haben wir schon erwähnt, das geistige, das kosmische und das innere Licht, und alle drei Lichtformen sind an diesen aufgeführten Schwerpunkten der Zeitenwende, teilweise massiv, beteiligt. Dabei werden diese Lichtkräfte zu **generellen Veränderungen** führen:

- Die Lehren über das *geistige und göttliche Licht* waren schon immer vorhanden und wurden der Menschheit bereits seit Jahrtausenden gepredigt. Sie haben sich nicht geändert, wohl aber hat sich **unser Verständnis für diese verschiedenen Lehren** verändert beziehungsweise wird das zur Zeit entstehende neue Verständnis - und die Sehnsucht nach Wahrheit - auch zu neuen Erkenntnissen führen. Der Menschheit wird dadurch ein *gewaltiges neues Licht* aufgehen.

- Die antichristliche Liga versteht es seit Jahren, durch ihre Wissenschaftler das lebensspendende *Sonnenlicht* zu verteufeln. Von der zunehmenden Intensivierung des Sonnenlichtes wird nur der zerstörend wirkende Teil herausgestellt, der in den ‚reinigenden' Lichtschwingungen tatsächlich immer wirksamer wird. Außerdem verschweigen die machtbesessenen Strategen der Eine-Welt-Ordnung seit 1963 das Vorhandensein des *Photonenlichtes* mit seinen ebenfalls zunehmenden, elementaren Veränderungen für unser gesamtes Sonnensystem.
  Das Wissen ob dieser neuen Lichtkräfte wird bei immer mehr Menschen eine Veränderungs-Bereitschaft entstehen lassen, auf daß ihnen - durch die Sehnsucht nach Wahrheit - das tatsächliche Vorhandensein veränderter physischer Lichtkräfte ein *gewaltiges neues Licht* aufgehen läßt.

- Durch das verstärkte Bekanntwerden und das gleichzeitige Erwachen eines neuen Interesses an geistigen, universellen Gesetzmäßigkeiten, wie zum Beispiel das *innere Licht*, wird die Suche nach Selbständigkeit bald boomen. **Selbst-Findung und Selbst-Bewußtsein** werden im Materiellen, vor allem aber – durch die Sehnsucht nach Wahrheit – im Geistigen das Leben der Menschen verändern. Die geistig-spirituelle Selbstfindung wird zum Auffinden unserer ehemaligen Göttlichkeit führen und dadurch wird auch die ehemalige Sehnsucht dieser Göttlichkeit nach dem Licht freigelassen. Durch die Zunahme der bereits auf der Erde vorhandenen *Licht-Familie*, durch die Sehnsucht nach einem gesunden, strahlenden *Licht-Körper* als ‚Tempel' für die wiedergefundene Göttlichkeit und durch bewußte Veränderung unserer Ernährungsstrukturen, möglicherweise in Richtung *Licht-Nahrung*, wird den Menschen auch hierbei ein *gewaltiges Licht aufgehen*. Unsere altvordern Weisheitslehrer nannten dies ‚Wege zur Erleuchtung' und ich nenne es ‚Aufstieg der Menschheit ins Licht'.

Die Verehrung des ‚Geistes des Lichts'

Der theologische Vergleich der vielen irdischen Religionen, Lehren und Weltanschauungen zeigt eine Gemeinsamkeit, die im monotheistischen Eingottglauben wie auch im polytheistischen Glauben an mehrere Götter zugleich wiederzufinden ist: *das geistig-göttliche Licht*. Wir finden es in der Antike, vielfältig zu Beginn des Fische-Zeitalters und ganz massiv zum aktuellen Beginn des Wassermann-Zeitalters.

Blicken wir zuerst auf die Antike. Wenn wir in der zeitlichen Reihenfolge auf das Kommen und Gehen der verschiedenen Glaubenssysteme zurückblicken und uns all diejenigen herausnehmen, die einen ‚Gott des Lichtes' verehrten, können wir drei geographische Strömungen erkennen: einen westlichen, einen östlichen und einen nördlichen Weg.

- Der **westliche Weg** der antiken Licht-Verehrung kommt von Atlantis, dessen letzte Inselgruppe von dem bedeutenden Griechen *Platon* (427-347 v.Chr.) mit dem Namen Poseidonis überliefert wurde und das vor jetzt 13000 Jahren im Atlantik versunken ist (erinnern wir uns: diese Zeitspanne ist die Hälfte des Platonischen Weltenjahres mit einer Magnetpolumkehrung samt Sintflut). *Lichtgötter* finden wir bei allen westlichen Hochkulturen des Widder-Zeitalters (etwa zwischen 2220 und 60 v.Chr.) in Altägypten, bei den Hellenen und im römischen Imperium.

- Der **östliche Weg** der antiken Licht-Verehrung kam über die ostwärts ziehenden Arier dann aus Altpersien und später über die Aramäer, Chaldäer, Hellenen und Essäern auch bis ins römische Großreich.

- Der **nördliche Weg** der antiken Licht-Verehrung ist der der Kelten und Germanen, der sehr schwer zu verfolgen ist, weil von diesen Kulturen kein oder sehr wenig Schrifttum verfügbar ist.

Beginnen wir in der Hochkultur Ägyptens. ***Hermes Trismegistos***, von Atlantis stammend und bei den Altägyptern unter dem Namen *Thot*, bei den Israeliten auch unter *Henoch*, bei den Hellenen unter *Hermes* bekannt, erlebte das Sonnenhafte in der Natur als ‚Schrift der Götter'.

Auch *Osiris*, in der altägyptischen göttlichen Dreifaltigkeit das heilige väterliche Willenselement darstellend, symbolisierte damit das göttliche Sonnenhafte.

Bevor im letzten vorchristlichen Jahrtausend *Amun-Re* zum Sonnengott des Widder-Zeitalters (Mensch mit Widder-Kopf) wurde, ging **Echnaton** oder *Ankh-en-Aton* (ca.1391-53 v.Chr.) vorher als großer Sonnen-Pharao in die Geschichte ein. *Bob Frissell* erklärt[48], daß das Wesen Echnaton vom Sternensystem Sirius kam. 1355 v.Chr. führte er eine völlig neue Religion ein: den Glauben an Licht und Sonne. Durch seine persönliche Schulung erhielten Eingeweihte

...eine zwölfjährige Unterweisung im ‚Verlorenen Wissen für Fortgeschrittene' und brachte so fast dreihundert Christus-bewußte Wesen hervor. Die meisten dieser Un-

sterblichen waren Frauen. Sie gehörten bis ungefähr 500 v.Chr. der Tat-Bruderschaft an und hatten immer in der unterirdischen Stadt der Cheops-Pyramide gelebt. Aber dann zogen sie nach Masada, wo sie die Bruderschaft der Essener gründeten. Jesu Mutter Maria war eine dieser Unsterblichen.

Absoluter Bezugspunkt war für ihn somit das Licht, verkörpert in der Sonne des Gottes *Aton*, dem er seinen berühmten Sonnengesang gewidmet hat. *Margarete Friebe* schreibt in ihrem Buch ‚Das Sonnenbewußtsein'[140] unter anderem über ihn:

...erlebte Ankh-en-Aton in den Schwingungen der Sonne die Ursubstanz des Geistes - die Gottheit -, die sich mit ihren Schwingungen in jedes Partikelchen der verdichteten Materie ergießt. Die Gottheit hat sich in die Materie begeben. Als ‚Innere Sonne' lebt sie in allem, sehnsüchtig darauf wartend, erkannt zu werden, damit einstmals aus dem irdischen der Sonnenmensch werde, der durch sein Sonnenwort die Sonnensymphonie erzeugt, die den irdischen Planeten aus seinem düsteren Dornröschenschlaf wachküßt, so daß er als Sonnenplanet erwacht.

Von diesem Wachküssen träumen wir nach meiner Meinung heute noch. Es scheint aber, daß das erwartete Lichtzeitalter des Wassermanns mit seinem Bewußtseinssprung von der dritten in die fünfte Erfahrungsebene genau das erfüllen wird. Da diese Bewußtseinserhöhung das gesamte Sonnensystem betrifft und die ‚fünfte Dimension' für uns Irdische bereits zur untersten Lichtsphäre des ‚Himmels' zählt, ist die Bezeichnung *Sonnenplanet* für die zu erwartende ‚Neue Erde' exzellent ausgedrückt.

In der zeitlich nachfolgenden Hochkultur der Hellenen finden wir ein noch breiter angelegtes Sonnen-Verständnis, in dem das höchste geistig-göttliche **Sonnenwesen** *Logos* genannt wird. Besondere Bedeutung bekommt in der altgriechischen, personifizierten Götterwelt, dem Pantheon, **Apollon,** dem *Gott des Lichtes* zu - er ist der eigentliche ‚Erheller' des hellenischen Lebens. Mit seinen symbolischen goldenen Pfeilen vertreibt er die Mächte der Dunkelheit und mit seiner strahlenden, ‚apollinischen Schönheit' war er die Verkörperung des griechischen Ideals. Er wurde später mit dem Sonnengott **Helios** gleichgestellt. Die olympischen Spiele haben ihren Ursprung in alten Sonnwendfeierspielen.

Im Pantheon des römischen Imperiums thronte *Jupiter*, dessen einer der vielen Beinamen *Lucetius*, der Bringer des himmlischen Lichtes ist.

Aus dem Osten Altpersiens kam um rund 70 v.Chr. für knapp vier Jahrhunderte der Sonnenkult **Mithraismus** in das Imperium Romanum, der dort zur Staatsreligion wurde. Er erwuchs bald zur am weitesten verbreiteten Erlöser-Religion in der antiken Welt. Am jährlich groß gefeierten 25. Dezember (Mithrakana), am Tag der Wintersonnenwende (*Tag der unbesiegbaren Sonne*), wurde **Mithras** (griech.-lat., altpers. *Mitra* bzw. altarischer *Mitra* der Veden) als Sohn des Sonnengottes geboren – in einer ‚Grotte', symbolisch also von der Finsternis zum Licht.

Der *Mithras*-Kult war eine elitäre Einweihungsreligion und *Mithras* brachte jährlich als *Heliodromus* oder Sonnenläufer, als ‚großer Götterbote' und ‚Vermittler der Religion der Auserwählten', als ‚Freund' und ‚Abgesandter' den Menschen *das Licht*. Die Lehre erfreute sich so großer Beliebtheit, daß in allen Teilen des Reiches Mithräen (unterirdische Kulttempel) entstanden. Das Kultzeichen seiner Priester war die ‚Mitra', die später von den römischen Bischöfen übernommen wurde.

Der syrische *Sol invictus Elagabal* (lat. *unbesiegte Sonne* E.) ist später der höchste Gott des Römischen Reiches, dessen Kult der römische Kaiser *Elagabal* einführte und den Geburtstag der Unbesiegbaren Sonne (natalis Solis invicti) ebenfalls auf den 25. Dezember und die traditionelle Saturnalia-Woche nach dem 17. Dezember legte (man beschenkte sich mit Kerzen und kleinen Aufmerksamkeiten). Die Übernahme dieses Datums in die christliche Kirchenlehre zeigt die damalige enge Verbindung der Lichtlehren, die aus dem vorderasiatischen Teil des Imperiums kamen. In einer Krypta unter dem Petersdom in Rom befindet sich ein guterhaltenes Mosaik, das *Jesus* als Sol Invictus oder Unbesiegten Sonnengott darstellt (*Prof. Crossan*).

Der Ordnung halber muß an dieser Stelle auf einen weiteren ‚Lichtbringer' jener Zeit, im Lateinischen **Luciferus**, hingewiesen werden (Näheres darüber aber im Glossarium).

Der östliche Weg der antiken Licht-Verehrung beginnt nach meinen Unterlagen mit dem von einer Jungfrau geborenen und später gekreuzigten **Sri Krishna** (am 17.2.3102 v.Chr.). *Margarete Friebe* verweist bei ihrer Aufzählung großer Eingeweihter, die stets von der Sonne als dem Höchsten sprachen, auf

*Krishna, der durch seinen Unterricht des Ardshuna das ‚Selbstbewußtsein' der Menschheit vorbereitete, sodaß der Mensch einstmals in seinem eigenen Ich die **Sonne** als Ausdruck des höchsten Prinzips erleben könne.[...]...mit dem göttlichen Wort: ‚Wisse, daß die Herrlichkeit, welche in der Sonne wohnt und die ganze Welt erfüllt... von **mir** ist!'*

Daß die menschliche Lichtnatur auch in den fernöstlichen Traditionen des Shintoismus, Taoismus und Tantrismus zu finden seien, muß ich als reine Hinweise belassen, ebenso auf den altindischen Sonnengott *Surya*.

Im Lichtkult des Mazdaismus war **Zarathustra** (griech. *Zoroaster*) der geistige Führer der urpersischen und ost-arischen Völker. Der Name des Religionsstifters *Zarathustra* (gesprochen: Sarasuschtra) ist eigentlich ein Titel, der von verschiedenen Weisheitslehrern getragen wurde (wie das hebräische *Messias* oder das griechische *Chrystos*). Daher gibt es als Zeitangaben für sein irdisches Leben außer 580 bis 500 v.Chr. auch solche, die ihn zwischen 1000 und 500 datieren. Seine Lehre, im Zend-Avesta gesammelt, empfing er als ‚Sonnenwort' vom Erzengel *Vohu Mano*, der *Zarathustra* auch zum Lichtthron des höchsten Gottes *Ahura Mazda* oder auch *Ohrmazd* führte (*Ormuzd* ist die englischsprachige Schreibweise). Dieser gute Gott (der ‚weise Herr') existiert als ewiges Licht und das Herausragende dessen Lehre ist der in der menschlichen Existenz herrschende Wettkampf zwischen Licht und Finsternis (*Ahriman*), denn die menschliche Seele ist das eigentliche Schlachtfeld. Der entscheidende Lehrsatz: *Übe Reinheit in Gedanken, Worten und in der Tat.* Daher müsse sich der Mensch seines göttlichen Urprungs erinnern und als Gottes Agent in der Materie wirken. Da das Licht des *Ohrmazd* in allen Lebewesen existiert, zählte auch der Vegetarismus zu seiner Lehre. Bereits *Zarathustra* predigte den Weg zurück zum göttlichen Ursprung und am ‚Ende der Zeiten' würde ein Erlöser geboren, *Saoshyan*, der *Ahriman* und das Schlechte endgültig aus der Welt verbanne. In den späteren Jahrhunderten mußte diese Lehre in den Untergrund gehen und formte geheime Schulen, die immer wieder in nachfolgenden Geisteslehren, Kulten und Bewegungen erwachten.

Auf dem Weg nach Westen stoßen wir außerdem auf die Sonnengottheiten *Utu* der Sumerer und *Schamasch* der Babylonier.

Keinen Geringeren als den altgriechischen Philosophen **Pythagoras** (570-480 v.Chr.) machte solches Geheimwissen zu einem Verfeinerer dieser östlichen Lehrgrundsätze und zu den Philosophien, die bezeichnend für den Umbruch des Zeitgeistes der hellenischen Hochkultur war. Sowohl seine wie auch die Ideen des späteren, adeligen Philosophen **Platon** (427-347 v.Chr.) stimmten allzu gut mit den Systemen Indiens und des Zoroastrismus überein (*H.P.Blavatzky*). Ähnlich elitäre Glaubensgemeinschaften traten auch in Vorderasien zum Ende des Widder-Zeitalters immer öfter auf, wovon bei uns heute das Volk der Kanaaniter und die Essener geläufig sind. Der arisch-kanaanitische Sonnengott wurde als großer Richter angesehen, der über die Welt wachte, Fehler richtete und Licht in das Dunkel verborgener Verbrechen warf.

Zur Sonnenverehrung im vorderen Orient finden wir zwei Hinweise. Das Handelsvolk der **Nabathäer** hatte ein Reich mit hellenistischer Kultur, dessen Höhepunkt der Macht in der Zeit zwischen dem ersten vorchristlichen und dem ersten nachchristlichen Jahrhundert liegt und das sich mit der Hauptstadt Petra über das Ostjordanland bis Damaskus erstreckte und später zur römischen Provinz Arabia Petraea wurde. Die Nabatäer verehrten einen Sonnengott, dessen Fest in der Hauptstadt Petra am 25. Dezember gefeiert wurde.

Zeitgleich in dieser Region finden wir den Orden der **Essäer** oder Essener (syrisch: *Die Reinen*, Betonung: Ess<u>ee</u>ner), der eine Gemeinschaft jüdischer Mystiker war, in der drei wichtige zoroastrische Grundsätze weiterlebten: der Sonnensymbolismus, die Pflege der inneren Reinheit (in Gedanken, Worten und Taten) und der Vegetarismus. Unabhängig von der Ansiedlung Qumran, dem Stammkloster am Toten Meer, findet man Essener in der Zeit von 250 vor Chr. bis 100 nach Chr. in den Wüsten des vorderen Orients wie auch an den Küsten und Flüssen, aber stets entfernt von Städten und Dörfern bis hin nach Ägypten oder Gallien (mit Handelshäusern rings um das Mittelmeer), wo sie unter dem Namen *Therapeutae* bekannt waren. *Hugh Schonfield* schreibt darüber in seinem Buch ‚Die Essener'[128] und zitiert den jüdisch-römischen Geschichtsschreiber *Flavius Josephus*:

Josephus schildert den Sonnensymbolismus der Essener: „Vor Aufgang der Sonne reden sie nämlich kein unheiliges Wort, sondern sie richten an dieses Gestirn einige von den Alten überlieferte Gebete, als flehten sie darum, die Sonne möge aufgehen." Von den Essenern her identifizierten die frühen Christen Jesus als die Inkarnation des Messias von oben, der ein Wesen aus Licht war, der ‚König der Sonne', der die Welt vom Bösen befreien würde.

Wie schon oben erwähnt, ist über den Licht- und Sonnen-Mythus der **nordischen Völker** mit arischer Abstammung nur sehr wenig geläufig. Berichtet wird von einer keltisch-iberischen Theogonie (die Priester des keltischen Kultes, der eine Verschmelzung von Wissenschaft, Philosophie und Religion war, waren die Druiden), in der zwei gegensätzliche Gottheiten wirkten: **Abellio**, der Lichtgott und *Dispater*, Herr des finsteren Totenreiches (*Thomas Ritter*). Am weitesten verbreitet war der Kult des *Belenes* (*bel* = hell, licht), eines Lichtgottes und in der matrimonialen Religion der alten Basken die Sonnengöttin *Ekhi*.

Der französische Forscher *Bernard Vaillant* weist in seinem Buch ‚Westliche Einweihungslehren'[176] auf die Parallelität zwischen Druidentum und Pythagoräern hin, deren engere Beziehungen sehr weit ins Altertum zurückzureichen scheinen: *„Sowohl Kelten wie Hellenen verehrten die Sonne als göttlich; bei den Kelten erscheint sie als Belen oder Abollen, bei den Griechen als Apollon (es handelt sich um dasselbe Wort Hel-Enn mit der Vorsilbe AB = Vater)".*

Die Druiden, ganzheitlich orientierte Eingeweihte und lebende Bindeglieder zwischen materieller und spiritueller Welt, kannten die Struktur der Erde gut. Ihre Bestimmung der tellurischen Ströme beweist es, die energetischen Ströme der Bewegungen von Sonne, Mond und Erde. Es besteht sogar der berechtigte Verdacht, daß sie die Megalithen als Markierungspunkte benutzten, die entlang dieser Ströme, an Knotenpunkten und Verzweigungen aufgestellt wurden (*Vaillant*). Auch wenn wir noch recht wenig darüber wissen. Stonehenge zählte zu den Sonnenkultplätzen der Druiden und der Vorläufer der Inselkelten.

Das gnostische Erwachen des Lichtes

Das griechische Wort *gnosis* steht wie die Sanskrit-Worte *veden* oder *budh* für *Erkenntnis* und *Wissen*. Es begegnet uns auch in den Evangelien, doch die Gnosis war zu jener Zeit bereits eine bedeutende spätantike religiöse Bewegung. Die Anhänger dieses geistigen Erkenntnisweges waren in allen damaligen Glaubenssystemen zu finden. Das Mystisch-Esoterische des gnostischen Denkens hat gegenüber dem der vielen anderen Religionen mehrere Merkmale:

- Die Glaubensgrundlage ist der Unterschied **religiösen Bewußtseins**:
  das Individuelle und Elitäre eines jeden Glaubensweges zu seinem Gott ist *Erkenntnis* und *Wissen*;
  dagegen ist der breit ausgelegte Weg der Masse der Gläubigen zum gleichen Gott *vereinheitlichtes Denken* und *Glauben* nach festen Glaubenssätzen.
  Man spricht hier auch von *innerer* und *äußerer* Religion.

- **Gnostisches ‚Wissen'** darf nicht im Sinne heutiger Wissenschaftlichkeit verstanden werden, sondern bedeutet mehr Weisheit, inneres Wissen und reine Erkenntnis und das alles in die Richtung Erleuchtung gehend.

- Im Vordergrund steht das **Unpersönliche** im Verständnis des Gottesbildes der jeweiligen Religionen. Zu *Gnosis* steht im Lexikon: *Mensch und Kosmos enthalten Teile einer jenseitigen (guten) Lichtwelt, die aus der gottfeindlichen (bösen) Materie erlöst werden müssen. Diese Erlösung geschieht durch Gesandte des Lichts...*

- Das **geistige Fundament** der Gnosis ist primär das *Licht* und erst sekundär dessen *Spender* (der jeweilige personifizierte und mit Namen angerufene Gott der jeweiligen Epoche und Region und Kultur). Um Verständnisprobleme zu vermeiden, wird ausschließlich der mystische Weg des *inneren Lichtes* auf der Suche nach dem *göttlichen Licht* gelehrt.

- Die Gnosis ist **erleuchtungs-zentriert**. Zu allen Zeiten haben Erleuchtete dem jeweiligen Glaubenssystem auch einen ‚inneren' und geheimen (esoterischen) Erkenntnisweg durch Bewußtsein und Wissen gelehrt, der natürlich teilweise auch in die Lehrmeinung des jeweiligen Priestersystems gelangte.

- Gnostisches Verständnis setzt voraus, daß kein Glaubenssystem starr und **schriftenbezogen** dem Wandel der Zeit gerecht werden kann (rückwärtsgerichtet), sondern mehr philosophisch-theologisch (synchretistisch) belebt ist und daß seine geistig-göttlichen Schöpfer oder Propheten ihre Religionen aus der geistigen Lichtwelt weiter ‚betreuen' und durch die Jahrhunderte oder Jahrtausende führen.

- Äußeres Kennzeichen fast aller gnostisch orientierten Glaubensgemeinschaften ist der **Vegetarismus**, wodurch grundsätzlich eine höherschwingende Resonanzebene für den *inneren Lichtweg* erzielt wird.

- Gnostiker behaupten, die **Sonne** gelte (aus gnostischer Sicht) als der Sitz der höchsten Führungskräfte der Erde. Daher wären alle nachatlantischen und monotheistischen Religionen, die einen Sonnengott verehrten, *gnostisch* gewesen. Bestätigung findet dies durch einige neuzeitliche Channelings.

Die Gnosis, die dementsprechend sehr **vielgestaltig** ist, verdankt ihren Ursprung verschiedenen Orten und Zeiten. Im vierten Jahrhundert zählte man an die sechzig gnostische Glaubensrichtungen, schon damals stets der Höhepunkt individueller religiöser Ansichten. Die meisten Forscher sehen die Anfänge der Gnosis recht verschwommen in der Mythologie alter Zeiten. Doch wenn wir den zuvor geschilderten langen Weg der ‚Verehrung des Lichtes' zurückblicken, können wir die Gnosis als individuellen Erkenntnisweg fast jeder Religion zuordnen. Auch wenn sie innerhalb des Bekenntnisses nur Segment oder sogenannte ‚Sekte' bleibt.

Für unseren christlichen Kulturraum finden wir zwei gnostische Wurzeln. Die ursprünglich hebräische, von den mystischen Essenern jedoch mit zoroastrischem Wissen vertieft und als elitärer Orden hochspirituell gelebt, wurde diese Wurzel die Ausbildungsstätte des galiläischen Wahrheitslehrers *Jesus*. Der zweite gnostische Ursprung im frühchristlichen Bereich kommt aus der hellenistischen Philosophie, vor allem aus den pythagoreischen und neuplatonischen Lehren.

Aus den apokryphen Evangelien und nach *Herakleon* kennen wir die damaligen Unterscheidungen in verschieden entwickelte Seelengruppen: in *Hyliker*, die rein Materiellen (gr. *hyle* Materie), in *Psychiker* (gr. *psyche* Seele), in denen die Anhänger der Glaubensgemeinschaften gesehen wurden und die *Pneumatiker* (gr. *pneuma* Wind, Geist) mit einer ‚geistigen Einhauchung', von denen *Jesus* als die ‚Erweckten' und die ‚Geistigen' spricht, und nach gnostischer Aussage die wahren Gnostiker sind. Im Lateinischen sind die Pneumatiker die *Spirituellen*.

Diese christliche Gnosis nennt man **Gnostizismus**. Und dessen frühchristliche Bewegungen legen ein beredtes Zeugnis von der Faszination ab, die vom gnostischen Denken ausging (*Thomas Schweer*). Der Gnostizismus stand im krassen Gegensatz zum Paulinismus. *Paulus,* der die Person *Jesus* nie kennengelernt hatte, konstruierte daher ein *Christos*-Christentum, dem er seine eigene Prägung geben konnte und wodurch er nicht mehr auf *Jesu* tatsächliche Worte angewiesen war. Für die gnostischen Frühchristen dagegen stand die Person *Jesus* mit seiner genialen Lehre im Mittelpunkt. *Paulus* drängte zum Beispiel die Korinther in seinem zweiten Brief, dem *Jesus* treu zu bleiben, den er ihnen gegeben hatte, und nicht einem ‚neuen *Jesus*' anzuhängen. Dieser andere war der gnostische *Jesus*.

Gnostiker behaupten, *Jesus* war Gnostiker. Dafür sprechen tatsächlich einige Merkmale seiner Lehre.

- Gnostisch-typisch ist das Licht-Bekenntnis der Evangelien mit diesem unverwechselbar klar definierten Satz *Jesu: ...Ich bin das Licht der Welt!* oder *...Ich bin das Licht, das über allem ist...* und andere Stellen wie der Anfang des ersten Briefes des *Johannes*.

- Gnostisch-typisch ist in dieser ‚Lichtlehre': *Der göttliche Funke muß sich seines Seins bewußt werden und dahin zurückkehren, woher er gekommen ist. Dorthin zurückzufinden, das ist Erlösung. (Professor Piñero). Jesus* lehrt *...Gott ist in uns, Himmel und Hölle sind in uns...* und auch als Form unserer Gebete empfiehlt er: *...Du aber geh in deine Kammer, wenn du betest und schließ die Türe zu; dann bete zu deinem Vater, der im Verborgenen ist. Dein Vater, der auch das Verborgene sieht, wird es dir vergelten.*

- Gnostisch-typisch ist das kompromißlose Hören auf die Innere Stimme und ihre Führung, wenn *Jesus* erkennt *...Ich und mein Vater sind eins.*

- Gnostisch-typisch ist die Forderung nach Reinheit von Gedanken, Worten und Taten, was wir schon von der Lehre des *Zarathustra* und der Essener kennen und die uns auch *Jesus* anheim stellt: *Nicht, was in den Mund hineingeht, verunreinigt den Menschen, sondern was aus dem Mund herausgeht, das verunreinigt den Menschen.*

- Gnostisch-typisch ist der Umfang des schöpferischen Verständnisses, das wir heute *holistisch* nennen. *Für die Gnostiker existiert ein über Raum und Zeit hinausgehendes, ein absolutes Sein.* So ist die Popularisierung der Psycho-<u>Analyse</u> in Amerika zu einer neuen ‚Schwarzen Pest' geworden;

und dagegen richten sich die Bemühungen der Gnostiker um eine Psycho-Synthese (Robert Linssen)[150].

- Gnostisch-typisch sind die geheimen Lehren *Jesu*. Auf diese Literatur kann ich hier nicht eingehen, doch verweise ich auf alle vier Evangelisten, die ebenfalls darauf hinwiesen (*Matth.* 13,11-17, *Markus* 4,11, *Lukas* 8,10, *Joh.* 13,7). Vor allem auch *Joh.* 21,25, der auf das mögliche Ausmaß solchen Geheimwissens hinweist: *Es gibt aber noch vieles anderes, was Jesus getan hat. Wenn man alles aufschreiben wollte, so könnte, wie ich glaube, die ganze Welt die Bücher nicht fassen, die man schreiben müßte.*

- Gnostisch-typisch sind konsequente Ausrichtungen wie: Welt-Religion ist reaktionär und *gegen* jede Evolution gerichtet – Licht-Religion ist progressiv-revolutionär (*Rama O.L.R. Martin W. Spiegel*)

- und schließlich weisen bereits einige urchristliche Kirchenväter auf den gnostischen Charakter der Lehre *Jesu* hin. Die hohen Gelehrten steckten noch mitten in diesem Zwist zwischen Kirchenlehre oder Herasie (griech.: *philosophisch-religiöse Denkweise im Gegensatz zur kirchlich-religiösen*) des Gnostizismus und ihr Urteil müßte als besonders wichtig angesehen werden. Als frühesten Vertreter zitiere ich *Jesu* Zeitgenossen *Philon von Alexandria*, ein bedeutender jüdisch-hellenistischer Theologe und Religionsphilosoph, der versicherte, daß *...Jesus Christus die Gnosis in Vollkommenheit lehrt.*

Nach solchen Behauptungen aus dem Lager des gnostischen Erkenntnisweges müssen wir uns fragen, warum denn bei den heutigen Christen darüber so wenig bekannt ist. Das kommt daher, daß sich im Rom des dritten Jahrhunderts der christliche Paulinismus klar durchgesetzt hatte, im Gegensatz zu dem christlichen Gnostizismus, der zuletzt stark aus dem hellenistischen Alexandria unterstützt wurde. Das endgültige *out* kam mit der abschließenden Zusammenstellung des Kirchenkanons der Evangelien und des Neuen Testamentes im vierten Jahrhundert, wie ich es auf Seite 26 ausführlicher dargestellt habe.

Auf das große und wichtige Thema der damals ausgeschlossenen vielen anderen Evangelien, die als *apokryph*[3] verworfen wurden, kann ich an dieser Stelle nicht eingehen. Doch wer zu diesen frühchristlichen Manipulationen belegte Forschungsergebnisse nachlesen möchte, dem empfehle ich das Werk des spanischen Neutestamentlers *Prof. Antonio Piñero* mit dem Titel ‚Der geheime Jesus'. Den ganzen historischen Bereich des Gnostizismus in detaillierter zeitlicher Abfolge bis heute zeigt das Buch ‚Die verfolgten Nachfolger Christi' von *Otto Wille* auf, und wer sich in die einhundertvierzehn authentischen ‚Herrenworte' des 1945 wiedergefundenen, apokryphen *Thomas*-Evangeliums vertiefen möchte, dem seien eine der beiden Ausgaben ‚Evangelium Thomae' von *K.O.Schmidt* oder ‚Das Evangelium nach Thomas' von *Christoph Greiner* empfohlen. (Die genauen Daten dieser Bücher finden Sie unter [129]).

Gnosis – der Weg des verbotenen Wissens

Wenn wir jetzt einmal voraussetzen, daß das gnostische Verständnis eines höchsten geistigen Schöpferwesens samt seiner Schöpfungen im Universum das zutreffendere unter den verschiedenen Glaubenssystemen sei, dann hätte die Menschheit allerhand Änderungsbedarf. Denn als Maßstab für die nachträgliche **Qualitätsbeurteilung aller irdischen Religionen** kann nur das gewählt werden, was in den Evangelien gefordert wird und was auch absolut logisch ist: *an den Früchten können wir sie erkennen*. Und diese sehen nach Jahrhunderten oder Jahrtausenden leider ganz anders aus, als die Religionsstifter, Erleuchteten und Propheten sie ursprünglich ‚gesät' hatten – bei jeder der großen Weltreligionen.

Erst recht müssen wir heute allergrößte Zweifel haben ob der jeweils ethischsten Lehrmeinungen der verschiedenen Kirchen. So wie es bereits die allgemein bekannten Kirchenspaltungen gibt in jeder der großen Weltreligionen. Denn die geistig-göttlichen Hierarchien des Lichtreiches haben den Menschen wiederholte Male Erleuchtete, Eingeweihte und Berufene ‚ins Fleisch' geschickt, die jeweilige Religion wieder auf den ursprünglichen und initiierten Evolutionsweg zurückzuführen oder zu reformieren. Wenn man sich mit solchen Kirchenspaltungen befaßt, muß man feststellen, daß das Christentum dabei absolut den Vogel abschießt. Nicht nur, daß es heute weltweit an die einhundert verschiedene christliche Kirchen überhaupt gibt, sondern daß in der nahezu zweitausendjährigen Geschichte fast genauso viele - rein christlich - verketzert, unterdrückt oder ausgerottet worden sind.

Und ein auffallendes Beispiel dafür ist der weitere Weg dieser gnostischen Lehre durch die Jahrhunderte bis in die Neuzeit (so wie es *Otto Wille* in seinem Buch zusammengefaßt hat). Einige der bekanntesten Namen großer Gnostiker und Mystiker in unserer Geschichte sind: *Marcion von Sinope* (85-160), *Mani* (216-277), *Hildegard von Bingen* (1098-1179), *Giordano Bruno* (1548-1600), *Meister Eckhart* (1260-1328), *Paracelsus* (1493-1541), *Jakob Böhme* (1575-1624) und *Emanuel Swedenborg* (1688-1772) und vieler, vieler anderer mehr.

Die hebräische Lichtlehre der Kabbala (hebr. *qabal*) war eine auf Babylon oder fernöstlich zurückgehende gnostische Geheimlehre, die streng gehütet und nur mündlich weitergegeben wurde. Um 1300 n.Chr. erhielt sie eine feste Form in der Schrift ‚Zohar' (Lichtglanz). Die Kabbala prägte das Wort ‚Merkaba' (Gotteswagen, Vehikel), vertrat die Seelenwanderung und ist als magische und als praktizierte Kabbala die Basis vieler esoterischer Systeme (u.a. Tarot, Gematrik oder Numerologie).

Und einige der größeren, elitären Glaubensgemeinschaften des christlich-gnostischen Erkenntnisweges, die es in die weite Welt verschlug oder die christlich-brutal ausgerottet wurden, sind gewesen: die Mandäer (aramäisch *manda* 'Wissen, Erkenntnis, Gnosis'), die Marzioniten, der Manichäismus (eine fast eintausend Jahre lang zwischen Spanien und China verbreitete Religion), die Paulikaner oder Christianer, die Priszillianisten, Bugomilen, Katharer, Albigenser, Waldenser, Gottesfreunde, Prädestinations-Baptisten und die verschiedenen Täufergemeinden. Einige davon standen auf der Ausrottungsliste des Vatikans. Besonderen Ruf genossen die Templer, die Rosenkreuzer und die Alt-Freimaurer.

Wie wir wissen, ist der herausragende Lehrbegriff des Gnostizismus das **Licht**. Mit diesem ururalten religiösen Terminus – da er von Atlantis stammen soll, könnte man sogar präantik sagen – wurde der Menschheit ein Verständnismodell, die Urlichtlehre (*Prof. Ziegler*), gegeben, das einigermaßen vorstellbar ist für jene unvorstellbaren geistig-göttlichen Welten. Vor allem war und ist diese Weltanschauung wertneutral über alle Zeiten, Räume, Kulturen und Glaubenssysteme hinweg. Absolut genial! Und daher eigentlich auch überzeugend für den modernen, kritischen ‚Gläubigen' der Neuzeit. Denn wie wir dies im New-Age-Zeitgeist unserer Zeitenwende immer klarer erkennen können: **wieder top-aktuell**. Der Professor für Fundamentaltheologie *Joseph Schumacher*[141] bestätigt in seinem Buch ‚Esoterik – die Religion des Übersinnlichen' aus dem Jahre 1994:

Die Aktualität der Gnosis im Christentum und in der Kirche kann heute nicht eindrucksvoller demonstriert werden als durch die Darstellung der Grundideen des französischen Jesuiten Teilhard de Chardin (1881-1955). Sein System muß als eine Form des Gnostizismus verstanden werden, die in gewisser Weise von exemplarischer Bedeutung ist. Nicht zu Unrecht wird er als der Ahnherr der New-Age-Bewegung betrachtet.

Bei all diesen Betrachtungen, die wir dabei über ‚das Christentum' anstellen, handelt es sich hauptsächlich um theoretische und theologische Sichtweisen, die heute leider immer weniger christliche Realität darstellen. Der Stellenwert all dieser biblischen Vergleiche untereinander ist derartig weltfremd geworden, weil die wenigen ernsthaften Gläubigen sowieso keinen diesbezüglichen Veränderungsbedarf haben und der Rest der ‚Gläubigen‘, das Gros der Feiertags- und Soft-Christen, in der allgemeinen Wohlstandsphase fast völlig in den Anreizen der äußeren Welt aufgehen. Doch solches kann sich erstens auch für dieses Gros der Taufscheinchristen sehr schnell ändern und zweitens erwachen immer mehr kritische Erdengeschwister – durch äußeres schmerzvolles Erwecken oder innere Suche – und benötigen ein überzeugenderes geistig-spirituelles Konzept als das der sich christlich nennenden Amtskirchen oder das der materialistisch-gottlosen Ersatzkirchen.

Daher sind unsere Betrachtungen über eine ‚Theologie der anderen Art‘ sehrwohl an der Zeit. Denn ein größeres, möglicherweise sogar schmerzhaftes, aber bereinigendes Erwachen wird der *point of return* in Richtung eines zukünftigen Licht-Zeitalters bringen. *„Es ist alles nur ein Kampf zwischen Licht und Schatten. Die Kraft Gottes dringt durch die träge, alte, grobe Materie, um sie zu verfeinern, um sie aufzulockern. Auch ihr empfangt diesen Strom, auch ihr werdet verfeinert"* erklärte uns *Jesus* aufs neue.

Und wie das *Licht* nicht nur geistig-metaphysisch, sondern inzwischen auch physich und physikalisch in den Vordergrund dieser unserer Zeit drängt, sehen wir uns in den beiden nächsten Abschnitten an. Zuerst aber noch eine Zusammenfassung zu der gnostischen beziehungsweise neo-gnostischen Sichtweise des Erkenntnis-Zieles *Licht,* wie es heute moderne Gnostiker formulieren.

- Das Leben des Gnostikers besteht heute wie früher darin, sich in die inneren, aber ‚gehobenen‘ Weisheiten und die gnostische Erkenntnis zu vertiefen. Diese zu bringen, ist der Erlöser gekommen. Der Erlöser ist das Licht.

- Der irdische Lebensweg ist der Lernprozeß von der Existenz des Lichtes als geistliches oder göttliches Prinzip in einem jeden von uns.

- Der Erlösungsweg ist somit ein Selbst-Erlösungsweg und ist ein Aufstieg ins Licht und dieses Freiwerden kennenzulernen, ist kostbarer als jede frühere Anhängerschaft an bindende Lehren.

- Dahin aber muß jeder zuerst einzeln kommen, ohne sich auf Systeme stützen zu können. Der ursprüngliche *Jesu* spricht weder von großen Gemeinschaften noch Kirchen. Wer ihm nachfolgt, ist immer der einzelne Mensch.

- Genausowenig ist irgendwo ein Auftrag oder ein Interesse formuliert zu Evangelisieren oder zu Missionieren. Wer den göttlichen Funken in sich trägt, ist aus eigener Kraft bestrebt, den Weg der inneren Erleuchtung zu erfahren.

- Aus der oft schmerzhaften Ich-Überwindung sollte eine frei-willige Ich-Verwirklichung werden, also auch im täglichen Umgang mit dem oft allzu menschlichen Ego wird der positive und transformierende Weg gesucht.

- Wachsende Erkenntnis wird nicht in einem Glaubensbekenntnis stehen bleiben, sondern führt in einen Zustand der Wirksamkeit.

- Wer diesen ‚gnostischen' Weg aber nicht zu erkennen vermag, wird sich als dessen Feind erweisen.

Dieser gnostische Erkenntnisweg zeigt also ein anderes und ein alternatives Christentum. Es entspringt zwar aus der gleichen Quelle, aber nach einer historischen Versickerung sprudelt es nun in einem neuen aufnahmefähigeren Umfeld und kann endlich zu der erwarteten Fruchtbarkeit führen – um an den reifen Früchten dann das Heil ernten zu können.

Sehr vieles dieses gnostischen Erkenntnisweges wird den geisteswissenschaftlich Interessierten allzu vertraut vorkommen und zeigen, daß es ein ‚New-Age' mindestens vor jedem *Age*, jedem der astrologisch benannten Zeitalter einmal gegeben hat und dann jeweils – im Auf und Ab der menschlichen Evolution – schließlich doch Erkenntnis-Fortschritte erbrachte.

Hören wir abschließend noch eine Zusammenfassung des spanischen Gnostikers *Prof. Antonio Piñero*, wie er für seinen - wieder hochmodern gewordenen - Erkenntnisweg schwärmt[129], wobei er seine Textzusammenstellung ausschließlich aus wörtlichen Textstellen der folgenden apokryphen Evangelien bildete: (A) *Thomas*-Evangelium, (B) *Philippus*-Evangelium, (C) *Nazarener*-Evangelium, (D) *Ebionäer*-Evangelium und (E) aus den *Hebräer*-, *Nazarener*- und *Philippus*-Evangelien:

Akzeptiert der Mensch im Innern seines Herzens sein Sosein, dann hat das Reich für ihn bereits begonnen. Auf einen Anbruch des Reiches in irgendeiner zukünftigen Welt braucht er nicht zu warten[A]. Von dem Augenblick an, in dem er die Botschaft des Erlösers annimmt, ist er auferstanden[B] und die Materie kann ihm im Inneren seines Herzens auch nichts mehr anhaben.
Dagegen ist, was draußen passiert: Welt[A], Hab und Gut[C], Kleidung[A], Nahrung, Ehe usw., alles zumindest belanglos, wenn nicht böse. Daher kommt es, daß Gnostiker normalerweise ein asketisches Leben führen[A].
Freilich ist Askese kein Zwang[A]. Ja, sollte der Gnostiker sich irgendwann den Werken des Fleisches hingeben, würden diese seinem Geist nichts anhaben können; denn sie sind nur etwas Äußeres und gehören in die Welt der Materie: ›Wer Kenntnis von der Wahrheit hat, ist frei; und wer frei ist, sündigt nicht.‹[B]
Ebensowenig ist dem Gnostiker an Opfern und äußeren religiösen Akten gelegen; denn die ›Gnosis‹ ist vor allem eine innere Erfahrung[D]. Der innere Reichtum des Gnostikers zeigt sich nach Außen in Liebe[E] und Vergebung[C].

Den christlich-gnostischen Erkenntnisweg scheinen heute noch oder wieder einer der europäischen Orden der *Rosenkreuzer*, die *Unity-Kirche*, das *Universelle Leben*, die *Universale Kirche*, die *Kirche des Lichts* (siehe unter Adressenlisten im Anhang) und möglicherweise mir nicht bekannte Glaubensgemeinschaften zu lehren. Sie alle fühlen sich angesprochen in dem Satz aus dem *Johannes*-Evangelium, dem gnostischsten der vier kanonischen Evangelien, in dem es seit zweitausend Jahren heißt: ***Das Licht scheint in der Finsternis, aber die Finsternis hat es nicht begriffen.***

Erkenntnis und Wissen im spirituellen Sinn und ein überzeugendes Verständnis dafür bedarf für einen kritischen Sucher mit analytischem Denken auch akzeptabler Informationsqualität. Um den allmählichen und oft nur zaghaft angegangenen Weg-nach-Innen beziehungsweise Aufstieg-ins-Licht zu intensivieren und zu stabilisieren, kommen - wie bereits mehrfach in diesem Buch beschrieben - aus der *göttlichen Welt des Lichtes* seit Jahrtausenden und immer wieder aufs neue ‚Gottessöhne', Erlöser, Eingeweihte, Heilige, Erleuchtete, Avatare, Sendboten und Meister zu uns in die Materie – unsterbliche Lichtwesen, die das Know-how ihres eigenen gemeisterten Aufstieges bereitwillig weitergeben. In unserer polaren Ebene verkörpern sie sich sowohl in der weiblichen wie auch männlichen Schwingung. Und/oder wollen durch Wissen, Inspirationen und Belehrungen in Form von Prophetien, Botschaften oder Channelings unseren Wissensdurst stillen wie auch viele andere Fragen und Hinterfragungen mehr, die in einer erwachenden und sich hektisch vergrößernden Geistesgemeinschaft anstehen, um zu den benötigten Veränderungen zu kommen.

Die innere Sehnsucht nach der großen Seelenfamilie, wie wir sie im ersten Teil des Buches erkannt haben, wird jetzt zu einer großen Sehnsucht nach einer *Lichtfamilie*.

Wir haben bis jetzt das Geistig-spirituelle des Lichtes betrachtet, das aus dem göttlichen Lichtreich entspringend zur Gründung irdischer Religionen geführt hat. Und wir haben erkannt, daß zur weiteren Pflege und laufender Nachbesserung gegen zuviel menschliche Sucht nach Macht und Kult höchste geistige Wesenheiten die Menschheit mit ihren Religionssystemen weiter betreuen und weiterführen. Der spirituelle Vorsprung ihres unsterblichen Bewußtseins stellt bei diesen höchsten geistigen Wesenheiten wahrscheinlich den Reifezustand dar, den der Wahrheitslehrer *Jesus* als anzustrebende Vollkommenheit von uns ebenfalls einfordert. Diese höchsten Wesenheiten haben diesen spirituellen Grad bereits – vermutlich schon unvorstellbar lange – erreicht. In ihrem Bericht ‚Wiege der westlichen Spiritualiät' schreibt *Ursula Seiler*[130] über solche ‚spirituelle Qualitäten':

...Eines jener höheren Wesen, jener Führer und Beschützer der Menschheit, der sich quer durch die Zeitalter immer wieder verkörperte, und der sie auch heute noch zu inspirieren und zu leiten trachtet – natürlich immer unter Respektierung ihres freien Willens, denn kein Wesen göttlicher Abkunft würde jemals irgend einen Menschen bevormunden, ja, gar zwingen wollen!

Und in seiner Infoschrift ‚Gnosis - das letzte Geheimnis. Suche Deinen Weg' schreibt *Lao Lai (Dr. Martin W. Spiegel)*:
Es gibt eine Hierarchie von Wesenheiten im ‚Licht', Körper von ‚Licht', heilige Pflanzen und Tiere, erlöste Menschen und erhabene Gottheiten der unterschiedlichsten Größe und Aufgabe, von christlichen Gnostikern ‚Körper Christi' genannt. Sie organisieren und leiten die Welt und korrigieren ihre Entwicklung. Sie rufen alle in der Materie gefrorenen Lichtfunken zurück zu ihrem ursprünglichen Sein und ernähren sie auf ihrem Weg zur Regeneration.

Ähnliches gilt auch für andere ‚menschliche' Zivilisationen im Kosmos, die als Gesamtheit ihren Bewußtseinszustand auf dem Wege zur Vollkommenheit bereits erheblich erhöht haben. Die drei 'niederen' Körper (Geist-Seele-Körper) haben sich ergänzt um einen vierten, den spirituellen Geistkörper und sie haben daher einen insgesamt höher schwingenden ‚materiellen' Zustand. Sie haben also den uns im nächsten Jahrzehnt bevorstehenden Bewußtseinssprung in eine höhere Dimension und Erfahrungsebene bereits hinter sich.

Auch diese kosmischen Zivilisationen beobachten aus gesichertem Abstand die krampfhaften Versuche der manipulierten und von machtbessenen Cliquen beherrschte Erdenmenschheit, endlich auch in den Schwingungszustand für ein Friedensreich zu kommen – als absolute Voraussetzung, um nach vielen hunderttausenden von Erdenjahren auch in die große und weite Gemeinschaft der universellen **kosmischen Licht-Familie** aufsteigen zu können.

Und wir hören durch Channelings, daß solche fortgeschrittene Menschheiten nicht nur in unserer Galaxis und im noch weiteren Raum des Universums existieren, sondern auch innerhalb unseres Sonnensystems. Glaubhafte Botschaften wie auch Inkarnationen von solchen Wesenheiten auf unserer Erde soll es von den nächsten unserer Nachbarplaneten geben, vom Merkur, der Venus und vom Mars[130]. Ein empfehlenswertes Buch dazu heißt ‚Mutter Erde wehrt sich' und Teile davon wurden uns von einem Geistwesen diktiert[39], das sich als ‚Sonnengott' zu erkennen gibt. Hinweise findet man außerdem, daß in der entgegen der herrschenden Meinung hohlen Erde[82] ebenfalls seit Jahrtausenden eine friedvolle Menschheit lebe. Alle diese bereits friedvollen Zivilisationen zählen zur großen Licht-Familie.

Der zunehmende Sonnenhunger

Wir haben uns jetzt einen Überblick geschaffen über die *geistig-göttliche* und *spirituelle* Seite dessen, was man alles unter dem Phänomen Licht verstehen kann. Manches antike Detail ist nur schwer verständlich und erst der Überblick und die Logik der Neuzeit lassen uns ‚System', höhere Ordnung und Gesetzmäßigkeiten erkennen.

Wir werden sehen, daß es gerade andersherum ist, wenn wir uns mit der *physikalisch-materiellen* Seite des Lichtes befassen, die ich in der oben aufgeführten Licht-Dreiheit als *kosmisch* bezeichnet habe. Damit ist hauptsächlich das Sonnenlicht gemeint, dem man schon in der Antike neben seinem sichtbaren physischen Teil immer auch einen metaphysischen, göttlichen Charakter zugeordnet hat, wie wir bei den gnostischen und anderen sonnenbezogenen Religionen gesehen haben. Das Phänomen Licht wurde als *Materie und Geist* in einem ‚erlebt'. Wenigstens darüber war man sich jahrtausendelang einig. Doch einig war und ist sich auch die orthodoxe Wissenschaft in der Neuzeit, jetzt aber über den ausschließlich *physikalisch-mechanischen* Charakter des Lichtes.

Das Neueste jedoch ist eine wissenschaftliche Uneinigkeit, die durch die Veränderungen der ‚Neuen Zeit' herausgefordert wird. Entgegen des orthodoxen Weltbildes materialistisch (ohne Gott) ausgerichteter Wissenschaftler kommt man, dank der Quantenphysik, wieder nahe der antiken Komplexität mit der Hypothese: *Licht ist nicht materieller Natur*. Man kann es fast nicht begreifen: **rational ist das Wesen des Lichtes bis heute nicht erkannt**. Die Wesenheit *Rametha* erklärt uns in dem gleichnamigen Buch von *Karin Nagel* dazu[165]:
Licht, sagt man, ist etwas, was von Photonen getragen wird, aber das sind wieder nur die Auswirkungen im materiellen Bereich. **Licht ist eigentlich die geistige Energie selbst.** *Es ist die Schwingung von geistiger Kraft, die nicht materiebehaftet ist. Licht ist die Vibration oder der Atem der geistigen Essenz. Laß es mich Essenz nennen, denn es ist keine Materie. Licht ist die Ursprungsform aller Energien, aller Kräfte und allen Lebens. Und diese geistigen Schwingungen und Kräfte, das sogenannte Licht, ist immer schon gewesen, seit Urzeiten. Nur Materie ist eine spätere Entstehung. Es war der Wunsch des Lichtes, die Materie zu schaffen und sich in der Materie auszudrücken. Materie ist nichts Negatives, sondern eine Schöpfungsform aus dem reinen Licht heraus.*

Der **wissenschaftliche Streit um Veränderung** betrifft vor allem die Themen: Ist das UV-Licht im Sonnenlicht tatsächlich schädlich?
         Ist der Treibhauseffekt unsere Zukunft oder ist es eine neue Eiszeit?
         Ist Licht physikalisch zu den Wellen oder zu den Partikeln zu zählen?
         Ist Licht überhaupt materieller Natur?

Unserem heutigen Sonnenlicht hängt man einen ausgesprochen schlechten Ruf an und die Chemo- und Pharmaindustrie verunglimpft es seit den Achtzigerjahren mit System und globalen Milliardengewinnen (die Chemie-Multis haben mit der frei erfundenen Ozonkiller-Story den Markt der Kühlmittel von zwei auf dreißig Milliarden Dollar Umsatz jährlich aufgeblasen). Die Menschen würden durch weiteres Reduzieren des Sonnenlichts in ihrem Alltag eine ihrer wichtigsten Lebensgrundlagen verlieren. Darüber bringt die Zeitschrift raum&zeit (98/99) einen ausführlichen Bericht mit dem Titel ‚Löcher in der Ozonloch-Theorie', in dem der Herausgeber der Schriftenreihe ‚Edition Meson', *Gernot L.Geise* feststellt:

Mit dem Märchen vom schädlichen UV-Licht, mit Horrormeldungen von ‚Hautkrebs-Epidemien' und mit schaurigen Computer-Simulationen vom sogenannten Ozon-Loch, die immer wieder in der ‚Tagesschau' erscheinen und die niemand von uns überprüfen kann, wird versucht, uns – wissenschaftlich verbrämt – klar zu machen, daß UV-Licht gefährlich und krankmachend sei.

Auch ohne bewußte Zurückhaltung durch mobilisierte Ängste kommt es zu einer reduzierten Aufnahme des lebenswichtigen UV-Lichtes im Alltag, das hauptsächlich **über die Augen aufgenommen** wird und unseren Stoffwechsel- und Hormonhaushalt steuert. Doch nur fünfundzwanzig Prozent des aufgenommenen Lichtes dienen dem eigentlichen Sehvorgang. Die übrigen fünfundsiebzig Prozent gelangen über den ‚energetischen Anteil' der Sehbahn in unseren Organismus und vollbringen dort wahre Wunder. Welche, darüber schreibe ich im nächsten Kapitel über die *Photonen*. Für die verringerte Aufnahme des UV-Anteils des Sonnenlichtes gibt es zwei Gründe:

- Eine ‚zivilisatorische Dämmerung' durch **Standard-Glas** der Haus- und Autofenster und durch Brillen und Kontaktlinsen (über sechzig Prozent der Bundesbürger sind Brillenträger). Die Autorin *Christine Stecher* schreibt dazu[132]:

Die Menschen unseres Kulturraumes und Klimas verbringen mehr als neunzig Prozent des Tages in geschlossenen Räumen – bei künstlicher Beleuchtung und hinter Fensterscheiben, die für das UV-Licht der Sonne, das biologisch am wirkungsvollsten ist, undurchlässig sind. Durch diese Lebensweise in einer Art ‚zivilisatorischer Dämmerung' schneiden wir uns von der energiereichen Sonnenstrahlung ab, die Körper und Geist stimuliert und die Botschaften der geistigen Sonne übermittelt. Ebenso schotten wir uns durch Brillen und Kontaktlinsen, die das volle Spektrum der UV Strahlung nicht durchlassen, von der Kraftquelle Sonne ab.

- Unser **moderner Lebensstil.** Die Evolution des irdischen Lebens inklusive des menschlichen ist jahrmillionenlang vom natürlichen Sonnenlicht geprägt, das die Menschen dieses Jahrhunderts - weitgehend abgeschirmt vom Sonnenlicht - immer mehr durch künstliche Strahlungen ersetzen. Es sind dies das *Raum-* und *Arbeitslicht*, vor allem der als schädlich erkannten Leuchtstoffröhren; die stundenlange Berieselung durch die ebenfalls schädlichen Strahlen des *Fernsehens* selbst wie auch mit der Rundumbestrahlung der fast alles durchdringenden Strahlen elektromagnetischer Hochfrequenz-Feldsender und Satelliten und die *Mikrowellen*, vor allem die der Handys[133] und der unzähligen, noch massiver alles durchstrahlenden Sendemasten. Zuwenig ist über die militärischen Radar- und andere Sender bekannt. Ganz besonders negativ sind alle sogenannten erddurchdringenden Kommunikationsmittel, wie sie für U-Boote verwendet werden. Vermutlich stört deren Elektrosmog sowohl die Informationscodierung als auch den Biophotonenfluß (Biophysiker *Dieter Jossner*).

Gernot L.Geise bezieht sich hauptsächlich auf Großstädte und schreibt dazu: *'...der ständige Strahlenhintergrund aus künstlichen Quellen hat inzwischen eine etwa hundert- bis zweihundertmillionenfache Größe erreicht wie der natürliche Hintergrund an elektromagnetischen Wellen von der Sonne. Jeder kann sich selbst ausrechnen, wie lange das noch gut geht'.*

UV-Licht ist lebensnotwendig. Die UV-Wellen, die gefiltert durch unsere Atmosphäre dringen, bilden eine Dreiheit aus UV-A, UV-B und UV-C-Strahlungen. UV-A ist unter anderem für die berühmte Bräunung der Haut verantwortlich, UV-B fördert unter anderem die Bildung von Vitamin D im Körper wie auch die Aufnahmefähigkeit von Kalzium und anderen Mineralien. Die UV-C-Strahlung dagegen ist der gefährliche Anteil des UV-Lichtes, ist tödlich für Bakterien, Viren und andere Infektionserreger und wird auch als umweltfreundliches Desinfektionsverfahren technisch eingesetzt. Diese UV-C-Strahlung wird jedoch fast vollständig von der berühmten Ozonschicht, bis fünfzig Kilometer hoch in die Atmosphäre reichend, herausgefiltert, sodaß weniger als ein Prozent die Erdoberfläche erreicht. Und das je nach Sauberkeitsgrad der untersten Luftschichten.

Wobei ist der UV-Anteil des Sonnenlichtes überlebenswichtig? *Gernot L. Geise* hat die wichtigsten Punkte zusammengefaßt:
- UV-Licht ist unsere Nahrung schlechthin, denn unser Körper ist ohne dieses nicht lebensfähig
- UV-Licht aktiviert die Vitamin-D-Synthese
- UV-Licht senkt den Blutdruck
- UV-Licht erhöht die Herzleistung
- UV-Licht kann EKG- und Blutwerte bei Arteriosklerose verbessern

- UV-Licht senkt die Cholesterinwerte
- UV-Licht hilft gegen Hautkrankheiten
- UV-Licht hilft gegen Infektionskrankheiten
- UV-Licht fördert die Produktion beider Geschlechtshormone
- UV-Licht verhindert Karies
- UV-Licht aktiviert wichtige Hauthormone (u.a. eine Form des Vitamins D3)
- UV-Licht baut zügig Streßhormone ab
- UV-Licht ist imstande, linksdrehendes Wasser in rechtsdrehendes zu verwandeln
- UV-Licht bildet Reparaturmechanismen der Chromosomen (*B.Seiler*)
- UV-Licht kann Osteoporose stoppen (*J.Rabitsch,* Kopie lieferbar).

Diese Kurzliste soll auf das natürliche, gesundheitliche Ausmaß des ‚verteufelten' UV-Lichtes hinweisen (ohne Anspruch auf Vollständigkeit zu erheben). Und auch auf die einfache Regel, daß uns richtiges Licht gesund und falsches Licht krank machen kann. Seltsam ist, daß ein Dramatiker wie *August von Kotzebue* (1761-1819) damals schon feststellen konnte: „*Die Sonne ist die Universalarznei aus der Himmelsapotheke*" und wir Schlaumeier von heute müssen dies erst wieder durch Leid und Krankheiten feststellen. Man spricht einfach von Zivilisationskrankheiten und akzeptiert es damit, als stammten diese von einem neuen Gen, das sich mutiert hat, weil diese Zivilisation größer und intelligenter geworden ist. O sancta simplicitas!

Woher kommt nun die panisch reklamierte Hautkrebsgefahr? Wie so vieles im Leben von der *Verhältnismäßigkeit*. Denn in der sonnen-verschonten, erfolgsorientierten Leistungsgesellschaft entsteht ein **berechtigter Sonnenhunger**, der in der tariflich ausgehandelten Arbeitsbeurlaubung, kurz Urlaub genannt, dann im Gebirge oder am Mittelmeer gestillt wird. Und wobei sich leider viel zu viele ‚überfressen'. Der Lichtforscher *Geise* fragt daher berechtigt:

Ist es da verwunderlich, wenn der Körper, der beim normalen Mitteleuropäer sowieso schon von Natur aus einen schwächeren Pigmentschutz der Haut besitzt als der von Menschen südlicher Regionen, auf die ungewohnte Überdosis Licht völlig hilflos reagiert? Zu der Überdosis Licht kommt schließlich noch die Belastung der Haut durch alle möglichen Hautschädigungsmittel, z.B. Hautcremes, Deodorants, Reinigungsmittel, Giftstoffe in der Kleidung und in der Mitwelt. [...] Nach neueren Untersuchungen hat sich herausgestellt, daß die meisten sogenannten Sonnenschutzmittel, die als UV-Strahlungs-Abblocker eingesetzt werden, Substanzen enthalten, die in den Hautzellen jedoch genetische Schäden an der DNS auslösen können. Das heißt mit anderen Worten: die meisten Sonnenschutzmittel können bei der Anwendung in der Sonne sogar die Bildung von Hautkrebszellen fördern! Das ist das genaue Gegenteil von dem, wofür sie verkauft werden.

Das komplexe Körpersystem des Menschen hat sich über Jahrmillionen durch täglichen stundenweisen Direktkontakt mit dem Sonnenlicht gebildet. Eine etwas erstaunliche Statistik besagt: im Jahre 1870 wären es noch neunzig Prozent der Menschen gewesen, dagegen 1970 nur noch zehn Prozent mit täglich stundenweisem Sonnenlichtkontakt. Und wie sieht es jetzt, dreißig Jahre später mit den Sonnenmuffeln aus? Der Aufenthalt in der natürlichen Sonnenstrahlung beträgt beim Normalbürger häufig nicht einmal Minuten pro Tag (*Geise*).

Die Uneinigkeit unserer Wissenschaftler, mehr dem Mammon und der Karriere als der Wahrheit zu dienen, ist offensichtlich und erschreckend und hilft der Masse der desinformierten Erdengeschwister nicht weiter. Die bewährte natürlich-einfache Gesundheits-Formel heißt daher im Sinne des New-Age-Trends: *zurück zur (chemiefreien) Einfachheit,* wieder wie einstmals und maßvoll: **täglich natürliches Licht tanken.** Nur so erhalten wir die *vollständige Wirkung* des Sonnenlichts. Es gibt mehrere schlaue Empfehlungen dafür, doch ich glaube, wir alle sind ‚helle' genug, je nach Platz, Jahreszeit und Wetter täglich eine halbe Stunde Licht-Tanken einzuplanen und stets mit gefülltem Tank durch ein gesundes Leben zu fahren. Notfalls tut es auch mal der Reservekanister ‚Sonnenbank' (je nach Leuchtstoffröhrentyp). Bezüglich der Fotokopie dieses interessanten Berichtes siehe unter Adressenliste im Anhang.

Die zweite, anfangs angeführte Uneinigkeit der Wissenschaftler in der Beurteilung des Sonnenlichts gilt der Frage unserer Zukunft: **Wird es wärmer oder kommt eine Eiszeit?** Dies fragt berechtigt ‚Das Weiße Pferd', die zweiwöchentlich erscheinende Zeitung der Würzburger Urchristen und schreibt dazu:

Nicht einmal über die globale Richtung der Klimaentwicklung sind sich die Wissenschaftler einig. So konnten sich die Forscher z.B. nicht darauf einigen, ob das Klima insgesamt wärmer wird. Einige behaupten sogar, es stehe eine neue Eiszeit bevor, etwa um das Jahr 2030, der eine merkbare Abkühlung vorausgehe.

Das Ohnmachtsgefühl den Elementen gegenüber ist für den Menschen nicht neu. Früher glaubten die Menschen, Götter seien für die Naturgewalten verantwortlich, denen man Opfer darbringen müsse, um sie zu besänftigen. Heute gibt es großangelegte Versuche, das Wettergeschehen unter Kontrolle zu bringen – meist mit militärischem Hintergrund.

Den Kampf der gegensätzlichen Klimatheorien beschreibt der dänische Forscher *Nigel Calder* in seinem Buch ‚Die launische Sonne widerlegt Klimatheorien'[143]. Gefährlich wird, wenn die wissenschaftliche Forschung das Streben nach Wahrheit gegen den gutbezahlten Dienst für Regierungen eintauscht. In seinem Buch wird die Petition von achtzehntausend (!!) Geowissenschaftlern der USA gegen die Klimapolitik ihrer Regierung ausführlich dargestellt.

Das dritte Thema zur Uneinigkeit der Wissenschaftler bezüglich des Lichtes ist gravierend und heißt **Welle-Partikel-Kontroverse**. Sie entstand bereits in der griechischen Hochkultur und keine Geringeren als einerseits *Pythagoras* (570-496 v.Chr.) und andererseits *Aristoteles* (384-322 v.Chr.) prägten bereits die beiden Erscheinungsformen des Lichtes: *‚Die Dinge seien uns deshalb sichtbar, weil sie winzige ‚Teilchen' aussenden, die von unseren Augen aufgefangen werden'* und dagegen stand *‚das Licht entstehe durch die Bewegung eines feinen, raumerfüllenden Mediums'*. Diese beiden Ansichten gingen als Streit der Genialen durch die über zweitausendjährige Welt der Forschung, der Physik und der Philosophie und endete schließlich bei den ‚Quanten', wie *Max Planck* die in ‚Portionen' geteilten Abstrahlungen der Energiewellen bezeichnete. Noch Mitte dieses Jahrhunderts resignierte *Albert Einstein*: *‚Fünfzig Jahre intensiven Nachdenkens haben mich der Antwort auf die Frage: Was sind Lichtquanten? nicht näher gebracht'* – obwohl die offizielle Physik es als *seinen* Beweis ansieht, daß Licht aus Partikeln (Photonen) bestehe.

Und heute? Die Monatszeitschrift *esotera* brachte eine Serie ‚Licht und Leben' (9-12/98), in der *Reinhard Eichelbeck* detailliert auf diese Problematik eingeht und von dem ‚raumfüllenden Medium' des *Aristoteles* zum modernen *Äther* beziehungsweise einem *Äthermeer* und schließlich einem *Subquantenäther* führt, der kleiner und feiner als die Lichtquanten und kleiner und feiner als das kleinste Materieteilchen sei. Er zitiert:

„*Den materiellen Äther gibt es nicht. Er war eine Fiktion, geboren aus einem materialistischen Denken*", so schreibt der amerikanische Quantenphysiker Arthur Zajonc *in seinem Buch „Die gemeinsame Geschichte von Licht und Bewußtsein". Und er schreibt weiter: „Wenn wir [...] davon ausgehen, daß Licht in gewissem Sinne eine Welle ist, dann stellt sich die Frage: Was schwingt da als Welle? Im Falle von Wasserwellen, Schallwellen, vibrierenden Saiten ist immer etwas in Schwingung. Die Schallfigur wird von der Luft getragen. Doch was transportiert die fließende Figur, die wir Licht nennen? Eines ist deutlich geworden: Ganz gleich, um was es sich da handelt, es ist jedenfalls nicht materieller Natur."*

Gestatten wir uns einen kurzen, aber aus der Sicht der Zeitgeistveränderungen sehr wichtigen Blick auf die **Quantentheorie** oder Quantenmechanik, die auch als die **Neue Physik** bezeichnet wird. Daß die Physiker im Bereich der Wellen-Partikel-Dualität ganz klar am Ende eines ‚entweder/oder'-Denkens angekommen sind und eine neue Ganzheitlichkeit (man spricht von ‚Verknüpfungen', *Heisenberg* nennt es ‚Struktur des ganzen Gewebes') unleugbar wird, sickert langsam aus der Exklusivität der rein materialistischen, orthodoxen Wissenschaftlichkeit und verändert die Denkstrukturen. *Daniel Sillescu* hat in seinem ‚New Age Buch' einen kurzgefaßten Überblick über das ‚neue' ganzheitliche Weltbild formuliert, das zwischenzeitlich aus den Konsequenzen der Quantenmechanik im Reifen ist (siehe auch Seite 228 *Dr.Dieter Broers*):

- *Wir beeinflussen die Welt nicht nur, wir erschaffen sie sogar, indem wir wählen, ob wir Elementarteilchen als Partikel oder als Welle ansehen wollen.*
- *Wir sind Teilnehmer und keine Beobachter.*
- *Wir können die ‚äußere Welt' nicht beobachten oder messen, ohne sie zu verändern.*
- *So etwas wie ‚Objektivität' gibt es nicht. Wir sind selbst Teil der Natur.*
- *Wir können niemals von der Natur sprechen, ohne gleichzeitig von uns zu sprechen.*
- *Unser Verstand operiert nur mit Ideen und Vorstellungen. Wir können nicht über die Realität nachsinnen, sondern lediglich über unsere Ideen von Realität.*
- *Ein vollständiges Verstehen der Realität liegt außerhalb des rationalen Denkens.*
- *Da subatomare Teilchen keine ‚Dinge' sind, sondern lediglich Verknüpfungen zwischen ‚Dingen' (die ihrerseits wiederum Verknüpfungen zwischen anderen ‚Dingen' sind), können wir die Welt nicht mehr in unabhängig voneinander existierende Einheiten zerlegen. Werner Heisenberg, einer der Begründer der Quantenphysik: „So erscheint die Welt als kompliziertes Gewebe von Vorgängen, in dem sehr verschiedene Verknüpfungen sich abwechseln, sich überschneiden und zusammenwirken und auf diese Art und in dieser Weise schließlich die Struktur des ganzen Gewebes bestimmen".*
- *Fritjof Capra faßt zusammen: „Die moderne Physik verwandelt das Bild vom Universum als einer Maschine in die Vision des unteilbaren dynamischen Ganzen".*

Es ist für mich als Autor eines Buches über den ‚Aufstieg der Menschheit ins Licht' geradezu faszinierend, aus höchsterkorenem Munde aktueller Quantenphysik die Bestätigung zu hören, daß ‚Licht und Bewußtsein' eine Dualität von Physik und Metaphysik ausdrückt und die alten *hermetischen Gesetze* der Antike bestätigt: **das Licht als organisierendes Prinzip der Materie**. Das ist eine wesentliche Veränderung der herrschenden Meinung. Es fehlt jetzt nur noch die wissenschaftliche Bestätigung einer **übergeordneten Ordnung**, dann wären wir heute wieder bei der Erkenntnis, was in der griechischen Hochkultur bereits in deren heiligen Stadt Heliopolis praktiziert wurde: Kult dem Sonnengott *Helios*, Kult dem philosophischen Geiste (Kultur?) und Kult dem Körper durch angewandte Licht-Therapie. Daß diese Ordnung auch heute noch in den *Gesetzmäßigkeiten des Lichts* tatsächlich vorhanden ist und damit gearbeitet werden kann, ist wieder bekannt. Lediglich an die Antwort der Frage, wer oder was wohl für diese Ordnung *verantwortlich* ist, scheint sich die moderne Wissenschaft noch nicht heranzutrauen. Mal sehen, was der immer mehr flutende Wassermanngeist dabei verändern wird.

Die ordnende Kraft der Photonen

Unsere Körperzellen sind Lichtspeicher. So jedenfalls stellt es sich für viele ernstzunehmende Wissenschaftler und Ärzte inzwischen dar. Der Schweizer Wissenschaftsautor *Marco Bischoff* [134] spricht sogar davon, daß sich dadurch unser Bild der Biologie und Medizin zu revolutionieren beginnt. Denn das Licht in der Zelle bestimmt deren Größe und Funktionstüchtigkeit. Die Erbsubstanz unserer Zellen, die DNS, ist wie ein biologischer Laser und Lichtspeicher, der durch Sonnenlicht aufgeladen wird. ‚*Pro Sekunde müssen wir etwa zehn Millionen Zellen, die in unserem Organismus absterben, in der richtigen Weise wieder nachliefern*‘ (*Prof. Fritz A. Popp*)[134]. Die dazu nötigen Informationen bedürfen der Geschwindigkeit des Lichts. Das Licht strahlt ähnlich einem Laserstrahl ‚gebündelt‘ und scheint in unseren Körperzellen einer Art Funkverkehr zu dienen, dessen Signale schneller sind, als dies über biologische Kanäle möglich ist. Denn nach der noch herrschenden Meinung funktioniere alles Leben gleich biochemischer Fabriken, wodurch in den Körperzellen bislang Dunkelheit angenommen wurde.

Diese Erkenntnisse führen zu einem völlig neuen naturwissenschaftlichen Verständnis der lebenden Zelle und damit auch der gesamten Natur (der Mensch und alle Lebewesen als kommunizierende Energiesysteme). Wir sind Lichtwesen und es ist Licht in unseren Zellen.
Der französische Physiknobelpreisträger *Louis de Broglie* erklärte, daß *die Physik, die Wissenschaft von der Materie, die Materie* **ent-materialisiert** *und eine Welt erahnen läßt, die aus Wellen und reinem Licht besteht*[150].

So neu ist das allerdings nicht, was der russische *Prof. A. Gurwitsch* schon 1922 an der medizinischen Hochschule von Novosibirsk empirisch nachwies. 1928 von *Paul Dirac*, einem englischen Physiker postuliert, entdeckte 1932 der spätere Nobelpreisträger *Dr. Carl D. Anderson* in der Höhenstrahlung das erste dieser Antiteilchen, das durch den Zusammenstoß mit einem Elektron zu dem Lichtpartikel Photon führt (vom griech. *phos, photos,* das Licht). Erst 1975 wurde es von deutschen Biophysikern unter Leitung von *Professor Popp* wiederentdeckt und als Bio-Photonen (da von jeder lebendigen Zelle ausgehend) mit modernsten Forschungsmethoden klar bewiesen.

Durch das ‚Licht der Biophotonen‘ bildet sich ein neues Bild vom Leben. Was ist Leben? fragt *Benjamin Seiler* in seinem Beitrag über die Biophotonen in der ‚Zeiten*Schrift*‘ 11/96 und findet als Antwort:

Nobelpreisträger Erwin Schrödinger nannte das Leben ein „ständiges Aufsaugen von Ordnung". Diesen ordnenden Impuls erhalten wir vom Sonnenlicht. Wenn es auf die Erde trifft, wird es nicht sogleich in Wärme umgewandelt, sondern das Licht baut zuerst Strukturen auf und stabilisiert sie. Einem wissenschaftlichem Theorem zufolge hat das Sonnenlicht eine sogenannte Kohärenzfläche von 0,019 mm². Innerhalb dieser

Fläche kann es geordnete Strukturen aufbauen. Es ist sicherlich kein Zufall, daß dies genau der Oberfläche einer einzelnen Zelle entspricht. Das Sonnenlicht steuert somit jede Zelle und dadurch alle Lebewesen. Das Licht in der Zelle stammt letztlich von der Sonne und ist über die feinstofflichen Chakren, die Nahrung und die Augen in unseren Körper gelangt.

Christian Opitz verweist in seinem Buch ‚Fit und Gesund mit lebenden Makromolekülen'[135] auf die Umsetzung dieser Erkenntnisse in Verbindung mit Rohkost, wobei er die Biophotonen *lebende Makromoleküle* (LM) nennt. Das Licht ist besonders wichtig in unserer Ernährung, denn der Gehalt an Information eines Lebensmittels bietet der Gesunderhaltung des Körpers mehr als der Gehalt an Kalorien. Im Grunde genommen essen wir nämlich Sonnenlicht, das in unserer Nahrung eingespeichert ist. Nahrung in Form von photonen-reichen *Lebens*-mitteln stabilisiert unsere ‚innere Ordnung', einschließlich der Dynamik und der Rhythmik (*Erwin Schrödinger*).

Manche Wissenschaftler vertreten sogar die spekulative Theorie, daß Photonen vielleicht ein Bewußtsein haben, wobei die ergänzende Bezeichnung ‚organisierendes Prinzip' noch tunlichst vermieden wird. Andere sehen im Biophotonenfeld einen Mittler zwischen Körper und Seele oder gar zwischen Materie und Geist. Denn Licht sei eigentlich ein Zwitter, der auf der ‚stofflichen' (grobstofflichen) wie auch ‚nichtstofflichen' (feinstofflichen) Seite wirksam sein könne. In der geisteswissenschaftlichen Literatur finden wir auch den Begriff ‚Überlicht' und die Erklärung, daß das *Sonnenlicht* die materielle, physische und sichtbare Seite der *göttlichen Liebe* sei. Die Vielfalt der Begriffe nähert sich also an.

Dabei entdecken wir auch hier wieder und hintereinander den durchleuchtenden Faden **Ordnung**, die diesmal (zum Teil über Umwege) vom Sonnenlicht abhängt. Erst war es eine göttliche Ordnung in den *antiken Lichtlehren*, dann eine noch nicht definierte Ordnung in der *Quantentheorie*, eine biologisch-natürliche in den *Biophotonen der Nahrung* und schließlich eine zyklisch-kosmische im *Sonnenlicht*.

Photonen-Licht und Lichtzeitalter

Kehren wir wieder einmal zurück zu unserem Hauptthema Zeitenwende. Bei dem, was als ‚**Geist' des Wassermanns** bezeichnet wird, gibt es noch Unklarheiten. Wenn wir aus ideologischen Gründen den Wassermanngeist nicht gleichsetzen mit dem Christusgeist, dann müssen wir eine physikalische Definition finden. Und diese steht meiner Meinung nach noch aus.

Hans Bernd Altinger weist darauf hin, daß jedem der beiden Zeitalter, dem der Fische und dem des Wassermanns, eine spezifische Eigenschaft und Schwingungsfrequenz zugeordnet sei. Das Fische-Zeitalter werde von den niedrigsten Schwingungen beherrscht, die denen des Infrarots mit fünfzehn Trillionen pro Sekunde entsprechen. Dagegen sind die Schwingungen des Wassermann-Abschnittes des Platonischen Weltenjahres, in den unser Sonnensystem zur Zeit eintritt, denen von Ultraviolett mit fünfundsiebzig Trillionen Schwingungen pro Sekunde gleichzusetzen. Diese um das **fünffache höhere Lichtschwingung** des teilweise schon wirksamen Wassermann-Geistes soll all das bewirken, was in diesem Buche schon mehrfach geschildert worden ist und zu dem kollektiven Bewußtseinsprung der Mutter Erde samt ihrer verführten Menschheit führen. Hat dies *Jesaja* gesehen, als er prophezeite (30,26): *der Sonne Schein wird siebenmal heller sein zu der Zeit...* In seinem Buch[66] schreibt *Altinger* dazu (die Hervorhebungen sind von mir):

Interessant ist in diesem Zusammenhang die wissenschaftliche Entdeckung der kosmischen Strahlen im Jahre 1932. Es stellte sich heraus, daß diese eine 2,5 Meter dicke Bleiplatte durchdrangen (z.Vgl. durchdringen die Röntgenstrahlen nicht einmal drei Millimeter dickes Blei). Im Verlauf der Jahrzehnte hat die Intensität der kosmischen Strahlen kontinuierlich zugenommen. Neben der Wassermann-Konstellation wirkt zudem die stärkere Strahlung der Zentral-Sonne, kommen wir ihr im bevorstehenden Zeitalter doch am nächsten. In Folge dieser zweifach bewirkten enormen Schwingungserhöhung des Lichtes wird eine positive Veränderung der geistigen und seelischen Kräfte auf Erden erwartet. ***Grobstoffliche, grobmaterialistische und dunkle Kräfte werden durch das mehrfach verstärkte Licht aufgelöst bzw. ‚verbrannt' und feine, empfindsame Sinne treten an deren Stelle.*** *Dies ist der tiefere Grund, warum man vom kommenden Zeitalter auch vom ‚Zeitalter des Lichts', der ‚messianischen Zeit', dem ‚Goldenen Zeitalter' oder modern umgangssprachlich auch vom ‚New Age' spricht.*

Nach meiner Meinung ist diese eklatante Schwingungserhöhung nur eine andere Darstellung des sogenannten **Photonen-Gürtels.** Die deutschen Astronomen *Friedrich Wilhelm Bessel* und *Paul Otto Hesse* entdeckten zu Beginn unseres Jahrhunderts im Bereich des riesigen Sternensystems der Plejaden den ‚Manasischen Ring', der heute auch Photonenring genannt wird. Als solcher wurde er 1961 per Satelliten abermals entdeckt und im Jahr darauf folgte eine wissenschaftliche Studie. Danach legte sich der dichte Mantel der militärischen Geheimhaltung darüber und die Menschheit erfuhr näheres über diese kosmischen Lichtmassen erst durch das gleichnamige Buch ‚Photonenring' (Original ‚You Are Becoming A Galactic Human', 1994). Erinnern wir uns bitte: unser Sonnensystem bewegt sich in einer elliptisch-spiralformigen Umlaufbahn in 25920 Erdenjahren, genannt Platonisches Weltenjahr, um unsere Zentralsonne

Alcyone in den Plejaden. Dabei durchläuft der Frühlingspunkt zwölf Sternbilder am Firmament, welche mit jeweils 2160 Erdenjahren die Namen der astrologischen Sternzeichen tragen. Diesen Zeitabschnitt nannten die Hellenen Äon, heute sprechen wir von Zeitaltern und in diesen unseren Jahrzehnten wechselt unser Sonnensystem von den Fischen in das Sternbild des Wassermanns, dem Wassermann-Zeitalter.

Inzwischen werden wir darüber aufgeklärt, daß in der Breite eines Zeitalters von rund 2160 Erdenjahren um die Plejaden ein Lichtring liege, bestehend aus einem hochfrequenten Licht, das ähnlich den UV-C-Schwingungen alles bereinigt, was diese hohe Schwingung nicht ertragen kann. Quasi eine zyklische Reinigungsphase oder ein Reinigungsbad, durch das alle Sonnensysteme mit ihren Schöpfungen regelmäßig durchwandern müssen. Dieser Strahlengürtel hat die Form einer Scheibe, ähnlich den Ringen des Saturns. Der Photonengürtel um Alcyone dehnt sich hunderte von Lichtjahren in den Raum aus.

Durch dieses kosmische Ordnungssystem kann jeder der einzelnen Planeten, der Leben und entsprechende Zivilisationen auf der Oberfläche oder im Inneren seines Globus sich entwickeln ließ, ‚seiner Schöpfung' freien Lauf lassen. Denn das kosmische Ordnungssystem beinhaltet auch diese Auslese-Zyklen (*Spreu vom Weizen* und *die Schafe von den Böcken*). Und jeder der einzelnen (mit Bewußtsein ausgestatteten) Planeten kann somit innerhalb seines Schöpfungsauftrages den freien Willen auch zu einer *speziellen* Evolution zulassen. Aber (mindestens) einmal im Zeitabschnitt von 25920 Erdenjahren kommt dann die Licht-Qualitäts-Prüfung, ob der ethische Entwicklungsstand der jeweiligen Eigenschöpfungen der besiedelten Planeten der kosmischen Normung standhält.

Es gibt auch Aussagen, daß es einen zweimaligen Durchgang durch den Photonenring innerhalb des Platonischen Weltenjahres mit seinen 25920 Jahren gäbe, so daß jeweils auf rund elftausend Jahre ‚Dunkelzeit' zweitausend Jahre eines Licht-Zeitalters folgen. Oder noch vereinfachter ausgedrückt: auf eine sehr lange Zeit der niedrigschwingenden Grobstofflichkeit folgt eine kurze Zeit der höherschwingenden Grobstofflichkeit.

Diese zyklischen Wiederholungen, denen diese Sonnensysteme auf ihrem elliptisch-spiralförmigen Weg durch den Raum unterworfen sind, haben Sinn: Denn der spiralförmige Kreislauf durch den Raum wiederholt sich jeweils auf einer **höheren Schwingungsebene** und damit auch die Lernprozesse der jeweiligen Planetenschöpfungen. In ‚Lichtpunkt E' 22/96 wird uns Lichtstrebenden dazu erklärt:

> Ewigkeit ist wie die Lemniskade, die Acht. Ihr könnt euch auch vorstellen, ihr geht einen Turm hinauf in einer Wendeltreppe. Der Turm hat Fester, immer wenn ihr einen Absatz höher gestiegen seid, kommt ihr an das Fester an der gleichen Seite.

Der Rosenkreuzer *Jan van Rijckenborgh* schildert in seinem Buch ‚Demaskierung'[(160)] die Wassermann-Schwingung als einen kosmischen Regulator, der

...unter anderem eine schnell an Kraft zunehmende, korrigierende Wirkung auf alles, was sich disharmonisch zu dem großen Plan Gottes verhält, verursacht. **Es ist also die Zeit des Urteils angebrochen.** *Das bedeutet, daß sich diese korrigierende Strahlungswirkung beim Menschen entweder zu einer Auferstehung oder zu einem Fall offenbaren wird. Es kommt ganz darauf an, ob sich sein Bewußtseinszustand und seine Lebenshaltung harmonisch oder disharmonisch zu dem Plan des Universellen Logos verhalten.*

Der Diplomingenieur *Hermann Ilg* schreibt in seiner Broschüre ‚In kosmischen Bahnen denken – die Vorbereitung auf die kommende Dimension des Lebens'[(161)]:

Diese Ereignisse, deren Richtigkeit wir nicht bezweifeln sollten, traten immer dann ein, wenn ein zodiakaler [griech.: vom Tierkreis ausgehend, A.d.A.] Zeitabschnitt zu Ende gegangen war und ein neuer begann. Man mag zur Frage der Tierkreisabhängigkeit stehen wie man will, so ist doch aber **eines** *klar erkenntlich, nämlich die großartige Präzision im Bewegungsablauf der Gestirne und ihre Berechenbarkeit, soweit die wissenschaftliche Kenntnis reicht. Und genau mit der gleichen Ordnung und Präzision vollzieht sich auf der* **immateriellen Ebene** *die Gesetzmäßigkeit der ‚Religio', also der Zurückführung oder der Wiederverbindung aller Gefallenen mit der Lichtheimat, man kann auch sagen, um mit der Bibel zu sprechen, mit dem Vaterhaus, das einst in eigenwilliger Weise verlassen wurde, dargestellt im Bild der Vertreibung aus dem Paradies.*

Innerhalb dieses Rückführungsprozesses gibt es **Entwicklungsepochen oder Reifungsabschnitte***, an deren Ende jeweils ein bestimmter Reifegrad der betreffenden Menschheitsgruppe eines Planeten erreicht sein sollte,* **damit die nächst höhere Entwicklungsstufe betreten werden kann.** *Es liegt auf der Hand, daß bevor dieser nächste Entwicklungsabschnitt eingeleitet wird, das planetare Schulhaus von allen Übrigbleibseln der vorhergehenden Epoche gereinigt werden muß. Denn nur so ist gewährleistet, daß ein unbelasteter Neuanfang stattfinden kann.*

Solche kosmischen ‚Normrichtlinien' wurden den einzelnen Zivilisationen durch Propheten, Erleuchtete, Avatare oder Erzengel immer wieder und immer wieder gelehrt und vorgelebt, hohe Lichtwesen, die dann je nach Bewußtseins-Entwicklungs-Stand der Zivilisationen als Gottessöhne oder Erzengel/Himmelsfürsten oder außerirdische Kolonialisten angesehen werden. Die höchste geforderte Ethik-Qualitätsnorm könnte dabei wohl ‚*vollkommen wie der Vater*' heißen. (Die Kirchenverwaltung müßte eigentlich analog der DIN-Deutsche-Industrie-Norm eine HEN-Human-Evolutions-Norm einführen und darüber aufklären, ohne Plaketten zu verteilen oder Kasten-Systeme einzuführen. Ein derartiges System herrscht nämlich in der feinstofflichen Welt durch die verschieden abgestuften Schwingungsfrequenzen der einzelnen Seelen oder unsterblichen Bewußtseine).

Diese hochschwingende ‚Licht-Dusche' ist also – schöpferisch gesehen – nichts anderes als ein Reinigungsbad, dem eine 2160 erdenjahrlange lichtvolle Entwicklungsphase folgt. Sie bietet den einzelnen Zivilisationen ein himmlisches und paradiesisches neues Umfeld, um darin all jene Tugenden zu erleben und auszuleben, die wir als christliche Tugenden gelehrt bekamen und weiterhin bekommen werden. Und so wird auch tatsächlich jener riesige Gürtel des Photonen-Lichts als *Christus-Zeitalter* bezeichnet und als solches angekündigt. Der Aufstieg der Menschheit und diese Normerfüllung beinhalten anschließend das ‚Mitschwingen' in der gehobenen *Galaktischen Konföderation*.

Dieser **höhere Schwingungsbereich** des *Christus-* oder Licht-Zeitalters hat auch mit den schon beschriebenen Erfahrungsebenen zu tun und daher heißt es auch in der geisteswissenschaftlichen Literatur immer wieder: Bewußtseins-Sprung in eine höhere Dimension und ich habe dies ja auch in diesem Buch so übernommen. Die Schwingungsfrequenzen des Licht-Zeitalters sind die der fünften Erfahrungsebene oder Energiedichte-Dimension und zugleich galaxis- oder kosmosweit die unterste göttliche Schöpfungsebene. Die Kraft des Photonengürtels kann allen Lichtstrebenden hilfreich sein, ihr Bewußtsein dadurch noch schneller und noch leichter ausdehnen zu können.

Im Rückblick: alle schwingungsmäßig darunterliegenden Ebenen bilden eine entsprechend verdichtetere Materie und Grobstofflichkeit. Dies gilt auch für die dichtere vierte Erfahrungsebene, dem astralen Bereich unserer Erde, der daher raumgebunden wirkt und gilt mehr noch für die noch stärker zur Grobstofflichkeit gewordene dritte Erfahrungsebene. Diese Ebene wirkt raum- und zeitgebunden und ist schwingungsfrequenzmäßig die tiefste Schöpfungsebene. Was wir menschlichen Lebewesen auf dieser materiellen Ebene schöpfen und erschaffen – in Gedanken, Worten und Taten – sind Lernspiele, um das vermaterialisierte Bewußtsein wieder zu ent-wickeln und die ursprüngliche göttliche Qualität, die spirituelle Bewußtseins-Norm oder das verspielte Lichtwesen wiederzuerlangen. *Ursula Seiler* schreibt dazu in ihrer Zeiten*Schrift* 24/99:

> *Der Photonengürtel wird jene Trennung der Menschheit beschleunigen, welche Jesus schon prophezeit hat: die Trennung wird mitten durch die Familien gehen. Die einen erheben sich in den Geist und die anderen, die sich widersetzen, werden in den Staub der Materie gedrückt. Es ist an jedem, selbst zu entscheiden, welchen Weg er in diesen entscheidenden Jahren der Menschheit wählen will. Denn, wie schon gesagt: Jeder ist seines Schicksals Schmied!*

Durch die ‚Kosmische-Multi-Schnittstelle' mehrerer Zeitzyklen und den ‚point of return' unseres Sonnensystems kommt auf die derzeit lebende Menschheit angeblich ein noch nie (?) dagewesener Bewußtseinssprung eines galaktisch-weiten Planetenkollektivs zu, der uns Erdenbewohner besonders gravierend treffe, weil wir am tiefsten in die Materie und dessen Materialismus abgedriftet seien. Daher werde wohl die **Umwandlung des Planeten** samt seiner Lebewesen heftiger ausfallen und die Propheten und Visionäre aller Zeiten haben daher mehr oder weniger einen Weltuntergang vorausgesehen. Sehr gravierend wird es schon werden, denn, wie einige Quellen der Literatur warnen, würde Gewaltiges ablaufen, wenn wir ziemlich kurzfristig eine ‚Umstellung' von unserem elektromagnetischen und *explosiven* Energiestrukturen auf photonen-energetische und *implosive* Technologien erleben würden. Stellen wir uns vor, was passiert, wenn plötzlich kein Fahrzeug mehr fährt, aus der Steckdose kein Strom und aus dem Wasserhahn kein Trinkwasser mehr kommt – und das in der Großstadt.

Die Schwingungsumwandlung des Einzelnen nennen die Geisteswissenschaftler weltweit *Transformation*, bei der die Menschen selbst die Transformatoren sein und ihre eigene, seelische Schwingungsfrequenz um das fünffache erhöhen und umwandeln müssen. In ‚The Golden Age', einer Schweizer ‚Zeitschrift zur Anhebung des Bewußtseins' heißt es dazu:

...soll es unser Ziel sein, uns der Konföderation der anderen Planeten anzuschließen. Die Entscheidung liegt jedoch bei uns allein. Es ist unser freier Wille, am Transformations-Prozeß teilzunehmen. Die Erde wird den Übergang auf jeden Fall vollziehen, und wir sind eingeladen, daran teilzunehmen. Jene, die nicht bereit sind, ins Licht zu folgen, werden auf dem Schwesterplaneten wiederverkörpert werden und ihre persönliche Evolution fortführen. [...] Die Umwandlung bringt viele Veränderungen mit sich. Es wird je länger desto schwieriger, Schattenseiten in der Persönlichkeit beizubehalten. Alles Negative wird nun an die Oberfläche kommen, damit es umgewandelt werden kann. Das hat auch zur Folge, daß die Regierungen immer weniger geheimhalten können. Gleichzeitig bedingt es aber auch, daß die gesamte Menschheit ehrlich werden muß: Ehrlich gegenüber anderen und ehrlich zu sich selbst. Diese einstrahlende subjektive Energie wird sich [...] auch am physischen Körper bemerkbar machen.
Bevor wir in die höhere Ebene gelangen können, muß die Erde gereinigt werden. Deshalb müssen wir auch in unserem Körper, in unserer Seele und unserem Geist saubermachen. Für unser Denken, Fühlen und Handeln müssen wir Verantwortung übernehmen, und das ist ein 24-Stunden-Job.

In dem Buch ‚Mutter Erde wehrt sich'[39] des Schweizer Govinda-Verlages belehrt uns *Ashtar Sheran*, einer der Kommandanten der *Konföderation*:
Unser tatsächliches Anliegen jedoch, der Grund unseres göttlichen Auftrages für diesen Planeten und für unsere Mission der tätigen Nächstenliebe, findet bei vielen keine Gegenliebe, da die Sprache der Liebe für sie fremd ist. Wir möchten mit unserer Mission euren Geist und eure Herzen aufrütteln, damit die Frequenz der Liebe in euch Einzug halten kann. Durch die Toröffnungen und die damit zusammenhängenden

Lichtausschüttungen sind die besten Voraussetzungen für alle Erdenbewohner geschaffen worden, um ihre Frequenz durch die gelebte und tätige Selbst- und Nächstenliebe zu erhöhen.
Wir möchten euch daher dringend bitten: Habt Vertrauen in die Weisheit Gottes und in die Seiner Schöpfung! Habt Vertrauen, daß Gott seine Kinder unterschiedslos liebt und für sie sorgt. Aus dieser tiefen Liebe heraus hat Gott uns als Seinen materiellen Arm zu euch geschickt, um euch wieder näher an Ihn heranzuholen.
Eure Erde hat schon viele entscheidende Entwicklungssprünge durchlebt. Dieser jetzt folgende Dimensionswechsel wird für die gesamte Entwicklung eures Sonnensystems von entscheidender Bedeutung sein und somit für das gesamte Universum, denn die bereits seit vielen, vielen Jahrtausenden anhaltende Herrschaft der Dunkelmacht wird beendet werden und euch völlig neue...

Die Würzburger Urchristen-Gemeinschaft *Universelles Leben* kündigt in ihrer Zeitung ‚Das Weiße Pferd' 15/98 das verstärkte Wirken des Christuslichtes an und schreibt:
In der Christusoffenbarung >Das ist mein Wort< erklärt Christus durch Prophetenmund Hintergründe des weltweiten Umbruchs, durch den eine neue Lichtzeit auf der Erde eingeleitet wird: „Aus dem All strahlt verstärkt das Licht, das einem Feuer gleicht". Und: „Mein Licht wirkt schon auf der Erde und in der Atmosphäre." Die verstärkte Einwirkung des Lichtes Gottes auf die Erde – ein geistiger Vorgang, für die menschlichen Sinne nicht wahrnehmbar – bringt allen willigen Menschen und Seelen und auch dem Tier- und Naturreich vermehrte Energie. Doch die stärker werdende positive Kraft bringt ebenfalls das Negative in Bewegung. Was die Menschheit an der Mutter Erde und an den Naturreichen gesündigt hat, kommt nach dem Gesetz von Ursache und Wirkung auf sie zurück, und eine Katastophe folgt der anderen. Dadurch gerät in unserer Zeit auch der Rhythmus der Jahreszeiten aus dem Gleichgewicht.

Die Lichtschwingungs-Verträglichkeit wird also das entscheidende Kriterium der nächsten Jahre für die gesamte Erdenmenschheit sein.
Kriterium auch im wörtlichen Sinne einer ‚Krise'. Es wird aber wohl weniger die kollektive Krise der Menschheit sein, auf die bereits manche Informationsmedien gebannt und voller Ängste blicken, sondern hauptsächlich und zuerst die seelische Entwicklungskrise der einzelnen Persönlichkeiten oder der einzelnen Lichtbewußtseine. Die Lichtschwingungs-*Verträglichkeit* betrifft dann allmählich die weiteren Bereiche des irdischen Lebens und Zusammenlebens und auch die mächtigen Persönlichkeiten der Dunkelheit, die zu entsprechenden Entscheidungen gezwungen werden. Somit geht Schritt für Schritt und Kampf um Kampf das Jahrhundert des nackten Materialismus dem Ende entgegen - mit seinen endlos vielen unklaren Bereichen, die entweder nicht erklärbar waren oder deren logisch-sachliches Hinterfragen verboten ist.

In den Vordergrund rückt jetzt das Erkennen, daß wir sehr nahe an der Auflösung der alten aufgebauten Strukturen dieser Erde stehen. Dies wird nicht ohne innere und äußere Stürme vor sich gehen können. Der mächtige Heilige-Geist-Strom weht jetzt über unsere Erde. Er ist der Feuersturm Gottes. **Alle, die guten Willens sind, werden von ihm erfaßt und gewandelt.** *Dadurch erkennt der Mensch den göttlichen Funken in sich mehr und mehr. Seine Sehnsucht nach der wahren Lichtheimat wird brennend (Die Quelle, 3/1999).*

So wird uns die Forderung nach der **persönlichen** Lichtschwingungs-Verträglichkeit zur Aufforderung: **ohne ein lebendiges Verhältnis zum Spirituellen und Göttlichen, zu dem Gott in uns oder im Universum, wird es kein physisches Überleben unserer Körper-Dreieinheit** *Geist-Seele-Körper* **geben.** Das wäre eben doch der einfachste und schnellste Weg, diesen geforderten Bewußtseinszustand zu erreichen.

Den Weg haben uns mehrere Religionsstifter aufgezeigt und ich habe eine zeitgemäße Version beziehungsweise ein zeitgemäßes Verständnis für *göttlich-religiöse Gesetzmäßigkeiten* dargestellt, um auf diesem Weg die bewußtseinsmäßige Mindestnorm des Lichtzeitalters zu erreichen. Als Verständnis-Erleichterung wird uns aus der feinstofflichen Welt zwar erklärt, **wir selbst seien dieser Weg**, was vielfach aber unsere Verständnismöglichkeiten noch weiter erschwert. Das ergänzt die Aussage *Saint-Germain's*, in der er uns Lichtstrebende davor warnt, der Planung und Verplanung unseres Lebens zu hohe Bedeutung beizumessen, denn **wir selbst seien der Plan**.

Damit soll jedoch auf die hohe Bedeutung jeder einzelnen Person bei diesem Entwicklungsprozeß hingewiesen werden. So dürfen wir uns nicht wundern, daß die Lehrer und Helfer aus dem riesigen feinstofflichen Bereich zwischendurch auch oft recht heftig monieren, wie es mit unserer Bereitschaft und Ernsthaftigkeit wohl aussieht. Dazu fand ich in der Zeitschrift ‚Die Quelle, Lehre und Heil aus dem Christusbewußtsein' 2/1999 folgende Aufforderung:

Seid ihr bereit, in der Tiefe den Geist in euch aufzunehmen und Einlaß zu gewähren? Seid ihr bereit, auch in eurem Alltag die Verbindung mit dem inneren Licht, mit Gott aufzunehmen? Seid ihr bereit, euch dieser neuen Lehre hinzugeben, die letztendlich uralt ist, denn sie ist die ewige unvergängliche Lehre, gelehrt vor zweitausend Jahren, gelehrt von jedem Heiligen, gelehrt von all jenen, die je herabgestiegen sind, um der Erde Licht zu bringen, daß es auch eure Wahrheit wird. Seid ihr bereit, in eurem Alltag diese ewigen Wahrheiten umzusetzen und euch somit vom Schatten und Schutt dieser Welt zu reinigen? Und eure Seele zu einem leuchtenden Juwel zu machen, zu einem wahren Tempel, in dem ich, als das Licht, als die wirkende Kraft bin? Ich spreche als der Heilige Geist, ich spreche als das Licht, ich spreche als der Christus Gottes, denn wir sind eins.

Die Redakteure *Seiler-Spielmann* der Schweizer Zeiten*Schrift*, die sich seit Jahren intensiv um das Finden einer neuen Religiosität durch wahres Wissen bemühen, fordern alle Erwachten und Lichtstrebenden zu Verantwortung und bewußten Einsatz der erkannten Spiritualität auf und antworten (die Heraushebungen sind von mir) auf die bequeme Ausrede „Wir können ja sowieso nichts tun":

*Das stimmt nicht, denn kein Konzern, keine Partei und keine Organisation hat wirklich Macht – solange wir ihnen diese Macht nicht zugestehen. Allein der **Mensch** hat Macht, weil in seinem Herzen die dreifältige Flamme, das schöpferische Feuer Gottes, wohnt: der Wille, die Weisheit und die Liebe.*

*Leider gebrauchen allzuviele einflußreiche Menschen ihren Willen **ohne** Liebe. Statt göttlichen Willen drücken sie dann eben menschlichen Willen aus. Leider aber gebrauchen auch allzuviele liebevolle und anständige Menschen ihre Liebe **ohne** göttlichen Willen. **Sie sind machtlos, weil sie sich vor den oft schlimmen Realitäten des Lebens verschließen und nicht die Kraft aufbringen, aktiv für das Gute einzutreten, von dem sie wissen, daß es wahr und richtig ist!***

Niemals zuvor in der Geschichte des Planeten
waren die Energien fähiger,
sich dieser Energie der Liebe zu öffnen.

Schwinge mit ihr mit, wenn sie durch deine Energie-Felder fließt, und lasse sie alle deine Beziehungen zu anderen Menschen durchdringen, sei es zu deinem Partner, deinen Freunden, der Verkäuferin im Supermarkt oder dem Mann, der dein Auto repariert.

Ihr Lichtarbeiter
steht am Anfang der Warteschlange, noch vor dem Rest der Bevölkerung und ihr habt euch bereit erklärt, den Ball ins Rollen zu bringen. Wenn du also diese Resonanz spürst, wirst du dich sicher genug fühlen, mit deinen Freunden auf neue Ebenen der Vertrautheit zu gehen.
Angst vor Intimität ist einfach die Angst vor dem Verlust der Identität.

Doch ich versichere dir:
In dieser Öffnung wirst du mehr über dich entdecken, nicht weniger.

Wenn zwei Menschen ohne Bedingungen und Erwartungen mit der Energie der Liebe mitschwingen, beginnen sie, von Geist zu Geist zu handeln. Wenn sie voll ausdrücken, wer sie sind, wird es ihnen leichtfallen, sich einmal mental, emotional und physisch mitzuteilen.

Sex wird dann zur Begegnung von Geist im Fleisch und nicht mehr als Gegenleistung für ein Abendessen oder ein wenig Sicherheit dienen. Dein physischer Körper ist ein strahlender Ausdruck des Geistes. Und diesen Ausdruck mit anderen Menschen

frei, offen und voller Freude auszutauschen,

ist ein weiterer Aspekt deiner Göttlichkeit.

Gechannelt vom *Erzengel Ariel*, Auszug aus dem ‚Handbuch für den Aufstieg'

16. Kapitel

Die Selbstfindung des Einzelnen

Über die ‚Intelligenz' schreibt *Ron Vernan* :
*Führende Quantenphysiker gehen davon aus, daß das, was sich bei der Spaltung atomarer Strukturen letztlich nicht mehr teilen lassen wird, Intelligenz ist. Diese Intelligenz ist die Qualität, **die in jeder Zelle gegenwärtig ist** und sie mit der Fähigkeit ausstattet, ihre genaue Aufgabe zu wissen.*
*Es gibt eine intelligente Kraft im Universum, die für alles, was ist, verantwortlich ist und **die durch jeden von uns wirkt**. Unserem Körper muß nicht gesagt werden, wie er Nahrung verdauen und wann er den nächsten Atemzug nehmen muß. Die Intelligenz in unserem Körper weiß dies bereits.*
*Ebenso kann sich **unser Gemüt** von der höheren Intelligenz führen lassen, um seine Bestimmung zu erreichen und Erfüllung zu finden. Da diese höhere Intelligenz bereits **in uns vorhanden** ist, brauchen wir uns angesichts von Zweifel und Unsicherheit **nur nach innen und dieser Intelligenz zuzuwenden, die die Antworten auf unsere Fragen weiß.***
*Indem ich ruhig werde und mich dem **göttlichen Funken in mir** zuwende, erfüllt mich die Intelligenz des Universums. Ich lasse zu, daß diese heilige Kraft durch mich fließt, mein Gemüt **mit ihrem Licht erhellt** und mich mit dem Frieden Gottes durchdringt.*

Dieser Text ist eine Kontemplation (geläufiger ist dafür die Bezeichnung Meditation), die ich in dem Magazin CSA fand, einem Organ des ‚Centrum für Selbst-Aktivierung e.V.', welches ‚Hilfe zur Selbsthilfe für ganzheitliches Wohlergehen gibt' (so die eigene Beschreibung). Das vorherige Kapitel dieses Buches endete mit dem Hinweis, daß ich neben dem ausführlich gezeigten religiösen Wegen ‚zurück zur Einheit' auch einen *verstandesmäßigen* Weg aufzeigen werde.

Unter meinen LeserInnen, die dem Buch bis hierher gefolgt sind, sind sicherlich auch solche, deren inneres Verhältnis zu einem ‚Kirchengott' mit seinen Priestersystemen nicht ungestört ist und die sich mit diesem milliardenfach mißbrauchten Begriff ‚Gott', dadurch berechtigt, schwer tun. Für solche Zurückhaltung wird die im obigen Text bezeichnete **‚Höhere Intelligenz'** volles Verständnis haben und allen Suchern alternativer Wege garantiert die gleichen Lichtkräfte zur Verfügung stellen wie den konfessionellen Gläubigen dieser Welt.
All jenen (Millionen?), die in der gleichen Situation stecken wie auch ich früher, die erwachten, kritischen und individuellen Sucher unserer Zeitenwende, zeige ich hiermit den Weg zu **Spiritualität und Schwingungsfrequenz-**

Erhöhung auch mit einer alternativen Prägung: dem zeitgemäßen Gedankengut der **Neugeistlehre.**

Es war der vielschreibende, mediale Gründer der deutschsprachigen Neugeistlehre und Prophet des alternativen und individuellen Evolutionsweges, *K.O.Schmidt* (1904-77), der eine **Christliche Wissenschaft** einer konfessionellen Gläubigkeit gegenüberstellte und meine große Bewunderung und Hochachtung besitzt. Das erwähnte Centrum CSA ist eine der wenigen verbliebenen deutschsprachigen Vertretungen der Neugeistlehre.

Wenn wir uns den Text der Kontemplation noch einmal ansehen, finden wir fast den gleichen Wortschatz wieder, den wir auch in den christlich-esoterischen wie auch in christlich-gnostischen Gesetzmäßigkeiten erkannt haben. Diesen wunderschönen Text habe ich beleidigt und mir erlaubt, jene Passagen in Fettdruck herauszuheben, die genau die entscheidenden Begriffe meiner letzten Kapitel ansprechen. Lediglich das Wort *Gemüt* erscheint hier als nichtkirchliche Bezeichnung für die *Seele*. Interessant ist auch die Stelle, daß *wir uns der Intelligenz in uns zuwenden, die die Antwort auf unsere Frage schon weiß*. Die fast gleiche Empfehlung gab uns auch *Jesus* im *Matthäus*-Evangelium (6,5-9), er sprach allerdings vom *Vater in uns*, versicherte aber ebenfalls ...*denn euer Vater weiß, was ihr braucht, noch ehe ihr ihn bittet*. Lesen Sie den Text der Kontemplation bitte noch einmal aufmerksam durch.

Um uns noch etwas mehr in das Neugeistliche einzuklinken, zitiere ich zwei weitere Stellen aus dem gleichen Heft 3/4 1999:

Deshalb üben wir uns täglich, unsere Aufmerksamkeit umzulenken: von sorgenvollen zu lebensbejahenden Gedanken, von Problemen zu Lösungen, von Begrenzungen zur Freiheit, von Mangel zu Fülle und größerer Erfüllung. Diese Aufgabe kann niemand für uns erfüllen. Es ist die Aufgabe einer jeden Seele, das eigene Gemüt so auszubilden, daß sie sich frei zum Ausdruck bringen kann. Das nennen wir Selbst-Verwirklichung: die Eigenschaften unseres wahren Wesens im Dasein zu verwirklichen, zum Ausdruck zu bringen, zu leben, zu sein.

Und der große indische Philosoph *Rabindranath Tagore* (1861-1941), Nobelpreisträger für Literatur 1913, schreibt zu diesem Neugeist-Kernthema:

Unser wahres Wesen liegt ganz tief in uns! Was wir als Unruhe und Schwäche empfinden, ist in Wirklichkeit nur Kräuselung der Oberfläche. In der Tiefe ist Ruhe, Gewißheit und Freiheit.

Darum sollten wir täglich in der Stille in den tiefen Grund unserer Seele hinabtauchen und des wahren Lebens in uns inne werden. Dann werden auch unsere Worte und Taten Offenbarungen der Wahrheit sein.

Die Erkenntnis, daß **eine göttlich-intelligente Kraft in uns** ist, kennen wir bereits als gnostischen Weg, den wir zu allen Zeiten finden - in den östlichen

Lehren, in der genialen Ur-Lehre *Jesu* und heute in den Glaubensbekenntnissen des ‚inneren Christentums' - in dem sogenannten **Weg nach Innen**. Dies ist zwangsläufig aber auch der *individuelle Weg*, der Weg der inneren Einheit (lat. *individere* ‚nicht zu teilen, verbunden sein mit allem') mit dem Selbst oder der Höheren Intelligenz oder dem Genius (*K.O.Schmidt*).

Um besser zu verstehen, was im Neugeistigen unter **individuell** im Sinne des klassischen lateinischen Wortes zu verstehen ist, zitiere ich den größten Philosophen der ausgehenden römischen Kaiserzeit, den ägyptisch-griechischen Neuplatoniker *Plotinos* (205-270 n.Chr.), der unter dem Namen *Plotin* in Rom berühmt wurde. Unerreicht treffend bleibt sein Gleichnis vom Weltenbaum[78]:

Alles ist eins! Das ist das Prinzip, worin alles zugleich und alles das Ganze ist. Alles Einzelne geht aus ihm hervor, während es selbst in sich verharrt – wie aus einer Wurzel, welche ruhig in sich bleibt. Die hervorgehenden Dinge haben sich entfaltet zu einer ungeteilten Menge wie Blüten, deren jede das Bild des Ursprungs in sich trägt. Der eine dieser Teile bleibt der Wurzel nahe, die anderen dehnten sich in die Ferne, spalteten sich zu Ästen, Zweigen, Blättern und Früchten. Das Eine bleibt ewig, das andere befindet sich in ewigem Werden wie die Blätter und Früchte.

So können wir den oben erwähnten *Selbstfindungsprozeß* zusammen mit unserer *Individualisierung* aufteilen in drei Folgen:

- **der Weg nach innen:** wir kennen den Weg *des* Glaubens und der Religiosität der großen Gemeinschaften mit dem *Blick nach außen* (exoterisch). Doch der individuelle Weg des Selbst-Bewußtseins ist der *Blick nach innen* (esoterisch).

- **das Finden der geistigen Kraft in uns:** wir erleben plötzlich ‚bewußt' die Veräußerlichung samt einer Veräußerung unserer Persönlichkeit in einem noch nie dagewesenen Maße, um uns von unserer *individuellen Stärke*, der Kraft in uns, abzulenken und

- **die Selbst-Findung:** indem wir immer gekonnter äußeres Erkennen zu innerem *umwandeln* oder transformieren, finden wir zu befreiender Bewußt-Werdung und individuellem Selbst-Bewußtsein.

Der Weg in die innere Stille

>Wer an die Quelle will,
>muß in die Tiefe geh'n
>und muß auf Kleines, Unscheinbares seh'n.
>Dann wird er innen still.

Immer wieder stoßen wir auf den Hinweis eines ‚Weges', der nach innen führt und darauf, daß er **in die Tiefe geht und in die Stille** - bei den Philosophen des Altertums wie bei den Psychologen unserer Tage, bei *Jesus* in der Bergpredigt: *‚...wenn du aber betest, dann geh in dein Kämmerlein und schließ die Tür zu und bete zu deinem Vater, der im Verborgenen ist'* wie bei den Gurus Indiens, die das gleiche moderner interpretieren. Und ein chinesisches Sprichwort versichert uns: *Nur im ruhigen Teich spiegelt sich das Licht der Sterne.* *Friedrich von Schiller* erkannte:

Sobald es licht wird in dem Menschen, ist auch außer ihm keine Nacht mehr;
sobald es still wird in ihm, legt sich auch der Sturm im Weltall.
Die streitenden Kräfte der Natur finden Ruhe zwischen bleibenden Grenzen.

Der Religionsphilosoph *Pythagoras* lehrte bereits in der griechischen Hochkultur die top-aktuelle und holistische Erkenntnis:

Horcht in euch hinein und betrachtet die Unendlichkeit des Raumes und der Zeit.

Und der spirituelle Meister von Atlantis, *Hilarion*[77], belehrt uns heute:

Nur wenn ihr euch freimacht vom Lärm dieser Welt,
wenn ihr eure Herzen öffnet für die Liebe, für die Einstrahlung des Lichts,
können euch die Kräfte des Vaters durch die Meister der Sonne,
durch die unzähligen Energielenker richtig erreichen.
Wunderbare Energien stehen für euer Heil, für euer Erwachen bereit.
Ihr vergeßt nur, um diese Kräfte zu bitten und euch bewußt für sie zu öffnen.

Diese schon mehrfach erwähnten Geisteskräfte in uns selbst und in unserer Stille sind die der *Intuition* und *Inspiration* und später auch die der *Erleuchtung*, das *innere Licht* und der *geistige Durchblick*. Das ganze nennt sich ‚Aufstieg ins Licht', auch wenn der scheinbare Um-Weg **zuerst einmal Richtung innen** geht. Eine solche Reise hat wie immer mehrere Stationen und Entwicklungsstufen:
- zuerst das Äußerliche und Oberflächliche *loslassend*, kommt das Einkehren in die eigene innere Stille,
- geduldig erkennen, daß man diesen Weg zuerst *gehen* muß. Nicht jetten und nicht ufo-schnell aufsteigen, sondern Schritt für Schritt *gehen*,
- daß dann allmählich der ‚innere Frieden' *einkehrt* und die oben aufgezählten spirituellen und geistigen Kräfte *erwachen* können,
- die dann wieder den Weg nach außen suchen werden und uns eine neue, höhere und viel schönere Resonanzebene mit der äußeren Welt erschließen. *Nichts wird mehr so sein, wie es vorher war.*

- Eine neue innere Wahrnehmung der eigenen Höheren Intelligenz ist entstanden, die uns verläßlich weiter durchs Leben zu unserer eigentlichen Lebensaufgabe - und dem *Dienen* anderer - führt und durch die dabei entstehende Reife
- schließlich und ausschließlich in dem Ziel der Rückkehr in das Einswerden und in die Einheit mit der Höchsten Intelligenz gipfelt.

Auf diese innere Verwandlung verweist auch der Mystiker als höchste Lebensweisheit:

> *Willst Du, was ewig in Dir ist, erfassen,*
> *Mußt Du Dich ganz in Dir entsinken lassen,*
> *Und erst dann aus dem eigenen Verständnis*
> *Gelangst Du zu rechter Gott-Erkenntnis.*

Zu dieser Reise, die durch die Erschließung der geistigen Kräfte unserer eigenen **inneren Mitte** zur eigentlichen Entfaltung unseres Bewußtseins im Sinne eines spirituellen Selbstbewußtseins führt, schreibt mit dem Untertitel ‚Ein Weg für die Neue Zeit' der Rosenkreuzer *Dr. Wolfram Frietsch*[73]:

In einer neuen Zeit, die uns ungeahnte innere Kräfte erschließen und unerkannte Pforten eröffnen wird, aus denen bereits die ersten verheißungsvollen Lichtstrahlen hervordringen, sind wir gefordert, die bestehenden Gegensätze auszugleichen, harmonisierend zu wirken und von innen heraus die Welt auch äußerlich rückzubinden. Nicht durch Gewalt, nicht durch Macht, auch nicht durch Unterdrückung, sondern allein aus dem Inneren heraus, das uns mehr und mehr unser wahres Sein erkennen läßt.

Diese Reise in das eigene Innere hat also neben der geistig-spirituellen Komponente noch eine zweite psychologische: **unser wahres Sein oder Selbst** zu finden. Sie hat es vor allem in den asiatischen Religionsphilosophien, in denen die lebenslange Suche danach im Vordergrund steht. Was jeden von uns letztlich einmalig und unverwechselbar macht, ist unsere Individualität und unser Wesenskern, eben das, was *zutiefst in uns steckt*. Und an dieses Wesentliche von uns und in uns heranzukommen, bedarf es der inneren ‚Stille'. ‚*Aus deinem Inneren nimm dein Ideal; sonst geht dein Selbst an einen Traum verloren*' warnte schon damals der große Literat *August Wilhelm Schlegel* (1767-1845) und rief zur Suche unseres Selbstbewußtseins auf. Je näher wir auf diesem Weg, der schmal und eng ist und daher auch oft als *Pfad* bezeichnet wird, und der lang und zielorientiert sein muß wie eine gut geplante Reise, je näher wir dabei unserem Höheren Selbst in uns kommen, umso reichhaltiger können wir auf die eigenen geistigen oder spirituellen Kräfte zurückgreifen.

Der schlesische Barock-Dichter *Angelus Silesius* (eigentlich *Johannes Scheffler*) reimte deshalb:

Halt an, wo läufst du hin? Der Himmel ist in dir;
Suchst den Gott du anderswo, dann laufst du in die Irr!

und der Schriftsteller *Friedrich von Bodenstedt* (1819-1892) erkannte:

Ist nicht im Innern Sonnenschein,
von außen kommt er nicht hinein.

Zu dieser ‚**Einkehr**' steht heute dem Suchenden ein breites Angebot an Wegbegleitung zur Verfügung, am individuellsten aus den Neugeistlehren oder spiritueller: aus dem Bereich der christlichen Geisteswissenschaften mit vielfältig ausgerichteten Büchern und ebenso erfolgversprechenden Seminaren. Auch von kirchlicher Seite finden wir dafür gemeinschaftliche Ansätze, mehr jedoch noch von charismatischen und medialen Persönlichkeiten, die ihre Berufung dazu erkannt haben. Das kann sich zwischen Familiengemeinschaften und Freundeskreisen wie auch elitären ‚Sekten' (im positiven Sinne vom lat. secta *befolgter Grundsatz, Richtlinie*) bis zu weltweit bekannten Gurus abspielen – der veränderte Geist unserer Zeitenwende bietet inzwischen Erweckung und Führung global und breitgefächert an. Doch man achte darauf, daß der Weg stets einen *individuellen Bezug* zum Suchenden oder Schüler haben muß. Die wohl ausführlichste und brillant geführte Einarbeitung bietet für den deutschen Sprachraum die ‚Neue Lebensschule' von *K.O.Schmidt*[137].

Vor allem muß natürlich jeder Suchende irgendwann entscheiden, ob er diesen Weg alleine geht oder zusammen mit Gleichgesinnten in den meist kleinen Geist-Gemeinschaften. Nach meinen Beobachtungen und Erfahrungen heißt die Empfehlung: beides. Zuerst *einlesen* in die angebotene Literatur und dann erst Praxis-Erfahrung suchen und annehmen. Führung ist gut, um anfängliche Hindernisse, Umwege und Rückschläge zu vermeiden, Ver-führung könnte gefährlich sein dabei. Jegliches bequemes Anhängertum führt auf diesem Weg des Einzelindividuums überhaupt nicht weiter. Sich nur ‚anzuhängen', Idole zu suchen und Vorbilder zu verehren erzeugt Staus auf unserem Weg zum eigenen Selbst. Wer es mit der Höchsten Intelligenz als eigentlichem oder zusätzlichem Begleiter versucht, geht dabei auf der sicheren Seite, denn es gilt das Versprechen: *„Ich werde euch nicht alleine lassen, sondern den Geist der Wahrheit senden".*

Irgendwann auf unserem Verinnerlichungsweg gibt es aber nur noch den **irdischen Alleingang** für jeden von uns. Den ‚Lauschangriff' auf unser Innerstes müssen wir nach einer gewissen Schulung und Ausbildung ganz alleine angehen. Eine Stimme unserer Tage, die nordamerikanische Autorin *Natalie Goldberg*, bestätigt: ...*Alles, was wir ganz tun, ist eine Reise allein.*

Gleiches lehrte *Plotin* vor rund eintausendachthundert Jahren schon. In seinem Buch „Die innere Sonne"[78] über Lebensweg, Geist und Lehre des römischen Neuplatonikers *Plotin* schreibt *K.O.Schmidt* auch über die schon damals empfohlenen und gesuchten Wege zur Verinnerlichung mit dem Ziele der inneren Erleuchtung, die meist in verschiedenen Mysterienschulen angeboten wurden. *Plotins* realistische Empfehlungen bei all dem dabei benötigten Abgehobensein und Verinnerlichungsdrang haben noch heute Gültigkeit und passen ausgezeichnet zu dem Individualisierungs-Trend des Geistes unserer Zeitenwende, wenn er über den *Pfad des inneren Lichtes* schreibt:

Dazu bedarf es nach Plotin keiner Kasteiungen und keiner besonderen magischen und transzendentalen Versenkungsübungen. Diese sind eher hinderlich und führen zu leicht auf Ab- und Irrwege und zu Pseudo-Visionen, zu Scheinerlebnissen. Plotins Weg nach innen ist ein Weg rechten Denkens, Lebens und Lassens, auf dem der Lichtwärtsstrebende auch keine fremde Führung und Hilfe mehr benötigt.

„Suche das Höchste nicht mit Hilfe eines anderen zu schauen, sonst wirst du bestenfalls nur eine Spur davon wahrnehmen, aber nicht das Höchste selbst. Suche dich vielmehr allein in der Stille des Inneren gelassen lauschend für das Höchste aufgeschlossen und empfangsbereit zu halten."

Bezüglich der Verantwortung auf diesem Wege bestätigt *L.W.Göring* in seinem Buch „Apokalypse „Seele""[49] ...*denn letztendlich lebt jeder für sich allein und jeder muß allein entscheiden, welche Gedankenformen er denkt, nach denen er selbst leben muß.*

Ein entscheidender Punkt auf der Suche des richtigen Weges ist allerdings **das Finden**. Es gibt Sucher, die dies mit Leidenschaft tun und das beinhaltet gleich zwei Fehler: alles, was mit Leidenschaft betrieben wird, ist logischerweise emotions-ge-laden und damit auch emotions-be-laden. Wir können aber steile Entfaltungswege nur gehen, wenn wir uns weitgehendst entladen und nicht belasten. Und zweitens führt uns das Suchen immer wieder einmal an Weggabelungen, die *Entscheidungen* verlangen.

Und heute gibt es, verführt von einem Riesenangebot von esoterischen und spirituellen, die tollsten ‚Wege'. Und prompt auch genügend Sucher, die stets den bequemsten Weg finden und wählen – wenn es sein darf, dreißig Jahre lang (allerdings ‚darf' das zwischenzeitlich kaum jemand mehr, die geistige Führung läßt die auf Abwege geratenen Lichtstrebenden rechtzeitig und andauernd ‚stolpern'). Da aber auch den Erwachten und Lichtstrebenden *der Zeitenwende* nicht plötzlich alles geschenkt wird in ihrer Entwicklung, was Generationen vor uns noch mühe- oder gar leidvollen Lernens bedurfte, heißt das, den einmal eingeschlagenen **Weg auch konsequent weiterzugehen** – bis zur Schmerzgrenze. Oder zumindest durch das ‚Tal der Tränen', dessen Vor- und Nachteile ich schon erwähnt habe. Mancher Weg zeigt sich schließlich als gangbarer in einer kleinen Seelengemeinschaft, denn der Alleingang ist nicht Jedermanns Sache. Dies herauszufinden, zählt mit zu den Entfaltungsstufen, die ein solcher Weg zu bewältigen hat.

Das Finden der geistigen Kraft in uns

In den Kapiteln, in denen ich die geistig-religiösen Gesetzmäßigkeiten überwiegend in der Sprache der Geisteswissenschaften beschrieben habe, habe ich schon auf das Höhere Selbst und auf das Göttliche in uns ausführlich hingewiesen (ohne dabei unkritisch in konfessionelle Fokussierungen geraten zu wollen). Die Gesetzmäßigkeiten des freigeistigen Denkens bleiben natürlich die gleichen wie die gnostisch-religiösen, nur die Sprache und die Begriffewahl entsprechen mehr dem des typischeren New-Age.

Dazu stellen sich drei grundsätzliche Fragen, um die geistigen Kräfte in uns besser zuordnen zu können. Erstens: welche geistigen Kräfte finden wir in uns? Es sind dies

- das **Vollkommene**, das Reine und das Ursprüngliche, das wir von der universellen Intelligenz in das jeweilige Erdenleben mitbekommen haben,

- eine Form von **innerem Licht**, das der Philosoph *Plotin* ‚innere Sonne' nannte. Er wollte damit ausdrücken, daß unser inneres Licht ein ureigenes Licht ist wie die Sonne und nicht wie der Mond, der nur reflektierendes Licht spenden kann. Es ist unser ganz spezielles und eigenes Lebenslicht, das allerdings unserer Erweckung bedarf und das nur zu immer größerer Entfaltung kommt, je ethischer und vergeistigter unser Erdenleben abläuft – in der Sprache der Zeitenwende: je höher unsere Gesamt-Schwingungsfrequenz wird.

- das **Höhere Bewußtsein**, das nicht nur die vegetativen und selbstheilerischen Lebensprozesse kennt und steuert, sondern wie eine elektronische Großdatei die Lebenserfahrungen sämtlicher Verkörperungen gespeichert hat. Mit der dazu nötigen hohen Schwingungsfrequenz könnten wir in diesem System surfen wie im Internet.

- Teil der **universellen Intelligenz**, die mit ihren kosmisch-weiten Schöpfungserfahrungen und der Forderung eines Höchstmaßes an Vollkommenheit vernetzt ist mit dem geistigen Erbgut und dem Intelligenz-Splitter ‚Höheres Bewußtsein' im Menschen.

- Der **intuitive Führer** und innere Warner, der das Lernprogramm unseres irdischen Lebens und dessen Zielvorgaben kennt. Er versucht uns immer wieder auf den ‚rechten Weg' zurückzuführen, wenn wir unseren freien Willen zu unserem eigenen Schaden mißbrauchen oder allzu weit von dem Lebens-Lernprogramm abdriften.

Zu der Sichtweise ‚Universelle Intelligenz' paßt auch, was *von Goethe* im Alter als Höchstes erkannte:
Nicht das macht frei, daß wir nichts über uns erkennen wollen, sondern daß wir verehren, was über uns ist. Denn indem wir es verehren, heben wir uns zu ihm hinauf und legen durch unsere Anerkennung an den Tag, daß wir selber das Höhere in uns tragen und wert sind, seinesgleichen zu sein. Kepler sagte: 'Mein höchster Wunsch ist es, den Gott, den ich im All überall finde, auch innerhalb meiner selber gewahr zu werden.'
Der Edle fühlte, nur nicht bewußt, daß in eben dem Augenblick das Göttliche in ihm mit dem Göttlichen im Universum in inniger Verbindung stand.

Und über die Bewußtwerdung der ‚inneren Führung' und der *Partnerschaft* mit dem Genius oder inneren Helfer schreibt *K.O.Schmidt*[137]:
Hier weiß man, daß alles erreichbar wird, wenn man statt aus dem Ich aus dem **Selbst** *lebt, sich von der Weisheit des Selbstes leiten läßt, also Christi Weisung befolgt:*
"Werdet wie die Kinder!"
Wie das Kind sich, ohne dessen klar bewußt zu sein, über sein Selbst und seine Eltern vom Lebensganzen her geleitet und behütet fühlt, so gilt es, uns vom inneren Partner zur Gewißheit des Rechten leiten zu lassen, allvertrauend durchs Leben zu schreiten, dabei der Führung und Hilfe von innen her immer bewußter zu werden, ihr mit wachsender Einsicht zu folgen und mit dieser zunehmenden Wachheit und Willigkeit unser Erwachsensein und Dem-Leben-Gewachsensein zu demonstrieren.
„Werdet wie die Kinder!" heißt, daß die innere Partnerschaft nicht in der Einräumung eines bloßen ‚Mitspracherechts' des göttlichen Selbstes besteht, sondern daß wir die letzte Entscheidung von **ihm** *treffen lassen im Gewißsein, damit das Trefflichste getan zu haben – also im Geiste des ‚Nicht wie* **ich** *will, sondern* **wie Du willst***, mein innerer Führer und Helfer!'.*

Die nächste grundsätzliche Frage dazu heißt: Wo finden wir die geistigen Kräfte in uns? Verschieden formulierte Antworten darauf geben uns die

- **Quantenphysiker**: Wie bereits beschrieben, ist für sie das eigentliche Lebenslicht das *Biophotonenlicht* unserer Zellen, die in vollkommener Ganzheitlichkeit die geistigen Kräfte in der Materie erhalten,

- die **Gnostiker** oder **Mystiker**: Für sie ist der ‚Lichtfunke' im menschlichen *Herzen* plaziert und damit Ziel unseres inneren Weges und unserer Verinnerlichung. Dadurch erhält auch die Liebe (zu uns selbst und zu unserem Nächsten) den höchsten Stellenwert als geistige Kraft und

- die **Geisteswissenschaftler**: Für sie ist das Zentrum unserer inneren geistigen Kräfte das *Herz-Chakra,* das auch das ‚Tor zur Seele' genannt wird. Es ist das mittlere der sieben Hauptchakren und symbolisiert damit zugleich seinen Harmonie-Auftrag, zwischen den drei unteren und niedriger schwingenden Chakren (siehe Glossarium) und den drei oberen spirituellen und höher schwingenden auszugleichen.

Und eine dritte wichtige Frage zum Finden der geistigen Kräfte lautet: Was ‚bringen' uns diese gefundenen geistigen Kräfte? *K.O.Schmidt* erklärt dazu:
...Da das eine oder das andere eintritt und die innere Kraft sich stets stärker erweist denn alle äußeren Gegenmächte, entfällt jeder Grund zur Spannung, Sorge und Lebensangst. Der von innen Geführte lebt freier, besinnlicher, gelassener und wird zugleich ständig fähiger, das auf ihn zukommende und ihm zukommende Schicksal wach und geistesgegenwärtig zu ergreifen und positiv zu gestalten.
Während die Wünsche und Schwierigkeiten abnehmen, wachsen die Beglückungen und Gewinne, die Harmonie mit den Mitmenschen und dem Leben und die Gewißheit: „Ich bin eins mit dem Unendlichen Geist des Guten. Seine Kraft ist meine Kraft. Sie erfüllt mich, macht mich stark und leitet mich zu Freiheit und Gelassenheit.
Der göttliche Geist in mir steht mir als mein innerer Helfer jederzeit zur Seite. Er macht alle Dinge gut, die zu mir kommen, und macht, daß alle guten Dinge zu mir kommen!"

Die geistigen Kräfte sind also der Ausdruck unserer ureigensten Persönlichkeit, unseres Höheren Selbstes, unseres Gott-in-uns oder wie es gerne in den Lehren der Aufgestiegenen Meister heißt: unsere ICH-BIN-Präsenz[167] und damit unseres unsterblichen Bewußtseins. Und somit auch unsere entscheidende **individuelle Stärke**. Diese Stärke unserer geistigen Kräfte gibt uns die innere Freiheit und weitgehende Unabhängigkeit von Äußerlichkeiten, wodurch sie uns die *Selbst-Findung* und danach die *Selbst-Verwirklichung* erleichtern. Die Stärke unserer geistigen Kräfte erlaubt uns, mehr Verantwortungsbereitschaft für uns und andere zu entwickeln und das Ahnen von spiritueller Meisterschaft und innerer Erleuchtung führt zu immer höheren Schwingungsfrequenzen unseres Selbstbewußtseins.

Selbst-Verwirklichung ist die zu sich selbst erwachende Glückseligkeit des ICH-BIN, das uns erleben läßt *...ich bin der Herr meines Geschicks!* Der Einsatz unserer Gedanken-Kräfte in Verbindung mit der Vollkommenheit unserer inneren geistigen Kräfte, läßt uns in dieser Resonanz anziehen, was uns treffen wird. Wir selbst tun dies – auf dem Weg zu uns selbst.
Auf diesem Weg der Selbstverwirklichung verklärt sich das Gesicht aller Dinge, Wesen und Geschicke. ***Alles Äußere wird lebendiger Teil und Ausdruck des Inneren.*** *Alle den unteren Werdestufen zugehörenden Selbstentzweiungen, Selbstbelastungen und Gehemmtheiten verschwinden im Strom höchster Produktivität und* ***immer bewußterer Entfaltung der höchsten Mächte und Werte, die im Selbst angelegt sind*** *(K.O.Schmidt).*

Selbst-Findung und Individualisierung

Damit sind wir bei den beiden entscheidenden geistigen Faktoren des menschlichen Lebensweges und des ‚*point of return*' unserer Zeitenwende angelangt.
Dazu schreibt die Gründerin und Leiterin der ‚Mutter Erde Initiative', *Sigrid Beckmann-Lamb* in ihrem Rundbrief[154]:
Bedingt durch die Tatsache, daß wir mit unseren alten Denk- und Verhaltensweisen in allen Lebensbereichen an Grenzen stoßen, sehen wir uns zu einem **Bewußtseinswandel** *genötigt. Die Zeit des Fanatismus und Dogmatismus in jedweder Form, der Unversöhnlichkeit und des Starrsinns geht zu Ende, weil sie langfristig das* **Ende aller Beteiligten** *durch Selbstzerstörung bedeuten würde!*

Der geforderte **Bewußtseinswandel**, der einem benötigten Bewußtseinssprung vorausgehen muß, gar einem globalen, kann nur Erfolg haben über Umwandlung oder Transformation des einzelnen Menschen. Jede Bewußtseins-Umwandlung muß zuerst gelebt und vorgelebt werden, und das ist ein individueller Prozeß. Das mit der pauschalen Erlösung durch einen Messias, wie es die paulinisch-konstantinische Version des Christentums lehrt, hat ja der Menschheit als Ganzes auch nicht zu mehr Ethik und einer höheren seelischen Schwingungsfrequenz verholfen. *Selbst-Vollendung* und *Selbst-Erlösung* sind angesagt, nachdem die kollektive Erlösung auch in anderen Glaubenssystemen und Philosophien versagt hat.

Wenn wir diese hochgesteckten Ziele der Selbst-Findung und der Individualisierung einigermaßen erreichen, steht uns ein gewaltiges Potential an Geisteskräften zur Verfügung, denn

- **Selbst-Findung** bedeutet, daß wir erfolgreich gelernt haben, von den Wertigkeiten und den Illusionen des Äußerlichen loslassen zu können. Das muß nicht heißen, daß wir zu Asketen werden müssen, um den Weg nach Innen erfolgreich gehen zu können. Es zählt schon, daß wir frei sind von den inneren Verbindlichkeiten äußerer Strukturen. Dabei sind auch Karriere und Wohlstand nicht schädlich. Wichtig ist – und es ist ein Qualitätsmerkmal angehender Meisterschaft – daß **wir selbst diese Scheinwelt beherrschen** und **nicht diese uns beherrscht**. Unser innerer Abstand zu den Äußerlichkeiten muß stets so groß sein, daß ausreichend Freiraum für unseren täglichen Weg nach Innen bleibt. Dieser bleibt *rein* trotz aktiver Weltbeteiligung, wenn wir Disziplin halten in Gedanken, Worten und Werken. So finden wir tatsächlich zu uns selbst und werden innerlich frei und selbständig und nicht mehr angreifbar.

- **Individualisierung** bedeutet außerdem, daß wir uns zur individuellen Persönlichkeit entfalten werden. Denn nach Wiederentdeckung und Finden unseres (göttlichen) Selbst mit seinen geistigen und spirituellen Kräften sind wir unabhängig (im ursprünglichen Sinn des lateinischen Wortes *individuum* ‚das Unteilbare'). Unabhängig von allen bindenden Strukturen und Systemen des Glaubens, der Politik, des Erfolgszwangs und dem stärksten Bindemittel, dem Geld. Individualisten können nicht manipuliert werden. Sie besitzen innere Stärke, sie bestimmen und lassen sich nicht bestimmen. Ihre erreichte innere Freiheit tauschen sie nicht mehr gegen äußere Ehren. Sie führen ein selbstbewußtes Leben und lassen sich nicht mehr ver-führen. Schon *Konfuzius* forderte:

> *Sei diszipliniert,*
> *bringe Harmonie in deine Familie,*
> *führe dein Land*
> *und bringe Frieden in die Welt.*
> *Und tue dies in dieser Reihenfolge.*

Der Bewußtseinswandel, der nötig ist, um zu der ersehnten Selbst-Findung und Individualisierung zu kommen, ist unvorstellbar vielfältig, so wie auch die Bewußtseinsreife der verschiedensten Erdengeschwister verschiedene Reifegrade an Seelenreife besitzen. Die katholische Künstlerin und Autorin *Rosina Zipperle* trennt in ihrem Buch ‚Zum Lichtgrund der Seele'[136] den Wandel des menschlichen Bewußtseins in folgende Entwicklungsstufen: Körperbewußtsein, Seelenbewußtsein, geistiges Bewußtsein, Selbst-Bewußtsein, kosmisches Bewußtsein, vergöttlichtes und zuletzt Christusbewußtsein.

Innerhalb dieses Wandlungsprozesses geht es um
die Selbst-Erkenntnis,
die Kunst des Loslassens und
die Selbst-Verwirklichung.

Zu dem langen und oft schmerzlichen **Weg der Selbst-Erkenntnis** schreibt *Rosina Zipperle*:
Das Selbst-Bewußtsein liegt einerseits in der organischen Entwicklung des menschlichen Bewußtseins [siehe auch ‚der Lebenskreis' auf Seite 182ff]. Es stellt aber zugleich einen qualitativen Sprung dar, der vom Menschen viel Mut und Risikobereitschaft verlangt. Zunächst wird vom Menschen erwartet, daß er sich auf diesem Weg zu seinem eigentlichen Selbst seinem eigenen Schatten stellt. In diesem Schatten begegnet er seinen verdrängten Konflikten und all den bisher ungelebten Möglichkeiten seiner Persönlichkeit.

Damit ist der Entwicklungsprozeß gemeint, den ich als das ‚Tal der Tränen' angeführt habe, das jeder mehr oder weniger massiv durchleben muß, der diesen Weg der Selbst-Findung gehen will.

Für die neuen Dimensionen des Bewußtseins in unserem New-Age erkennt die Künstlerin *Zipperle*:
Das kosmische Bewußtsein bedeutet eine Ausweitung des Bewußtseins im Sinne der Seinserfahrung. In ihr erschließen sich dem Menschen die Eigenschaften des universellen Seins. Ihnen begegnet er in der begrenzten Form der menschlichen Wahrheit, des menschlichen Gutseins und der menschlichen Schönheit bereits im egozentrischen Umfeld. Die notgedrungene Verengung durch die Ich-Bezogenheit verdunkelte den Lichtschein der universellen Wahrheit, verminderte die Strahlkraft der universellen Güte und verzerrte den Glanz der universellen Schönheit. Kosmisches Bewußtsein bringt diese drei Eigenschaften des Seins zum vollen Leuchten. Dabei steht der Mensch dieser Fülle des Seins nicht als kühler Beobachter gegenüber, sondern er wird nach dem Maße seiner Fassungskraft in die Fülle dieses universellen Lebens einbezogen...

Über die **Kunst des Loslassens** und seinen befreienden Lösungsprozeß habe ich schon im vierzehnten Kapitel geschrieben. Auch dies ist ein Segment des Umwandlungs-Prozesses und führt bei den meisten Menschen durch das ‚Tal der Tränen', allerdings auch wieder sehr verschieden ausgeprägt, je nachdem, wie sehr die für dieses Erdenleben mitgebrachte Bewußtseinsreife durch unseren äußeren Weg blockiert ist. Wie auch schon erwähnt, kann sich die Meisterschaft in der Selbst-Findung auch darin ausdrücken, daß bereits ein bewußtes *inneres* Loslassen uns aus dem Materiellen frei werden läßt. Der indische spirituelle Lehrer *Sai Baba* nennt dies **Bindungslosigkeit**: „*...Du mußt weder die*

*Objekte noch deine Aktivitäten aufgeben. Gib nur die **Bindung** an die Objekte, an die Welt und an die Aktivitäten dort auf."*

Die Verwirklichung des dann befreiten und erlösten Seelen- und Bewußtseinszustandes, die **Selbst-Verwirklichung**, ist die dritte psychologische wie auch spirituelle Hürde. Wenn wir nochmals zurückdenken an die Darstellung des ‚Lebenskreises', dann setzt ab der Lebensmitte die *seelische Umwandlung* des Ich's immer mehr in ein Du ein. Das Du kann neben dem gehätschelten Ich, je nach Reife des einzelnen Bewußtseins, ersatzweise entstehen oder noch ethischer: zusätzlich (*...liebe deinen Nächsten wie dich selbst!*). Doch jetzt und heute geht es um die *spirituelle Umwandlung* unseres Bewußtseins (Aufstieg der Menschheit ins Licht) und das spielt sich zusätzlich noch im Bereich des Selbstes ab. *Rosina Zipperle* erkennt daher:

In diesem Umwandlungsprozeß verliert das kleine Ich des Menschen seine Ich-zentrierte Bedeutung. Dies geschieht im Verzicht, im Mittelpunkt stehen zu wollen. Daraus wächst die Fähigkeit, dem wahren Wesen zu dienen. Diese Wesenverwandlung führt:

    Von der Enge des Ich – in die Weite des Selbst;
    Von der Maßlosigkeit des Ich – in die Wunschlosigkeit des Selbst;
    Von der Einsamkeit des Ich – in die Stille des Selbst;
    Von der Verzweiflung des Ich – in die Seligkeit des Selbst.

Dieser Selbst-Findungs- und Selbst-Verwirklichungsprozeß ist ein langer, meist auch langsamer Vorgang, bei dem unser Resonanzfeld und seine Schwingungsfrequenzen kontinuierlich ansteigen – wie gewünscht. Dabei ist es aber nicht so, daß ab der Erreichung eines bestimmten Skalenwertes das ‚Licht' angeht und Weisheit und Erleuchtung uns ‚veredeln'. Dieses Werden und Wachsen ist wie eine Wellenlinie aus Hoch und Tief, die aber insgesamt kontinuierlich ansteigt. So versichert uns auch *K.O.Schmidt* in seinem Buch ‚Die innere Sonne'

Die Erwachten nennen es dann Selbstverwirklichung. Für den, der von dieser Selbstverwirklichung auch nur einen Schimmer erspäht hat, gibt es weder Ende noch Untergang, sondern nur Übergang und ewiges Aufwärts. Er weiß um seine Sonnennatur und um die allverwandelnde Strahlkraft des Gottselbst in seinem Innersten.

All diese Erkenntnisse, Lehren und Bewußtseinswege sind nicht neu. Die Urform geht auf die verschiedenen Licht-Religionen zurück, wie wir das schon kennen. Ein neues Verständnis für einen Bewußtseinswandel im christlichen Bereich kam in unsere Grobstofflichkeit seit Mitte letzten Jahrhunderts und seit Anfang dieses Jahrhunderts erwachte ein zusätzliches neues Verstehen im

Rahmen des New-Age und der Zeitenwende. Jetzt aber, an der Schwelle des neuen Millenniums, inmitten des ‚*point of return*', ahnungslos auf der globalen Titanic kurz vor dem Eisberg und unmittelbar vor dem Eintritt in die Lichtsphäre des Photonengürtels, **bedarf es eines nochmal erweiterten Verständnisses geistiger Gesetzmäßigkeiten**.

Und die beiden entscheidenden Faktoren ‚Licht' und ‚Erhöhung der Schwingungsfrequenz' müssen ernst genommen werden. Teilweise wurden schon Monat für Monat die erhöhten spirituellen Lichtausschüttungen von Sensitiven wahrgenommen. Auch die kosmische Strahlung des Wassermann-Geistes soll zunehmen, wobei diese für den menschlichen Körper schwer zu trennen ist von der zivilen und militärischen Verstrahlung irdischen Ursprungs.

Doch in all diesen Veränderungen in und um uns liegen wir mit einer eigenen Schwingungs-Erhöhung unseres Resonanzfeldes auf der sicheren Seite. Für diese Schwingungserhöhung gibt es zwar keine Kästchen und auch keine Lutschtabletten in Light-Ausführung aus unserer geschäftstüchtigen äußeren Welt, sondern es gibt nur den ganz persönlichen Weg der Verinnerlichung, der Bewußtwerdung, der Selbstverwirklichung und des Zusammenschlusses mit der Höheren Intelligenz oder Gott-in-uns.

Unser tatsächliches Anliegen jedoch, der Grund unseres göttlichen Auftrages für diesen Planeten und für unsere Mission der tätigen Nächstenliebe, findet bei vielen keine Gegenliebe, da die Sprache der Liebe für sie fremd ist. Wir möchten mit unserer Mission euren Geist und eure Herzen aufrütteln, damit die Frequenz der Liebe in euch Einzug halten kann. **Durch die Toröffnungen und die damit zusammenhängenden Lichtausschüttungen sind die besten Voraussetzungen für alle Erdenbewohner geschaffen worden, um ihre Frequenz durch die gelebte und tätige Selbst- und Nächstenliebe zu erhöhen.**
Wir möchten euch daher dringend bitten:
Habt Vertrauen in die Weisheit Gottes und in die seiner Schöpfung!
Habt Vertrauen, daß Gott seine Kinder unterschiedslos liebt und für sie sorgt.
Aus dieser tiefen Liebe heraus hat Gott uns als Seinen materiellen Arm zu euch geschickt, um euch wieder näher an Ihn heranzuholen (Ashtar Sheran[39]).

17. Kapitel

Vom inneren Licht zum Lichtkörper

In den letzten Kapiteln habe ich versucht, einige der bekanntesten, aber in sich nur teilweise abweichenden Verständnismodelle darzustellen, wie wir den Weg nach innen finden, in unser Inneres, zu unserem Selbst, zu neuem Selbstbewußtsein und schließlich zu unserer verschlamperten Göttlichkeit. Wie mehrfach geschildert, waren schon immer verschiedene Machtsysteme, aus dem kosmischen Raum ebenso wie von unserem Planeten - geistige wie materielle - interessiert, die Entstehung starker Persönlichkeiten und sogenannter freier Geister zu verhindern. Unzählige Triebwagen sind kaum zu steuern, lange Züge mit vielen Anhängern dagegen recht erfolgreich.

Das ist alles nichts neues, das ist typisch Old-Age oder Fische-Zeitalter samt seiner anderen davorliegenden und patriarchalisch beherrschten Zeitalter. **Neu und Teil des New-Age** ist der immer fühlbarer werdende *Geist* der Zeitenwende, ist ein weltweites Erwachen von immer mehr Menschen und ist eine Flut von Veränderungen, äußere wie innere, materielle wie geistige, grobstoffliche wie feinstoffliche. Das gilt für den Planeten Erde wie auch für seine Zivilisation. Zur immer weiter zunehmenden Trennung dieser beiden Polaritäten Materie und Geist strömt immer mehr Licht- und kosmische Energie auf unseren Planeten im Äußeren und immer mehr Licht- und/oder Christus-Energie für unsere Zivilisation in unser Inneres ein. Für beide Bereiche sind vergeistigte Lichtwesenheiten und Lichtkräfte sowohl aus dem göttlichen Lichtreich wie auch aus dem kosmischen Raum helfend beteiligt.

In Wahrheit leben die **Aufgestiegenen und Kosmischen Wesen** *auf Ebenen der leuchtenden Wahrheit in einer zeitlosen, raumlosen Ebene der Vollkommenheit. Sie sind strahlende Kraftfelder aus funkelndem Licht. Sie können ihre leuchtende Gegenwart überall im Universum mit einem einzigen Gedanken projizieren. Sie können gleichzeitig innerhalb der Aura eines jeden Menschen auf Erden stehen, oder sie können ihre leuchtende Gegenwart ausdehnen und den gesamten Planeten in ihre Herzflamme einhüllen (Brigitte Müller).*

Und nach Jahrtausenden der Unterdrückung in der Grobstofflichkeit und fernab dieser höchsten Seelenqualitäten erleben wir nun endlich die angekündigte *Revolution der Seelen in der Materie*, die mit der vollen Ladung aufgestauter Sehnsucht nach Freiheit, Licht und Liebe ohne vergleichbare Maßstäbe das nächste Jahrzehnt entsprechend verändern wird. *Johann Kössner* bezeichnet diese ‚aufbegehrenden' Seelen *„geschunden und gemangelt von Karma und Ego'* und stellt fest, daß die Seelen auf einmal entdecken, daß sie jetzt das Kommando in der Außenwelt übernehmen können.

Momentan erleben wir die Geburtswehen einer ‚Neuen Zeit', des *neuen Millenniums* oder Jahrtausends, das mit eigentlich unvorstellbaren Erwartungen ‚belastet' ist. Die rückwärts-orientierten Systeme des Old-Age sehen angstvoll ihren Untergang auf sich zukommen und die vorwärts-orientierten sehen erwartungsvoll in eine lichterfüllte Zukunft mit ‚neuen' Menschen auf einer ‚neuen' Erde.

Wenn ich wieder zu meinem Bild des ‚*point of return*' zurückkommen darf, dann haben wir mit dem Jahrtausendwechsel die entscheidende Kurve unseres Langlaufs in den spirituellen Aufstieg geschafft und **kommen jetzt in den Endspurt.** Für diesen sowohl zeitlichen wie auch geistigen Menschheits-Endspurt erklären uns die Weisen der Antike, der Neuzeit und aus dem göttlichen wie auch kosmischen Raum noch einige weitere Finessen und unbedingte Veränderungen und liebevolle Unterstützungen, die auch alle indirekt mit Licht und Schatten zu tun haben.

Ab der Geburtsstunde des dritten Jahrtausends unserer Zeitrechnung (manche behaupten: bereits ab dem 11.August 1999 mit der totalen Sonnenfinsternis in den typischen Weltkrisengebieten) **wird die ganze Menschheit einer zusätzlich beschleunigten Entwicklung im Materiellen wie im Geistigen entgegen sehen**. Schon jetzt rennt den meisten Menschen die Zeit davon. Nach Aussage der geistigen Welt wurde bereits am 30.Mai 1994 schon einmal der gesamte Zeitplan für den planetarischen Aufstieg beschleunigt.

Das ist aber nur die äußere Zeitmessung. Die Entwicklungen der einzelnen inneren Strukturen, die dunklen und schlechten wie die lichten und guten (klingt wie billiges Hollywood-Schwarz-Weiß), werden sich (teilweise) ganz auffallend beschleunigen. Es wird also wichtig für uns sein, uns das immer wieder vor Augen zu halten und uns selbst, unser Umfeld und das Weltgeschehen kritisch zu beobachten.

Eine neue Art zu Denken wird sich in der Geburtsphase des neuen Licht-Zeitalters herausbilden. Ein ‚Neuer Geist' kommt zur Welt und man spricht daher auch vom **Zeitalter des Geistes**. Die Seelen von immer mehr Lichtstrebenden befreien sich jetzt von beschränkenden Glaubensmustern und einschränkenden Äußerlichkeiten. Eine geistige Botschaft erklärt uns:

Eure Seele kann nicht mehr so leicht akzeptieren, wenn Ihr gegen Eure wirklichen Bedürfnisse handelt und wird Euch Situationen kreieren, die es Euch möglich machen, Euch davon zu lösen. Das ist immer sehr befreiend und muß nicht zwangsläufig schmerzhaft sein.

Ihr lebt in einer Welt, die noch immer stark vom Christentum und seinen bewußt manipulierten Desinformationen geprägt ist. Ihr habt sehr viele Inkarnationen hinter Euch, in denen ihr Euch bemüht habt, spirituell zu sein.

Thomas Seel fährt in seinem gechannelten Beitrag (von Lehrern der geistigen Hierarchie) mit dem Titel ‚Zeitenwende' in der Zeitschrift ‚Mensch&Sein' 5/98 fort:
Glaubens- und Wertsysteme hängen in Eurem Bewußtsein sehr eng zusammen. **Durch die Wirkung kosmischer Energien drängt nun diese Problematik an die Oberfläche, um gelöst zu werden.** *Es ist dringend erforderlich, daß Ihr Euch der Manipulationen bewußt werdet, die gezielt eingesetzt werden, um Euch zu verwirren. Ihr bemüht Euch seit Jahrhunderten, den Vorstellungen Eurer Glaubenssysteme gerecht zu werden, Ihr bemüht Euch im Sinne Eurer religiösen Leitbilder ‚gut' zu sein. Ihr versucht noch immer verzweifelt, diesen falschen Idealen gerecht zu werden,* **indem Ihr auf Eure göttlichen Rechte verzichtet!**
Hört endlich damit auf! Ihr seid bereits errettet, Ihr seid bereits erlöst!

Immer mehr Informationen drängen in das Licht unseres erwachten Bewußtseins. Und immer seltener kann verhindert werden, daß wir mit Selbst-Bewußtsein unsere Stärke, unsere inneren spirituellen Kräfte und die mutige Annahme unseres Höheren Selbstes oder des Gott-in-uns erleben. Immer mehr Erdengeschwister werden erkennen, wer sie wirklich sind. Man versichert uns
...Die Stunde der Wahrheit ist gekommen. Alle Glaubenssysteme, alle Wertsysteme, die nicht wirklich im Licht verankert sind, werden zusammenbrechen. **Sie sind es schon auf geistiger Ebene und werden es in naher Zukunft sichtbar in der Realität tun.** *Jede Religionsgemeinschaft, die Euch veranlaßt, die Göttlichkeit außerhalb von Euch zu suchen, will nicht Euer Bestes, sondern* **ausschließlich Macht über Euch.**

Man versichert uns außerdem, daß Veränderungen sehr plötzlich und somit auf viele unvorbereitet zukommen. Allein durch die Erhöhung der Schwingungsfrequenz würden sich neue Quellen der Wahrnehmungsmöglichkeiten eröffnen wie zum Beispiel der Kontakt zu spirituellen Ebenen, sicherlich überwiegend solche in unserem Inneren. Das veränderte Denken soll für viele von uns eine vollständig *neue Art des Denkens* werden.

Auf unserer zweipoligen Ebene spricht man von **Licht und Schatten,** bei den Geisteswissenschaften und in der Psychologie versteht man aber im Begriff *Schatten* keinen Gegenpol zum Licht. Dies ist vielmehr die *Dunkelheit.* Dunkelheit ist abhängig vom Licht, denn wie zum Beispiel Kälte fehlende Wärme ist, so ist Dunkelheit fehlendes Licht. Oder anders ausgedrückt: die Existenz des Schattens ist vom Licht abhängig und ebenso die Dunkelheit. Wogegen Licht, was immer man auch darunter verstehen möchte, niemals von einem Schatten abhängig sein kann, und kann auch niemals von einem Schatten erreicht werden.

Auch spirituell gesehen hat Dunkelheit keine eigene Lichtenergie und braucht und schmarotzt daher andere Energien und man spricht manchmal sogar von Energie-Vampirismus. Doch vom Prinzip her kann die Dunkelheit auch ein benötigter Umweg sein, das Licht zu finden. Im Idealfall sollte Licht und Schatten eigentlich im Gleichgewicht sein, dann wäre dies die angestrebte Meisterschaft für einen Lebensweg in unserer Grobstofflichkeit. Doch ist auch dies bei näherer Betrachtung Old-Age, während die neue Zeit neue Prioritäten benötigt und auch ein **verändertes Verständnis** für die scheinbaren Gegensätze Licht<>Schatten/Dunkelheit. Ein solches erklärt uns *Thorwald Dethlefsen* bei einem Vortrag:

Erst wenn der Mensch bereit geworden ist, in das tiefste Dunkel hinabzusteigen, wenn er bereit geworden ist, das Urgrauen des eigenen Schattens zu konfrontieren, seine Dunkelheit zu durchleben, erst dann und frühestens dann kann das Licht in der Dunkelheit gefunden werden, denn – und das lehrt uns auch Johannes – **denn das Licht kam in der Dunkelheit***. Ein großes Geheimnis, das auch in vielen anderen Mythologien eine große Rolle spielt, offenbart,* **daß das Wesentliche immer in seinem Gegenteil gefunden wird***. In vielerlei Einkleidungen kennen wir dieses Geheimnis, daß das Dunkel der Träger des Lichtes ist und daß das Licht in der Dunkelheit in der Tiefe gefunden wird.*

Damit ist, nochmal schärfer nachgezeichnet, unsere Darstellung des ‚Tals der Tränen' gemeint, durch das jede endgültige Lichtwerdung in unserem Inneren mehr oder weniger intensiv gehen muß. Natürlich sind es häufig die Erfahrungen der Dunkelheit, die uns letztlich zum Licht führen – Leid, Krankheit, Verluste und Geduld. Wir müssen dies aber als Transformations-Prozeß ansehen, der durch Reinigung zur Reinheit führt, die wiederum Voraussetzung für einen strahlenden Lichtweg ist. Alle, die wir dank unserer Bewußt-Seins-Reife auf der Reise nach Innen sind, erfahren Wechselbäder auf allen Ebenen.

Du hast begonnen, dem Geist zu folgen. [...] Du beginnst, im täglichen Leben aus dem Geist heraus zu handeln. Du stellst fest, daß Überlebensängste kommen und gehen. Du hast Tage, an denen du kindlich bist und mit allem gut zurechtkommst, und Tage, an denen du im Sumpf der Ängste und des Überlebens festhängst. Du fühlst dich, als gäbe es zwei von dir. Während du durch diese Lichtkörperebenen fortschreitest, wirst du feststellen, daß die Dualität wegfällt und du mehr und mehr Zeit in Ekstase verbringst. Und du wirst feststellen, daß du in diesem Zustand funktionieren kannst (Ariel).

Eine weitere Empfehlung dazu aus der geistigen Welt lautet:

Ihr seid Menschen und dürft Fehler machen, auch sogenannte ‚schwere Fehler' sind von der Quelle durchaus eingeplant und sind im Licht der All-Liebe eine gleichwertige Erfahrung. Ich schildere das nur so umfangreich, damit Ihr seht, daß Einsicht, Vergebung und Loslassen Erleichterungen bedeuten und keine schweren traumatischen Erfahrungen nach sich ziehen müssen, wenn Ihr Euch dafür [den Lichtweg] entscheidet. Ihr seid nicht auf der Welt, um zu leiden. Die Zeit des Karma ist vorbei. [...] Öffnet Euch dem frischen Wind der Erneuerung. Nutzt diese Kraft, um Euch innerlich aus der

Dunkelheit zu befreien und in Euerem Leben, Euerem Alltag zu zeigen, wer Ihr seid und was Ihr seid – göttliche Wesenheiten (Thomas Seel).

Wir haben im Laufe dieses Buches verschiedene Bewußtseinsformen kennengelernt. Fast alle sind erst in der Neuzeit definiert worden und finden auch heute erst das entsprechende Verständnis. Für die Phase des Endspurts unserer Zeitenwende allerdings wurde noch eine weitere Bewußtseinsebene formuliert und wird uns bei dem zunehmenden Zeitdruck zusätzliche Wahrnehmungsmöglichkeiten erschließen: **das integrale Bewußtsein**. Der Autor und Arzt *Dr. Ulrich Mohr* versteht unter einem integralen (ein Ganzes ausmachendes) Bewußtsein ein vierdimensionales Bewußtsein. Eines, das bis in die vierte Erfahrungsebene vernetzt ist. Daher muß ein integrales Bewußtsein nicht nach Lösungen suchen, sondern die Lösung offenbart sich dem Träger solchen Bewußtseins, sobald ein entsprechendes Bedürfnis da ist.

Statt aus Beobachtung, Fixierung, Analyse und Logik oft Ängste zu schüren und mit linearen Denkprozessen nach Lösungen zu suchen, ist das vierdimensionale Bewußtsein in der Lage, seine Seele wahrzunehmen und sich in seiner eigenen Unendlichkeit und Unsterblichkeit geborgen zu fühlen.

Ein Mensch mit integralem Bewußtsein hat über intuitive Wahrnehmung mit Leichtigkeit Zugang zu Informationen, die weit über Logik und Analyse hinausgehen. Jesus sagt in der Bibel, daß wir alle eines Tages das können werden, was er kann und sogar noch viel mehr.

Der spirituelle Lichtkörper

Wir haben in diesem Buche schon oft von der Körper-Dreieinheit ‚Geist-Seele-Körper' gesprochen, drei ineinander schwingende Energie-Einheiten. Nach einigen der geisteswissenschaftlichen Lehren gibt es noch mehr solcher Energiekörper des Menschen, allerdings durchweg in noch höher schwingenden Feldern. Für die Zeit unseres Endspurts nach dem ‚*point of return*' hören wir immer mehr von einem weiteren, vierten Energiekörper, **dem Lichtkörper**. In der Literatur finden wir ihn auch noch unter *Kausalkörper, spirituellen* oder *mystischen Körper* wie auch die Bezeichnung *Aquarius-Körper*.

Lichtkörper wird er deshalb genannt, weil dieser vierte Energiekörper eine besondere kristallhelle Reinheit besitzt (durch eine Struktur ätherischer Kristalle) und dadurch der benötigten Vollkommenheit noch näher gekommen ist. Erreichen wir diesen Reinheitsgrad – wenigstens zeitweise – beginnen wir plötzlich Dinge zu wissen, die wir eigentlich nicht wissen können. Diesen Lichtkörper können wir bedingt vergleichen mit dem integralen Bewußtsein, das permanent mit der fünften Erfahrungsebene verbunden ist. Diese Dimension wird auch *unterster Himmel* genannt, wogegen der Lichtkörper mit wesentlich höher schwingenden Himmelsdimensionen kommuniziert. Man erklärt uns, daß der Lichtkörper uns ermöglicht, uns mit der ‚Überseele', der Christus-Überseele oder der ICH-BIN-Präsenz zu verbinden. Außerdem heißt es:

Es findet eine Angleichung der rechten und linken Hemisphäre Eures Gehirn statt, und Ihr habt mehr und mehr Zugang zu Eurem Ur-Bewußtsein. Ihr spürt das in Euren Channelings an zunehmender Klarheit oder auch in Euren Träumen. [...] Auch alle übrigen Sinne erfahren eine Aktivierung (Thomas Seel).

Andere Channelings ‚dehnen' die Bandbreite der **Schwingungsfrequenzen des Lichtkörpers,** wie es heißt, erheblich aus und ‚entblättern' dessen Entwicklung dann zwangsläufig im Sinne einer Lotosblume. Man geht davon aus, daß viele Millionen inkarnierter Lichtarbeiter unter uns wirken und auch davon, daß alle, welche (endlich) diese ‚Wegbeschreibungen' des Aufstiegs ins Licht studieren, zu jenen Lichtarbeitern zählen. Also: Willkommen im Club!

Ariel klärt uns auf, daß am 16.April 1989 die gesamte kristalline Struktur der Materie und jedes einzelnen Bewohners dieses Planeten aktiviert worden sei, und zwar bis zur möglichen Erreichung der von ihm definierten dritten (in meinem Erklärungsmodell ist es die fünfte) Lichtkörper-Frequenzebene. Er channelte:

Dabei handelte es sich nicht um einen freiwilligen Prozeß, denn jeder Mensch erlebt ihn. Viele Menschen verlassen jedoch diesen Planeten, da sie diesen Prozeß in diesem Leben nicht durchmachen wollen. Jeder Mensch kann sich entscheiden, in welchem Leben oder in welcher Parallelrealität er den Prozeß durchmachen möchte. Wir verlieren keine Menschen. Jene, die sich jetzt dagegen entscheiden, sind einfach noch nicht bereit, den Prozeß in dieser Inkarnation durchzuführen. [...]

Die moderne menschliche Genforschung hat 99 Prozent der DNS als Müll bezeichnet, da „wir ja wissen, was sie wirklich bedeutet". Tatsächlich jedoch enthält die menschliche DNS Anteile des genetischen Materials jeder Spezies auf der Erde, plus genetisches Material, das holographisch mit allen Erfahrungen der Menschheit sowie mit den Erfahrungen der holographischen Gitterstrukturen eurer eigenen Inkarnationen kodiert ist, plus Anteile der genetischen Kodierung aller fühlenden Wesen auf 383 aufsteigenden Planeten innerhalb fünf benachbarter Universen. Außerdem enthält eure DNS latente Kodierungen, die **den physischen Körper in einen Lichtkörper mutieren** *lassen.*

Vor März 1988 waren nur etwa 7 Prozent der genetischen Kodierungen aktiv. Dann aktivierte der Geist auf der ersten Ebene des Lichtkörpers eine Reihe dieser latenten Kodierungen, indem er eine Licht- und Klangsequenz einfließen ließ. Diese neu aktivierten Kodierungen gaben dem Körper ein Signal, das eine Mutation der DNS sowie eine grundlegende Umstellung der Energieverarbeitung in den Zellen verursachte.

Ariel bringt noch eine weitere wundervolle Seite unseres (völlig unvorstellbaren) Lichtkörpers zur Sprache: *...jeder von uns habe eine ganz einzigartige Tonsignatur.* Der Lichtkörper sei wie eine Saite. Wenn wir mit höheren Lichtebenen in Kontakt kämen, würden wir Töne hören und geometrische Figuren sehen.

*Der Lichtkörper-Prozeß hat zwar ein bestimmtes Muster, ist aber trotzdem auch **ein Experiment, mit dem ihr alle auf eure eigene Weise spielt und eure Göttlichkeit ausdrückt**. Wir finden das sehr aufregend und sagen: „Das ist aber eine schöne Wendung, wie interessant, dies ins Spiel zu bringen!"*

Somit haben alle Erdengeschwister und vor allem die weit verstreuten Lichtarbeiter die Chance, mit dem Planeten zusammen ins Licht aufzusteigen. Und immer mehr können in diesem stufig zunehmenden, zuletzt sehr hohen Seelenzustand, das heißt in seinem Zustand hoher und höchster Schwingungsfrequenzen, ein bislang selten erreichtes Ziel meistern. In diesen lichten Seelenhöhen tummelten sich wohl alle großen Mystiker, Heilige und Vollendete, die von einer mystischen Vermählung sprechen, die sie erlebt und in sich verwirklicht haben.

*Es gibt ein Prinzip, das die Basis aller Dinge ist, eine einfache, stille, unbeschreibliche Gegenwart in uns – eine Macht, die schweigend in uns weilt, weil sie unser eigentlicher Herr ist, unser ureigenes innerstes Selbst, von dem ein Gefühl uns sagt: **Unser ist es nicht zu tun, sondern tun zu lassen**, nicht, zu wirken, sondern die Macht in uns wirken zu lassen. [...] Diese Gewißheit erzeugt **ungeheure Erhöhungen unserer Kraft und Lebensüberlegenheit.***

Diese Menschen sind dem Geheimnis Gottes näher als andere: sie vernehmen Wahrheiten, schauen Gesichte, gewinnen Erkenntnisse, wo die anderen nur Leere sehen. Wir glauben, daß Heiligkeit immer mit Erkenntnis verbunden ist; denn nicht durch unsere Kraft als Einzelwesen, sondern durch unseren lebendigen Anteil an der alles durchdringenden Allkraft vermögen wir die Natur und den Lauf der Dinge zu erkennen (K.O.Schmidt).

Über Erfahrungen dazu kann ich nichts berichten, ich selbst sitze auch nicht in dieser ersten Reihe. Daher kann ich Sie auch nur (abermals) im Club der Aufsteiger willkommen heißen, die dabei sind, diesen ersten hohen Gipfel der Selbst-Verwirklichung und Schwingungsfrequenz-Erhöhung zu erklimmen. Ich kann aber über diese exklusiven und gottnahen Geisteswelten im irdischmenschlichen Seelenbereich einiges zitieren, *wie* man im ‚Morgenlicht göttlichen Lebens' steht und *wo* die nächsten Gipfel des ewigen Aufstiegs zum Licht sichtbar werden.

Ich versuchte dies wieder aus zwei verschiedenen Blickwinkeln darzustellen, dem religiösen und dem freigeistigen, mußte aber feststellen, daß in dieser Herzenssprache höchster Qualitäten keine solche Trennung mehr möglich ist.

Thorwald Dethlefsen sieht darin die ‚Wiedergeburt im Geiste' und die Geburt des Christus in uns.

Dieser Weltenlogos, dieser Christos ist ein Ziel, ist ein Bewußtseinszustand, ist das eigentliche höhere Selbst in uns, ist jener Urpunkt, jener Geistkeim in uns, der Leben verleiht. Wenn wir also hier von Christos sprechen, so meinen wir auf der mythologisch-psychischen Ebene die Geburt eines Lichtkeimes, dieses göttlichen, ewigen Anteils, dieses Geistanteils in uns.

Die spirituelle Künstlerin *Rosina Zipperle* sieht in dem *göttlichen Lebensfunken* das göttliche Abbild, wobei das zum göttlichen Feuer angefachte Licht alle jene falschen Bilder und Vorstellungen von der göttlichen Wirklichkeit verbrennt, von denen der Geist des Menschen noch belastet ist. Das reinigende Licht der göttlichen Einstrahlung dringe bis in die Schichten des verschatteten Unbewußten vor, sodaß auch die letzten Reste des Allzumenschlichen schmerzlich bewußt werden – typisch *Lichtkörper*. Sie schreibt:

Innerhalb dieses Wandlungsprozesses zum vergöttlichten Bewußtsein spielt das Christusbewußtsein eine herausragende Rolle. Dieses Christusbewußtsein entfaltet sich auf dreifache Weise: individuell, gemeinschaftlich und universell. Was in der Menschwerdung Jesu Christi vor zweitausend Jahren geschichtlich geschah, hat in seinem Tod und seiner Auferstehung, in seiner Himmelfahrt und in seiner Geistsendung die Ausweitung in das Kosmische und Universelle erreicht. Die Vollendung dieses Verwandlungsprozesses innerhalb der gesamten Menschheit und ihrer Geschichte ist das Wirken des göttlichen Geistes. [...] Mit dieser Lebenseinheit hat die neue Schöpfung begonnen, die sich am Ende der Zeiten vollenden wird.

Um unser Bewußtsein für die kommende Zeit vorzubereiten und zu reinigen, besteht die große Hilfe darin, immer tiefer in das Christusbewußtsein hineinzuwachsen. **Der Geist Christi ist der Kernpunkt aller Energien im Planetensystem des Universums.**

Mit diesem Voll-Erwachen und der *Vermählung* des Materiellen mit dem Göttlich-Geistigen ist die irdische **Entwicklung des Selbst** in der Materie abgeschlossen. Bei dem weiteren kosmischen Entwicklungsweg können wir sicherlich nicht mehr unterscheiden zwischen materiellem und spirituellem, so hoch ist dann die Schwingungsfrequenz und so begrenzt müssen wir die menschliche Vorstellungskraft einstufen. Am Ende dieser Bewußtseinssprünge vom *egozentrischen Ich* zum *selbstbewußten Selbst* und dann zum *erlebten Gott-Selbst* erkennen wir, daß sich in dieser fortschreitenden Selbst-Verwirklichung das dynamische Gesetz des irdischen Lebens offenbart.

In dem ‚Handbuch für den Aufstieg'[121] wird uns für das Christus-Verständnis noch ein anderes Modell vorgestellt. *Serapis* spricht von einer **Christus-Ebene**, die für uns Erdengeschwister unvorstellbar hohe Frequenzen besitzt, auf der aber alle Christus-Wesen ohne Trennung existieren. Da es eine

Energie ist, kann es trotzdem auch unsere Energie sein. Zu allen angehenden Christus-Wesen durch alle Dimensionen hindurch gibt es ein Energieband, das sogenannte **Christus-Band**. Wir sollen es uns wie einen offenen Kanal auf CB-Funk vorstellen, nur daß man darauf nicht nur spricht, sondern Teil davon ist. Es übermittelt allen Ebenen mit niedrigerer Frequenz seine harmonischen Unterschwingungen.

Wenn du dich auf diese Frequenz einstimmst, kennst du Einheit – sie ist einfach da, ohne Nachzudenken oder Anstrengung.

Wenn du dich auf die harmonischen Unterschwingungen einstimmst, ist das wie die Fahrt mit einem Aufzug – du erreichst das oberste Stockwerk schnell und direkt. Die Türen öffnen sich, und eine Welle der Liebe überflutet dich.

Außerdem wird darauf hingewiesen, daß sich diese Christus-Einheit im Laufe der Erdgeschichte mehrmals direkt in menschlicher Form manifestiert hat. Es werden *Quetzalcoatl, Hiawatha, Lao-tse, Krishna, Buddha* und *Jesus* genannt. Sie seien direkte Projektionen des Einheits-Bandes und erschienen zu verschiedenen Zeiten, um den Lauf der Dinge zu ändern, indem sie die Menschheit an ihre Einheit erinnerten. Die geistige Welt gebrauche auch den Namen *Sananda* für das Christus-Kollektiv.

Im praktischen Teil, dem letzten Kapitel dieses Buches, ergänze ich dieses Christus-Verständnis-Modell durch eine ‚Anrufung der Einheit'.

Jetzt, in der Geburtsstunde des dritten Jahrtausends und am Durchstarten in den Endspurt der zeitlichen Zielgeraden, hört sich der Aufruf, den der große Neugeistlehrer *K.O.Schmidt* vor gut zwei Generationen überzeugt formulierte, top-aktuell an:

Wir leben heute in der **Morgenröte eines neuen Zeitalters***, in dem immer mehr Menschen zum kosmischen Planer, Ordner und Bildner in sich und zum Einssein mit ihm erwachen, in dem neue Kontinente höheren Seins und Überseins hinter sich weitenden Horizonten sichtbar werden, neue Kräfte aufbrechen, neue Möglichkeiten sich abzuzeichnen beginnen, neue Ideale die Herzen höher schlagen lassen, neue Fortschritte sich ankündigen...*

...Keine Epoche in der Geschichte der Menschheit ist bedeutsamer, keine abenteuerlicher und fruchtbarer als diese, in der wir leben – wenn wir ihren Ruf vernehmen und ihm folgen.

18. Kapitel

Licht – Ernährung der Zukunft?

Was hat Ernährung mit unserem Aufstieg ins Licht zu tun? Das kommt auch wieder auf unseren Standpunkt an oder unsere Erkenntnisfähigkeit. Wir dürfen davon ausgehen, daß sich mit der Frequenzerhöhung unserer seelisch-spirituellen Schwingungen auch automatisch Menge und Wertigkeit unserer Ernährung verändern. Man spricht von den **unbewußten Veränderungen** in den Eßgewohnheiten. Es heißt zwar, es sei ‚der Körper', aber es ist natürlich unser *Höheres Selbst* oder *Gott-in-uns*, welche uns den rechten Weg gehen lassen bei der Wahl unserer Ernährung. Wir sollten nämlich auf die körperlichen Signale hören – denn Unwohlsein, Durchfälle, Organschmerzen und andere Funktionsstörungen zeigen dies an. Es sollte oder *muß* sogar eine gemeinsame Höherentwicklung dieser neuen Körper-Viereinheit des spirituellen-geistigen-seelischen-materiellen Körpers werden. Doch damit wollen wir uns nicht weiter befassen, das sind Entwicklungsautomatismen, die geschehen einfach so. Allerdings sind sie bei sehr vielen Menschen schmerzhaft, da die Disharmonien ja unbewußt und unbedacht entstehen und Erkenntnis und Begreifen erst im Nachhinein folgen.

Daher gibt es auch **eine bewußte Veränderung der Eßgewohnheiten.** Der zeitliche Druck, der inzwischen hinter unserem Aufstieg ins Licht steht, rechtfertigt nun doch ein eigenes Kapitel in diesem Buch. Denn die Verbindung eines spirituellen Weges mit unseren Nahrungsmitteln spielt sich völlig im Bereich der **Resonanzen** ab. Wie wir uns zu ernähren haben, um gesund zu leben und die Kräfte für den Alltag zu erhalten, darüber gibt es genügend schlaue und oft widersprüchliche Literatur, diese ist in unserem Falle aber nicht gemeint. Ein Aufstieg ins Licht bedarf der *richtigen Schwingungen* aus unserer Ernährung, damit wir uns diesen Aufstieg damit erleichtern. Unbedachte Qualitäten unserer Nahrungsmittel dauerhaft verkonsumiert, erschweren dagegen unser inneres Loslassen vom Materiellen. So hat es wohl auch der Wahrheitslehrer *Jesus* gemeint, wenn er uns aufgefordert hat, unseren Körper als Tempel zu sehen. Ich habe bereits darauf hingewiesen, daß Tempel zu jenen Zeiten der Mittelmeer-Hochkulturen um Athen und Rom das Schönste und Edelste und künstlerisch Herausragendste war, was menschliche Kreativität erschaffen konnte. So nur hat es *Jesus* gemeint und sah auch darin einen Weg zur geforderten Vollkommenheit.

<u>Tabelle 2</u>   Das Ernährungs-Kreuz mit den zehn verschiedenen
Ernährungssystemen gesunder oder kranker Menschen

reine Lichtnahrung	
völlige Rohkost	
Veganer	nur pflanzliche Kost (1.Mose 1,29)
lakto-vegetabile Kost (Vegetarier)	tierisch nur Milch, Käse, Eier (5. Gebot 'Du sollst nicht töten')
sog. fleischlose Kost (Vegetarier)	Vollwertkost (jedoch mit Seefisch)
alte Ernährungsweise	1 x wöchentlich mit Fleisch
Mischkost	1 x täglich mit Fleisch
Eiweiß-Mast	jede Malzeit mit tierischem Eiweiß
fast-food	Schnellimbiß-Ernährung
techno-food (junk-food)	ausschließlich Industrieprodukte

<u>Tabelle 3</u>   Eiweißgehalt der menschlichen Nahrung

Tierische Nahrung		Pflanzliche Nahrung	
mageres Fleisch	20 %	Hülsenfrüchte	24 %
fettes Fleisch	15 %	Getreidemehl	11 %
Eier	13 %	Brot	8 %
Kuhmilch	3 %	Kartoffeln/Kohl	2 %

Somit gibt es eine ganz simple Regel: **Man gebe seinem** (erwünschten) **Lichtkörper solche ‚Lebensmittel', in denen das gespeicherte Sonnenlicht in möglichst hohem Umfang erhalten ist**. Das schadet den anderen drei energetischen Körpern natürlich auch nicht.

Und somit wären das Maß für solche Lebens-Mittel nicht die Kalorienwerte oder die Vollwertkost, sondern der Gehalt an Biophotonen. Sie sind nachweislich die Träger des von anderen Lebewesen verarbeiteten Sonnenlichts und damit die ‚Lebensspender' für den Menschen, so wie der kritische Esser und Trinker über *Lebensmittel* nachdenkt und diese gezielt aus dem reichen Überangebot von *Nahrungsmitteln* auswählt. Auch darüber gibt es Literatur, allerdings recht wenig (nicht im Bereich der herrschenden Meinung) und ich möchte hier nur einige wichtige Erkenntnisse darüber zusammenfassen, mit denen sich jeder selbst und individuell weiterhelfen kann.

In der Tabelle 2/3 habe ich die Grundsysteme der menschlichen Nahrung zusammengestellt und nach Wertigkeiten gestuft, wie sie Nahrungsforscher im Stile eines *Martin Günter, Prof. Michael L. Moeller, Christian Opitz* oder Photonenspezialisten wie *Professor Popp*[155] vertreten. Der Zeit weit voraus war die *Heilige Hildegard von Bingen*. Die Grundüberlegung dabei ist die Ursprünglichkeit der Nahrung beziehungsweise das Maß der Denaturierung derselben. Also geht der Qualitäts-*Abstieg* der **Biophotonen-Aktivität** von roh über tiefgefroren, erhitzt, gekocht, totgekocht, konserviert, industrialisiert, synthetisiert und bestrahlt. Nach diesen Überlegungen ist die Tabelle aufgebaut und soll zu sinnvollen Entscheidungen anregen.

Um ein besseres Verhältnis zu dem lebenswichtigen und tagtäglichen Bereich der Ernährung zu bekommen, sollten wir den Vergleich *Jesu* nochmals aufgreifen, aber etwas aktualisieren. Denn Essen und Trinken sind etwas zutiefst Menschlich-Emotionales und nur ein größerer Abstand dazu läßt uns einigermaßen objektiv bleiben. Fast alle Menschen haben eine Haß-Liebe-Beziehung zu ihrem Körper (zu dünn, zu dick, zu groß, zu klein und dann noch die Nase!). Daher empfehle auch ich, den hungernden und durstigen physischen Körper als solchen *für sich* als ein individuelles, vollfunktionsfähiges Objekt und nicht als das ‚Ich' zu betrachten.

Jesus machte aus unseren Körpern ein gepflegtes, reinliches und geheiligtes Gemäuer (Tempel), ich empfehle, den Körper eher als einen Bioroboter zu behandeln und Autofreaks könnten sich ihren Traumwagen darunter vorstellen, der entsprechend hochtechnischer Wartungen und verläßlicher Pflege bedarf. Kindisch, aber bewährt, denn nur so wird ganz offensichtlich, wer zu bestimmen hat, der Fahrer oder der Wagen oder wie es der geniale *Giordano Bruno* (1548-1600) bereits als Verhalten empfahl: „...*wie der Baumeister zum Haus oder der Schiffsbauer zu seinem Schiff*". Es wird auch klar, daß nur beste Pflege und Qualitätswaren etwas taugen und daß alle Warnblinklämpchen zu beachten sind, wenn das Vehikel Körper ohne zu rasten und zu rosten seine einhundert Jahre dienen soll. Dadurch muß es auch klar sein, daß die zu erzielende Schwingungsfrequenz dieses edlen, aber grobstofflichen Partners von den anderen drei feinstofflichen Körpern mitbestimmt wird.

Der Erfinder und Energietechniker *Eckhard Weber* schreibt im Rahmen seines ‚Lichtkörper-Transformators' (siehe ‚Sonnen*wind*' 5/99):

*Tatsächlich wird der Körper in Einklang mit den Blaupausen in der DNS und den mentalen Blaupausen - den Gedankenbildern - , die man über einen Körper hat, **permanent neu erschaffen**. Der Körper ist eine wunderbare Wesenheit. Er besitzt ein eigenes Bewußtsein und kann sich selbst ausgezeichnet regulieren. Doch er blickt auf das größere ‚Du' und erwartet von ihm Inputs.*

Diese steuernden Inputs
- sind unsere Gedanken und Gefühle, soweit sie im positiven Sinne von innen kommen, und unser *vegetatives System* und die *Selbstheilungskräfte* beeinflussen.
- Dagegen stehen äußere Einflüsse, Blockaden und Emotionen, die störend und zerstörend in das wunderbare Biosystem des Körpers eingreifen können.
- Dabei mitwirkend sind die Schwingungen von Ernährung, Lichteinflüssen, Farben, Tonharmonien und Rhythmen, sowie Körperbewegung.
- **Unser Bewußtsein ist der Chef** dieser vernetzten Systeme von Hard- und Software und er muß lernen, möglichst verantwortungsvoll und fehlerfrei damit zu ‚spielen'. Viel Spaß dabei, aber spielen Sie das Spiel trotzdem mit verständnisvollen Toleranzwerten und Grauzonen und nicht zu tierisch ernst.

Wenn ich im Anschluß daran einige überlegenswerte Anregungen zu einem höher orientierten Ernährungskonzept zusammenstelle, dann gelten vorab drei Feststellungen:

1. sie gelten nur für einigermaßen gesunde und einigermaßen normalgewichtige Erdengeschwister,
2. nicht alle Menschen reagieren gleich auf die gleiche Nahrung (was eine falsche Annahme der meisten Ernährungsberater ist) und
3. was heute für mich gut ist, kann morgen schon belastend sein und wir müssen mehr denn je auf den physischen Körperpartner achten, wenn wir das wunderschöne Experiment des Aufstiegs ins Licht mitmachen wollen.

Wir sollten bei unserer Nahrungszusammenstellung generell beachten:

- daß wir möglichst viele und möglichst oft ‚**Lebens**'-**mittel** zu uns nehmen (mit kurzen Transportwegen),
- daß wir, falls dies unsicher oder nicht möglich ist, die Speisen und Getränke **segnen**,
- daß wir alle eigenen **Mikrowellen**-Geräte zertrümmern,
- daß, wenn wir bei der Ernährung **ökologisch** denken, dies dann sowohl **global**: Rinderzucht kontra Regenwälder (98% der Rodungen gehen auf Kosten der Fleischerzeugung), giftiges Methangasrülpsen (beim Wiederkäuen) kontra Klimaerhalt (12% des globalen Methangas-Ausstoßes kommen von diesen steak-haltigen Rindviechern)
- als auch **ökologisch-regional** beachten. Wenn schon Getötetes gegessen werden muß, dann bitte ohne Massentierhaltung und ohne Tiertransporte und mit finanzieller Unterstützung der regionalen Vorkämpfer biologischer und artgerechter Nahrungsmittelherstellung. Der Körper steht auch in Resonanz mit den Produkten der entsprechenden Klimazone und Jahreszeit, in der man lebt oder sich längere Zeit aufhält (in Mitteleuropa Erdbeeren zu Weihnachten: nein),
- die **indirekte Vergiftung**. Diese Gefahr ist bei den tierischen Nahrungsmitteln: Reste von Hormonen, Antibiotika, Beruhigungsmittel und andere Chemikalien und Abfälle, die verfüttert werden, größer als bei den pflanzlichen (Überdüngung, Spritzmittel und Gentechnik),
- die Argumente für den **Vegetarismus**. Darüber habe ich schon auf den Seiten 50ff ausführlicher berichtet,
- unbewußte **Schwingungsresonanzen**: Wie aus der Homöopathie und der Bachblüten-Therapie bekannt, sind auch feinste Schwingungspotenzen noch weiter wirksam, auch die Todesängste der Schlachttiere,
- das **Säure-Basen-Gleichgewicht**. Die Übersäuerung des Körpers, die Azitose, ist heute eines der allgemeinen Basisleiden und wird sowohl von einseitiger Ernährung, unseren Zivilisations-Suchtmitteln und geistigseelischem Frust, Sauersein und den Ego-Trips gebildet,
- auf die Wohlstands-**Suchtmittel** zu verzichten. Alkohol und Nikotin sind bekannt, weniger der Fabrikzucker (vor allem in den Getränken) und der Kaffee!!! Das schlimmste psychologische Suchtmittel ist das Fernsehen,
- die Körper-Abfrage. Durch die **Kinesiologie** informiert uns unsere Körper-Viereinheit über alle Unklarheiten zu all den erwähnten Problem-Situationen. Richtig abgefragt, erhalten wir alles Wichtige über den jeweiligen Ist-Zustand unserer ‚Bedürfnisse', auch der Ernährung,

- unsere finanzielle **Unterstützung**. Die Bosse der mächtigen Nahrungs- und Pharma-Industrien arbeiten für den Profit der Aktionäre. Jeder Euro, der in deren (Junk-Food)-Produktpaletten fließt, untermauert die zukünftige Entscheidung der Bosse. Jeden Euro, den wir ihnen bewußt entziehen, tut dies ebenso und verbessert dabei unser Resonanzfeld,

- die **Werbe**industrie. Nach meinen Unterlagen verschlingt die Werbung für Alkoholika, Fleischprodukte, Zucker- und Süßwaren fast das Zehnfache von der der Autoindustrie. Warum wohl?

Was hat das alles mit unserem geplanten Aufstieg ins Licht zu tun? Das habe ich mich natürlich auch lange gefragt, bevor ich hier einige Schwerpunkte von Berichten, Diskussionen und Experimenten aufgezählt habe. Diese und sicher noch andere mehr sind alles Teile des komplizierten Puzzles, das ‚persönliche **Resonanz**' heißt. Die Gesamt-Schwingsfrequenzen unserer Körper, der grobstofflichen und feinstofflichen, müssen *insgesamt* harmonieren, damit sie in das Resonanz-Puzzle passen.

Solche ‚Harmonien' sind natürlich zu allererst feingeistig zu verstehen. Daher ist auch die Werteskala der verschiedenen Ernährungsarten (Tab.2/3) hauptsächlich aus Sicht der Lebens-Mittel zu sehen (Biophotonen) und der subtilen, nicht sichtbaren Schwingungen, auf welche ein sich auf dem Lichtweg befindendes Körpersystem sensibel reagieren könnte. Bestes Beispiel: Die Unterschiede der energetischen Schwingungen von rein pflanzlicher Kost, von tierischen ‚Früchten' (Eier und Milchprodukte) und von einem getöteten Tier.

Die Nahrung stabilisiert unsere ‚innere Ordnung' schreibt in ihrem Bericht ‚Wir leben vom Licht' die esotera-Redakteurin *Anne Niemeyer* (6/94) und zitiert in Bezug auf die Fähigkeit der Nahrung, Informationen zu übertragen, *Professor Popp*:

„*Dieses Vermögen ist abhängig von der Fähigkeit der Nahrung, Licht zu speichern. Wir leben also nicht von der Substanz der Nahrung, sondern von dem in der Nahrung gespeicherten Licht. Primär sind wir nicht Kalorienfresser, Vegetarier oder Allesfresser, sondern Ordnungsräuber und Lichtsäuger.*"

Wir nehmen mit dem Essen also nicht nur Kalorien, Vitamine, Proteine und Mineralien zu uns, sondern auch die gesamte Lebensinformation eines Tieres oder die Bioinformation einer Pflanze. Durch Resonanz mit den körpereigenen Biophotonen werden diese Bioinformationen auf unseren Körper übertragen.

Leider leben wir in einem sehr unnatürlich gewordenen Zeitabschnitt. Wir werden indirekt mit derartig vielen **unkontrollierbaren** Einwirkungen von außen belastet, daß man darüber schon ein eigenes Buch schreiben könnte. Atemluft, Trinkwasser, geomantische Belastungen am Schlaf- und Arbeitsplatz,

Kunstlicht, nicht abschirmbare Mikrowellenbeschüsse von oben und seitlich (Satelliten und Handy-Masten), Automobilelektronik, latente Verseuchung durch die Atomkraftwerke, Impfungen und all die nicht deklarierten oder noch nicht als schädlich erkannten oder verbotenen Chemie- und Pharma-Produkte – vor all diesen Angeführten können wir uns kaum schützen und daher müssen unsere Körper dies Tag und Nacht verkraften. Somit ist es wirklich sehr wichtig, bei all den Nahrungsmitteln, die wir durch unseren Verstand **kontrollieren** können, möglichst unverfälschte und daher noch hochschwingende Nahrung zu uns zu nehmen. Wir dürfen unser Resonanzfeld nicht auch noch damit belasten und darüber müssen wir uns auch sehr viele verantwortungsvolle Gedanken machen.

Dieses somit doch wichtige Nebenthema ‚Ernährung' hängt auch elementar mit unserer Gesundheit zusammen und über beides sollten wir uns laufend über den neuesten Wissensstand selbst informieren – natürlich in der Alternativ-Presse. Haben wir erst einmal eine bestimmte Höhe unserer Lichtkörper-Entwicklung erreicht, dann stehen wir bereits weit über all diesen niederen Belastungen. Die geistige Welt würde sagen ...*über diesem niederen Kram*. Doch diesen erwünschten Höchststand erzielen wir lange Zeit nur immer über Hoch-Tief-Wellen, bis er sich dann schließlich selbständig stabilisiert. Für eine Selbstkontrolle haben wir allerdings ein Instrument, die Kinesiologie, die ich kurz im praktischen Teil des Buches erläutern werde.

Carolina Hehenkamp befaßt sich im Rahmen Lichtnahrung in der Wissenschaftlichen Zeitung ‚Die Andere Realität' (1/99) mit den ‚Erfahrungen auf dem Weg ins Licht und ins neue Zeitalter' und schreibt:

Die Zeiten ändern sich aber. Die Frequenz der Erde stieg in den letzten Jahren bedeutend an und wir sind alle bewußt oder unbewußt bei dem Aufstiegsprozeß dabei. Wir kehren wieder langsam mit der Erde ins Licht zurück, und es ist kein Wunder, daß Einweihungen wie der **Lichtnahrungsprozeß**, *gerade jetzt in die westliche Welt ihren Einzug halten. Viele Menschen sind bereit, warten teilweise schon fiebrig, haben eine Sehnsucht im Herzen, die laut danach ruft, den Schritt ins Licht über die Lichtnahrung zu machen.*

An oberster Stelle meiner Tabelle 2/3 steht der Begriff **reine Lichtnahrung**. Man sagt auch Prana-Nahrung dazu und meint damit jene göttliche Raumkraft, die auch als Äther, Od, Chi, Orgon, Vril und unter anderen Bezeichnungen erkannt wurde. Vereinzelte Fälle von Heiligen und anderen tiefreligiösen Wesenheiten in der überblickbaren Geschichte unserer Zivilisation (u.a. auch Lamas und Yogis) hat es immer gegeben, die jahrzehntelang ohne Essen und Trinken gelebt haben (die bei uns bekanntesten sind *Therese Neumann, Theresa von Konnersreuth, Katharina von Siena* und der Schweizer Nationalheilige *Nikolaus von der Flüe*). Mit Recht hieß es, sie hat Gott ernährt. Doch heute, an der

Schwelle des Photonen-Lichtringes und des Licht-Zeitalters, wird es schon sehr vielen mehr von uns Menschen möglich, diese höchste Hürde der sichtbaren Vergeistigung zu meistern.

Als Ersatz für die Energie, die aus dem Eiweiß und der Stärke verdauter Nahrung kommt, projizieren die Geistebenen eines Wesens bewußte Energiequanten in das physische Feld und leiten sie dazu an, Zellstrukturen zu bilden. Das Geistselbst wandelt die Zellen systematisch so um, daß sie direkt von projizierter Energie ernährt werden können. Diese projizierte Energie wird aus der Energie gewonnen, die auch hinter der Strahlung steckt, die man Licht nennt. Als Folge davon beginnt sich der sogenannte ‚Lichtkörper' zu bilden. Der physische Körper stellt sich immer mehr darauf ein, von Energie ernährt zu werden und nicht von physischen Nährstoffen, die in einer zellularen Hülle stecken. Ein Effekt davon ist, daß sich die Frequenz der Zellen und des Körpers erhöht. Schließlich wird der Körper beginnen, sanft zu strahlen. Dann wird man in einem Lichtkörper leben (Zitat aus ‚Lichtkörper-Transformator').

Das Paradebeispiel ist die Australierin **Ellen Greve Yashmuheen** (42), die als Prana-Spezialistin seit 1993 unabhängig von jeglicher Nahrungsaufnahme lebt, nachdem sie sich über fünfzehn Jahre intensiv mit spirituellen Praktiken und esoterischen Theorien befaßt hatte. Ihre Bücher und Seminare auch in Deutschland zeigen die Möglichkeit, allein auf dem mentalen Weg und auch ohne Heiligmäßigkeit ‚den zweiten Schritt vor dem ersten' gehen zu können. Es funktioniert. Aus der widersprüchlichen Beurteilung muß ich mich mangels eigener Erfahrung heraushalten, kenne aber persönlich erfolgreiche Langzeit-Praktikanten dieses elitären Licht-Weges. Nach Eigenangaben haben bis Mitte 1999 rund dreitausendfünfhundert deutschsprachige Erdengeschwister den 21-Tage-Prozeß durchschritten, bei dem man nach 7 Tagen Rohkostumstellung weitere 21 Tage ohne jegliche Nahrungsaufnahmen (weder Speisen noch Getränke) lebt.

Sicherlich müssen wir das alles noch als Experimente ansehen, die wir um Jahre vorgezogen haben. Nach dem Eintritt des Licht-Zeitalters mit seiner hohen Lichtschwingung wird das aber alles auch für uns Alltag werden. Mit zwei Zitaten von *Yashmuheen* möchte ich etwas von ihrer Licht-Praxis vorstellen:

Früher habe ich mich vor dem göttlichen Willen gefürchtet. Heute habe ich erkannt, daß ich selber nach Gottes Ebenbild geschaffen bin und göttliche Schöpfungskraft besitze. Mein göttlicher Wille ist Freude, Liebe und Gesundheit.

Yashmuheen lehrt in ihren Seminaren zur Umprogrammierung ganz bestimmte Aussprüche, Mantren und Gebete. Das folgende soll dreimal wiederholt werden mit der Vorgabe, den spirituellen Geist zu visualisieren, um so die Schwingung der göttlichen Intelligenz mit dem Kronenchakra (und der Hypophyse) zu verbinden und in einen *nährenden* Einklang zu bringen:

Heilige Mutter/Vater-Gott, ich bitte darum, durch alle Ebenen meines Seins und in jedem ewigen Moment stets nur der Spiegel Deines Lichts zu sein.

Um dem zwischenzeitlich globalen Stellenwert der Botschaft oder gar der Vision von *Jashmuheen* etwas gerechter zu werden, muß ich an dieser Stelle auf die Gründung der ‚Bewegung einer positiven erwachten Gesellschaft' M.A.P.S. hinweisen, einer weltweiten Allianz, die sie seit 1996 mit ihrer Arbeit verbindet. Die Anleitung zu dieser Gründung kam ihrer Aussage nach von den ‚Aufgestiegenen Meistern'[171].

Lassen Sie mich zum Abschluß dieses kurzen Kapitels noch drei ernährungsbedingte Stichworte beleuchten. Jede Form von Fanatismus ablehnend, korrigiert der *Erzengel Ariel* **falsche Einseitigkeit**, wenn er zu dem Thema des fortgeschrittenen Lichtkörper-Aufstiegs die *unbewußten* Veränderungen der Eßgewohnheiten folgendermaßen channelt:
Bitte iß auch immer, was dein Körper verlangt. Wirf alle Bücher mit Ernährungsregeln fort. Du bist hier, um dem Geist zu folgen, nicht irgendwelchen spirituellen Regeln. Wenn du Vegetarier bist, dein Körper aber ein zweipfündiges Steak essen möchte, dann iß es bitte. Wenn du Keimlinge haßt, dein Körper sie aber gern essen würde, iß sie bitte. Es kann sein, daß du dich verleitet fühlst, Bier zu trinken. Das liegt daran, daß Bier Bestandteile enthält, die den Körper im Mutationsprozeß unterstützen können. Wirf in Bezug auf Ernährung alle begrenzenden Regeln über Bord, denn du wirst finden, daß du sehr merkwürdige Dinge essen möchtest, wie zum Beispiel Spinat mit Zimt.

Professor Popp meint das gleiche etwas wissenschaftlicher (esotera 6/94):
*Wenn Sie die Auswahl zwischen Mozart und einem Rockkonzert haben, können Sie in jedem Fall sehr hochqualitative Musik angeboten bekommen, aber Sie gehen in das eine von beiden, weil Sie gerade **das** brauchen; **das** macht Sie glücklich, während Ihnen das andere gleichgültig ist. Die subjektive Komponente spielt für den einzelnen eine große Rolle. Wichtig ist nicht die Nahrung allein, sondern die richtige Auswahl der Nahrung zur richtigen Zeit.*

Das zweite Stichwort heißt **Verlustzunahme**. Unsere ‚Lebensmittel' können heute ihrem guten Ruf aus alten Zeiten absolut nicht mehr gerecht werden. *Die Vitalstoffdichte unserer Lebensmittel sinkt generell...* klagt der Krebs-Informationsdienst in Heidelberg[178] und veröffentlicht über die Veränderungen in den letzten zehn Jahren u.a.: gesunken ist der Vitamin-C-Gehalt der Äpfel um 80 Prozent, das Magnesium der Karotten um die Hälfte, das Kalzium im Brokkoli beträgt nur noch ein Drittel, Spinat enthält 68 Prozent weniger Magnesium und 59 Prozent weniger Vitamin B 6, Bananen erlitten einen Folsäure-Verlust von 84 Prozent und haben 92 Prozent weniger Vitamin B 6. Der Ernährungswissenschaftler *Prof. Heinz Liesen* geht davon aus, daß *...mehr als zwei Drittel aller Deutschen über 50 zunehmend an subklinischen Mangelzuständen leiden.*

Das dritte Stichwort geht hierbei noch weiter, ist ein ganz besonderer ‚Hammer' und ist der Auszug eines Berichts einer Ernährungswissenschaftlerin mit der Überschrift ‚Guten Appetit!' (aus *John-Rabitsch*-Informationsdienst):

Umsatz-Rekorde [in der Nahrungsmittel-Industrie A.d.A.] *heißt aber auch: Die Nahrung muß in ihrer Herstellung so billig wie möglich sein, damit breite Käuferschichten angezogen werden. Mit Hilfe aus der Werbebranche und Schlagwörtern wie ‚Novel-Food', ‚Design-Food', ‚Convenience-Food' usw. braucht man dann nur noch ein positives Image zu schaffen und das Kunstprodukt läuft. Die Sensoric-Experten verführen mit Farb-, Geschmacks- und Aroma-Nuancen, welche ganz gezielt Auge, Zunge und Gaumen betrügen und nach ‚mehr schmecken'. In Wahrheit steckt hinter dem faulen Zauber mancher Novel-Food-‚Delikatesse' buchstäblich der letzte Dreck. Nicht nur im Deutschen Patentamt häufen sich die Patentanmeldungen für fleischähnliche Nahrungserzeugnisse und für Getränke, deren Ausgangssubstanzen getrocknetes Blut, Schlachthofabfälle, Tierkadaver, Harnstoffe, Mutterkuchengewebe usw. sind.*

- *Ein US-Konzern ist auf den technischen Dreh gekommen: Er kauft jede erreichbare Hühnerfeder ein. Denn die Hühnerfedern enthalten Eiweiß. Diese werden in großen Bottichen mit scharfen Chemikalien bei hoher Temperatur erhitzt. Das Eiweiß löst sich aus den Federn und als trockenes Pulver, feuchte Paste oder Flocken kommt es am Ende in den Handel und kann als ‚Nährstoff-Zusatz' ähnlich wie Quark und Rahm später Backwaren, Mehl, Kuchenfertigmischungen, Konfekt, Nudeln, Getreide- oder Teigwaren etc. beigemischt werden.*

- *Es ist sogar eine ekelerregende Tatsache, daß Wollreste, Tierhaare und Hühnerkot statt auf den Misthaufen in die Bottiche der Food-Industrie geworfen und zu ‚neuer Nahrung' verarbeitet werden. Dieses nennt dann der Bonner Professor Konrad Pfeilsticher treffend ‚Human-Futtermittel'.*

Die sechsfache Stärkung des Lichtkörpers

Durch die immer höher schwingenden Licht-Energien, die weiter stärker auf unseren Planeten einströmen, werden unsere Körper laufend *energetisch* und *schwingungsmäßig* verändert. Daher sollte schon sehr ernsthaft bei der Auswahl der Lebensmittel genau auf diese beiden Faktoren geachtet werden, auf den Gehalt an lebendigen Photonen- oder *Lichtenergien* und den biologisch-reinen und tierisch-artgerechten *Schwingungsfrequenzen*. Dies schließt zwangsläufig eine schrittweise Reduzierung und den allmählichen Verzicht aller industrieller Genußmittel ein. Die gewisse Toleranz, auf die die geistige Welt hinweist, darf sicherlich im Rahmen freudig erlebter Ausnahmen genossen werden.

Wenn wir aber ernsthaft an der *Entfaltung höherer Lichtkräfte in uns* arbeiten wollen, dann können wir diese Entfaltung ganz sicher unterstützen durch sechs gezielte Maßnahmen, die in unser Leben und unseren Alltag einziehen sollten:

- **lichtreiche Nahrungsergänzungen** (inzwischen vielfältigst angeboten), unter denen die Blau-Grünen Algen herausragen und die Blütenpollen, die höchst-konzentrierte Lebenskraft enthalten. Die Algen sind für ihre hohe Bindung des Sonnenlichtes im Chlorophyll bekannt, das wiederum als kondensiertes Sonnenlicht angesehen wird. Hohen Chlorophyllgehalt finden wir auch in frischem Gerstengras-Saft.
Erhöhte Gaben von Vitaminen, besonders des Vitamin C und verschiedener Spurenelemente sind zu überlegen. Interessant ist die Literatur dazu von *Dr.med. Matthias Rath* [166].

- **Bewußte und richtige Atmung.** Energie entsteht durch Verbrennung, die dazu Sauerstoff benötigt. Die Lungen der meisten Stadtmenschen seien so verschleimt, daß sie ihre Kapazität nur zu einem Sechstel ausnutzen können. Verminderte Sauerstoffzufuhr bedeutet daher unvollständige Verbrennung der Nahrung. *Der Heilige Atem oder die Substanz von Prana ist mit göttlicher Lebenskraft, Energie und Licht erfüllt. Tiefes Ein- und Ausatmen füllt unsere Zellen mit Sauerstoff und Lebenskraft, entgiftet und reinigt sie (Brigitte Müller).* Auch emotionale Erlebnisse, positive wie negative, werden besser verarbeitet, wenn man dabei einmal oder mehrmals tief atmet. Im *John-Rabitsch*-Informationsdienst 16/98[127] heißt es dazu:
...daß Sauerstoff mit 47% das meiste vorhandene Element der Erdkruste und des menschlichen Körpers ist. Vor 200 Jahren hatte die Atmosphäre noch 38% Sauerstoff. Jetzt soll der prozentuale Anteil bei 21% sein. In den meisten Städten jedoch ist der Anteil nur mehr zwischen 6 und 10 Prozent. So wird der Verlust von Sauerstoff schneller und schneller und kann nicht mehr aufgeholt werden, dank der menschlichen Zerstörungskraft.

- **viel reines Wasser:** sehr wichtig für die Umwandlung zum Lichtkörper ist viel klares Wasser als Energie- und Lichtleiter. Unseren Wasserkonsum müssen wir ab sofort merklich erhöhen – ohne Zusätze und möglichst ohne künstliche Kohlensäure, gefiltert oder als Quellwasser und auf den ganzen Tag verteilt. Rechtsdrehendes Wasser wäre optimal. (Dazu ebenfalls Informationen unter[127] möglich)

- **ausreichend Sonnenlicht.** Darüber und über den lebensnotwendigen Anteil von UV-Licht habe ich Sie unterrichtet. Für den Lichtkörper zählt aber auch die *spirituelle Wertigkeit* des Sonnenlichtes mit seinen zwölffachen Solaren Aspekten Gottes und den entsprechenden Farben (*Brigitte Müller*).

- **Tägliche Körper-Übungen,** bestehend aus Gymnastik, schnell Gehen, Trampolin-Hüpfen, Tanzen oder zumindest täglich Drehen auf der Stelle (bis dreiunddreißig mal rechts herum) seien zu empfehlen. Besonders dafür geeignet sind auch die spirituell wirksamen ‚Fünf Tibeter'-Übungen. Mäßig, aber regelmäßig soll das Maß sein.

- **Tägliche Pausen auch der äußeren Stille und Ruhe,** der Einkehr oder der Besinnung, des Gebetes, der Meditation oder Kontemplation - möglichst frei von Verstandesdenken - müssen uns immer wieder aufs neue auf den Weg-nach-innen zurückbringen – *and keeps the doctor away*[151].

19. Kapitel

Hurra – wir gehen ins Licht!

Dieser optimistische Aufruf stammt aus einer Botschaft. Wie uns längst vertraut ist, sprechen wir dabei vom *inneren Licht*, das aber auch ins *Äußere* wirken kann. Treffend hat dies der elsässische Theologe, Musiker, Arzt und Philosoph *Dr.Albert Schweitzer* (1875-1965), Friedensnobelpreisträger und entschiedener Vertreter der Eschatologie, formuliert: *das Schönste, was es in der Welt gibt, ist ein leuchtendes Gesicht.* Dagegen grenzt der chinesische Philosoph *Lao-tse* diesen spirituellen Lichtbereich ein, wenn durch unser Ego das damit verbundene ‚Leuchten' zu menschlicher, äußerer Beachtung und Erscheinung abgewertet wird: **wer selber scheinen will, wird nicht erleuchtet.**

Wie wir längst wissen, handelt es sich um ein **inneres Licht**, das mit der Erhöhung seiner Schwingungsfrequenzen zum entscheidenden Ziel unserer Zeitenwende geworden ist. Hochlebensnotwendig, obwohl die Beschreibung des gnostischen Weges des Lichtes durch die Religionen dieser Welt gezeigt hat, daß die Ursprünge dieser Forderung seit Beginn dieser Menschheitsepoche zu suchen sind (wir heute zählen zur fünften Erdenmenschheit).

In unserem Christentum sprechen wir von äußerem Christentum, sofern wir nach weitgehend kirchlicher Lehrauffassung den *Gott-im-Himmel* suchen, während der *Gott-in-uns,* wie ihn die Evangelien zusätzlich verkünden, zu innerem Christentum führen soll. Durch diese begriffliche Eingrenzung kommen wir dann zur christlichen **Erleuchtungslehre.** Auch hier finden wir noch keine Einigkeit der Theologen, was ich logisch finde in dem Milliarden-Seelen-Projekt der irdischen Menschheit: die *Erleuchtungslehre* vertritt die Erkenntnis, daß *Gott-in-uns* schon vorhanden sei, wogegen die *Evolutionslehre* die Forderung vertritt, solches müsse erst im Laufe unseres irdischen Lebens entwickelt werden. In den gnostischen und geisteswissenschaftlichen Lehrauffassungen gibt es dabei keine Probleme, denn hier gilt beides: den als Gottesfunken bezeichneten göttlichen Erbteil hat jeder von uns, muß aber ein Leben lang bemüht sein, diesen zu *innerem Licht* zu entwickeln.

Doch dabei sollten wir für unsere Zeitenwende unbedingt einiges in unserem Leben grundsätzlich neu bewerten:

- **eine konsequente Zielorientierung,** denn das jahrtausendelange Dahinplempern von Erdenleben zu Erdenleben bekommt jetzt zwei klare Zielsetzungen: einer der Termine dürfte das Jahr 2012 sein und die Qualität der seelischen Eingangsnorm in das Licht-Zeitalter, das wir danach erwarten dürfen, ist eine erheblich ethischere Lebensweise mit Lichtcharakter,

- **ein neues Verständnis** für die Qualität des ‚Inneren Lichtes'. Bisher kennen wir die **elitären Lichterscheinungen**, die als *Überlicht* oder *himmlisches Licht* vor allem den Heiligen der christlichen Religionen erschienen, kennen es als *wissendes Licht*, das Theologen, Philosophen, Komponisten, Dichtern und Denkern hilfreich zur Verfügung stand und kennen es als **Erleuchtung** von *Mose* über *Paulus* und *Muhammed* und anderen heiligmäßigen Religionsstiftern und –reformern.
Die heutige Menschheit aber benötigt bei ihrem ‚*point of return*' und ihrem Bewußtseinssprung ein (nicht ganz so hohes) **kollektives Lichtbewußtsein**, das damit dem Milliarden-Seelen-Projekt aber gerecht werden kann.
- **eine holistische Ausweitung** – sowohl des *Verständnisses* wie auch der *Erhöhung* unserer seelischen Schwingungsfrequenzen in Richtung eines Lichtkörpers. Denn bei unserer einmaligen Kosmische-Multi-Schnittstelle wird unsere gesamte Grobstofflichkeit mit Mutter Erde gleich um zwei Erfahrungsebenen erhöht werden. Ich erinnere zusätzlich an die große Seelenfamilie, über die ich im dritten und vierten Kapitel geschrieben habe.

Klarstellen müßten wir noch einen weiteren Punkt, indem ich den gechannelten Text aus der Zeitschrift ‚Die Quelle' 5/98 zitiere:
Noch lebt ihr nicht im Licht, noch lebt ihr von geborgtem Licht. Noch braucht ihr eine materielle Sonne, noch müßt ihr ein Licht entzünden. Noch ist eure Welt eine Schattenwelt, ja Schatten ist diese Welt und alles Leben auf dieser Welt.
Das Licht, von dem ich spreche, der Geist, von dem ich spreche, ist das Licht in sich selbst und dieses Licht ist gebunden in euch, und dieses Licht möchte ich, daß es wieder zu leuchten beginnt, daß es aufflammt in euren Herzen.[...]
Doch jetzt ist eine Zeit gekommen..., indem ihr euch als das erkennt, was ihr seid – **Geschöpfe der Ewigkeit.** *Gott hat Tore geöffnet in den Himmeln. Gott hat seine Lichtboten ausgesandt über dieses Erdenrund. Gott ruft euch zu:* **erwacht,** *die Zeit ist gekommen, heimzukehren in die Sphären des Lichts. [...] Da mein Wirken aus dem Inneren, aus dem Bereich des Geistes, der Seele ist, so kann ich euch nur da erreichen,* **wo das Licht und wo tiefere Erkenntnis in euch aufbrechen.**

In anderen Quellen wird der Gedanke weitergeführt und es heißt:
Wenn das Licht der allgemeinen Erleuchtung durchbricht und immer mehr Menschen in der ganzen Welt erfaßt, dann wird auch die Anzahl derjenigen erwachen, die ausrufen: „Ich habe es schon immer geahnt, daß alles falsch war, was man uns durch Zwang beibrachte. Klar, das war Indoktrinierung statt Religion. Wir brauchen aber jetzt wahre Erkenntnis, auch wir wollen zu den Informierten gehören, um unser Schicksal selbstbestimmt besser meistern zu können!"
Verzögernd wirkt sich noch die kollektive Feigheit und mangelnde Zivilcourage aus – das sind Trägheitsmomente, die die kollektive Indoktrination und Verdummung schon immer begünstigt haben (Kosmosofie[175]*).*

Durch ‚Selbst-Erleuchtung' zum Lichtbewußtsein

Zu diesem Thema hat mein ungarischer Freund *Janos Prucsi* am 15.11.1998 das ‚Innere Wort' erfahren, aus dessen Text ich die Schwerpunkte des *Weges der Selbsterleuchtung* konzentriert habe. Diese zeitgemäße Kurzfassung zeigt die Wahrscheinlichkeit auf, daß es dem erwachten Menschen (auch ohne religiöse Ambitionen) jederzeit möglich sein muß, den inneren Weg zu gehen. Auch im Alltag und gleichgültig in welchen Funktionen und Positionen der äußeren Welt wir plaziert sind. Vorausgesetzt, und daher nicht besonders erwähnt, wird für diesen Selbsterleuchtungsweg oder Weg zum Lichtbewußtsein die Beherrschung des Egos und der Gedankensauberkeit. Die verschiedenen Phasen und Grade werden in der Botschaft folgendermaßen dargestellt:

- *Die wichtigsten ersten Schritte davon sind: das **Wissen** aufzunehmen und die **Willenskraft** auszuprägen. Wenn in diesem Prozeß das Herz aufflammt und das Wissen in das Leben des einzelnen integriert wird, dann beginnt der Weg nach innen, der Weg der Seele.*

- *Wenn Gott aber als **Licht der Seele** im Menschen aufwacht, wird dieser sich auf den Weg der Spiritualität begeben, was zum inneren Weg wird.*
  Der Mensch folgt dem inneren Gott, dem inneren Licht, der inneren Stimme, dem Licht des Geistes, dem reinsten Informationsträger, wodurch der heilige Geist sich offenbart.

- *Dieses Geisteslicht, das Angesicht Gottes, erwacht im menschlichen Herzen und dehnt sich im menschlichen Körper in allen Organen und Zellen aus und dadurch wird der Mensch **immer feinstofflicher**. Da sich damit die Schwingung der Materie erhöht, diese sich dadurch verändert, wird zumeist als Schmerz erlebt, wie das Licht den Schatten aus dem Leib ‚austreibt' und transformiert.*

- *Wenn die Seele sich überall im ganzen Körper (auch die feinstofflichen Ebenen) ausdehnt, ist der Lichtkörper vorbereitet, das **Licht des Geistes** zu empfangen. (Das ist der symbolisierte Gral, der empfangende Kelch und auch die kosmische Braut, die sich in ihr Brautgewand kleidet und auf ihren Bräutigam wartet. Der Bräutigam ist in diesem Beispiel der Christusgeist. Dessen alchymische oder kosmische Hochzeit symbolisiert die Vereinigung zwischen Seele und Geist). Diese Vereinigung weist den Weg aus der Polarität...*

- *Der nächste Grad der Einweihung ist dann die **Verschmelzung mit der Einheit**, mit Gott, wo der Mensch selbst seinen Willen, sein Wissen, all seine Ego-Strukturen aufgibt. Statt Wollen kommt das Geschehenlassen, statt Wissen des Egos steigt die Weisheit des Herzens auf und statt Können geschieht das Erkennen („Herr, Dein Wille geschehe – in und durch mich").*
In diesem Zustand hat er keine Vorstellungen oder Idealbilder von Gott mehr, er folgt keinen Theorien oder Lehren mehr, sondern erkennt das absolute Sein in allem, erkennt das wahre Angesicht Gottes hinter der Materie, das heißt, er richtet seinen Blick nicht mehr auf den ‚Schatten', sondern erkennt das Licht selbst in und hinter dem ‚Schatten'.

- *So wird es möglich, selbst in der Mineralwelt, selbst in der Pflanzenwelt oder auch der Welt der Tiere sowohl die Herrlichkeit Gottes **wahrzunehmen** – nicht in den Formen, sondern dahinter **als Energie**, welche die Formen erst belebt – als auch das Opfer Gottes, des Geistes, der es mit seiner Liebe und Geduld ermöglicht, daß alle Lebewesen sich entwickeln und ihren Weg gehen können. So erfahren wir Gottes Geduld und Gnade, welche die Menschen führt und den ihnen gegebenen freien Willen nicht nur zuläßt, akzeptiert und toleriert, sondern sogar unterstützt.*

Es wurde *Janos* abermals bestätigt, daß sich die Menschheit in dieser Zeit besser und schneller entwickeln kann. Es würden jetzt die Boten aus den höchsten Himmeln herabsteigen und brächten das **Licht des Geistes** für solche vorbereiteten und geöffneten Menschen und Seelen.

In der Durchgabe wird aber auch darauf hingewiesen, wie sinnlos ein verkehrtes Drängeln oder gar ein Crash-Kurs nach solchen spirituellen Qualifikationen wäre. Sicherlich stecken wir in der umfangreichen Problematik, ‚rechtzeitig' innere Lichtqualitäten uns aneignen zu sollen, unseren vor der Geburt ausgesuchten Lebensweg beizubehalten oder neu zu finden und dabei Fortschritte zu machen in der Beherrschung unseres Egos und unserer Gedanken. Aber dazu bedarf es weniger der Kunst des Suchens und Analysierens und Weitersuchens und so fort. Weiter hilft uns jetzt nur die Kunst des *Entscheidens* und des anschließenden *Loslassens*, um damit Krisen zu vermeiden oder - falls wir schon teilweise in einer stecken oder als auf uns zukommend empfinden - abzuwehren.

Jene ‚Erleuchtung', welche die meisten spirituellen oder magischen Schulen, Richtungen und Lehren geben können, beschränkt sich vielfach nur auf das Trainieren und Ausprägen der feineren Sinneswahrnehmungen wie Hellfühligkeit, Hellhörigkeit und Hellsehen. Wie die Begriffe zeigen, hat das auch schon mit innerem Licht zu tun. Die Gefahr besteht aber dabei, die für ein Lichtbewußtsein **benötigte Tiefe** vermeiden zu können (da sie nicht gelehrt werden kann, sondern erfahren werden muß) und schließlich in der gleichen Problematik stecken zu bleiben wie es die Weltreligionen vorexerzieren – im Abendland mit dem *äußeren* und dem *inneren* Christentum. Wenn nämlich auf diesen *Wegen der Erleuchtung* der innere Gott, also die Gottheit im Menschen, unerweckt bleibt, bleibt der Mensch <u>in seinem Weg</u> gefangen – möglicherweise in einem Netz der äußeren, zu Magie gewordenen Illusionen – und sein Ego wird immer größer und stärker und sein ‚Schatten' übernimmt die Rolle des Lichtes und regiert fortan sein Leben. Viele Lebens-Wege von ursprünglich herausragenden und charismatischen Propheten, Gurus, Eingeweihten, Medien und Lichtstrebenden, die die eigene Tiefe ihrer Verbindung aber nie erlebt hatten, konnten solchen Prüfungen durch die Energien der Dunkelmächte nicht standhalten und sind in der Einbahnstraße des Egos und der ‚Verblendung' fehlgeleitet worden.

Verblendung kann fast als die Polarität der *Erleuchtung* beziehungsweise des *Lichtbewußtseins* angesehen werden. Beides zählt zwar zum inneren Licht, doch einmal ist es nach außen und einmal nach der inneren Tiefe ausgerichtet - nicht viel besser als das Selber-scheinen-wollen, vor dem *Lao-tse* gewarnt hat.

Die oben aufgezeigte Kurzfassung der Wegbeschreibung zur Selbsterleuchtung läßt uns erkennen, daß dieser Weg tatsächlich gangbar ist von selbstkritischen Bewußtseinsträgern unserer Zeit der Wende und Veränderung. Wir müssen ihn ja nicht alleine gehen, geistige Kräfte stehen uns geduldig zur Seite

- **wenn wir uns entschieden haben**, diesen *Weg nach innen*, das heißt mit innen-gültigen Wertmaßstäben, anzunehmen und weiter in unserer äußeren Mitwelt *zu leben* und

- **wenn wir durchhalten**, die *inneren* und *äußeren Veränderungen* durchzuspielen, damit die geistigen Kräfte uns dabei führen können und

- **damit wir erleben können**, daß die *innere Führung*, gleichgültig in welcher Form sie wirkt und mit welcher Intensität, ein immer *verläßlicherer Lebensweg* wird. Selten geschehen Blitz-Umwandlungen und Wunder, meistens ist es ein stetiger Wellenweg-nach-oben mit Himmelhoch-jauchzend-und-zu-Tode-betrübt-Phasen.

‚*Wir streben mehr danach, Schmerz zu vermeiden als Freude zu gewinnen*' klagte der erfahrene österreichische Psychoanalytiker *Sigmund Freud* (1856-1939) und erinnert damit an die schwierigen Begleitumstände dieses Weges. Lassen Sie mich die dargestellte Kurzfassung des Selbsterleuchtungsweges zum besseren Verständnis noch durch einige Stichworte ergänzen:

- **Der Auftrag:** Das Erreichen des Lichtbewußtseins bedeutet vor allem, das *Licht in sich* zu finden. Der nächstschwierige Schritt ist das ‚bewahren' dieses Lichtzustandes auf unserem weiteren Alltagsweg und das Größte wäre natürlich, es dann auch *auszustrahlen*. **Lasset euer Licht leuchten...** heißt der Auftrag, den wir Christen erhalten haben. Also nichts wie ran! Jetzt wissen wir, was *Jesus* damals gemeint hat, denn seine ihn bewundernden Zuhörer in Galiläa und Judäa verstanden damals sicherlich nur Bahnhof.
Eine Botschaft unserer Tage (Die Quelle 6/98) erläutert uns:
So kann das Licht in euch brennen, so werdet ihr leuchtend und schön. So seid ihr der wahre Tabernakel Gottes, so seid ihr wandelnde Tempel Gottes. Das Licht strahlt aus euch heraus, **verbindet** *sich mit den kosmischen Energieströmen, Himmel und Erde vereinen sich. Wo der Mensch sich dem Himmel geöffnet hat,* **wo das Bewußtsein des Menschen mit dem geistigen Licht seines Herzens verschmolzen ist**, *wird sich das größere Licht, die Weltengottheit mit euch einen. Das ist die letzte Erlösung.*

- **Die optimale Erfahrung:** Als hohen Grad der Einweihung auf unserem Weg der Selbsterleuchtung wurde das *Verschmelzen mit der Einheit* bezeichnet. Das war seit jeher der mystische Aufstieg für alle ‚Heiliggesprochenen', heraus aus der profanen Welt. Heute betrachten wir diese optimale Erfahrung auch aus dem *individuellen Winkel unserer Denkweise* und nicht nur aus religiöser Sehnsucht, möglichst schnell in die verlorengegangene Einheit einzutauchen.
Das große Licht, von dem ihr ausgegangen seid, nimmt dieses erleuchtende Licht eures Herzens und eures Bewußtseins wieder auf in sich. Und doch bleibt ihr immer ihr selbst, ungefähr so wie ein großes Licht eine Kerze aufnimmt. Die Kerze hat ihr eigenes Licht und doch verschmilzt sie, wird eins mit dem großen Licht. Doch es kann sich auch wieder lösen, denn es ist in sich selbst ein eigener Aspekt dieses Lichtes, obwohl es das gleiche Licht ist. Nimmt das große Licht das kleine in sich auf, so ist es scheinbar nicht mehr sichtbar. So ist es, wie wenn Gott zu euch herabsteigt, wenn das große Licht euch umfängt, dann spürt ihr diese unendliche, diese allumfassende Liebe und ihr habt das Gefühl zu verschmelzen in diesem Licht und so ist es auch. Das sind die ekstatischen Erlebnisse der Mystiker, dieses totale Verschmelzen in Gott (Die Quelle).

- **Die Gedankensauberkeit:** Dies muß die Basis all unserer Veränderungen sein. Hier wird der *Neue Mensch* geboren, der sein neues Leben mit dem Selbst in uns gestaltet und lebt. Aus dem wundervollen Spiel der anfänglichen Gedanken-Freiheit muß allmählich ein ‚Freisein von Gedanken' werden – als geöffneter Zugang für das Licht. Außerdem unterscheidet der belgische Neognostiker *Robert Linssen*: Wenn die *vorausgehenden* Gedanken auf ihr Objekt weiter fixiert bleiben, ist dies das [alte] Elend; wenn die

nachfolgenden Gedanken von ihrem Objekt losgelöst sind, ist dies die vollkommene Weisheit oder *bodhi*.
Dieses Wort kommt von der Sanskritwurzel ‚budh' mit der Bedeutung ‚erwachen'. Es ist der Zustand, in dem der Mensch sein Gemüt so ‚leergemacht' hat, daß es nur vom Selbst allein, von der selbstlosen Selbstheit des Ewigen erfüllt ist. Dann erkennt er die unaussprechlichen Visionen der Wirklichkeit, reine Wahrheit. Der Mensch, der diesen Zustand erreicht, wird ein ‚Buddha' genannt, und das Organ, in dem und durch das dieser Zustand offenbart wird, heißt ‚Buddhi' (Gottfried von Purucker in seinem ‚Wörterbuch').

- **Das Trugbild der Erscheinung:** Ein anzustrebender erster Bewußtseinsgrad ist der *holistische* Blickwinkel, die Herrlichkeit der gesamten Schöpfung in seiner Formengemeinschaft zu erkennen und zu empfinden. Die rechte Schau des Lichtbewußtseins besteht jedoch als zweiter Schritt darin, unsere ganze Mitwelt als eine *Welt der Erscheinungen* zu erkennen und uns von den Oberflächen-Aspekten von Werten und Dingen zu **distanzieren**. Wir bekommen die Bewußtseins-Möglichkeit, uns dem Universum und uns selbst auf eine höhere, allmählich immer transparenter werdende Weise zu nähern – auf einer *holistischen Lichtebene*. Dabei legen wir mehr Wert auf die Software als auf die Hardware, mehr auf die Energie und die Resonanz als auf die Form und erkennen letztlich immer öfter, daß in Wirklichkeit unser *Wahres Wesen* das **Zentrum** ist und ausschließlich an diesem Ort die grundlegende Realität von Dingen und Wesen waltet (*Robert Linssen*).

- **Die individuelle Lösungsmöglichkeit:** Wir haben einerseits das Milliarden-Seelen-Projekt mit der Chance des Aufstiegs der Menschheit und die Forderung, eine bestimmte seelische Licht-Schwingungsfrequenz zu erreichen, um mit einem sogenannten Lichtkörper am Aufstieg teilhaben zu können. Wir haben andererseits die oben dargestellte Kurzfassung des noch elitäreren Weges zum Licht-Bewußtsein mit seinen noch höheren seelischen Frequenzen. Das paßt natürlich so einfach nebeneinandergestellt nicht. Wir müssen daraufhin nochmal den letzten Absatz der medialen Kurzfassung beachten, in der es heißt, *daß es Gott mit seiner Liebe und Geduld und Gnade ermöglicht, daß alle Lebewesen sich entwickeln und ihren Weg gehen können.* Das ist eine Zusage, die wir immer wieder von Geist- und Raumgeschwistern hören und wir können gespannt sein, wie es diese bereits höher und höchst-schwingenden Ebenen fertigbringen werden, diesen wundervollen göttlichen Auftrag mit unserer noch recht verstockten und verschlafenen Menschheit zu bewerkstelligen.

- **Trost und Aufmunterung:** Die Neugeistlehre behauptet, daß Lichtbewußtsein und Erleuchtung weiter nichts als vollkommenes und vollständiges Wissen sei über uns selbst in Beziehung zum Unendlichen. Es sei nicht ein Zustand, den wir *erreichen* müssen, **sondern es sei unser natürlicher Zustand, zu dem wir** *erwachen* **müssen** (*Roy Eugene Davis*). Wenn dem so ist – und das ist auch meine persönliche Meinung – dann ist es tatsächlich ein göttlicher Klacks, das alte abgespeicherte Wissen um unsere Göttlichkeit vom Herzen wieder ins Hirn zu erwecken. Die zürnende Mutter Erde übernimmt gerne die dazu benötigten Morgen-Appelle. Und für die vorerst noch mächtigen Schlafmittelverteiler gilt möglicherweise eine Regel des Volksmundes: *Wer andern eine Grube gräbt, fällt selbst hinein,* denn die gewaltigen Energiefelder der Dunkelmächte werden sich wohl gegenseitig ausgleichen müssen.

- **Individueller Zieleinlauf:** In dem Aufruf ‚An die Kinder des Lichts'[116] werden wir daran erinnert, daß nach dem kosmischen Gesetz der Seelenwiederverkörperung jede inkarnierte Seele vor der Entscheidung eines Lebens in der Zeitenwende wußte, daß es diesmal um einen Bewußtseinssprung der einmaligen Art gehen wird, der sie in ungeahnte Lichtqualitäten befreien wird. Und wir erfahren:
In unserer spirituellen Entwicklung gibt es kein gemeinsames ‚Klassenziel'. Das bedeutet, daß wir nicht alle das Ziel auf die gleiche Art erreichen müssen. Wir müssen auch nicht alle auf dem gleichen Entwicklungsstand sein, um mit einem Quantensprung in eine höhere Ebene aufzusteigen, sondern jede Seele hat sich ihren eigenen Bewußtseinssprung selbst festgelegt, sie hat sich ihr Ziel selbst gesteckt. Dies ist die einzige Aufgabe, die wir alle gemeinsam haben, daß wir alle unser selbstgestecktes Ziel erreichen müssen. Wir alle haben uns jedoch als Resonanzen gemeinsam zu dieser Zeit auf diesem Planeten zusammengefunden und das bedeutet, wie verschieden auch immer unsere Ziele angesetzt sein mögen, gemeinsam werden sie eine unbesiegbare Einheit bilden, in der jeder Einzelne seinen unersetzlichen Platz einnimmt und ermöglicht, daß diese neue Einheit ihre höchsten Potentiale ausschöpfen kann.

- **Das göttliche Erbe:** Wir müssen endlich begreifen, daß die wahren Werte unseres unsterblichen Bewußtseins *niemals* im Äußeren liegen, niemals im Haben, sondern nur im Sein und wir unser göttliches Erbe nur antreten können, wenn wir dem Auftrag *...lasset euer Licht leuchten* und damit der wünschenswerten Selbst-Erleuchtung mit dem damit verbundenen Freiwerden in unserem Leben Priorität einräumen. Dazu hören wir aus ‚Die Quelle' 2/1999:

Deshalb seid ihr auch so wichtig, ein jeder. Deshalb steigt der Vater selbst herab, das höchste Licht kommt jetzt auf diese Erde. Deshalb wird der Heilige Geist ausgesandt, um euch an euer göttliches Erbe zu erinnern, daß euer Bewußtsein nicht getrennt, abgespalten von Gott ist. Damit ihr nicht hängen bleibt an einer Schein- und Schattenwelt, an einer Welt der Illusion, die wieder vergeht. An Scheinwünschen, denen ihr nachrennt, und die euch doch nie das Glück bringen, sondern Krankheit, Not, Elend und Tod, immer und immer wieder.

- **Der Graf-Dracula-Effekt:** Wollen wir endlich die Neue Welt erleben und die Zeit des Lichtes, dann muß sie bei uns beginnen, bei denen, die die Zeit bereits begreifen und mit ihrem Wissen umgehen können: *...und wisset, Ihr Kinder des Lichts, die neue Zeit ist schon da... beginnt sie einfach zu leben!*

  *Möchtet Ihr Kinder des Lichts, daß sich die Gesellschaft vor Euch beugt, so müßt Ihr Eure Philosophie leben, **mit allen Konsequenzen und in allen Bereichen des Lebens**. Sie darf keine Freizeitphilosophie mehr sein, die nur unter bestimmten Umständen gelebt wird, sondern Eure Philosophie muß Eure Lebensumstände bestimmen und verändern. Nur wer sein Licht entzündet und aufrecht wie ein Fels in der Brandung steht, **kann die Dunkelheit auch mit der Geschwindigkeit des Lichtes vernichten**. Wer aber zögert, oder das Licht nur in einem Zimmer brennen läßt, wird immer wieder im Dunkel wandeln und wegen der kleinsten Unebenheit stolpern. Die Ausrede „Ich kann ja sowieso nichts ändern" ist somit hinfällig und jeder, der so denkt, macht sich mitschuldig am Status Quo! (Antas und Antaria in* [116]*)*

- **Eine unbesiegbare Einheit:** Bei der Beschreibung des neuen spirituellen Kristallgitters, das unser Planet aus der geistigen Welt erhalten hat, habe ich darauf hingewiesen, daß es allen Lichtarbeitern hilft, sich dadurch leichter ‚vernetzen' und verbinden zu können. Auf diese Möglichkeit, aber auch Notwendigkeit, gibt es vielfältige Hinweise aus der geistigen Welt. Solche resonanzbedingten Verbindungen geschehen fast ausschließlich auf der feinstofflichen und spirituellen Ebene, resultieren aber auch immer wieder in wundervollen Zusammenführungen von Herzen und Menschen in der Grobstofflichkeit. Doch stets muß es sich um bereits ethisch (lichtmäßig) höherentwickelte Seelen (der Menschen) handeln. Beispiele: In Christus-Botschaften fällt die vereinigte Energie mit in die gewaltige Christus-Energie. Andere Botschaften nennen sie Mahatma-Energie (*Vywamus*), die sich aus der Summe aller Höheren Selbste oder aller ICH-BIN-Energien oder aller Monaden Energien zusammensetzt. Die Zusammenführung wird von hohen Christuswesen oder von Wesen des Mahatma-Kollektivs geleitet. Dazu heißt es:

Das Mahatma-Kollektiv arbeitet nun an der Verschmelzung der Energien auf planetarer Ebene, und dort, wo die Seele reif ist, auch auf individueller Ebene. Jede reife Seele erhält also ihre eigene Mahatma-Führung zugeteilt, die dann den Lichtkörperprozeß lenkt.

20. Kapitel

Die persönliche Transformation

Transformation finden wir als einen Vorgang von *Umwandlung* in fast allen Wissenschaften formuliert und wenn dieser Begriff im Religiösen auftaucht, steht er meist mit dem Erleuchtungs-Prozeß in Verbindung. Im Themenkreis unseres Buches trennen wir in eine *persönliche Transformation*, wobei es sich um unsere innere, seelisch-spirituelle handelt, und eine *planetare Transformation*, bei der der Bewußtseinssprung der Menschheit zusammen mit dem Planeten Erde und weiteren möglichen Größenordnungen in unserer Zeitenwende gemeint ist. Wie schon dargestellt, tritt unser gesamtes Sonnensystem in die erheblich höherfrequente Schwingung des Photonengürtels, der zeitlich mit dem Durchgang des Frühlingspunktes durch den Wassermann identisch ist.

Diese Photonen-Licht-Teilchen erzeugen bei ihrer permanenten Entstehung Licht, das keine Hitze ausstrahlt und das durch seine absolute Durchdringungsfähigkeit aller Materie auch in tiefsten Hohlräumen erleuchtet. Somit soll es dann auf Erden auch Tag und Nacht hell sein. Das ganz besondere dieser Lichtwirkung ist, daß es in allen Dimensionen und auf allen Erfahrungsebenen aktiv wird, den geistig-spirituellen, den seelisch-gefühlvollen und den körperlich-materiellen. **Alle Atome, die uns in manifestierter Form erscheinen, werden auf eine höhere Schwingungsfrequenz beschleunigt** (*Brigitte Müller*). Und das alles zusammen wird uns als das zukünftige Licht-Zeitalter angekündigt. Daß dies auch noch andere, konfessionelle Bezeichnungen trägt, kennen wir bereits aus der christlichen Eschatologie und vielen Religionen, Philosophien und Weltanschauungen rund um den Erdball.

Da diese wesentlich höhere Lichtqualität zugleich auch eine ethisch höhere Lebensqualität besitzt - alle spirituellen Quellen sprechen von fast göttlichen und vollkommenen Qualitäten - sind das Lichtnormen, die für einen bestimmten irdischen Materialismus mit seinen weltweit etablierten Machtsystemen unverträglich sind. Damit sind diese Kreise zusammen mit ihren rezessiven Außerirdischen natürlich bestens vertraut und haben die zweite Hälfte unseres Jahrhunderts dazu benutzt, rigoros jegliche innere Verbindung zwischen Mensch und Gott zu unterbinden oder ad absurdum zu führen oder zu verfälschen oder lächerlich zu machen. Sogar von Christenverfolgungen kann gesprochen werden, einerseits in fast altrömischem Stil in den islamischen Ländern (auch der Türkei). Andererseits auch als High-Tech-Zombitum, die neuen Christenverfolger sind elektronisch, und die Flammen, auf denen die Märtyrer geröstet werden, sind das kalte Licht der Dioden und die elektronisch tausendfach verstärkten Vibrationen in den Discos und Nachtclubs (*Gerald Messadié*).

Ein gewaltiges Angebot an Ersatzgöttern wird all den dafür längst Uninteressierten als Irreführungen und Ablenkungen von der eigentlichen Sinnfindung ihres Lebens zur Verfügung gestellt. Diese Polarisierung heißt daher ganz offensichtlich **Old-Age gegen New-Age** – letzteres mit seinem neuen, gnostischen Lichtverständnis, mit seinen verstandesmäßigen Neugeist-Philosophien und einem ökologischen Schamanismus, der zu Einfachheit und Natürlichkeit zurückführt.

Die zu erwartende und nicht ableugbare ‚Transformation' auch des Materialismus hat daher wieder zwei Gesichter. Das der Dunkelmächte wurde erhalten durch das *Magnetgitter* (siehe Glossarium) unseres Planeten und das der vereinten Lichtmächte (Geistgeschwister, Engelwelt, Aufgestiegene Meister und Raumgeschwister) durch das *Kristallgitter* in der ätherischen Zone unseres Planeten. Das heißt

- **das Erd-Magnet-Feld**, das schon seit über einem Jahrzehnt meßbar schwächer wird, muß durch (militärische) Geheimsysteme und Wetterexperimente gestützt werden und möglichst viele Menschen und Völker werden durch Konsumversklavung, Zivilisationskrankheiten, Verschuldung, Gewaltverherrlichung und Kriegsgeschehen ‚beschäftigt' und von kritischem Wissenwollen abgelenkt. Über das Magnet-Gitter-System sollen die menschlichen Zukunftsängste, religiös durch Katastrophenprophetie und materiell durch Teil- und Falsch-Informationen, gesteigert werden.

- **das Kristall-Gitter-System,** erneuert (Harmonische Konvergenz 1987) und verstärkt in ätherischer Höhe über unserem Planeten, erhöht die Licht-Transmissionen in alle Zellbereiche der Natur und des Menschen, vermutlich auch der grobstofflichen Atomstrukturen; steht als neue Gnaden-Energie zur Verfügung; unterstützt den Aufbau des Resonanzfeldes zwischen den Millionen von inkarnierten Licht-Arbeitern und -Dienern (der Geist- und Raumgeschwister); öffnet die menschlichen Chakren und die der Natur der Mutter Erde und hat einen Großteil der tektonischen Spannungen in den Erdschichten bereits ausgeglichen. *Das neue morphogenetische Feld der Erde sei fast fertiggestellt, was zugleich der Vernetzung der Licht-Diener helfe* (*Janos* am 7.11.1999).

Von den Machthabern *gefürchtet* werden angeblich die Erweckungen unseres alten gespeicherten Seelenwissens durch das Lichtbewußtsein, weil davon auch die Anhängerschaft der Dunkelmächte betroffen ist. Gefürchtet sei außerdem die Energie der Gnade und die allgemeine Schwingungserhöhung der materiellen Atome, weil dem dann vermutlich nichts entgegenzusetzen sei.

Haben sich die Pläne verändert?

Ein besonderes Zeitproblem stellen die widersprüchlichen Botschaften von Raumgeschwistern und anderen Außerirdischen an uns Menschen dar. Solche werden seit etwas fünf Jahrzehnten empfangen und erzeugten leider auch vielfach Verwirrungen, Ängste und möglicherweise falsche Hoffnungen. Damit befaßt sich sehr ausführlich die wohl engagierteste Reiki-Lehrerin im deutschsprachigen Raum, Heilpraktikerin und Autorin *Brigitte Müller* in ihrem neuen Buch ‚Lichtkörper-Bewußtsein'[(139)] und behauptet:

*Wir erfahren einen beispiellosen Akt der göttlichen Gnade, aber die Regeln für unseren Aufstieg sind sehr klar. Damit wir in die nächste Spirale der Evolution aufsteigen und unsere Solare Realität erlangen können, **müssen auf Erden verkörperte Seelen das Licht Gottes anrufen, und es durch ihre eigene Herzensflamme in die physische Ebene projizieren, um mit ausreichender Wirkung die Muster der Negativität und der menschlichen ‚Mißschöpfungen' auszugleichen und umzuwandeln.***

Dabei geht *Brigitte Müller* auch darauf ein, daß es neuerdings Botschaften gibt (die sie teilweise auch mit vertritt), daß es pauschale Großevakuierungen nicht geben werde. Dies paßt zu den Warnungen vieler Raumgeschwister, sich keine falschen Hoffnungen zu machen und paßt zu den Warnungen auch vor bequemes Flüchten in bequemes Gerettetwerden. Denn in diese Richtung scheint gar nichts zu laufen. Entweder werden es Erdengeschwister sein, die zwar ahnungslos, aber durch ihren Dienst im Leben reif und würdig sind, gerettet zu werden (Liebe und Nächstenliebe erzeugen erhöhte Seelenschwingungen). Oder es werden solche sein, die durch ihre bewußte Lebensqualität die benötigte höhere Schwingungsfrequenz erzielten und daran erkennbar werden.

Berechtigt fragt daher auch *Dr. Savitri Braeucker*, Autorin zusammen mit *Tom H.Smith* des Buches ‚Mutter Erde wehrt sich'[(39)], ob sich die Pläne verändert hätten. Denn selbst so glaubhafte Wesenheiten wie *Ashtar Sheran* haben jahrzehntelang Evakuierungen verprochen und erklärten zuletzt, daß jedoch immer mehr Menschen fähig werden, mit ihrer eigenen Merkabah, dem geistigen Lichtkörper, den materiellen Lichtsprung zu meistern. *S. Braeucker* kommt zu dem Schluß, daß

...das Gebot der Stunde vielmehr die eigene Umwandlung – Transformation und Transmutation – fordere und das Übernehmen der vollen Verantwortung für die eigene Entwicklung. Wenn wir jetzt nicht lernen, vorbehaltlos auf unsere eigene innere Führung zu hören und ihr zu vertrauen, werden wir dann, wenn die astralen und außerirdischen Einflüsse zusehends stürmischer werden, hin und hergeschoben werden wie eine Schachfigur.

Genau darauf warten bereits diejenigen, die glauben, ein Erbrecht auf diesen Planeten und seine Bevölkerung zu besitzen. [...] Die göttliche Allmacht hat den Menschen jedoch als Erbrecht den freien Willen und die absolute Unantastbarkeit der Seele gege-

ben. Am Schutz und der Respektierung dieser kostbaren Gaben können wir die göttliche Handschrift erkennen.
Es gibt der Realitäten viele, je nach Entwurf und Entscheidung der Seele. So ist auch die Evakuierung kein Dogma. Die Wahrheit ruht in jeder Seele und sie immer wieder zu ergründen, ist eine täglich neu gestellte Herausforderung.

Die geistigen Pläne bezüglich unserer *persönlichen Transformation* scheinen unveränderlich fortzuschreiten, da sie Teil eines für uns unvorstellbaren Konzeptes zu sein scheinen, in das wir uns zu unserer seelischen Befreiung (Revolution der Seelen in der Materie) einbringen können. Es heißt auch: einbringen *müssen*, um mit unserem Lichtanteil uns in das irdische Kristall-Gitter einzuklinken und im globalen System die Gemeinsamkeit des Aufstiegs der Menschheit zu erleben. Mit einigen entsprechenden Zitaten aus verschiedenen Botschaften möchte ich das untermalen:

Verbindet Euch mit all denen, die guten Willens sind, so entsteht ein ‚Friedensmarsch', der über die Erde zieht. Ein Lichtnetz, das über die Erde gezogen wird und dadurch die **Transformation** *von allem Zerstörerischen, allem ‚Dämonischen' ermöglicht wird. So erfüllt Ihr den Sinn des Lebens: das Gehen auf den Weg, damit der Frieden auf der Erde ein neues Zeitalter eröffnet. Ihr sollt die Liebe und der Frieden selbst sein, denn damit ist alles, was noch kämpft, aufgehoben. So werdet Ihr wahre Diener Gottes und Euer ganzes Leben ein einziger Gottesdienst:* **nicht ein Ritual, sondern ein Seinszustand und daran werdet Ihr erkannt** *(Durchgabe durch Janos am 25.5.1999).*

Gaia [die Erde A.d.A.] braucht eure Hilfe und eure Unterstützung für diesen Prozeß der **Transformation**. *Ihr seid hierher gekommen, um diesen Prozeß in die Wege zu leiten und ihn zu vollenden. Die Ebene, mit der ihr zusammenarbeitet, ist die Ebene der geistigen Welten, angesiedelt in der siebenten und achten Dimension. Öffnet euch diesen Ebenen und gebt ihnen Raum, damit der Prozeß, der jetzt eingeleitet wird, für alle, die daran beteiligt sind, zu einem vollen Erfolg wird.*
Die Erde braucht eure Hilfe, und diese Hilfe bedeutet für euch euren Aufstieg in Zusammenarbeit mit dem, was euch umgibt und euch unterstützt. Die Energien, die jetzt eingespeist werden, geben der Erde einen zusätzlichen Push, indem sie ihre Schwingung erhöhen und so den Reinigungsprozeß einleiten. (Botschaft durch Dorit am 22.10.1994).
Dies ist der Weg zu eurer Befreiung und wir möchten ihn mit euch zusammen gehen, denn auch wir lernen von euch. Wir lernen von euch, ja, so ist es. Viele von uns hier in den hohen Ebenen des Seins waren niemals inkarniert. Wir sind Lichtfunken, explodierende Lichtbälle, wenn ihr so wollt, die sich vervielfältigen können, noch und nöcher, größer und größer werden können, jede Form annehmen können, die sie möchten. Wir sind omnipräsent. Jeder, der mit uns in Kontakt stehen möchte, kann es tun – sofort, ob in Amerika, auf dem Mars oder in der See.

Auch diesen Zustand könnt ihr einmal erreichen, wenn ihr aufgestiegen seid als Meister. Es ist für jeden von euch vorgesehen – irgendwann einmal. Der Weg dorthin ist unterschiedlich lang, je nachdem, wie ihr euch entscheidet. Viele können die Meisterschaft auch bereits jetzt in dieser Existenz erreichen. Das glaubt ihr nicht?
Nun ja, ihr werdet es sehen, was alles möglich ist, in dieser erhöhten Schwingung der Erde, in die wir jetzt hineingehen mit euch zusammen. Laßt euch überraschen und nehmt an das, was kommt in Frieden und in Freiheit eures Seins. Amen. (Erzengel Michael durch Dorit am 26.2.1997)

Die *Dorit*-Zitate sind dem Buch ‚Neue Erde, neuer Mensch, Visionen unserer Zukunft' von *Dr. Dorit I. Becker*[152] entnommen. Desweiteren findet sich im Internet unter www.sedonajo.com die Botschaft einer Energie, die sich *Zoosh* nennt und unter anderem erklärt:

Es ist notwendig, diese ‚Invasionen' von Katastrophen zu verbreiten, weil so viele Menschen Befürchtungen und Alpträume in Bezug auf solche Ereignisse haben. Dadurch, daß diese Alpträume offen ausgesprochen werden, habt ihr als Junior-Schöpfer die Möglichkeit, sie zu verändern.
Wenn ihr das nächste Mal eine Nachricht wie diese erhaltet, unabhängig davon, wie überzeugend sie klingen mag, dann ist das nächste, was ihr tun solltet, nachdem ihr die Nachricht gehört oder gelesen habt, **laut zu sagen: ‚nun ja, wie auch immer, die Sache könnte trotzdem besser ausgehen'!** *Das allein genügt. Sage es und meine es. Die Worte allein genügen nicht. Der Satz soll kein Mantra werden, um den Verstand zu zerstreuen, sondern etwas, das ein wirkliches Gefühl als eine neue Möglichkeit offenbart – das ‚es-könnte-besser-ausgehen-Gefühl'.*
Wenn du diesen Satz sagst und meinst, dann erfüllst du damit die Funktion und den Zweck solcher Voraussagen, nämlich, daß du als ‚Schöpfer deiner Realität' **eine bewußte Entscheidung für eine andere Möglichkeit** *fällst. Das ist alles, worum es bei den gesammelten Voraussagen und Prophezeiungen geht. Wenn genug Menschen durch diese Prophezeiungen herausgefordert werden, aktiv an ein ‚Happy End' zu glauben, dann wird nicht nur nichts passieren – die weltweite Katastrophe* **kann** *gar nicht mehr passieren... Fühle du als Junior-Schöpfer dich herausgefordert, dich für den Glauben an das Gute zu entscheiden und du hilfst der Welt, daß alles gut ausgeht... Ihr müßt euch erinnern, daß Probleme dazu da sind, gelöst und nicht schlicht erduldet zu werden. Wenn außerdem z.B. ‚das Erdbeben' = die* **Schattentransformation** *schon in eurem Inneren stattfindet, dann braucht es sich nicht mehr in der äußeren Realität zu manifestieren.*

Die beiden Licht-Botschaften von 1997

In dem Buch ‚Lichtkörper-Bewußtsein' von *Brigitte Müller* wird erläutert, daß zwei weltweite Ereignisse des Jahres 1997 besondere Botschaften an uns Irdische darstellen: **die Botschaft des göttlichen Segens** durch den Kometen

Hale-Bopp und die **Botschaft der göttlichen Weiblichkeit** durch den Übergang der beiden Seelen *Prinzessin Diana* und *Mutter Theresa* in die feinstoffliche Welt.

Der **Komet Hale-Bopp** wurde erst am 23.7.1995 von den beiden US-Amateur-Astronomen *Alan Hale* und *Thomas Bopp* entdeckt. Nach Meinung vieler christlicher Esoteriker hatte dieser ‚Komet des Jahrhunderts' seinen hohen Stellenwert angezeigt, indem er in der Zeit des Frühlings-Äquinoktiums (Tagundnachtgleiche) und der christlichen Karwoche seine Erdnähe zeigte. Dies erschuf eine gewaltige verstärkte Aktivität des Lichtes, die um den Globus in einer sich immer mehr verstärkenden ‚Welle von Gottes Glorie loderte' (*Brigitte Müller*). Am 22. März 1997 (Quersumme 33, die Meisterzahl, die das Christusbewußtsein reflektiert, *Brigitte Müller*) passierte der Komet Hale-Bopp in nächster Nähe die Erde. Es soll eine ungeheure Lichtausdehnung für unseren Planeten stattgefunden haben und zugleich der Quantensprung in die fünfte Dimension im Feinstofflichen spirituell angelegt worden sein.

Mit gemischten Gefühlen muß man die damaligen Erwartungen einzelner spiritueller Gruppen betrachten. Enttäuschungen machten danach Schlagzeilen, weil schon lange angekündigtes Spektakuläres in der Grobstofflichkeit genauso ausblieb wie bei vielen anderen Prophezeiungen. Trotzdem dürfen wir die betreffenden Botschaften nicht frustriert verwerfen, sondern lieber offen lassen, was sich daraus in nächster Zeit entwickeln wird.

Bestätigung findet die Außerordentlichkeit dieses Kometen aber doch darin, daß am 18.4.1997 einige Astronomen der Isaac-Newton-Gruppe auf der kanarischen Insel La Palma einen dritten Schweif entdeckt haben. Bekannt ist, daß es bei Kometen zwei Typen von sichtbaren Schweifen gibt: einer aus Staub und der andere aus elektrisch-geladenem Plasma. Diese waren sichtbar als rosa und blaue ‚Flammen'. Der dritte Schweif jedoch war aus Natriumgas und wurde noch nie vorher gesehen. Er war als ‚goldenes Glühen' sichtbar. Für die Geisteswissenschaftler symbolisieren diese drei Farben zusammen ...*die Dreifaltigkeit und die dreifältige Flamme in unserem Herzen, rosa, gold und blau.*

Das zweite globale Ereignis des Jahres 1997 nenne ich **die Botschaft der Göttlichen Weiblichkeit**. Ich habe schon in meinem Buch JESUS 2000 ausführlich dargelegt, daß die Menschheit seit Jahrtausenden Schwierigkeiten mit *ihrem Gottesbild* hat und dieses grundsätzlich als *männlich* empfindet und auslegt. Dies kommt zum Teil daher, daß in unserer grobstofflichen Ebene alle und sämtliche Kräfte grundsätzlich zweipolig geteilt sind und somit auch wirksam werden. Symbolisch ist dies mit dem Gleichnis von *Adam* und *Eva* dargestellt, das uns aufzeigt, daß das androgyn-ungeschlechtliche und *harmonische* der höheren, feinstofflichen Geist- und Lichtebenen in der materiellen, grobstofflichen

Ebene gespalten ist. (Im Lebensprozeß der Harmonisierungen dieser Dualitäten oder gar Polaritäten, auch der weiblich/männlichen, finden wir unser Studienprogramm und unsere Hausaufgaben – siehe auch im Glossarium).

Aus dieser Sicht treten eben auch die *apolaren* (ungepolten) Göttlichen Kräfte auf der grobstofflichen Ebene *dualisiert* und *zweifältig* auf. Aber unsere religiöse Empfindungsfähigkeit läßt uns (im Rahmen unseres freien Willens) die ethisch-geistig-spirituelle *Beschränkung* zu, die göttliche Kraft der Liebe nur ‚einfältig' und männlich eingeschränkt zu erkennen und zu lehren (*der* Vater, *der* Sohn, *der* Christus, *der* Geist...). Dabei wurde die weibliche Seite dieser Kraft geflissentlich ‚übersehen'.

In diesem Buch habe ich schon mehrfach darauf hingewiesen, daß diese Einseitigkeit unseres bescheidenen Verständnisses des Kosmisch-Geistig-Göttlichen uns in die heutige Sackgasse geführt haben. Ebenso die überwiegend kritiklose Akzeptanz der entsprechenden Auslegungen und Lehrmeinungen. Die Menschheit hat sich somit in diesen Jahrtausenden mit all den männlich dominierten religiösen und weltlichen Führungssystemen ‚freiwillig' von der Hälfte der feinstofflichen Licht- und Liebeskräfte beschnitten, die der Menschheit (kostenlos) zur Verfügung standen und die sie hätte **in ihre lichtarme Materie umsetzen und transformieren sollen**. Die geistige Welt ließ daher seit Jahrtausenden immer wieder weibliche Botschafterinnen in unserer Materie inkarnieren, um auch die weibliche Empfindungsseite der dualisierten göttlichen Liebeskraft bei uns zu demonstrieren und zu manifestieren. Wir finden dabei sehr viele solcher Versuche mit hohen Avatarinnen, Heiligen und solchen, die man zu Märtyrerinnen gemacht hat.

Zur Erlösung und Gnade unserer Zeitenwende zählt auch, daß in unsere Grobstofflichkeit jetzt verstärkt die Energie der Weiblichkeit einwirkt und in der Verschmelzung mit der männlichen Energie Erlösung bedeutet. In unserer Ebene ist die Frau dem Mond zugeordnet und da er ein lichtloses Gestirn ist, lebt und leuchtet er mit geborgtem Licht. Ebenso waren auch die energetischen Verhältnisse der Mehrzahl der in weibliche Körper Inkarnierten gewesen, die dann vom ‚Licht des Mannes' gelebt haben.

Doch jetzt soll sich das verändern. Die kosmische Frau trägt die Sonne in ihrem Herzen, sie trägt den Mond unter den Füßen. Das heißt, der Mond hat keine Macht mehr über sie, das lichtlose Gestirn. Es ist die Frau, die der Schlange den Kopf zertritt. [...] Die Sonne ist ja dem männlichen Prinzip und Gott zugeordnet. Damit vereinen sich die beiden Pole wieder. Männlich und weiblich zu einer Einheit. **Dies ist ein innerer Vorgang**, *der im geistigen und seelischen Bereich aufgenommen wird. Somit wird die Einheit im Menschen wieder hergestellt. Unter dem Begriff ‚weiblich' ist nicht nur die Frau, sondern der Aspekt des Weiblichen zu sehen (Die Quelle, Herbst 1999).*

Die Kraft der Weiblichkeit hat in diesem Jahrhundert schon eine Generalprobe gehabt. Als nach dem zweiten Weltkrieg die deutschen Städte zerbombt und zerschossen waren, haben die berühmt gewordenen Trümmerfrauen den Aufbruch aus einer Welt erbracht, die Männer durch Krieg zerstört haben. Jetzt im kommenden Jahrtausend werden es die neuen Trümmerfrauen der Zeitenwende sein, die *eine Welt der Neuen Zeit* aufbauen werden, welche von Männern durch ihren rücksichtslosen Materialismus zerstört worden ist.

Ich habe in diesem Buch auch schon darauf hingewiesen, daß aus diesem Grund ein gewaltiges, vielfach noch unverständliches, aber sehnsuchtsvolles Erwachen von Weiblichkeit und Femininität im Gange ist – zum Begreifen unseres New-Age und unseres Wechsels vom Fische- ins Wassermann-Zeitalter. Dabei unterstützt uns das **gesamte geistig-seelische Helferaufgebot aus den feinstofflichen Welten**: die Geistgeschwister, zu denen auch die riesige Welt der Engel zählt und die einzig und allein zum Bedienen und Helfen menschlicher Wesenheiten existieren, die Planetarische Geistige Hierarchie dieser Erde und die höherentwickelten Raumgeschwister.

Auch im Jahre 1997 haben diese geistigen Wesenheiten ein weltweites Exempel statuiert, das dadurch weder von bestimmten Organisationen, noch von zentral gesteuerten Pressemedien verschwiegen werden konnte: die beiden zeitlich zusammenfallenden Übergänge der ‚innig befreundeten' *Prinzessin Diana* und der *Mutter Theresa*. Die ‚beruflichen' (kommt von Berufung) Interessen der beiden hätten nicht gegensätzlicher sein können, das wissen wir. Phantastisch ist natürlich, wie die unspektakuläre und dienende Liebestätigkeit in menschlichen Slums eines zur dritten Welt abgewerteten Volkes spektakulär aufgewertet wurde durch den Friedensnobelpreis der Oberin *Theresa*. Auf dieser Ebene kam es auch zur Begegnung dieser beiden Kinder des Lichts und des Göttlich-Weiblichen, das sich in einer für unsere Zeit ungewöhnlichen Form ausdrückte.

Durch das kollektive Bewußtsein der Menschheit, die ihre volle Aufmerksamkeit auf Prinzessin Dianas Grazie, Liebe und Menschenfreundlichkeit richtete, war es Vater-Mutter Gott möglich, die Erde mit den Frequenzen Göttlicher Liebe, Mitgefühl und dem Willen zur Tat zu überfluten. Dadurch wurde das Göttlich-Weibliche im Herzen eines jeden Mannes, jeder Frau, jedes Kindes auf Erden in eine neue Oktave der göttlichen Heilung und Ermächtigung erhoben. Unsere rechte Gehirnhälfte konnte verstärkt aktiviert werden und beschleunigte die Öffnung unserer Herzen. Dadurch erinnern wir uns, wer wir sind und warum wir jetzt auf Erden sind (Brigitte Müller).

Elton John nannte Prinzessin *Diana* ‚die Rose Englands'. Die Rose ist *Mutter Marias* Symbol, die auch den Archetyp des Weiblich-Göttlichen darstellt. *Diana* erhielt von *Mutter Theresa* den Rosenkranz als Geschenk, mit dem sie beerdigt wurde und daraus ist symbolisch ein Geschenk der *Mutter Maria* an die

ganze Welt geworden. **Durch die Liebe, die *Prinzessin Diana* entgegengebracht wurde, vereinten sich alle unsere Herzen, wie es zuvor noch nie auf der Welt geschehen ist.**
Mutter Theresa verließ die irdische Ebene einen Tag vor *Dianas* Beerdigung. Das Datum 5.9.1997 ergibt numerologisch die 22, die als Meisterzahl so gedeutet wird, daß sie Kraft auf allen Ebenen verleiht und die Fähigkeit, den Hergang der Geschichte zu verändern. *Brigitte Müller* stellt fest:
*Während Millionen von Menschen auf der ganzen Welt am 6. September 1997 ihre Aufmerksamkeit auf Prinzessin Dianas Beerdigung richteten, hüllten diese beiden großartigen Wesen die Erde in ein Herz der Göttlichen Liebe. Mutter Maria und die Eigenschaften der Göttlichen Mutter vereinten sich mit ihnen und projizierten die volle Wahrheit unserer **Neuen Solaren Wirklichkeit** in alle Ebenen des Bewußtseins auf Erden. Diese Wahrheit spiegelte sich in jedem menschlichen Wesen, jedem Elementarwesen und jedem Engel wider. [...] Einmal, als Mutter Theresa einem kranken Kind die Wunden salbte, sagte ein Reporter zu ihr: „Mutter Theresa, das würde ich nicht für hunderttausend Dollar tun", und sie antwortete: „Ich auch nicht! Ich tue es für Gott". Auch wenn Welten zwischen dem sozialen Stand von Mutter Theresa und Prinzessin Diana lagen, waren sie beide **eins** in ihrem göttlichen Auftrag und im Sinn ihres Seins. [...]*
Prinzessin Diana und Mutter Theresa konnten in höhere Ebenen Göttlichen Dienstes aufsteigen, da eine Vielzahl der erwachenden Menschen jetzt bereit sind, ihre Mission zu übernehmen.

Die Transformation in die materielle Ebene

Das bisherige Kapitel enthält für den aufmerksamen Leser eigentlich zwei sensationelle Aussagen, die wir uns noch näher ansehen müssen. Bei der einen heißt es, daß *das Karma aller Menschen restlos getilgt und vergeben sei* und in der anderen, daß *der planetare Aufstieg ins Licht*, also in die fünfte Erfahrungsebene, *bereits vor Jahren vollzogen sei*. Beiden gemeinsam ist die Tatsache, daß diese Vorgänge ausschließlich **in den feinstofflichen Sphären** für uns als Planet wie als Menschheit so wie geschildert angelegt worden sind – vollziehen, umsetzen (transformieren) *und erfüllen können* es trotzdem ganz alleine nur wir, die wir noch ganz in unserer geliebten Materie stecken.
Nun können wir ja feststellen, daß ein solcher spiritueller Vorgang schon öfter für die Menschheit ‚angelegt' war, ohne daß er globale Veränderungen ausgelöst hätte. Als Beispiel hören wir das *Projekt Christus*, das vor zweitausend Jahren von dem *Christus Jesus* in unsere Ebene manifestiert worden ist und der uns leidvoll ‚erlöst' hat, ohne daß dies der Menschheit globale Fortschritte gebracht hätte. Die Crux liegt damals wie heute in dem Begriff *bringen*. Es ‚bringt' uns nichts und niemand ‚etwas'. Es wird uns, der Menschheit und

der Mutter Erde, *zur Verfügung gestellt* und *zur Annahme angeboten*, in *Offenbarungen offeriert*. Annehmen müssen wir es! Technischer ausgedrückt: unser Bewußtseins-Personal-Computer hat einen Online-Anschluß an ein wundervolles kosmisch-göttliches Internet, doch wir lassen uns verführen und ablenken und machen darauf PC-Spiele anstelle einer seelischen Lebensbuchhaltung. Jugendliche gar werden abgelenkt und verführt durch Zerstückelungs-Schocker und werden dadurch zu Adrenalin-Junkies.

Was hat sich nun diesmal zu damals geändert? Die **konzertierte Aktion** der schon mehrfach genannten geistigen, irdischen und kosmischen Helfergruppen hat uns nun ein noch größeres Angebot mit noch mehr Erleichterungen zusammengestellt und als Dimensions-Aufstiegs-Programm für uns *angelegt*. Die Voraussetzungen, daß die diesmalige Zeitenwende erfolgreicher genutzt werden kann, haben sich erheblich verbessert:

- das **Wassermann-Zeitalter** bringt der Erde einen anderen Geist (*Zeitalter des Geistes*) und ein neues (gnostisches) Licht (*Zeitalter des Lichts*), das durch den Photonen-Anteil eine fünffach höhere Schwingung hat als das Licht der letzten Jahrtausende,

- der ‚**point of return**' bringt uns in eine völlig neue Position, die als *Einatmen Brahmas* bezeichnet wird und uns (sowieso) wieder zurückführt zu unserem kosmischen Zentrum,

- die **Angst vor dem** *worst case*, dem extremen Pendelausschlag nach der Seite der Gottlosigkeit, läßt immer mehr Menschen ernüchtern, kritisch werden, auf die Suche gehen, aus ihrem Verführtwerden erwachen und nach dem Sinn des Lebens fragen,

- die **Mutter Erde reinigt sich** und die aktuelle Berichterstattung darüber wird dadurch immer intensiver die Resonanz als Erdengeschwister aufkommen lassen, und solche weltweiten Geschehnisse erleichtern persönliche wie politische Entscheidungen,

- ein noch nie dagewesenes **Kollektiv-Verständnis** beginnt sich zu entwickeln und Begriffe wie ‚Raumschiff Erde', Seelenfamilie und Lichtfamilie werden zu neuen Sichtweisen führen,

- die **Neugierde nach neuem Wissen** ist voll im Gange und ein neues Verständnis für Religionen, Neugeist-Prinzipien und holistischer, ganzheitlicher Ethik in den Wissenschaften wie im Umgang mit der Mutter Erde beginnt zu boomen,

- Millionen **hoher Lichtseelen** aus der Lichtfamilie - ‚Kinder des Lichts', Lichtboten, Lichtarbeiter oder Licht-Diener, wie sie auch genannt werden - sind unter uns inkarniert, leben das Licht immer wirkungsvoller und stehen in automatischer Resonanz mit dem neuen vernetzenden Kristall-Gitter unseres Planeten,

- der dargestellte Paradigmenwechsel mit seiner neuen **Karma-Freiheit** hat unsere Seelen von unbewußten Altlasten befreit und sie damit für die neue Lichtfülle und für eine neue Sichtweise geöffnet,

- die höherfrequente **Entwicklungs-Beschleunigung** des menschlichen Bewußtseins wird dessen Entfaltung erheblich erleichtern, wenn zuvor die richtigen Entscheidungen getroffen worden sind,

- das Empfinden der **neuen Weiblichkeit** mit göttlichem Hintergrund läßt ewig vorhandene seelische Ressourcen endlich frei werden und entscheidende persönliche, politische und ganzheitliche Veränderungen sind unterwegs,

- die **Apokalypse**, die Revolution der Seelen in der Materie, läßt immer mehr verdrängte Gefühlsbereiche sehnsuchtsvoll und mutig sich befreien und läßt immer mehr von uns in die immer größer werdende Seelenfamilie zurückfinden (die verantwortungsvolle Resonanz für den Nächsten aufbringen) und

- selbstbewußtes, individuelles, **seelisches Erwachen** schafft völlig veränderte religiöse und weltanschauliche Voraussetzungen als früheres konfessionelles Missionieren. Dadurch entsteht auch eine berechtigte, aber neue Eschatologie mit der Erwartung einer lichtvollen und friedvollen Zukunft.

Für den heutigen modernen Verstand ist es somit klar, daß **wir selbst** es sind, die jetzt aktiv werden müssen und die dadurch auch in der Lage sind, die Zukunft der gesamten Menschheit mitzubestimmen. So überheblich dies auch klingen mag, es ist tatsächlich so, daß wir durch unsere persönliche Entwicklung, unsere Veränderungen und unsere Entscheidungen *das* mitbestimmen, was sich in den nächsten Jahren in der Grobstofflichkeit realisieren und verwirklichen wird. Die Vorgaben in der feinstofflichen Welt für diesen wirklich einmaligen Entwicklungssprung sind optimal.

Wir haben es in einem früheren Kapitel schon festgestellt, daß Gott einen irdischen Körper benötigt, um seine Göttlichkeit in der grobstofflichen Ebene manifestieren zu können. Wenn wir diese Erkenntnis nun umsetzen auf das, was die feinstoffliche Welt bereits angelegt hat für unsere Zukunft, dann muß uns klar werden, welchen hohen Stellenwert **wir** für die heutige Zeit haben. **Wir**, die inzwischen Wissenden, werden dringend benötigt, um an dem Umwandeln (lat. *transformare*) des feinstofflichen Potentials in unsere Grobstofflichkeit mitzuwirken. Und zwar **jeder von uns höchst persönlich** – vermutlich an der Stelle, die er sich für dieses Erdenleben ausgewählt hat oder an der Stelle, nach der er sich innerlich sehnt und ganz sicher mit den Talenten und Lebensqualitäten, die seine Persönlichkeit ausmachen. Der Aufruf aus der feinstofflichen Welt ist unmißverständlich, so wie es das Höhere Selbst von *Antas* und *Antaria* formuliert hat[116]: ***Erhebt Euch, Ihr Kinder des Lichts, erfüllt Eure Körper mit Liebe, laßt sie durch Euch hindurchfließen! Erfüllt die Schöpfung mit Eurem Sein. Klagt nicht über die Dunkelheit, sondern erfüllt sie mit Eurem Licht.***

Entscheidend ist unsere klare Entscheidung zu einem solchen Akt und dem ersten aktiven Schritt in diese Richtung, dann erst können die feinstofflichen Geschwister unserer Lichtfamilie ebenfalls aktiv werden. Es ist ein unbeschreiblich schönes Gefühl, zu erkennen, was und wie etwas arrangiert wird, um uns zu signalisieren, daß wir nicht alleine sind. Wir werden es erleben!

- Erinnern wir uns, daß lediglich das Wissen ob unserer ehemaligen Göttlichkeit verloren gegangen ist, nicht unsere Gotteskindschaft selbst und *wir* beides wieder und aufs neue in unser aktuelles Erdenleben einbringen müssen.

- Erinnern wir uns, daß wir uns nie mehr auf eine so in die Tiefe der Grobstofflichkeit (und damit in lichtarme Gottesferne) abgesunkenen Ebene verkörpern müssen, wenn wir den Bewußtseinssprung zusammen mit unserer Mutter Erde bewältigen.

- Erinnern wir uns an die Zusicherung, daß wir Kinder des Lichts eine **unbesiegbare Einheit** sind – wir, die wir uns alle als Resonanzen gemeinsam in dieser Zeit und auf diesem Planeten zusammengefunden haben, um mit unserer Mutter Erde gemeinsam den Aufstieg der Menschheit, vom Grobstofflichen ins Feinstoffliche, zu erleben.

- Erinnern wir uns an die Texte über die Kunst des Loslassens und über das Freiwerden, wenn wir das ‚Tal der Tränen' großteils hinter uns haben. Allerdings wäre es schöner und möglicherweise leichter, seinen Intuitionen gleich zu folgen oder zumindest den eindeutigen Versuch damit zu machen, um das ‚Neue' kennenzulernen.

- Erinnern wir uns an all die vielen Kapitel dieses Buches, durch die wir gemeinsam gegangen sind, mit den Themen: über das Finden der geistigen Kraft in uns, über die wichtige Individualisierung, über die neue Art zu denken, über den Graf-Dracula-Effekt, über die neue Gnaden-Energie, über den Auftrag, den alle Kinder des Lichts ausführen wollen und über das Lichtnetz, das über die Erde gezogen wird. **Diese Erkenntnisse müssen uns helfen, jetzt zu entscheiden**, aktiv und konstruktiv am seelischen Aufstieg ins Licht mitzuwirken. Ohne unsere *bewußte Beteiligung* wird der seelische Aufstieg ins Licht niemals zu einem direkten körperlichen Aufstieg der Menschheit. Es geht nur über diesen Weg nach innen. Sowohl *unsere Entscheidungen* wie auch *unser Weg-nach-innen* bekommen dadurch einen dualen Charakter, denn durch seine Resonanz wirkt er sowohl für *uns* als auch für *alle Erdengeschwister*.

- Erinnern wir uns an die **Selbstverwirklichung** und den Mut, sich schnellstens aus dem breiten Strom der Seelen, die im veräußerlichten Leben gefangen sind, auszuklinken, zu sich selbst zurück zu finden und die eigenen wie auch die uns angebotenene Lichtkräfte zu mobilisieren.

- Erinnern wir uns daran, daß die Mutter Erde unsere Unterstützung und die Resonanz unserer Lichtkräfte benötigt, um ihren Bewußtseinssprung mit möglichst vielen ihrer Lebewesen zurück in den verlorengegangenen *paradiesischen* Zustand zu bewältigen.

- Erinnern wir uns an unsere neue Einstellung zu der jahrtausendelangen Einbindung durch die Gesetzmäßigkeit des Karmas. Die neue Einstellung bedeutet, daß wir das Aufstiegsangebot der feinstofflichen Welt bewußt annehmen, aber uns selbst erst aus dem alten System *gedanklich* befreien müssen.

- Erinnern wir uns daran, daß die Feinstofflichen (selbst Gott!) einen physischen Körper benötigen, damit sich ihre ‚Hilfen' in unserer untersten Ebene manifestieren können. Die bereitstehende Lichtfülle, um Manifestationen zu erschaffen, muß durch **uns**, die wir auf unserer Ebene schöpferisch wirksam und verantwortlich sind, transformiert werden: durch unsere Herzensflamme, den Gottesfunken, das Höhere Selbst oder Gott-in-uns.

- Erinnern wir uns an die unzähligen Aufforderungen aus der feinstofflichen Welt, endlich zu erwachen, aktiv zu werden und für Veränderungen zu sorgen – als *Revolution der Seelen in der Materie* (natürlich nicht als politische Revolution). *Damit wir in die nächste Spirale der Evolution aufsteigen und unsere Solare Realität erlangen können,* **müssen auf Erden verkörperte Seelen das Licht Gottes anrufen und es durch ihre eigene Herzensflamme in die physische Ebene der Erde projizieren, um mit ausreichender Wirkung die Muster der Negativität und der menschlichen ‚Mißschöpfungen' auszugleichen und umzuwandeln** (Brigitte Müller).

- Erinnern wir uns an die unmißverständliche Aufforderung der Evangelien: ***Lasset euer Licht leuchten!***

Resümee aus dem dritten Teil des Buches

Da die immensen Lichtkräfte des **New-Age** oder des Licht-Zeitalters zwar konstant, aber nur *allmählich* zunehmen und aktiv werden, trifft dies ebenso auch nur schrittweise auf die erwachenden Erdengeschwister, *uns Kinder des Lichts*, zu. Dadurch entsteht der Eindruck, die vereinten schöpferischen geistig-kosmisch-irdischen Kräfte könnten nicht ankommen gegen die vereinten zerstörerischen astral-kosmisch-irdischen Mächte. Dem ist aber nicht so, der Schöpfer scheint dieses unser Problem - ein für allemal - durch die Anhebung der gesamten Schwingungsfrequenzen, welche die ‚erdgebundenen lichtlosen Geschöpfe' nicht mitvollziehen können, zu lösen. *Hilarion* bringt die verschiedenen Forderungen auf den Nenner: ‚...*auch diese Welt soll gehoben werden, hochgehoben werden in eine Welt, wo die Einheit gelebt wird.*'

Damit nun die erwachenden oder zögerlichen Erdengeschwister mehr Motivation zeigen, kommen aus allen Seinsebenen ‚Angebote' und Frohbotschaften auf die Menschheit zu. **Denn wir dürfen weder verzagen noch versagen!**

‚*Nur wer andern zum Licht verhilft, gelangt ins Licht*' heißt es im neuen Wassermann-Evangelium[63] und das paßt trefflich zu den kanonischen Evangelien, in denen schon damals gefordert wurde ...*Lasset euer Licht leuchten.* Unzählige wundervolle Menschen sind bereits erwacht, sie haben ihren göttlichen Ursprung wiederentdeckt und sind dabei, ihn Stückchen für Stückchen freizuschaufeln. All diese Menschen, die sich dabei gegenseitig kennenlernen, erkennen, finden und umarmen, empfinden sich spontan wie eine Familie – **eine große harmonische Seelenfamilie**.

Die geschätzten LeserInnen wissen inzwischen, daß sich eigentlich alles Effektive in unserem Leben zuerst auf der Ebene unseres Bewußtseins abspielt und **wir einzig und allein dort** wirklich Entscheidendes für die Veränderung der gemeinsamen Zukunft von Mutter Erde und unserer Menschheit verändern können. Alle unzähligen Versuche im Äußeren (im Laufe von Jahrhunderten) brachten viel zu kleine Fortschritte, wobei schon das Wort Fortschritt aussagt, daß es sich stets nur um Veränderungen auf der gleichen Ebene handelt, auf der man fortschreitet.

Jetzt bricht aber massiv die Erkenntnis durch, daß wir einen **Aufstieg** brauchen. Und das Wissen dafür kommt verstärkt auf die Menschheit zu, auch daß uns der Aufstieg möglich sein wird in Form eines Bewußtseinssprunges. Außerdem ist das Begreifen solchen Wissens zum Greifen nahe: durch die im Feinstofflichen ‚angelegten' Veränderungsmöglichkeiten und durch die ‚grobstofflichen' Veränderungen unseres Planeten - jene zu erwartenden, schmerzlichen Veränderungen, durch die erst das bei Vielen notwendige Erwachen kommen wird.

Geradezu Phantastisches haben wir darüber erfahren, was für unseren Aufstieg und Bewußtseinssprung in den feinstofflichen Lichtregionen für uns ‚angelegt' worden ist. Ob wir das nun *Gnaden-Energie* nennen oder eine *konzertierte Aktion* der Geistgeschwister, der Engelwelt, der Raumgeschwister und der irdischen Aufgestiegenen Meister, es bleiben lediglich Begradigungen des Weges, den wir und nur wir gehen dürfen und müssen.

Doch noch haben wir alle unsere menschlichen Egos. Noch haben die an die Dunkelmächte gebundenen Erdengeschwister ihre sehr routinierten Egos. Ebenso haben wir die von uns in diesem Leben verursachte Negativität, die zur Umwandlung und Transformation zu uns zurückkehrt – nicht mehr als Karma, jedoch als vorhandene Resonanz. Und noch haben wir unseren ‚freien Willen'. Früher hätten wir an dieser Stelle als Abschluß geschrieben oder gerufen: ‚*Gott möge uns helfen!*'. Heute wissen wir: Gott hat uns längst geholfen, bloß haben wir es noch nicht geschnallt!

Diejenigen von uns, die sich dessen bewußt sind, tragen nun die zusätzliche Verantwortung, ständig das Licht von Harmonie, Gleichgewicht, Erleuchtung und göttlicher Wahrheit in alle Ebenen des Bewußtseins zu rufen (Brigitte Müller).

Vierter Teil

21. Kapitel

Neue Erde und Neuer Mensch

‚*Der Lauf der Welt*' ist im Leben der Menschen hin und wieder ein Thema des Nachdenkens oder sogar der Diskussion, meistens jedoch ein Thema der inneren Opposition. Der ‚Lauf der Welt' hat für den oberflächlichen Menschen mit der billigen Erklärung ‚Schicksal' zu tun. Wenn einem das nicht paßt, dann hängt man seinen Frust einem angeblichen Zufall oder besonderen Einflüssen oder demjenigen an, der ganz sicher am wenigsten damit zu tun hat, dem Schöpfer selbst. Der Durchschnitts-Zeitgenosse bekommt keine überzeugende Aufklärung über ihm ‚unbekannte', aber sehr wohl funktionierende geistige Gesetzmäßigkeiten hinter dem ‚Lauf der Welt' - meistens sucht er sie auch gar nicht. Dadurch hat sich die Summe aller Durchschnitts-Zeitgenossen, das menschliche Kollektiv also, derart in manipulierbare Strukturen einschläfern lassen, daß man - seit Jahrtausenden - mit einem ungewöhnlichen Erwachen erst ‚am Ende der Welt' aufwarten konnte. Und damit kann man, wie schon mehrfach darauf hingewiesen, leichter Schuldgefühle erzeugen als Frohbotschaften entstehen lassen. Eine solche Hoffnungs-Theologie (auch *Erfüllung* genannt), kann mit der kuriosen Formulierung ‚Auferstehung im Fleische' für uns kaum überzeugend sein. Aber daran sollten wir uns nicht festhalten, dies war und wird vor allem auch immer eine Verständnissache bleiben.

Oder haben die Altvordern bei der Formulierung dieser Aussage doch etwas besonderes gesehen? *Ashtar Sheran* hat nämlich auch noch vor wenigen Jahren gechannelt, *...daß unser gesamter Körper eine Art Auferstehung im Lichte erleben werde*. Was konnte man darunter noch verstehen, wenn beide von einer Auferstehung sprechen? Könnte ‚eine Art Auferstehung' auch Neuanfang und Erwachen im Dimensionswechsel sein? Dimensionswechsel bedeutet, wie wir wissen, den ‚Sprung' in die Dimension der fünften Erfahrungsebene, die uns heute als unterste feinstoffliche Schwingungsebene im Himmel erscheint. Dort gibt es noch genauso Materie, aber feinstofflicher, transparenter und vergeistigter. Die Mayas sollen das Jahr 2012 als *Ende der Materie-Verbundenheit* bezeichnet haben. Und selbst in der jüdischen Lehre, die wir verfälscht im Alten Testament der Christen wiederfinden, wird schon von der *Merkabah* gesprochen, mit der wir *aufsteigen* würden. ‚Auferstehen' und ‚aufsteigen in den Himmel' können wir mit den Erkenntnissen dieses Buches möglicherweise doch noch wörtlich verstehen. Und wenn wir nicht weiterschlafen, auch erleben.

Doch auch in der modernen Literatur finden wir dazu noch unterschiedliche Aussagen und ich versuche, diese in drei verschiedene, sehr vereinfachte Verständnismodelle zusammenzufassen: das spirituelle, das astrologische und das zeitbezogene.

Erstens: Die Dreieinheit des Neuen Zeitalters. Auf drei feinstofflich verschieden hoch schwingenden Ebenen treten spirituelle ‚verantwortliche' Kraftzentren auf, zwei davon personifiziert, und übernehmen die Regentschaft dieser Neuen Welt-Ordnung:

- **Der neuverstandene Geist des Christus-universalis,** auch als Christusgeist bezeichnet, in seinem alten Verständnisbild der *Wiederkunft Christi,* das als solches korrekt definiert worden ist. Allerdings dürfen wir dabei Zweifel haben, ob die von den Großkirchen als Wunschbild vertretene Vorstellung eines irdisch-konfessionellen Christus als Weltherrscher je erfüllt wird (so wenig, wie sich die Messias-Weltherrscher-Wunschvorstellung der Israeliten erfüllen wird, die dem Christus-Weltherrschafts-Gedanken zeitlich vorausgegangen ist). Das *neue Verständnis* des konfessionslosen Christus-Geistes für ein ‚Reich' in der fünften *feinstofflichen* Dimension muß sich erst noch entwickeln. Es schwingt als kosmische Religiosität ohne Begrenzung und multidimensional und jedenfalls viel göttlicher, als wir uns das heute auf unserer grobstofflichen Ebene vorstellen können.

- **Der Begleiter der Zeitenwende, der *Erzengel Michael*.** Er ist ebenfalls mit für uns unvorstellbar mächtigen und dimensionslos-riesig energetischen ‚Befugnissen' ausgestattet, der Menschheit bei ihrem spirituellen Durchbruch und Aufstieg in das neue Licht-Zeitalter zur Seite zu stehen. Er tut dies mit dem totalen, aber neuverstandenen Christusgeist. In dem Buch ‚Nahe an 2000 Jahre' schreibt *M. Kahir* (ein Buch der *Lorber*-Gesellschaft): *Geistig ist uns der große ‚Vorläufer' schon begegnet als der ‚Engel des Herrn', als die scheidende und umwandelnde Geisteskraft Elias-Michael, des ‚Pastor angelicus', der zum Hirten und Steuermann der Menschheit ins neue Zeitalter Christi wird.*
Wie weit die oft zitierten ‚Heerscharen' wörtlich zu nehmen sind, ist in den neuen Texten schwer zu belegen, vielmehr scheinen dies irdisch-kriegerische Bilder zu sein, die zu dem neuen Geist nicht mehr passen werden. Doch traue auch ich mir nicht zu, eine überzeugte Aussage darüber zu machen, was sich diesbezüglich in der feinstofflichen Welt bereits abgespielt hat. Daß aber dieser (kriegerische) Polaritätenausgleich in jener Welt bereits abgeschlossen sein soll, wurde uns mehrfach bestätigt. Jetzt steht uns die *Erzengel-Michael*-Energie für unseren Aufstieg zur Verfügung, wenn wir (im rechten Sinne) darum bitten.

- **Der spirituelle Führer der neuen irdischen Ebene wird *Saint-Germain* sein** (es heißt auch, daß er besonders für Europa zuständig sei). Dieser noch-irdische, aufgestiegene Meister, seit einem (?) Jahrtausend in vielen verschiedenen Inkarnationen Lichtstrebender in der christlichen Entwicklung, hat den Auftrag des Lichtreiches, das Neue Zeitalter aus seiner Ebene heraus mitzugestalten.

Zweitens: Der Paradigmenwechsel der Zeitalter. Als *Zeitalter* sind jene Zeitabschnitte gemeint, die zwölftel Teile (2160 Erdenjahre) des Platonischen Weltenjahrs mit 25960 Jahren des Sonnen-Orbits ausmachen und von alters her mit astrologischen Namen belegt worden sind.

- **Das Widder-Zeitalter:** Der Äon vor der Verkörperung *Jesu,* also die Zeit des Alten Testaments und die Zeit der weltweiten Herrschaft von meist regionalen Tyrannengöttern mit allgemeiner Versklavung, auch die der Frauen – allgemein als **Opfer-Zeitalter zu bezeichnen.** Wobei es sich sicherlich um mehrere als Götter verehrte außerirdische Menschheitsführer und -verführer handeln könnte. In diesem Zeitalter entstehen die ersten Licht-Religionen.

- **Das Fische-Zeitalter:** Die Zeit der Evangelien, die teilweise im Neuen Testament zusammengefaßt werden, unaufhaltsame Entwicklung der Demokratisierung und Individualisierung, der Wertigkeit der Frauen (Eherecht), u.a.m. Einige Weltreligionen sprechen von einem **Erkenntnis-Gott**, die gnostische Lehre der Lichtreligion versinkt ins Geheime oder lebt in Sektenform weiter. Die linke Hirnhemisphäre erhält absolute Dominanz und entwickelt sich zu weltweitem Boomen. Die Vermassung der Menschheit nimmt gewaltig zu und dieser ganze Zeitabschnitt wird zum **Zeitalter der Polaritäten**, wie es im astrologischen Fische-Symbol (zwei gegenschwimmige Fische) seit alters her dargestellt ist.

- **Das Wassermann-Zeitalter** bedarf zu seinem Entstehen (nach 2012) ausschließlich sogenannter Licht-Religionen mit ‚innerer' Herzens-Religiosität und einer völligen Individualisierung und Selbstfindung des Einzelnen; der Ausgleich der beiden Hirnhälften führt zu ungeahnter Persönlichkeitsentwicklung und allgemeiner Harmonie; durch die fünffach höhere, neue Lichtschwingung entsteht ein völlig neues Welten-Verständnis und im göttlichen Urgrund wird ein **Lichtgott** erkannt. Nach der Symbolik des Wassermanns wird ein **Geist-Zeitalter** entstehen.

Drittens: **Die verständnisabhängigen Zeit-Begriffe** sind von dem jeweiligen Paradigma der einzelnen Zeitabschnitte geprägt und entwickeln sich nicht nur zusammen mit der Bewußtseinsentfaltung der Menschheit, sondern werden durch das angekündigte und teilweise schon wirksam gewordene Photonen-Licht und die Kräfte der Kehrtwendung (*point of return*) forciert.

- **Im Feinstofflichen** gibt es keine Zeitabläufe und daher auch keine Zeitbegriffe. Die einzelnen Religionen finden Ersatzworte wie *ewig* oder den Satz: *Für Gott ist ein Tag wie tausend Jahre.*
- **Im Grobstofflichen** wird die Zeit von der Sonne mit ihren bekannten Zyklen bestimmt und
- **im Neuen Zeitalter,** in der Dimension der fünften Erfahrungsebene mit seinen hohen Lichtfrequenzen, soll uns auch ein neuer Rhythmus erwarten, denn das dann vorherrschende Photonen-Licht sei Tag und Nacht gleich hell und ohne Infrarotanteil (Wärme). Auch gibt es Botschaften, die darauf hinweisen, daß die Erde eine neue Laufbahn bekäme „*...steigt in die neue Welt auf*", andere dehnen diesen Vorgang auch auf unser ganzes Sonnensystem aus und wieder andere sprechen von einem zweiten Sonnensystem.

Das falsche Verständnis

Seit Beginn des Widder-Zeitalters finden wir in den meisten Religionen Aussagen und Prophezeiungen, die ihren Gläubigen das Kommen einer ‚Neuen Zeit' ankündigen. Die vielen verschiedenen Namen dafür wurden schon mehrfach aufgezählt. Meist geht diesem Geschehen ein großes Gericht oder ein Jüngster Tag voraus und in den meisten Fällen wird keine Zeitangabe dazu gemacht. Der oft als ‚letztes Gericht' ausgelegte ‚Jüngste Tag' weist eigentlich - sofern wir *jung* als Gegensatz zu *alt* ansehen – auf einen Neuanfang hin. Werfen wir daher kurz einen Blick auf die Erwartungs- und Erfüllungs-Aussagen alter Religionen.

Schon *Zarathustra* sah ein göttliches Reich voraus, in dem *Ormazd* als guter Gott zum endzeitlichen Richter wird, durch den ‚Heiligen Geist' *Spenta Mainyu*, dessen Vater er ist, wirkt und dann sein Reich *Chshatra* regiere. Der Kampf des guten Gottes mit seinem bösen Gegenspieler dauert zwölftausend Jahre und am ‚Ende der Zeiten' würde ein Erlöser geboren, *Saoshyan*, der *Ahriman* und das Schlechte endgültig aus der Welt verbanne.

Der große Sonnen-Pharao *Ankh-en-Aton* (*Echnaton*) lehrte, *...daß einstmals aus dem irdischen ein Sonnenmensch werde, der... den irdischen Planeten aus seinem düsteren Dornröschenschlaf wachküßt, sodaß er als Sonnenplanet erwacht* (*Margarete Friebe*).

Israel hatte einen Messias erwartet ...*als den über alle Feinde triumphierenden Sohn Davids, dessen Reich er wiederherstellen sollte bis 1999.*

Die Buddhisten warten '...*auf den zukünftigen König von Shambala, um die Mächte des Bösen vernichtend zu schlagen und ein Goldenes Zeitalter einzuleiten*'. Andere warten auf den *Buddha-Maitreya* als letzten Erlöser (allerdings erst nach dreißigtausend Jahren).

Zum Hinduismus schreibt *Prof.Dr.Bellinger*:
Am Ende des jetzigen Zeitalters kaliyuga, in 425000 Jahren, wird die zehnte und letzte avatara [Verkörperung] Krishnas in Gestalt eines apokalyptischen Reiters (kalkin) erfolgen. Auf einem Schimmel reitend und mit flammendem Schwert in der Hand wird Vishnu als Erlöser am Ende der Zeiten kommen, um die Welt zu vernichten und ein neues, goldenes Zeitalter heraufzuführen.

Bei den Mayas '*endet die Materieverbundenheit der Menschen*' mit ihrem derzeitigen, fünf Jahrtausende alten Kalender im Jahre 2012 und danach beginne ein neuer Zyklus (Zeitalter).

In den Hopi-Prophezeiungen erwartet man einen 'Tag der Reinigung', der uns unmittelbar bevorstehen soll.

Im Islam, der als endzeitliche Religion der gesamten Welt angesagt ist, wird ebenfalls nach einem endzeitlichen Weltgericht, das zwischen Gläubigen und Ungläubigen trennt, ein paradiesischer Zustand erwartet (wobei interessant ist, daß zuvor der in Damaskus erscheinende '*Issa* [*Jesus*] wiederkomme, den Antichrist *al-Dadjdjal* erschlage, das Jüngste Gericht einleite, dann sterbe und in Medina begraben werde).

Hoffnungsvoll und verständlicher ist die Erwartung eines allgemeinen 'Friedensreiches', wie wir es in den heiligen Büchern der Israeliten und der Christen malerisch formuliert finden. Bei den frühchristlichen Griechen hieß diese Friedensreich-Vorfreude **Eschatologie** (die '*Lehre von den letzten Dingen und dem Aufbruch einer neuen Welt*', siehe auch im Glossarium) und als solche war sie unter den ersten Christen eine geradezu kaum zu erwartende und fast ansteckende Erlösungs-Überzeugung, die mit dem Untergang des römischen Imperiums und der baldigen Wiederkunft des Herrn in Verbindung stand. Der nordamerikanische Bibelwissenschaftler *John Dominic Crossan* unterscheidet in seinem Buch 'Was Jesus wirklich lehrte'[158] zwischen einer *apokalyptischen* und einer *weisheitlichen* Eschatologie. Bei der apokalyptischen (im Stile der 'Offenbarung' des *Johannes* von Patmos) wird Gott plötzlich und kataklysmisch in den Gang der Dinge eingreifen und Frieden und Gerechtigkeit wieder herstellen. Die Hauptsache derartiger Erwartungen ist, ...*daß die bösen **anderen** ein für alle Mal verschwinden und wir, die Heiligen, hinfort in Ewigkeit in Gottes liebender Obhut verbleiben werden.* Dazu schreibt *Professor Crossan* weiter:

Die weisheitliche Eschatologie anderseits vertraut der Überzeugung, daß für den, der Gottes Gebote kennt und befolgt, das Reich Gottes jederzeit und unter allen Umständen zugänglich ist. Weisheitliche Eschatologie verriet in der alten Welt der radikale Lebensstil des Kynikers Diogenes wie in jüngerer Vergangenheit Gandhis. Apokalyptische Eschatologie verneint die gegebene Welt in der Zuversicht auf das unmittelbar bevorstehende Eingreifen Gottes: Wir warten darauf, daß Gott handelt. Weisheitliche Eschatologie verneint die bestehende Welt in dem Glauben an die Möglichkeit, hier und jetzt durch eigenes Tun Gottes Reich an ihre Stelle zu setzen: Gott erwartet von uns eigenes Handeln.

Diese Überzeugung der **menschlichen Mitwirkung** an der ‚Erlösung', was ich daher in diesem Buche Selbst-Erlösung nenne, finden wir also bereits im Frühchristlichen und dort im christlichen Gnostizismus am ausgeprägtesten. Zur Zeit der Reformation sprach man vom **Synergismus,** der *Lehre von der Mitwirkung des Menschen bei seiner Erlösung durch Gottes Gnade*, der sich aber im ‚synergistischen Streit' und in der späteren Konkordienformel wieder nicht (diesmal gegen *Luther*) durchsetzen konnte.

Heute, am ‚Ende der Zeiten', könnte man von **Neo-Synergismus** sprechen, denn das neue Verständnis aller alten Religionssysteme, Philosophien und Weltanschauungen erkennt die Wichtigkeit der menschlichen Mitwirkung am eigenen Heil. **Doch den Beitrag und die Selbstbeteiligung, die die Erdengeschwister bis zum Jahr 2012 leisten werden müssen, ist gewaltig**. Die ‚Bewältigung' dieses vorausgesetzten Lichtkörper-Prozesses ist eine schon lange aufgestaute Herausforderung an uns Erdenbewohner. Herausgefordert von Mutter Erde samt der leidenden Tiergeschwister, herausgefordert von allen Menschen-guten-Willens, die endlich in Frieden zusammenleben wollen und herausgefordert von den Raumgeschwistern, die wir in dem gemeinsamen Galaktischen Bewußtseinssprung unbewußt aufhalten.

Regeln, Wege, Lernsysteme, Prozesse, Erläuterungen und Veränderungen – oder anders ausgedrückt: das Qualitätsmanagement unserer Mitwirkung hat in unserer Zeit völlig veränderte Perspektiven gebracht, obwohl die Forderungen von annodazumal absolut berechtigte Hinweise darauf sind. Auch der Inhalt dieses gesamten Buches mit der Zusammenfassung der wichtigsten Botschaften und Channelings ist primär darauf abgestellt.

Alle Erwartungslehren in all den aufgeführten Religionen und den meisten modernen Weltanschauungen haben vier Verheißungen zur Grundlage:

- die Forderung besonderer Lebens- und ethischer Seelen-qualitäten,
- die Ankündigung der Wiederkunft eines Erlösers,
- ein Weltgericht durch den jeweiligen Gott und
- die himmlische Belohnung danach.

Zu den Forderungen und Anforderungen **höherer Seelenqualitäten** gibt es eine enorme Bandbreite, dessen höchste Qualität die Entwicklung des Lichtkörpers eines jeden Individuums in der Form darstellt, wie es die neue Dimension des Wassermann-Zeitalters benötigt. Die einfachste Forderung andererseits fand ich im Islam, wo es auszureichen scheint, ein gläubiger Moslem zu sein und alle Ungläubigen im höllischen Feuer verbrennen.

Auch die **Wiederkunft der jeweiligen Erlöser** zeigt eine unvorstellbare Vielfalt an Möglichkeiten. In der *Bhagavadgita* (sanskr. *Gesang des Erhabenen [Krishna]*), dem heiligsten Erbauungsbuch der Hindus, heißt es: „*In jedem Zeitalter komme ich wieder und befreie das Heilige, zerstöre die Sünde des Sünders und richte wieder auf, was rechtens ist.*" Es können vage Verheißungen von ‚Gottgesandten', meist aber namentlich klar bezeichnete Erlöser sein. Dies gilt auch für die vielen verschiedenen Glaubenswege und Anschauungen des Christentums: solche, die die Person *Jesus* wiedererwarten, solche, die klar vom Christus-Geist sprechen und solche wie die Großkirchen, die sich bei dieser Trennung recht unklar ausdrücken.

Für die erwartungsvoll und klar definierte **Wiederkunft *Jesu*** erwähne ich zwei (abschreckende) Beispiele. Erstens: zur Endzeitverheißung der ‚Kirche Jesu Christi der letzten Tage' (kurz: Mormonen) zitiere ich *Prof.Dr.Bellinger* (Knaurs Großer Religions-Führer, die Herausstellung ist von mir):

*Mit diesem Fortschrittsglauben ist ein Chiliasmus verbunden, nach dem in der Endzeit Jesus Christus, der zu seinen Lebzeiten mit Maria, Martha und Maria Magdalena polygam verheiratet ist, auf der Spitze des Mormonentempels in Salt Lake City den Mormonen erscheinen und mit ihnen nach der 1.Auferstehung ein 1000jähriges Reich in Amerika errichten wird, in dem jeder 100 Jahre alt wird. Auf eine 2.Auferstehung folgt dann das Jüngste Gericht, **bei dem die Mormonen die Vollendung der Göttlichkeit erleben**.*

Als zweites Beispiel der namentlichen Person-*Jesus*-Erwartung drücken sich, auch zeitlich gesehen, die *Zeugen Jehovas* überraschend klar aus, indem sie in ihrer Wachturm-Bibel (deutsche Ausgabe von 1991) schreiben:

...daß der ‚Tag des Herrn' in dem epochemachenden Jahr 1914 begann [...]. Jesus kam also 1914 unsichtbar wieder, ohne öffentliches Tamtam, und nur seine treuen Diener waren sich seiner Wiederkunft bewußt. In jenem Jahr befahl Jehova Jesus: „Schreite zur Unterwerfung inmitten deiner Feinde". Ja, Christus begann 1914 als König zu regieren.

In der endzeitlichen Armageddon-Schlacht werden nur die Zeugen Jehovas gerettet werden, und nur sie erhalten Zutritt zur ‚Neuen Welt', wo sie mit Christus tausend Jahre herrschen werden. Nach eintausend Jahren werden alle Toten auferstehen, und die 144000 Erwählten werden im Himmel leben (*Bellinger*).

Die Wiederkunft Christi (griech. *Parusie*) ist das zentrale Thema der Zeitenwende und existiert in zwei Erwartungsmodellen. Das religiös-konfessionelle Erlösungsmodell drückt sich in Verbindung mit einem Jüngsten Tag recht ungenau darüber aus, was unter der Ankündigung ‚Wiederkunft Christi' zu erwarten ist. Mancher oder die meisten Gläubigen der christlichen Großkirchen gehen wohl dabei von einer Wiederkunft des *Gottessohnes Jesus* aus.

Aber all die neuerwachten Christengemeinschaften, die vielen des Protestantismus und die katholischen, überwiegend der sogenannten Dritten Welt, die gnostischen, die anthroposophischen, die neugeistigen, die christlich-esoterischen und viele der als Sekten verunglimpften Glaubensgemeinschaften wie auch ein Großteil der spirituellen New-Age-Gründungen – sie alle erwarten einzig und alleine **die Wiederkunft des Christus im Geiste.**

Und somit müssen wir erneut erkennen, wie meilenweit auseinander Verständnis, Erwartungen und Grundhaltung der Gläubigen und Anhänger der beiden verschiedenen Erkenntnis-Modelle liegen:

- **das Erlöser-Modell**, in dem irgend eine höchste himmlische Wesenheit oder Gottessöhne kommen, um die unartigen Kinder Gottes, meistens aber nur die Menschen-guten-Willens, von ihrer sogenannten Schuld zu erlösen. Dazu zählt beispielsweise auch die bereits höhere spirituellere Erwartung der Hindus, in der *Krishna ‚die Sünde der Sünder zerstört'* und nicht die Sünder selbst und

- **das Selbst-Erlösungs-Modell,** in dem der neue Geist, der des *Christus universalis* oder allgemein der des Wassermanns, mit seiner höheren Schwingung eine Bewußtseinserweiterung der Erdengeschwister ermöglicht. Beide Geist-Bezeichnungen weisen automatisch auf die erheblich größere Dimension des neuen Verständnisses hin, möglicherweise ein multidimensionales Verständnis ohne geo-zentrische, räumliche Einschränkung und ohne egozentrische, grobstoffliche Verhaftung an ein Weltbild aus dem Old-Age.

Damit sind wir wieder bei der **menschlichen Mitwirkung** und dem Neo-Synergismus. Und jetzt, im letzten Abschnitt der Zeitenwende bis 2012, ist eben die Anforderung an diese menschliche Mitwirkung erheblich höher geworden – denken Sie an die Heranbildung eines spirituellen Lichtkörpers. Andererseits stehen uns heute aber zusätzliche neue Geisteskräfte, eine neue Lichtfülle und umfangreicheres Wissen ob der geistigen Gesetzmäßigkeiten zur Verfügung, unterstützt durch einen immer ausgeprägter werdenden Frust ob der Sinnlosigkeit des hektischen Lebens in Äußerlichkeiten.

Die Wiederkunft des Christus-Geistes bedeutet somit das Einströmen des universellen Christus-Lichtes in das Bewußtsein des Planeten Erde samt seiner Menschheit. Und sie bedeutet außerdem die Erfüllung eines Menschheitstrau-

mes in Verbindung mit einem neuen Abschnitt in der Geschichte der Evolution der Menschheit. Aus der entfernten Sicht der Raumgeschwister stellt sich dies so dar:
Eure Erde hat schon viele entscheidende Entwicklungssprünge durchlebt. Dieser jetzt folgende Dimensionswechsel wird für die gesamte Entwicklung eures Sonnensystems von entscheidender Bedeutung sein und somit für das gesamte Universum, denn die bereits seit vielen, vielen Jahrtausenden anhaltende Herrschaft der Dunkelmacht wird beendet werden und euch völlig neue Möglichkeiten eures spirituellen Daseins ermöglichen. Immer, wenn die Nacht am dunkelsten ist, erfolgt die Morgendämmerung mit besonderer Kraft und Schönheit.
Wendet euren Blick auf die kommende Schönheit, und schaut nicht mehr zurück auf das, was hinter euch liegt. Wir tragen und führen euch mit all unserer Liebe und mit all unseren Erfahrungen als kosmische Brüder und Schwestern, die den Weg schon vor euch gegangen sind und die euch begleiten in diesem Abschnitt kurz vor der Morgendämmerung.
Friede in euren Herzen, Friede über alle Grenzen! Dies sagt euch in Liebe euer älterer Sternenbruder Ashtar Sheran, im Namen seiner Sternenschwestern und Sternenbrüder.

Das Reich Gottes

Im zwölften Kapitel dieses Buches habe ich bei der Zusammenfassung der verschiedenen Eine-Welt-Ordnungen, die um die Beherrschung der Zukunft unseres Planeten rivalisieren, die letzte davon als **Gnostische Eine-Welt-Ordnung** bezeichnet. Sie hatte in der Vergangenheit unter den anderen machiavellistisch und machtorientierten Systemen keine Chance. Erst die höhere Schwingung der Neuen Zeit, des Wassermann-Zeitalters oder des Zeitalters des Geistes gibt der Menschheit die Möglichkeit, die jahrtausendealten Verheißungen zu realisieren. In den Evangelien findet man zwei klare/unklare Aussagen des Wahrheitslehrers *Jesus* dazu: *...das Reich ist nicht von dieser Welt* und ***...Denn siehe, das Reich Gottes ist in euch.***

All die vielen, oft recht strittigen Lehrmeinungen, welche das äußere Christentum der Kirchen zu den obigen Aussagen auszulegen und durchzusetzen versuchte, konnten nur wenig Verständnis und Überzeugung finden, denn die geniale Ur-Lehre *Jesu* **war stets auf unseren inneren Gott ausgerichtet**. Somit auch die Aussage der beiden obigen Textstellen. Bei *Lukas* 17, 20-21 heißt es zuvor. *Das Reich Gottes kommt nicht so, daß man es berechnen könnte. Auch wird man nicht sagen: Siehe hier! oder: Dort!...* Eigentlich doch klar! **Dieses innere Reich jedes einzelnen Menschen war schon immer da**. Es ist der Bewußtseinszustand jedes Menschen, so wie es in den Evangelien auch heißt *...Himmel und Hölle sind in euch.* In diesem Buch versuche ich die Ausdrucksweise weiter zu aktualisieren und bezeichne dieses **Innere-Reich-Gottes** nicht nur als Bewußtseinszustand, sondern auch als energetischen Schwingungszustand von Bewußtsein und unsterblicher Seele.

Da dieser Erkenntnis-Bereich (Gott-in-uns) bereits ausführlich behandelt wurde, möchte ich dieses Zusammentreffen des Inneren-Reich-Gottes mit der Zeitenwende, auf die sich so viele Verheißungen verschiedener Religionen beziehen, lediglich mit einem Ausschnitt aus einer Botschaft von *Lazaris* aus dem Jahre 1987 bekräftigen[159]:

Seit Anbeginn der Menschheitsgeschichte sind die Menschen auf der Suche. Viele haben gefunden, was sie suchten. Inmitten eures Alten Zeitalters leben Menschen, die das Neue Zeitalter für sich selbst entdeckt haben. Es geschieht jedem auf individuelle Weise. ***Also wartet auf nichts und niemanden.***

Der erleuchtete Metaphysiker ‚erinnert' sich daran, daß das New Age in dem Moment beginnt, in dem er sich ganz leicht und elegant vom Alten Zeitalter löst. Es beginnt mit einem Menschen, dann dem nächsten und dem nächsten... Je mehr Leute suchen und finden, desto leichter, so meinen wir, wird es für diejenigen, die ebenfalls suchen.

Für diesen Vorgang wird gerne ein berühmt gewordenes Experiment herangezogen, das als ‚der hundertste Affe' in die Literatur eingegangen ist. Auf einer japanischen Insel haben Wissenschaftler mit einer Gruppe von Affen Versuche unternommen. Man warf den Affen Süßkartoffeln in den Sand, um ihr Verhalten zu studieren. Die Affen nahmen diese und verzehrten sie, bemerkten jedoch den unangenehmen Nebeneffekt des Sandes zwischen den Zähnen. Einer der Affen war etwas schlauer und ging mit seiner Kartoffel zum nahegelegenen Bach und wusch sie. Neugierig wie Affen nun mal sind, beobachteten sie den anderen, um zu sehen, was er vorhatte. Als sie bemerkten, daß der Genuß der Kartoffel ohne Sand offensichtlich angenehmer war, machten sie es ihm nach.

Als die Forscher nun den Affen weitere Kartoffeln in den Sand warfen, gingen sie direkt damit zum Bach und wuschen sie. Sie taten es alle, neunundneunzig an der Zahl, bis der hundertste mit seiner Kartoffel nicht zum Bach ging, sondern ans Meer und sie dort im Salzwasser wusch. Und daß eine Kartoffel mit Salz noch besser schmeckt, wurde diesem Affen dann auch klar. Doch jetzt geschah etwas sehr interessantes, denn jetzt taten es ihm nicht nur alle anderen Affen auf der Insel nach, sondern auch auf einer Insel neunzig Kilometer entfernt. Auch sie gingen direkt, nachdem man die Kartoffeln in den Sand geworfen hatte, damit ans Meer und wuschen sie dort. Und auch auf dem Festland geschah es so. Durch den hundertsten Affen war genügend Potential an Energie zusammengekommen, daß dieser Gedanke auf die anderen Affen auf der Nachbarinsel übergesprungen ist (*Rupert Sheldrake* spricht bei solchen Übertragungen von ‚morphogenetischen Feldern'). Angelerntes Verhalten kann durch Resonanz übermittelt werden.

Indem wir uns alle in Meditation, Gebet und geistigen Aktivitäten verbinden, und indem wir positive Gedanken in unserem täglichen Leben erzeugen, werden wir dieses Energiefeld nähren und dazu beitragen, das Bewußtsein der Welt zu heben und eine planetarische Heilung fördern. Wir inspirieren auch andere, indem wir unsere Wahrheit in unserem täglichen Leben zum Ausdruck bringen, und vermitteln ihnen damit die Botschaft, daß es in Ordnung ist, es auch zu tun (Phoenix Netzwerk, Forum für die Heilung von Erde und Menschheit).

Natürlich wird auch ein **äußeres Reich Gottes** kommen, aber niemals in der Grobstofflichkeit unserer dritten Erfahrungsebene. Denn bei dem Geschehen speziell dieser Zeitenwende treffen **zwei ganz wichtige Faktoren**, sicherlich einmalig, zusammen. Es ist die Tatsache, daß

- auf der grobstofflichen Ebene ein Reich Gottes immer nur im Inneren von uns Menschen entstehen kann. Und so, wie wir das schon in anderen Geistesbereichen gesehen haben, muß jedes Geschehen zuerst im Feinstofflichen Form annehmen, bevor es sich im Grobstofflichen materialisieren und realisieren kann. So ist das auch mit dem geistigen Reich-Gottes-in-uns. Seit Mitte letzten Jahrhunderts wird es massiv von der Menschheit gefordert – durch Botschaften aus den höchsten Reichen Gottes, aus der Engelwelt, von den aufgestiegenen Meistern unserer Erde und von den Raumgeschwistern. Es liegt somit an uns, dieses Reich-Gottes-in-uns auch tatsächlich in uns entstehen zu lassen. Nun kommt aber der zweite, einmalige Faktor dazu,

- der Bewußtseinssprung des Planeten Erde in die fünfte, die unterste Himmels-Dimension mit der erhöhten Schwingung und der erhöhten Lichtfülle. Damit sind tatsächlich die Rahmenbedingungen und die kosmischen Voraussetzungen geschaffen worden, daß das Innere-Reich-Gottes-in-uns-Menschen in der transzendenten und feinstofflicheren fünften Erfahrungsebene Formen annehmen kann. Unvorstellbar wundervolle und paradiesische Formen als *Himmel auf Erden*.

Wir können somit erkennen, daß alle jene Verheißungen eines Reich Gottes in der heutigen Welt unerfüllt bleiben müssen. Das galt bereits für die Frühchristen mit der eschatologischen Erwartung des Untergangs Roms durch Gottes Hilfe (denn die vielen ehemaligen Judäer, die zu Christen geworden waren, hatten ja dadurch keinen rächenden *JHWH* mehr) und das gilt heute noch. Wenn wir uns in unserer äußeren Welt umsehen, brauchen wir keine Hoffnung zu haben, daß daraus auch ein äußeres Friedensreich entstehen könnte. Sowohl **das Erwarten** wie auch **das darauf Warten** bleiben Illusionen – für die großen Weltkirchen, für die kleineren, elitären Glaubensgemeinschaften, für die äußeren Machtsysteme und für die Masse der unkritischen Zufalls-Gläubigen.

Der Schöpfer der Universen, der himmlische liebevolle Vater (*Abba*, wie *Jesus* ihn in seiner aramäischen Muttersprache nannte), dieser Gott der Liebe wird sich bestimmt nicht durch einen zukünftigen Kataklysmus im Sinne der alten Offenbarungen zu erkennen geben. Er (seine Schwingung) wird in unserer Grobstofflichkeit **nur erfahrbar** durch Erkenntnis beziehungsweise durch rechte Lebensweise, die nicht nur irdische Gesetze, sondern auch universelle geistige Gesetzmäßigkeiten zu erfüllen versucht.

Jesus spricht vom Reich Gottes und meint damit die Manifestation Gottes durch eine Lebensführung, die individuell wie gemeinschaftlich, in religiöser wie in politischer Hinsicht eher einer von Gott regierten als einer von Menschen beherrschten Welt entspricht. Deshalb, erklärte nun Jesus, bedürfe man zum rechten, gottgewollten Handeln nicht einer Apokalypse, Offenbarung der Zukunft, sondern weiser Einsicht in die Gegenwart (Professor Crossan in ‚Was Jesus wirklich lehrte').

Damit sind wir wieder bei dem Thema **Mitwirkung des Menschen**. Wer den Aufstieg in dieses Reich erleben will, muß aktiv sein, hier und jetzt. So ist wohl auch die Übersetzung des *Lukas*-Textes gemeint, wenn es heißt *...das Reich Gottes ist mitten unter euch.*

Ihr wollt da raus, ihr wollt frei werden, ihr wollt heil werden, ihr wünscht euch das Himmelreich. Doch dieses Himmelreich, ihr müßt es in euch schaffen, es muß in euch und durch euch kommen![...]Wenn aber das Himmelreich in euch beginnt, was bedeutet dieses für euch?
*Es bedeutet, daß ihr mit eurer Arbeit, mit eurem Zutun dieses innere Reich schaffen müßt, daß ihr in euch klar werdet, daß ihr alles Unnütze, alles Dunkle, alles Dumpfe hinauswerft, damit das Licht aufbrechen kann, eure Seele durchströmen, erneuern kann, **damit der neue Mensch in euch geboren werden kann**...(Die Quelle 5/98).*

Aus den Texten der zurückliegenden Kapitel wissen wir, daß es noch einen weiteren entscheidenden Faktor gibt, der unbedingt nötig ist, daß sich die Reich-Gottes-Entwicklung im Inneren der Menschen auch im Kollektiven auswirkt: **das Erwachen**. Die Mehrzahl des Milliarden-Seelen-Projektes ist bewußt zu diesem Zeitpunkt auf unserem Planeten verkörpert. Wir alle bringen das Wissen, wie es in diesem Buche konzentriert dargestellt ist, in unseren feinstofflichen Körperebenen **abgespeichert** mit in diese Verkörperung. Es steht uns – vielleicht <u>plötzlich</u> – zur Verfügung, wenn wir endlich erwacht oder ‚erweckt' sind. Dies erkannten auch Exegeten (Fachleute für Bibelauslegungen) des neuen Testamentes, denn in meiner *Nestle-Aland*-Ausgabe von 1986 stehen einige zusätzliche Auslegungsmöglichkeiten der *Lukas*-Stelle 17,21 und eine davon lautet: *Das Reich Gottes ist (eines Tages <u>plötzlich</u>) unter euch da.*

Diese **Erweckung** kann auf millionenfach verschiedenen Wegen vorsichgehen, da der ‚Wecker' zumeist unser eigenes Höheres Selbst ist und sein wird.

Unsere Mitwirkung und unser Beitrag ist die dazu benötigte Resonanzfähigkeit, all das, was wir über die Schwingungsfrequenzen wissen, wie wir sie erhöhen müssen, wie wir sie rein und klar halten müssen und wie wir sie stabilisieren können. (Und das alles in dieser verrückten äußeren Welt mit ihren Verführungen und Illusionen.) Wenn wir aber auf diesem Weg sind, dem Weg nach innen, wo unser ureigenstes Lebensprogramm abgespeichert ist und auf den Abruf wartet, dann zimmern wir bereits an der Erschaffung des Reiches Gottes.

Als die Pharisäer *Jesus* fragten, **wann denn nun das Reich Gottes käme**, konnte auch er keine Zeitangabe machen, denn wie wir jetzt wissen, hängt das auch ganz entscheidend von der Reife der Menschheit ab. Dazu empfing *Jutta Fielenbach* im August 1998 mehrere Botschaften, die sie unter der Überschrift ‚Erwachet im Licht – Wenn die Zeit reif ist zum Erwachen, wird die Menschheit wissen, was die Wahrheit ist'[67] für die inzwischen Erwachten zusammengefaßt hat. Dort heißt es:

Wenn ihr bereit seid zu erwachen, werdet ihr wissen und erkennen, wer ihr seid und woher ihr gekommen seid. Ihr werdet wissen, was euer Auftrag ist und wie ihr den Menschen helfen könnt. Die Zeit ist nahe, fürchtet euch nicht, ihr seid allezeit in Sicherheit, es kann euch nichts geschehen, denn ihr seid in Liebe geborgen.
Ihr habt diesen Weg gewählt und euer Weg führt euch ins Licht, nach dem ihr euch sehnt. Die Zeit ist nahe, **wo ihr dies erkennen werdet.**
Habt noch eine kleine Weile Geduld, denn der Tag ist nicht mehr fern, wo ihr wissen werdet. <u>**Die Wahrheit ist bereits in euch und die Siegel werden geöffnet, wenn ihr bereit seid.**</u> <u>Macht euch bereit und seid stark im Herrn und in der Macht der Liebe.</u>
<u>*Laßt euch nicht aufhalten auf eurem Weg,*</u> *denn es ist alles bereit. Gebt acht auf die Zeichen, die ihr am Himmel seht, sie weisen euch den Weg. Ihr werdet sie kennen, vertraut nur. Euer Weg hat euch bis hierher geführt und es dauert jetzt nur noch eine kleine Weile bis ihr ganz am Ziel seid, darum werdet nicht ungeduldig. Laßt euch den Rest des Weges auch noch begleiten.*

Schon 1996 wurde ebenfalls in einer Botschaft auf die <u>Plötzlichkeit</u> hingewiesen, die für den einzelnen von uns in unserer Bewußtwerdung wirksam werden kann. Im Heft ‚Lichtpunkt E' 22/96[91] heißt es unter anderem:

....Euer Bewußtsein ist es, das diesen Prozeß gestaltet, den Prozeß eures Wachstums, den Prozeß der Veränderung, der Transformation, des Wandels. **Da gibt es keine Zeitpunkte.** *Wir kennen diese nicht. Wir wissen nur, daß Wandel geschieht und was er bewirkt, nicht aber, in welcher Zeit er vor sich geht.* <u>Öffnet euch und laßt geschehen, damit ihr lernt, was es heißt, in die Liebe zu gehen. Liebe ist es, die den Wandel bewirkt.</u> *Je mehr ihr euch der Liebe öffnet, desto schneller geht es, je weniger ihr euch öffnet, desto langsamer.* **Ihr habt jeder euren eigenen Aufstieg, euren eigenen Zeitpunkt, wann dies geschieht. Das kann ganz** <u>**plötzlich**</u> **kommen, weil ihr euch geöffnet habt,** *oder langsam Schritt für Schritt. Nehmt es an, wie es kommt, denn ihr habt es gewählt, es so zu erleben.*

Das in uns selbst verborgene wahre Wissen (die Religionen sprechen von unserer Göttlichkeit oder Ebenbildlichkeit) ist ein entscheidendes Kapital, das in der Mehrzahl des irdischen Milliarden-Seelen-Projektes noch schlummert. Es ist auch die einzige Erklärung dafür, daß die Menschheit aus sich selbst den Bewußtseinssprung meistern soll (abgesehen von bestimmten Bereinigungen, die Mutter Erde durchführen muß und solchen, die durch den Sprung in die fünffach höher schwingende Erfahrungsebene entstehen werden). Denn im menschlichen Bewußtsein kann sehr oft nur eine scheinbar kleine Ursache bewirken, daß plötzlich die Welt ganz anders aussieht, das heißt, daß wir plötzlich unbewußt unseren Standpunkt und damit den Blickwinkel verändert haben. Das dadurch befreite wahre Wissen kann nun hervorbrechen und wir erleben, daß uns sehr vieles plötzlich wie Schuppen von den Augen fällt. Ganz auf natürliche Art, dazu brauchen wir keine Wundermänner. Denn die **Zeit des wahren Wissens** ist angebrochen und die Resonanz bewirkt den unterschwelligen Multiplikationsprozeß.

Und das sind plötzlich *die* Öffnungen, durch die unser ureigenstes Seelenprogramm, unsere Lebens-Software, aktiviert werden kann. Oder die persönliche Apokalypse, die unsere revolutionierende Seele zusammen mit ihrem wahren Wissen frei werden läßt. Und all das, was wir, die wir dieses Buch lesen und damit in die Erweckungs- oder Erwachtsein-Resonanz wollen oder schon sind, bereits weitgehend darin leben - **das leben wir den anderen bereits vor**.

Jenen anderen, die noch in der Illusion der äußeren Grobstofflichkeit gefangen sind, im *Raum-Zeit-Gefängnis* der niederen Materie. In der verwalteten *Zeit* ihrer Terminpläne genauso wie in den Lebens- und Karriereplänen eines zielorientierten Lebens und diese dadurch eingeschränkte Zeit keinen Blick auf den Rest von Welt und Kosmos zuläßt. Und im materiellen *Raum* ihres geplanten und erzielten Lebensumfeldes von Büro, Villa, Bunker oder Autokarosserie. Denn beide Strukturen, Zeit und Raum, sind *illusionär* und diese Erkenntnis kann ganz plötzlich kommen, falls wir unvermutet durch das ‚Tal der Tränen' müssen. Unfall, Krankheit, Verlassenwerden und andere Schicksals-Schläge zerschlagen plötzlich alle *Termin-* und Lebenspläne, und Naturkatastrophen, Bürgerkriege und ähnliches unsere *räumlichen* Werte.

In den Sphären der fünften Erfahrungsebene gibt es kein Raumverständnis mehr in unserem Sinne, denn dreidimensionaler *Raum* wird dann multidimensional und wirkt gleichzeitig auch nach innen und durchdringt das Bewußtsein. Ein Raum, der keine Grenzen mehr hat, ist kein Raum in unserem Sinne.

*Wo Raumzeit und Bewußtsein ineinander fließen, dort hast du den **wahren** Begriff von Bewußtsein und All-sein. Es ist dafür kein Begriff in eurer Sprache zu finden (Rametha).*

Durch solche grundsätzliche Verständnisveränderungen scheint es tatsächlich immer noch möglich zu werden, daß der größte Teil des Milliarden-Seelen-Projektes einen menschheitsweiten Bewußtseinssprung und damit die Basis für ein ‚Reich Gottes' erleben wird – nach meiner Meinung vor oder spätestens ab dem Jahr 2012. Außerirdische Berater meinen, für deren Software-Technologie sei es nur ein Klick, um unsere seelischen Software-Abspeicherungen (ab)laufen zu lassen. Es werden wohl viele plötzliche Klick's werden, denn wir Erdengeschwister kommen bewußtseinsmäßig wohl zu recht verschiedenen Zeiten an den Klick-Punkt unseres Lichtstrebens und unseres seelischen Wachstums. Denn unsere persönliche Schwingungsfrequenz ist und bleibt Voraussetzung und muß natürlich stimmen.

Ich fand außerdem einen erstaunlichen, aber überzeugenden Gedanken, wie doch noch plötzlich der Auftakt zum Reich Gottes im Kollektiv denkbar und vermutlich noch unbewußt vorbereitet wird, wenn wir uns mit unseren Erwartungen zeitlich nicht zu sehr einschränken. Die Journalistin *Ursula Seiler* verweist in ihrer ‚Zeiten*Schrift*' 22/99 darauf, daß die mächtigen Herren der Hochfinanz und die Architekten der verschiedenen ‚Neuen Weltordnungen' vieles fleißig und perfektioniert vorbereiten, was später auch einer gnostischen oder gar himmlischen Weltordnung gut tun und auch im höheren Schwingungsbereich Gemeingut werden wird. Allerdings haben diese schwarzmagischen Finanzgenies **ihre Rechnung ohne Gott gemacht** (die folgenden Heraushebungen sind von mir):

Ist es nicht eigenartig, daß auf ihre Weise auch die ‚Grauen Herren' zur Verwirklichung der wahren Neuen Weltordnung beitragen? Ja, sie mögen die ‚Globalisierung' aus gierigen, niedrigen Motiven vorantreiben. **Sie rechnen aber nicht mit Gott, dessen einzigartige Fähigkeit es ist, jede Niederlage in einen Sieg zu verwandeln.** *Und so sollen sie doch aus rein wirtschaftlichen Motiven die Grenzen und Währungen der Welt beseitigen, und aus reinen Kommerzgründen die Welt zum Dorfe machen – sie erbauen damit gewissermaßen die Strukturen, die einfach noch mit dem richtigen Geist gefüllt werden müssen. Keine Frage, daß sich Franzosen und Deutsche und Engländer durch die EU, die einmal EG und noch davor EWG hieß, näher gekommen sind. Wo vor 60 Jahren noch mit Kanonen über den Rhein aufeinander geschossen wurde, erscheint heute ein Krieg soweit entfernt wie der Mond. Wie auch in Ländern, die allmählich zu einem Land vereinigt werden? Und so tragen denn all die eigensüchtigen Geschäftsherren aktiv dazu bei, daß das Empfinden, daß die Menschen alle Brüder sind – ob weiß, ob schwarz, ob gelb oder rot, ob reich oder arm – sich allmählich im Bewußtsein der Menschenmassen verankert. Wieviel leichter ist es dann noch, den richtigen Geist in die vereinten Strukturen fließen zu lassen – und gegen den Geist Gottes ist alles Geld der Welt nichts weiter als ein Berg Papier.*

Das Geistwesen *P'taah*[169] von den Plejaden versucht ebenfalls, uns einen großzügigeren kosmischen Abstand zu den ‚furchtbaren' Geschehnissen zu

vermitteln, die durch die aktuellen Machtkonzentrationen noch zu erwarten seien und erklärt uns (die Heraushebungen stammen wieder von mir):
*Nun, während diesem ganzen Geschehen, nämlich während der letzten Dekade oder auch den letzten zwanzig Jahren dieses Zyklus' eurer Zeit, dieses Hineinwachsens in eine höhere Frequenz, möchten wir euch bitten, folgendes vor Augen zu halten: Bei allem, was ihr außerhalb von eurem bewußten derzeitigen Wissen seht, **ist es sehr schwierig, einen Überblick zu gewinnen**. Denn ihr könnt nur logische Schlußfolgerungen aus den sehr beschränkten Schubladen eurer jetzigen Wahrnehmung ziehen. Wie auch immer, die Menschheit hat gewählt, wie es sein soll. **Es ist an euch, ob es harmonisch oder chaotisch sein soll.** Überflüssig zu sagen, daß wir erkennen, daß ihr alle es vorziehen würdet, wenn die Veränderungen harmonisch verliefen. **Alles liegt nur an eurer eigenen Wahrnehmung.** Und wir haben schon darüber gesprochen, wie ihr natürliche Erhebungen wahrnehmt, daß diese in Wirklichkeit eine freudige Sache sind, daß es ein großartiger Plan ist, daß sie zyklischer Natur sind, daß sie völlig natürlich sind. Und es ist so, ..., **wenn auch viele Menschen in diesen Veränderungen ihre eigene Machtentfaltung planen, so arbeiten sie in Wirklichkeit auf Dinge hin, von denen sie gar nichts wissen.** Man sagt: „Die Wege Gottes sind unergründlich", hm? Darum ereignet sich manches, von dem die Leute glauben, daß es aus einem bestimmten Grund geschieht. **Von einer höheren Warte betrachtet, enthüllt es etwas anderes. Wir bitten euch, haltet an dem fest, was ihr in eurem Herzen wißt.***

Ja, wenn erst einmal ein Teil der Elite des äußeren Weltgeschehens seine bewährten Ego-Qualifikationen umkehrt und durch seine frei gewordenen Lebenssoftwares das weltweite Resonanzfeld mit verstärkt, anstatt es durch störende Schwingungen zu schwächen, dann wird der Damm brechen und eine Flut von altem und neuem geheimen Wissen wird die Menschheit in ihrem ‚*point of return*' mitreißen.

Was muß es wohl gewesen sein, was jene Christen der ersten Tage ‚sahen', damit *Paulus* den alten Auferstehungsglauben der Heiligen Schriften Israels so vehement in seinem ersten Brief an die Korinther weitergeben konnte und beschrieben hat? Eigentlich auch das, was wir heute wieder hören, aber in Worten, die auf ein verändertes Verständnis stoßen. Es heißt ja unter anderem, daß wir mit unserem Körper in die Dimension der fünften Erfahrungsebene *aufsteigen*, so wir ihn vorher zum höherschwingenden Lichtkörper transformieren können. Diese fünfte Sphäre wird schon von alters her als die unterste Ebene des göttlichen Lichtreiches, kurz Himmel, angesehen (bitte nicht verwechseln mit der Astralebene, die als vierte Dimension die Übergangszone zwischen Erde und Himmel darstellt). Und für das neue Leben auf der neuen Erde im neuen Zeitalter des Geistes heißt es, daß es kein Sterben im herkömmlichen Sinne mehr gäbe. Die zukünftige neue Grobstofflichkeit ist entsprechend höherschwingend und damit aus der Gesetzmäßigkeit der Polaritäten endgültig ausgeschlossen.

Wenn wir uns jetzt den Text des Korintherbriefes (15,51-53) ansehen, hat er sehr treffend die neue Situation in unserer Zukunft geschildert: *Siehe, ich sage euch ein Geheimnis: Wir werden zwar nicht alle entschlafen, aber wir werden alle verwandelt werden und zwar plötzlich, in einem Augenblick, beim letzten Posaunenschall. [...] Denn dieses Verwesliche muß mit Unverweslichkeit, dieses Sterbliche mit Unsterblichkeit bekleidet werden.*

Der Himmel auf Erden – eine höhere Erfahrungsebene

Das geflügelte Wort *Himmel auf Erden* suggeriert uns die Erfüllung all dessen, was hier in der Grobstofflichkeit für uns wünschenswert und vermutlich unerreichbar ist. Es ist sicher ein wunderschönes Thema, davon zu träumen oder darüber zu meditieren. Dabei stünden diese wundervollen Ziele heute schon völlig in den Möglichkeiten unserer gedanklichen Kreationen, und solche Übungen werden im Neuen Zeitalter der neue Alltag werden.

Der Unterschied von der grobstofflichen ‚Erde' zum feinstofflichen ‚Himmel'
- ist die erheblich höhere Schwingungsfrequenz, die uns eine neue, transparentere Grobstofflichkeit beschert,
- ist das Freisein von Raum und Zeit im grobstofflichen Sinne,
- ist die allgegenwärtige Harmonie ohne die gegensätzlichen Polarisierungen des Fische-Zeitalters (denken Sie an das astrologische Symbol der beiden gegenschwimmigen Fische) und
- ist das Vorhandensein des unbegrenzten wahren Wissens.

Denn der verheißene ‚Himmel' der fünften Erfahrungsebene wird wohl richtigerweise **Zeitalter des Geistes** heißen (der alte weise Wasserträger schüttet das Wasser des Lebens aus seinem geschulterten Krug, gedeutet auch als Wissen, das Leben bringt. Im Alten wie auch Neuen Testament wird jedoch klar vom *ausgeschütteten Geist* gesprochen). Daß dies nicht nur religiöse Auslegungsakrobatik ist oder esoterische New-Age-Formulierungen sind, zeigt ein anerkannter Wissenschaftler wie *Dr. Dieter Broers,* der in einem 1999 gehaltenen Vortrag bestätigt:

So wird aus dem sogenannten strengen anthropischen Prinzip ernsthaft diskutiert, inwieweit sich unser Geist beziehungsweise unser Bewußtsein, als der entscheidende Akteur herausstellt. Damit wird letztlich die Esoterik gesellschaftsfähig, da nun auch die Wissenschaft beginnt, ganz ernsthaft die Kraft des Geistes als die entscheidende Kraft im Universum anzuerkennen (aus der Zeitschrift ‚Sonnenwind' 5/99).

Nun habe auch ich in meinen Texten oft die verschiedenen Bezeichnungen dieses *Neuen Zeitalters* mal so und mal anders verwendet (je nach Zitat), sodaß wir doch noch einmal die Begriffe klären sollten. Klar ist die astrologische Bezeichnung *Wassermann* und damit ist ebenfalls astrologisch ein ‚Zeitalter des Geistes' gemeint, nämlich des neuen *Wassermann-Geistes*. Dies basiert auf uralten und traditionellen Auslegungen und wäre aber auch treffend für unser erweitertes Verständnis von heute. Genauso treffend ist die Bezeichnung *Christus-Zeitalter*, was, wie wir ja wissen, ebenfalls ein Wirksamwerden (nur) des *Geistes* sein wird.

Um nun weder einen zu astrologischen, noch einen zu kirchlichen Anschein in die Ausdrucksweisen zu bringen, sprechen viele Quellen eben nur von *Zeitalter des Geistes*. Nun hören wir aber in sehr vielen Botschaften auch vom *Zeitalter des Lichts*, speziell im geisteswissenschaftlichen und esoterischen Bereich, womit natürlich genau das gleiche gemeint ist, obwohl man hier auch wieder trennen könnte zwischen *göttlichem* Licht und dem, für unsere grobstoffliche Ebene fast göttlich hochschwingenden Licht des *Photonenrings*. Wie einfach machten es sich doch dazumal unsere Altvordern und sprachen einfach vom *Reich Gottes* – aber auch das führte zu Mißverständnissen und Streitigkeiten.

Der mediale Autor *Tony Stubbs* kennt die Probleme der Verständigung zwischen göttlichen, kosmischen und irdischen Ebenen und tröstet:

> *...erst eine Handvoll Menschen waren im Weltraum und sahen den Planeten Erde in seiner ganzen Gestalt. Der Rest von uns mag Schwierigkeiten haben, sich den Planeten im Weltraum kreisend vorzustellen, und deshalb einen Globus benutzen.* **Nun würde aber keiner das Modell mit dem Original verwechseln.** *Ähnlich ist es in der Metaphysik und speziell mit dem Aufstieg. Die Wahrheit ist so ungeheuer groß und unfaßbar, daß es ein Fehler wäre zu denken, daß wir sie* **von unserem gegenwärtigen Standpunkt aus** *begreifen könnten.*

Im gleichen ‚Handbuch für den Aufstieg'[121] channelt der aufgestiegene Meister *Serapis* durch *Tony Stubbs* folgenden Standpunkt (Gebet):

> *„Ich bin* **Geist**. *Als ich mich in diesen Körper inkarnierte, vergaß ich absichtlich, um mir die Chance des Wiederentdeckens zu ermöglichen. Ich bin* **Geist**, *der mit sich Verstecken spielt. Die Absprache war, daß das Spiel vorbei ist, sobald ich mich wiedererinnern würde. Ich erinnere mich nun und erkläre das Spiel für beendet. Ich habe mich inkarniert und diese Regeln akzeptiert, damit ich das Entdecken meiner wahren Natur genießen kann. Ich bin* **Geist**.

So kann ich Ihnen, geschätzte LeserInnen, vom *Reich Gottes*, das wir weiterhin *Zeitalter des Geistes* nennen wollen, leider auch nur vom Hörensagenlesen berichten und stelle wieder einige herausragende und überzeugende Veränderungen zusammen, die die aufgestiegenen Seelen oder Bewußtseine auf der neuen Erde (mit einer angeblich neuen Laufbahn), in einem höherschwingenden Licht, in einer feinstofflicheren Grobstofflichkeit, in einer Sphäre der Raum- und Zeitlosigkeit und vieles Unbegreifliche mehr zu erwarten haben:

- **Geistig-spirituelle Freiheit:** Durch das erweiterte Verständnis und das in der früheren Grobstofflichkeit verschlossen gewesene wahre Wissen entsteht ein spirituelles, möglicherweise auch mystisches Gottesbild, das durch die feinstofflichere Materie (endlich) auch ‚erfahren' wird. Eine Freiheit, die bereits erkannt wurde im 2. Kor. 3,6: *...der Buchstabe tötet, der Geist aber macht lebendig!* Und *Serapis* erklärt uns die auf dieser Ebene erlangte Freiheit: *...Geist erkennt sich in allen Frequenzen als reine, freudvolle und kreative Energie aus der Quelle.*

- **Neue physische Freiheit:** *Astar Sheran* kennt die fünfte Erfahrungsebene bestens und channelte uns:
  Die Lichtkörpermenschen... werden keine menschengemachten physischen Strukturen brauchen. Sie werden sich mit Gedankenkraft fortbewegen und kommen deshalb ohne ein physisches Transportsystem aus. Ihr Energiefeld wird sich selbst regulieren, und deshalb brauchen diese Menschen auch keine schützenden Unterkünfte. Mutter Erde selbst und die außerirdischen Energien ergänzen sich in wunderbarer, harmonischer Liebe, damit die Erde wieder in ihrer vollen natürlichen Schönheit aufleben kann (aus ‚Mutter Erde wehrt sich').

- **Zwei Drohungen entfallen:** Fast alle Religionen haben sich angemaßt, mit einem ‚Ende der Welt' zu drohen, ohne jegliche Aussage machen zu können, was konkret damit gemeint sein könnte – außer daß dann wohl für das kirchengesetzesuntreue und unmoralische Volk ein hartes Gericht damit verbunden sein würde. Das Drohen aber entfällt in einem zukünftigen Reich Gottes, das in der fünften, völlig *zeitlosen* Sphäre existieren wird.
Und eine zweite und mächtige Drohung entfällt nach dem Bewußtseinssprung in diese himmlische Planetenposition: die Drohung mit dem ‚Fegefeuer', von dem wir wissen, daß es die Astralebene darstellt, die vierte Erfahrungsebene, die zwischen der niederen irdischen und der feineren himmlischen Stofflichkeit gelagert ist und nach dem Bewußtseinssprung insgesamt nicht mehr relevant sein wird.

- **Direkteres Geist-Selbst:** Was in der früheren Grobstofflichkeit als ‚Höheres Selbst' in uns nur schwierig zu kontaktieren ging, läßt uns dann als Geist Selbst auch neues Bewußtwerden erkennen. *Du bist Dein Geist Selbst, genau wie du alles andere bist. Du drückst es mit jedem Gedanken,* *mit jedem Wort, mit jeder Tat aus. Wenn du aus Liebe heraus handelst, erlaubst du dem Geist, ungehindert durch dich zu fließen* (Serapis).

- **Neue Entwicklungsmöglichkeiten:** Das Lernen ist nicht beendet, es bekommt lediglich eine erleichterte Dimension. Noch ist unser Wesen nicht vollkommen und die Verwirklichung kann noch Jahrhunderte oder Jahrtausende dauern. Auch zur *Neuen Erde* wird die Menschheit ihr verloren gegangenes Mutter-Verhältnis neu entwickeln und wird das neue Schöpfertum nur noch im Einklang mit der Erde kreieren. Ein Schöpfertum, das vom Herzen aus gesteuert werden und all das widerspiegeln wird, was wir uns geistig und in unserem Innersten immer gewünscht haben. Durch den erleichterten Zutritt zu äußeren *und* inneren (grenzenlosen und daher nichtmehr als vorhanden empfundenen) Räumen, entwickelt sich ein Evolutionsabschnitt, der in der Grobstofflichkeit als neuer Schöpfungs-Zyklus empfunden werden würde (*Rametha* von Alpha Zentauri).

- **Der Wassermann-Archetyp** (*Plejadisches Kursbuch*), der schon in den Jahrzehnten der Zeitenwende zum Vorschein kam, kommt zu seiner vollen Geist-Entfaltung und wird gekennzeichnet von Wahrheit, geistiger Multidimensionalität, Freiheit und Kreativität. Somit kann man wahrhaftig von einem *Neuen Menschen* sprechen. Vor zweitausend Jahren muß das wohl so gesehen worden sein: *Wir werden nicht alle entschlafen, aber alle werden verwandelt werden* (*Paulus* im 1.Kor.15,51).

- **Durch sich selbst**, griechisch *autonom,* werden die neuen Menschen die geistigen Reiche der Himmel finden. Ähnlich schildert es *Matthäus* in 5,3. Der neue Mensch braucht nicht mehr in die Sphären der geistigen Welt *hinein*-zuwachsen (zum Beispiel durch die Hellsichtigkeit anderer), er wird vielmehr *selbst hinauf*-wachsen können in die Welten des noch höheren Geistes. *Aber dazu muß das ‚Ich' immer mehr die Kraft aufnehmen können, die in dem Christus als in einer einzigartigen Wesenheit einmal auf der Erde verankert worden war* (*Margarete Friebe*).

- **Der Neue Mensch als galaktischer Mensch:** Diese Formulierung zeugt zwar noch von unserem dreidimensionalen Denken, denn in einem Reich Gottes gibt es keine bescheidene Geozentrik mehr. Der neue, vollentwickelte geistige galaktische Mensch ist mit seinem ganzen Vierkörpersystem und dem Kristallgitter der neuen Erde in Resonanz. Er ist energetisch androgyn oder zweigeschlechtlich (weibliche und männliche Energie), wenngleich notgedrungenermaßen in einem männlichen oder weiblichen Körper.

Aber er hat den männlichen und weiblichen Energiestrom in sich zu einem idealen Fluß zusammengebracht – als Liebe zu sich selbst (Reindjen Anselmi).

- **Spirituelle Reichs-Gesetze:** Die Reichsgesetze des neuen Gottesreichs sind die Gesetze der Bergpredigt und *Seligsprechung ist die Liebesform der Rechtsprechung (Johannes Bolte).* „*Nur die Synarchie entspricht dem Aufbau des Universums – alle anderen Regierungsformen sind nur Ausdruck der Anarchie*" erklärt uns der bulgarische Weise *Omraam Michael Aivanov*, „*allein die Regierungsform der Synarchie, die Regierungsform der Eingeweihten, ist im Stande, alle politischen, sozialen und wirtschaftlichen Probleme zu lösen*" (Zeiten*Schrift* 22/99). In diesem Universum ist die *Hauptwährung* das Gefühl der Liebe (*Serapis*) und das *Reichsgrundgesetz Christi* sei das *Doppelgebot von Gottes- und Nächstenliebe* (*Professor Bellinger*).

- **Zurück zur geschwisterlichen Gemeinschaft** - die Erfüllung des alten Menschheitstraumes und der meisten Religionen und Weltanschauungen, das Zusammenleben in der kleinen geschwisterlichen Gemeinschaft. Im 1.Johannesbrief (1,7) finden wir die Formel: *Wenn wir aber im Lichte leben, wie er im Lichte ist, so haben wir Gemeinschaft miteinander.*
  Getragen vom Geist der gleichschwingenden Resonanz erwächst eine *individuelle Gemeinschaft*, wie wir es in unserer dreidimensionalen Grobstofflichkeit zum Beispiel in verschiedenen Genossenschaftsformen praktiziert haben (auch im Urchristentum) und jeder seinen persönlichen Teil als Teil der Fülle einbringt. Oder wie wir sie bisher erleben in der Seelenfamilie, die sich gemeinschaftlich in Liebe ‚trägt', indem sie geistförmig durch die Energiegrenze zwischen der Grob- und Feinstofflichkeit wirksam ist.
  Als Blaupause können wir gar die harmonisierenden Zellengemeinschaften des Körpers *Hannes* ansehen und die des *Christian* oder des *Otto Müller*, jeder eine individuelle zellulare Lebensgemeinschaft mit dem Ziel des sich gegenseitigen Dienens. *Der Himmel verströmt all seine Schätze durch die verschiedenen Männer und Frauen. Hat man das einmal begriffen, mag man ohne die Bruderschaft nicht mehr sein... Dadurch, daß ihr das Leben in der Gemeinschaft annehmt, werdet ihr noch freier und unabhängiger (Omraam Michael Aivanov).*

- **Der Mensch als neue Spezies:**
  Das kommende Zeitalter ist für die Menschheit eine Zeit der Evolution, eine Zeit des großen Wachstums nicht nur für die menschliche Rasse, sondern auch für viele

Tiergattungen. Einige Tierarten, die jetzt auf der Erde leben, werden die Veränderungen auf der Erde nicht überstehen. Sie werden aussterben, wie einst die Dinosaurier und die Mammuts. **Der Mensch wird sich grundlegend verändern. Er wird sich zu einer neuen Spezies entwickeln.**
Dieser Entwicklungsprozeß geschieht deshalb, weil sich der Mensch neuen Gegebenheiten anpassen muß. Die Atmosphäre wird sich aus anderen Bestandteilen zusammensetzen. Das Sonnensystem wird anders sein. Es wird eine neue Sonne hinzukommen, und ihr werdet ein binäres Sonnensystem haben. Diese beiden Sonnen werden Zellen aktivieren, die ihre Nahrung aus den Sonnenstrahlen beziehen. Ihr werdet einen Teil eurer Nahrung aus den Sonnenstrahlen erhalten.
Der Mensch wird sich zu einem geistigen Wesen entwickeln... *Er wird seine übersinnlichen Fähigkeiten besser nutzen können. Das, was ihr Intuition nennt, wird in allen Menschen sehr stark aktiviert werden. Er wird seine übersinnlichen Fähigkeiten besser nutzen können. Die Menschen werden ehrlich sein müssen, denn ihr werdet die Gedanken der anderen hören können. Jetzt kann der Mensch sein Gefühl und Gedanken noch verbergen, aber in der Zeit danach wird er das nicht mehr können... Er wird nicht einmal mehr fähig sein, sich selbst zu täuschen. Eure Gefühle und Gedanken werden offen daliegen. Ihr werdet nicht mehr andere für ihre Mängel verurteilen müssen, denn wenn ihr die Gedanken eines anderen lesen könnt, mißbraucht ihr ihn nicht mehr so leicht. Die Kinder werden mit größeren geistigen Fähigkeiten in eine neue Familie geboren werden, und sie werden ihre Eltern lehren, liebevoll und friedlich zu handeln und zu reagieren (Mutter Maria durch Annie Kirkwood*[10]*).*

- **Neubeginn – die Geburt einer neuen Welt:**
  Mein Kommen bedeutet gleichzeitig Neubeginn, die Geburt einer neuen Welt, einer neuen Ära, eine neue Entwicklung im kosmischen Bewußtsein durch die Rückkehr von Jesus, die Ich mit vielen Dienern Gottes vorbereite. Das Geheimnis... „Dein Reich komme, ... Dein Wille geschehe ..." soll offenbart werden. Ja, Jesus selbst hat euch gelehrt, um die Ankunft des Reiches Gottes zu beten.
  Die neue Zeit wird nicht mehr dem dunklen Weltgeist einer gottlosen Unterwelt geweiht sein, sondern ganz dem Vater, dem Sohn und dem Heiligen Geist. Das Urbewußtsein des Vaters, der Christusgeist, wird durch **Jesus-in-den-Menschenherzen** *geboren werden. Friede und Liebe wird das neue Gesetz und der Geist aller Herzen sein (Mutter Maria durch Maria Ravahi).*

- **Christi zweite Wiederkunft:** *Jan* zitiert in seinem ‚Buch 3' den ‚Schreibknecht' *Jakob Lorber* mit der Botschaft von *Jesus*:
  ...sondern die Menschen werden durch die Vollaufnahme der göttlichen Wahrheit in ihre Herzen als wahre Brüder und Schwestern in meinem Namen unter sich eine neue geistige Erde erschaffen. Auf dieser neuen Erde werde Ich selbst dann sein und sie werden mit Mir Umgang pflegen und Mich nimmerdar aus den Augen verlieren... Bei meiner zweiten Wiederkunft werde Ich nicht mehr von einem Weibe als Kind geboren werden, denn dieser ‚Mein Leib' bleibt verklärt, so wie Ich als Geist

*in Ewigkeit... **Ich werde da nicht allein kommen, sondern all die Meinen aus den Himmeln werden in übergroßen Scharen kommen** und stärken ihre noch im Fleische wandelnden Brüder. Und so wird eine wahre Gemeinschaft zwischen ihnen entstehen, was der Menschheit zum größten Troste gereichen wird.*

Zwei herausragende Themen gehören noch zur internationalen Literatur über das *Neue Zeitalter*:
- die **Neuschöpfung einer paradiesischen Erdoberfläche** – *Neue Erde* und *Neuer Mensch* und
- die neue **Religion des Herzens.**

Es liegt in unserer Macht, also **in der Macht der Wissenden,** was und mit welcher Heftigkeit die Veränderungen im nächsten Jahrzehnt geschehen werden. Entsprechendes Handeln, einzelner wie gemeinsam, wird nicht nur den endgültigen Durchbruch zum Kommen des Zeitalters des Geistes oder des Reich Gottes, sondern auch die Qualität und den Zustand bestimmen, den unser Planet Erde dann zum Neustart einbringen kann. Alle höheren und außerirdischen Quellen sprechen zwar von Neuschöpfungen, nachdem der Aufstieg prinzipiell vollzogen ist. Doch es ist dabei vorauszusetzen, daß alle die dabei erzielten ethischen Seelenqualitäten der Lichtstrebenden und Aufgestiegenen trotzdem mit eingebracht werden können. Niemals würden diese verlorengehen. Im Gegenteil, sie werden dann erst wesentlich müheloser umgesetzt werden können, transzendenter und himmlischer. Eine hohe Energie aus der Feinstofflichkeit erklärt dazu:

Jeder, der sich weiterhin gegen die Wahrheit entscheidet, der weiterhin für eine alte, tote Illusion kämpft, wird sich lediglich das Geschenk verweigern, das wir Kinder des Lichts immer noch bereit sind, zu teilen.

Wir schauen nicht auf diejenigen herab, die vergessen haben, daß sie Wesen der Liebe sind, wir sind auch bereit, das Tor für sie weiterhin offen zu halten, doch eines sei ihnen gesagt: Wer gegen uns arbeitet, dem können und werden wir nicht helfen! Ihre eigene Welt wird ihre Hölle werden, denn es ist unser Geist, der aus dem Himmel eine Hölle und aus der Hölle einen Himmel macht.

*Ihr Kinder des Lichts, laßt Euch nicht aufhalten, **zögert nicht,** sondern marschiert einfach vorwärts auf dem Weg, den Eure Lebensmelodie Euch weist und wisset, wenn Ihr Eurer inneren Stimme folgt, wird der Weg nach Hause wunderschön und befreiend sein. ... Nur eine Sache kann Euch keiner abnehmen: Ihr selbst müßt die Reise beginnen... und Ihr werdet entdecken: Die Reise ist bereits das Ziel! (Antas und Antaria).*

Sicher gewaltig wird der Aufstieg des Planeten Erde – sowohl physisch wie auch metaphysisch – und alle neuerlichen Botschaften sprechen von einer ‚Neuen Erde'. Die *Mutter Erde* bleibt irgendwie grobstofflich, aber analog der fünffach höheren Lichtschwingung des Photonenlichtes wird es eine entsprechend feinstofflichere Materie sein. So feinstofflich und transzendent, daß

- die **kosmisch-göttlichen geistigen Gesetze,** die bislang schwer erkenn- und noch schwerer durchsetzbar sind, dann in voller Kraft den geläuterten und aufgestiegen Menschen zur Verfügung stehen. Mit den reinen Licht- und Gedankenkräften wird auch ein neues Schöpfertum möglich, das alle unsere heutigen Paradiesvorstellungen erfüllen wird und

- die **irdischen geistigen Gesetze** wie die der Polarität und der Dualität können in dem hohen Lichtreich nicht mehr wirksam werden. Das gelte ebenfalls physisch wie metaphysisch und in der ganzen neuen Schöpfung. Als ein Beispiel aus der Insektenwelt wurde erklärt, daß *es dann nur noch fleißige Bienen, aber keine blutsaugenden Moskitos mehr gebe* und so weiter.

Rametha weist bezüglich unseres höherschwingenden Planeten darauf hin:
Er wird eine heilige Stätte sein, eine Stätte der Offenbarung, wo der Kontakt zum Kosmos stattfindet, Kontakt zu den außerirdischen Brüdern. Sie kommen vom Sirius, von Alpha Centauri und von den Plejaden. Sie helfen bei der Neugestaltung der Erde. Alles muß neu aufgebaut werden, das Wissen neu verbreitet, Bauten neu errichtet... Es werden viele neue Wesenheiten auf die Erde kommen, Wesenheiten, die vorher schon auf der Erde waren, in anderen Zeitaltern, im geistigen Reich und auf anderen Planeten lebten. Sie werden auf die Erde kommen wollen, weil die Erde so schön geworden ist und alles ist viel leichter geworden.

Das zweite herausragende Thema, das mit der Neuen Zeit zusammenhängt, ist die **neue Religionsform**. Wir kennen viele Details und einzelne beschriebene Aspekte in den Prophezeiungen und Erwartungen in fast allen Religionen und allen Epochen, die sicherlich Verheißenes wie auch Wunschdenken beinhalten. Die geläufige Überschrift heißt dabei stets *der Neue Geist* oder *der Christus-Geist* und wir können sicherlich davon ausgehen, daß auch dies ein jahrzehnte- oder jahrhundertelanger Entwicklungsprozeß sein wird für die Neue Menschheit. Das Ziel sei, so erfuhr mein Freund *Janos* aus der geistigen Welt, eine **Weltreligion der unsichtbaren Kirche, die Religion des Herzens,** die der Wahrheitslehrer *Jesus* bereits angekündigt habe.

Es sei eine Religion der ‚inneren Tempel', nicht der kunstvollen Dome und eine Religion der geistig-spirituellen Freiheit im ursprünglichen Sinne, denn Religion sollte stets ein Wegweiser aus der seelischen *Unfreiheit* sein. Im Neuen Reich sind alle gleich und alle eins und alle werden genommen, wie sie sind. Dabei werden die Neuen Menschen grenzenlos sein: *...baut eure Grenzen ab und geht in Frieden in die Dimension der Unendlichkeit.* Die Wesen des erhöht schwingenden Planeten werden aus sich selbst erleuchtet sein und anfangen, sich mehr und mehr ihrer inneren Autorität und Meisterschaft zu überantworten. Da dies heute noch nicht zu begreifen sei, zeigt dies die ‚weiten' Entwicklungsmöglichkeiten, die eine Neue Menschheit bekommen wird für eine erweiterte Verbindung mit den geistigen und überlichtvollen Sphären des Schöpfers.

Nun könnte ich in diesem Stile so weiterfahren, denn es gibt als ‚Beschreibungen' jenes seit ewigen Zeiten erwarteten Paradieses oder ‚Reich Gottes' ein nicht mehr überschaubares Literaturangebot. Und zwar schon bezogen auf Zeiten des Alten und natürlich auch Neuen Testamentes der Abrahamsreligionen, aber genauso im Hinduismus und den anderen Weltreligionen, Philosophien und Weltanschauungen. Auf einige Prophezeiungen speziell für den mitteleuropäischen Raum werde ich noch hinweisen.

Zuvor möchte ich aber nochmals betonen, daß die von mir so stark vertretene Jahreszahl 2012, sofern sie tatsächlich richtig erkannt worden ist, eine Schnittstelle darstellen könnte, ab der die mehrfach beschriebenen Lichtkräfte die absolute Dominanz haben werden. Global sieht das dann wie ein Bewußtseins-Sprung aus und im Vergleich zu dem über zweitausendjährigen Äon der Fische ist dieser kurze Abschnitt der Wandlung und Transformation geradezu sprunghaft. Auch wenn man bedenkt, wieviele Milliarden von Erdengeschwistern heute von all dem hier Geschriebenen noch keine Ahnung haben. Trotzdem heißt es klar ausgedrückt im ‚Lied der Linde':
‚Zählst Du alle Menschen auf der Welt,
wirst Du finden, daß ein Drittel fehlt'.

Im ‚Buch 3' unseres Sohnes *Jan,* das unter seinem damaligen Pseudonym *Jan van Helsing* erschienen ist[47], wird erklärt, daß das ‚Lied der Linde' vor rund einhundertzwanzig Jahren in einem hohlen Stamm einer uralten Linde gefunden wurde, die an einem Hohlweg zum Friedhof von Staffelstein stand und die zukünftige Geschichte Deutschlands enthält. Wenn also rund vier Milliarden Menschen den Bewußtseinssprung vollbringen werden, zeigt das noch einen gewaltigen Wandel im kommenden Jahrzehnt an, was eigentlich unvorstellbar ist. Doch die schon erwähnte Plötzlichkeit der Bewußtwerdung ist Teil dieses Gesamtgeschehens für den einzelnen wie sicherlich auch für ganze Familien, Gemeinschaften oder Organisationen.

Ich bin zu der Überzeugung gekommen, daß die Schnittstelle um 2012 den Rahmen darstellt, ab wann die neue hohe Schwingungsfrequenz vorherrscht mit ihrer Reinheit, den vollen Kräften des Lichtes und dem Freisein von der ‚Niedrigkeit' der bisherigen Grobstofflichkeit. Und ab diesem Zeitabschnitt wird sicher noch ein Großteil der Erdengeschwister, die natürlich die nötig hohe Schwingungsfrequenz besitzen müssen, damit sie den ‚Geist' der neuen Zeit auch aushalten können, ihr **Bewußtsein weiterreifen lassen.** Das Ausklingen der Mutter-Erde-Bereinigung mit regionalen Katastrophen geht nach einigen

Botschaften ebenfalls über diese Schnittstelle 2012 hinaus. Die Umstellung der gesamten Natur wie auch des Menschen auf ein Zusammenleben ohne Polaritäten, ohne ‚Fressen oder Gefressenwerden' in der Natur, ohne die Dunkelheit (physisch und metaphysisch) und ohne Waffen und so weiter, wird sicherlich erst **allmählich entstehen** müssen und uns nicht durch einen großen Zauberer am Tage X geschenkt werden.

Es wird uns erklärt, daß die Neue Zeit eine **neue Evolution** brächte, *die vorbereitet wird*. Es ist also wohl ein längerer Prozeß, der auf die Menschheit zukommt - ein weiter Entwicklungsprozeß, der uns der benötigten Vollkommenheit immer näher bringen wird. Der Zeitpunkt 2012 ist ein Anhaltspunkt für unsere momentane Ausrichtung. **Danach** wird sich noch sehr viel Neues abspielen müssen. Und in den Voraussagen, Botschaften und ‚Beschreibungen' können wir heute noch nicht trennen, was *unmittelbar* danach sein wird oder was sich danach **allmählich** ‚schöpferisch' entfalten wird – wenn wir ab 2012 endgültig in der gewaltigen Photonenzone sein werden. Zeitbegriffe im heutigen Sinn wird es weder auf der Neuen Erde geben noch gibt es sie in der Feinstofflichkeit, aus der die ‚Beschreibungen' kommen und wir sollten es tunlichst vermeiden, uns auf einzelne Passagen der Texte zu fokussieren. Lassen wir uns doch überraschen, aber seien wir darauf gut vorbereitet.

Das Licht bricht auf, das Licht wird euch führen und das Licht ist bereit, das größere Licht der Himmel zu empfangen und in diesem Stadium wird euch ein Lichtmeister entgegengehen, der euch bei der Hand nimmt. ***Da müßt ihr aber bereits die Seele geöffnet haben, müßt ihr bereits Vergebung erlernt haben, müßt ihr bereits Weisheit erlangt haben,*** *damit ihr die höheren Sphären und Schwingungen des Lichtes ertragen könnt. Sonst ist eure Seele noch nicht bereit für die höheren Energien und Schwingungen (Die Quelle 4/98).*

Um dies abzurunden, zitiere ich noch einige der deutschsprachigen Seher, wie sie *Jan* in seinem ‚Buch 3' zusammengestellt hat und die uns etwas mehr Einblick gewähren in ‚die Zeit danach': Die Neuen Menschen auf der Neuen Erde mit dem Neuen Geist im Neuen (Photonen-)Lichte werden auch ein verändertes religiöses Verständnis haben. So hat der Seher und Zisterzienserprior von Köln, *Caesarius von Heisterbach* (1189-1240), schon damals prophezeit, was modernere Texte weiterhin bestätigen:

Es wird ein Papst gewählt werden aus denen, die den Verfolgungen der Kirche entgehen. Der Wille Gottes wird ihn ernennen, und die heiligen Engel [Außerirdische?, A.d.A.] werden diesen frommen und vollkommenen Mann krönen... Dieser wird die ganze Welt durch seine Heiligkeit neu gestalten und alle Geistlichen zur wahren Lebensweise der Jünger Christi zurückführen, und alle werden sie wegen ihrer Tugend und Heiligkeit achten. Er wird predigen barfuß und keine Macht der Fürsten fürchten. Er wird fast alle Ungläubigen bekehren... Und es wird nur Ein Gesetz, Einen Glauben,

Eine Taufe, Ein Leben geben. Alle Menschen werden einander lieben und der Friede wird lange Jahre dauern.

Unser visionärer Zeitgenosse *Edward Korkowski* bekam ähnliche, aber aktualisierte ‚Bilder' zu sehen und beschreibt 1990 in seinem Buch ‚Kampf der Dimensionen'[131]:

*Alle christlichen Konfessionen haben sich in eine Kirche vereinigt... Die irdische Menschheit wird zu einer kosmischen Menschheit werden. Teils durch die sichtbaren Ereignisse über der Erde, aber hauptsächlich **durch die offizielle Kontaktaufnahme der hoch und friedlich entwickelten kosmischen Nachbarn...***
Dann erreichte ich die Hauptstadt Neueuropas. Es war eine herrliche weiße Stadt, die Häuser höchstens zwei Stockwerke hoch, die Stadtteile mit herrlichen Grünanlagen durchzogen. In der Stadtmitte stand ein pyramidenähnliches Gebäude, das aber Fenster, Terrassen und Balkone hatte, alles in weiß... Die Menschheit hat sich jetzt die Sonnenenergie zunutze gemacht. Aber auch vieler anderer kosmischer Energien versteht man sich zu bedienen. [...] Es werden hier kaum noch Ärzte für die Heilung von Krankheiten benötigt, sondern nur noch für Unfälle. Auch Seelsorger werden nicht mehr gebraucht, weil jeder Mensch weiß, was und wer er ist. In der Familie und in der Schule werden die Kinder richtig über ihren unsterblichen Geist unterrichtet. Es gibt weder Krankenhäuser, noch Kirchen, sondern pyramidenartige Ganzheits-Heilungs-Gebäude. Wer sich auf irgend eine Art krank, schwach oder erschöpft fühlt, körperlich oder seelisch gestört, tritt in dieses Gebäude, wird allerseits mit kosmischen Energien gestärkt und kommt fröhlich und munter wieder heraus... . Endlich hat die Menschheit den wahren Weg des Lebens erkannt und betätigt sich nur noch schöpferisch. Somit hat sie einen Weg grenzenloser Entwicklung vor sich, ohne nennenswerte Niederlagen.

Jan fand und zitiert in seinem ‚Buch 3' drei Seher, die herausstellen, daß Deutschland nach dem Bewußtseinssprung wieder eine herausragende und verantwortungsvolle Position innerhalb Europas einnehmen wird. So wird der Seher *Nostradamus* mit seinem Vers X/31 zitiert, indem es heißt, daß ‚*...das heilige Reich in Deutschland entstehen werde*'. Dies wird gar in den ‚Sibyllischen Büchern' (Oracula Sibyllina von *Frielieb*, 1852) ausführlich beschrieben und in unserem Jahrhundert ist es *Alois Irlmaier*, der ebenfalls darauf hinweist.

Ich spare mir ein weiteres Zusammentragen an dieser Stelle und hebe zuletzt einen besonders wichtigen irdischen Wunschtraum für einen ‚Himmel auf Erden' heraus:

„*Es werde Friede*"

Der Wiener Redakteur und Pater *Udo Fischer* weist in seinem Buch ‚Linker Jesus – rechte Kirche'[156] darauf hin, daß in den Evangelien Gott auch als *Gott des Friedens* (Röm 15,33) verstanden wird und schreibt:

Das ‚Rahmenprogramm' ist der Friede. Schon bei der Geburt Jesu verkündeten himmlische Boten: „Friede den Menschen seiner Gnade" (Lk. 2,14). Als Auferstandener entbot Jesus den Aposteln den Gruß: „Der Friede sei mit euch" (Joh 20,19). Mit diesem Frieden ist nicht nur der Zustand des Nichtstreitens oder Nichtkriegführens gemeint. Das hebräische ‚Schalom' (Friede) kommt von ‚vollkommen, unversehrt leben' und beinhaltet das Wohlbefinden (Glück) des einzelnen und der Gemeinschaft; das gute Verhältnis zwischen Personen, Ehepartnern, Familien und Völkern.

Daß man Frieden extra erforschen muß (Friedensforschung), anstatt ihn zu leben, ist wieder das komplizierte Denken in unserer polaren Welt. Dies hat der ermordete große politische Friedenskämpfer ‚der sanften Art', *Mahatma Gandhi* (1869-1948), gleichfalls erkannt, wenn er uns hinterließ: *Es gibt keinen Weg zum Frieden, der Friede ist der Weg.*

Und daher können alle Friedensträume eben erst im Neuen Zeitalter für eine ganze Menschheit Realität werden - dann, wenn Friede endlich *gelebt* wird. Auch der Wahrheitslehrer *Jesus* erklärt tröstend: *Es ist der Friede, den* **die Welt** *uns nicht geben kann!*

Ihr seid jetzt gerufen, wie auch die Erde, alles Sein, euch einen Schritt höher zu entwickeln. Auch die Natur wird sich entwickeln. Auch hier wird der Geistkeim wachsen. Die Natur, die Blumen werden leuchtend werden aus sich selbst heraus. **Friede wird auch in die Natur einkehren.** *Das Gesetz dieser Erde, fressen und gefressen werden, wo einer dem anderen nach dem Leben trachtet, um selber leben zu können, wird es nicht mehr geben. Auch in der Natur wird Frieden herrschen und Frieden einkehren und die Liebe.* **Und in allen Menschen, die diesen Schritt schaffen in die nächste Entwicklungsebene, wird im Herzen Frieden sein** *(Die Quelle 2/99).*

In dem *Rafael*-Schriftwerk[177] ‚Die rettende Hand Gottes – Rafaels Botschaft zur Zeitenwende' schreibt *Siegfried Scharf*:

Auf diese ihnen heute verkündete Zeit des Friedens auf Erden sollen die heutigen Menschen ihren Blick richten, damit sie der gesetzmäßigen Umwandlung innerhalb des Lebens der Völker zur heutigen Zeit in großer Ruhe entgegensehen können. **Friede auf Erden und den Menschen ein Wohlgefallen**, *wie die Heilige Schrift es verkündet,* **wird der Wahlspruch sein, unter dem die Menschen in die Zukunft schauen sollen.**

Resümee aus dem vierten Teil meines Buches

Wir kommen aus den Jahrtausenden der Dunkelheit, allem Anschein nach sind es rund dreizehntausend Erdenjahre gewesen. Es war zugleich ein Tiefschlaf unseres Bewußtseins. Entwickeln, Entfalten und sich Öffnen war dabei erdenschwer eingeschränkt und war die besondere Leistung nur von einzelnen oder von Minderheiten.

Noch fällt es uns schwer, uns vorzustellen, welche gewaltigen Möglichkeiten der Bewußtseins-Entwicklung, der Entfaltung und Öffnung uns die aktuelle Zeitenwende bietet. Noch fällt es uns schwer, uns all die wundervollen und unirdischen Beschreibungen der neuen irdischen Zukunft ‚visualisieren' zu können. Zu sehr sind wir noch geprägt vom Old Age und den im Unterbewußtsein abgespeicherten Erfahrungen der letzten Jahrtausende.

Wir können uns daher noch gar nicht vorstellen, daß *wir*, wirklich *wir*, diese Generationen sind, die diesen Wandel erleben werden – wenn wir auf der richtigen Seite mitmachen. Oder genauer: auf der richtigen Schwingungshöhe. Wir können uns noch gar nicht vorstellen, **wie gut es hier noch werden kann.** Es gilt wörtlich und wahrhaftig: **Der Himmel steht uns offen!**

Wir alle, die wir dies schon wissen, sind aber mitverantwortlich für diese ‚himmlische' Zukunft.

Wir alle, die wir nach dieser Lektüre und dem Nachdenken über die Fülle der angeführten Tatsachen, aufgeklärt wurden, ‚sündigen' wider den Geist, wenn wir nicht mit dazu beitragen, daß angeblich Zweidrittel der heutigen Menschheit den angebotenen Bewußtseinssprung in das nächste Jahrzehnt schaffen. Die Spielregeln kennen wir. Und unsere unsterblichen Geist- und Seelenkörper wissen längst, daß sie die ererbte Göttlichkeit im neuen Zeitalter des Geistes viel uneingeschränkter leben können.

Lassen wir doch unsere Geist- und Seelenkörper, unser Höheres Selbst, unseren Gott-in-uns gewähren!

Ich möchte dieses Buch abschließen mit einem Zitat aus *Jan's* ‚Buch 3', in dem er auf eine kraftvolle Botschaft hinweist, die von *Johannes von Jerusalem* (1042-1119) stammt[170]. Er hat in seiner Sprache vor fast einem Millennium ausgedrückt, was er gesehen hat und hat eigentlich damals schon - in fünf Versen - all die Erkenntnisse unserer und der zukünftigen Zeit so angesprochen, daß sie sehr wohl für uns, die wir eine einmalige Zeitenwende erleben, Hoffnung ausdrücken:

Wenn das Jahrtausend, das nach dem Jahrtausend kommt, zu Ende geht,
wird es für den Menschen eine zweite Geburt geben.
Der Geist wird sich der Masse der Menschen bemächtigen,
die eins sind in der Brüderlichkeit.
Dann wird das Ende der Zeiten der Barbarei verkündet.

Es wird die Zeit einer neuen Stärke des Glaubens.
Nach den schwarzen Tagen am Beginn des Jahrtausends,
das nach dem Jahrtausend kommt,
werden die glücklichen Tage beginnen.
Der Mensch wird den Weg der Menschen wiederfinden
und die Erde wird ihre Ordnung wieder haben.

Die Erde wird wie ein Garten sein.
Der Mensch wird auf alles achten, was lebt.
Er wird reinigen, was er beschmutzt hat.
Er wird die ganze Erde als seine Heimat ansehen
und er wird mit Weisheit an das Morgen denken.

Wenn das Jahrtausend, das nach dem Jahrtausend kommt, zu Ende geht,
wird der Mensch wissen, daß alle Lebewesen die Träger des Lichtes sind,
und daß sie Geschöpfe sind, die Respekt verlangen.
Er wird neue Städte gründen
im Himmel, auf der Erde und auf dem Meer.

Er wird sich erinnern an das, was einst war
und er wird zu deuten wissen, was sein wird.
Er wird keine Angst mehr haben vor seinem eigenen Tod,
denn er wird mehrere Leben in seinem Leben gelebt haben
und er wird wissen, daß das Licht immer leuchten wird.

Fünfter Teil

22. Kapitel

Möglichkeiten der praktischen Anwendung

Wer sich von Ihnen, meine sehr verehrten LeserInnen, bis hierher durchgearbeitet hat oder schon vorab bis hierher blättert, kommt nun ‚zum schwierigsten Teil der Übung', nämlich zum Üben selbst. Es geht um die praktischen Möglichkeiten, das Erkannte um-zusetzen und um die Möglichkeiten, es in unserem Umfeld, der Mitwelt und dem Alltag praktisch ein-zusetzen. Es geht ernsthaft um die Kunst des Loslassens und den Zwang der Entscheidungen.

Darüber ist bereits alles geschrieben, der darauf folgende schwierigere Teil ist das Durchhalten und **ein unerschütterlicher Standpunkt**. Dieser bezieht sich vor allem auf Gedanken, Gefühle und den Zeitbedarf. Somit ist Frei-sein eine der wichtigen Voraussetzungen, um zu einem möglichst **klaren** Geist zu finden. Dies ist dann mehr denn je die richtige Voraussetzung für bleibende Veränderungen in unserem Leben, denn die Mehrzahl der kritischen und bereits erwachten Erdengeschwister zählen heute zu den Verstandesmenschen.

Mit den praktischen Anregungen und Aufforderungen möchte ich keinesfalls irgend eine Religion oder ähnliche Entwicklung implizieren und einbeziehen. Nach der Wissensvermittlung aus den ersten Buchteilen möchte ich mit diesem Praxis-Teil ausschließlich die individuellen Entwicklungsmöglichkeiten zusätzlich unterstützen. So, wie der Wunsch nach Veränderung nur aus jedem von uns selbst heraus wirksam werden kann, so müssen auch die Entscheidungen zu wirksamen Veränderungen von jedem selbst getragen werden.

Es ist eine Sache, den spirituellen Weg zu beginnen, denn es schadet in überhaupt gar keinem Falle. Aber es ist eine ganz andere Sache, das erste Etappenziel zu erreichen und sich gänzlich von wertlosen Wertvorstellungen, von Ängsten und von Unwissenheit nachhaltig zu befreien. Aus der eigenen Praxis kann ich jedem auf seinem ‚Weg nach innen' mitgeben, daß zuerst der Glaube, ein unerschütterlicher Glaube an die Sache selbst hilfreich ist. Nach den ersten Erfolgen wird dann aus diesem Glauben Wissen und dann fängt das Spiel an, Spaß zu machen. Den festen Glauben daran braucht man dann zwischendurch immer wieder bei Rückschlägen und Mißerfolgen, aber solche gehören quasi als Prüfungen zu jedem Einweihungsweg.

Die größten Prüfungen auf diesem Weg des Lichtstrebenden sind von alters her das **Durchhalten** und die **Geduld**. Im Bereich des Durchhaltens haben wir zwar tausendmal die Möglichkeit neu zu beginnen, die einen sagen, von Mal zu Mal leichter, andere empfinden: von Mal zu Mal ein bißchen schmerzhafter. Denn wir gehen ja diesen Weg nicht alleine, geistige Wesenheiten begleiten uns liebevoll – entweder aus der großen Seelenfamilie oder aus der Engelwelt oder aus noch ganz anderen Bereichen. Aber deren Geduld ist möglicherweise doch nicht ganz von göttlicher Ausdauer und dadurch könnte mancher Hauch aus der Unendlichkeit schon zu einem heftigen ‚Wind von Backbord' werden.

Dieses Nicht-Allein-Sein meine ich ganz ernsthaft. Dabei geht es nicht nur um Weg-Begleitung für uns, sondern vielfach auch um die gegenseitige Resonanz, deren die Mitstreiter in der Feinstofflichkeit genauso bedürfen wie die Lichtstrebenden an anderen Plätzen in der Grobstofflichkeit. Was *Johann Kössner* zu der auf diesem Weg benötigten **neu-verstandenen Liebe** meint, gilt für alle anderen spirituellen Energien dieses Weges gleichermaßen:

Immer dort, wo zwei oder drei oder auch größere Gruppen im Bewußtsein der neuen Liebesenergie sich treffen, beisammen sind, entsteht ein gewaltiges Strahlungsfeld des LICHTES, des Göttlichen Lichtes. Das erhöht ganz real die Schwingungen im Ätherfeld des Feinstofflichen. Zu solchen Stätten und ‚Räumen' kommen diese Seelenwesen, baden förmlich im Licht und der Frequenz der Liebe, erhöhen ihre Schwingung und passen sich an die notwendige Höhe an.

Mit fast den gleichen Worten hat der Wahrheitslehrer *Jesus* vor zweitausend Jahren die gleiche ‚Garantie' ausgesprochen - demnach können wir uns darauf unerschütterlich verlassen. Wenn uns die ersten Erfolge wirklich frei machen, dann sollten wir Freiheit auch so verstehen, daß sie sich mit Freude verbindet.

„Lassen Sie sich allmählich immer stärker von Ihrem Selbst, von Freude und der gewonnenen Freiheit durchdringen. Gehen Sie Ihren individuellen Weg mutig und mit der fröhlichen Bereitschaft, aus den jeweiligen Resultaten Ihrer Handlungen zu lernen" (Margarete Friebe).

Als Warnungen bekommen wir auf diesem Weg auch die Hinweise, tolerant jedem anderen die Freiheit zu einem eigenen individuellen Weg und Lernprozeß zu lassen, wie auch den Hinweis, nicht berechnend darauf zu schauen, wieviel Erfolg uns unsere Bemühungen bringen.

Der italienische *Professor Umberto Eco* hat diesen hier dargestellten Weg mehr bewundernd als belächelnd *Do-it-Yourself-Religion* genannt und, um bei neudeutschen Ausdrücken zu bleiben, auch auf dem spirituellen Weg gilt die weltweit bewährte Erfolgsformel *learning by doing* (salopp: probieren statt studieren) - auch für den Lichtstrebenden unserer Tage.

Wie man auf der schönen Insel La Palma denen zuruft, die in eine unbekannte See hinausfahren, so grüße auch ich Sie auf dem unbekannten Weg nach innen:

Vaya con dios – gehe mit Gott!

Gliederung des Buchteils PRAXIS:

Wie in diesem Buch ausführlich beschrieben ist, kann ein Bewußtseinssprung, wie er jetzt vom einzelnen wie vom Kollektiv erwartet wird, nur konsequent **ganzheitlich oder holistisch** gestaltet werden – denn es sollen keine Klosterbrüder oder Yogis zur Erleuchtung kommen, sondern Milliarden von Erdengeschwistern sollen einen Lichtkörper entwickeln. **Somit heißt das eine parallele Veredelung sowohl des grobstofflichen Bio-Körpers wie auch der feinstofflichen Seelenkörper.** Dieses Ziel spezifiziert zu formulieren oder gar zu normen ist unmöglich bei unserem Milliarden-Seelen-Projekt und ich empfehle auch hierbei auf den Text der Evangelien zurückzugreifen. Dort heißt es ja, den Körper zum ‚Tempel' des göttlichen Geistes zu machen und was damals als Tempel zu verstehen war, habe ich bereits dargestellt.

In diesem Sinne schlage ich für den ganzheitlichen Seelen-Entwicklungsweg vor, den spirituellen Weg durch eine gesunde Körperverfassung zu erleichtern und durch eine qualitative Verbesserung des grobstofflichen ‚Tempels' die Entwicklung zu beschleunigen.

Somit rate ich, mit einigen wenigen, wichtigen **äußerlichen Maßnahmen** zu *äußeren Veränderungen* zu kommen wie
- mehr Körperbewegung,
- die Reaktion des eigenen Körpers kennen zu lernen und
- die Körperfunktionen zu optimieren durch
bessere Atmung, verstärkte Entsäuerung, qualitätvollste Nahrungsaufnahme, befreiendes Lachen und Freuen, bewußtes Aktiv-Werden und tägliches Zurück-in-die-Ruhe-finden.

Für die nötigen *inneren Veränderungen* empfehle ich folgende **geistig-spirituelle Maßnahmen:**
- den Weg nach innen zu *vertiefen* durch verschiedene religiöse Praktiken,
- uns und viele Herausforderungen zu *transformieren* durch neugeistig-spirituelle Praktiken,
- seelisch-geistigen Schutz aufzubauen durch *Visualisierungen* und
- mächtige spirituelle Energien als Resonanz anzuziehen durch *Anrufungen* und *Invokationen*.

Die von mir getroffene Auswahl und deren Empfehlungen ist nur ein kleines, aber bewährtes Segment des internationalen Angebotes an lichtorientierten Veränderungstechniken des menschlichen Bewußtseins.

PRAXIS: äußere Maßnahmen
Optimierter Körper als ‚Tempel'

Durch mehr Körperbewegung:
(ich verweise darauf, daß meine Empfehlungen nur dann sinnvoll und hilfreich sind, wenn der körperliche Zustand den empfohlenen Belastungen gewachsen ist. Im Zweifelsfall bitte NaturarztIn oder HeilpraktikerIn aufsuchen)

im Freien:	Die einfachste und streßärmste wie auch ‚unsportlichste' Körperbewegung ist für ein anhaltendes ‚Körpertraining' ein strammes und schnelles Gehen und Wandern, das auch Deutsche manchmal *Walking* nennen.
	Sicherlich dient auch längeres ungestörtes Bahnen-Schwimmen, doch dann sollte es schon leistungsorientiert sein, ebenso wie Übungen an *Body-building*-Geräten.
im Kämmerlein:	Hier sind besonders zu empfehlen anhaltende Übungen auf dem Mini-Trampolin oder
	das morgendliche Mobilisieren mit den Drehungen und Dehnungen, die als ‚die Fünf Tibeter' bekannt geworden sind oder
	das Erlernen und regelmäßige Üben von Qi Gong oder gar Tai Chi.
Die Regel:	*Mäßig, aber regelmäßig sei das Maß!*

PRAXIS: äußere Maßnahmen
Optimierter Körper als ‚Tempel'

Durch Energiefluß und eigene Körper-Reaktionen:

durch ‚Angewandte Kinesiologie':

Sie bietet die Möglichkeit, durch das direkte ‚Gespräch' mit dem Körper über einen einfachen Muskel-Test Störendes aufzuspüren und zu identifizieren, aufzulösen und Energien wieder fließen zu lassen. Es ist in Seminaren zu erlernen und ich empfehle unbedingt, selbst (Freizeit-)Kinesiologe zu werden. (Dies stellt jedoch kein Endziel dar, denn die optimalen ‚Gespräche' mit uns selbst sind die eigenen Intuitionen.)

Die Kinesiologie berührt die tiefste Ebene des Menschen, das Zellbewußtsein, wo alle Erlebnisse seit der Empfängnis aufgezeichnet sind. Mit sanften Muskeltests wird dieses Bewußtsein direkt abgefragt. Dabei gibt es Aufschluß über körperliche Beschwerden, Verhaltensmuster, Emotionen und Streßverhalten. Und gleichzeitig zeigt es den am besten geeigneten Lösungsweg dieser Themen für den Einzelnen.

Im Vordergrund steht die Achtung vor diesem inneren Wissen. Der Körper lügt nicht und wir vertrauen ihm als der zuverlässigsten Quelle für unser Wohlbefinden. Es geht nicht darum, zu raten, zu vermuten oder aus ‚Erfahrung' zu empfehlen, sondern sich über den Muskeltest Gewißheit zu verschaffen. Dieses Höchstmaß an Respekt und Objektivität gewährleistet, daß das eigene Tun wirklich auf die persönlichen Bedürfnisse abgestimmt ist und zum Erfolg führt (Text des Kursleiters und Heilpraktikers *Mandiro Ordyniak*).

durch Reiki (sprich Re-iki):

Von dieser heute fast boom-artig angebotenen Technik des Handauflegens empfehle ich, (nur) den 1. Grad zu erlernen. Er öffnet über einige wichtige Einweihungen den Körper, um kosmische oder göttliche Lebensenergien (Prana, Orgon, Od, Vril u.a.) zufließen zu lassen – sich selbst und anderen, aber auch Tieren und Pflanzen. Richtig verstanden und angewandt, ist es auch eine sehr gute Übung des Dienen-Lernens und des persönlichen Wachstums.

PRAXIS: äußere Maßnahmen
Optimierter Körper als ‚Tempel'

Durch besseres Atmen:

Im 18. Kapitel habe ich auf die *nebensächlich*, und damit flach und kurz gewordene Atmung des modernen Menschen hingewiesen, was sich durch mehr Bewegung schon teilweise aufheben läßt. Doch *verbesserte* Atmung kann auch zur Körpertherapie werden und *konzentrierte* Atmung aus spiritueller Sicht zur Energieversorgung der Dreikörpereinheit (Geist-Seele-Körper) dienen. Aus diesem Grund schenken die östlichen Weisheitslehren und Psychotherapien der bewußten, das heißt durch den Verstand kontrollierten Atembeobachtung und -regulierung große Bedeutung. Darüber gibt es heute spezielle Literatur.

Ein praktisches Beispiel als Einstieg:
Wir fühlen den Puls und stellen uns auf seinen Rhythmus ein. Drei Pulsschläge lang Einatmen, drei Pulsschläge lang Anhalten, drei Pulsschläge lang Ausatmen (mit gespitztem Mund) und gleichlang stillhalten. Schon nach wenigen Atemzügen stellt sich eine automatische Vertiefung der Atmung ein, was sich verstärkt, wenn wir im Laufe der Wochen steigern auf die Rhythmuslänge von vier Pulsschlägen und mehr und mehr.
In Verbindung mit Sonnenlicht (aufgehende Morgensonne?) das reinste (alternative) Energiekraftwerk eines gesundenden Menschen.

Neueste Literatur dazu:
Die Indologin Dr. Rosina Sonnenschmidt hat durch ihr Studium fast aller Yogatechniken im Hatha-Yoga die zentrale Grundidee des richtigen Atmens gefunden und dabei festgestellt, daß in diesem uralten Wissen von zwei Typen der Atemtechnik ausgegangen werden muß (polar wie alles auf unserer Ebene): Solare Menschen, bei denen in der Technik des Ausatmens ihre Intensität stattfindet und lunare Typen, die ihre Atembetonung im Einatmen finden. Mit diesen Erkenntnissen kann sehr vielen Menschen endlich weitergeholfen werden, die sich mit für ihren Typ unpassenden und teilweise sogar belastenden Atemtechniken abquälen.
Ein empfehlenswertes Basisbuch: Dr.R.Sonnenschmidt >Das Praxisbuch der solaren und lunaren Atemenergetik< im Ehlers Verlag GmbH, 82515 Wolfrathshausen

PRAXIS: äußere Maßnahmen
Optimierter Körper als ‚Tempel'

Durch verstärkte Entsäuerung:

Fast die gesamte industriell gefertigte Nahrung und der überwiegende Teil unserer Getränke (von kohlensäurehaltigen Mineralwässern über Fruchtsäfte und Kaffee bis hin zu allen Alkoholika) führen zur Säuerung bis hin zur Azitose und stören damit die Säure-Basen-Harmonie des Körpers. Dies sowie der dadurch entstehende Kalk- und Mineralienmangel und die sauergebundenen Ablagerungen im Körper sind die Basis der meisten Zivilisationskrankheiten und Allergien.

Auch der seelische Bereich verstärkt dieses Ungleichgewicht mehr und mehr, denn unser Ego läßt uns im Alltag immer öfter frustriert und ‚sauer' reagieren.

Drei bewährte Wege gibt es, dies zu ändern:
1. sich kundig machen, Nahrung sowie Getränke konsequenter auswählen und Ernährungsplan langfristig umstellen,
2. Ego und Emotionen besser beherrschen und transformieren (Emotionen sind lebensnotwendig, nur das ‚Negative' daran muß umgewandelt werden) und
3. teilweise täglich kohlensaures Natron oder andere Entsäuerungspulver schlucken (zwischendurch auch als Ausleitungskur). Dazu Mineralien und Spurenelemente wie auch ionisierten und/oder organischen Kalk einnehmen.

Zu ihrer Broschüre ‚Durch Entsäuerung zu seelischer und körperlicher Gesundheit'[15] schreibt *I. Beck-Oetinger*: Alle eiweißhaltigen Körpersäfte verändern sich unter dem Einfluß von Säure derart, daß sie zunehmend eindicken. Täglich bleibt etwa ein Gramm Schlacken im Organismus zurück. In fünfzig Jahren machen sie etwa die Hälfte des Körpergewichts aus. Dadurch ergeben sich unendlich viele Möglichkeiten von Behinderungen und Krankheiten. Es ist unmöglich, allem schul- und naturärztlichem Bemühen zum Trotz, Krankheiten völlig auszuheilen, wenn nicht gleichzeitig gründlich entsauert und entschlackt wird. Dies ist leicht und ohne krampfhafte Diät zu bewerkstelligen.

PRAXIS: äußere Maßnahmen
Optimierter Körper als ‚Tempel'

Durch qualitätvollste Nahrungsaufnahme:

Ab Seite 319 und Abbildung 2 und 3 habe ich einen kurzen Überblick über die Wertigkeit von Nahrungsmitteln zusammengestellt. Dieser sollte sehr ernsthaft beachtet werden und als ‚unerschütterlicher Standpunkt' in das Leben jedes Lichtstrebenden einziehen, wobei zum einen ‚Ausnahmen die Regel bestätigen' und zum anderen durch angewandte Kinesiologie jeweils die Ansprüche des Körpers bezüglich Nahrung und Getränke speziell geprüft werden können.

Der in lebendiger Nahrung erhöhte Photonen-Anteil aktiviert die ‚schlummernden' feinstofflichen Drüsen wie Nebennieren, Hypothalamus, Zirbeldrüse und Thymus.

Die größten Überraschungen werden bei kinesiologischen Tests die Getränke verursachen und sehr bald werden (wie in unserer eigenen Familie) die stillen oder kohlensäurefreien, kochsalzarme Quellwasser als Hauptgetränk Einzug in Haushalt und Leben halten. Klares Wasser wirkt als Energie- und Lichtleiter. Die Jahrmillionen lange Entwicklung des menschlichen Körpers kannte keine industriell gefertigte und kommerzialisierten Getränke.

Koch- und Trinkwasser kann auch selbst hergestellt werden, indem (totes) Leitungswasser gereinigt (durch Osmose- oder Destillier-Anlagen) und anschließend revitalisiert und wieder rechtsdrehend gemacht wird. Verschiedene erfolgreiche technische Verfahren dafür werden innerhalb der alternativen Zeitschriften dargestellt und auf Esoterik-Messen auch ausgestellt (manchmal preislich überhöht).
Einen der darauf spezialisierten Ingenieure finden Sie unter [105].

Sollten obige Erkenntnisse zwischendurch nicht zu realisieren sein, dann haben wir noch das Segnen:
1. das herkömmliche und bewährte Tischgebet oder
2. segnend die Hände über die Speisen halten und von Licht durchdringen lassen oder
3. ein gleichseitiges Kreuzzeichen auf den Tisch unter den Teller machen, den Querbalken von rechts nach links.

PRAXIS: äußere Maßnahmen
Optimierter Körper als ‚Tempel'

Durch Lächeln und sich Freuen:

Angeblich sei eine der häufigsten Aufforderungen der Evangelien „Freuet Euch!" und auch das griechische Wort *eu-aggélion* bezeichnet eigentlich ‚das, was ein Freudenbote mit sich bringt'. Auch die Resonanz mit allem ‚Himmlischen' trägt den Begriff *Glückseligkeit* in sich. Erfülltes Leben, Lachen, Freude und Glückseligkeit waren immer schon Schwingungsfrequenz-Erhöher und wenn es einen Fernsehkanal ‚Humor und Lachen' gäbe, hätte er (neben Massensportsendungen) auf Anhieb die höchsten Einschaltquoten. Ein lachender und freude-‚strahlender' Mensch hat eine fast doppelt so große Aura als die ‚ernsthaften' Menschen seiner Umgebung.

Außerdem bedeutet ‚Lächeln' zugleich Energieaufnahme, z.B. das Chi. Das chinesische Tao, fast 8000 Jahre alt, lehrt, daß *wenn wir lächeln, die Organe eine Art Nektar ausscheiden, der den ganzen Körper nährt... Durch das Lächeln dehnen sich die Organe aus, werden weicher und feuchter und arbeiten besser.*
Das echte Lächeln überträgt liebende Energie, die wärmen und heilen kann.
Die taoistischen Meister im alten China erkannten die Kraft der lächelnden Energie und übten das Lächeln für sich selbst, um ihr Chi in Bewegung zu setzen, höhere Energieformen zu erzeugen und Gesundheit, Glück und langes Leben zu erlangen. Sich selber zuzulächeln wirkt heilsam und verjüngend, als ob man in Liebe baden würde (Mantak Chia in[174]).

„Sei fröhlich, lache viel, sei freundlich und liebevoll zu anderen und zu allen Lebewesen. Bedanke Dich jeden Tag für alles, was Du hast und was Du noch nicht hast, denn dadurch manifestiert es sich. Jeder Tag ist ein strahlender Anfang [Wolken notfalls wegdenken A.d.A.]. *Beginne heute neu! Schau in den Spiegel, lache Dich an und affirmiere täglich: ich bin gesund, reich und glücklich!"* (Oder was auch immer Du gerne möchtest, Du hast die Wahl!) (Brigitte Müller)

„Nur die heitere, die ruhige Seele gebiert das Vollkommene" (Friedrich von Schiller)

PRAXIS: äußere Maßnahmen
Optimierter Körper als ‚Tempel'

Durch höherfrequentes Aktiv-Werden:

Ein weiterer Weg des Umsetzens spiritueller und seelischer Schwingungen nach außen in die Materie sind Aktivitäten ‚in Worten und Werken'. Gemeint ist damit, das auf dem Weg nach innen Gewonnene und Erkannte anschließend wieder (höherschwingend) im Außen zu transformieren (umzuwandeln) und damit auch zu manifestieren (offenbaren). Dies ist ein wichtiges kosmisches Gesetz, mit dessen Erfüllung wir einen entscheidenden Selbst-Entwicklungssprung bewältigen.

Schritt für Schritt ins Tun gehen:
Dabei setzt der Lichtstrebende sein Erkanntes, sein neues Wissen und seine Intuitionen in sein Leben um: in der Familie, im Umgang mit den Kindern und im Berufsleben. Sein Leben wird sich verändern, wenn das Höhere Selbst wirksam werden darf.

Andere teilhaben lassen:
Wir sollten dann über das, von dem wir bereits überzeugt sind, schreiben (Gedichte und Lieder, Leserbriefe, Beiträge oder Bücher), Gesprächskreise bilden, Seminare abhalten oder Selbsthilfegruppen gründen oder führen. Manche wechseln ihre Tätigkeit und auch ihren Beruf (wird nämlich zur Berufung). Das stabilisiert den bereits erreichten spirituellen Grad und eröffnet weitere Aufstiegsstufen.

Eine Anrufung dazu:
Vater, Du Licht meines Herzens, Du Licht meines Selbst.
Hilf mir, zu Dir zu finden, klar zu werden und wahr zu werden.
Hilf mir, Liebe und Licht in mein Leben zu bringen.
Hilf mir, stark zu sein, damit ich Liebe und Licht in das Leben der anderen Lichtsuchenden, der Natur und der Mutter Erde bringe.
Hilf mir, daß ich dazu beitrage, daß die Menschheit das neue Licht zu ertragen lernt und zum Aufstieg umsetzen kann.
Danke! Danke! Danke!

PRAXIS: äußere Maßnahmen
Optimierter Körper als ‚Tempel'

Durch tägliches Zurückfinden in die Ruhe:

Tägliche (kurze) Pausen der Stille und Ruhe (Beruhigung) oder der Einkehr und der Besinnung sind nötig, wenn wir den Weg nach innen eingeschlagen haben (siehe im 16.Kapitel). Unsere dann bereits erhöhte seelische Schwingung benötigt Regenerationsmöglichkeiten ‚zwischendurch', wenn sie im herben Alltag geschwächt wird, in dem ja die meisten Erdengeschwister noch leben. Wem es möglich ist, kann natürlich auch in Garten und Natur auftanken. Bewußtes Sich-Erden mit der Mutter Erde (Tiere, Bäume, Wasser) wirkt gleichstark aufladend. Der Wald ist (nach den Meeren) der zweitmächtigste Lebenserhalter des Planeten und natürlich auch für den modernen Menschen ein idealer Platz der Regeneration.

In manchen Seminaren wird ‚wieder bewußtes Leben' angeboten, das stets mit Einkehr und Zu-sich-selbst-finden verbunden ist. Dazu gehört auch das Herausziehen des Antennensteckers des Fernsehers (eigentlicher Auftrag des Fernsehens: durch Illusionen, Erwachsenenmärchen und *action* die Menschen vom wirklichen Leben fernzuhalten).

Der spirituelle Psychotherapeut *Albert C. Gaulden* aus Sedona/USA, der auch der spirituelle Lehrer von *James Redfield* (Die Prophezeiungen von Celestine) war, empfiehlt in seinem Buch ‚Geist-Wende – Vorbereitung auf den Sprung in das dritte Jahrtausend'[112]: *„Wenn Gott und Ego ein und dasselbe sind und sie beide in dir wohnen, so laß Gott einfach mehr zu Wort kommen und das Ego mehr zuhören. Vielleicht solltest du ein ganzes Wochenende schweigend verbringen."*

„Ruhe ist das Teuerste, was es heutzutage zu kaufen gibt" (Werner Fink, Kabarettist)

PRAXIS: äußere Maßnahmen
Neugeistige Praktiken

Die Schwingung des Umfeldes I :

In diesem Buch sind wir immer wieder auf das mächtige ‚Prinzip der Anziehung der Gleichart', das als *Gesetz der Resonanz* wirkt, gestoßen und so geht es uns im Leben und unserem Umfeld genauso.

Gedankensauberkeit :

Gedanken sind schöpferisch und werden zur Form. Beachte das 8. Kapitel, die Macht unserer Gedanken. Damit müssen wir mehr denn je bewirken, daß <u>wir</u> die Schwingungen unseres Umfeldes bestimmen und diese dabei konsequent erhöhen müssen (um sie den kosmischen Veränderung anzupassen).

Altes zurücklassen, um frei zu werden:

Manches Alte müssen wir in unserem Umfeld auch entfernen, Gestekke aus toten Blumen (der Friedhof im Zimmer); Andenken, die keine mehr sind; alte Bilder und ‚verstaubte' Bücher; Masken und rituelle Kulturgüter anderer Völker können belastend sein (weil Energiefelder niederer Wesenheiten anhaften können); Vergangenheit, die uns durch ihr Vorhandensein unnötig bindet, usw. Denken Sie an die ‚Kunst des Loslassens' und nehmen Sie notfalls die Kinesiologie zur Hilfe.

Störfelder entfernen oder überlagern:

Haus oder Wohnung kinesiologisch abprüfen, evtl. durch einen erfahrenen Geomanten (manchmal reicht auch ein Wünschelrutengänger) nachprüfen lassen; Elektrostörfelder minimieren, besonders im Schlafbereich; unnötige Chemie aus dem Haus (als Vorrat und in der Anwendung); Düfte, Kosmetika, billige Bekleidungsstücke, alles sollte kinesiologisch überprüft werden, ob es in das neue persönliche und individuelle Umfeld und seine höheren Resonanzen paßt.

Das Umfeld ordnen:

Neue höhere Schwingungen in Haus und Wohnung bringen. Die geomantischen Gesetze des Feng Shui helfen, Vorhandenes neu zu ordnen (ohne dabei gleich zu übertreiben). Im Mikro/Makro-Kosmos herrscht auch das ‚Gesetz der Harmonie', das uns hilft, unser Resonanzfeld außen wie innen zu veredeln (Musik und Klänge, Kerzen, Düfte, Farben und Bilder und vorzugsweise Naturmaterialien).

PRAXIS: äußere Maßnahmen
Neugeistige Praktiken

Die Schwingungen des Umfeldes II :

Emotionen steuern:

Unsere vier grob- und feinstofflichen Körper sind der eigentliche Resonanzboden für die Resonanz unseres Umfeldes. Wir haben den Auftrag und die Macht (beides vom Höheren Selbst), in unserem Umfeld der Chef zu sein (Geist und Gedanken). Der Steuerknüppel für die richtige Ausrichtung sind dabei unsere Emotionen, vor allem die ‚alten' aus dem Unterbewußtsein. Sind diese mit negativen Erinnerungen oder ähnlichen Abspeicherungen belastet, ist es leichter, die Information der Energie zu transformieren, als die Energie selbst zu unterdrücken.

Räume spirituell reinigen:

Manchmal bedürfen Räume auch einer spirituellen Reinigung (von belastenden Energien), was man durch Visualisierung (Beschreibung folgt) oder durch Weihrauch machen kann. Letzteres, auch Olibanum genannt, ist ein Harz des Weihrauchbaumes und weltweit das bekannteste Räuchermittel. Beim Ausräuchern muß man darum bitten, daß sich der Weihrauch mit allen negativen Energien verbindet, um beim anschließenden Lüften mit entfernt zu werden. Danach mit einer brennenden weißen Kerze positive Wesenheiten einladen und in die Räume einziehen lassen. Man kann dabei die ‚höchsten heilenden Kräfte' und die ‚höchste Liebe' anrufen, oder den Psalm 23 aufsagen oder wen man sonst aus dem christlich-kirchlichen Brauchtum gern als Beistand hätte.

Die Farben der Kerzen:

Man spricht von der Magie des Kerzenlichtes und meint damit nicht nur romantische Aspekte. Die weiße und gelblichweiße Kerze erzeugt die höchste spirituelle Schwingung. Alle zarten transparenten Farbtöne verhalten sich neutral, wogegen rote Kerzen Emotionen verstärken. Dies gilt für positive wie für negative Emotionen. Die Farben blau und violett können auch in dunklen Tönen abgebrannt werden, wogegen dunkelbraune und schwarze Kerzen im feinstofflichen Bereich gefährlich sind und möglicherweise dämonische Energien anziehen. Weiße oder Naturwachskerzen sollten möglichst gesegnet werden, was man mit dem göttlichen-Licht-in-uns auch selbst vornehmen kann.

PRAXIS: innere Maßnahmen
Religiöse Praktiken

Urteilsfreies Lieben und Vergeben:

Es kann nicht Sinn dieses Buches sein, diese uralte Thematik den Menschen immer wieder neu zu servieren. Es gilt aber trotzdem weiter die Erkenntnis, daß diese Gesetzmäßigkeit ein gültiges, kosmischweites und göttliches Prinzip ist und bei jeder seelischen Höherentwicklung erfüllt werden muß. Es ist außerdem das höchste und wichtigste Lernziel im irdischen Leben und der einzige Grund, warum eine Seele immer wieder in die grobstoffliche und polare Ebene des freien Willens eintaucht. Also gilt dies auch für unsere Zeitenwende.
Dazu drei Hinweise:

1. Schon im mosaischen Gesetz heißt es: *Liebe...... wie dich selbst.* Durch das ganze Buch zieht sich die Aufforderung, unsere verschüttete Göttlichkeit selbst-bewußt wiederzufinden und zu leben *und zu lieben!*
2. ist auch wichtig, daß wir alles annehmen in Liebe, was auf uns zukommt und
3. muß die von uns geforderte Liebe urteilsfrei sein! Prüfen wir uns alle immer wieder: ständig sind wir bereit, zu unterscheiden, wen wir lieben und wen ganz bestimmt nicht. So geht das natürlich nicht.

Im Bereich des Vergebens müssen wir nach unserem veränderten Verständnis auch zwei Erkenntnisse berücksichtigen:

1. Loslassen und Freiwerden können wir nur durch Vergebung – oder noch besser: *vergeben und vergessen* und
2. neue Wünsche an den Schöpfer und himmlischen Vater brauchen wir auch erst anzumelden, wenn wir das Versprechen erfüllt haben: ...*vergib uns unsere Schuld, wie auch wir vergeben haben* (griechischer Text).

„Wenn du dir selbst nicht vergeben hast, wie kannst du dann anderen verzeihen?" *(Dolores Huerta)*

PRAXIS: innere Maßnahmen
Religiöse Praktiken

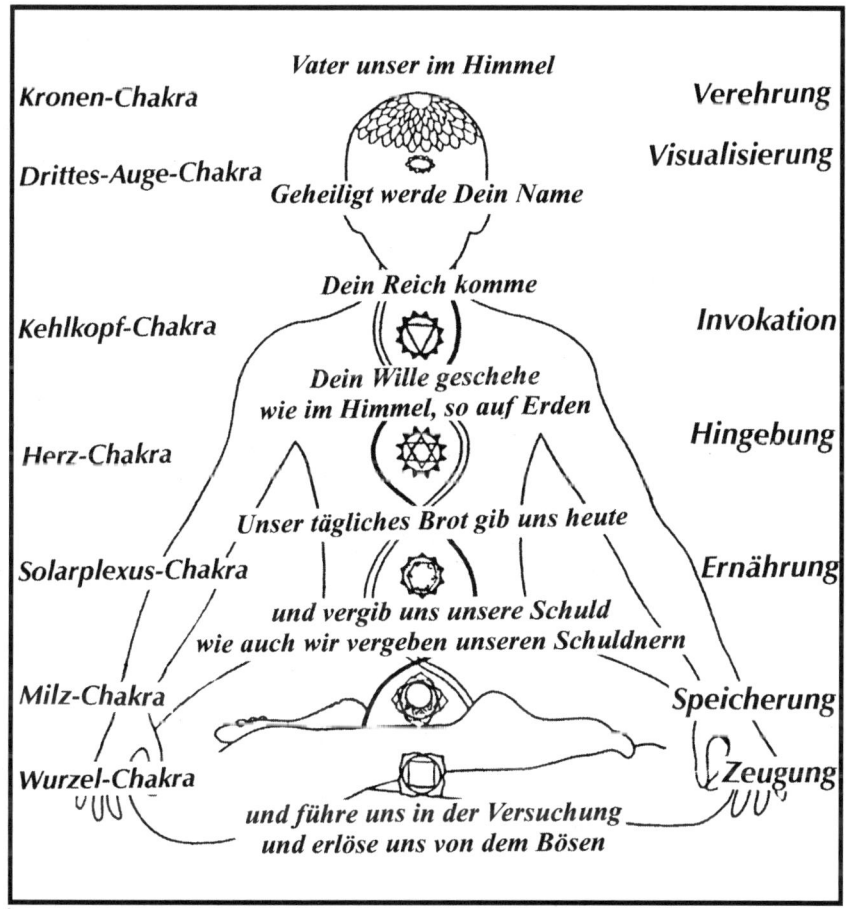

Abb.3
In dieser Gegenüberstellung der sieben äußeren Hauptchakren des Buddhismus und der sieben Bitten des Vater-Unsers des Christentums finden wir universelle Gesetzmäßigkeiten erfüllt, die von allen großen Weisheitslehrern erfaßt worden waren. Natürlich kann hier auch das sich in Indien angeeignete Wissen aus der Lehrzeit Jesu mit eingeflossen sein.

(Die Anregung dazu habe ich dem Buch ‚Rituale der Weißen Magie' von *Bran O. Hodapp* und *Iris Rinkenbach* entnommen.)

PRAXIS: innere Maßnahmen
Religiöse Praktiken

Meditation und Gebet:

Diese beiden religiösen Kultformen sind uralt und bewährt, wobei man früher statt Meditation Kontemplation sagte. Eigentlich sind beide schwer voneinander zu trennen. Über ‚richtiges' Beten und die Erfolge gibt es spezielle Bücher. Ich halte mich gerne an *Matth.6,5-8*.

Im September 1999 las ich einen Bericht mit Photos, die unter dem Dunkelfeldmikroskop entstanden sind und rote Blutkörperchen in verschiedenen Zuständen wie Krankheit, Angstzustand oder Verkrampfung abbilden. Dabei zeigen zwei Aufnahmen auch die auffallende positive Veränderung der Blutkörperchen-Anordnung bei Blutentnahmen vor und nach einem zehnminütigen Gebet (Zeitung ‚Das Weiße Pferd' 17/99). Ein faszinierender Erfolg.

Aus der geistigen Welt wird uns empfohlen, die Gebetswirkung zu verstärken: *Ihr solltet Gebetsgruppen gründen in dieser Zeit. Ihr solltet euch zusammensetzen, euch zusammenfinden im Gebet, denn im wahren Gebet können sich die Kräfte des Lichtes in euch sammeln und so können euch jene erreichen, die aus dem Licht herabgestiegen sind (Die Quelle 6/98).*

Es haben sich auch weltweite Gebetsgruppen gebildet, in die man sich einklinken kann. Die Gebetswelle läuft alle drei Stunden um den Planeten und in unserer Zeitzone heißt das 6 Uhr, 9 Uhr, usw. (Freunde des Liebe-Licht-Kreises, Gebetsthema: der Erde und allen Wesen in allen Sphären zu helfen).

Beten zur Zeitenwende:

Zwei Zitate, fast zweitausend Jahre auseinanderliegend, fordern zum Gebet auf.

Das erste stammt aus dem *Lukas*-Evangelium.
Es ist umstritten, ob *Jesus* selbst zu der damals allgemein erwarteten ‚Endzeit' –
Eschatologie war sehr modern – überhaupt Aussagen gemacht habe,
denn sie erfüllten sich ja nicht zur damaligen Zeitenwende.

Wenn wir sie aber auf unsere heutige Zeitenwende übertragen,
dann bringen sie in Kurzform eigentlich genau die Hinweise, die in diesem Praxis-Teil für unsere seelische Schwingungsfrequenz-Erhöhung
als Voraussetzung empfohlen werden.
Die *Lukas*-Stelle (21,34-36) heißt in *Luthers* deftiger Sprache
(Revision von 1984):

Hütet euch aber, daß eure Herzen nicht beschwert werden mit
Fressen *und* ***Saufen*** *und mit* ***täglichen Sorgen***
und dieser Tag nicht plötzlich über euch komme wie ein Fallstrick;
denn er wird über alle kommen, die auf der ganzen Erde wohnen.
So seid allezeit wach ***und betet, daß ihr stark werdet****,*
zu entfliehen diesem allen, was geschehen soll...

Das zweite Zitat stammt aus der ‚Neuen Zürcher Zeitung':

Der berühmte israelische Mediale *Uri Geller* war Hauptattraktion der PSI-Tage
1999 in Basel. In einem NZZ-Interview vom 28.11.1999 erklärte er u.a.,
...wir alle seien aus einem bestimmten Grund auf der Welt.

Auf die Frage, ob er seinen Grund kenne, antwortete er:
Nein, er setze sich einfach für seine Überzeugungen ein:
daß die Nuklearwaffen neutralisiert werden,
die Menschheit ihre spirituellen Fähigkeiten entwickeln und nutzen müsse,
und zwar ***durch Gebet, Meditation, positives Denken, Konzentration*** *–*
was immer das Richtige für den Einzelnen sei."

PRAXIS: innere Maßnahmen
Neugeistige Praktiken

Liste zur Selbst-Findung:

Im Berufsleben heißt es *Organisation ist alles*. Dies gilt auch für unseren ‚Weg nach innen', auf dem schrittweise immer eindeutigere Prioritäten gesetzt werden müssen. Legen Sie sich eine ehrliche Liste an. Die erste Reihe links in der Liste auf einem Querblatt heißt: *was ich liebe,* die Reihe daneben: *was ich wünsche,* dann: *was mich ängstigt,* dann: *was ich verändere* und zuletzt: *was ich erledige.*

‚*Was ich liebe*' kann recht pauschal sein wie: meine Familie, mein Garten, mein Ferienplatz, meine Gitarre etc.
Dagegen bedarf es bei ‚*was ich wünsche*' konkreter Aussagen: mehr Zeit zum Lesen, keinen Ärger mit dem Nachbarn, ein gelungenes Studium des Sohnes, einen anderen Arbeitsplatz, den Mut, zu wechseln, wenn der neue Job auf mich zukommt, etc.
‚*Was mich ängstigt*' muß sehr ehrlich sein und gut durchdacht, weil viele Situationen im Leben nicht auf Anhieb erkennen lassen, daß sie von einer meiner (heimlichen) Ängste verursacht werden.
‚*Was ich verändere*' (nachdem ich dieses Buch gelesen habe und alternative Zeitschriften den Rest meines bisherigen Weltbildes durchlöchern) muß realisierbar sein und nicht bloß Wunschdenken: Schluß mit dem Kaffee, monatlich eine fernsehfreie Woche, keine gesüßten Getränke mehr, die Tochter im Nachbarort öfter besuchen, etc. (Falls das mit dem Fernsehen tatsächlich in dieser Spalte stehen würde, ist der ‚Wunsch' nach mehr Zeit zum Lesen schon in Erfüllung gegangen.)
‚*Was ich erledige*' könnte in kurz-, mittel- und langfristig unterteilt sein: diese Woche..., diesen Monat... und dieses Jahr...

Und dann empfiehlt es sich, diese Liste anfangs wöchentlich zu überarbeiten (Papierbedarf steigt) und erste Erfolge zu registrieren.
Eigentlich heißt das Hauptthema **gezieltes Verändern** (Überschrift?). Doch dazu bedarf es eben eines Überblicks und einer Ordnung und konsequenter Entscheidungen, die am leichtesten fallen, wenn man Prioritäten gesetzt hat.

Bei diesen und ähnlichen Formulierungen müssen wir konsequent Verneinungen vermeiden, also unbedingt umformulieren. Auch die Möglichkeitsform, der Konjunktiv in Schrift und Sprache, sind unbewußte Einschränkungen. Nicht: ich möchte..., ich sollte..., ich würde..., sondern: ich mache, ich lasse, ich erledige, etc.

PRAXIS: innere Maßnahmen
Neugeistige Praktiken

Sich aufrichten:

Immer wieder versteht es der Alltag, uns mit immer neuen Herausforderungen (negativ-programmierte Mitmenschen nennen es *Probleme*) zu konfrontieren, deren Lösung lange Zeit zur Last werden kann. Last bedrückt, Erfolg richtet auf und läßt uns wieder lachen und kreativ sein.

Bewußt-Werden:
Wir müssen uns immer wieder sagen, daß wir nicht der *Körper* sind, sondern ein *ewiges Geistwesen*, daß wir etwas Göttliches (Höheres Selbst) in uns haben und wir schlichtweg Gotteskinder sind (somit keine unverhinderten Zufälle!).

Selbstbewußt-Werden:
Das innere Machtspiel zwischen Ego und Höherem Selbst muß sein, beide wollen unser Bestes, das Ego die äußere Herausstellung, das Höhere Selbst innere Stärke (Haben oder Sein). Doch wir müssen uns dabei entscheiden!

Kontaktsuche zum Höheren Selbst:
Unser bester Führer durch unser Leben ist das Höhere Selbst. Wir müssen es in unsere Überlegungen mit einbeziehen und uns bemühen, seine Intuitionen zu verstehen, die uns stets aufrichten wollen.

Danken statt bitten:
Wenn wir wieder einmal in einem psychischen Loch stecken, hilft zum Aufrichten folgendes: Im Gebet oder Meditation oder Auftragserteilung an die geistige Welt für all das danken, was wir schon haben und zusätzlich danken für das, was wir bekommen werden (da wir überzeugt sind, daß das Richtige zu uns kommt und die Resonanz dies für uns manifestieren wird).

Schuldgefühle ins Licht schicken:
Schuldgefühle ändern nichts an der Vergangenheit, sie nützen nichts und niemandem, sowenig wie Selbstmitleid (reine Ego-Sucht). Wir lernen nur aus Erfahrung und diese nehmen wir in Liebe an und machen uns weiter keine Sorgen.

Ängste brauchen uns nicht zu lähmen:
Ängste sind Programmierungen von außen, die schon der Embryo abbekommen kann. Es gibt heute verschiedene De-Programmierungs-Systeme, mit denen wir in unserem Bewußtseinsspeicher rumlöschen können. Wenn wir sie dem Licht oder unserem Höheren Selbst bewußt übergeben, wird transformiert statt gelöscht.

Positiv Denken!
Der Mensch hat den freien Willen, positiv oder negativ zu denken. Negative Emotionen schwächen das Immunsystem, kosten wertvolle Lebensenergie und vielleicht auch unser Geld.

PRAXIS: innere Maßnahmen
Neugeistige Praktiken

Erklärung der Begriffe:

Visualisierungen:
(lat.) *Verbildlichungen* oder auch Visualisation genannt, ist eine Psychotechnik, durch Konzentration vor dem inneren Auge klare, innere Bilder entstehen zu lassen. Anfänglich sind Visualisierungen durch konzentrierte Vorstellungen auch ohne ‚Bilder' wirksam.

Affirmationen:
Unser Unterbewußtsein, das auch Niederes Selbst genannt wird, hält alles fest, was es für wichtig erkennt, Positives wie Negatives, ohne zu werten und zu unterscheiden und dies schon ab dem embrionalen Zustand. Aus allen unseren Gedanken, Gefühlen, Erfahrungen, Freuden und Ängsten wird Emotionales wie auf einer EDV-Festplatte gespeichert und auf unterbewußtem Resonanz-Knopfdruck immer wieder abgespielt.
Affirmationen (lat. *bejahen, bekräftigen*) sind gesprochene oder geschriebene Sätze, die als Selbstsuggestionen auf diesen Unterbewußtseinsspeicher einwirken. Dadurch können unbewußte, alte oder negative Programmierungen neutralisiert und überlagert werden von neuen positiven Formulierungen. Als Subliminals werden Affirmationen auch unterschwellig in Musikstücke eingemischt – im positiven wie negativen Sinne.

Anrufungen:
Invokationen (lat. *vocare* nennen, rufen, anrufen) sind Gebete und Texte, mit denen man Gott oder andere geistige Wesenheiten anruft.
Durch Wiederholungen werden sie zu Mantras (Worte oder Formeln in schweigender Wiederholung) oder sogenannten Rosenkränzen, die es in verschiedenen religiösen Kulten gibt.

Voraussetzungen:
Für alle drei Psychotechniken benötigen wir Entspannung (Alpha-Zustand), um die spirituelle und feinstoffliche Resonanz verstärken zu können. Meditative Stille, entspannte Körperposition, Handflächen nach oben geöffnet, brennende Kerze, wer es liebt auch ein Umfeld mit entsprechender Musik und Düften, sind äußere Hilfestellungen.

PRAXIS: innere Maßnahmen
Visualisierungen

Spirituelle Reinigung:

In den geistigen Lehren gibt es zwei verschiedene Aussagen über die Vielzahl spirituellen oder göttlichen Lichtes: es existieren sieben farbige Strahlen, beziehungsweise zwölf. In beiden hat violettes und lila Licht den Auftrag der Reinigung – in der Grob- und auch in der Feinstofflichkeit. Für uns in der Polarität tritt es sowohl als *inneres*, als *spirituelles* (göttliches) und als *kosmisches* Licht auf. *Zadkiel* ist der Erzengel des 7. Strahles.

Violettes Feuer:
Dabei visualisiert man ein loderndes geistiges Feuer aus strahlendem Violett, das in der gewünschten Größe entstehen kann, die man sich zur ‚Reinigung' vorstellt: unsere Person einschließend, auch tief durchdringend, unsere meterweite Aura umlodernd, Raum für Raum wie auch das Auto reinigend oder gar als kosmischer ‚Radiergummi' eingesetzt (*Herbert Bergmann*). Unaufgefordert darf man es aber nie durch andere Menschen lodern lassen.

Violette Lichtdusche:
Während einer Wasserdusche oder ganz imaginär ‚braust' man sich unter visualisierten violetten Lichtfäden, die unser Inneres wie auch Organe reinigen. Mit violettem Licht ‚abbrausen' können wir auch Nahrungsmittel, Medikamente, Kleidungsstücke, etc.

Licht der Transformation:
Das violette Licht ist auch das Licht der Umwandlung. Ob durch lodernde Flammen oder strahlende Lichtfäden kann man seine disharmonischen Emotionen und Empfindungen transformieren, auch die Negativwirkung des Strichcodes (Barcode), etc. Dabei immer visualisieren, in welche (göttliche) Qualität transformiert werden soll (Liebe, Freude, Harmonie, Frieden, Vollkommenheit).

Licht des Neuen Zeitalters:
Der violette Strahl ist das Licht des Neuen Zeitalters, Esoteriker bekleiden sich sogar damit. Es kann der Schlüssel für die individuelle Freiheit und die der Menschheit sein. *Saint-Germain* gilt als Meister dieses verstärkten Lichtes. Ultraviolettes Licht ist ebenfalls ein Aspekt dieser reinigenden Kraft, aber schädlich für niedrigschwingende Materie.

PRAXIS: innere Maßnahmen
Visualisierungen

Spiritueller Licht-Schutz:

Wenn wir Licht visualisieren, ist es sekundär, woher es kommt: aus unserem göttlichen Inneren, aus den himmlischen Licht-Sphären oder aus dem weiten Kosmos. Das Licht reagiert sofort, wenn wir es visuell herdenken oder herbeirufen. Licht/Liebe ist die stärkste Kraft im Universum und alles, was nicht aus dieser Quelle kommt, fürchtet diese Frequenz und kann ihr höchstens zwei Minuten standhalten (*Ashtar Sheran*). Das Licht können wir zu unserem Schutz oder zur Heilung anrufen, und es könnte auch unser inneres Wissen aktivieren.

Die goldene Lichtkugel:

Wir visualisieren vor uns eine kleine Kugel aus goldenem Licht und lassen sie immer größer und größer werden. Sie schließt zuerst uns ein, dann den Raum und dann das ganze Haus – stets rund und somit auch weit unter das Haus gehend. Es ist ein transparentes, strahlendes goldenes Licht, so fein, daß alle hohen Schwingungen durchkommen und alle störenden negativen abgewiesen werden.

Frieden ist hellblau:

Wollen wir den Schutz noch verstärken, dann können wir visuell noch einige Engel oder gar Erzengel an Türen und große Fester postieren. Sie wirken wie Waschanlagen für alle, die hereinkommen (sagt *Eva-Katharina Hoffmann*). Aura-Sichtige und viele Kinder können dieses herrliche Hellblau sehen.

Aura-Schutz durch weißes Licht:

Wir visualisieren (schon morgens) einen Lichtschutzmantel um uns, eiförmig und mit etwa eineinhalb Metern Durchmesser. Diese weiße Lichtblase umhüllt und schützt uns vollkommen, solange wir sie nicht durch unsere Emotionen von innen löchern (in Gedanken können wir sie immer wieder erneuern). Es kann genauso gut ein Licht-Zylinder sein, eine Kristall-Pyramide aus Licht oder der Lichtkegel eines starken Bühnenstrahlers (alles stets von oben). Mal fällt einem die eine, mal die andere Form leichter zu visualisieren. Dabei sollten wir uns diese Formen selbst als mächtige, magische und elektronische Umhüllungen aus Lichtsubstanz vorstellen.

PRAXIS: innere Maßnahmen
Visualisierungen

Visualisiertes Licht atmen:

Spirituelles Licht läßt sich durch uns visuell um die ganze Erde schicken. Die Lichtflut aus den geistigen Sphären und aus den kosmischen nimmt von Jahr zu Jahr quantitativ und frequentiv zu und wird durch das Kristallgitternetz untereinander verbunden. Es ist der große Auftrag für uns Lichtkinder und Lichtstrebende, dieses Licht in uns aufzunehmen und auf unserem Planeten zu verankern.

Der Weg durch die Chakras:

(LeserInnen, die die Chakras noch nicht kennen, bitte Seite 407 betrachten)
Wir atmen visualisiertes Licht ein durch das Kronen-Chakra, den Lichtwirbel über unserem Scheitel. Zentimeter für Zentimeter wird unser Kopf von Licht erfüllt. Beim Ausatmen fließt das Licht die Wirbelsäule hinunter. Wir können uns dabei auf jedes Chakra konzentrieren und spüren, wie das Licht aus jedem Chakra strahlt. Auf diese Weise holen wir das Licht in unsere Aura und manifestieren es in unserem feinstofflichen Außen (*David M. Kolassa* aus Mensch&Sein 2/99).

Der Weg in unsere Mitte:

Wir atmen visualisiertes Licht ein durch unsere Lungen und stellen uns gedanklich einen wunderschönen, leuchtenden Licht-Tempel vor aus strahlenden Lichtkristallen. In der Mitte brennt das goldene Licht aus dem Herzen der Ewigkeit, aus dem Herzen Gottes. (*Es ist das Licht unseres Herzens, der Heilige Geist unseres Seins, der Christus Gottes, die Kraft Gottes aus dem ewigen Christus... Es ist die Kraft der Erlösung, die Kraft, die auch Jesus Christus in seinem Leben aktiviert hat, die ihn mit dem Vater verbunden hat und diese Kraft, die über die ganze Erde strahlte.*) Und so ist seine Erlöserkraft auch in uns eingegangen.
Und diese Kraft spüren wir. Wir treten ein, knien uns innerlich nieder vor dem heiligen Gotteslicht, dem Heiligen Geist in der Tiefe unseres Herzens und verweilen und fühlen uns wohl. (Bedenken wir, dieses innere Gotteslicht kann nur aufbrechen, wenn wir in die bedingungslose Liebe hineingehen, wenn wir unser Herz, unsere Seele Gott zurückgeben, wenn wir diese äußere Welt als Wandelwelt, als Scheinwelt, als vergängliche Welt erkennen und bereit sind, in unsere ewige Heimat zurückzukehren, zu Gott.) (*Hilarion* aus ‚Die Quelle')

PRAXIS: innere Maßnahmen
Affirmationen

Licht-Affirmationen:

Affirmationen sind Umprogrammierungen unseres Unbewußten und spirituelle Überlagerungen, manche sehen darin auch Umwandlungen, von meist unbewußten Abspeicherungen, die uns einschränken können. Keine andere geistige Kraft wie die Licht/Liebe-Affirmation kann die Umprogrammierung besser einbrennen.

Ich lebe im Licht

Ich bin Licht, glühendes Licht, strahlendes Licht, verstärktes Licht.
Gott verzehrt meine Dunkelheit und verwandelt sie in Licht.
An diesem Tag bin ich ein Fokus der zentralen Sonne.
Durch mich fließt ein kristallener Fluß, eine lebendige Quelle von Licht,
die niemals beschränkt werden kann von menschlichem Denken und Fühlen.
Ich bin ein Außenposten des Göttlichen.
Solche Dunkelheit wie die, die mich benutzt hat,
wird verschlungen von dem mächtigen Fluß des Lichtes, das Ich Bin.

Ich Bin, Ich Bin, Ich Bin Licht. Ich lebe, ich lebe, ich lebe im Licht.
Ich bin des Lichtes vollste Dimension, Ich bin des Lichtes vollste Absicht.
Ich bin Licht, Licht, Licht, die Welt überflutend, wo immer ich mich bewege,
segnend, stärkend und vermittelnd das Ziel des Himmelreiches.
(*Hilarion*)

Ich bin ein Sonnenwesen

Ich bin Licht – Ich bin Licht – Ich bin Licht!
Ich bin göttliches Licht!
Ich bin erschaffen aus göttlichem Licht!
Ich bin erhalten von göttlichem Licht!
Ich bin geschützt von göttlichem Licht!
Ich bin umgeben von göttlichem Licht!
Ich bin eins mit dem göttlichen Licht!
Ich liebe das Licht und ich danke dem Licht!
Ich bin ein Sonnenwesen,
auf einem Sonnenplaneten,
Sonnentage lebend in einem Sonnen-Leben.
(*Brigitte Müller*)

PRAXIS: innere Maßnahmen
Anrufungen

Anrufung der Energie der Gnade:

Elohim haben für unsere Zeitenwende auch eine neue *Energie der Gnade* auf unserem Planeten etabliert, die ihn vollständig umhüllt und somit immer und überall abrufbar sei. Es war bisher die Energie des Silbernen Strahls, des Strahls der Harmonie und des Verschmelzens. Es ist allerdings ein kosmisch-geistiges Gesetz, daß selbst höchste Wesenheiten uns in der Grobstofflichkeit nur beistehen und helfen dürfen, wenn wir sie auch darum bitten. Dies kann im Gebet, durch eine Anrufung oder visuell durch unsere Vorstellungsgabe geschehen. (*Bittet, so wird euch gegeben!*)

Es heißt, was immer wir unternehmen, um die Schwingungsfrequenz unseres Bewußtseins zu erhöhen, werde viel leichter vonstatten gehen, wenn wir die *Energie der Gnade* anrufen. Sie sei das reinste Erste-Hilfe-Programm für unseren Entwicklungsweg und wir können diese Energie auch mit spontanen eigenen Worten anrufen.

Ich rufe die Energie der Gnade!
Mein Weg wird frei durch diese Gnade.
Er wird frei von Ängsten vor Veränderungen
und frei von überholten Bindungen.

Ich rufe die Energie der Gnade!
Mein Weg der Spiritualität wird geführt.
Auf ihm finde ich viel mehr, als ich je geahnt habe
und Gnade läßt meinen kleinen Geist erwachsen.

Ich rufe die Energie der Gnade!
Meine Göttlichkeit wird frei.
Meine Visionen kommen in Einklang mit dem Geist
und finden ihren Sinn in der Erfüllung von Vollkommenheit.

Ich rufe die Elohim der Gnade!
Danke! Danke! Danke!

PRAXIS: innere Maßnahmen
Anrufungen

Anrufung der Einheit:

Die Wesenheit *Serapis* erklärte uns das Christus-Verständnis anhand eines neuen Modelles in der Form, daß aus der höchst-schwingenden *Ebene der Einheit* (Christus-Ebene) es quasi ein energetisches Einheits-Band gebe, in das wir uns resonanzmäßig einklinken könnten – durch Visualisierung genauso wie durch eine Anrufung. Dieses veränderte Verständnismodell ist für uns Verstandesmenschen gedacht, die nicht nahezu ‚anonym' in irgend einer Gebetsform Christus anflehen, sondern selbst und bewußt die Einheit suchen. Dies wäre ein veränderter neuer Weg für ein erwachtes Christentum. Der untere wunderschöne Anrufungstext ist eine Anregung und kann natürlich auch selbst gestaltet werden.

Ich bin ein Christus-Wesen;
Ich bin eins mit dem GEIST.
Ich bin ein Christus-Wesen;
Ich bin eins mit Allem-was-ist.
Das Licht meines eigenen Wesens leuchtet auf meinem Weg.

Ich bin ein Christus-Wesen;
Ich bin eins mit Allem-was-sein-wird.
Ich trage das leuchtende Licht der Quelle in meinem Herzen.

Ich gehe in Einheit mit dem Geist.
Ich lache in Einheit mit dem Geist.
Ich liebe in Einheit mit meinen Mitgeschöpfen.

Ich bin Christus-Geist
und ich bin eine Brücke zwischen Himmel und Erde.

Aus ‚Handbuch für den Aufstieg'[121]

Schlußwort

Es spricht sehr viel dafür, daß 2012 das Schlüsseljahr für die menschliche Evolution werden wird.

Es spricht sehr viel dafür, daß das ‚Reich-Gottes-in-uns' (eine bestimmte hohe seelische Schwingungsfrequenz) bereits heute bei sehr vielen Erdengeschwistern eingetreten ist und bei sehr vielen mehr noch vor 2012 eintreten wird.

Es spricht sehr viel dafür, daß bis 2012 ein sehr großer Teil der Menschheit soweit bewußtseins-entwickelt sein wird, daß sie den kosmischen Evolutionssprung des Planeten Erde miterleben kann.

Es spricht sehr viel dafür, daß am diesmaligen ‚*point of return*' ein Teil der vorausgesagten (und vermutlich wohlverdienten) Kataklysmen gemildert werden oder ganz ausbleiben.

Es spricht sehr viel dafür, daß die Magnetfeldumkehrung (viele nennen es Polsprung) diesmal so weich ausfällt, daß ein Großteil der Menschheit die Chance bekommt, noch in ‚letzter Sekunde' die eigene Apokalypse (die Revolution der Seele in der Materie) zu meistern.

Es spricht sehr viel dafür, daß durch das Eingreifen außerirdischer Raumflotten auch ‚Nachzügler', die die neuen Schwingungsfrequenzen nicht überleben würden, außerhalb der Grobstofflichkeit saniert und umgeschult werden, um dann danach im ‚Reich-Gottes-auf-Erden' mitwirken zu können.

Es spricht sehr viel dafür, daß die Milliarden überlebender Erdengeschwister in der neuen Dimension mit ihrer befreiten Schöpferkraft das seit Jahrtausenden angekündigte ‚Reich-Gottes-auf-Erden' erschaffen werden.

Es spricht sehr viel dafür, daß *wir* selbstbewußt und verantwortungsvoll die Voraussetzungen erfüllen werden, daß dieser göttlich-kosmische Plan zur *endgültigen Erlösung der Menschheit aus der Materie* gelingen wird.
Und es spricht alles dafür, daß jeder von uns Lichtstrebenden von seiner ‚Göttlichkeit-in-sich' die richtige Führung erhält, um selbst-bewußt und aktiv dabeizusein.

Viel Erfolg!

Euer Johannes

Glossarium

Akasha-Chronik: Die Betonung der Aussprache liegt auf dem ersten A und das Sanskritwort bedeutet ‚Buch des Lebens'. Andere sprechen von Weltenchronik, Gedächtnis des Logos, Kosmisches Geistfeld oder Datenbank oder Äther-Feld und die Akasha ist die feinste, subtilste und alles durchdringende Ätherform eines Planeten oder Sonnensystems. In diesem Energiefeld prägen sich (jahrtausendelang) die Energien aller Geschehnisse wie auch menschlicher Taten, Emotionen und Gedanken ein und sind von medialen Erdengeschwistern abruf- und einsehbar.

Aura (lat.): So heißt die Ausstrahlung unseres Seelenkörpers, die uns ei-förmig oder oval umgibt – teilweise meterweit. Medial veranlagte Menschen können sie sehen oder fühlen, auch die verschiedenen Farben der Aura, aus denen man entwicklungsmäßige, stimmungsmäßige und gesundheitliche Schlüsse ziehen kann. Inzwischen ist dies auch technisch möglich mit der Aura-Fotografie (ähnlich der Kirlian-Fotografie). Je seelischentwickelter ein Mensch ist, desto umfangreicher und schöner ist seine Aura. Überall in der Welt und historisch weit zurück finden wir Abbildungen davon: symbolisch im christlichen Kontext als Nimbus, Aureole oder Heiligenschein dargestellt. Im Bereich der Biophotonen geht man neue Wege des Nachweises, denn aurische Strahlung findet man bei jeder Form des Lebens. Eine (etwas dürftige) Beschreibung in den Evangelien: *...und als er betete, wurde das Aussehen seines Angesichts anders, und sein Gewand wurde weiß und glänzte (Luk.9,29).*

Avatar (Sanskrit *Heilsbringer, Erlöser*): in unserer Sprache *Heiland*. Avatare sind ‚Vollendete' aus der göttlichen Einheit, die sich freiwillig verkörpern, um als Übermittler ‚reinen Bewußtseins' oder als Verkünder der Selbst-Erlösung der Menschheitsentwicklung beizustehen.

Chakra (Sanskrit *Rad*): Bezeichnung für die feinstofflichen Energiewirbel, die (rechtsdrehend) die einzelnen Energiekörper (materiell-seelisch-geistig-spirituell) miteinander verbinden und mit kosmischer Energie versorgen. Es gibt sieben Hauptchakren (auch Chakras genannt), deren Bezeichnungen auf Seite 405 dargestellt sind.

Dualität (Zweiheit, Doppelheit) oder Dualismus (Gegensätzlichkeit) sind die Erscheinungsformen sämtlicher geistigen, psychischen, metaphysischen und spirituellen Kräfte in unserer Grobstofflichkeit (z.B. das Entweder-Oder-Denken, das durch ‚Liebe' harmonisiert wird). Die vor uns liegenden Jahre benötigen aber auch hierbei ein neues Verständnis der Dualität: es ist die wichtige Dualität des Innen und Außen (z.B. innerer und äußerer Frieden, usw.). Erst was wir Erdengeschwister **in uns** bearbeiten und erledigen, kann dann außen in der Welt in Erscheinung treten. Eine neu verstandene Dualität ist ein hilfreiches Instrument für den Aufstieg der Menschheit.

Dualseelen: Es mag sein, daß es früher in die verschiedenen Glaubensbilder paßte, daß sich eine inkarnationswillige Seele irgendwann geschlechtlich geteilt habe und sich nun äonenlang suchen müsse. Heute ist dies als eine esoterische Illusion erkannt (wie einst *Adam* und *Eva*). Man sieht darin einen ‚Ablenkungsweg', um die Selbstfindung des Menschen zu verhindern, denn wie in diesem Buch immer wieder dargelegt wird, sind wir ‚im Ansatz' vollkommen und haben dies weiterzuentwickeln.

Eschatologie (griech. *letzte Dinge*): Die Lehre von den letzten Dingen, die zu verschiedenen Glaubensvorstellungen wurden. Im Sinne dieses Buches treffen wir im Geschichtsverständnis Indiens auf *zyklisch* wiederkehrende Weltuntergänge, wogegen wir im *linearen* Geschichtsverständnis auf die Einmaligkeit des Weltendes (Teleologie) ausgerichtet sind. Diese ist daher mit der Auferstehung der Toten und mit einem Weltgericht verbunden. Danach folgt eine neue Schöpfung einer neuen, besseren Welt, Friedensreich genannt. Diese Eschatologie ist bereits bei *Zarathustra* ausgebildet worden und über das Judentum in das Christentum und den Islam eingeflossen. Die damit verbundene falsche Messias-Erwartung wurde aus dem Judentum (nationaler Befreier) ins Christentum (religiöser Erlöser) übernommen. In einigen Glaubensgemeinschaften ist diese Eschatologie heute noch eine zentrale Erwartung:

Essäer (aramäisch *die Reinen*, auch Essener genannt und Esseeener gesprochen): Ein jüdischer Orden mit hohen und strengen Einweihungsregeln ohne Geldbesitz, lebten ehelos in Gütergemeinschaften und befolgten genaue Reinheits- und veganischen Speisevorschriften. Das schlimmste Vergehen war die Lüge. *Zarathustrische* Licht- und Engel-Lehren werden als Grundlage des praktizierten Mystizismus vermutet.
Es gibt eine Theorie (*Drunvalo Melchizedek*), daß die Gründer des Ordens die Nachkommen der ägyptischen Tat-Bruderschaft waren, die sich aus den Einweihungslehren des *Ankh-en-Aton* (*Echnaton*) bildeten und zur Unsterblichkeit des Menschen führte (Lehre: ‚*Gott wohnt in jedem Menschen*' und ‚*eigentlich müßte man nur die richtige Atemtechnik beherrschen, um glücklich und zufrieden zu sein*'). Die meisten dieser Unsterblichen waren Frauen, die nach Masada zogen und die Bruderschaft der Essener gründeten. *Mutter Maria* war eine dieser Unsterblichen.
Die Forschungen des französischen Orientologen *Szekeley* wurden jahrzehntelang von immer neuen Qumran-Theorien verdrängt, wobei es überwiegend darum ging, *Jesus* als einen der Schüler dieses Ordens zu ‚vermenschlichen' und zu einem jüdischen Messias zu machen. Über die seit 1947 gefundenen Rollen (meist aus Leder, in aramäisch und hebräisch, vielfach vollständig erhalten, aber auch oft nur in Fetzen) weiß man inzwischen, daß es sich bei einem Großteil der Rollen um versteckte Auslagerungen der Jerusalemer Bibliotheken handelt. Die Texte lassen sich rund 500 Schreibern zuordnen, ohne Schreibschulen (Judaiker *Karl H. Rengstorf*). Teilweise wird generell bezweifelt, daß Qumran etwas mit den Essenern zu tun habe oder nur zeitweise mitbewohnt wurde. Für letzteres spricht die Art der Bestattung der Leichname in Nord-Süd-Richtung, wobei die Schädel so gedreht waren, daß sie in Richtung des Sonnenaufgangs zur Wintersonnenwende blickten. Gegen eine lange Anwesenheit der Essener in Qumran sprechen die Funde von abgenagten und angebrannten Tierknochen, die in 50 bis 60 ‚Depots' vergraben waren. Israel verbietet weitere Forschungsgrabungen seit 1960.

Hologramm: Hier stoßen wir wieder auf zwei Verständnismodelle. Die herrschende Meinung sieht darin ein dreidimensionales ‚Bild' (räumliches Interferenzbild) auf verschiedenen Trägermöglichkeiten, das durch eine überlagerte Lasertechnik holografisch entsteht.
In dem im Text erwähnten Fall handelt es sich um Hologramme, die dreidimensional in unsere sichtbare Welt projiziert werden und uns als ‚real' erscheinen. Urheber seien die uns technisch überlegenen Raumgeschwister, welche dadurch ihren ‚Botschaften' ein irdisches Umfeld geben, das uns dadurch nicht erschrecken soll.

Karma (Sanskrit *die Handlung*): Im Hinduismus als der Kerngedanke der Wiedergeburt, wird es in der heutigen Esoterik als ‚unverarbeitete' Handlungen, Emotionen und Gedanken angesehen, die dem Menschen immer wieder als Lektionen präsentiert werden, notfalls auch im darauffolgenden Leben. Im erweiterten Verständnis heißt es auch, was die Seele noch nicht verwirklicht habe und was noch in ihr gefangen gehalten werde, sei das, was uns immer wieder im eigenen Lebensweg binde.
Es gibt noch eine Wortdeutung aus dem Sumerischen: KAR-MA(D). *Kar* heißt *dunkel, schwarz, schade, bedauern* und komme aus der Erinnerung an die letzte Eiszeit und *ma* bedeute *Ort-in-uns, Bet-Ort, Tag-des-Bittens* und zeigt damit das ursprüngliche Verhältnis dazu, Karma anzunehmen oder abzulehnen – früher durch Bitten und Beten, heute durch Erkenntnis und Wissen über die geistigen Gesetzmäßigkeiten.

Luzifer (lat. *Luciferus* ‚Lichtbringer'): Es war der Beiname des Morgensterns Venus, welcher sich an die griechische Morgenstern-Bezeichnung *Phosphoros,* auch *Heosphoros* anlehnt. Dahinter stehen die uralten Vorstellungen eines ‚gefallenen Engels': 1. Bei *Jesaja 14,12 „Ach, du bist vom Himmel gefallen, du strahlender Stern der Morgenröte. Zu Boden bist du geschmettert, du Bezwinger der Völker".* 2. In der griechischen Mythologie ist es die Tragödie von *Helios,* dem Sonnenlenker mit seinem Sohn *Phäethon,* der einmal den Sonnenwagen selbst lenken wollte, den Vater überredete, der Aufgabe nicht gewachsen war, aus der Bahn geriet und vom Himmel stürzte. 3. hat dies wohl der griechische Arzt *Lukas* mit in sein Evangelium (10,18) genommen und geschrieben: *Ich sah den Satan wie einen Blitz vom Himmel fallen.* 4. Aufgrund verschiedener Botschaften unserer Raumgeschwister dürfte dahinter die Erinnerung an die Selbstzerstörung des Planeten Phäeton/Mallona stehen, von dem hochentwickelte und im damaligen Sinn ‚aufgeklärte' Menschen über eine High-Tech-Zivilisation auf dem Mars schließlich auf die Erde übersiedelten (und prompt als Götter oder Engel verehrt wurden).
Die Verquickung des gefallenen Engels *Luciferus* mit *Satan* hat die Christenheit ihren frühen Kirchenlehrern wie *Origines* (185-254) und vor allem *Augustinus* (354-430) zu verdanken. Das althebräische Wort *Satan* bedeutet *‚nachstellen, verfolgen'* im Sinne eines Staatsanwaltes. Daraus wurde später ein Ankläger beim himmlischen Gericht und im Buch *Ijob* zählte er schließlich zu den Gottessöhnen, d.h. zum Hofstaat Gottes (*Satanu-El*). Interessant ist dazu auch die Aussage des *Johannes von Patmos,* der in seiner Offenbarung (10,10) über Satan schrieb: *„...denn der Verkläger unserer Brüder ist verworfen, der sie verklagte Tag und Nacht vor unserem Gott.* Könnte es sein, daß von alters her zurecht erkannt worden ist, daß um jede einzelne ‚Seele' gerungen wird, wenn

sie einmal einen materialistisch-gottlosen Tiefststand errungen hat?
Aus dem Widersacher des Menschen machten die Evangelisten (teilweise) den Gegenspieler Gottes und die Verquickung von *Luzifer, Satan* und *Teufel* (vom griech. *diabállein* ‚durcheinanderwerfen, verfeinden, verleumden') ist allein ein Produkt christlicher Autoren (*Thomas Schweer*). Die vierte Verquickung des ‚Bösen' finden wir unter dem Begriff *Dämon*. Erstaunlicherweise haben wir im griechischen Wort *daímon* die Bedeutung ‚*göttliche Macht, Gott, Geschick*' und im lateinischen *daemon* völlig verändert ‚*böser <u>Geist</u>*'. Wenn man dazu die alte kirchliche Auslegung ‚Mittelwesen zwischen Gott und Mensch' heranzieht, kommen wir zu einer Wesenheit aus der Astralwelt und dort finden wir auch all die Form-Angenommenen menschlicher niederer Emotionen und Boshaftigkeiten. Eine fünfte Verquickung mit Dämonisch-Mystischem finden wir in der Gestalt des *Antichristen*. In keinem Evangelium erwähnt, erscheint er im NT aber als Anstelle-Christus oder Widerchrist (Gegenspieler) oder Weltherrscher. Die unklaren biblischen Aussagen lassen immer wieder Zeitgeistauslegungen zu: in Rom war es der Kaiserkult (*Nero*!), im Mittelalter wurde er zum Verführer vor allem innerhalb der Kirche selbst. Die franziskanischen Spiritualen und verschiedene Sekten sahen im Papsttum den Antichristen, eine Vorstellung, die auch *Luther* 1520 öffentlich aufnahm. Später sahen einzelne Pietisten und elitäre Glaubensgemeinschaften auch in dem veräußerlichten protestantischen Kirchentum ‚Babel' oder den Antichristen.
Zurück zu *Luzifer*: verschiedene Verständnismodelle aus der geistigen Welt erklären uns *Luzifer* als einen der bemerkenswertesten Engel, die Gott je geschaffen haben soll und der in unserem Sonnensystem die energetische ‚Rolle' übernommen hat, Dualität zu erzeugen, damit das ‚Spiel des freien Willens' zugelassen werden konnte zu neuen Schöpfungs-Varianten. Ähnliche Erklärungen enden meist mit der Aufforderung, *Luzifer* nicht zu verdammen, sondern für ihn zu beten.

Magnetgitter (planetares Magnetgitter): Die Angaben dazu sind oft schwer zu trennen von Beschreibungen über das Erdmagnetfeld. Teil des letzteren waren auch die feinstofflichen Ebenen, die als Träger der morphogenetischen Felder und vermutlich auch der Akasha-Chronik dienen. Doch seit Jahrzehnten ist die Entwicklung gegenläufig, das Erdmagnetfeld schwächt sich allmählich ab und die spirituellen Energiefelder entwickeln sich immer stärker. Daher der Aufbau eines entsprechend höherschwingenden und licht-orientierten Feldes, das u.a. Kristallgitter genannt wird.

Materialisierung, materialisieren (lat. *Einkleiden in Materie*)**:** Materialisieren wird im geisteswissenschaftlichen Verständnis als Transformation von Feinstofflichem in der Grobstofflichkeit angesehen. Dies ist möglich auf der Ebene unserer schöpferischen Gedankenkräfte und ist es auch, wenn Göttliches, Spirituelles oder Geistiges in unsere Materie verdichtet oder ‚materialisiert' wird. Bei entsprechend veranlagten Medien spricht man von paranormalen Phänomenen. In den vielen neuen Sachbüchern über die Engelwelt werden laufend über Materialisierungen derselben berichtet, ebenso aber auch von solcher Praxis durch unsere Raumgeschwister. Erschwerend kommen dazu noch die satanischen Ausgeburten, die sich unter uns tummeln und bemüht sind, Führungspositionen auszufüllen[173] – im Sinne des 2. Korintherbriefes (11,14-15): *Und kein*

Wunder, denn der Satan selbst nimmt die Gestalt eines Engels des Lichts an; es ist daher nichts Großes, wenn auch seine Diener die Gestalt von Dienern der Gerechtigkeit annehmen...
Trennungen zwischen diesen Erscheinungsformen sind sehr schwer.

Maya-Kalender: Bekannt in der heutigen aktuellen Sichtweise wurde das Thema der Mayas erst durch den mexikanischen Forscher *José Argüelles* (sprich *Argu-eljes*), der den Maya-Code entziffert hat. Der genaueste Kalender der Menschheit besteht aus insgesamt zwanzig Kalendern, die verschiedene natürliche, planetare, solare und galaktische Zyklen verzeichnen. Über die wirkliche Bedeutung einiger dieser Kalender ist bis heute noch kaum etwas bekannt. Innerhalb dieses Kalendersystems ist der ‚Tzolkin‘, der sogenannte ‚Heilige Kalender‘ der Mayas, der wichtigste, da er die Grundlage für die meisten anderen Kalender bildet (*Omron* aus der Zeitschrift ‚Erlaanis‘).
Literatur und Infos dazu bei *Johann Kössner*, A-3860 Heidenreichstein, Waidhofener Str. 1 und *Martin Stübin*, D-92436 Bruck, Finkenweg 1
(oder *Kössner* www.maya.at oder *Argüelles* www.earthascending.com)

Mer-Ka-Ba-Mystik: Das hebräische Wort *Merkabah* wird als ‚Thron Gottes‘ übersetzt. Der *Erzengel Ariel* erklärt: ‚*Die Merkabah ist eine kristalline Lichtstruktur, mit der du in deiner Gesamtheit durch Raum, Zeit und Dimensionen reisen kannst. Sie besitzt ein eigenes Bewußtsein*‘. *Ananda* erklärt (in ‚Elraanis‘ 3/99), daß die Merkabah von *Mose* aus Ägypten abgeleitet wurde, wo zuvor das *Atum-Vehikel* tief im Altertum der Geschichte verankert war. Eine Parallele zur Merkabah im Osten ist das Boddhisattva Vehikel und das Chakra Vajra Merusheba des Tibetischen Buddhismus. Nach *Drunvalo* gibt es eine innere mystische Merkabah (und eine äußere luziferische[48]). Sie sei ein elektromagnetisches Feld, das aus rotierenden Sterntetraedern entsteht und sei quasi das Grundmuster der Schöpfung und ein Energiefeld um jeden Körper. Die innere Merkabah zu aktivieren, bedarf es intensiver Atemtechnik-Seminare (*Ananda, Thorsten Simon*).

Quellennachweis

1. Buch ‚Der Lichtkörper-Prozeß - 12 Stufen vom dichten zum lichten Körper' von *Tashira Tachi-ren,* Hans-Nietsch-Verlag, Freiburg 1998
2. Buch ‚Das verheimlichte Wissen - Tempelgeheimnisse, verschollene Evangelien und das unbekannte Leben Jesu' von *Peter Andreas / Rose Lloyd Davis,* Ansanta-Verlag, Interlaken 1993
3. *Kanonisch* bezeichnet man die in der Lehre der christlichen Amtskirchen anerkannten Schriften, darunter die vier Evangelien, *apokryph* (griech. *verborgen*) nennt man diejenige Gattung religiöser Literatur, die nicht in einen Kanon der ‚heiligen Schriften' aufgenommen worden ist, obwohl diese einen Anspruch auf Echtheit erhebt. Es gibt Apokryphen des AT und des NT (*Bellinger*).
4. Buch ‚Evangelium Thomae - die geheimen Herrenworte des Thomas-Evangeliums' von *K.O.Schmidt,* Drei Eichen Verlag, 1977
   Buch ‚Das Thomasevangelium' von *Christoph Greiner*, Genius Verlag, Aach 1998
5. Buch ‚JESUS 2000 - das Friedensreich naht' von *Hannes Holey,* Ama Deus Verlag, Fichtenau 1998
6. Buch ‚Erscheinungen und Botschaften der Gottesmutter Maria - Vollständige Dokumentation durch zwei Jahrtausende' von *Gottfried Hierzenberger und Otto Nedomansky,* Weltbild Verlag, Augsburg 1998
7. Buch ‚Mission Hubble - Das neue Bild des Universums' von *Simon Goodwin*, Weltbild Verlag , Augsburg 1996
8. Buch ‚PSI und der dritte Weltkrieg' von *Adalbert Schönhammer,* Rohm Verlag, Bietigheim 1978
9. Broschüre ‚Der Lichtkörper - Ein Überblick über den globalen Transmutations-Prozeß' von *Reintjen Anselmi,* Casa Assunta Enterprise 1997 ISBN 3-9521290-0-3
10. Buch ‚Marias Botschaft an die Welt' durch *Annie Kirkwood,* ch.falk-verlag, Seeon 1992
11. Buch ‚Dein Wille geschehe jetzt! Die Menschheit vor der globalen Transformation' von *Susanne Osswald* und *Karl Schnelting*, Govinda-Verlag, Neuhausen 1998
12. Buch ‚Götter gaben uns die Gene - Die außerirdischen Ursprünge der Menschheit' von *Prof. Arthur David Horn,* Silberschnur-Verlag, Horhausen 1997
13. Buch ‚Unternehmen Aldebaran - Kontakte mit Menschen aus einem anderen Sonnensystem' von *Jan van Helsing*, Neuauflage Ama Deus Verlag, Fichtenau
14. Buch ‚Die Innere Welt - Das Geheimnis der Schwarzen Sonne' von *Jan Udo Holey,* Ama Deus Verlag, Fichtenau 1998
15. Broschüre ‚Durch Entsäuerung zu seelischer und körperlicher Gesundheit' von *Beck-Oetinger,* mit Informationsaktualisierungen im Buchdienst *Oetinger,* 74613 Öhringen, Ruckhardtshauer Str. 7
16. Buch ‚Die Sternenloge' von *Karin Feistle*, Ama Deus Verlag, Fichtenau 1998
17. Buch ‚Dem Licht entgegen! Eine Botschaft an die Menschheit aus der übersinnlichen Welt' von *Michael Agerskov*, Verlag Vanderer mod Lysets, Kopenhagen 1981
18. ebenda Seite 141
19. Buch ‚Ende der Endzeit - Anleitung zur Göttlichkeit' von *Udo Brückmann,* Ama

Deus Verlag, Fichtenau 1998
20 Buch ‚Wege ins Unerforschte – Die äußere und innere Reise eines Apollo-Astronauten' von *Edgar Mitchell*, Verlag Alf Lüchow 1997
21 Zur ‚Weißen Bruderschaft' heißt es in der Zeiten*Schrift* 24/99: *Sie kamen und kommen, um die dafür empfänglichen Menschen zu unterrichten in den wahren Gesetzen des Kosmos. Die ‚Große Weiße Bruderschaft' oder ‚Große Weiße Loge' bildet sich aus all jenen Lebensströmen, welche den Grad der Meisterschaft erlangt haben, vom Rad der Verkörperung daher befreit sind – sich jedoch aus Mitgefühl zum Leiden der Menschheit freiwillig verpflichtet haben, dieser Menschheit solange beizustehen und zu dienen, bis auch die letzte Seele auf Erden ihren siegreichen Aufstieg ins Licht vollbracht hat. Sie verzichten, um in den Worten des Ostens zu sprechen, auf die Freuden von ‚Nirwana', um den Menschen der Erde aus ihrem Dschungel der Irrungen auf den Weg der Erleuchtung zu verhelfen – so diese willens sind, die innere Führung anzunehmen. Kein leichte Aufgabe, bedenkt man, welch große Menschenmassen sich entweder völlig in den Fängen des Materialismus verstrickt haben oder noch immer in einem kindlichen Glauben befangen sind, der sie jeder Verantwortung entbindet und der aus bloßem blinden Gehorsam zu bestehen scheint.*
Als Buchtip: ‚Die Weiße Bruderschaft – El Morya: Was ihr sät, das erntet ihr!' von *Claire Avalon*, Smaragd-Verlag 1998
22 Buch ‚Mutter Meera', Verlag Adilakshmi, Dornburg 1994
23 Buch ‚Außerkörperliche Erfahrungen' von *Karin Schnittgen*
24 Buch ‚Engel. Eine bedrohte Art' von *Malcom Godwin* bei Zweitausendeins in Frankfurt a.M. und
Buch ‚Engel – Liebe ist der Weg' von *Constanze Heynold*, Windpferd-Verlag 1998
25 Astronomierat *Rainer Jährlich* am ARI Astronomisches Rechen-Institut Heidelberg (Südwestpresse vom 30.12.1998)
26 aus der Buchbeschreibung ‚Die Lehren der Essener' in raum&zeit 78/95 S.82
27 Zitat aus einem Beitrag von *Joachim Berger* in der Zweimonatszeitschrift ‚natürlich vegetarisch' 6/98 Seite 257
28 Buch ‚Karten der Kraft' von *J.Sams* und *D.Carson* im Windpferd-Verlag, Aitrang 1998
29 Buch ‚Ahastar – Botschaften vom Rande der Galaxie' von *N.Marna* und *W. Paarmann*, Verlag Peter Erd, München 1997
30 ebenda Seite 245
31 aus ‚Der Spiegel' 51/1993 Seite 61
32 aus der Zweimonatszeitschrift ‚Visionen' 6/98 (Verlag Sandila GmbH, Sägestr. 37, 79737 Herrischried)
33 Buch ‚Die Schleier lichten sich – Ende der Illusionswelten' von *Johann Kössner* im Eigenverlag, Waidhoferenstr. 1, A-3860 Heidenreichstein, 1998
34 aus Buch 29 Seite 201
35 aus Buch 12 Seite 466
36 ebenda Seite 467
37 Buch ‚The Sirius Mystery' von *Robert Temple*, 1976, nur in englisch, angeblich überarbeitet bei Century neu erschienen.

38 Interview mit *Robert Temple* in der Zeitschrift ‚Aliens & UFOs' 10/98
39 Buch ‚Mutter Erde wehrt sich – Prophezeiungen zur Lage des Planeten' von *T.H.Smith* und *S.Braeucker*, Govinda-Verlag, Neuhausen 1998
40 ebenda Seite 166
41 aus Buch 29 Seite 90
42 Buch ‚Geboren im Licht – Höre den Ruf der Sterne' von *Lumena Brigitta*, Sterntor Verlag, Grassau 1996
43 Vortrag von *Prof.W.O.Schumann* zum Geheimnis des Sternenflugs – 1944 (Buch 13 entnommen):

„*...Die diesseitigen Naturgesetze sind zu den alleinigen erklärt worden. Es gibt aber ein Jenseits! Und es gibt folglich Naturgesetze des Jenseits, die über den diesseitigen stehen!*
Wenn wir diesen Blick auf alles verstehen, muß klar werden, daß wir es mit einem großen diesseitig-jenseitigen Gesamtgefüge zu tun haben, in dem diesseitige und jenseitige Naturgesetze zusammenkommen, ineinander verschachtelt und verwoben. Allein wer die Naturgesetze des Jenseits erkennt, kennt das große Ganze!
Unsere neuzeitlichen Raketen leisten Erstaunliches. Doch vermögen sie es nicht, die diesseitigen Schwingungsnetze zu verlassen. Deshalb ist ihre Entfernungsreichweite begrenzt. Das Geheimnis des fernen Sternenflugs liegt im Verlassen der diesseitigen Schwingungsnetze und im Wechsel des Flugkörpers in jenseitige Schwingungsnetze!
Mit dem Wechsel in das Jenseits unterliegt unser Fluggerät nicht mehr den diesseitigen Naturgesetzen, sondern den Naturgesetzen des Jenseits! Dort gibt es aber eine andere Zeit! Dort ist das Schnellste, was fliegt, keineswegs das Licht, sondern der Gedanke! Der Geist!
Ist das nun, wie manche vielleicht meinen, Okkultismus? Keineswegs!
Das Jenseits besteht ebenso wirklich und wahrhaftig, wie das Diesseits. Es ist sogar die größere, stärkere Ebene, in welche unser All bloß als ein verhältnismäßig kleines Gebilde eingebettet zu sehen ist. Der Flug durch das Jenseits, der Flug durch den „Interkosmos", wie Rudolf von Sebottendorff dies nannte, ist eine ebenso streng wissenschaftliche Technik, wie die Raketen oder jede andere. Sie folgt nicht minder exakten Gesetzen, bloß daß diese Gesetze von einer höheren Art sind, weil sich in ihnen physikalische und spirituelle Gesetzmäßigkeiten verbinden.
Alles beruht auf Schwingungen. So wie, um ein schon benutztes Beispiel nochmals zu verwenden, die Rundfunkwellen. Der Drehkondensator bestimmt die Wellenlänge und so den Sender. Die Umformung der einen Frequenz zur anderen bewirkt den Wechsel. Im Höheren ist es nicht viel anders, grundsätzlich gesehen. Es gibt diesseitige und jenseitige Schwingungsnetze und Schwingungsebenen. Wenn es gelingt, eine bestimmte Schwingung hervorzurufen, so setzt der Magnetismus des Affinitätsgesetzes ein. In der obersten Stufe kommt es dabei zu einer völligen Umformung: Der Transmutation! Und das ist der technische Hintergrund unserer VRIL-Geräte. Sie erheben sich diesseits in die Luft und verlassen darüber hinaus den unmittelbaren Erdeinflußraum. Dann setzt die Transmutation ein. Das VRIL-Flugzeug hört auf, ein diesseitiger Körper zu sein. Es verschwindet dabei auch für das außerhalb des VRIL-Flugzeugs schauende Auge. Das VRIL-Flugzeug wird zum interkosmischen

Weltallschiff. Es hat mit der diesseitigen Sphäre vorübergehend nichts mehr zu tun und durcheilt gewaltige Entfernungen in kürzester Zeit, um beim Ziel wieder in das diesseitige All zurückzutransmutieren! Auf diese Weise wird unser VRIL 7 das Sonnensystem von Aldebaran erreichen. Und ich zweifele nicht daran, daß spätere deutsche Weltall-VRIL-Schiffe auch bis Andromeda gelangen werden und bis in die entlegensten Gebiete des diesseitigen Alls.
Es ist uns klar, daß diese Technik wahrscheinlich nicht unmittelbar als waffentauglich bezeichnet werden kann. Es ist eine Technik für mögliche Schlachten im Weltall. Möge es solche nie geben! Für den akuten Fronteinsatz heutzutage ist der Wert der VRIL-Technik noch gering."

44 aus Buch 29 Seite 80
45 Buch ‚Mallona – Der Untergang des Asteroiden-Planeten' von *Leopold Engel*, Turm Verlag, Bietigheim 1987
46 Auszug aus ‚Das neue Lexikon der Esoterik' von *Marc Roberts*, Zsolnay Verlag,
47 Buch ‚Buch 3 – Der dritte Weltkrieg' von *Jan van Helsing*, Ama Deus Verlag, Fichtenau
48 Buch ‚Zurück in die Zukunft... 'Die MER-KA-BA' von *Bob Frissell*, Michaels-Verlag, Peiting 1995
49 Buch ‚Apokalypse „Seele" – das „A-Omega-Projekt", Enthüllung einer Wahrheit' von *L.W.Göring*, Vesta-Verlag, Velden am Wörthersee 1997
50 Durchgabe der geistigen Wesenheit *Hilarion*, der als Aufgestiegener Meister und Berater der Menschheit in dieser Zeit der Transformation der Erde hilfreich mitwirkt. Er war einst Priester im Tempel der Wahrheit auf Atlantis und beeinflußte viele Mysterienschulen Erleuchtete, oft als Kirchenheilige/r (u.a. als *Petrus*) während des Fische-Zeitalters. Von der Verkörperung *Hilarion* (291-372) wissen wir, daß er in Tabothe, nahe Gaza in Palästina geboren wurde, alexandrinisches Christentum annahm und als sechzehnjähriger Erbe das elterliche Vermögen an die Armen verteilte. In seinem Streben nach Verinnerlichung und Vergeistigung fand er zu umfassender Weisheit und schränkte nach und nach seine Nahrungsaufnahme ein. Sein spirituelles Wachstum führte zu so hohen Einweihungsgraden, daß er bald Wunder wirkte. Er gründete auch das erste christliche Kloster in Palästina, wie auch später in Syrien. Auf der Flucht vor Heilungssuchenden kam er wieder nach Alexandria, durch Libyen und Sizilien schließlich nach Zypern, wo er als einundachtzigjähriger großer Heiliger starb. In der Zeitschrift ‚Die Quelle' heißt es: *Hilarion ist der Energielenker des kosmischen Strahls der Wahrheit und Klarheit sowie der Heilung. Wer sich ihm anschließt, wird zur Christus-Erfahrung, wahrer Selbsterkenntnis und zum inneren Heil gelangen.*
51 Es gibt eine Studie von *Uta Gerhardt* mit dem Titel ‚American Sociology and German Reeducation after World War II', erschienen in Stunde Null: The end and the beginning fifty years ago, Band 20, German Historical Institute, Washington 1997
52 In dem Buch ‚Zukunftsvisionen der Menschheit – Apokalypse oder spirituelles Erwachen' von *Dr.Chet B. Snow* (Ariston 1991) heißt es: *Dr Targ führte am Stanford Research Institute mehr als ein Jahrzehnt lang derartige parapsychische Experimente im Distanzsehen durch. Seine überaus positiven Ergebnisse, die von anderen*

Forschungsteams an der Princeton-Universität und der ‚Mind Science Foundation' sowie in der Sowjetunion wiederholt wurden, erbrachten den Beweis, daß außersinnliche Wahrnehmung über große Entfernungen ein ‚echtes, wiederholbares' Phänomen ist. Der Geist von Menschen kann parapsychisch in der Raumzeit Informationen austauschen, was in klarem Widerspruch zu Einsteins Theorien steht.

Dr. Targs Distanzexperimente beweisen tatsächlich schlüssig, daß ‚Gedankenwellen' qualitativ verschieden sind von elektromagnetischen Wellen, aus denen die physikalische Welt besteht... In dieser Hinsicht scheinen ‚Gedankenwellen' den Quantenwellenfunktionen zu ähneln, die Wissen über ein System darstellen und nicht über spezifische physikalische Prozesse wie Licht und Ton.

53 Buch ‚Plejadisches Kursbuch – Fahrplan für das Zeitalter des Lichts' von *Barbara Hand Clow,* Goldmann 1997

54 aus Buch 39 Seite 143

55 ebenda Seite 234

56 aus der Quartalszeitschrift ‚Der Weiße Lotos' (Hirthammer-Verlag München) Heft 69 Seite 10

57 Südwestpresse vom 28.12.1998

58 ‚Sonnenwind' 5/99 berichtet über den PSI-Agenten des Pentagon, *Joseph McMoneagle,* der 17 Jahre lang für geheime Militärprojekte tätig war und 1995 das Militär mit höchsten Auszeichnungen für seine Erfolge verließ

59 Buch im Selbstverlag von *Ursula Kreft,* Albert-Schweitzer-Str. 4, 88677 Markdorf, 1998

60 Autorin *Al-Hadja Al Hadja Maryam,* Direktorin des Deutschen Office für Pilgerwesen und Islamische Angelegenheiten, München. Zitat aus ‚Magazin 2000plus', Nr.135 Seite 77

61 für einen ersten umfassenden Überblick über christliche Esoterik finden Sie mehr in meinem Buch ‚JESUS 2000'.

62 Buch ‚Entwirrungen – Über kosmische Gesetzmäßigkeiten und warum sie uns vorenthalten werden' von *Jo Conrad,* Die Deutsche Bibliothek, Langenbruch 1996

63 Buch ‚Das Wassermann-Evangelium von Jesus dem Christus' von *Levi (H.Dowling),* Hugendubel München 1993

64 Buch ‚Die öffentlichen Meinungsmacher' von *Johannes Rothkranz,* Verlag Anton Schmid, Durach 1997

65 Interview in der Zeitschrift raum&zeit 65/93

66 Buch ‚Johannes der Täufer – sein wahres Leben und Wirken', von *Hans Bernd Altinger,* Drei Ulmen Verlag, München 1996

67 Adresse: *Jutta Fielenbach,* 53844 Troisdorf, Bergheimer Str. 42

68 Buch ‚Der Schlüssel zum Garten Eden' von *Markus Schlottig,* Argo int. Publikationen, Markdorf 1998, Seite 33

69 Buch ‚Öffne dich... Es werde Licht in euren Herzen', Verlag Lebensschule, Rosenheim 1999

70 Buch ‚Bruder Jesus – Der Nazarener aus jüdischer Sicht' von *Schalom ben Chorin,* dtv, München 1977, Seite 25

71 *Roy Eugene Davis,* Autor und weltweiter Seminarleiter, Direktor des Center for Spi-

ritual Awareness in Lakemont, Georgia (USA), in seinem Artikel ‚Die spirituellen Grundlagen wahren Wohlergehens' im CSA-Magazin 1/99
72 *Christine E. Jung*, Praxis für Psychotherapie-Seelsorge-Geistiges Heilen BETHANIEN in Bonn, in einem Artikel der wissenschaftlichen Zeitung ‚Die Andere Realität' 2/1999 über die Praxis der Familienaufstellung nach *Bert Hellinger*
73 Artikel ‚Die Rosenkreuzer-Lehren, ein Weg für die Neue Zeit?' in der Zeitschrift ‚ZeitGeist' (Interdisziplinäres Forum für neue Wege in Wissenschaft, Medizin, Kunst und Philosophie) Heft 4/1998
74 St. Michaelswerk, CH-8580 Dozwil, Tel. 071-4100244
75 *Maria-Valtorta*-Bund, 84364 Bad Bimbach, Magister-Chuno-Str. 16
76 *Franz Alt* in ‚Jesus – der erste neue Mann', Piper Verlag, München 1989
77 Botschaft vom 4.2.1997 durch *Hilarion* (siehe auch unter 50)
78 Buch 'Die innere Sonne – Plotins Lehre vom Einen', von *K.O.Schmidt*, Frick Verlag, Pforzheim 1970
79 Buch ‚Erwache in Gott' von *Silvia Wallimann*, Verlag Hermann Bauer, Freiburg 1993
80 ‚Magazin 2000plus' Heft 3/4 1999 Seite 100
81 Vortrag über *Hermann Hesse* in Calw, 1994
82 ‚Zerbrechlich wie eine Weihnachtskugel' heißt der Artikel von *Benjamin Seiler-Spielmann* in der ‚Zeiten*Schrift*' 16/97. (Fotokopie des Beitrages lieferbar, siehe in der Rubrik Adressenliste)
83 als erster weist der spirituelle Lehrer *Drunvalo Melchisedek* darauf hin (Buch 48 Seite 166ff)
84 aus der Zeitschrift ‚Visionen' 2/99
85 aus ‚Soviet Youth' am 4.5.1990 im Ural
86 Buch ‚Der Ur-Jesus' von *E.R.Gruber* und *H.Kersten*, München 1994. Das Zitat dagegen ist dem Esotera-Artikel (2/99) ‚1999 – Das Jahr der Propheten' von *Dr.E.R.Gruber* entnommen
87 Buch ‚Die Akte Jan van Helsing' von *Jan Udo Holey*, Ama Deus Verlag, Fichtenau 1999. Darin auch weitere Berichte über den Hochgradfreimaurer *Roosevelt*
88 Buch ‚Feuer des Herzens' von *K.C.Markides*, Droemersche Verlagsanstalt, München 1991, Seite 253
89 Im Lexikon (Buch 46) wird unterschieden zwischen hebräischer, christlicher und praktischer Kabbala (esoterische, mystische Richtung des Judaismus, die in symbolischer Form die Entstehung des Universums und die Beziehungen zwischen dem Göttlichen und dem Menschen darstellt). In der christlichen Kabbala, einer Geistesströmung im 15. Jhd., sieht man eine tiefgründige Theosophie, in der die Bezeichnung *Adam Kadmon* mit *Jesus Christus* gleichgesetzt wird.
90 Buch ‚Vom Himmelreich auf Erden' von *Dr.Dorit Ingeborg Becker*, Verlag Pegasos Light, Extertal 1994 (jetzt 78187 Geisingen)
91 Leseprobe aus ‚Lichtpunkt E' - Zeitschrift für spirituelle Bewußtseinsbildung', Verlag Pegasos Light, 78187 Geisingen, Orchideenstr 7, Heft 7/8 1997 Seite 15
92 Im Universitas-Verlag, München 1998
93 aus ‚Zeiten*Schrift*' 22/99 Seite 10

94 aus ‚Wirtschaftswoche' der Badischen Zeitung vom 23.4.1997, zitiert aus ‚Rituale der Weißen Magie' von *Bran Hodapp* und *Iris Rinkenbach,* Verlag Peter Erd, München 1997. Außerdem in ‚UN – Unabhängige Nachrichten' 9/99 (Fotokopie lieferbar, siehe unter der Rubrik Adressenliste)

95 aus ‚Die Andere Realität' 2/1999

96 wie 88 Seite 347

97 aus ‚Die Quelle' 1/1999

98 aus ‚esotera' 4/96: Strom aus dem All?

99 *Martin Strübin schreibt in der Zeitschrift ‚Mensch&Sein' 5/98: Der Gregorianische Kalender teilt das Jahr in 12 unregelmäßige Einheiten von 28, 30 und 31 Tage ein. Abgesehen davon, daß die 12 die Zahl des Kreises, also eine räumliche und keine zeitliche Einteilung ist, macht es auch keinen Sinn, daß die Monate nicht harmonisch sind. Denn in der Natur sind alle Zyklen harmonisch und ausbalanciert. Doch im weltweit anerkannten Kalender nicht. Auch die Beziehung zur heiligen 7, den Wochentagen, ist chaotisch und unregelmäßig. Mal beginnt der Monat mit einem Sonntag, dann wieder mit einem Mittwoch. Und weshalb definiert der 1. Januar den Jahresbeginn? Wäre dieser Kalender natürlich, würde er wenigstens am 21. Dezember, der längsten Nacht, oder am 21. März, dem Frühlingsbeginn starten...* Dem ist zu ergänzen, daß das Jahr des altrömischen Kalenders am 1.Januar begann und daß dieser Tag zugleich der Geburtstag des Kalenderreformierers *Papst Gregor XIII.* war.

100 Auszug aus der Zeitschrift ‚Menetu' 2/99 von *Prucsi-Berchtold*, 86911 Dettenschwang, Schmiedstr. 18

101 Die ‚Zeiten*Schrift*' 22/99 veröffentlicht einen Bericht unter der Überschrift ‚Missbrauchtes Wasser' und zitiert *Jim Keith* in ‚Bewußtseinskontrolle' (zit. nach ‚The American Mercury', undatierte Ausgabe, und nachgedruckt in ‚Contact', 31.1.1995): *Jedoch - und das möchte ich sehr entschieden und sehr deutlich betonen – ist der wahre Grund hinter der Fluoridisierung des Wassers nicht das Wohl der Kinderzähne. Wenn das der wahre Grund wäre, dann gäbe es viele Möglichkeiten, wie es viel einfach, billiger und weit effektiver gemacht werden könnte. Der wirkliche Zweck hinter der Wasserfluoridisation ist der, den Widerstand der Massen gegen die Beherrschung und Kontrolle und den Verlust der Freiheit zu verringern...*
Im hinteren Abschnitt der linken Hirnhälfte gibt es einen kleinen Teil von Gehirngewebe, das für die Kraft eines Individuums, einer Dominierung zu widerstehen, verantwortlich ist. Wiederholte Dosen von verschwindend kleinen Mengen Fluorid werden nach einer gewissen Zeit allmählich die Kraft des einzelnen, einer Dominierung zu widerstehen, verringern, und zwar durch die langsame Vergiftung und Narkotisierung diese Bereiches des Gehirngewebes, und ihn unterwürfig machen gegenüber dem Willen derer, die ihn beherrschen wollen...
„Mir wurde dieser gesamte Plan von einem deutschen Chemiker mitgeteilt, der ein Mitarbeiter der großen chemischen Industriegesellschaft Farben [I.G.Farben] und damals in der Nazibewegung auch von Bedeutung war. Ich sage dies mit all der Ernsthaftigkeit und Aufrichtigkeit des Wissenschaftlers, der fast 20 Jahre lang mit

der Erforschung auf den gebieten Chemie, Biochemie, Physiologie und Pathologie von Flouriden zugebracht hat – jeder, der künstlich fluoriertes Wasser für ein Jahr und länger zu sich nimmt, wird niemals mehr der gleiche sein, nicht geistig, nicht körperlich."
Fluor betreffend muß ergänzt werden (A.d.A.), daß die preisgünstige Entsorgung der hochgiftigen Fluorrückstände der Großindustrie in Form von Zusätzen in Zahnpasten dem menschlichen Biosystem mehr schadet als der angebliche ‚Nutzen' für den Zahnschmelz (wieviele Minuten behält man den Schaum im Munde?). Die Spuren von Fluor, die nach jedem Zähneputzen zwangsläufig in den Verdauungstrakt gelangen, belasten die Darmflora teilweise gravierend.

102 Zeitschrift ‚raum&zeit' 96/98 Seite 41
103 ebenda Seite 44, *Dr. med.Christfried Preußler*
104 Buch ‚666 - die Zahl des Tieres' von *Frank Sunn,* Arkana/Goldmann, München 1999. *Telematik*: zusammenfassender Begriff für Telefon, Fernsehen, Telebanking, Telemedizin, Telelernen, Verkehrstelematik, u.a.m.
105 Im *John-Rabitsch*-Informationsdienst (siehe unter 127) wird das Buch ‚Die Geheimnisse der guten Erde' von *Tompkins und Bird,* Omega-Verlag, mit folgendem Text zitiert: *Der Nährstoffgehalt selbst unseres biologisch angebauten Obstes und Gemüses beträgt nur noch 1/10 dessen, was er vor 150 Jahren war.*
Vor hundert Jahren waren koronare Herzerkrankungen in Europa und Amerika praktisch unbekannt. Der erste in der medizinischen Literatur beschriebene Fall taucht 1910 auf. Heute sind sie die Haupttodesursache. Jeder zwanzigste Amerikaner leidet heute an Diabetes – noch vor kurzem war es nur jeder fünfzigste. Die Zivilisationskrankheiten steigen sprunghaft an. In Brüssel liegen bei der Europäischen Union Listen mit neu auftauchenden Krankheiten vor. Täglich werden zirka 35 neue Krankheitsbilder gemeldet, von denen 70% nicht heilbar sind. Es sind neu auftretende Schwersterkrankungen, die man sich nicht erklären kann.
Man hat histologische Präparate von Geweben untersucht und eine schier unglaubliche **Zunahme der Ablagerungen im Körper** *selbst bei Gesundheitsaposteln und Vegetariern festgestellt. Die Ablagerungen haben sich in den letzten 10 Jahren um 50.000% vermehrt!! Die Konsistenz des Blutes verändert sich zunehmend negativ.*
106 aus der Zeitschrift ‚Visionen' 6/98
107 *Chiliasmus* ist die Lehre von einer tausendjährigen Herrschaft Christi auf Erden (auch lat. *Millennium* ‚Jahrtausend') am Ende der geschichtlichen Zeit – bezogen auf Aussagen der *Johannes*-Apokalypse. Diese Lehre wurde im Mittelalter vor allem von *Joachim von Fiore* (1130-1202) formuliert, wurde im 16.Jhd. vom radikalen Flügel der Reformation übernommen, im 17./18.Jhd. von verschiedenen protestantischen Erweckungsbewegungen und auch weltweit bis in unser Jahrhundert.
108 um mit meiner Behauptung nicht in den Verdacht von Polemik zu geraten, verweise ich bei der evangelischen Kirchenlehre auf die Forderungen des *Prof.Dr.Martin Luther* (im Buch JESUS 2000 auf Seite 165/166) und bei der katholischen Kirchenlehre auf den Antimodernismus-Eid, den angehende Kleriker bis 1968 leisten

mußten: ‚*Ich verwerfe eine Weise, die Heilige Schrift zu erklären, welche die Überlieferung der Kirche und die Normen des Apostolischen Stuhls außer Acht läßt und die Textkritik als einzige oberste Regel anerkennt*'.

109 ‚esotera' 7/97, Seite 18
110 wie 33, Seite 55
111 Buch ‚Was morgen wahr sein kann – Prophezeiungen für die nächsten zwanzig Jahre' von *Peter Andreas,* Econ Verlag, Düsseldorf 1981
112 Buch ‚Geist-Wende – Vorbereitung auf den Sprung ins dritte Jahrtausend' von *Albert C. Gaulden,* Heyne Millennium, München 1997
113 *Werner-Bläsius*-Informationsdienst, 79102 Freiburg, Runzstr. 32
114 Buch ‚Aufruf an die Lichtarbeiter' von *Rhea Powers,* ch. falk verlag, Planegg 1987
115 Buch ‚Maitreya – Christus oder Antichrist?' von *Coralf*, KMV, Haan 1997
116 Buch ‚An die Kinder des Lichts' von *Antas* und *Antaria,* Verlag Christian Brillinger, Beimerstetten 1997
117 aus ‚Kreuzwissenschaften 1941-1942' von *Dr. Edith Stein*
118 Auszug aus dem Buch ‚ Das große Experiment' von *Thomas Mehner*, Verlag CTT 1994
119 auch der arabische Geschichtsschreiber *Muhammad al Makrizi* und auch der Gelehrte und Forschungsreisende *Ibn Battuta* (14.Jhd.) versichern, die Pyramiden seien vor der Sintflut errichtet worden. Zitat aus Buch 118, Seite 38 und 324ff
120 Buch ‚Die Bibel kam aus dem Land Asir' von *Kamal Salibi*, Rheinbeck 1985
121 Buch ‚Handbuch für den Aufstieg' von *Tony Stubbs,* Hans-Nietsch-Verlag, Freiburg 1997. Die channelnde Wesenheit sagt über sich: *Mein Name ist Serapis. Er wird gewöhnlich mit den Mysterienschulen des Altertums in Verbindung gebracht, doch meine Energie ist viel älter. In Atlantis wurde ich als der Gott Osiris verehrt, später als Thot und Hermes Trismegistos, aber ich bin auf diesem Planeten schon wesentlich länger aktiv.*
122 Zeitung ‚Das Weiße Pferd', Nr. 10 Mai 1999
123 aus dem Beitrag ‚Endzeit ab 11. August 1999?' in der Zeitschrift ‚Magazin 2000 plus'
124 Buch ‚Runen' von *Ralph Blum,* Hugendubel, München 1985
125 Zeitschrift ‚Der weiße Lotos' Nr. 71 Seite E 3
126 Am 15.8.1871 schrieb *Albert Pike,* Großmeister der Freimaurerei und oberster Illuminat in den USA, einen Brief an *Guiseppe Mazzini*, ernannter Revolutionsführer der Illuminati, in dem er einen ausführlichen Plan der künftigen geschichtlichen Entwicklung wie folgt skizzierte:
Ein erster Weltkrieg solle vorbereitet werden, um das zaristische Rußland zu zerstören, es so unter Kontrolle zu bringen und als einen weltweiten Widersacher aufzubauen,
ein zweiter Weltkrieg solle dann vorbereitet werden, durch Manipulation zwischen den deutschen Nationalisten und den politischen Zionisten – mit dem Ergebnis einer Ausdehnung des russischen Einflußbereiches und der Gründung eines Staates Israel in Palästina,
ein dritter Weltkrieg solle dann vorbereitet werden, durch einen hervorgerufenen

Konflikt zwischen dem gegründeten israelischen Staat und den Arabern, mit dem Ziel der Erlangung der Weltherrschaft (E.R.Carmin ‚Das Schwarze Reich', Heyne 3008, Seite 55). Eine ausführliche Beschreibung ist in Buch 47 zu finden.
Der Führungsanspruch der Neue-Welt-Ordnung in Sinne der USA wurde erneut bestätigt durch *Bill Clinton* in seiner außenpolitischen Grundsatzerklärung am 8.11.1999: „Wir müssen den Willen beibehalten, die Führung zu übernehmen" (SZ vom 10.11.99, Seite 9).

127 Informations-Dienst *Ing. John Rabitsch*, A-9560 Feldkirchen, St. Urban-Oberdorf
128 Buch ‚Die Essener' von *Hugh J. Schonfield*, Verlag Bruno Martin, Südergellersen 1985
129 Buch ‚Der geheime Jesus' von *Antonio Piñero*, Patmos Verlag, Düsseldorf 1997
Buch ‚Die verfolgten Nachfolger Christi' von *Otto Wille*, Verlag Universelles Leben, Würzburg 1987
Bücher über das *Thomas*-Evangelium siehe unter 4
130 aus ‚Zeiten*Schrift*' Heft 20/98 (Venus und Merkur) und Heft 16/97, in dem eine ‚Botschaft vom Mars' zitiert wird: *Da auf dem Mars mit Bestimmtheit einst eine Menschheit gelebt hat (und vielleicht immer noch lebt?), sei jene außergewöhnliche Botschaft doch noch erwähnt, die am 21.Juli 1976 – einen Tag, nachdem die US-Sonde Viking I auf dem Mars gelandet war – den italienischen UFO-Forscher Roberto Negrini erreichte. Sie soll von einem hohen Marsianer stammen. Darin sagt er, wir Erdenmenschen hätten durch unsere 'primitive Maschine' (die Raumsonde) den Frieden des Mars gestört, wie wir auch unser ‚zerstörerisches und schädliches Werk' langsam auf gefährliche Weise in den Weltraum hinaus verbreiten würden. Er bedauerte unsere Unfähigkeit, höhere Daseinsformen als die physische anerkennen zu können: „Ihr seid fieberhaft und fast hysterisch auf der Suche nach organischem Leben dort, wo die organischen und genetischen Strukturen schon ein Niveau der dynamisch-organischen Vibrationsgeschwindigkeit erreicht haben, welche sie [...] in eine von euch verschiedene Dimension bringt."*
Weiter führte der Marsianer aus, daß die Marsbewohner seit der totalen Zerstörung des Planeten Mallona nicht mehr in einem genetisch dreidimensionalen Körper leben würden. Denn der Untergang Mallonas – hervorgerufen durch die Gewissenlosigkeit und Bosheit jener Menschheit, die sich mit mehreren Atomexplosionen selber in die Luft gejagt hat – habe auch den Nachbarplaneten Mars in eine kosmische Katastrophe gestürzt. Meteoriten seien gigantischen Feuerbällen gleich auf die Marsoberfläche geprasselt und hätten ein Drittel der Marszivilisation vernichtet.
Dieser kosmologische Schock habe die Überlebenden jedoch auf ein höheres Bewußtseinsniveau katapultiert (‚Wachsen durch Leiden'). Außerdem habe der für den Mars verantwortliche Planetenlogos eine Schwingungsbeschleunigung hervorgerufen, welche es den Marsbewohnern möglich machte, ihre Daseinsform in eine höhere, für uns Menschen nicht länger sichtbare Dimension umzuwandeln.
„Wundert euch also nicht, Brüder der Erde, daß ihr nur Staub und ‚sterbliche Überreste' auf der kahlen Oberfläche in der dritten Dimension des Mars findet, in der unser Leben sich schon seit Jahrtausenden nicht mehr weiterentwickelt".

131 Buch ‚Kampf der Dimensionen – Visionen in das III. Jahrtausend' von *Edward Korkowski,* H.J.Andersen Verlag, Bochum 1990
132 Beitrag ‚Die Kraft der Sonne' von *Christine Stecher* in der Zeitschrift ‚Mensch&Sein' 2/99
133 1. Beitrag ‚Mobilfunk' siehe Adressenliste (als Fotokopie erhältlich)
   2. In der Zeitschrift ‚Matrix 3000' heißt es: *Die mobile Wanze: Handy. Der Bundesbeauftragte für Datenschutz, Joachim Jakob, warnt davor, daß Handys mit Leichtigkeit zu mobilen Abhörgeräten verändert werden können. Offensichtlich können Mobiltelefone der Hersteller Ericsson und Nokia problemlos mit geringem Aufwand und einfachen Befehlen ‚umgerüstet' werden.*
134 Buch ‚Biophotonen – das Licht in unseren Zellen' von *Marco Bischoff,* 1995, bei Zweitausendeins, 60381 Frankfurt, Postfach zu beziehen und
   Buch ‚Biologie des Lichts' von *Fritz A.Popp,* Parey Verlag
   Buch ‚Die heilende Kraft des Lichts' von *Dr.Jakob Libermann,* Scherz 1993
   Buch ‚Sonnenheilmittel, Medizin der Zukunft' von *Yves Kraushaar,* Zluhan-Verlag, Bietigheim
135 Buch ‚Fit und gesund mit lebenden Makromolekülen' von *Christian Opitz,* Bewußtes Dasein, Schlieren 1993
136 Buch ‚Zum Lichtgrund der Seele' von *Rosina Zipperle,* Verlag Via Nova, Peterberg 1993
137 Buch ‚Neue Lebensschule' von *K.O.Schmidt,* Reichl Verlag, St.Goar, 1989
   Dieses herausragende dreibändige Werk führt als Drei-Stufen-Weg zur Entfaltung der schöpferischen Kräfte. Diese Lehrbücher haben eine Auflage von 1,6 Millionen erreicht.
138 siehe Buch 39 Seite 196ff
139 Buch ‚Lichtkörper-Bewußtsein' von *Brigitte Müller,* Peter Erd, München 1998
140 Buch ‚Sonnenbewußtsein' von *Margarete Friebe,* Novalis Verlags AG, Schaffhausen 1995
141 Buch ‚Esoterik – die Religion des Übersinnlichen' von *Josef Schumacher,* Bonifatius Verlag, Paderborn 1994
142 *Goi* oder *Goy* (Mehrzahl *Goyim*), hebräische Bezeichnung, die im A.T. mit ‚Volk' übersetzt wird und in der rabbinischen Literatur für den einzelnen Nichtjuden gilt. Allgemein jedoch als hebräisches Schimpfwort für sämtliche Nichtjuden.
143 Buch ‚Die launische Sonne widerlegt Klimatheorien' von *Nigel Calder,* Dr. Böttiger Verlag, Wiesbaden 1999
144 Verlag Das Wort, Würzburg 1992
145 Buch ‚Erfindungen, Patente, Staatsgeheimnisse – ein deutscher Wissenschaftler im Kampf gegen Wirtschaftsmacht und Behördenwillkür', Selbstverlag, Fax 06071-36330
146 aus dem Wirtschaftsteil der Süddeutschen Zeitung vom 15.7.1999
147 in Buch 104 wird folgendes berichtet: *...Das Ziel ist das Ausschalten des unabhängigen Denkens, der Eigeninitiative und des unabhängigen Handelns. Die Möglichkeit, die gesamte Menschheit ‚beschäftigt' zu halten, indem man Spieltrieb und Erlebnishunger* **systematisch über den Bildschirm** *befriedigt, bezeichnet Brzezin-*

ski (ehemaliger Sicherheitsberater des US-Präsidenten Jimmy Carter) in einer 1995 gehaltenen Rede als die moderne Auflage des altrömischen Herrschaftsprinzips ‚panem et circenses'. Er nannte die neue Version ‚tittytainment', ein Wortspiel aus den englischen Wörtern entertainment (Unterhaltung) und tits (Brüste, stellvertretend für Ernährung). Man müßte die frustrierte Weltbevölkerung nur ausreichend ernähren und für betäubende Unterhaltung sorgen. Das würde alle bei Laune halten, und schafft den Freiraum, den die herrschende Klasse gerne hätte, um ihre Machtziele zu verwirklichen.

148 im Buch ‚Vom Tausendjährigen Reich und der Wiederkehr Satans' von *Eduard Josef Huber* (Mediatrix-Verlag, Wien 1999) heißt es: *Hitler ging sogar soweit, an eine neue Zeitrechnung zu denken, ähnlich wie sie in der Französischen Revolution eingeführt worden war. 1941 bemerkte er:* „*Zur Zeit der Machtübernahme war es für mich ein entscheidendes Moment: Will man bei der Zeitrechnung bleiben? Oder haben wir die* **neue Weltordnung** *als das Zeichen zum Beginn einer neuen Zeitrechnung zu nehmen?*"

149 ‚Magazin 2000plus' Nr. 130/131 1998

150 Buch ‚Vom Ego zum Licht – Entfaltung und Transzendierung eines Trugbildes' von *Robert Linssen*, Silberschnur, Horhausen 1976. Der Belgier *Robert Linssen* gilt als ein Pionier des Neuen Denkens im französischen Sprachraum und befaßt sich besonders mit den Lichtlehren Asiens, dabei auch mit der ‚Gnosis von Princeton', einer Gruppe von Physikern und Gelehrten, die 1955 von dem Physiker *Robert Oppenheimer* gegründet worden ist.

151 in Anlehnung an den englischen Volksmund: *An apple a day keeps the doctor away.*

152 Buch ‚Neue Erde, neuer Mensch – Visionen unserer Zukunft' von *Dr. Dorit Ingeborg Becker*, Verlag Pegasos Light, Extertal 1995 (jetzt 78187 Geisingen)

153 Buch 148 Seite 234

154 Adresse: Mutter Erde e.V. 57537 Forst-Seifen, Holper Str. 1

155 Buch ‚Die Botschaft der Nahrung' von *Fritz-Albert Popp*, Fischer Taschenbuch Verlag, 1993

156 Buch ‚Linker Jesus – rechte Kirche' von *Pater Udo Fischer*, Edition Va Bene, Wien 1994

157 *JHWH* ist das Tetragramm des Gottesnamen *Jahwe*, des hebräischen Namens des Gottes Israels. Etymologie, Herkunft und Bedeutung sind heute noch sehr umstritten. In den letzten Jahrhunderten v. Chr. begannen die Juden aus Scheu statt *JHWH* dieses Tetragramm durch den Namen *Adonai* (‚mein Herr') zu vokalisieren, andere vokalisierten fälschlicherweise auch *Jehova*. Der Religionsforscher und Indologe *Helmuth von Glasenapp* schreibt (Die fünf Weltreligionen): *Nach den biblischen Schilderungen wurde Jahve ursprünglich als ein Naturgott vorgestellt...; seine Gestalt ist dann später mit verschiedenen einheimischen Gottheiten verschmolzen worden. Von Haus aus war er wahrscheinlich der Gott des Sinai (Horeb), noch in später Zeit ist von diesem Berge als dem Wohnsitz Jahves die Rede.*
Die personifizierte Gottesform mit dem Namen *JHWH* birgt in sich vier grund-

sätzliche Verständnisbilder: 1. einen eifernden, tyrannischen und heute schwer verständlichen Volksgott, 2. einen helfenden Vater im Sinne des ursprünglichen Jahwisten (innere Religion), 3. der ‚Herr' eines äußeren Kultsystems mit einer streng kontrollierenden Priesterkaste und 4. einen machtorientierten Außerirdischen, der eine elitäre Zivilisation aufbauen wollte. Verständniserschwerend ist der Jahrtausende lange Weg der Überlieferungen im Altertum (heute geht die Forschung von vier Hauptsträngen aus, die sich zum Teil erheblich voneinander unterscheiden) und in der Neuzeit ist es für die christliche Lehre die vereinfachende und indifferenzierte Pauschalübersetzung der ehemaligen, hebräisch-biblischen Götternamen mit ‚GOTT, der Herr' (was den Eindruck erwecken soll, es handle sich um den Gottvater der Lehre *Jesu*).

158 Buch ‚Was Jesus wirklich lehrte' von *J.D.Crossan*, Verlag C.H.Beck, München 1997
159 Buch ‚Die Lazaris-Botschaft – ein Geistwesen als Führer zum Höheren Selbst' von *Jach Pursel*, Goldmann 1991. Der US-Amerikaner *Jach Pursel* channelte das dort in den 80er Jahren bekannteste Geistwesen, das nicht als Guru zu uns kam, sondern als Freund. Mit seiner Weisheit will er helfen, Zugang zum Höheren Selbst zu gewinnen und mit seinem Wissen verschärft er unseren Blick für uns selbst und die Gesellschaft unserer Tage.
160 Buch ‚Demaskierung' von *Jan van Rijckenborgh*, Rozekruis Pers, Haarlem 1994
161 Buch ‚In kosmischen Bahnen denken – eine Vorbereitung auf die kommende Dimension des Lebens' von *Hermann Ilg*, Buchdienst Reinhard Diem, Herrenberg 1983
162 deutsche Ansprechpartnerin ist das Lernstudio *Dagmar Schubert*, 75179 Pforzheim, Eisenbahnstr. 3
163 Der Experte für Sicherheitsprobleme in den USA und in der Nato, *Dr.J.B.Koeppl* (81545 München, Rabenkopfstr. 41) nimmt in dem Blatt ‚Prüfen + Handeln' (Aktion Volk + Parlament, Emil Rahm, CH-8215 Hallau) Heft 3/1999 wie folgt Stellung:
Wir gehen einer offenen Weltdiktatur mit brutalen Konsequenzen für die Weltgesellschaft entgegen. *Die Beweise: Natoeinsätze, Aufbau von professionellen Streitkräften wie SFOR, KFOR usw., Uno-Eiertänze hin zu der offenen, geplanten Weltrolle, Kriegsverbrechertribunal und das ‚Weltgericht' und deren Gründungen in den letzten Jahren. Lauschangriffe, Globalisierung, Europolizeieinrichtung, EC-Scheckkarte, die das umfassende Abhören bereits in ihrem Hologramm beinhaltet (halte diese Karte gegen helles, grelles Licht im schrägen Winkel), Pyramide bzw. Insiderinsignie als Hinweis auf die Weltregierung auf dem US-1-Dollar seit 1929, Gary Allen-Prophezeiungen und ihre Gültigkeit schon seit 1970, schließlich meine eigenen, vielfältigen Erfahrungen als NATO-Experte; US-Abgeordnete, sogar Bischöfe, Minister, viele Experten haben mir gegenüber den Prozeß der Weltdiktatur seit 1980 bekräftigt, zumindest den Prozeß gar nicht mehr negiert.*
Die Schlüssel zur Weltdiktatur sind: Überbevölkerung, Scheindemokratien, scheinbar humane, aber falsch spielende Politiker, hoffnungsvolle Prognosen,

Scheinhumanitäten, unterjochte bzw. kontrollierte Kirchen usw. Deshalb unternimmt auch der Papst nichts gegen die weltweite Überbevölkerung. Die Erziehungs- und Rechtssysteme werden unterwandert. Die Medien produzieren und lehren Gewalt und vieles mehr.
Die schlimmen Folgen: Totalüberwachung, Ausschalten jeglichen geistigen, seelischen, schönen Lebens weltweit, langsame Verarmung, hohe Arbeitslosigkeiten, langsamer Eigentumsentzug anfangs durch hohe Steuern, überall, ja weltweite Standardisierung und Verprimitivisierung des Lebens, Freiheitsberaubung schwerster Art auf allen Ebenen, Revolten, Kriminalitätsanstiege, auch wenn anderes gemeldet wird usw.

164 Buch ‚Rituale der Weißen Magie' von *Bran O. Hodapp* und *Iris Rinkenbach*, Verlag Peter Erd, München 1997

165 Buch ‚Rametha – Der Weg in die 4. Dimension' von *Karin Nagel*, Verlag Die Blaue Eule, Essen 1993

166 Adresse für Unterlagen über *Dr. Rath*: MR Verlag, Bedijven Park Twente 305, NL-7602 KL Almelo

167 Die ICH-BIN-Präsenz ist die göttliche Kraft in uns oder wie ich es meistens formuliert habe: Gott-in-uns. Diese Präsenz oder Kraft ruht statisch in jedem von uns und ist ein unvergänglicher Seinszustand. Wenn wir sie zur Entfaltung bringen, wird sie zur Schöpferkraft, aber auch zum inneren Licht im Sinne, wie es in diesem Buch beschrieben wird.

168 Buch ‚Marias Botschaft der Hoffnung' von *Annie Kirkwood*, ch. falk-verlag, Seeon 1999

169 Buch ‚P'taah – Botschaften des Lichts' von *Jani King*, Ludwig Verlag

170 Buch ‚Johannes von Jerusalem – das Buch der Prophezeiungen', Heyne Verlag, München 1995

171 Die MAPS – Deklaration ist eine weltweite Erklärung und ausgezeichnete Zusammenstellung aller menschlichen Lebens- und Bewußtseinswerte für eine Neue Zeit, sehr ähnlich den Erkenntnissen, wie sie in diesem Buch vertreten werden (Fotokopie lieferbar, siehe unter der Rubrik Adressenliste).

172 Buch ‚UFO – Das Jahrhundertphänomen' von *Reinhard Habeck*, Ullstein-Verlag, Berlin 1998

173 Buch ‚Er kam, um die Gefangenen zu befreien' von *Dr. Rebecca Brown*, Vertrieb Christlicher Literatur, Ingolstadt 1988

174 Buch ‚Tao Yoga des Heilens – die Kraft des Inneren Lächelns' von *Mantak Chia*, Ansata-Verlag, Interlaken 1987

175 Buch ‚Kosmosofie' von *Bert Tellan*, CWO-Verlag, Vaduz 1996

176 Buch ‚Westliche Einweihungslehren' von *Bernard Vaillant*, Hugendubel, München 1986

177 Zitat aus der Zeitschrift ‚Visionen' 1/99. Die im Text erwähnte Schrift kann bezogen werden beim Radona-Verlag, Postfach 1201, 61242 Usingen

178 Zitiert aus dem Bericht von *Barbara Simonsohn* in der ‚esotera' 12/99

Namenregister

Ariel, Erzengel 18, 39, 88, 98, 175, 225, 227, 230 f., 243, 249, 291, 312, 314 f., 327, 423
Ahastar 78, 81, 86, 92, 112, 119, 125, 420
Aivanov, Omraam Michael 379
Alt, Dr. Franz 183, 429
Altinger, Hans Bernd 283, 428
Ananda 423
Anderson, Dr. Carl D. 281
Andreas, Peter 204, 229, 424, 432
Andreas/Davis 26, 27, 424
Anselmi, Reindjen 98, 99, 112, 115, 235, 379, 424
Antas und Antaria 244, 247, 339, 352, 381, 432
Ardor 81
Argüelles, José 423
Ashtar Sheran 112, 117, 119, 125, 222, 237, 287, 343, 359, 367, 377, 412
Aurobindo, Sri 59
Babaji 69, 97
Becker, Dr. Dorit 101, 345, 429, 435
Beckmann-Lamb, Sigrid 303
Beck-Oetinger, I. 397, 424
Begich, Nick 240
Bellinger, Prof. Dr. Gerhard 94, 162, 363, 365, 379, 424
Berger, Joachim 51, 425
Bergmann, Herbert 411
Berlitz, Charles 205
Bischoff, Marco 281, 434
Bläsius, Werner → Sachregister
Blavatsky, Helena P. 34,
Blum, Ralph 248, 432
Bodenstedt, Friedrich von 298
Bodhi Ramada 169, 251
Bolte, Johannes 379

Braeucker, Dr. Savitri 343, 426
Bramley, William 103, 106
Brod, Max 248
Broers, Dr. Dieter 228, 280, 375
Broglie, Louis de 281
Brückmann, Udo 107, 125, 136, 149, 152, 200, 424
Bruno, Giordano 321
Buttlar, Johannes von 103, 106, 199
Calder, Nigel 278, 434
Camus, Albert 145
Capra, Fritjof 46, 280
Carmin, E.R. 433
Cayce, Edgar 36, 203, 205, 222 f.
Chardin, Pierre T. de 71, 269
Charroux, Robert 103
Chia, Mantak 399, 437
Chorin, Schalom ben 162, 428
Conrad, Jo 154, 156, 428
Crane, Oliver 201
Crossan, Prof. John Dominic 261, 363, 370, 436
Dacqué, Edgar 45
Däniken, Erich von 103, 106
Daskalos 69, 80, 181
Davis, Roy E. 93, 338
Delaney, Daniel 187
Descartes, René 55
Dethlefsen, Thorwald 316
Devi, Avatara 70
Diana, Prinzessin 55, 180, 346, 348
Diesterweg, Prof. Dr. 194
Dowling, Levi H. 35, 428
Drewermann, Dr. Eugen 174
Dudde, Berta 37
Ebertz, Michael N. 155
Echnaton 70, 259, 362, 420
Eco, Prof. Alberto 59, 392
Eichelbeck, Reinhard 279
Einstein, Albert 46, 114, 279
Elgin, Duane 56
Erich, Prof. Dr. Claus 129

Ermel, Gisela 105
Feistle, Karin 112, 123, 424
Ferguson, Marilyn 55
Fielenbach, Jutta 44, 371, 428
Fiore, Joachim von 219, 431
Fischer, Udo 386, 435
Frank, Dr. Walter 158
Freud, Sigmund 335
Friebe, Margarete 190, 246, 259, 261, 362, 378, 392, 434
Friedell, Egon 63
Frietsch, Dr. Wolfram 167, 297
Frissell, Bob 40, 121, 202, 259, 427
Fürhoff, Walter 211
Gaulden, Albert Clayton 231, 401, 432
Geise, Gernot L. 275 f.
Geller, Uri 407
Gibran, Khalil 145
Gorbatschow, Michail 103
Göring, L.W. 189, 299, 427
Grässer, Prof. Dr. Erich 53
Greiner, Christoph 268, 424
Grof, Stanislav 65
Gruber, Dr. Elmar 32, 429
Gurwitsch, Prof. A. 281
Hand Clow, Barbara 428
Hangartner, Ruedi 138
Harman, Willis 55
Harms, Winfried 199, 204, 243
Hehenkamp, Carolina 325
Helios 260, 280, 421
Helsing, Jan van 40, 114, 125, 134, 383, 384, 385, 387, 424, 427
Hermes-Trismegistos 106, 175, 259, 432
Hesse, Hermann 248, 429
Hesse, Paul Otto 283
Hilarion 43, 70, 101, 220, 229, 250, 296, 355, 413, 414, 427, 429
Hipparchos 23 f., 198
Hodapp/Rinkenbach 201,

405, 430, 437
Hoffmann, Eva-Katharina 91, 412
Holey, Jan Udo 113, 115, 424, 429
Horn, Prof. Arthur David 106, 109, 111, 114, 119, 123, 139, 424
Hubbard, Elbert 78
Huber, Eduard Josef 220, 435
Hurtak, Prof. James 112
Ilg, Hermann 285, 436
Jakob, Joachim 434
Jesus 25, 30 f., 37, 46 f., 51, 63, 70, 72, 79, 87, 94 f., 107, 110, 118, 143 f., 151, 153 f., 162, 170, 176, 189, 203, 208, 215, 229 f., 240, 261, 265 f., 313, 317, 319 f., 336, 349, 363, 365 f., 370 f., 380, 386, 392, 407, 413, 420
Johannes Paul II. 67, 155
Johannes von Jerusalem 387, 437
Johannes von Patmos 40, 363, 421
Jossner, Dieter 276
Jung, C. G. 147, 183
Jung, Christina E. 91, 429
Kahir, M. 360
Keith, Jim 430
Kirkwood, Annie 380, 424, 437
Kishon, Ephraim 237
Koeppl, Dr. J.B. 436
Kolossa, David M. 413
Konfuzius 30, 304
Korkowski, Edward 385, 434
Kössner, Johann 39, 53, 93, 96, 174, 212, 226, 309, 392, 423, 425
Kotzebue, August von 277
Krayon (Kryon) 232, 235
Kreft, Ursula 75, 428
Krishna, Sri 70, 107, 205, 261, 317, 363, 365, 366
Küppers, Hans Hubert 99,

118, 199
Kurz, Robert 133
Lao-tse 30, 152, 331
Lazaris 368
Liesen, Prof. Heinz 328
Linssen, Robert 267, 336, 435
Lorber, Jakob 34, 217, 380
Lumena, Brigitta 139, 426
Luther, Prof. Dr. Martin 156, 221, 422, 431
Luzifer 208, 214, 421
Maitreya 118, 363
Malachias, Heiliger 214
Mallona 124, 421
Maria, Mutter 38, 67, 68, 70, 88, 95, 155, 207, 222, 231, 348, 380, 420
McMoneagle, Joseph 223, 428
Meera, Mutter 70
Meiser, Dr. Hans Christian 120
Melchizedek, Drunvalo 204, 420, 423, 429
Messadié, Gerald 341
Meussling, Gisela 49, 109, 116, 203
Michael, Erzengel 70, 222, 345, 360
Mitchell, Edgar 47, 425
Mohr, Bärbel 223, 228
Mohr, Dr. Ulrich 313
Mose 70, 104, 108, 423
Moser, Prof. Dr. Franz 161
Müller, Brigitte 235, 246, 309, 329 f., 341, 343, 345, 349, 356, 399, 414, 434
Murdoch, Rupert 134
Mutter Erde → Sachregister
Nagel, Karin 234, 274, 437
Niemeyer, Anne 324
Nochols, Mike 134
Nordbruch, Dr. Claus 134
Normann, Dr. Hartmut 42, 114, 203, 207
Nostradamus 222 f., 385
Omron 206, 423

Opitz, Christian 321, 434
Ordyniak, Mandiro 395
Oswald/Schnelting 87, 424
P'taah 374
Panikkar, Raimon 73
Paulus → Sachregister
Pestalozzi, Heinrich 58
Piñero, Prof. Antonio 63, 107, 266, 271, 433
Planck, Prof. Max 65, 279
Platon 69, 200, 259, 262
Plotin 295, 299
Popp, Prof. Fritz P. 281, 321, 324, 327, 434, 435
Powers, Rhea 238, 432
Pracher, Sigfried 93, 95
Preußler, Dr. Christfried 220, 431
Prucsi, Janos 41, 142, 208, 231, 333, 344, 382, 430
Purucker, Gottfried von 337
Pythagoras 23, 30, 69, 77, 162, 262, 279, 296
Rabitsch, John → Sachregister
Rametha 234, 274, 373, 378, 382
Rath, Dr. Matthias 329, 437
Ratzinger, Kardinal Josef 155
Ravahi, Maria 43, 59, 155, 380
Rengstorf, Karl H. 420
Rijckenborgh, Jan van 285, 436
Ritter, Thomas 105, 202, 206, 263
Robinson, Mary 49
Roque Rojas 34
Rothkranz, Johannes 133, 428
Sai Baba, Sathya 47, 70, 207
Saint-Germain 69, 94, 289, 361, 411
Salibi, Kamal 106
Sananda 118, 317
Sanat Kumara 238
Sant Kirpal Singh 183

Satya von Alcyone 136
Scharf, Siegfried 386
Schiller, Friedrich von 47, 296, 399
Schlottig, Markus 106, 428
Schmidt, Helmut 132
Schmidt, K.O. 37, 79, 268, 294 f., 298 f., 301 f., 306, 315, 317, 424, 429, 434
Schneider, Inge 221
Schnittger, Karin 77, 425
Schonfield, Hugh J. 263, 433
Schönhammer, Dr. Adalbert 80, 424
Schrempp, Jürgen 132
Schrödinger, Erwin 282
Schumacher, Prof. Joseph 269, 434
Schumann, Prof.Dr.W.O. 114, 426
Schweer, Thomas 266, 422
Seed, Richard 215
Seel, Thomas 311, 313
Seiler, Benjamin 281
Seiler, Ursula 173, 272, 277, 286, 373
Seiler-Spielmann 290, 429
Senkowski, Prof.Dr. Ernst 129
Serapis 62, 66, 244, 316, 376, 379, 416, 432
Sheldrake, Rupert 73, 368
Siegfried, André 184
Sillescu, Daniel 279
Simon, Thorsten 423
Sinan, Ergün 221
Singer, Peter 219
Sitchin, Zecharia 103, 106, 203
Smith, Joseph jr. 34, 73, 237
Solschenizyn, Alexander 58
Spangler, David 36, 37, 41
Spiegel, Dr. Martin W. 267, 273
Stark, Hannes 178
Stecher, Christine 275, 434

Stein, Dr. Edith 251, 432
Steiner, Dr. Rudolf 36, 171, 205
Strübin, Martin 135, 206, 423, 430
Stubbs, Toni 376, 432
Sunn, Frank 135, 431
Swedenborg, Emanuel 33, 268
Tachi-ren, Tashira 18, 424
Tagore, Rabindranath 294
Targ, Dr. 427
Temple, Robert 24, 103, 106, 124, 425, 426
Tesla, Nicola 69, 141
Theresa, Mutter 346, 348
Thielmann, Barbara 141
Toynbee, Arnold 48
Vaillant, Bernard 263, 437
Valtorta, Maria 37, 176, 181, 429
Vernan, Ron 293
Vywamus 339
Wahl, Dr. Max 103
Wallimann, Silvia 190, 429
Walter, Klaus G. 136
Weber, Eckhard 322
Wiergowski, Dieter 89
Wille, Otto 268, 433
Wittek, Gabriele 37, 219
Würtenberger, Bruno 46, 49
Yashmuheen, Ellen Greve 326
Zarathustra 30, 48, 54, 70, 261, 362, 420
Zipperle, Rosina 304 f., 316, 434
Zoosh 345

Sachregister

2012 58, 99, 110, 151.204, 206 f., 212, 225, 240, 245, 252, 331, 359, 361 f., 373, 383 f., 417
Adam Kadmon 115, 429
Affinitätsgesetz 75
Ahnenkult 92
Akasha-Chronik 35, 81, 249, **419**
Aktiv-Werden 290, 353, 364, 369, 370, 400
Aldebaran 115, 121
Alpha-Technik, -Zustand 35, 96 f., 410
Angst, Ängste 242, 350, 391, 409
Apokalypse 40, 100, 208, 229, 351, 372, 417, 427
apokryph 26, 267, **271**, 424
Armageddon 40 f., 365
Astralebene, astral 41, 68, **74**
Atlantis 205, 259
Atmung 329, 396, 413
Aufgestiegene Meister 69, 84, 309
Aufstieg ins Licht 81, 119, 315, 355
Aura 65, 186, 412, 413, **419**
Avatar 69, 70, 97, **419**
Bereinigung 200, 225, 350, 374, 384
beschleunigte Entwicklung 249, 300, 310, 393
Bewußtsein 56, 62, 76, 80, 81, 86, 93, 322, 355
Bewußtseins-Evolution 148, 215, 224, 393
Bewußtseins-Wandel, -Sprung 119, 303, 355, 369, 373
Bindungslosigkeit 305
Biophotonen 281
Bläsius-Informationsdienst 234, 236, 432
Brüderlichkeit 47 f., 55, 156, 388
Bruderschaft der Goldenen Sonne 70, 84
Büßerseelen 101
Chakras 82, 116, 198, 302, 405, 413, **419**
Channeling 31, 66
Chiliasmus 221, 365, **431**
Christus-Bewußtsein 117, 304
Christus-Ebene 316, 416
Christus-Energie, -Geist 71, 224, 316, 382, 416
Christus-Kraft 116
Christus-Licht 158, 367
Christus-Schwingung 248
Christus-universalis 35, 71, 360, 366
Christus-Zeitalter 286
Dienen, Dienen-Lernen 72, 153, 164, 183, 297, 395
Dimensionen → Erfahrungsebenen
DNS-Stränge 110, 118, 277, 314
Dogon 24
Druiden 263
Dual, Dualität, Dualismus 152, 156 f., **167**, 176, 178, 184, 188, 190, 213, 279 f., 347, 353, 382, **419**
Dualseelen 91, 100, 419
Ego, Ego-Trip 159, 172, 178, **179**, 183, 323, 356
Eine-Welt-Regierungen 122, 133, 212, 373, 435, 436
Elementale 143, 225
Emotionen 76, 78 f., 96, 100, 119, 144, 228, 234, **241** f.322, 397, **403**, 411, 412
End-Zeit 58, 59, 118, 218, 223, 424
Engel, Engelwesen 67, 69, 84, 425
Entscheidungen 175, **216 f.**, 240, 345
Erfahrungsebene 66, 68, 71 f., 83, 110, 113, 127, 211, 252, 286, 313 f., 349, 362, 372, **375** f.
Erkenntnis 138, 250, 391
Erleuchtung 233, 256, 270, 331, 335
Erlösung, Erlöser 264, 266, 270, 311, 417
Ernährung 319, 398, 431
Erweckung 43, 371
Eschatologie 38, 220, 363, **420**
Esoterik, esoterisch 48, 148, 376
Essäer, Essener 48, 162, **263**, **420**, 425
falsche Propheten → Propheten
Familien-Aufstellung 91
Fernsehen 135, 137, 434
Fische-Zeitalter 23, 30, 39, 49, 87, 199, 361
Freier Wille 14, 73, 78, 85, 92, 120, 130, 178, 284
Freude 50, 78, 88, 93, 95, 190, 237, 248, 255, 291, 326, 335, 392, **399**
Friede, Frieden 53 f., 75, 93, 115, 179, 190, 293, 304, 344, 380, **386**, 412
Frohbotschaft 57, **229**
frühchristlich → urchristlich
Galaktischer Mensch 115, 378
Galaktisches Zentrum 98, 116, 214
Galaxis 116, 200,
Gebet 96, 369, 406, 407
Gedankenkraft 73, **141**, 428
Gedankensauberkeit 193, 333, 336, 402
gedankliche Ordnung 228
Geheimlehren 68, 267
Gemeinschaft 43, 48, 57, 89 f., 270, 273, 288, 300, 339, 370, **379**, 386, 420, 440
Glauben 145, 160
Gnade, Gnaden-Energie 154, 236, 243, 248, **415**

Gnosis, Gnostizismus 215, 264
Goldenes Zeitalter 363
Gottes-Bild **61**, 154
Gott-in-uns 54, 63, 72, 82, 85, **93**, 97, 154, 266, 298, 307, 331, 367, 437
Gottlosigkeit **172**, 217
Gott-Vertrauen 139
Graf-Dracula-Effekt 100, 147, 240, 339
Haben und Sein 152, 338
Hale-Bopp 203, 235, 346
Harmonie, harmonisch 167, **190**, 234, 324, 375
Hermetik 150, 175, 189
Höheres Selbst 64, 74, 88, **93**, 180, 378, 409
Hohle Erde 113, 273, 429
holistisch 49, 266, 332, 393
Hologramm 69, 421, 436
Hubble-Teleskop 28, 424
hundertster Affe 368
ICH-BIN 302, 314, 339, 437
Illuminati 111, 121, 133
Individualisierung 155, 164, 178, 182, 295, **303** f., 353, 361, 440
Information, energetische 129
Informations-Monopole 133 f.
Internet 132, 137, 208, 214, 350
Interplanetarische Konföderation 111
Intuition, intuitiver Führer 95, 185, 301
Islamismus 132, 214, 363
Jüngstes Gericht, -Tag 16, 61, 67, 362
Kabbala 269, 429
Kalender 202, 204
Kalender der Mayas 201, **205** f., 245, 363, 423
Kalender, Gregorianischer 135, 430
Kali-Yuga 23, 205

Karma 82, **243**, 312, 353, **421**
Kerzen 403
Kinesiologie 323, 325, 395
Konzil von Konstantinopel 162
Konzil von Nicäa 25
Körper als Tempel 72, 319 f., **394**
Körperbewegung 330, 394
kosmische Bruderschaft des Lichts 111
Kosmische-Multi-Schnittstelle 32, 98, 257, 286, 332
Kosmos 45, 54, 56
Krisen 176, 211, 216 f., 229, 239
Lebenskreis 182, 190, 306
Licht als Überlicht 138, 332
Licht, inneres 300, **331**
Licht, neues Licht 170, 240, 255, 269, 300, 332 f., 353, 413
Licht-Affirmation 414
Licht-Arbeiter 238, 250, 291, 314, 351
Licht-Funke 302
Lichtkörper 42, 72, 233, **309**, 314, 328, 374, 393
Licht-Nahrung 325
Licht-Schutz 412
Lichtschwingungs-Verträglichkeit 256, 283, **288**, 337, 341
Lichtstrebende 227, 243, 286, 289 f., 299, 310, 361, 381, 389, 400, 413
Licht-Verehrung 259
Licht-Wesen, 69, 70, 181, 272, 285
Liebe 153, 155, 158, 404
Lied der Linde 383
Loslassen 242, 305, 402, 404
Magnetgitter 235, 342, 422
Mahatma-Energie 339
Makrokosmos 45, 219
Manipulation 129, 140
Materialisierung 69, 143, **422**
Materialismus **172**, 217, 287,

348, 422
Maya-Kalender → Kalender d.M.
Medien 14, 68
Medizin-Rad 52, 191
Meister der Goldenen Sonne → Bruderschaft d.G.S.
Merkabah 239, 359, **423**, 427
Metaphysik **61**, 79
Mikrowellen 276, 323, 325
Milchstraße → Galaxis
Millennium 221, 310, 431
Mithras-Kult 25, 81, 153, 162, 261 f.
Montauk-Stuhl 143
Mormonen 34, 237, 365
Mutter Erde, Gaia 40, 52, 54, 124, 128, 215 f., 219, 223, 377, 382
Naturreich, feinstoffliches 101
Neue Erde 359, 378, 381 f.
Neuer Mensch 359, 380, 383
Neue-Welt-Ordnung → Eine-Welt-Regierungen
Neugeistlehre 294, 338
New-Age 33, 35, 41, 58, 71, 86, 199, 219, 269, 309, 342
Offenbarungen **31**, 39, 221
Orion-Imperium 111
Orion-Technologie 206
Paradigmenwechsel 27, 28, 55 f., 246, 361
Paulus, Paulinismus 25, 43, 213, 220, 266, 374, 378
Pfingstbewegung 38
Photonen, **281**, 321, 324, 341
Photonen-Lichtring 119, 203, 207, 235, 384
Planetarische Geistige Hierarchie 69, 84
Platonisches Weltenjahr 23, 128, **200**, 245, 283
Plejaden 284
point of return 128, **199**, 202, 209, 218, 225, 239 f., 251, 257, 286, 307, 350, 374
Polaritäten, **167**, 180

Positives Denken 37, 138, 409
Pressefreiheit → Informations-Monopole
Propheten, falsche 32, 42, 222
Prophetie, Propheten 31, 69, 220
Pyramide von Gizeh 205
Pythagoräer → Pythagoras
Rabitsch-Infodienst 277, 328, 329, 431, 433
Raumgeschwister 69, **103**, 421
Reanimierte 61, 68, 75, 84
Reich Gottes 222, 271, **367**, 377
Reinigung, spirituelle 411
Reinigungsprogramm → Bereinigung
Reinkarnationslehre → Seelen-Wiederverkörperung
Resonanz, -fähigkeit 91, 96, 110, **128**, 137, 144, 193, 195, 247, 306, 319, 323 f., 352, 374, 378, 402, 409
Rumpelstilzcheneffekt 140, 239
Runen 191, 247
Saat und Ernte 144, **157**, 224, 246
Säure-Basen-Gleichgewicht 323, 397, 424
Schatten, Dunkelheit 311, 339, 367
Schöpfer, Schöpfung 62, 66, 69, 72, 85, 86, **106**, 108, 120, 143, 151, 155, 195, 219, 370, 404
Schutz, spiritueller 139
Schwarze Sonne 114
Schwingungsebene 284
Schwingungsfrequenz 243, 252, 283, 286, 322, 328, 341, 375, 383, **402**, 415
Seelenfamilie 89
Seelen-Rückrufaktion 14, **87**
Seelen-Wiederverkörperung 84, **161**, 338
Selbst-Bewußtsein 150, 258, 297
Selbst-Erleuchtung 333, 336
Selbst-Erlösung 76, 86, 149, 151, 164, 177, 247
Selbstfindung 241, 257, **293**, 303 f., 408
Selbst-Verwirklichung 303, 306, 353
Silberschnur 77, 116
Single 92
Sinn des Lebens 150, 166
sirianisches Experiment 223
Sol invictus 23, 261
Sonnenlicht 258, **274**, 321, 329, 330, 434
Stille, Ruhe 295, 330, 401
Symbole 188
Synergismus 233, 364, 366
Tal der Tränen 247 f., 300, 305, 312, 352, 372
Tempel des hl.Geistes → Körper als Tempel
Tempel zu Jerusalem 72
Tiergeschwister **50**
Titanic-Syndrom 219
Transformation 129, 287, 295, 312, **341**, 411
Trinkwasser, fluoridiertes 134, **430**
Überleben 289
UFO's **103**, 132, 135, 237, 426, 433
Umwandlung des Planeten 287, 369
Umwandlung, seelische 306
Unterbewußtsein 64, 96
urchristlich, Urchristen 25, 38, 81, 154, 288, 379
Ursache und Wirkung **157**, 195
Urzentralsonne 119
UV-Licht 276 f.
Vampire, energetische 100, 153, 241, 312
Vegetarismus 50, 265
Veränderungen 227, 242, 246, 309, 311, 319, 374, 391, 408
Vergeben 404
Verständnis 307, 362
Vertrauen 307
verurteilen 163
Vollkommenheit 64, 102, 151, 170, 196, 252, 256, 300
Walk-In-Seelen **98**
Warnungen **223**, 343
Wassermann-Geist 282
Wassermann-Zeitalter 23, 30, 33, 191, 199, 203, 244, 258, 285, 350, 361
Weg nach innen 182, 295 ff., 413
Weiblichkeit 50, 346
Weiße Bruderschaft 69, 118, **425**
Wendepunkt → ‚point of return'
Wiedergeburt → Seelen-Wiederverkörperung
Wiederkunft 365, 380
Wissen, Weisheit 264, 372, 375, 381, 391, 395
Zeitalter des Geistes 203, 310, 361, 375 f.
Zeitalter des Lichts 204, 270, 317, 326
Zeitalter, astrologische 203
Zeitbarrieren 206
Zeitenwende 98, 100 f., 223, 257
Zeugen Jehovas 365
Zombitum 136, 247, 341,
Zoroastrismus → Zarathustra
Zufalls-Gläubigkeit **160**
Zukunft 144, 311, 387

Literaturhinweise

Es gibt viele Wege zur Selbstfindung, zur Individualisierung und zur persönlichen Transformation mit dem Ziel, demnächst zu den ‚Lichtstrebenden' zu zählen. Diese Wege können wir in Religionen, Philosophien und der Psychologie finden, in verschiedenen spirituellen Disziplinen und Meditationstechniken, auch geführt von einem ‚Guru' oder als eigensinniger Autodidakt, oft streckenweise in der Gemeinschaft Gleichgesinnter und dann wieder alleine auf dem Weg nach innen.

Wir wissen nach dem Studium dieses Buches, daß jeder von uns den Weg finden muß, der uns zu unserem Höheren-Selbst-in-uns und zu unserer inneren, aber vergessenen Göttlichkeit in eine neue Beziehung setzt. Und der Weg muß ein seelischer Entwicklungsweg sein.

Die folgenden Adressen von (weitgehend) alternativen Zeitschriften und richtungsweisenden Büchern zum Thema ‚Licht' (wie auch die Buchangaben im Quellenverzeichnis) **sind nicht als Empfehlung für einen bestimmten Weg gedacht.** Ich empfehle sie **als Anhaltspunkte**, aber auch zur Erweckung von absolut vorhandenem ‚altem Zellwissen', auch *die Monade* genannt.

Ich stimme keinesfalls mit allem überein, was in diesen Büchern, Zeitschriften und Lehrmeinungen insgesamt zu finden ist. Auch praktiziere ich nicht alles, aber sicherlich hat alles irgend einen Nutzen für die- und denjenigen, welche sich damit in Resonanz fühlen. **Allein darauf sollte man achten!**

Für falsches Verständnis oder falsche Anwendung kann ich nicht verantwortlich gemacht werden.

Zeitschriften zur Zeitenwende

Zeiten*Schrift*	‚Ein Kompaß in bewegten Zeiten' Zeiten*Schrift*-Verlag, Postfach, CH-6343 Rotkreuz Tel.: 0041-(0)-41-7981198, Fax: 7981190 www.zeitenschrift.com
Die Andere Realität	‚Wissenschaftliche Zeitung für Parapsychologie, bodenständige Esoterik und spirituelle Ökologie' Voßstr. 218, 45966 Gladbeck
esotera	Das innere Wissen aus Ost und West Verlag Hermann Bauer, Postfach 167, 79001 Freiburg
DER WEISSE LOTOS	‚Zeitschrift für geistige Entfaltung' Hirthammer Verlag, Frankf. Ring 247, 80807 München
raum&zeit	‚Gesellschaft, Wissenschaft und Medizin in der Diskussion' Ehlers Verlags GmbH, Poazlgasteig 5, 83623 Dietramszell
natürlich vegetarisch	‚Magazin des Vegetarier-Bund Deutschlands e.V.' Blumenstr. 3, 30159 Hannover
Zeit Geist	‚Interdisziplinäres Forum für neue Wege in Wissenschaft, Medizin, Kunst und Philosophie' holos medien & consulting, Albuchweg 6, 70188 Stuttgart
Mensch & Sein	‚Zeitschrift für Lebensfreude, ganzheitliches Denken und Wachstum', Verlag Mensch & Sein, Haunstetter Str. 112, 86161 Augsburg
MATRIX 3000	‚Bewegung – Resonanz – Wandlung' Matrix 3000-Verlag, Ammergauer Str. 80, 86971 Peiting
VISIONEN	‚Das Magazin für ganzheitliches Leben' Sandila GmbH, Sägestr. 37, 79737 Herrsching
Menetu	‚Einheit für Körper, Geist und Seele' Diessener Str. 29, 86946 Issing Tel.: 08194-931881, Fax: 9319715 e-mail: Janos.Pruesi@t-online.de
JA	‚Zeitschrift für dynamische Lebensgestaltung' Frick-Verlag GmbH, Postfach 447, 75104 Pforzheim

Sonnen*wind*	‚positive Zeitschrift für ganzheitliches Bewußtsein' Verlag Brennpunkt neue Erde, Kleiststr. 31, 65232 Taunusstein
Aufklärungsarbeit	www.aufklaerungsarbeit.de e-mail: redaktion@aufklaerungsarbeit.de
AMORC-Forum	Eine Zeitschrift für Mystik – Esoterik – Kunst 76527 Baden-Baden, Stolzenbergstr. 15
PENTAGRAMM	‚Zeitschrift der int. Schule des Goldenen Rosenkreuzes' Rosekruis Pers, D-51657 Wiehl, Postfach 1307 Lectorium Rosicrucianum, CH-1824 Caux Int. Schule des Rosenkreuzes, A-9754 Schloß Neustein
NATURAL SCIENCE	‚Das Weltfundament für Natur-Wissenschaft' Verlag Das WFNS, Postfach 632, CH-3000 Bern 31
LICHT-**FORUM**	‚Die Zeitschrift für Lichtarbeiter' Assunta Licht Forum, CH-6541 Santa Maria, Al Ronc
MAGAZIN 2000 plus	‚Internationales Forum der Grenzwissenschaften' Verlag Argo, Sternstr. 3, 87616 Marktoberdorf
DEGUFORUM	‚Zeitschrift der deutschsprachigen Gesellschaft für UFO-Forschung' Degufo e.V., Postfach 2831, 55516 Bad Kreuznach
Vertrauliche Mitteilungen	‚Aus Politik, Wirtschaft und Geldanlage' Verlag Arbeit und Wirtschaft, Junkerstr. 46, 78266 Büsingen
UN	‚Unabhängige Nachrichten' UN-Verlag, Postfach 101706, 46017 Oberhausen
und...	www.das-gibt's-doch-nicht.de

Weiterführende Literatur zum Thema ‚Licht':
(Stand April 2001)

An die Kinder des Lichts von *Antas und Antaria* (siehe unter 116)
Anruf an die Lichtarbeiter von *Rhea Powers* (siehe unter 114)
Ansturm des Lichts von *Dr. Hartmut Normann* ISBN 3-923601-06-9
Biologie des Lichts von *Fritz A. Popp* (siehe unter 134)
Biophotonen, das Licht in unseren Zellen von *Marco Bischoff* (siehe unter 134)
Boten des Lichts von *James F.Twyman* ISBN 3-453-15512-2
Das Sonnenbewußtsein von *Margarete Friebe* (siehe unter 140)
Das heilende Licht der Seele von *Inge von Wedemeyer*
Das Christuslicht von *Flower A. Newhouse* ISBN 3-922936-21-0
Das AHA-Buch für Lichtarbeiter von *Vywamus* ISBN 3-924161-57-7
Dem Licht entgegen von *Michael Agerskov* (siehe unter 17)
Der Lichtkörper-Prozeß von *Tashira Tachi-ren* (siehe unter 1)
Der Lichtkörper von *Reintjen Anselmi* (siehe unter 9)
Die innere Sonne von *K.O.Schmidt* (siehe unter 78)
Die heilende Kraft des Lichts von *Dr. Jakob Libermann* (siehe unter 134)
Die Sprache des Lichts von *Elisabeth Bond* ISBN 3-9520854-7-2
Geboren im Licht von *Lumena Brigitta* (siehe unter 42)
Licht aus dem Kosmos von *Dr. Dorit I. Becker* ISBN 3-929422-09-3
Leben im Licht von *Shakti Gawain* (Heyne Taschenbuch)
Licht Wesen von *Petra Schneider . Gerhard K. Pieroth* ISBN 3-89385-189-5
Lichtbewußtsein und Kreativität von *Christine Mill* ISBN 3-89427-127-2
Lichtbrücke zu den Dimensionen des Bewußtseins von *R. Zipperle* 3-89478-129-7
Lichtkörper-Bewußtsein von *Brigitte Müller* (siehe unter 139)
Lichtnahrung von *Jasmuheen* ISBN 3-929512-26-2
Lightningbolt, die Weisheit der Medizinräder von *H.Storm* ISBN 3-89631-187-5
Polarität – Der dichte und der lichte Pol von *Elisabeth Bond* ISBN 3-9520854-66-8
P'taah – Botschaften des Lichtes von *Jani King* (siehe unter 169)
Sonnenheilmittel – Medizin der Zukunft von *Yves Kraushaar* (siehe unter 134)
Sonnenlicht und Gesundheit von *Dr. Zane R. Kime* ISBN 3-926453-06-0
Vom Ego zum Licht von *Robert Linssen* (siehe unter 150)
Wege ins Licht von *Keman* ISBN 3-926563-75-3 und §-926563-77-X
Zum Lichtgrund der Seele von *Rosina Zipperle* (siehe unter 136)

Über den Autor

Johannes Holey (67) war Unternehmer in einem renommierten Familienbetrieb und bekleidete Ehrenämter, unter anderem als Bankvorstand, bei der IHK und im Industrieverband. 1995 hatte er trotz kommerzieller Auslastung (oder gerade deswegen) sein Erlebnis mit dem Jesus-Bewusstsein und begann sein erstes Buch (überwiegend nachts) zu schreiben (»Jesus 2000«). Dieses Bewusstsein von Jesus begleitet ihn bis heute weiter. Damals lernte er, sein Managerdenken immer mehr auszutauschen in das ‚Sich-führen-lassen'. Zugleich wurde es eine Entwicklung vom Haben zum Sein. Verbunden mit dem Umzug auf die Insel La Palma trat ein völliges Loslassen alter Werte ein. Selbst-Sein und Gott-Sein werden nun zum Gottes-Dienst und sein Anliegen ist es, in Büchern, Beratungen und Seminaren den modernen, neuen Weg seiner Selbstfindung aufzuzeigen.

Unser **aktuelles** Verlagsprogramm
finden Sie im Internet unter:
http://www.amadeus-verlag.com

Alles ist Gott

Johannes Holey
mit Hannelore H. Dietrich

Unsere Rückkehr zur Göttlichkeit
In einem „Spiel der Götter" ohne Ängste

Die Menschen sahen seit Jahrtausenden GOTT im Außen – in der Natur, in Tempeln und Kirchen, im Himmel. Sie haben dabei mächtige Kulte entwickelt und führen bis heute Glaubenskriege.

Denn die Menschen haben vergessen, daß sie GOTT in sich selbst tragen – jeder von uns. Unter Bezeichnungen wie Höheres Selbst oder Gottesfunken und sehr vielen anderen ist immer unser Herzzentrum gemeint.

Unser Sich-erinnern wird dann *die Rückkehr zu unserer Göttlichkeit* und da wir alle *Gott-in-uns* tragen: ein ‚Spiel der Götter'. Die dabei teils falsch verstandenen, teils neuen und verblüffenden ‚Spielregeln' werden in diesem Buch praktisch erklärt:

Spielregel: Jeder Mensch ist Schöpfer seines Lebens, seines Alltags und seiner Gesundheit durch seine Gedankenkräfte - nach der Regel *"der Gedanke lenkt die Kraft"*

Spielregel: Gott/Göttin sind in jedem von uns selbst. Daher ‚erschaffen' wir unser Leben allmählich ohne die versteckten inneren Ängste - Tag für Tag *mit unseren eigenen unerschöpflichen Herzenskräften*

Spielregel: Es gibt keine Schöpfung ohne Weiblichkeit und weibliche Energien. Immer stärker schwingen wieder die alten zusammen mit den neuen und höheren Frequenzen der *Großen Mutter*.

Spielregel: Wir *‚Kinder des Lichts'* (1. Thes. 5,5) sind mit einem Auftrag in dieses Erdenleben gegangen, an den wir uns erinnern müssen und den wir erfüllen wollen. Der Auftrag heißt: *...lasset euer Licht leuchten*

Spielregel: *Christus* brach das Siebte Siegel auf. Die Neue Zeit (des Wassermanns) entsteht bereits und mit dem *Christusbewußtsein* können wir entscheidender Mitschöpfer sein.

Und viele andere Spielregeln mehr... Es ist ein *Energiebuch des Fühlens* und wer diesmal ‚kopflos' versucht, das aufzunehmen, ist von Anfang an *in Resonanz mit seiner vergessenen Göttlichkeit.*

ISBN 3-9805733-4-6 • 19,70 Euro

ALDEBARAN-Versand
50670 Köln • Weißenburgstr. 10 a
Telefon 02 21 - 737 000 •Telefax 02 21 - 737 001

JESUS 2000 – Das Friedensreich naht

Johannes Holey

Rechtzeitig zur Zeitenwende:
Das christlich-spirituelle Erkenntnisbuch

Gleichgültig, ob Jesus drei oder sieben Jahre vor der Zeitrechnung geboren wurde - heute sind zweitausend Jahre vergangen ohne merkliche ethische Fortschritte der Menschheit.

Christen töten sich gegenseitig wie auch Andersgläubige, Ungeborenes und Tiere. Sie sind voll Gier, Gehässigkeit und Neid und streiten und betrügen. Wie konnte das jahrtausendelang geschehen? Was wollen wir bis heute nicht begreifen?

Joshua ben Josef, unser Jesus, lehrte damals als neue Religion:

- ✺ **Gott ist reine Liebe und nichts als Liebe**
- ✺ **Gott-ist-in-uns**
- ✺ **Liebe deinen Nächsten wie dich selbst, denn**
- ✺ **alle Menschen sind gleich**
- ✺ **Unterlasse das Richten und Verurteilen anderer**
- ✺ **Folge mir nach, denn**
- ✺ **ich bin bei euch alle Tage bis ans Ende der Zeit**

Diese von den vielen christlichen Kirchen teilweise völlig vernachlässigten Forderungen der ur-christlichen und genialen Lehre Jesu müssen endlich wörtlich genommen werden. Denn jetzt zur Zeitenwende soll ein neues tausendjähriges Friedensreich entstehen und kommen.

ISBN 3-9805733-0-3 • 25,50 Euro

ALDEBARAN-Versand
50670 Köln • Weißenburgstr. 10 a
Telefon 02 21 - 737 000 •Telefax 02 21 - 737 001

DIE KINDER DES NEUEN JAHRTAUSENDS

Jan Udo Holey/Jan van Helsing

Mediale Kinder verändern die Welt!

Der dreizehnjährige Lorenz sieht seinen verstorbenen Großvater, spricht mit ihm und gibt dessen Hinweise aus dem Jenseits an andere weiter. Kevin kommt ins Bett der Eltern gekrochen und erzählt, daß *„der große Engel wieder am Bett stand"*. Peter ist neun und kann nicht nur die Aura um Lebewesen sehen, sondern auch die Gedanken anderer Menschen lesen. Vladimir liest aus verschlossenen Büchern und sein Bruder Sergej verbiegt Löffel durch Gedankenkraft.

Ausnahmen, meinen Sie, ein Kind unter tausend, das solche Begabungen hat? Nein, keinesfalls! Wie der Autor in diesem, durch viele Fallbeispiele belebten Buch aufzeigt, schlummern in allen Kindern solche und viele andere Talente, die jedoch überwiegend durch falsche Religions- und Erziehungssysteme, aber auch durch Unachtsamkeit oder fehlende Kenntnis der Eltern übersehen oder gar verdrängt werden. Und das spannendste an dieser Tatsache ist, daß nicht nur die Anzahl der medial geborenen Kinder enorm steigt, sondern sich auch ihre Fähigkeiten verstärken. Was hat es damit auf sich?

Lauschen wir den spannenden und faszinierenden Berichten medialer Kinder aus aller Welt, darunter

- die hellsichtig-medialen Kinder, die in Kontakt mit der geistigen Welt – mit dem ‚Jenseits' - stehen,
- die Kinder, die sich an ihr letztes Leben erinnern können,
- die *Indigo-Kinder*, die durch ihr hyperaktives Verhalten, ihre extreme Art, sich nicht anzupassen, und ihren hohen IQ auffallen,
- die supermedialen chinesischen Kinder, die nicht nur in der Lage sind, mit den Ohren oder den Händen zu lesen, sondern auch Gegenstände aus dem „Nichts" zu materialisieren, und
- die Kinder, die eine neue – bisher als *„mutiert"* bezeichnete – DNS aufweisen und daher nicht nur gegen infiziertes Blut resistent, sondern selbst gegen Krebszellen immun sind.

ISBN 3-9807106-4-5 • 23,30 Euro
ALDEBARAN-Versand
50670 Köln • Weißenburgstr. 10 a
Telefon 02 21 - 737 000 •Telefax 02 21 - 737 001

UNTERNEHMEN ALDEBARAN

Jan Udo Holey/Jan van Helsing

Das allgäuer Ehepaar Karin und Reiner Feistle behauptet, schon seit seiner Kindheit von Außerirdischen besucht worden zu sein. Beide waren bis vor ein paar Jahren fest der Überzeugung, daß ihr „Fall" einer von vielen sei, wie sie nun langsam immer mehr an die Öffentlichkeit dringen, bei denen nachts Menschen von kleinen grauen Wesen mit großen Köpfen „entführt" werden und sich irgendwelchen „Untersuchungen" ausgesetzt finden.

Doch das änderte sich schlagartig, als Reiner Feistle zum erstenmal den Kommandanten des Raumschiffes, auf das ihn die kleinen „Grauen" gebracht hatten, zu Gesicht bekam – er war zwei Meter zwanzig groß, hatte blaue Augen, lange dunkle Haare und sprach deutsch (im Gegensatz zu den „Grauen", die sich telepathisch mit ihm verständigten).

Das ganze Szenarium der „Grauen" entpuppte sich als ein großes Tarnmanöver für die großen Besucher aus dem Sonnensystem Aldebaran, die der Menschheit auf der Erde in der kommenden schwierigen Zeit des Umbruchs hilfreich zur Seite stehen, jedoch noch nicht persönlich in Erscheinung treten wollen, da die Mehrzahl der Menschen momentan noch dazu neigen, sie zu „Engeln" oder „Göttern" zu erklären und dazu tendieren, diesen ihre Verantwortung zu übertragen.

Doch Karin und Reiner Feistle sind nicht die ersten Deutschen, mit denen die Aldebaraner Kontakt aufgenommen haben.

Unglaublich meinen Sie?
Nun, vielleicht sind Sie nach der Lektüre dieses Buches anderer Meinung.

ISBN 3-9005733-2-X • 23,30 Euro
ALDEBARAN-Versand
50670 Köln • Weißenburgstr. 10 a
Telefon 02 21 - 737 000 • Telefax 02 21 - 737 001

„Man darf in Deutschland alles sagen, nur nicht alles."

Jan Udo Holey/Jan van Helsing

Wer bisher dachte, es gäbe in der Bundesrepublik speziell im Bereich der Literatur keine Zensur, da in Deutschland jeder seine Meinung frei äußern könne, der kennt sich offenbar nicht aus! Jahr für Jahr werden Buchtitel politischen Inhalts indiziert und der Verkauf verboten, bekommen Buchhändler und Verlage Hausdurchsuchungen, werden Autoren mit Gefängnis bestraft – und die Zahl der Buchverbote in Deutschland steigt weiter!

Bei dem in diesem Buch dokumentierten Fall des jungen Schriftstellers Jan van Helsing handelt es sich dabei um den spektakulärsten Fall der neunziger Jahre – spektakulär deshalb, da seine beiden Bücher mit weit über 100.000 verkauften Exemplaren bereits Bestsellerformat erreicht hatten, bevor sie bundesweit beschlagnahmt wurden.

Haben wir inzwischen Zustände wie in der ehemaligen DDR? Die hier veröffentlichte Anklageschrift gegen Autor und Verleger bezeugt nämlich hanebüchene Rechtszustände und Vorgehensweisen gegen Sachbuchautoren im angeblich "freiesten Land deutscher Geschichte".

Und ähnlich wie Salman Rushdie wurde auch Jan van Helsing bedroht und davor gewarnt, weitere Bücher dieser Art zu veröffentlichen - ja, es wurde sogar sein Tod gefordert. Doch in seinem Fall nicht vom Iran, sondern von Kreisen, von denen Sie es nie erwartet hätten. Unglaublich, meinen Sie?

Seien Sie darauf gespannt, was Sie in diesem Buch erwartet. Verschiedene Parteien (Gutachter, Staatsanwaltschaft, Anwälte, Autor, juristischer Betrachter, u.a.) kommen hier zu Wort und ermöglichen Ihnen dadurch einen neutralen Überblick über die Vorgehensweise im Fall Jan van Helsing. Es wird Ihren Glauben in unsere Rechtsstaatlichkeit erschüttern und sicherlich zu einer neuen Beurteilung der Meinungsfreiheit in der Bundesrepublik bewegen!

ISBN 3-9805733-9-7 • 23,30 Euro
ALDEBARAN-Versand
50670 Köln • Weißenburgstr. 10 a
Telefon 02 21 - 737 000 • Telefax 02 21 - 737 001

DIE INNERE WELT – Das Geheimnis der Schwarzen Sonne

Jan Udo Holey/Jan van Helsing

Roman

Ein mysteriöser Mann betritt eine esoterische Buchhandlung und erzählt dem Inhaber eine haarsträubende Geschichte.

Er behauptet unter anderem, daß
- die Erde seit langer Zeit von verschiedenen Außerirdischen besucht wird
- diese Außerirdischen den Deutschen und Amerikanern während des Zweiten Weltkriegs geholfen haben, fliegende Untertassen zu bauen
- die Erdkruste von Tunnelsystemen durchzogen und die Erde selbst hohl und bewohnt ist
- diese verschiedenen dort lebenden Gruppen in absoluter Harmonie mit der Natur existieren und gleichzeitig über eine Technologie verfügen, die der oberirdischen Menschheit um Jahrhunderte voraus ist
- keine streitbaren Oberirdischen in deren unterirdisches Friedensreich, das seit mehr als 30.000 Jahren bestehen soll, eingelassen werden
- friedliche Deutsche Ende des Zweiten Weltkrieges einen Teil dieses innerirdischen Reiches kolonisiert und dort ihr „Goldenes Zeitalter" aufgebaut haben.
- Deutsche und Amerikaner seither mit ihren Flugscheiben den Weltraum bereisen
- das Weltraumprogramm der Amerikaner und Russen nur der Ablenkung vom eigentlichen Geschehen dient, um weiterhin geheim zu halten, daß das Universum so aufgebaut ist, daß Energie jedem Menschen kostenlos zur Verfügung steht.

Ist der geheimnisvolle Informant der Klapsmühle entsprungen oder ist er ein Top-Agent, der Einblick in hochgeheime Dokumente hatte?

ISBN 3-9805733-1-1 • 23,30 Euro

ALDEBARAN-Versand
50670 Köln • Weißenburgstr. 10 a
Telefon 02 21 - 737 000 • Telefax 02 21 - 737 001

Buch 3 – Der Dritte Weltkrieg

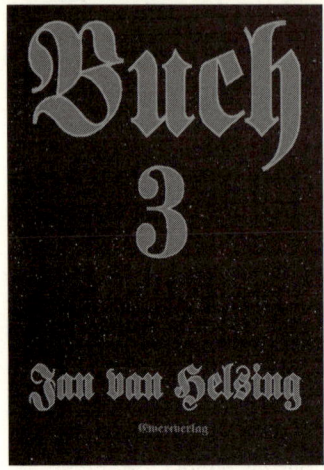

Jan Udo Holey/Jan van Helsing

100 verschiedene Seherschauungen und Prophezeiungen über die Jahrtausendwende im Vergleich

Vorwort:

Fast jedes halbe Jahr erscheint irgendwo auf der Welt ein neues Buch über Prophezeiungen oder Weissagungen. Ein großer Teil dieser Bücher haben ihr Augenmerk auf die bevorstehende Jahrtausendwende gerichtet (etwa zehn Jahre vor und nach dem Jahr 2000), da den Sehern und Propheten in ihren Visionen anscheinend umwälzende und die Welt verändernde Ereignisse über diesen Teil der Geschichte gezeigt worden sind. Dies ist nicht allen unbekannt. Auch in der Offenbarung des Johannes im N.T. finden wir Beschreibungen für diesen Zeitraum, den manche als den *"Jüngsten Tag"*, das *"Strafgericht Gottes"* oder *"die Zeit, in der die Spreu vom Weizen getrennt wird"* bezeichnen. Eine Zeit der Naturkatastrophen, Kriege und Unruhen. Man hat davon gehört. Meistens nur mit einem Ohr. Wer hört schon gerne was von unruhigen Zeiten, gar von einem "Dritten Weltkrieg", wo man doch gerade erst einen Bausparvertrag und eine Lebensversicherung abgeschlossen hat. Es sind nur noch ein paar Jahre bis zur wohlverdienten Rente. Da kann doch jetzt kein Bürgerkrieg kommen oder eine Überschwemmung. Nein, man will einfach nicht daran glauben. *"So was haben schon viele vorausgesagt"*, sagt man, *"und nichts ist passiert"*. So, ist denn wirklich nichts passiert?

Nun, daß es zahlreiche Bücher diesen Themas gibt ist sicherlich nicht zu leugnen. Doch was wird durch diese beim Leser bisher ausgelöst? Ist es denn nicht in den meisten Fällen Angst, Unsicherheit und Panik vor der Zukunft? Ist es der Sinn und Zweck der Visionen, dies beim Leser hervorzurufen? Sich vom Leben zurückzuziehen? Kann ich mir ehrlich gesagt kaum vorstellen. Was sollten denn diese Visionen ursprünglich beim Menschen bewirken? Eine Aussortierung? Eine Elitebildung von Auserlesenen? Was steckt dahinter?

Welches Buch über Seherschauungen zeigt dem Leser nach der Präsentation der umwälzenden Ereignisse, die die Seher in ihren Visionen erblickt haben, auch einen Ausweg für den Einzelnen? Und vor allem einen einfach verständlichen und gleichzeitig praktisch anwendbaren Weg? Oder brauchen wir überhaupt einen Ausweg? Gibt es überhaupt etwas, vor dem wir weglaufen müssen, oder sollten wir nicht vielleicht das Gegenteil tun? Was sagen die Visionen über die Zeit 'danach'? Ist denn nicht vielleicht etwas vorausgesagt, wofür es sich zu hoffen, ja vielleicht auch zu kämpfen lohnt?...

ISBN 3-89478-573-X • 25,50 Euro

ALDEBARAN-Versand
50670 Köln • Weißenburgstr. 10 a
Telefon 02 21 - 737 000 • Telefax 02 21 - 737 001

DAS ENDE DER ENDZEIT - Aufstieg zur Göttlichkeit

Udo Brückmann

„Das Ende der Endzeit" könnte sich in der Tat zu einem „Licht-Buch" der Geistigen Freiheit im Einklang mit dem Kosmos entwickeln; einer wirklich greifbaren Freiheit, nach der so viele Menschen suchen.

Die meisten der dargestellten Themen, die in einer betont bildhaften Sprache behandelt werden, sind dem Leser vielleicht nur auf den ersten Blick vertraut. Es handelt sich um eine Zusammenfassung aller wichtigen Bereiche, die das Leben dem Menschen an und für sich und auf dem Planeten betreffen: Präsentiert aber wird ohne belehrende Zeigefinger eine andere, überraschende, oft nicht erwartete Sicht, eine auch durch Querverbindungen andere Reflexion der Dinge, noch dazu in einer ironisch-augenzwinkernden Weise.

Etablierte Strukturen werden hinterfragt und gegebenenfalls bewußt vom Sockel gestoßen, nicht, um sie zu zerstören, sondern um diese licht-voll zu erweitern! Der Untertitel „Anleitung zur Göttlichkeit" ist wörtlich zu nehmen! Gemeint ist der Beginn eines Neuen Zeitalters beziehungsweise die Wiederentdeckung jedes Einzelnen als Teil des Göttlichen im harmonischen Zusammenwirken mit der ganzen Schöpfung, nicht durch komplizierte Systeme, nicht durch ‚esoterische' Mystik, nicht durch das Herausstellen einer bestimmten Organisation, nicht durch Personenkult, sondern durch das Aufdecken von ganz einfachen Mechanismen.

Das Erklärungsgerüst, welches sich dem Leser von Kapitel zu Kapitel offenbart, hat die Formulierung der Universalgesetze (unter anderem hergeleitet aus den Schriften der großen Religionen) zur Grundlage: Gesetz der Analogie (Mikrokosmos/Makrokosmos), Gesetz der Wiedergeburt oder Reinkarnation, Gesetz der Kausalität (Ursache/Wirkung), Gesetz des karmischen Ausgleichs, Gesetz der Resonanz (Gleiches zieht Gleiches an), Gesetz der energetischen Schwingung (Verbindung aller Existenzebenen).

Mit der bewußt positiven Nutzung dieser neutralen Gesetzmäßigkeiten wird ein Aus-Dem-Weg-Räumen sämtlicher Begrenzungen materieller wie geistiger Art möglich. Es sind Regeln des menschlichen Verhaltens, die es um ein hohes Maß an Offenheit, Ethik und Humanität zu erweitern gilt, um ein erweitertes Bewußtsein, durch die Macht der Gedanken und Taten eine Neue Welt zu kreieren.

ISBN 3-9805733-8-9 • 23,30 Euro

ALDEBARAN-Versand
50670 Köln • Weißenburgstr. 10 a
Telefon 02 21 - 737 000 • Telefax 02 21 - 737 001

DEN GÖTTERN AUF DER SPUR

Stefan Erdmann

Gentechnik vor 400.000 Jahren

Waren wir bisher der Meinung, daß die Frage nach der Entstehung des Menschen längst geklärt sei? Wenn ja, werden wir durch dieses Werk eines besseren belehrt. Stefan Erdmann hat auf seinen Expeditionen durch sechs Kontinente, schwerpunktmäßig jedoch durch den afrikanischen, Entdeckungen gemacht, die sehr überzeugend darlegen, daß die ersten Kulturbringer der Menschheit einst *von den Sternen* kamen und genetisch in die Entwicklung auf der Erde eingegriffen hatten.

Auf seiner Suche nach Anhaltspunkten, die diese These unterstützen würden, hatte er Gebiete Afrikas besucht, die nie zuvor ein Weißer betreten hatte, traf dabei auf Menschen, von denen bisher kein Mensch wußte, daß sie überhaupt existierten, besuchte verborgene Täler, von denen bisher nur Mythen berichteten und stieß dabei immer wieder auf Hinweise, die einen Eingriff von *außen* bestätigten.

Auch wenn wir solch einer Annahme bisher noch skeptisch gegenüber eingestellt gewesen sein sollten, wird sich das nach der Lektüre dieses Buches gerändert haben. Wie ein roter Faden ziehen sich Berichte über diese „Besucher" durch die Geschichte der Menschheit und wir werden dabei unweigerlich mit der Frage konfrontiert, ob der Mensch wirklich die Krone der Schöpfung ist, wie es das Alte Testament lehrt, oder nur ein evolutionärer Fremdling, der sein Auftauchen der Laune einer Gruppe von „Göttern" zu verdanken hat?

Begeben wir uns mit dem Autor auf eine faszinierende und teilweise fantastisch anmutende Spurensuche durch die verschiedenen Kulturen dieses Planeten und erfahren dabei von Ereignissen, die der klassischen Archäologie nicht nur unangenehm werden, sondern diese teilweise gänzlich über den Haufen werfen. Seien wir auf die Überraschungen gespannt, die wir mit Stefan Erdmann auf seiner Zeireise durch die Menschheitsgeschichte erleben werden und folgen wir ihm auf den Spuren der Götter.

ISBN 3-9807106-6-1 • 20,30 Euro

ALDEBARAN-Versand
50670 Köln • Weißenburgstr. 10 a
Telefon 02 21 - 737 000 • Telefax 02 21 - 737 001

DIE UNTERIRDISCHE MACHT

Walter Ernsting

Roman

Berichte über das Wirken einer uralten, geheimnisvollen Macht, die die Entwicklung der Menschheit mit überlegenen technischen Mitteln überwacht und steuert, sind seit Anbeginn der irdischen Geschichtsschreibung überliefert. Dennoch fehlen endgültige, stichhaltige Beweise für diese Tatsache, und nur einige Menschen auf dieser Welt ahnen die Wahrheit.

Als ein Mann unserer Tage durch Zufall auf die Spur der Unbekannten stößt, verändert sich sein Leben radikal. Er selbst wird in den Geheimbund der Weltenlenker aufgenommen, nachdem er die Prüfung bestanden hat.

Dies ist sein sensationeller Bericht!

„Ein beunruhigendes Buch! Wenn dieser Roman tatsächlich einen wahren Kern hat, müßten einige Ereignisse des Weltgeschehens aus einer neuen Perspektive betrachtet werden."

Jan Udo Holey/Jan van Helsing

ISBN 3-9805733-6-2 • 15,30 Euro
ALDEBARAN-Versand
50670 Köln • Weißenburgstr. 10 a
Telefon 02 21 - 737 000 • Telefax 02 21 - 737 001

DIE STERNENLOGE

Karin Feistle

Roman

Die Erde ist nicht der einzige besiedelte Planet dieses Universums. Der irdische Mensch ist nur eine von unzähligen Lebensformen, die den Weltenraum bevölkern und zählt offenbar mit zu den noch am wenigsten entwickelten. Andere Lebensformen sind uns um Jahrtausende voraus und viele versuchen auf mehr oder weniger liebevolle und unmanipulative Weise in die Bewußtseinsentwicklung auf der Erde einzuwirken.

Manuel, ein kleiner Junge, wird von Geburt an von solchen Wesenheiten kontaktiert, durch sein Leben begleitet und geführt, und erkennt über die Jahre hinweg die wunderbare Aufgabe, den Menschen die kosmischen Botschaften dieser Außerirdischen mitzuteilen. Aber sein Lebensweg ist voller Höhen und Tiefen und viel Leid begleitet ihn. Doch der Glaube und die Hoffnung, daß die Menschheit endlich aus ihrem Tiefschlaf erwacht, wird sein innerer Begleiter.

Auf seinem abenteuerlichen Weg lernt er Rassen verschiedenster Planeten kennen, die ihn unterrichten und ihn mit dem harmonischen Leben in ihren eigenen Welten vertraut machen. Doch gibt es offenbar auch noch im Weltenraum destruktive Kräfte, die sich an dem manipulativen Spiel auf der Erde beteiligen. Das Schicksal der Erde hängt an einem seidenen Faden, denn das niedere Bewußtsein der Erdenmenschen läßt einen erbarmungslosen Dritten Weltkrieg entstehen, aus dem nur wenige Menschen lernen. Manuels Weg, zusammen mit den Außerirdischen, wird seine Bestimmung und seine zukünftige Aufgabe. Seine Hoffnung ist die Zukunft der Erde, die Zukunft der neuen Generationen, denn schon in wenigen Jahren werden die Außerirdischen mit ihm und anderen Menschen zurückkehren, um als spirituelle Lehrer zu dienen, den Menschen beim spirituellen Aufstieg zu helfen, und sie auf den Weg des interdimensionalen Geistes zu führen.

ISBN 3-9805733-3-8 • 15,30 Euro
ALDEBARAN-Versand
50670 Köln • Weißenburgstr. 10 a
Telefon 02 21 - 737 000 •Telefax 02 21 - 737 001

ANSTURM DES LICHTS

Hartmut Normann

Fakten und Visionen zur Welt von morgen

„Mit diesem neuen Werk hat der Natur- und Grenzwissenschaftler Dr. Hartmut Nor- mann für unsere gegenwärtige, vor großen Wandlungen stehende Epoche eine einzigartige Fundgrube an Information und Inspiration geschaffen. Darin ist fast alles eingefangen, was verantwortungsbewußte Menschen im Blick auf unsere Zukunft bewegt und zugleich der Erweiterung unseres Bewußtseins und der persönlichen sowie globalen Transformation dient."

stern.zeit

„Ein einmaliges Geschenk für unsere Wendezeit... Ich empfehle es allen, welche die Welt positiv verändern wollen."

Johannes Holey (Autor)

„Der packende Bericht eines spirituell orientierten Naturwissenschaftlers in Romanform, der Fakten und Visionen, Wissen und Glauben, Real- und Romanfiguren zu einer brillanten Synthese verbindet... Mal spannend wie ein Krimi, mal ergreifend wie eine große Erzählung über Liebe, Tod und Transzendenz."

esotera

„Ein großartiges Werk, das keinen unbeeindruckt läßt und das Zeug hat, zum Kultbuch des Neuen Millenniums zu werden."

Ira G. Vieth (Autorin)

ISBN 3-023601 06 9
ALDEBARAN-Versand
50670 Köln • Weißenburgstr. 10 a
Telefon 02 21 - 737 000 • Telefax 02 21 - 737 001

DAS MONTAUK PROJEKT

Preston Nichols/Peter Moon

Experimente mit der Zeit

Das „Montauk Projekt" deckt das erstaunlichste und am strengsten geheimgehaltene Forschungsprojekt der Geschichte auf. Es begann während des II. Weltkriegs mit dem „Philadelphia Experiment", bei dem die U.S. Navy mit der damaligen Elite der Wissenschaft (Nikola Tesla, Albert Einstein) Versuche durchführte, das Kriegsschiff „USS Eldridge" für feindliches Radar unsichtbar zu machen. Das Projekt wurde unterbrochen, nachdem es am 12. August 1943 zu einer kompletten Teleportation des Schiffes und seiner Besatzung gekommen war.

Das „Montauk-Projekt" verbindet die Modalitäten der modernen Wissenschaft mit den höchsten esoterischen Techniken und katapultiert uns letztendlich über die Schwelle des Universums und unseres Bewußtseins hinaus. Wir alle wissen, daß „da draußen" irgend etwas ist, doch wir wissen nicht genau was. Dieses Buch liefert nicht zuletzt ein paar handfeste Schlüsse darüber.

ISBN 3-89539-269-3
ALDEBARAN-Versand
50670 Köln • Weißenburgstr. 10 a
Telefon 02 21 - 737 000 • Telefax 02 21 - 737 001

RÜCKKEHR NACH MONTAUK

Preston Nichols/Peter Moon

Abenteuer mit der Synchronizität

„Rückkehr nach Montauk" deckt die okkulten Kräfte auf, die hinter der Wissenschaft und Technologie steckten, die im Montauk-Projekt angewendet wurden. Der Zusammenhang zwischen dem Cameron-Clan und der Entwicklung der amerikanischen Raketenforschung wird aufgedeckt, ebenso die bizarre Geschichte des Transistors und die „Magick" von Aleister Crowley, Jack Parsons und L. Ron Hubbard.

Rückkehr nach Montauk führt die Montauk-Nachforschungen weiter. Preston Nichols öffnet eine Türe für Peter Moon und läßt so eine Vielzahl von unglaublichen Gestalten und neuen Informationen ans Licht. Ein erstaunliches Szenario wird gezeichnet, das weit über den Rahmen des ersten Buches hinausführt.

Das Montauk-Projekt hatte uns das Rätsel aller Rätsel bewußt gemacht. Dieses zweite Buch beschleunigt dessen Erforschung.

ISBN 3-89539-272-3
ALDEBARAN-Versand
50070 Köln • Weißenburgstr. 10 a
Telefon 02 21 - 737 000 •Telefax 02 21 - 737 001

ALDEBARAN

Geheime Technologien
Geheimgesellschaften
Prophezeiungen
Freie Energie
Hohle Erde
Ufologie
Tesla
u.v.m.

Fordern Sie unseren Katalog an!

ALDEBARAN-Versand
50670 Köln – Weißenburgstr. 10 a
Telefon 02 21 - 737 000
Telefax 02 21 - 737 001